CEC
中國市場營銷環境年鑒
1998（下）

中国统计出版社

編委會及編輯工作人員

顧　　問：馬　洪　劉國光　董輔礽　李京文　楊聖明

名譽主編：張　塞

主　　編：鄭家亨

副 主 編：宛森林　顏德倫

編　　委：張　塞　鄭家亨　宛森林　顏德倫　李基祥
張國華　連四清

責任編輯：李基祥　張國華　連四清

編輯人員：萬紅梅　馬秀麗　王金娥　王俊玲　肖敏知
許　飛　成　濤　李　浩　張國華　李　爽
李　雯　項紅娃　李基祥　張文杰　張志宇
連四清　陳　冉　胡福志　羅　昆　黃起明
楊曉莉　楊曉萍　趙　燕　裴　琨　徐　强

序　言

統計信息是社會經濟信息的主體。

作爲國家統計局對社會各界提供信息咨詢的窗口單位,我們一直在探索提供統計信息咨詢的新路,努力讓我們做得更好。

在與社會各界尤其是企業界的朋友大量交往的過程中,我們深切地感受到廣大統計信息用户在具體使用過程中的諸多不便:多種統計口徑同時并存,服務于企業營銷工作的基礎統計信息散存于多種資料和多個部門中,缺乏系統性和完整性,更缺乏有針對性的深加工工作......于是,編輯一部集全面性、系統性、可比性、方便性、權威性于一身、服務于描述中國市場營銷環境的統計信息年鑒的設想便由此産生。這便是《CEC 中國市場營銷環境年鑒—1998》的萌芽。

從 1998 年 3 月至今,在統計系統廣大專家的積極參與和共同努力下,歷時十個月,幾易其稿,《CEC 中國市場營銷環境年鑒—1998》終于順利出版。

《CEC 中國市場營銷環境年鑒—1998》第一次突破了傳統的城市分級方法,着眼于各城市市場的重要性,利用多項指標對各城市展開綜合評價,將全國 668 座城市劃分爲特點鮮明的三級九類城市,將爲廣大企業確定區域營銷重點、有效改善市場營銷效果提供極大的幫助。

《CEC 中國市場營銷環境年鑒—1998》第一次依據市場營銷環境的幾大要素,着眼于全面性、系統性、可比性、方便性、權威性,將紛繁復雜的大量基礎性社會經濟統計信息分解爲"消費者資源"、"居民生活質量"、"宏觀經濟環境"、"産品分銷渠道環境"、"行政區劃和自然環境"等幾個有機組成部分,從全國到省(自治區、直轄市)再到縣(縣級市)逐級描述,如果大家使用起來條理清晰,得心應手,工作效率倍增,則本年鑒的編輯目的已然達到。

新生事物難免有不完善之處,我們熱誠歡迎廣大讀者朋友提出寶貴建議,以便我們進一步完善,從而爲大家奉獻更加優質的服務。

CEC 中國市場營銷環境年鑒編委會

1999 年 4 月

目　録

上　册

下 册

第五篇
農村居民生活質量

導　讀

◆ 農村居民家庭基本情況和居住環境

△ 歷年全國及各省市農村居民家庭基本情況

△ 1997 年全國及各省市農民居民家庭居住環境

◆ 農村居民家庭收入水平和消費結構

△ 1997 年全國及各省市農民家庭人均收支情況

△ 1997 年各地區農村居民家庭平均每人純收入

△ 農民居民消費水平和消費結構

△ 1997 年全國及各省市農民居民生活消費現金支出

△ 1997 年全國及各省市農村居民分類商品及服務人均消費結構

◆ 農村居民生活質量

△ 1997 年全國及各省市農村居民平均每人主要消費品消費量

△ 1997 年全國各省市農村居民家庭平均每百户年底主要消費品用有量

主要統計指標解釋

食品　是指居民為攝取自身所需要的營養和滿足某種嗜好而進食的各種消費資料，包括從商店、集市、工作單位食堂和飲食業購買的主食品、副食品、烟草、酒、飲料以及干鮮瓜果、糖果、糕點、奶制品等。

衣着　是指各種穿着用品及加工穿着用品的各種材料，包括面、麻、絲、毛和各種人造纖維、合成纖維紡織的各種布匹、呢絨、綢緞及加工的服裝、各種鞋、襪、毛及其他穿着用品等。

居住　是指調查户與居住有關的支出，包括房租、維修服務費等。

家庭設備、用品及服務　包括耐用消費品、室内裝飾品、床上用品、家庭日用雜品、家具材料、家庭服務。

醫療保健　是指用于醫療和保健的藥品、用品和服務費用。包括醫療器具、保健用品、醫療費、滋補藥品、醫療保健服務及其他醫療保健費用。

交通和通訊　是指用于交通和通訊的工具、各種服務費、維修費方面的支出。

娛樂、教育、文化服務　是指用于教育和文化娛樂方面的支出。教育支出包括學雜費、托幼費、教材及參考書及其他學習用具等；文化娛樂包括文娱耐用消費品如電視機、録放像機、收音機、照相機等、文娱體育用品、書包雜志以及各種文娱服務費等。

農村居民年末人均居住面積　指調查户家庭成員在調查時點實際居住的住房面積，不包括厨房厠所走廊面積和臨時搭建房屋的面積。

農村居民家庭生活消費支出　指農村常住居民家庭年内用于日常生活的全部開支。它是用來反映和研究農民家庭生活消費水平高低的重要指標。農民家庭生活消費支出，包括用于吃、穿、住、燒、用等生活消費品開支和文化、生活服務費用開支兩大部分。

農村居民家庭商品性生活消費支出　指農村常住居民家庭用其貨幣收入 在市場上購買食品、衣着、家庭用家具器皿、日用品、燃料、耐用消費品、以及文教衛生用品等生活消費總量。包括向國有商店、集體商店、和集市貿易市場以及其他流通渠道購買的全部生活消費品。農民家庭商品性生活消費支出，是農民家庭生活消費支出的一個重要組成部分，是用來反映和分析農民家庭生活消費水平的商品化程度，及其由自給性經濟向商品經濟發展趨勢的重要指標，也是研究和預測農民家庭對市場消費品需求，制定商品供應計劃的的重要依據。

農民家庭純收入　指農民全年總收入扣除費用性支出后可以直接用于進行生産和非生産性建設投資、改善生活的那部分收入，是用來反映農民實際收入水平和經濟效益的主要指標。全年純收入的計算公式是：全年純收入＝全年總收入－家庭經營費用支出－繳納税款－生産性固定資産折舊－上交集體承包任務－調查補貼

農村居民總收入　是指農村住户年内從各種來源得到的全部實際收入（包括現金收入和實物收入）。由基本收入、轉移性收入和財産性收入等三部分組成。

1. 基本收入　包括劳动者的报酬收入和家庭经营收入。包括在乡村组织中劳动得到的、在企业劳动得到和其他单位得到的报酬收入以及种植业收入、林业收入、牧业收入、渔业收入、手工业收入、采集捕猎收入、工业收入、建筑业收入、运输业收入、商业收入、饮食业收入和其他家庭经营收入。

2. 轉移性收入　包括在外人口寄回和带回，农村外部亲友赠送的入，调查补贴，保险赔款，救济金，救灾款，退休金，抚恤金，五保户的供给，奖励收入，土地征用补偿收入和其他转移性收入。

3. 財産性收入　包括利息收入，股息收入，租金收入，出让特许权收入，集体财产收入，其他财产收入。

第一章　家庭基本情况和居住生活环境

5.1.1 1991－1997年全國農村居民家庭基本情況

項 目 Item	年份 Year						
	1991年	1992年	1993年	1994年	1995年	1996年	1997年
平均每户常住人口(人) Average Number of Permanent Residents Per Household	4.71	4.67	4.59	4.54	4.48	4.42	4.35
平均每户整半勞力(人) Average Number of Able-bodied and Semi-ablebodied Laborers Per Household	2.83	2.83	2.87	2.89	2.88	2.84	2.79
平均每人年純收入(元) Per Capita Annual Income(yuan)	708.55	783.99	921.62	1 220.98	1 577.74	1 926.07	2 090.13
生活消費支出(元) Expenditure for Consumption	619.79	659.01	769.65	1 016.81	1 310.36	1 572.08	1 617.15
#其中現金支出(元) Cash Expenditure	404.74	431.37	490.14	648.19	859.43	1 076.22	1 126.28
#食品支出(元) Food Expenditure	357.06	379.26	446.83	598.47	768.19	885.49	890.28

注:本表為農村住户抽樣調查資料,1997年純收入分組户數比重進行了重新調整。(下同)

5.1.2 1991－1997年安徽省農村居民家庭基本情況

項 目 Item	年份 Year						
	1991年	1992年	1993年	1994年	1995年	1996年	1997年
平均每户常住人口(人) Average Number of Permanent Residents Per Household	—	—	—	—	4.44	4.47	4.39
平均每户整半勞力(人) Average Number of Able-bodied and Semi－ablebodied Laborers Per Household	—	—	—	—	3.00	2.99	2.94
平均每人年純收入(元) Per Capita Annual Income(yuan)	446.05	573.58	724.50	973.20	13 02.82	1 607.72	1 808.75
生活消費支出(元) Expenditure for Consumption	474.62	501.73	609.25	934.18	1 070.64	1 309.35	1 336.57
#其中現金支出(元) Cash Expenditure	299.68	316.96	370.36	497.12	682.54	874.60	885.37
#食品支出(元) Food Expenditure	274.08	292.98	389.31	588.75	625.54	746.24	755.23

5.1.3 1991－1997 年北京市農村居民家庭基本情况

項 目 Item	年份 Year						
	1991 年	1992 年	1993 年	1994 年	1995 年	1996 年	1997 年
平均每户常住人口(人) Average Number of Permanent Residents Per Household	—	—	3.83	3.79	—	3.71	3.67
平均每户整半勞力(人) Average Number of Able-bodied and Semi-ablebodied Laborers Per Household	—	—	2.53	2.54	—	2.55	2.49
平均每人年純收入(元) Per Capita Annual Income(yuan)	1 422.37	1 571.56	1 882.58	2 400.69	3 223.65	3 561.94	3 661.68
生活消費支出(元) Expenditure for Consumption	1 100.20	1 148.58	1 308.87	1 676.45	2 335.62	2 655.50	2 692.62
#其中現金支出(元) Cash Expenditure	966.90	1 015.93	1 164.08	1 505.91	2 073.57	2 474.25	2 644.25
#食品支出(元) Food Expenditure	534.44	556.86	611.71	824.81	1 183.39	1 233.07	1 205.14

5.1.4 1991－1997 年重慶市農村居民家庭基本情况

項 目 Item	年份 Year						
	1991 年	1992 年	1993 年	1994 年	1995 年	1996 年	1997 年
平均每户常住人口(人) Average Number of Permanent Residents Per Household	—	—	—	—	—	3.85	3.82
平均每户整半勞力(人) Average Number of Able-bodied and Semi－ablebodied Laborers Per Household	—	—	—	—	—	2.70	2.69
平均每人年純收入(元) Per Capita Annual Income(yuan)	—	—	—	—	—	1 434.68	1 643.21
生活消費支出(元) Expenditure for Consumption	—	—	—	—	—	1 328.18	1 389.99
#其中現金支出(元) Cash Expenditure	—	—	—	—	—	—	748.31
#食品支出(元) Food Expenditure	—	—	—	—	—	839.94	914.48

5.1.5　1991－1997年福建省農村居民家庭基本情况

項　目 Item	年份 Year						
	1991年	1992年	1993年	1994年	1995年	1996年	1997年
平均每户常住人口(人) Average Number of Permanent Residents Per Household	5.37	5.31	5.24	5.17	4.91	4.87	4.77
平均每户整半勞力(人) Average Number of Able-bodied and Semi-ablebodied Laborers Per Household	3.03	3.05	3.10	3.13	3.02	2.98	2.96
平均每人年純收入(元) Per Capita Annual Income(yuan)	850.05	984.11	1 210.51	1 577.74	2 048.59	2 492.49	2 785.67
生活消費支出 Expenditure for Consumption	746.99	820.74	1 069.79	1 439.53	1 793.68	1 915.57	1 994.26
#其中現金支出 Cash Expenditure	536.81	592.60	712.38	938.31	1 310.99	1 364.35	1 548.69
#食品支出 Food Expenditure	440.58	483.17	648.31	898.48	1 093.45	1 151.23	1 100.20

5.1.6　1991－1997年甘肅省農村居民家庭基本情况

項　目 Item	年份 Year						
	1991年	1992年	1993年	1994年	1995年	1996年	1997年
平均每户常住人口(人) Average Number of Permanent Residents Per Household	—	—	—	—	—	—	—
平均每户整半勞力(人) Average Number of Able-bodied and Semi-ablebodied Laborers Per Household	—	—	—	—	—	—	—
平均每人年純收入(元) Per Capita Annual Income(yuan)	446.42	489.47	550.83	723.73	880.34	1 100.59	1 210.00
生活消費支出(元) Expenditure for Consumption	403.41	419.68	537.76	674.17	915.25	986.34	976.27
#其中現金支出(元) Cash Expenditure	208.01	226.18	259.02	294.17	355.03	443.35	454.10
#食品支出(元) Food Expenditure	238.21	247.76	297.20	443.92	649.29	669.36	561.40

5.1.7 1991－1997 年廣東省農村居民家庭基本情况

項 目 Item	年份 Year						
	1991 年	1992 年	1993 年	1994 年	1995 年	1996 年	1997 年
平均每户常住人口(人) Average Number of Permanent Residents Per Household	—	—	5.39	5.38	5.36	5.25	5.17
平均每户整半勞力(人) Average Number of Able-bodied and Semi-ablebodied Laborers Per Household	—	—	3.07	3.11	3.11	3.08	3.10
平均每人年純收入(元) Per Capita Annual Income(yuan)	1 143.06	1 307.65	1 674.78	2 181.52	2 699.24	3 183.46	3 467.69
生活消費支出(元) Expenditure for Consumption	942.40	1 060.29	1 391.01	1 882.00	2 255.01	2 584.16	2 617.65
#其中現金支出(元) Cash Expenditure	710.94	819.25	1 079.49	1 442.44	1 790.33	2 114.42	2 093.55
#食品支出(元) Food Expenditure	533.70	566.24	734.02	1 046.98	1 228.00	1 333.18	1 369.04

5.1.8 1991－1997 年廣西壮族自治區農村居民家庭基本情况

項 目 Item	年份 Year						
	1991 年	1992 年	1993 年	1994 年	1995 年	1996 年	1997 年
平均每户常住人口(人) Average Number of Permanent Residents Per Household	—	—	—	—	5.32	5.16	5.05
平均每户整半勞力(人) Average Number of Able-odied and Semi-ablebodied Laborers Per Household	—	—	—	—	3.06	3.04	2.97
平均每人年純收入(元) Per Capita Annual Income(yuan)	657.74	731.69	892.07	1 107.02	1 446.14	1 703.13	1 875.28
生活消費支出(元) Expenditure for Consumption	580.75	616.33	704.98	926.14	1 143.04	1 399.07	1 375.66
#其中現金支出(元) Cash Expenditure	333.47	359.85	453.52	612.06	632.26	809.03	959.50
#食品支出(元) Food Expenditure	360.09	381.07	417.33	546.19	693.81	795.30	799.89

5.1.9　1991－1997 年貴州省農村居民家庭基本情况

項　目 Item	年份 Year						
	1991 年	1992 年	1993 年	1994 年	1995 年	1996 年	1997 年
平均每户常住人口(人) Average Number of Permanent Residents Per Household	—	—	—	—	4.77	4.71	4.57
平均每户整半勞力(人) Average Number of Able-bodied and Semi-ablebodied Laborers Per Household	—	—	—	—	2.97	2.91	2.82
平均每人年純收入(元) Per Capita Annual Income(yuan)	465.53	506.13	579.67	786.84	1 086.62	1 276.67	1 298.54
生活消費支出(元) Expenditure for Consumption	420.44	454.47	550.11	684.27	930.59	1 068.09	1 065.70
#其中現金支出(元) Cash Expenditure	208.60	231.34	259.02	333.30	456.35	502.96	533.31
#食品支出(元) Food Expenditure	283.94	306.56	390.45	484.41	661.85	774.62	742.17

5.1.10　1991－1997 年海南省農村居民家庭基本情况

項　目 Item	年份 Year						
	1991 年	1992 年	1993 年	1994 年	1995 年	1996 年	1997 年
平均每户常住人口(人) Average Number of Permanent Residents Per Household	6.05	5.93	5.80	5.89	5.86	5.85	5.79
平均每户整半勞力(人) Average Number of Able-bodied and Semi-ablebodied Laborers Per Household	3.14	3.10	3.13	3.17	3.32	3.30	3.39
平均每人年純收入(元) Per Capita Annual Income(yuan)	916.00	1 026.00	1 320.00	1 304.52	1 519.71	1 746.08	1 916.90
生活消費支出(元) Expenditure for Consumption	629.00	708.00	782.00	834.00	921.00	1 071.00	1 287.03
#其中現金支出(元) Cash Expenditure	461.00	502.00	558.00	634.00	711.00	841.00	838.87
#食品支出(元) Food Expenditure	358.96	417.81	487.43	675.70	550.00	574.00	810.47

5.1.11 1991－1997 年河北省農村居民家庭基本情况

項 目 Item	年份 Year						
	1991 年	1992 年	1993 年	1994 年	1995 年	1996 年	1997 年
平均每户常住人口(人) Average Number of Permanent Residents Per Household	—	—	—	4.30	4.26	4.22	4.18
平均每户整半勞力(人) Average Number of Able-bodied and Semi-ablebodied Laborers Per Household	—	—	—	2.74	2.73	2.71	2.68
平均每人年純收入(元) Per Capita Annual Income(yuan)	657.38	682.48	803.80	1 107.25	1 668.73	2 054.95	2 286.01
生活消費支出(元) Expenditure for Consumption	558.23	579.36	696.52	779.04	1 104.30	1 398.94	1 394.81
#其中現金支出(元) Cash Expenditure	401.29	402.33	398.18	501.70	689.98	1 001.23	1 049.49
#食品支出(元) Food Expenditure	267.64	298.49	406.72	441.66	627.43	729.92	701.37

5.1.12 1991－1997 年黑龍江省農村居民家庭基本情况

項 目 Item	年份 Year						
	1991 年	1992 年	1993 年	1994 年	1995 年	1996 年	1997 年
平均每户常住人口(人) Average Number of Permanent Residents Per Household	—	—	—	—	4.10	4.10	4.10
平均每户整半勞力(人) Average Number of Able-bodied and Semi-ablebodied Laborers Per Household	—	—	—	—	2.80	2.80	2.70
平均每人年純收入(元) Per Capita Annual Income(yuan)	734.80	949.20	1 028.36	1 393.58	1 766.30	2 181.86	2 308.30
生活消費支出(元) Expenditure for Consumption	618.60	674.50	751.39	1 042.67	1 479.80	1 537.30	1 549.10
#其中現金支出(元) Cash Expenditure	377.46	372.31	422.91	574.25	1 058.00	1 063.50	1 068.56
#食品支出(元) Food Expenditure	356.75	414.30	458.64	671.08	813.40	853.40	848.90

5.1.13 1991－1997年河南省農村居民家庭基本情況

項 目 Item	年份 Year						
	1991年	1992年	1993年	1994年	1995年	1996年	1997年
平均每户常住人口(人) Average Number of Permanent Residents Per Household	—	—	—	4.56	4.52	4.44	4.37
平均每户整半勞力(人) Average Number of Able-bodied and Semi-ablebodied Laborers Per Household	—	—	—	2.91	2.94	2.84	2.67
平均每人年純收入(元) Per Capita Annual Income(yuan)	539.29	588.48	695.85	909.81	1 231.97	1 579.19	1 733.89
生活消費支出(元) Expenditure for Consumption	454.68	472.61	564.93	731.78	929.39	1 206.43	1 270.52
#其中現金支出(元) Cash Expenditure	291.26	290.16	312.14	425.20	533.78	740.45	809.70
#食品支出(元) Food Expenditure	248.15	269.29	334.52	426.17	544.26	670.89	693.09

5.1.14 1991－1997年湖北省農村居民家庭基本情況

項 目 Item	年份 Year						
	1991年	1992年	1993年	1994年	1995年	1996年	1997年
平均每户常住人口(人) Average Number of Permanent Residents Per Household	4.57	4.52	4.44	4.38	4.32	4.26	4.20
平均每户整半勞力(人) Average Number of Able-bodied and Semi-ablebodied Laborers Per Household	2.66	2.63	2.65	2.72	2.77	2.75	2.64
平均每人年純收入(元) Per Capita Annual Income(yuan)	626.92	677.82	783.18	1 172.74	1 511.22	1 863.62	2 102.23
生活消費支出(元) Expenditure for Consumption	615.40	611.84	722.09	1 012.95	1 245.10	1 630.41	1 660.13
#其中現金支出(元) Cash Expenditure	360.02	361.38	403.58	515.70	700.18	940.18	988.09
#食品支出(元) Food Expenditure	363.94	368.22	440.52	650.04	745.01	964.17	928.54

5.1.15 1991—1997年湖南省農村居民家庭基本情況

項 目 Item	年份 Year						
	1991年	1992年	1993年	1994年	1995年	1996年	1997年
平均每户常住人口(人) Average Number of Permanent Residents Per Household	—	—	—	—	4.19	4.07	4.02
平均每户整半勞力(人) Average Number of Able-bodied and Semi-ablebodied Laborers Per Household	—	—	—	—	2.62	2.61	2.57
平均每人年純收入(元) Per Capita Annual Income(yuan)	688.91	739.42	851.87	1 155.00	1 425.16	1 792.25	2 037.06
生活消費支出(元) Expenditure for Consumption	655.54	707.79	816.56	1 088.73	1 367.30	1 736.71	1 815.79
#其中現金支出(元) Cash Expenditure	386.28	410.66	482.26	668.38	875.11	1 126.16	1 197.23
#食品支出(元) Food Expenditure	408.21	438.11	498.95	665.72	823.91	1 025.32	1 078.00

5.1.16 1991—1997年遼寧省農村居民家庭基本情況

項 目 Item	年份 Year						
	1991年	1992年	1993年	1994年	1995年	1996年	1997年
平均每户常住人口(人) Average Number of Permanent Residents Per Household	—	—	—	—	3.88	3.79	3.74
平均每户整半勞力(人) Average Number of Able-bodied and Semi-ablebodied Laborers Per Household	—	—	—	—	2.65	2.69	2.65
平均每人年純收入(元) Per Capita Annual Income(yuan)	896.71	995.10	1 160.98	1 423.45	1 756.50	2 149.98	2 301.48
生活消費支出(元) Expenditure for Consumption	767.16	799.40	940.36	1 240.55	1 471.90	1 763.60	1 790.20
#其中現金支出(元) Cash Expenditure	538.23	568.94	626.62	810.62	942.60	1 205.50	1 267.55
#食品支出(元) Food Expenditure	397.22	407.41	518.49	719.56	887.10	996.50	992.07

5.1.17 1991－1997年吉林省農村居民家庭基本情况

項 目 Item	年份 Year						
	1991年	1992年	1993年	1994年	1995年	1996年	1997年
平均每户常住人口(人) Average Number of Permanent Residents Per Household	—	4.33	4.21	4.13	4.02	4.02	3.99
平均每户整半勞力(人) Average Number of Able-bodied and Semi-ablebodied Laborers Per Household	—	2.61	2.67	2.74	2.64	2.66	2.63
平均每人年純收入(元) Per Capita Annual Income(yuan)	748.33	807.41	891.61	1 271.63	1 609.60	2 125.56	2 186.29
生活消費支出(元) Expenditure for Consumption	648.41	643.13	670.02	853.73	1 494.62	1 513.19	1 623.83
#其中現金支出(元) Cash Expenditure	423.47	393.65	423.13	539.00	1 092.91	1 192.72	1 142.51
#食品支出(元) Food Expenditure	366.51	381.53	406.24	532.47	841.85	803.38	895.12

5.1.18 1991－1997年江蘇省農村居民家庭基本情况

項 目 Item	年份 Year						
	1991年	1992年	1993年	1994年	1995年	1996年	1997年
平均每户常住人口(人) Average Number of Permanent Residents Per Household	4.11	4.10	4.10	4.10	4.00	4.00	3.90
平均每户整半勞力(人) Average Number of Able-bodied and Semi-ablebodied Laborers Per Household	2.78	2.76	2.78	2.80	2.79	2.71	2.65
平均每人年純收入(元) Per Capita Annual Income(yuan)	920.72	1 060.70	1 266.90	1 831.50	2 456.90	3 029.30	3 269.85
生活消費支出(元) Expenditure for Consumption	787.00	953.40	1 058.80	1 500.50	1 938.00	2 414.40	2 487.70
#其中現金支出(元) Cash Expenditure	569.70	658.90	761.70	1 003.40	1 285.80	1 793.80	1 898.12
#食品支出(元) Food Expenditure	411.60	492.80	531.61	822.88	1 061.40	1 235.60	1 216.50

5.1.19 1991—1997 年江西省農村居民家庭基本情况

項 目 Item	年份 Year						
	1991 年	1992 年	1993 年	1994 年	1995 年	1996 年	1997 年
平均每户常住人口(人) Average Number of Permanent Residents Per Household	5.09	5.01	4.92	4.86	4.79	4.71	4.61
平均每户整半勞力(人) Average Number of Able-bodied and Semi-ablebodied Laborers Per Household	2.92	2.94	3.02	3.10	3.12	3.02	3.00
平均每人年純收入(元) Per Capita Annual Income(yuan)	702.53	768.41	869.81	1 218.19	1 537.36	1 869.63	2 107.28
生活消費支出(元) Expenditure for Consumption	597.00	648.25	712.05	1 031.11	1 256.08	1 553.10	1 569.16
#其中現金支出(元) Cash Expenditure	325.83	369.09	421.26	612.57	776.12	982.54	1 013.25
#食品支出(元) Food Expenditure	377.33	396.96	436.82	647.16	774.61	945.51	921.84

5.1.20 1991—1997 年内蒙古農村居民家庭基本情况

項 目 Item	年份 Year						
	1991 年	1992 年	1993 年	1994 年	1995 年	1996 年	1997 年
平均每户常住人口(人) Average Number of Permanent Residents Per Household	—	—	—	—	4.40	4.33	4.22
平均每户整半勞力(人) Average Number of Able-bodied and Semi-ablebodied Laborers Per Household	—	—	—	—	2.83	2.83	2.75
平均每人年純收入(元) Per Capita Annual Income(yuan)	517.99	672.17	777.95	969.91	1 208.38	1 602.34	1 780.19
生活消費支出(元) Expenditure for Consumption	571.26	599.73	695.42	835.23	1 180.46	1 274.69	1 559.59
#其中現金支出(元) Cash Expenditure	322.17	345.91	377.10	493.23	689.16	886.13	978.97
#食品支出(元) Food Expenditure	320.79	329.40	406.13	480.69	704.70	791.79	871.41

5.1.21 1991－1997年寧夏自治區農村居民家庭基本情况

項 目 Item	年份 Year						
	1991年	1992年	1993年	1994年	1995年	1996年	1997年
平均每户常住人口(人) Average Number of Permanent Residents Per Household	5.62	5.49	5.41	—	5.25	5.14	5.05
平均每户整半勞力(人) Average Number of Able-bodied and Semi-ablebodied Laborers Per Household	2.95	2.96	3.00	—	3.10	3.06	3.02
平均每人年純收入(元) Per Capita Annual Income(yuan)	608.13	618.72	667.06	866.97	988.75	1 397.80	1 512.50
生活消費支出(元) Expenditure for Consumption	518.79	561.37	605.93	831.32	1 057.78	1 233.63	1 249.57
#其中現金支出(元) Cash Expenditure	320.10	335.38	375.80	454.65	654.37	737.16	789.09
#食品支出(元) Food Expenditure	292.81	323.03	341.78	486.20	608.60	729.68	696.79

5.1.22 1991－1997年青海省農村居民家庭基本情况

項 目 Item	年份 Year						
	1991年	1992年	1993年	1994年	1995年	1996年	1997年
平均每户常住人口(人) Average Number of Permanent Residents Per Household	—	—	—	—	5.97	5.79	5.75
平均每户整半勞力(人) Average Number of Able-bodied and Semi-ablebodied Laborers Per Household	—	—	—	—	3.48	3.46	3.49
平均每人年純收入(元) Per Capita Annual Income(yuan)	555.56	603.40	672.56	869.34	1 029.77	1 173.80	1 320.63
生活消費支出(元) Expenditure for Consumption	486.25	495.90	638.51	745.72	913.84	1 052.33	1 085.38
#其中現金支出(元) Cash Expenditure	258.20	256.95	311.42	398.11	458.69	545.69	528.28
#食品支出(元) Food Expenditure	293.31	301.97	354.37	456.75	593.90	700.76	719.46

5.1.23 1991—1997年山東省農村居民家庭基本情況

項 目 Item	年份 Year						
	1991年	1992年	1993年	1994年	1995年	1996年	1997年
平均每户常住人口(人) Average Number of Permanent Residents Per Household	—	—	—	—	4.07	4.01	3.95
平均每户整半勞力(人) Average Number of Able-bodied and Semi-ablebodied Laborers Per Household	—	—	—	—	2.78	2.68	2.65
平均每人年純收入(元) Per Capita Annual Income(yuan)	764.04	802.90	952.74	1 319.73	1 715.09	2 086.31	2 292.12
生活消費支出(元) Expenditure for Consumption	613.00	655.69	724.49	995.72	1 338.46	1 652.51	1 626.27
#其中現金支出(元) Cash Expenditure	430.86	454.73	474.17	623.40	851.91	1 124.23	1 179.48
#食品支出(元) Food Expenditure	327.56	351.80	415.60	576.70	748.68	871.53	871.73

5.1.24 1991—1997年山西省農村居民家庭基本情況

項 目 Item	年份 Year						
	1991年	1992年	1993年	1994年	1995年	1996年	1997年
平均每户常住人口(人) Average Number of Permanent Residents Per Household	4.55	4.51	4.48	4.42	4.37	4.39	4.35
平均每户整半勞力(人) Average Number of Able-bodied and Semi-ablebodied Laborers Per Household	2.65	2.69	2.74	2.75	2.74	2.71	2.66
平均每人年純收入(元) Per Capita Annual Income(yuan)	567.90	627.01	718.33	884.20	1 208.30	1 557.19	1 738.26
生活消費支出(元) Expenditure for Consumption	495.85	492.90	598.88	673.60	927.99	1 174.29	1 145.42
#其中現金支出(元) Cash Expenditure	346.98	332.74	387.47	473.64	563.98	782.39	769.70
#食品支出(元) Food Expenditure	263.74	279.81	343.50	380.97	228.80	303.08	653.25

5.1.25 1991－1997年陝西省農村居民家庭基本情況

項 目 Item	年份 Year						
	1991年	1992年	1993年	1994年	1995年	1996年	1997年
平均每户常住人口(人) Average Number of Permanent Residents Per Household	—	4.77	4.72	45.69	4.65	4.62	4.51
平均每户整半勞力(人) Average Number of Able-bodied and Semi-ablebodied Laborers Per Household	—	2.68	2.71	2.74	2.74	2.66	2.62
平均每人年純收入(元) Per Capita Annual Income(yuan)	533.96	558.79	652.99	804.84	962.89	1 165.10	1 273.30
生活消費支出(元) Expenditure for Consumption	486.80	497.82	559.60	736.60	913.73	1 097.33	1 215.49
#其中現金支出(元) Cash Expenditure	298.40	301.30	331.49	399.68	527.65	701.17	821.06
#食品支出(元) Food Expenditure	266.78	285.59	319.72	442.38	542.02	622.77	641.82

5.1.26 1991－1997年上海市農村居民家庭基本情況

項 目 Item	年份 Year						
	1991年	1992年	1993年	1994年	1995年	1996年	1997年
平均每户常住人口(人) Average Number of Permanent Residents Per Household	—	—	3.41	3.41	3.47	3.40	3.35
平均每户整半勞力(人) Average Number of Able-bodied and Semi-ablebodied Laborers Per Household	—	—	2.45	2.38	2.37	2.40	2.33
平均每人年純收入(元) Per Capita Annual Income(yuan)	2 003.38	2 225.87	2 726.98	3 436.61	4 245.61	4 846.13	5 277.02
生活消費支出(元) Expenditure for Consumption	1 539.78	1 967.39	2 200.07	2 715.00	3 367.84	3 867.86	4 227.90
#其中現金支出(元) Cash Expenditure	1 297.89	1 690.08	1 785.83	2 251.02	2 933.53	3 365.01	3 763.80
#食品支出(元) Food Expenditure	733.83	848.04	1 018.67	1 311.57	1 491.40	1 652.12	1 755.64

5.1.27 1991—1997年四川省農村居民家庭基本情况

項目 Item	年份 Year						
	1991年	1992年	1993年	1994年	1995年	1996年	1997年
平均每户常住人口(人) Average Number of Permanent Residents Per Household	4.33	4.29	4.19	4.14	4.08	4.04	3.98
平均每户整半勞力(人) Average Number of Able-bodied and Semi-ablebodied Laborers Per Household	2.86	2.87	2.89	2.88	2.85	2.79	2.72
平均每人年純收入(元) Per Capita Annual Income(yuan)	590.21	634.31	698.27	946.33	1 158.29	1 453.42	1 680.69
生活消費支出(元) Expenditure for Consumption	552.39	569.46	647.43	904.28	1 092.91	1 358.03	1 440.48
#其中現金支出(元) Cash Expenditure	318.57	337.49	365.85	480.58	605.14	789.61	862.54
#食品支出(元) Food Expenditure	344.59	348.46	409.78	560.82	718.31	872.69	899.23

5.1.28 1991—1997年天津市農村居民家庭基本情况

項目 Item	年份 Year						
	1991年	1992年	1993年	1994年	1995年	1996年	1997年
平均每户常住人口(人) Average Number of Permanent Residents Per Household	—	—	4.05	3.99	3.91	3.85	3.78
平均每户整半勞力(人) Average Number of Able-bodied and Semi-ablebodied Laborers Per Household	—	—	2.81	2.81	2.73	2.65	2.62
平均每人年純收入(元) Per Capita Annual Income(yuan)	1 168.53	1 309.01	1 593.00	1 835.71	2 406.38	2 999.68	3 243.68
生活消費支出(元) Expenditure for Consumption	795.73	846.66	1 010.80	1 273.84	1 717.28	2 100.64	1 882.32
#其中現金支出(元) Cash Expenditure	600.87	637.95	686.91	846.89	1 097.98	1 538.76	1.572.79
#食品支出(元) Food Expenditure	413.82	426.10	510.98	717.06	979.62	1 099.42	957.19

5.1.29 1991－1997年新疆維吾爾自治區農村居民家庭基本情况

項 目 Item	年份 Year						
	1991年	1992年	1993年	1994年	1995年	1996年	1997年
平均每户常住人口(人) Average Number of Permanent Residents Per Household	—	—	—	—	5.62	5.44	5.42
平均每户整半勞力(人) Average Number of Able-bodied and Semi-ablebodied Laborers Per Household	—	—	—	—	3.06	2.93	2.92
平均每人年純收入(元) Per Capita Annual Income(yuan)	703.17	740.44	777.62	946.82	1 136.45	1 290.01	1 504.43
生活消費支出(元) Expenditure for Consumption	579.55	610.66	703.56	850.25	941.58	1 351.71	1 395.03
#其中現金支出(元) Cash Expenditure	367.64	382.40	459.54	582.38	682.13	1 001.72	1 019.34
#食品支出(元) Food Expenditure	311.26	334.76	366.91	429.70	471.54	618.49	669.31

5.1.30 1991－1997年雲南省農村居民家庭基本情况

項 目 Item	年份 Year						
	1991年	1992年	1993年	1994年	1995年	1996年	1997年
平均每户常住人口(人) Average Number of Permanent Residents Per Household	5.20	5.18	5.10	5.01	4.94	4.90	4.73
平均每户整半勞力(人) Average Number of Able-bodied and Semi-ablebodied Laborers Per Household	3.02	3.05	3.11	3.07	3.12	3.15	3.10
平均每人年純收入(元) Per Capita Annual Income(yuan)	572.58	617.98	674.79	802.95	1 010.97	1 229.28	1 375.50
生活消費支出(元) Expenditure for Consumption	501.36	536.06	625.19	764.91	981.10	1 209.16	1 318.07
#其中現金支出(元) Cash Expenditure	300.93	339.29	393.87	494.72	630.02	755.95	804.61
#食品支出(元) Food Expenditure	315.10	324.96	382.60	458.43	602.92	743.33	818.51

5.1.31 1991－1997年浙江省農村居民家庭基本情况

項 目 Item	年份 Year						
	1991年	1992年	1993年	1994年	1995年	1996年	1997年
平均每户常住人口 Average Number of Permanent Residents Per Household	4.20	4.13	4.04	4.00	3.96	3.91	3.87
平均每户整半勞力(人) Average Number of Able-bodied and Semi-ablebodied Laborers Per Household	2.92	2.93	2.93	2.96	2.93	2.90	2.85
平均每人年純收入(元) Per Capita Annual Income(yuan)	1 210.77	1 359.13	1 745.94	2 224.64	2 966.19	3 462.99	3 684.00
生活消費支出(元) Expenditure for Consumption	1 026.52	1 111.88	1 262.45	1 680.12	2 378.00	2 702.00	2 838.97
#其中現金支出(元) Cash Expenditure	827.20	915.92	1 065.87	1 493.94	1 986.80	2 222.20	2 380.33
#食品支出(元) Food Expenditure	525.37	547.54	633.26	799.52	1 198.00	1 307.00	1 377.46

5.1.32 1997年全國及分省市農村居民家庭居住環境

地區 Region	年末人均居住面積(平方米/人) Per Capita Floor Space (Sq.m)	年末户均居住間數(間/户) Number of Rooms Per Household (room)	本年新建房屋面積 Rooms Newly Built Within the Year(平方米/人) (Sq.m)	本年新建房屋間數(間/户)Number of Rooms Newly Built Within the Year
全 國	**22.45**	**4.84**	**0.94**	**0.19**
安 徽	20.05	4.48	0.92	0.21
北 京	27.39	—	—	—
重 慶	24.74	—	—	—
福 建	23.74	5.53	0.80	0.19
甘 肅	14.56	7.62	0.55	0.22
廣 東	23.78	6.08	5.02	0.27
廣 西	23.36	4.35	0.87	0.17
貴 州	16.44	3.38	0.63	0.70
海 南	12.90	4.10	2.06	—
河 北	22.53	—	3.24	0.19
黑龍江	17.50	2.80	0.50	0.10
河 南	21.36	—	1.31	0.31
湖 北	27.99	—	4.98	0.20
湖 南	27.37	5.05	1.03	—
遼 寧	20.73	3.57	0.38	—
吉 林	18.64	3.03	1.65	0.80
江 蘇	30.80	—	1.70	—
江 西	24.33	4.70	4.20	—
内蒙古	16.53	—	0.77	0.16
寧 夏	16.76	—	—	0.33
青 海	13.81	7.07	2.59	0.22
山 東	23.16	6.01	0.99	0.22
山 西	18.26	4.80	1.73	0.08
陕 西	19.92	4.49	—	—
上 海	46.44	5.99	—	0.17
四 川	23.97	4.74	1.02	0.19
天 津	21.74	—	—	—
西 藏	—	—	—	—
新 疆	16.13	4.06	4.80	0.20
雲 南	20.42	5.00	—	0.15
浙 江	37.30	4.68	1.56	—

第二章　收入水平和消費結構

5.2.1 1997年全國各省市農民家庭人均收支情況

單位:元 (Yuan)

地區 Region	總收入 Total Revenue	純收入 Net Income	總支出 Total Expenditure	生活消費支出 Expenditure Consumption	生活消費現金支出 Living Expenditure for Consumption In Cash	恩格爾系數(%)
全 國	**2 999**	**2 090**	**2 537**	**1 617**	**1 126**	**55.1**
安 徽	2 550	1 809	2 097	1 337	885	56.5
北 京	4 273	3 662	3 392	2 693	2 503	44.8
重 慶	2 422	1 643	2 186	1 390	748	65.8
福 建	3 478	2 786	2 736	1 994	1 549	55.2
甘 肅	1 713	1 185	1 522	976	454	57.5
廣 東	4 517	3 468	3 746	2 618	2 094	52.3
廣 西	2 679	1 875	2 207	1 376	960	58.2
貴 州	1 813	1 299	1 594	1 066	533	69.6
海 南	2 540	1 917	1 929	1 287	839	63.0
河 北	3 169	2 286	2 283	1 395	1 050	50.3
黑龍江	3 745	2 308	3 077	1 549	1 069	54.8
河 南	2 502	1 734	2 070	1 271	810	54.6
湖 北	2 913	2 102	2 498	1 660	988	55.9
湖 南	3 061	2 037	2 853	1 816	1 197	59.4
遼 寧	3 387	2 301	2 905	1 790	1 268	55.4
吉 林	3 292	2 186	2 772	1 624	1 143	55.1
江 蘇	4 193	3 270	3 456	2 488	1 898	48.9
江 西	2 963	2 107	2 452	1 569	1 013	58.8
內蒙古	2 991	1 780	2 799	1 560	979	55.9
寧 夏	2 509	1 513	2 314	1 250	789	55.8
青 海	1 862	1 321	1 633	1 085	528	66.3
山 東	3 469	2 292	2 855	1 626	1 179	53.6
山 西	2 151	1 738	1 575	1 145	770	57.0
陝 西	1 813	1 273	1 778	1 215	821	52.8
上 海	5 933	5 277	4 953	4 228	3 764	41.5
四 川	2 636	1 681	2 381	1 440	863	62.4
天 津	4 387	3 662	3 392	1 882.32	1 573	50.9
西 藏	—	1 195	—	805	537	66.2
新 疆	3 162	1 504	3 161	1 395	1 019	48.0
雲 南	2 197	1 376	2 171	1 318	805	62.1
浙 江	4 722	3 684	3 945	2 839	2 380	48.5

5.2.2 1997年全國及各省市農村居民平均每人生活消費支出

單位:元 (Yuan)

地區 Region	生活消費支出合計 Living Expenditure	食品 Food	衣着 Clothing	居住 Residence	家庭設備、用品及服務 Household Facilities Articles and Services	醫療保健 Medicines and Medical Services	交通通訊 Transportation and Communications	娛樂教育文化娛樂 Recreation Education and Cultural Services	雜項商品及服務 Other Commodities and Services
全　國	**1 617.15**	**890.28**	**109.41**	**233.23**	**85.41**	**62.45**	**53.92**	**148.18**	**34.57**
安　徽	1 336.57	755.23	86.94	200.94	63.93	43.50	32.68	128.53	24.82
北　京	2 692.62	1 205.14	239.20	343.56	207.00	163.13	143.80	297.81	92.98
重　慶	1 389.99	914.48	66.79	165.19	65.77	40.64	23.17	103.12	10.38
福　建	1 994.26	1 100.20	116.28	300.18	98.23	51.96	88.34	195.91	43.15
甘　肅	976.27	561.40	58.44	167.45	39.37	38.53	18.32	77.69	15.12
廣　東	2 617.65	1 369.04	104.25	381.14	162.66	100.45	115.01	314.73	70.38
廣　西	1 375.66	799.89	54.94	201.05	59.72	44.08	25.24	166.36	24.38
貴　州	1 065.70	742.16	59.82	92.04	47.48	24.77	14.87	68.87	15.69
海　南	1 278.03	810.47	57.78	132.42	61.85	31.27	28.80	140.42	24.02
河　北	1 394.81	701.37	123.88	221.43	78.63	61.35	56.53	125.91	25.72
黑龍江	1 549.10	848.90	147.36	223.68	59.26	82.56	49.07	109.69	28.57
河　南	1 270.52	693.09	101.19	204.64	60.79	48.99	25.92	103.27	32.62
湖　北	1 660.52	693.09	101.19	204.64	86.81	57.14	44.99	195.21	25.16
湖　南	1 815.79	1 078.00	89.97	242.55	83.73	58.16	45.89	187.61	29.88
遼　寧	1 790.22	992.07	169.25	224.23	78.33	73.48	63.06	155.07	34.73
吉　林	1 623.83	895.12	145.82	199.72	68.65	75.90	52.68	154.70	31.25
江　蘇	2 487.74	1 216.50	161.54	427.26	188.53	80.86	126.31	225.36	61.38
江　西	1 569.16	921.84	77.34	228.59	71.32	59.21	40.79	140.31	29.76
內蒙古	1 559.59	871.41	125.40	191.12	67.89	67.98	65.53	149.66	20.61
寧　夏	1 249.57	696.79	103.10	175.33	63.67	61.50	32.52	93.36	23.30
青　海	1 085.38	719.46	95.01	106.89	37.08	49.53	26.79	36.67	13.94
山　東	1 626.27	871.73	131.25	215.97	98.03	71.26	64.37	149.40	24.26
山　西	1 145.42	653.25	120.87	108.82	58.74	46.44	41.45	93.65	22.19
陝　西	1 215.49	641.82	89.72	184.77	58.60	63.27	26.32	129.15	21.84
上　海	4 227.90	1 755.64	267.11	920.53	337.81	174.20	240.19	414.06	118.36
四　川	1 440.48	899.23	85.85	173.75	68.47	48.80	32.71	113.35	18.33
天　津	1 882.62	957.19	186.28	256.42	103.68	74.63	79.77	170.21	54.14
西　藏	805.26	533.25	105.93	51.48	64.32	16.05	13.34	8.38	12.51
新　疆	1 395.03	669.31	148.54	224.09	69.94	67.30	64.29	93.27	58.28
雲　南	1 318.07	818.51	72.84	196.11	58.62	43.30	22.91	81.28	24.50
浙　江	2 838.97	1 377.46	173.84	514.82	161.60	137.73	124.46	233.57	115.50

5.2.3 1997年全國及各省市農村居民平均每人生活消費支出構成(%)

地區 Region	生活消費支出合計 Living Expenditure	食品 Food	衣着 Clothing	居住 Residence	家庭設備、用品及服務 Household Facilities Articles and Services	醫療保健 Medicines and Medical Services	交通通訊 Transportation and Communications	娛樂教育文化娛樂 Recreation Education and Cultural Services	雜項商品及服務 Other Commodities and Services
全　國	**100.00**	**55.05**	**6.77**	**15.03**	**5.28**	**3.86**	**3.33**	**115.29**	**2.14**
安　徽	100.00	56.51	6.50	15.03	4.78	3.25	2.45	9.62	1.86
北　京	100.00	44.76	8.88	12.76	7.69	6.06	5.34	11.06	3.45
重　慶	100.00	65.79	4.81	11.88	4.73	2.92	1.67	0.94	0.75
福　建	100.00	55.17	5.83	30.10	4.93	2.61	4.44	9.82	2.16
甘　肅	100.00	57.50	5.99	17.15	4.03	3.95	1.88	7.96	1.55
廣　東	100.00	52.30	3.98	14.56	6.21	3.95	4.39	12.02	2.69
廣　西	100.00	58.15	3.99	14.61	4.34	3.20	1.83	12.09	1.77
貴　州	100.00	69.64	5.61	8.64	4.46	2.32	1.40	6.46	1.47
海　南	100.00	63.42	4.52	10.36	4.84	2.45	2.25	10.00	1.88
河　北	100.00	50.28	8.88	15.88	5.64	4.40	3.84	9.03	1.84
黑龍江	100.00	54.80	9.51	14.44	3.83	5.33	3.17	3.17	1.84
河　南	100.00	54.55	7.96	16.11	4.78	3.86	2.04	8.13	2.57
湖　北	100.00	41.74	6.09	12.32	3.66	2.95	1.56	6.22	1.96
湖　南	100.00	59.37	4.95	13.36	4.61	3.20	2.53	10.33	1.65
遼　寧	100.00	55.42	9.45	12.53	4.38	4.10	3.52	8.66	1.75
吉　林	100.00	55.12	8.98	12.30	4.23	4.67	3.24	9.53	1.92
江　蘇	100.00	48.90	6.49	17.17	7.58	3.25	5.08	9.06	2.47
江　西	100.00	58.75	4.93	14.57	4.55	3.77	2.60	8.94	1.90
内蒙古	100.00	55.87	8.04	12.25	4.35	4.36	4.20	9.60	1.32
寧　夏	100.00	55.76	8.25	14.03	5.10	4.92	2.60	7.47	1.86
青　海	100.00	66.29	8.75	9.85	3.42	4.56	2.47	3.38	1.28
山　東	100.00	53.60	8.07	13.28	6.03	4.38	3.96	9.19	1.49
山　西	100.00	57.03	10.55	9.50	5.13	4.05	3.62	8.18	1.94
陝　西	100.00	52.76	7.38	15.20	4.82	5.21	2.17	10.63	1.80
上　海	100.00	41.53	6.32	21.77	7.99	4.12	5.68	9.79	2.80
四　川	100.00	62.43	5.96	12.06	4.75	3.39	2.27	7.87	1.27
天　津	100.00	50.84	9.89	13.62	5.51	3.96	4.24	9.04	2.88
西　藏	100.00	66.22	13.15	6.39	7.99	1.99	1.66	1.04	1.55
新　疆	100.00	47.98	10.65	16.06	5.01	4.82	4.61	6.69	4.18
雲　南	100.00	62.10	5.53	14.88	4.45	3.29	1.74	6.17	1.86
浙　江	100.00	48.52	6.12	18.13	5.69	4.85	4.38	8.23	4.07

5.2.4 1997年全國及各省市農村居民平均每人生活消費現金支出

單位:元 (Yuan)

地區 Region	生活消費現金支出合計 Living Expenditure in Cash	食品 Food	衣着 Clothing	居住 Residence	家庭設備、用品及服務 Household Facilities Articles and Services	醫療保健 Medicines and Medical Services	交通通訊 Transportation and Communications	娛樂教育文化娛樂 Recreation Education and Cultural Services	雜項商品及服務 Other Commodities and Services
全國	**1 126.28**	**435.74**	**108.31**	**198.25**	**85.16**	**62.45**	**53.92**	**148.18**	**34.27**
安徽	885.37	368.35	86.34	137.22	63.93	43.50	32.68	128.53	24.82
北京	2 502.92	1 016.08	238.95	343.45	206.72	163.13	143.80	297.81	92.98
重慶	748.31	295.36	66.70	142.72	65.77	40.64	23.17	103.12	10.83
福建	1 548.69	710.38	116.27	244.46	98.22	51.96	88.34	195.91	43.15
甘肅	454.10	143.91	58.18	63.05	39.36	38.53	18.32	77.64	15.12
廣東	2 093.55	876.42	103.65	351.34	161.58	100.45	115.01	314.73	70.38
廣西	959.50	401.65	54.91	183.31	59.58	44.08	25.24	166.36	24.38
貴州	533.31	219.05	59.82	82.76	47.48	24.77	14.87	68.87	15.69
海南	838.87	399.44	57.78	95.29	61.85	31.27	28.80	140.42	24.02
河北	1 049.49	358.57	122.61	220.16	78.63	61.35	56.53	125.91	25.72
黑龍江	1 068.56	443.72	147.36	148.32	59.26	82.56	49.07	109.69	28.57
河南	809.70	275.04	97.40	165.67	60.79	48.99	25.92	103.27	32.62
湖北	988.09	349.97	98.51	130.34	86.75	57.14	44.99	195.21	25.16
湖南	1 197.23	477.37	89.48	225.10	83.73	58.16	45.89	187.61	29.88
遼寧	1 267.55	519.79	169.24	174.53	77.65	73.48	63.06	155.07	34.73
吉林	1 142.50	489.75	145.82	123.76	68.65	75.90	52.68	154.70	31.25
江蘇	1 898.12	660.22	159.04	399.72	185.23	80.86	126.31	225.36	61.38
江西	1 013.25	404.37	76.95	190.53	71.32	59.21	40.79	140.31	29.76
内蒙古	978.97	324.45	125.08	157.79	67.88	67.98	65.53	149.66	20.61
寧夏	789.09	247.40	103.10	164.25	63.67	61.50	32.52	93.36	23.30
青海	528.28	206.38	94.05	64.22	36.70	49.53	26.79	36.67	13.94
山東	1 179.48	453.69	126.67	191.80	98.03	71.26	64.37	149.40	24.26
山西	769.70	289.03	120.62	97.86	58.46	46.44	41.45	93.65	22.19
陝西	821.06	277.06	89.34	155.49	58.60	63.27	26.32	129.15	21.84
上海	3 763.80	1292.79	267.11	919.49	337.61	174.20	240.19	414.06	118.36
四川	862.54	363.88	85.01	132.23	68.23	48.80	32.71	113.35	18.33
天津	1 572.79	667.15	186.28	236.94	103.67	74.63	79.77	170.21	54.14
西藏	536.52	283.84	105.93	32.16	64.32	16.05	13.34	8.38	12.51
新疆	1 019.34	307.81	145.08	213.37	69.94	67.30	64.29	93.27	58.28
雲南	804.61	331.28	72.16	170..56	58.62	43.30	22.91	81.28	24.50
浙江	2 380.33	933.76	173.71	500.00	161.60	137.73	124.46	233.57	115.50

5.2.5　1997年全國及各省市農村居民平均每人生活消費現金支出構成

單位:元(Yuan)

地區 Region	生活消費現金支出合計 Living Expenditure in Cash	食品 Food	衣着 Clothing	居住 Residence	家庭設備、用品及服務 Household Facilities Articles and Services
安　徽	100.00	41.60	9.75	15.50	7.22
北　京	100.00	40.60	9.55	13.72	8.26
重　慶	100.00	39.47	8.91	19.07	8.79
福　建	100.00	45.87	7.51	15.78	6.34
甘　肅	100.00	31.69	12.81	13.88	8.67
廣　東	100.00	41.86	4.95	16.78	7.72
廣　西	100.00	41.86	5.72	19.10	6.21
貴　州	100.00	41.07	11.22	15.52	8.90
海　南	100.00	47.62	6.89	11.36	7.37
河　北	100.00	34.17	11.68	20.98	7.49
黑龍江	100.00	41.53	13.79	13.88	5.55
河　南	100.00	33.97	12.03	20.46	7.51
湖　北	100.00	35.42	9.97	13.19	8.78
湖　南	100.00	39.87	7.47	18.80	6.99
遼　寧	100.00	41.01	13.35	13.77	6.13
吉　林	100.00	42.87	12.76	10.83	6.01
江　蘇	100.00	34.78	8.38	21.06	9.76
江　西	100.00	39.91	7.59	18.80	7.04
内蒙古	100.00	33.14	12.78	16.12	6.93
寧　夏	100.00	31.35	13.07	20.82	8.07
青　海	100.00	39.07	17.80	12.16	6.95
山　東	100.00	38.47	10.74	16.26	8.31
山　西	100.00	37.55	15.67	12.71	7.60
陝　西	100.00	33.74	10.88	18.94	7.14
上　海	100.00	34.44	7.12	24.49	8.99
四　川	100.00	42.19	9.86	15.33	7.91
天　津	100.00	42.42	11.84	15.06	6.59
西　藏	100.00	52.90	19.74	5.99	11.99
新　疆	100.00	30.20	14.23	20.93	6.86
雲　南	100.00	41.17	8.97	21.20	17.70
浙　江	100.00	39.23	7.30	21.01	17.31

5.2.5 1997年全國及各省市農村居民平均每人生活消費現金支出構成（續）

單位：元（Yuan）

地區 Region	醫療保健 Medicines and Medical Services	交通通訊 Transportation and Communications	娛樂教育文化娛樂 Recreation Education and Cultural Services	雜項商品及服務 Other Commodities and Services
安 徽	4.91	3.69	14.52	3.04
北 京	6.52	5.75	11.90	2.80
重 慶	5.43	3.10	13.78	3.71
福 建	5.43	5.70	12.65	1.45
甘 肅	8.48	4.03	17.10	2.79
廣 東	4.80	5.49	15.03	3.33
廣 西	4.59	2.63	10.00	3.36
貴 州	4.64	2.79	12.91	2.54
海 南	3.73	3.43	3.43	2.94
河 北	5.85	5.39	12.00	2.86
黑龍江	7.73	4.59	10.27	2.45
河 南	6.05	3.20	12.75	2.67
湖 北	5.78	4.55	19.76	4.03
湖 南	4.86	3.83	15.67	2.55
遼 寧	5.80	4.97	12.23	2.50
吉 林	6.64	4.61	13.54	2.74
江 蘇	4.26	6.65	11.87	2.74
江 西	5.84	4.03	13.85	3.23
內蒙古	6.94	6.69	15.29	2.94
寧 夏	7.79	4.12	11.83	2.11
青 海	9.38	5.07	6.94	2.95
山 東	6.04	5.46	12.67	2.64
山 西	6.03	5.39	12.17	2.06
陝 西	7.71	3.21	15.73	2.88
上 海	4.64	6.40	11.03	2.66
四 川	5.66	3.79	13.14	3.15
天 津	4.75	5.07	10.82	2.33
西 藏	2.99	2.49	1.56	3.44
新 疆	6.60	6.31	9.15	5.72
雲 南	60.01	13.43	138.66	56.58
浙 江	79.29	24.89	144.54	83.86

第三章　生活質量指標

5.3.1　1997年全國及各省市農村居民平均每人主要消費品消費量

單位:公斤　(Kg)

地區 Region	糧食 Grain	蔬菜 Vegetables	食油 Edible Oil	猪牛羊肉 Pork Beef and Mutton	家禽 Poultry
全　國	**250.67**	**107.21**	**6.16**	**12.72**	**2.36**
安　徽	250.23	79.70	6.78	7.40	2.93
北　京	169.47	106.92	9.18	12.56	1.38
重　慶	245.50	173.02	5.46	23.91	1.39
福　建	267.34	118.71	4.92	13.26	5.50
甘　肅	237.98	25.33	4.67	6.52	0.28
廣　東	244.69	111.88	6.25	18.90	8.75
廣　西	237.19	116.58	3.83	11.98	5.36
貴　州	226.22	121.57	5.22	19.46	0.77
海　南	259.20	52.49	2.74	8.88	4.37
河　北	223.35	85.02	5.75	6.40	0.39
黑龍江	288.90	101.30	7.36	7.40	2.03
河　南	237.22	100.21	5.34	9.04	0.66
湖　北	283.11	144.24	10.09	15.20	1.56
湖　南	289.68	142.79	9.05	16.57	3.00
遼　寧	258.20	212.00	7.23	14.01	1.43
吉　林	239.70	135.13	5.87	9.44	2.10
江　蘇	273.00	120.60	9.14	13.63	5.09
江　西	302.57	141.48	6.54	12.59	2.53
内蒙古	263.11	84.62	2.79	20.58	0.66
寧　夏	247.63	70.20	7.06	10.60	0.94
青　海	270.20	40.32	7.90	16.85	0.14
山　東	240.33	120.28	5.87	6.63	1.99
山　西	220.44	80.85	4.64	4.75	0.28
陝　西	226.02	56.87	6.09	5.88	0.28
上　海	260.80	84.62	5.65	14.75	6.03
四　川	244.88	129.91	5.99	21.77	1.88
天　津	245.39	84.43	7.90	9.24	0.49
西　藏	234.29	39.09	6.64	13.69	0.03
新　疆	233.87	78.04	6.27	9.09	1.32
雲　南	241.48	123.21	4.53	21.54	1.92
浙　江	261.28	74.49	4.18	13.49	4.20

5.3.1 1997年全國及各省市農村居民平均每人主要消費品消費量(續)

單位:公斤 (Kg)

地區 Region	蛋及制品 Eggs and Related Products	水產品 Aquatic Products	食糖 Sugar	酒 Liquor	棉布 Cotton Cloth (m)
全 國	**4.08**	**3.75**	**1.35**	**7.13**	**0.38**
安 徽	4.30	3.40	1.58	8.07	0.31
北 京	8.13	3.30	1.21	18.65	0.99
重 慶	3.39	1.31	1.93	6.39	0.24
福 建	3.43	9.18	2.33	11.43	0.19
甘 肅	1.00	0.06	0.49	1.30	0.43
廣 東	3.31	12.47	2.89	3.43	0.17
廣 西	1.15	2.47	1.19	5.74	0.12
貴 州	0.97	0.29	0.85	4.74	0.34
海 南	0.72	9.79	1.31	2.55	0.13
河 北	5.25	1.85	0.74	6.67	0.56
黑龍江	5.99	3.12	0.75	12.99	0.40
河 南	4.98	0.64	1.20	3.70	0.27
湖 北	3.58	5.76	1.25	7.08	0.25
湖 南	2.99	5.38	1.34	7.59	0.12
遼 寧	7.79	4.51	0.59	10.02	0.43
吉 林	6.30	3.50	0.75	12.62	0.34
江 蘇	9.77	9.92	1.81	9.81	0.36
江 西	2.90	4.07	1.51	5.37	0.17
內蒙古	2.85	1.00	1.26	9.24	0.60
寧 夏	1.34	0.41	1.54	1.09	0.42
青 海	0.42	0.13	0.72	1.64	0.58
山 東	9.92	3.86	1.21	11.51	0.94
山 西	3.50	0.34	1.15	2.11	0.42
陝 西	1.85	0.20	0.87	2.16	0.47
上 海	7.93	11.70	2.67	14.92	0.43
四 川	2.65	1.15	1.35	5.88	0.25
天 津	9.13	6.54	0.73	10.78	1.02
西 藏	1.28	—	2.70	0.99	1.51
新 疆	1.01	0.41	0.38	1.52	0.61
雲 南	1.85	0.84	1.47	5.30	0.25
浙 江	4.64	11.25	2.62	21.80	0.24

5.3.1　1997年全國及各省市農村居民平均每人主要消費品消費量(續)

地區 Region	化纖布(米) Chemical Fiber Cloth (m)	呢絨(米) Woolen Fabric (m)	綢緞(米) Silk and Satin (m)	毛綫及毛綫織品(公斤) Knitting Wool and Woolen Knitwear (kg)	膠鞋、球鞋、皮鞋(雙) Rubber Gymshoes and Leather Shoes (pair)
全　國	**1.79**	**0.05**	**0.03**	**0.15**	**0.70**
安　徽	1.57	0.04	0.02	0.12	0.66
北　京	2.08	0.07	0.03	0.23	0.71
重　慶	0.97	0.04	0.01	0.09	0.91
福　建	0.93	0.05	0.01	0.07	0.54
甘　肅	1.19	0.04	0.01	0.11	0.39
廣　東	1.40	0.02	—	0.05	0.69
廣　西	1.41	—	—	0.04	0.58
貴　州	1.11	0.01	0.01	0.09	1.03
海　南	1.23	—	—	0.01	0.72
河　北	2.48	0.03	0.01	0.14	0.48
黑龍江	1.35	0.05	0.01	0.18	0.82
河　南	2.14	0.03	0.01	0.16	0.37
湖　北	1.66	0.03	—	0.12	0.79
湖　南	1.66	0.02	—	0.08	0.85
遼　寧	1.91	0.08	0.02	0.18	0.86
吉　林	1.48	0.02	—	0.17	0.91
江　蘇	2.02	0.12	0.01	0.18	0.67
江　西	1.65	0.04	—	0.10	0.79
内蒙古	2.05	0.04	0.33	0.14	0.60
寧　夏	2.23	0.04	0.02	0.14	0.54
青　海	1.99	0.05	0.12	0.10	0.79
山　東	3.21	0.12	0.03	0.44	0.54
山　西	2.09	0.02	0.02	0.14	0.50
陝　西	2.12	0.03	0.02	0.14	0.50
上　海	1.70	0.16	0.03	0.23	0.75
四　川	1.26	0.03	—	0.07	0.88
天　津	1.48	0.08	0.15	0.20	0.68
西　藏	0.88	0.29	0.10	0.14	1.29
新　疆	2.26	0.36	0.27	0.13	1.06
雲　南	1.38	0.03	—	0.13	0.75
浙　江	2.26	0.11	0.02	0.50	1.04

5.3.2 1997年農村居民家庭平均每百户年底主要耐用消費品擁有量

地區 Region	自行車(輛) Bicycle	縫紉機(架) Sewing Machine	手表(只) Watch	其中:電子表(只) of Which: Electronic Watch	電風扇(臺) Electric Fan	洗衣機(臺) Washing Machine	摩托車(輛) Motorcycle
全國	**141.95**	**63.97**	**153.55**	**45.37**	**105.93**	**21.87**	**10.89**
安徽	131.23	60.61	127.68	31.42	145.71	6.00	2.39
北京	261.60	67.87	231.07	86.93	134.13	86.40	23.33
重慶	19.47	16.67	160.93	18.33	91.27	2.80	1.20
福建	120.11	75.37	233.43	57.49	161.66	25.26	24.63
甘肅	124.22	69.67	170.28	100.67	4.89	13.44	4.11
廣東	215.00	76.21	249.06	69.49	279.96	18.91	26.56
廣西	154.63	73.46	136.19	15.15	149.35	2.16	5.06
貴州	16.47	23.44	119.46	29.46	14.69	7.86	2.86
海南	106.39	68.06	113.89	44.58	83.89	2.22	20.97
河北	200.60	91.12	166.79	59.10	132.98	47.88	19.12
黑龍江	104.15	75.95	137.65	44.35	3.80	42.85	5.80
河南	154.83	82.36	96.19	41.21	112.10	16.98	5.19
湖北	112.09	49.03	118.84	28.19	119.94	13.78	7.94
湖南	97.38	41.02	120.71	23.02	128.03	6.98	4.44
遼寧	154.07	74.81	161.80	49.74	36.88	55.24	11.85
吉林	125.81	69.63	127.31	51.13	7.81	44.19	8.19
江蘇	184.68	65.26	175.56	30.21	195.32	41.50	18.47
江西	137.27	46.12	147.35	33.80	114.29	1.92	9.71
内蒙古	186.00	78.09	116.64	51.82	6.23	19.27	13.36
寧夏	179.17	71.00	154.50	75.67	13.33	28.50	6.50
青海	80.67	51.50	164.67	83.50	0.17	12.17	5.33
山東	202.40	78.14	150.88	54.48	132.64	13.86	20.64
山西	130.62	84.57	137.10	88.29	27.81	32.71	9.86
陝西	135.77	69.05	132.66	53.33	49.14	22.79	5.54
上海	245.50	86.17	253.17	80.67	302.33	66.50	45.50
四川	72.88	22.73	174.70	26.65	100.20	13.93	5.15
天津	227.50	90.83	221.33	92.83	142.50	72.33	23.17
西藏	69.17	41.67	72.92	26.04	—	2.08	0.21
新疆	146.60	66.13	104.07	49.80	9.13	20.13	13.93
雲南	79.25	48.08	154.96	34.38	5.71	11.92	2.17
浙江	230.74	83.07	246.93	43.07	243.44	21.70	13.33

5.3.2 1997年農村居民家庭平均每百户年底主要耐用消費品擁有量(續)

地區 Region	家用電冰箱(臺) Refrigerator	收音機(臺) Radio	黑白電視機(臺) Black and White TV Set	彩色電視機(臺) Color TV Set	收録機(臺) Radio Cassette Player	照相機(臺) Camera
全 國	**8.49**	**28.11**	**65.12**	**27.32**	**32.02**	**2.06**
安 徽	3.97	29.16	81.71	17.45	31.00	1.03
北 京	70.93	51.07	47.47	83.33	59.20	20.00
重 慶	2.73	7.80	69.93	11.20	19.13	0.67
福 建	11.37	21.20	58.29	43.77	30.40	2.23
甘 肅	0.56	31.78	49.39	22.50	38.83	0.94
廣 東	9.92	37.07	46.76	46.09	50.27	1.95
廣 西	1.30	15.93	65.50	9.91	26.62	0.30
貴 州	0.40	5.85	44.69	7.01	20.98	0.71
海 南	1.81	38.33	17.08	24.58	34.17	1.25
河 北	14.43	43.55	71.52	39.24	37.21	2.67
黑龍江	2.55	34.20	70.45	31.55	32.60	1.85
河 南	4.88	42.74	70.71	22.98	23.95	0.90
湖 北	3.16	17.44	78.94	14.22	21.47	0.72
湖 南	3.44	10.37	69.45	11.21	19.82	0.76
遼 寧	13.65	35.61	57.35	48.89	35.50	4.13
吉 林	4.50	30.38	69.81	33.06	36.19	1.25
江 蘇	15.85	34.06	77.65	34.38	36.29	4.35
江 西	2.82	24.82	77.88	13.31	28.37	1.10
内蒙古	2.68	27.91	61.18	29.00	37.27	1.32
寧 夏	3.67	20.50	53.67	43.83	40.33	1.00
青 海	0.67	30.83	50.67	17.33	53.00	2.00
山 東	13.48	49.24	73.07	31.43	31.81	3.26
山 西	5.52	21.76	59.19	34.81	31.48	1.71
陝 西	2.79	30.59	58.74	26.94	22.39	1.22
上 海	68.17	43.17	72.83	61.83	42.33	7.33
四 川	2.55	14.75	72.98	14.55	27.05	0.78
天 津	38.67	66.33	54.17	68.00	45.50	7.67
西 藏	—	32.50	3.13	7.50	37.08	0.42
新 疆	6.20	18.27	63.60	23.40	58.67	2.27
雲 南	1.21	15.38	44.71	20.54	36.71	1.33
浙 江	30.00	22.07	65.81	47.26	32.15	4.41

第六篇
宏觀經濟環境

導　讀

主要統計指標解釋

國内生產總值　是按市場價格計算的國内生產總值的簡稱。它是一個國家(地區)所有常住單位在一定時期内生產活動的最終成果。國内生產總值有三種表現形態,即價值形態、收入形態和產品形態。從價值形態看,它是所有常住單位在一定時期内所生產的全部貨物和服務價值超過同期投入的全部非固定資產貨物和服務價值的差額,即所有常住單位的增加值之和;從收入形態看,它是所有常住單位在一定時期内所創造并分配給常住單位和非常住單位的初次分配收入之和;從產品形態看,它是最終使用的貨物和服務減去進口貨物和服務。在實際核算中,三種表現形態表現為三種計算方法,即生產法、收入法和支出法。三種方法分別從不同的方面反映國内生產總值及其構成。

三次產業　根據社會生產活動歷史發展的順序對產業結構的劃分,產品直接取自自然界的部門稱為第一產業,對初級產品進行再加工的部門稱為第二產業,為生產和消費提供各種服務的部門稱為第三產業。它是世界上較為通用的產業結構分類,但各國的劃分不盡一致。我國的三次產業劃分是:

第一產業:農業(包括種植業、林業、牧業和漁業)。

第二產業:工業(包括采掘工業、制造業、自來水、電力、蒸氣、熱水、煤氣)和建築業。

第三產業:除第一、第二產業以外的其他各業。由于第三產業包括的行業多、範圍廣,根據我國的實際情況,第三產業可分為兩大部分:一是流通部分,二是服務部門。具體又可分為四個層次:

第一層次:流通部門,包括交通運輸業、郵電通訊業、商業、飲食業、物資供銷和倉儲業。

第二層次:為生產和生活服務的部門,包括金融、保險業,地質勘查業,房地產、公用事業,居民服務業,咨詢服務業和綜合技術服務業,農、林、牧、漁、水利服務業和水利業,公路、内河(湖)航道養護業等。

第三層次:為提高科學文化水平和居民素質服務的部門,包括教育、文化、廣播電視,科學研究、衛生、體育和社會福利事業等。

第四層次:為社會公共需要服務的部門,包括國家機關、政黨機關、社會團體,以及軍隊和警察等。

社會消費品零售額　指各種經濟類型的批發零售貿易業、餐飲業、制造業和其他行業對城鄉居民和社會集團的消費品零售額。這個指標反映通過各種商品流通渠道向居民和社會集團供應的生活消費品來滿足他們生活需要,是研究人民生活,社會消費品購買力、貨幣流通等問題的重要指標。社會消費品零售額包括:(1)售給城鄉居民作為生活用的商品和修建房屋用的建築材料;(2)售給機關、團體、學校、部隊、企業、事業單位的職工食堂和旅店(招待所)附設專門供本店旅客食用,不對外營業的食堂的各種食品、燃料;企業、單位和國營農場直接售給本單位職工和職工食堂的自己生產的產品;(3)售給部隊、戰士生活用糧食、副食品、衣着品、日用品、燃料;(4)售給來華的外國人、華僑、港澳臺同胞的消費品;(5)居民自費購買的中、西藥品、中藥材及醫療用品;(6)報社、出版社直接售給居民和社會集團的報紙、圖書、雜志、集郵公司出售的新、舊紀念郵票、特種郵票、首日封、集郵册、集郵工具等;(7)舊貨寄售商店自購、自銷部分的商品;(8)煤氣公司、液化石油氣站售給居民和社會集團的煤氣竈具和罐裝液化石油氣;(9)農民售給非農業居民和社會集團的商品。不包括售給國民經濟各部門企業、事業單位(包括國有經濟的農場)生產經營用的各種原材料、燃料、設備、工具等和售給批發零售貿易業、餐飲業作為轉賣用的商品、舊貨寄售商店受托寄售賣出的商品、服務業的營業收入、郵局出售郵票的收入、自來水、電力、煤氣生產(供應)單位的產品供應收入,也不包括農民之間的商品銷售。

全國城鄉儲蓄存款余額　全國城鄉儲蓄存款,包括城鎮居民儲蓄存款和農民個人儲蓄存款兩部分。不包括居民的手存現金和工礦企業、部隊、機關團體等集團存款。儲蓄存款余額,是指城鄉居民存入銀行及農村信用社儲蓄的時點數(存入數扣除取出數的余額),如月末、季末或年末數額。

城鎮居民家庭可支配收入　指被調查城鎮居民家庭在支付個人所得税、財產税及其他經常性轉移支出之后,所余下的實際收入。

城鎮居民家庭消費性支出　指被調查城鎮居民家庭用于日常生活的全部支出,包括購買商品支出和文化生活、服務等非商品性支出。不包括罰没、丢失款和繳納的各種税款(如個人所得税、牌照税、房產税等),也不包括個體勞動者生產經營過程中發生的各項費用。

農村居民家庭純收入　指農村常住居民家庭總收入中,扣除從事生產和非生產經營費用支出、繳納税款和上交承包集體任務金額以后剩余的,可直接用于進行生產性、非生產性建設投資、生活消費和積蓄的那一部分收入。它是反映農民家庭實際收入水平的綜合性的主要指標。農民家庭純收入,既包括從事生產性和非生產性的經營收入,又包括取自在外人口寄回帶回和國家財政救濟、各種補貼等非經營性收入;既包括貨幣收入,又包括自產自用的實物收入。但不包括向銀行、信用社和向親友借款等屬于借貸性的收入。

農村居民家庭生活消費支出　指農村常住居民家庭年内用于日常生活的全部開支。它是用來反映和研究農民家庭實際生活消費水平高低的重要指標。農村家庭生活消費支出,包括用于吃、穿、住、燒、用等生活消費品開支和文化、生活服務費用開支兩大部分。

存款 企業、機關、團體或居民根據資金必須收回的原則，把貨幣資金存入銀行或其他信用機構保管并取得一定利息的一種信用活動形式。根據存款對象的不同劃分為企業存款、財政存款、機關團體存款、基本建設存款、城鎮儲蓄存款、農村存款等科目。它是銀行信貸資金的主要來源。

貸款 銀行或其他信用機構根據資金必須歸還的原則，按一定利率，為企業、個人等提供資金的一種信用活動形式。我國銀行貸款分為流動資金貸款、固定資產貸款、城鄉個體工商户貸款以及農業貸款等科目。

中央財政收入和地方財政收入 按財政體制劃分的中央本級收入和地方本級收入。1994年分税制財政體制以后，屬于中央財政的收入包括關税、海關代征消費税和增值税，消費税，中央企業所得税，地方銀行和外資銀行及非銀行金融企業所得税，鐵道、銀行總行、保險總公司等集中繳納的營業税、所得税、利潤和城市維護建設税，增值税的75%部分，海洋石油資源和證券(印花)税50%部分。屬于地方財政收入的收入包括營業税，地方企業所得税，個人所得税，城鎮土地使用税，固定資產投資方向調節税，城鎮維護建設税，房產税，車船使用税，印花税，屠宰税，農牧業税，農業特產税，耕地占用税，契税，增值税25%部分，證券交易税(印花税)的50%部分和除海洋石油資源税以外的其他資源税。

中央財政支出和地方財政支出 根據政府在經濟和社會活動中的不同職責，劃分中央和地方政府的責權，按照政府的責權劃分確定的支出。中央財政支出包括國防支出，武裝警察部隊支出，中央級行政管理費和各項事業費，重點建設支出以及中央政府調整國民經濟結構、協調地區發展，實施宏觀調控的支出。地方財政支出主要包括地方行政管理和各項事業費，地方統籌的基本建設、技術改造支出，支援農村生產支出，城市維護和建設經費，價格補貼支出等。

進出口總額 海關進出口總額指實際進出我國國境的貨物總金額。包括對外貿易實際進出口貨物，來料加工裝配進出口貨物，國家間、聯合國及國際組織無償援助物資和贈送品，華僑、港澳臺同胞和外籍華人捐贈品，租賃期滿歸承租人所有的租賃貨物，進料加工進出口貨物，邊境地方貿易及邊境地區小額貿易進出口貨物(邊民互市貿易除外)，中外合資經營企業、中外合作經營企業、外商獨資經營企業進出口貨物和公用物品，到、離岸價格在規定限額以上的進出口貨樣和廣告品(無商業價值、無使用價值和免費提供出口的除外)，從保税倉庫提取在中國境内銷售的進口貨物，以及其他進出口貨物。進出口總額用以觀察一個國家在對外貿易方面的總規模。我國規定出口貨物按離岸價格統計，進口貨物按到岸價格統計。

全社會固定資産投資 是以貨幣表現的建造和購置固定資産活動的工作量，它是反映固定資産投資規模、速度、比例關系和使用方向的綜合性指標。全社會固定資産投資包括國有經濟單位投資、城鄉集體經濟單位投資、其他各種經濟類型的單位投資和城鄉居民個人投資。按照我國現行計劃管理體制，全社會固定資産投資總額分為基本建設、更新改造、房地産開發投資和其他固定資産投資四個部分；城鄉集體經濟單位投資包括城鎮集體所有制單位投資和農村集體所有制單位投資；其他各種經濟類型單位投資包括聯營經濟、股份制經濟、中外合資經營、中外合作經營、外商、與大陸合資經營、與大陸合作經營、港澳臺獨資及其他經濟的單位投資。城鄉居民個人投資包括城市、縣城、鎮、工礦區所轄範圍内的個人建房和農村個人建房及購買生産性固定資産的投資。

職工平均工資 指企業、事業、機關單位的職工在一定時期内平均每人所得的貨幣工資額。它表明一定時期職工工資收入的高低程度，是反映職工工資水平的主要指標。計算公式為：

職工平均工資＝報告期實際支付的全部職工工資總額/報告期全部職工平均人數

第一章　國民經濟發展規模

6.1.1 1952－1997年中國國内生産總值

單位:億元(100 Million Yuan)

年份 Year	國内生産總值 Gross Domestic Product	第一産業 Primary Industry	第二産業 Secondary Industry	第三産業 Tertiary Industry	人均國内生産總值 (元,Yuan) Per-Capita GDP
1952	679.00	342.90	141.80	194.30	119
1953	824.00	378.00	192.50	253.50	142
1954	859.00	392.00	211.70	255.30	144
1955	910.00	421.00	222.20	266.80	150
1956	1 028.00	443.90	280.70	303.40	165
1957	1 068.00	430.00	317.00	321.00	168
1958	1 307.00	445.90	483.50	377.60	200
1959	1 439.00	383.80	615.50	439.70	216
1960	1 457.00	340.70	648.20	468.10	218
1961	1 220.00	441.10	388.90	390.00	185
1962	1 149.00	453.10	359.30	336.90	173
1963	1 233.00	497.50	407.60	328.20	181
1964	1 454.00	559.00	513.50	381.50	208
1965	1 716.10	651.10	602.20	462.80	240
1966	1 868.00	702.20	709.50	456.30	254
1967	1 773.90	714.20	602.80	456.90	235
1968	1 723.10	726.30	537.30	459.50	222
1969	1 937.90	736.20	689.10	512.60	243
1970	2 252.70	793.30	912.20	547.20	275
1971	2 426.40	826.30	1 022.80	577.30	288
1972	2 518.10	827.40	1 084.20	606.50	292
1973	2 720.90	907.50	1 173.00	640.40	309
1974	2 789.90	945.20	1 192.00	652.70	310

注:本表數字按當年價格計算。

6.1.1 1952—1997年中國國內生產總值(續)

單位:億元(100 Million Yuan)

年份 Year	國內生產總值 Gross Domestic Product	第一產業 Primary Industry	第二產業 Secondary Industry	第三產業 Tertiary Industry	人均國內生產總值 (元,Yuan) Per-Capita GDP
1975	2 997.30	971.10	1 370.50	655.70	327
1976	2 943.70	967.00	1 337.20	639.50	316
1977	3 201.90	942.10	1 509.10	750.70	339
1978	3 624.10	1 018.40	1 745.20	860.50	379
1979	4 038.20	1 258.90	1 913.50	865.80	417
1980	4 517.80	1 359.40	2 192.00	966.40	460
1981	4 862.40	1 545.60	2 255.50	1 061.30	489
1982	5 294.70	1 761.60	2 383.00	1 150.10	525
1983	5 934.50	1 960.80	2 646.20	1 327.50	580
1984	7 171.00	2 295.50	3 105.70	1 769.80	692
1985	8 964.40	2 541.60	3 866.60	2 556.20	853
1986	10 202.20	2 763.90	4 492.70	2 945.60	956
1987	11 962.50	3 204.30	5 251.60	3 506.60	1 104
1988	14 928.30	3 831.00	6 587.20	4 510.10	1 355
1989	16 909.20	4 228.00	7 278.00	5 403.20	1 512
1990	18 547.90	5 017.00	7 717.40	5 813.50	1 634
1991	21 617.80	5 288.60	9 102.20	7 227.00	1 879
1992	26 638.10	5 800.00	11 699.50	9 138.60	2 287
1993	34 634.40	6 882.10	16 428.50	11 323.80	2 939
1994	46 759.40	9 457.20	22 372.20	14 930.00	3 923
1995	58 478.10	11 993.00	28 537.90	17 947.20	4 854
1996	67 884.60	13 884.20	33 612.90	20 427.50	5 576
1997	74 772.40	13 968.80	36 770.30	24 033.30	6 079

注:本表數字按當年價格計算。

6.1.2 1952—1997 年中國國内生產總值構成

單位:%

年份 Year	國内生產總值 Gross Domestic Product	第一産業 Primary Industry	第二産業 Secondary Industry	第三産業 Tertiary Industry
1952	100.0	50.5	20.9	28.6
1953	100.0	45.9	23.4	30.8
1954	100.0	45.6	24.6	29.7
1955	100.0	46.3	24.4	29.3
1956	100.0	43.2	27.3	29.5
1957	100.0	40.3	29.7	30.1
1958	100.0	34.1	37.0	28.9
1959	100.0	26.7	42.8	30.6
1960	100.0	23.4	44.5	32.1
1961	100.0	36.2	31.9	32.0
1962	100.0	39.4	31.3	29.3
1963	100.0	40.3	33.0	26.6
1964	100.0	38.4	35.3	26.2
1965	100.0	37.9	35.1	27.0
1966	100.0	37.6	38.0	24.4
1967	100.0	40.3	34.0	25.8
1968	100.0	42.2	31.2	26.7
1969	100.0	38.0	35.6	26.5
1970	100.0	35.2	40.5	24.3
1971	100.0	34.1	42.2	23.8
1972	100.0	32.9	43.1	24.1
1973	100.0	33.4	43.1	23.5
1974	100.0	33.9	42.7	23.4

注:本表數字按當年價格計算。

6.1.2 1952—1997年中國國内生產總值構成(續)

單位:%

年份 Year	國内生產總值 Gross Domestic Product	第一產業 Primary Industry	第二產業 Secondary Industry	第三產業 Tertiary Industry
1975	100.0	32.4	45.7	21.9
1976	100.0	32.8	45.4	21.7
1977	100.0	29.4	47.1	23.4
1978	100.0	28.1	48.2	23.7
1979	100.0	31.2	47.4	21.4
1980	100.0	30.1	48.5	21.4
1981	100.0	31.8	46.4	21.8
1982	100.0	33.3	45.0	21.7
1983	100.0	33.0	44.6	22.4
1984	100.0	32.0	43.3	24.7
1985	100.0	28.4	43.1	28.5
1986	100.0	27.1	44.0	28.9
1987	100.0	26.8	43.9	29.3
1988	100.0	25.7	44.1	30.2
1989	100.0	25.0	43.0	32.0
1990	100.0	27.1	41.6	31.3
1991	100.0	24.5	42.1	33.4
1992	100.0	21.8	43.9	34.3
1993	100.0	19.9	47.4	32.7
1994	100.0	20.2	47.9	31.9
1995	100.0	20.5	48.8	30.7
1996	100.0	20.4	49.5	30.1
1997	100.0	18.7	49.2	32.1

注:本表數字按當年價格計算。

6.1.3　1952—1997年中國國内生産總值指數

上年=100(Preceding Year=100)

年份 Year	國内生産總值 Gross Domestic Product	第一産業 Primary Industry	第二産業 Secondary Industry	第三産業 Tertiary Industry	人均國内生産總值 (元,Yuan) Per-Capita GDP
1952	—	—	—	—	—
1953	115.6	101.9	135.8	127.3	113.1
1954	104.2	101.7	115.7	99.4	101.8
1955	106.8	107.9	107.6	104.6	104.5
1956	115.0	104.7	134.5	114.1	112.7
1957	105.1	103.1	108.0	104.8	102.4
1958	121.3	100.4	152.9	117.9	118.3
1959	108.8	84.1	125.8	115.2	106.7
1960	99.7	83.6	105.6	104.8	99.5
1961	72.7	101.4	57.9	74.3	73.4
1962	94.4	104.5	89.2	90.8	93.6
1963	110.2	111.3	114.5	104.4	107.5
1964	118.3	112.9	125.6	115.5	115.5
1965	117.0	109.7	124.2	115.8	114.3
1966	110.7	107.2	122.4	98.2	107.7
1967	94.3	101.9	85.7	100.5	91.9
1968	95.9	98.4	90.8	100.6	93.4
1969	116.9	100.8	133.1	113.3	113.7
1970	119.4	107.7	134.8	107.1	116.1
1971	107.0	101.9	112.3	105.8	104.1
1972	103.8	99.1	106.7	105.0	101.2
1973	107.9	109.0	108.3	105.5	105.4
1974	102.3	104.1	101.4	101.6	100.2

注:本表數字按可比價格計算。

6.1.3 1952－1997年中國國內生產總值指數(續)

上年＝100(Preceding Year＝100)

年份 Year	國內生產總值 Gross Domestic Product	第一產業 Primary Industry	第二產業 Secondary Industry	第三產業 Tertiary Industry	人均國內生產總值 (元,Yuan) Per-Capita GDP
1975	108.7	102.0	115.8	104.9	106.8
1976	98.4	98.2	97.5	100.4	96.9
1977	107.6	97.8	113.3	109.5	106.2
1978	111.7	104.1	115.0	113.7	110.2
1979	107.6	106.1	108.2	107.8	106.1
1980	107.8	98.5	113.6	105.9	106.5
1981	105.2	107.0	101.9	110.4	103.9
1982	109.3	111.5	105.6	113.0	107.5
1983	111.1	108.3	110.4	115.2	109.3
1984	115.3	112.9	114.5	119.4	113.7
1985	113.2	101.8	118.6	118.3	111.9
1986	108.5	103.3	110.2	112.1	107.2
1987	111.5	104.7	113.7	114.4	109.8
1988	111.3	102.5	114.5	113.2	109.5
1989	104.2	103.1	103.8	105.4	102.5
1990	104.2	107.3	103.2	102.3	102.3
1991	109.1	102.4	113.9	108.8	107.7
1992	114.1	104.7	121.2	112.4	112.8
1993	113.1	104.7	119.9	110.7	112.2
1994	112.6	104.0	118.4	109.6	111.4
1995	109.0	105.0	113.9	108.4	109.3
1996	109.8	105.1	112.1	107.9	108.4
1997	108.5	103.5	110.8	108.2	107.6

注:本表數字按可比價格計算。

6.1.4　1991—1997年各地區國内生産總值

單位:億元(RMB 100 Million Yuan)

地　區 Region	國内生産總值 Gross Domestic Product						
	1991年	1992年	1993年	1994年	1995年	1996年	1997年
安　徽	663.60	801.16	1 069.84	1 488.47	2 003.58	2 339.25	2 669.95
北　京	598.90	709.10	863.54	1 084.03	1 394.89	1 615.73	1 810.09
重　慶	—	—	—	—	—	1 179.09	1 350.10
福　建	622.02	787.71	1 133.49	1 685.34	2 160.52	2 583.83	3 000.36
甘　肅	271.39	317.79	372.24	451.66	553.35	714.18	781.34
廣　東	1 780.56	2 293.54	3 225.30	4 240.56	5 381.72	6 519.14	7 315.51
廣　西	518.59	646.60	893.58	1 241.83	1 606.15	1 869.62	2 015.20
貴　州	295.90	339.91	416.07	521.17	630.07	713.70	792.98
海　南	120.51	181.71	258.08	330.95	364.17	389.53	409.86
河　北	1 072.07	1 278.50	1 690.84	2 187.49	2 849.52	3 452.97	3 953.78
黑龍江	824.23	864.04	1 203.22	1 618.63	2 014.53	2 402.58	2 708.46
河　南	1 045.73	1 279.75	1 662.76	2 224.43	3 002.74	3 661.18	4 079.26
湖　北	913.38	1 088.39	1 424.38	1 878.65	2 391.42	2 970.20	3 450.24
湖　南	833.30	997.70	1 278.28	1 694.42	2 195.70	2 647.16	2 993.00
遼　寧	1 200.10	1 472.95	2 010.82	2 461.78	2 793.37	3 157.69	3 490.06
吉　林	463.47	558.06	717.95	936.78	1 129.20	1 337.16	1 446.91
江　蘇	1 601.38	2 136.02	2 998.16	4 057.39	5 155.25	6 004.21	6 680.34
江　西	479.37	572.55	723.06	948.16	1 205.11	1 517.26	1 715.18
内蒙古	359.66	421.68	532.71	681.92	832.88	984.78	1 094.52
寧　夏	71.78	83.14	103.82	133.97	169.75	193.62	210.92
青　海	75.10	87.52	109.62	138.24	165.31	183.57	202.05
山　東	1 810.54	2 196.53	2 779.49	3 872.18	5 002.34	5 960.42	6 650.02
山　西	468.50	570.00	704.70	853.77	1 092.48	1 308.01	1 480.13
陜　西	466.93	540.52	671.37	816.58	1 000.03	1 175.38	1 326.04
上　海	893.77	1 114.32	1 511.61	1 971.92	2 462.57	2 902.20	3 360.21
四　川	1 382.96	1 624.51	2 096.48	2 777.88	3 534.00	2 985.15	3 320.11
天　津	342.75	411.24	536.10	725.14	920.11	1 102.40	1 240.40
西　藏	30.53	33.29	45.84	45.84	55.98	64.76	76.98
新　疆	335.91	402.31	505.63	673.68	825.11	912.15	1 050.14
雲　南	517.41	618.69	779.21	973.97	1 206.68	1 491.62	1 644.23
浙　江	1 081.75	1 365.06	1 909.49	2 666.86	3 524.79	4 146.06	4 638.24

注:本表數字按當年價格計算。

6.1.5 1991－1997年各地區國内生産總值指數

上年＝100(preceding＝100)

地 區 Region	國内生産總值指數 Gross Domestic Product Indices						
	1991年	1992年	1993年	1994年	1995年	1996年	1997年
安 徽	99.1	116.8	121.0	120.6	114.3	114.4	112.7
北 京	109.5	111.6	112.1	113.5	112.4	109.2	109.6
重 慶	—	—	—	—	—	111.2	111.0
福 建	114.4	120.3	125.2	121.7	115.2	115.4	114.5
甘 肅	106.6	109.9	111.6	110.4	109.9	111.5	108.5
廣 東	117.3	122.0	122.3	119.0	114.9	110.7	110.6
廣 西	112.7	118.3	121.2	116.0	115.3	110.3	109.0
貴 州	109.2	108.1	109.9	108.5	107.5	108.9	109.0
海 南	114.9	140.2	120.9	116.0	104.3	104.8	106.7
河 北	111.0	115.6	117.7	114.9	113.9	113.5	112.5
黑龍江	106.9	106.8	107.6	108.7	109.6	110.5	110.0
河 南	2106.9	113.7	115.8	113.8	114.8	113.9	110.4
湖 北	106.6	114.1	114.3	115.2	114.6	113.2	113.0
湖 南	107.9	112.4	113.1	111.0	110.9	112.2	110.8
遼 寧	106.1	112.1	114.9	111.2	107.1	108.6	108.9
吉 林	105.9	112.2	112.8	114.3	109.7	113.7	109.2
江 蘇	112.5	126.0	120.7	116.5	115.4	112.2	112.0
江 西	108.2	114.8	113.7	117.0	114.5	113.4	111.5
内蒙古	107.5	111.0	110.6	110.1	109.1	112.7	109.7
寧 夏	104.8	108.6	110.1	108.2	109.0	118.1	107.6
青 海	104.7	107.4	109.6	108.2	108.0	108.6	109.0
山 東	114.6	116.9	118.5	116.3	114.2	112.2	111.2
山 西	104.2	113.8	112.2	109.4	111.1	111.0	110.5
陝 西	108.1	108.2	113.3	108.1	109.0	110.2	110.0
上 海	107.1	114.9	114.9	114.3	114.1	113.0	112.7
四 川	107.8	112.6	113.9	111.1	110.0	110.1	110.2
天 津	106.0	111.7	112.1	114.3	114.9	114.3	112.1
西 藏	101.6	107.1	108.2	115.6	117.9	113.2	111.5
新 疆	114.4	113.1	110.3	110.9	109.0	106.4	111.0
雲 南	106.6	110.9	110.6	111.6	111.2	110.4	109.4
浙 江	117.8	119.0	122.0	120.0	116.7	112.7	111.1

注:本表數字按可比價格計算。

6.1.6 1997年各地區國内生産總值

單位:億元(100 Million Yuan)

地 區 Region	國内生産總值 Gross Domestic Product	第一産業 Primary Industry	第二産業 Secondary Industry	第三産業 Tertiary Industry
安 徽	2 669.95	732.37	1 260.90	676.68
北 京	1 810.09	84.85	738.56	986.68
重 慶	1 350.10	304.51	563.40	482.19
福 建	3 000.36	576.63	1 293.50	1 130.23
甘 肅	781.34	189.79	343.40	248.15
廣 東	7 315.51	986.82	3 647.82	2 680.87
廣 西	2 015.20	631.62	759.54	624.04
貴 州	792.98	271.83	293.47	227.68
海 南	409.86	151.28	82.68	175.90
河 北	3 953.78	761.76	1 934.38	1 257.64
黑龍江	2 708.46	484.81	1 449.25	774.40
河 南	4 079.26	1 008.55	1 920.05	1 150.66
湖 北	3 450.24	767.92	1 606.98	1 075.34
湖 南	2 993.00	855.75	1 166.97	970.28
遼 寧	3 490.06	485.38	1 743.87	1 260.81
吉 林	1 446.91	368.16	575.43	503.32
江 蘇	6 680.34	1 008.41	3 411.86	2 260.07
江 西	1 715.18	475.18	658.25	581.75
内蒙古	1 094.52	322.52	445.50	326.50
寧 夏	210.92	44.82	87.65	78.45
青 海	202.05	40.65	78.80	82.60
山 東	6 650.02	1 195.00	3 185.05	2 269.97
山 西	1 480.13	191.84	789.45	498.84
陝 西	1 326.04	271.52	555.86	498.66
上 海	3 360.21	75.80	1 754.39	1 530.02
四 川	3 320.11	919.28	1 385.38	1 015.45
天 津	1 240.40	74.55	643.88	521.97
西 藏	76.98	29.18	16.95	30.85
新 疆	1 050.14	279.73	413.29	357.12
雲 南	1 644.23	391.48	750.01	502.74
浙 江	4 638.24	637.48	2 509.56	1 491.20

注:本表按當年價格計算。

6.1.7 1997年各地區國內生産總值構成

單位:%

地 區 Region	國內生産總值 Gross Domestic Product	第一産業 Primary Industry	第二産業 Secondary Industry	第三産業 Tertiary Industry
安 徽	100.0	27.4	47.2	25.4
北 京	100.0	4.7	40.8	54.5
重 慶	100.0	22.6	41.7	35.7
福 建	100.0	19.2	43.1	37.7
甘 肅	100.0	24.3	43.9	31.8
廣 東	100.0	13.5	49.9	36.6
廣 西	100.0	31.3	37.7	31.0
貴 州	100.0	34.3	37.0	28.7
海 南	100.0	36.9	20.2	42.9
河 北	100.0	19.3	48.9	31.8
黑龍江	100.0	17.9	53.5	28.6
河 南	100.0	24.7	47.1	28.2
湖 北	100.0	22.2	46.6	31.2
湖 南	100.0	28.6	39.0	32.4
遼 寧	100.0	13.9	50.0	36.1
吉 林	100.0	25.4	39.8	34.8
江 蘇	100.0	15.1	51.1	33.8
江 西	100.0	27.7	38.4	33.9
內蒙古	100.0	29.5	40.7	29.8
寧 夏	100.0	21.2	41.6	37.2
青 海	100.0	20.1	39.0	40.9
山 東	100.0	18.0	47.9	34.1
山 西	100.0	13.0	53.3	33.7
陝 西	100.0	20.5	41.9	37.6
上 海	100.0	2.3	52.2	45.5
四 川	100.0	27.7	41.7	30.6
天 津	100.0	6.0	51.9	42.1
西 藏	100.0	37.9	22.0	40.1
新 疆	100.0	26.6	39.4	34.0
雲 南	100.0	23.8	45.6	30.6
浙 江	100.0	13.7	54.1	32.2

注:本表按當年價格計算。

6.1.8　1997年各地區國内生産總值指數

(1996年=100)

地　區 Region	國内生産總值 Gross Domestic Product	第一産業 Primary Industry	第二産業 Secondary Industry	第三産業 Tertiary Industry
安　徽	112.7	109.2	114.7	111.3
北　京	109.6	101.0	108.1	111.8
重　慶	111.0	103.4	112.4	114.5
福　建	114.5	108.0	116.4	115.4
甘　肅	108.5	98.0	110.4	112.7
廣　東	110.6	104.8	112.6	109.1
廣　西	109.0	111.3	108.6	107.3
貴　州	109.0	104.2	112.3	109.3
海　南	106.7	107.6	105.4	106.5
河　北	112.5	105.4	114.9	112.5
黑龍江	110.0	106.5	110.1	112.7
河　南	110.4	107.6	111.0	112.0
湖　北	113.0	106.9	115.8	112.9
湖　南	110.8	106.1	113.5	111.5
遼　寧	108.9	101.3	110.5	109.2
吉　林	109.2	99.6	109.1	117.3
江　蘇	112.0	105.0	112.6	114.1
江　西	111.5	106.8	113.0	114.0
内蒙古	109.7	102.0	114.5	110.8
寧　夏	107.6	103.3	108.1	109.4
青　海	109.0	103.5	110.4	110.2
山　東	111.2	100.5	113.0	114.4
山　西	110.5	95.0	114.6	110.2
陜　西	110.0	100.3	114.2	110.2
上　海	112.7	104.2	110.6	117.7
四　川	110.2	105.3	113.7	109.2
天　津	112.1	107.7	111.7	113.4
西　藏	111.5	104.0	112.7	116.7
新　疆	111.0	110.8	113.2	108.7
雲　南	109.4	104.7	110.8	111.3
浙　江	111.1	104.5	112.8	110.5

注:本表按可比價格計算。

6.1.9 1997年安徽省國内生産總值及其構成

單位:億元(RMB 100 Million Yuan)

地 區 Region	國内生産總值 Gross Domestic Product	占全省比重(%) Proportion	第一産業 Primary Industry	第二産業 Secondary Industry	第三産業 Tertiary Industry
全 省	**2 670.00**	**100.00**	**732.40**	**1 260.90**	**676.70**
合肥市	**248.99**	**9.33**	**41.23**	**116.44**	**91.32**
合肥市區	170.68	6.39	4.70	94.86	71.12
長豐縣	18.96	0.71	11.06	3.94	3.96
肥東縣	29.79	1.12	14.12	7.08	8.59
肥西縣	29.57	1.11	11.35	10.56	7.66
蕪湖市	**163.68**	**6.13**	**22.97**	**84.62**	**56.90**
蕪湖市區	81.24	3.04	2.00	46.18	33.06
蕪湖縣	26.37	0.99	7.67	10.54	8.16
繁昌縣	29.16	1.09	5.96	16.72	6.48
南陵縣	23.13	0.87	7.53	9.42	6.18
蚌埠市	**162.59**	**6.09**	**39.71**	**75.06**	**47.82**
蚌埠市區	67.02	2.51	2.65	38.52	25.85
懷遠縣	47.94	1.80	15.56	19.74	12.64
五河縣	24.75	0.93	11.19	8.81	4.75
固鎮縣	22.89	0.86	10.32	7.99	4.58
淮南市	**123.38**	**4.62**	**16.96**	**67.52**	**38.90**
淮南市區	88.26	3.31	6.27	54.94	27.05
鳳臺縣	34.97	1.31	11.07	13.05	10.85
馬鞍山市	**123.52**	**4.63**	**12.37**	**81.15**	**30.00**
馬鞍山市區	87.82	3.29	1.45	63.48	22.89
當涂縣	33.48	1.25	10.92	15.49	7.07
淮北市	**93.88**	**3.52**	**14.11**	**53.30**	**26.47**
淮北市區	62.50	2.34	1.79	42.98	17.73
濉溪縣	31.38	1.18	12.31	10.32	8.75
銅陵市	**58.01**	**2.17**	**5.33**	**31.99**	**20.69**
銅陵市區	41.60	1.56	0.97	23.83	16.80
銅陵縣	20.91	0.78	4.30	10.70	5.87
安慶市	**251.07**	**9.40**	**59.80**	**117.74**	**73.53**
安慶市區	60.50	2.27	1.90	35.10	23.50
桐城市	40.54	1.52	8.74	19.97	11.83
懷寧縣	35.20	1.32	9.64	18.76	6.80
樅陽縣	25.20	0.94	9.27	9.62	6.31
潜山縣	17.20	0.64	4.70	6.50	6.00
太湖縣	13.63	0.51	6.99	2.97	3.67
宿松縣	17.84	0.67	8.38	4.26	5.20
望江縣	17.00	0.64	7.05	5.55	4.40
岳西縣	7.60	0.28	3.42	2.10	2.08
黄山市區	**67.56**	**2.53**	**17.90**	**22.31**	**27.35**
黄山市區	27.95	1.05	5.69	8.20	14.06
歙 縣	17.55	0.66	4.10	7.24	6.21
休寧縣	10.60	0.40	4.36	2.95	3.29
黟 縣	3.53	0.13	1.33	1.23	0.97
祁門縣	7.93	0.30	2.43	2.67	2.83
滁州市	**241.05**	**9.03**	**67.24**	**109.79**	**64.01**
天長市	35.64	1.33	10.38	17.22	8.04
滁州市區	49.89	1.87	6.58	26.40	16.91
明光市	31.94	1.20	9.63	13.97	8.34

6.1.9 1997年安徽省國内生産總值及其構成(續)

單位:億元(RMB 100 Million Yuan)

地 區 Region	國内生産總值 Gross Domestic Product	占全省比重(%) Proportion	第一産業 Primary Industry	第二産業 Secondary Industry	第三産業 Tertiary Industry
來安縣	26.02	0.97	8.08	11.54	6.40
全椒縣	28.51	1.07	8.64	12.30	7.57
定遠縣	36.19	1.36	14.43	13.31	8.45
鳳陽縣	32.85	1.23	9.50	15.05	8.30
阜陽市	**459.39**	**17.21**	**172.64**	**165.74**	**121.01**
阜陽市區	71.08	2.66	18.30	29.53	23.25
亳州市	56.42	2.11	17.26	23.20	15.96
界首市	35.66	1.34	6.98	17.95	10.73
臨泉縣	46.71	1.75	24.72	13.43	8.56
太和縣	49.31	1.85	20.06	16.28	12.97
渦陽縣	46.33	1.74	18.24	16.68	11.41
蒙城縣	44.08	1.65	18.14	15.13	10.81
阜南縣	36.51	1.37	16.02	11.22	9.27
穎上縣	37.17	1.39	16.37	11.22	9.58
利辛縣	36.13	1.35	16.56	11.10	8.47
宿縣地區	**220.04**	**8.24**	**80.61**	**72.30**	**67.13**
宿州市	65.19	2.44	21.45	22.75	20.99
碭山縣	27.11	1.02	12.03	8.34	6.34
蕭 縣	46.03	1.72	14.39	19.87	11.77
靈璧縣	36.98	1.39	22.33	8.64	6.01
泗 縣	25.76	0.96	15.21	6.65	3.90
六安地區	**210.76**	**7.89**	**65.42**	**91.80**	**53.54**
六安市	51.21	1.92	15.63	17.54	18.04
壽 縣	28.19	1.06	14.25	7.93	6.01
霍邱縣	34.65	1.30	17.60	8.92	8.13
舒城縣	26.91	1.01	8.15	11.07	7.69
金寨縣	16.47	0.62	5.69	7.22	3.56
霍山縣	13.74	0.51	3.79	6.75	3.20
宣城地區	**195.89**	**7.34**	**40.75**	**93.67**	**61.47**
宣州市	55.15	2.07	11.92	23.61	19.62
郎溪縣	15.18	0.57	6.38	5.57	3.23
廣德縣	31.02	1.16	5.35	12.10	13.57
寧國縣	50.40	1.89	7.77	29.71	12.92
涇 縣	22.43	0.84	4.52	12.15	5.76
旌德縣	8.50	0.32	1.59	4.11	2.80
績溪縣	13.22	0.50	3.22	6.42	3.58
巢湖地區	**218.44**	**8.18**	**66.87**	**93.53**	**58.04**
巢湖市區	54.80	2.05	8.54	26.96	19.30
廬江縣	46.80	1.75	17.96	16.49	12.35
無為縣	52.84	1.98	22.62	17.20	13.02
含山縣	24.31	0.91	6.68	11.88	5.75
和 縣	34.59	1.30	11.07	15.54	7.98
池州地區	**59.82**	**2.24**	**20.26**	**23.09**	**16.47**
貴池市	27.49	1.03	8.32	11.06	8.11
東至縣	18.41	0.69	7.28	6.24	4.89
石臺縣	3.93	0.15	1.40	1.64	0.89
青陽縣	9.51	0.36	3.25	4.04	2.22

6.1.10 1997年北京市國内生産總值及其構成

單位:億元(RMB 100 Million Yuan)

地 區 Region	國内生産總值 Gross Domestic Product	占全市比重(%) Proportion	第一産業 Primary Industry	第二産業 Secondary Industry	第三産業 Tertiary Industry
全 市	**1 810.09**	**100.00**	**84.85**	**738.56**	**986.68**
東城區	22.50	1.24	—	2.89	19.61
西城區	32.47	1.79	—	3.15	29.32
崇文區	10.56	0.58	—	1.25	9.31
宣武區	13.40	0.74	—	2.97	10.43
朝陽區	62.57	3.46	3.07	16.27	43.24
豐臺區	30.04	1.66	1.94	11.35	16.75
石景山區	8.44	0.47	0.19	1.72	6.53
海澱區	159.10	8.79	1.82	86.88	70.41
門頭溝區	11.72	0.65	0.52	5.22	5.99
房山區	58.05	3.21	6.50	27.35	24.20
昌平縣	40.26	2.22	4.48	14.83	20.95
順義縣	59.41	3.28	14.14	25.09	20.18
通 縣	40.33	2.23	8.08	12.47	19.78
大興縣	34.42	1.90	10.61	10.05	13.76
平谷縣	24.60	1.36	7.35	8.71	8.55
懷柔縣	26.93	1.49	3.58	14.27	9.08
密雲縣	25.37	1.40	5.71	10.45	9.20
延慶縣	15.50	0.86	5.76	4.27	5.44

6.1.11　1997年重慶市國内生産總值及其構成

單位:億元(RMB 100 Million Yuan)

地　區 Region	國内生産總值 Gross Domestic Product	占全市比重(%) Proportion	第一産業 Primary Industry	第二産業 Secondary Industry	第三産業 Tertiary Industry
全　市	**1 350.10**	**100.00**	**304.51**	**563.40**	**482.19**
原重慶市	572.06	42.37	49.42	315.54	207.10
渝中區	91.82	6.80	0.03	24.54	67.25
大渡口區	33.49	2.48	1.07	26.09	6.33
江北區	47.17	3.49	1.65	30.75	14.78
沙坪壩區	65.83	4.88	3.81	40.70	21.32
九龍坡區	70.30	5.21	5.95	51.37	12.98
南岸區	42.50	3.15	2.81	23.65	16.04
北碚區	50.71	3.76	5.63	26.88	18.19
萬盛區	12.86	0.95	2.45	5.48	4.93
雙橋區	4.84	0.36	0.37	3.86	0.61
渝北區	31.91	2.36	10.16	14.36	7.38
巴南區	38.59	2.86	14.91	15.03	8.66
江津市	79.75	5.91	24.94	31.05	23.75
合川市	69.79	5.17	18.24	20.55	31.00
永川市	38.90	2.88	12.42	12.77	13.72
長壽縣	41.16	3.05	10.68	20.34	10.14
綦江縣	38.62	2.86	15.25	14.60	8.78
潼南縣	23.10	1.71	11.30	6.17	5.63
銅梁縣	30.04	2.23	10.37	9.85	9.82
大足縣	34.06	2.52	11.21	11.79	11.07
榮昌縣	28.29	2.10	10.33	10.96	7.00
壁山縣	23.02	1.71	6.66	10.60	5.76
萬縣市	54.93	4.07	12.86	25.28	16.79
開　縣	35.61	2.64	12.52	13.06	10.03
忠　縣	21.20	1.57	8.47	5.94	6.79
梁平縣	19.25	1.43	6.92	6.34	5.99
雲陽縣	19.35	1.43	9.73	5.67	3.95
奉節縣	22.67	1.68	9.21	6.37	7.09
巫山縣	10.73	0.79	4.59	2.47	3.67
巫溪縣	6.63	0.49	3.67	1.37	1.60
城口縣	3.73	0.28	1.84	0.83	1.07
涪陵市	50.59	3.75	8.97	23.27	18.35
南川市	28.53	2.11	8.95	12.48	7.09
墊江縣	16.72	1.24	6.94	5.44	4.34
武隆縣	10.23	0.76	4.83	2.59	2.81
豐都縣	17.20	1.27	6.73	4.88	5.58
黔江縣	13.67	1.01	5.14	5.86	2.67
石柱縣	10.84	0.80	4.32	3.57	2.94
彭水縣	10.93	0.81	6.48	2.26	2.19
酉陽縣	9.55	0.71	5.51	1.46	2.57
秀山縣	11.61	0.86	5.62	3.67	2.32

6.1.12 1997年福建省國內生產總值及其構成

單位:億元(RMB 100 Million Yuan)

地　區 Region	國內生產總值 Gross Domestic Product	占全省比重(%) Proportion	第一產業 Primary Industry	第二產業 Secondary Industry	第三產業 Tertiary Industry
全　省	**3 000.36**	**100.00**	**576.53**	**1293.50**	**1130.23**
福州市	**752.53**	**25.08**	**120.99**	**318.97**	**312.57**
福州市區	363.11	12.10	8.59	152.02	202.49
福清市	143.00	4.77	28.35	77.53	37.12
長樂市	63.61	2.12	14.05	31.39	18.17
閩侯縣	43.06	1.44	13.63	18.20	11.24
連江縣	52.50	1.75	22.18	12.09	18.23
羅源縣	22.60	0.75	8.63	10.00	3.98
閩清縣	24.48	0.82	6.06	11.63	6.79
永泰縣	17.01	0.57	8.65	2.95	5.41
平潭縣	23.17	0.77	10.84	3.18	9.15
廈門市	**370.30**	**12.34**	**21.01**	**192.03**	**157.26**
莆田市	**140.09**	**4.67**	**33.66**	**62.87**	**43.56**
莆田市區	58.23	1.94	9.72	28.86	19.65
莆田縣	49.82	1.66	15.52	21.95	12.35
仙游縣	32.05	1.07	8.42	12.06	11.56
三明市	**209.18**	**6.97**	**63.24**	**82.41**	**63.53**
三明市區	45.83	1.53	3.47	26.83	15.53
永安市	39.31	1.31	6.45	18.39	14.46
明溪縣	8.45	0.28	3.15	2.52	2.78
清流縣	7.93	0.26	3.87	1.79	2.26
寧化縣	14.23	0.47	6.60	3.33	4.29
大田縣	17.10	0.57	6.94	6.01	4.14
尤溪縣	25.90	0.86	13.43	7.51	4.97
沙　縣	18.86	0.63	6.39	6.64	5.83
將樂縣	12.33	0.41	4.35	4.53	3.45
泰寧縣	11.01	0.37	4.83	3.47	2.71
建寧縣	8.24	0.27	3.76	1.39	3.09
泉州市	**746.28**	**24.87**	**74.17**	**385.63**	**286.48**
泉州市區	147.71	4.92	8.25	77.55	61.92
石獅市	72.50	2.42	3.66	40.06	28.78
晉江市	219.47	7.31	11.93	112.49	95.05
南安市	136.70	4.56	14.86	73.76	48.08
惠安縣	70.77	2.36	13.91	38.25	18..61
安溪縣	47.09	1.57	9.54	21.59	15.96
永春縣	32.25	1.07	7.98	12.26	12.01
德化縣	19.79	0.66	4.04	9.68	6.07

6.1.12 1997年福建省國內生產總值及其構成(續)

單位:億元(RMB 100 Million Yuan)

地 區 Region	國內生產總值 Gross Domestic Product	占全省比重(%) Proportion	第一產業 Primary Industry	第二產業 Secondary Industry	第三產業 Tertiary Industry
漳州市	**368.52**	**12.28**	**87.65**	**170.88**	**109.99**
漳州市區	68.90	2.30	4.57	34.06	30.28
龍海市	73.26	2.44	16.38	39.19	17.69
雲霄縣	31.00	1.03	7.08	15.17	8.76
漳浦縣	58.04	1.93	12.95	29.74	15.35
詔安縣	30.24	1.01	12.82	10.30	7.12
長泰縣	19.48	0.65	5.29	8.83	5.36
東山縣	25.30	0.84	7.57	10.57	7.16
南靖縣	29.64	0.99	7.93	13.93	7.78
平和縣	23.44	0.78	8.74	6.78	7.93
華安縣	9.20	0.31	4.32	2.32	2.57
南平市	**206.18**	**6.87**	**63.30**	**77.85**	**65.03**
南平市區	48.71	1.62	8.31	26.40	14.00
邵武市	27.90	0.93	8.11	9.91	9.87
武夷山市	14.00	0.47	4.21	4.07	5.72
建甌市	34.45	1.15	10.50	12.21	11.75
建陽市	22.88	0.76	9.14	6.85	6.90
順昌縣	17.28	0.58	5.13	6.59	5.56
浦城縣	14.20	0.47	6.69	4.09	3.42
光澤縣	9.46	0.32	3.32	3.03	3.11
松溪縣	8.76	0.29	4.02	2.28	2.46
政和縣	8.53	0.28	3.87	2.42	2.23
寧德地區	**172.20**	**5.74**	**62.52**	**53.12**	**56.57**
寧德市區	28.06	0.94	8.52	6.62	12.93
福安市	34.69	1.16	10.35	14.40	9.94
福鼎市	28.26	0.94	9.09	9.71	9.46
霞浦縣	26.35	0.88	12.17	5.97	8.21
古田縣	21.07	0.70	7.36	6.57	7.14
屏南縣	8.31	0.28	3.30	2.50	2.52
壽寧縣	12.60	0.42	7.49	2.80	2.31
周寧縣	7.26	0.24	2.31	2.76	2.19
柘榮縣	5.60	0.19	1.94	1.80	1.86
龍岩市	**170.06**	**5.67**	**50.10**	**66.32**	**53.64**
龍岩市區	53.65	1.79	7.43	27.18	19.04
漳平市	24.01	0.80	5.53	10.26	8.22
長汀縣	17.03	0.57	8.35	3.94	4.75
永定縣	23.68	0.79	7.38	8.54	7.76
上杭縣	22.27	0.74	9.43	7.24	5.60
武平縣	13.96	0.47	5.73	4.44	3.79
連城縣	15.45	0.51	6.25	4.71	4.49

6.1.13 1997年甘肅省國内生產總值及其構成

單位:億元(RMB 100 Million Yuan)

地 區 Region	國内生產總值 Gross Domestic Product	占全省比重(%) Proportion	第一產業 Primary Industry	第二產業 Secondary Industry	第三產業 Tertiary Industry
全 省	**781.34**	**100.00**	**189.79**	**343.40**	**248.15**
蘭州市	**244.02**	**31.23**	**14.08**	**129.86**	**100.08**
城關區	87.87	11.25	1.09	20.07	66.71
七里河區	29.14	3.73	1.93	14.91	12.30
西固區	49.58	6.35	1.27	41.71	6.60
安寧區	7.81	1.00	0.56	3.85	3.39
紅古區	10.21	1.31	1.55	5.49	3.16
永登縣	14.97	1.92	3.04	7.47	4.46
皋蘭縣	5.84	0.75	1.88	2.41	1.55
榆中縣	6.19	0.79	2.07	2.67	1.45
嘉峪關市	**16.17**	**2.07**	**0.73**	**12.37**	**3.06**
金昌市	**31.25**	**4.00**	**5.28**	**21.30**	**4.67**
金川區	20.05	2.57	1.21	15.24	3.60
永昌縣	9.38	1.20	3.34	4.73	1.32
白銀市	**59.00**	**7.55**	**11.31**	**32.29**	**15.40**
白銀區	24.89	3.19	1.43	20.35	3.10
平川區	9.30	1.19	0.62	7.36	1.31
靖遠縣	6.97	0.89	3.12	1.96	1.88
會寧縣	5.01	0.64	3.28	0.81	0.93
景泰縣	5.20	0.67	2.98	1.19	1.03
天水市	**61.19**	**7.83**	**9.29**	**27.90**	**24.00**
秦城區	20.67	2.65	1.89	11.58	7.19
北道區	15.19	1.94	1.13	8.23	5.83
清水縣	2.34	0.30	1.27	0.58	0.48
秦安縣	4.54	0.58	1.60	1.11	1.82
甘谷縣	5.26	0.67	1.44	1.88	1.94
武山縣	4.12	0.53	1.54	1.64	0.94
張家川縣	2.37	0.30	0.63	1.34	0.41
灑泉地區	**59.32**	**7.59**	**14.88**	**26.08**	**18.37**
玉門市	15.93	2.04	2.16	10.81	2.96
酒泉市	14.18	1.81	5.22	4.09	4.87
敦煌市	6.88	0.88	2.91	2.18	1.79
金塔縣	5.88	0.75	2.88	1.63	1.37
肅北縣	0.90	0.12	0.16	0.64	0.11
阿克塞縣	0.71	0.09	0.10	0.49	0.12
安西縣	4.25	0.54	1.79	1.41	1.10

6.1.13　1997年甘肅省國内生産總值及其構成(續)

單位:億元(RMB 100 Million Yuan)

地　區 Region	國内生産總值 Gross Domestic Product	占全省比重(%) Proportion	第一産業 Primary Industry	第二産業 Secondary Industry	第三産業 Tertiary Industry
張掖地區	**53.41**	**6.84**	**25.40**	**15.02**	**12.99**
張掖市	19.80	2.53	7.92	5.09	6.79
肅南縣	1.96	0.25	0.88	0.67	0.42
民樂縣	7.97	1.02	4.39	2.09	1.49
臨澤縣	6.60	0.84	3.95	1.39	1.27
高臺縣	7.23	0.93	4.77	1.52	0.94
山丹縣	9.85	1.26	3.50	4.26	2.08
武威地區	**47.05**	**6.02**	**19.56**	**12.38**	**15.10**
武威市	28.01	3.58	10.76	6.08	11.17
民勤縣	4.82	0.62	3.02	0.55	1.25
古浪縣	4.64	0.59	2.67	1.08	0.89
天祝縣	2.83	0.36	1.02	0.58	1.23
定西地區	**32.01**	**4.10**	**15.90**	**7.68**	**8.42**
定西縣	6.80	0.87	3.27	1.53	2.00
通渭縣	4.16	0.53	2.32	0.83	1.01
隴西縣	5.26	0.67	2.20	1.45	1.61
渭源縣	2.03	0.26	1.11	0.42	0.51
臨洮縣	7.60	0.97	4.05	1.76	1.79
漳　縣	2.61	0.33	1.74	0.36	0.50
岷　縣	3.61	0.46	2.13	0.80	0.68
隴南地區	**32.02**	**4.10**	**13.32**	**9.14**	**9.56**
武都縣	4.49	0.57	2.34	0.47	1.68
宕昌縣	1.56	0.20	0.80	0.14	0.62
成　縣	6.32	0.81	1.63	3.10	1.59
康　縣	2.01	0.26	1.06	0.38	0.57
文　縣	3.11	0.40	1.27	1.04	0.80
西和縣	3.06	0.39	1.30	0.98	0.78
禮　縣	3.05	0.39	1.62	0.50	0.93
兩當縣	0.93	0.12	0.53	0.20	0.20
徽　縣	4.52	0.58	2.27	1.08	1.16

6.1.13 1997年甘肅省國內生產總值及其構成(續)

單位:億元(RMB 100 Million Yuan)

地 區 Region	國內生產總值 Gross Domestic Product	占全省比重(%) Proportion	第一產業 Primary Industry	第二產業 Secondary Industry	第三產業 Tertiary Industry
平涼地區	**47.95**	**6.14**	**18.84**	**12.50**	**16.61**
平涼市	16.20	2.07	3.28	3.88	9.04
涇川縣	6.92	0.89	3.50	1.77	1.65
靈臺縣	5.94	0.76	3.57	0.70	1.67
崇信縣	2.36	0.30	1.27	0.63	0.46
華亭縣	6.02	0.77	1.67	2.71	1.64
莊浪縣	4.53	0.58	2.73	0.98	0.82
静寧縣	6.07	0.78	2.97	1.81	1.29
慶陽地區	**47.70**	**6.10**	**15.23**	**23.44**	**9.02**
西峰市	7.42	0.95	3.15	2.29	1.98
慶陽縣	13.03	1.67	2.21	8.49	2.33
環 縣	3.70	0.47	2.21	0.88	0.61
華池縣	2.28	0.29	0.81	0.72	0.74
合水縣	2.98	0.38	1.60	0.68	0.70
正寧縣	2.86	0.37	2.05	0.31	0.50
寧 縣	3.37	0.43	1.82	0.79	0.76
鎮原縣	4.60	0.59	2.38	1.31	0.91
臨夏回族自治州	**20.33**	**2.60**	**10.90**	**4.70**	**4.73**
臨夏市	4.83	0.62	1.78	1.30	1.75
臨夏縣	3.91	0.50	2.36	0.70	0.85
康樂縣	2.54	0.33	1.74	0.26	0.53
永靖縣	2.36	0.30	1.16	0.66	0.54
廣河縣	2.68	0.34	1.16	0.98	0.54
和政縣	1.50	0.19	0.88	0.17	0.45
東鄉族自治縣	1.49	0.19	0.71	0.26	0.52
積石山自治縣	1.82	0.23	1.28	0.28	0.26
甘南藏族自治州	**11.44**	**1.46**	**4.90**	**2.60**	**3.94**
臨潭縣	1.51	0.19	0.64	0.19	0.69
卓尼縣	1.19	0.15	0.68	0.26	0.24
舟曲縣	1.43	0.18	0.62	0.35	0.45
迭部縣	1.42	0.18	0.45	0.64	0.33
瑪曲縣	1.63	0.21	0.82	0.53	0.28
碌曲縣	0.70	0.09	0.46	0.05	0.19
夏河縣	2.50	0.32	1.37	0.43	0.70

6.1.14　1997年廣東省國內生產總值及其構成

單位:億元(RMB 100 Million Yuan)

地　區 Region	國內生產總值 Gross Domestic Product	占全省比重(%) Proportion	第一產業 Primary Industry	第二產業 Secondary Industry	第三產業 Tertiary Industry
全　省	**7315.51**	**100.00**	**986.82**	**3647.82**	**2680.87**
廣州市	**1646.26**	**22.50**	**85.70**	**766.15**	**794.41**
廣州市區	1161.61	15.88	26.05	495.10	640.46
花都市	110.93	1.52	12.08	65.78	33.07
增城市	114.25	1.56	19.18	62.93	32.14
番禺市	216.16	2.95	20.63	116.48	79.05
從化市	43.31	0.59	7.76	25.86	9.69
深圳市	**1130.01**	**15.45**	**15.80**	**556.63**	**557.58**
珠海市	**235.20**	**3.22**	**12.25**	**122.36**	**100.59**
珠海市區	201.00	2.75	4.37	108.10	88.53
斗門縣	34.20	0.47	7.88	14.26	12.06
汕頭市	**370.37**	**5.06**	**41.12**	**167.33**	**161.92**
汕頭市區	197.78	2.70	5.62	89.95	102.21
潮陽市	118.18	1.62	21.88	53.52	42.78
澄海市	50.20	0.69	12.00	22.60	15.60
南澳縣	4.21	0.06	1.62	1.26	1.33
韶關市	**173.33**	**2.37**	**48.62**	**75.46**	**49.25**
韶關市區	69.11	0.94	2.15	45.41	21.55
仁化縣	10.61	0.15	4.43	2.84	3.34
南雄市	18.82	0.26	8.47	5.26	5.09
始興縣	9.42	0.13	5.45	1.97	2.00
翁源縣	11.87	0.16	6.62	2.48	2.77
新豐縣	7.93	0.11	2.84	2.49	2.60
曲江縣	21.60	0.30	10.43	6.53	4.64
乳源縣	6.91	0.09	2.31	2.96	1.64
樂昌市	17.06	0.23	5.92	5.52	5.62
河源市	**75.49**	**1.03**	**36.66**	**17.47**	**21.36**
河源市區	11.38	0.16	1.63	4.79	4.96
和平縣	8.67	0.12	5.27	1.60	1.80
龍川縣	18.70	0.26	8.25	4.00	6.45
紫金縣	16.16	0.22	10.40	2.82	2.94
連平縣	10.68	0.15	5.22	2.60	2.86
東源縣	9.90	0.14	5.89	1.66	2.35
梅州市	**144.34**	**1.97**	**50.92**	**50.52**	**42.90**
梅州市區	15.69	0.21	1.60	8.20	5.89
梅　縣	29.59	0.40	12.11	12.40	5.08
蕉嶺縣	12.07	0.16	2.85	5.16	4.06
大埔縣	13.91	0.19	4.67	5.70	3.54
豐順縣	15.13	0.21	6.85	3.61	4.67
五華縣	20.46	0.28	9.26	3.65	7.55
平遠縣	8.87	0.12	3.46	2.81	2.60
興寧市	28.62	0.39	10.12	8.99	9.51
惠州市	**318.57**	**4.35**	**55.86**	**176.34**	**86.37**
惠州市區	88.81	1.21	1.86	64.97	21.98
惠東縣	64.09	0.88	18.56	27.24	18.29

6.1.14 1997年廣東省國内生產總值及其構成(續)

單位:億元(RMB 100 Million Yuan)

地 區 Region	國内生產總值 Gross Domestic Product	占全省比重(%) Proportion	第一產業 Primary Industry	第二產業 Secondary Industry	第三產業 Tertiary Industry
博羅縣	61.81	0.84	15.37	33.40	13.04
龍門縣	14.88	0.20	5.28	5.15	4.45
惠陽市	88.98	1.22	14.79	45.58	28.61
汕尾市	**103.26**	**1.41**	**35.46**	**30.72**	**37.08**
汕尾市區	19.31	0.26	7.17	4.39	7.75
海豐縣	45.14	0.62	12.72	13.58	18.84
陸河縣	7.95	0.11	3.55	2.01	2.39
陸豐市	30.86	0.42	12.02	10.74	8.10
東莞市	**294.70**	**4.03**	**30.00**	**155.86**	**108.84**
中山市	**220.95**	**3.02**	**23.05**	**112.78**	**85.12**
江門市	**457.86**	**6.26**	**64.51**	**215.84**	**177.51**
江門市區	119.83	1.64	2.38	55.76	61.69
新會市	85.50	1.17	15.28	39.15	31.07
臺山市	84.95	1.16	18.09	37.56	29.30
開平市	78.63	1.07	14.05	39.36	25.22
鶴山市	49.85	0.68	6.08	28.31	15.46
恩平市	39.10	0.53	8.63	15.70	14.77
佛山市	**724.57**	**9.90**	**62.79**	**396.18**	**265.60**
佛山市區	143.53	1.96	0.65	97.31	45.57
南海市	251.47	3.44	24.12	124.06	103.29
順德市	224.25	3.07	17.25	126.23	80.77
三水市	63.01	0.86	11.29	26.87	24.85
高明市	42.31	0.58	9.48	21.71	11.12
陽江市	**126.48**	**1.73**	**56.35**	**35.10**	**35.03**
陽江市區	48.52	0.66	12.76	18.86	16.90
陽東縣	23.48	0.32	12.85	4.56	6.07
陽西縣	18.69	0.26	10.13	3.72	4.84
陽春縣	35.79	0.49	20.61	7.96	7.22
湛江市	**348.56**	**4.76**	**103.79**	**123.59**	**121.18**
湛江市區	144.36	1.97	16.28	69.26	58.82
徐聞縣	25.27	0.35	14.36	3.74	7.17
遂溪縣	44.37	0.61	19.70	12.51	12.16
廉江市	50.05	0.68	19.74	12.95	17.36
吴川市	32.37	0.44	6.85	14.92	10.60
雷州市	52.14	0.71	26.86	10.21	15.07
茂名市	**395.99**	**5.41**	**112.36**	**162.01**	**121.62**
茂名市區	86.14	1.18	7.74	48.29	30.11
電白縣	94.45	1.29	24.94	40.50	29.01
高州市	89.45	1.22	33.18	31.71	24.56

6.1.14 1997年廣東省國内生產總值及其構成(續)

單位:億元(RMB 100 Million Yuan)

地　區 Region	國内生產總值 Gross Domestic Product	占全省比重(%) Proportion	第一產業 Primary Industry	第二產業 Secondary Industry	第三產業 Tertiary Industry
化州市	68.74	0.94	25.33	20.09	23.32
信宜市	57.21	0.78	21.17	21.42	14.62
肇慶市	**331.09**	**4.53**	**94.89**	**136.88**	**99.32**
肇慶市區	79.97	1.09	7.28	41.86	30.83
廣寧縣	27.43	0.37	9.49	10.68	7.26
德慶縣	26.30	0.36	8.25	12.65	5.40
封開縣	26.82	0.37	10.99	9.65	6.18
懷集縣	41.40	0.57	19.76	12.58	9.06
高要市	86.10	1.18	26.12	30.17	29.81
四會市	43.07	0.59	13.00	19.29	10.78
清遠市	**139.59**	**1.91**	**63.41**	**46.30**	**29.88**
清遠市區	37.76	0.52	11.31	18.73	7.72
清新縣	21.03	0.29	10.72	5.88	4.43
佛岡縣	9.02	0.12	3.20	3.14	2.68
連山縣	3.86	0.05	2.15	0.80	0.91
連南縣	3.92	0.05	1.81	1.17	0.94
陽山縣	15.38	0.21	9.32	3.29	2.77
連州市	16.75	0.23	8.38	4.68	3.69
英德市	31.87	0.44	16.52	8.61	6.74
潮州市	**151.47**	**2.07**	**34.77**	**66.47**	**50.23**
潮州市區	38.74	0.53	1.17	21.57	16.00
饒平縣	47.54	0.65	16.34	15.79	15.41
潮安縣	65.19	0.89	17.26	29.11	18.82
揭陽市	**309.85**	**4.24**	**64.50**	**161.18**	**84.17**
揭陽市區	51.22	0.70	4.61	31.68	14.93
揭東縣	80.01	1.09	17.48	45.24	17.29
惠來縣	37.98	0.52	17.67	13.93	6.38
揭西縣	33.98	0.46	11.10	14.55	8.33
普寧市	106.66	1.46	13.64	55.78	37.24
雲浮市	**155.72**	**2.13**	**55.31**	**61.20**	**39.21**
雲浮市區	27.14	0.37	6.20	13.08	7.86
新興縣	24.95	0.34	9.98	8.65	6.32
鬱南縣	22.93	0.31	9.61	8.47	4.85
雲安縣	17.15	0.23	8.15	6.00	3.00
羅定市	63.55	0.87	21.37	25.00	17.18

6.1.15 1997年廣西壯族自治區國内生產總值及其構成

單位:億元(RMB 100 Million Yuan)

地 區 Region	國内生產總值 Gross Domestic Product	占全區比重(%) Proportion	第一產業 Primary Industry	第二產業 Secondary Industry	第三產業 Tertiary Industry
全 區	**2 015.20**	**100.00**	**631.62**	**759.54**	**624.04**
南寧市	**231.60**	**11.49**	**39.81**	**76.76**	**115.02**
南寧市區	161.75	8.03	9.68	53.01	99.05
邕寧縣	38.13	1.89	16.06	12.59	9.48
武鳴縣	31.72	1.57	14.07	11.16	6.49
柳州市	**163.53**	**8.11**	**17.88**	**83.13**	**62.52**
柳州市區	126.11	6.26	3.37	71.50	51.24
柳江縣	21.49	1.07	7.66	6.33	7.50
柳城縣	15.93	0.79	6.85	5.30	3.78
桂林市	**104.70**	**5.20**	**18.38**	**45.28**	**41.04**
桂林市區	74.88	3.72	3.53	38.61	32.74
陽朔縣	11.96	0.59	6.09	2.30	3.57
臨桂縣	17.86	0.89	8.76	4.37	4.73
梧州市	**147.61**	**7.32**	**53.79**	**44.58**	**49.24**
梧州市區	40.41	2.01	1.10	16.59	22.72
岑溪市	34.03	1.69	16.93	10.00	7.10
藤 縣	36.03	1.79	19.83	8.47	7.73
蒙山縣	8.25	0.41	4.61	1.53	2.11
蒼梧縣	28.90	1.43	11.33	2.99	14.58
北海市	**109.41**	**5.43**	**34.00**	**33.00**	**42.41**
北海市區	61.29	3.04	14.46	18.99	27.84
合浦縣	48.12	2.39	19.54	14.01	14.57
防城港市	**48.23**	**2.39**	**18.88**	**12.95**	**16.40**
防城港市區	30.39	1.51	12.03	8.08	10.27
東興市	9.05	0.45	2.64	1.87	4.54
上思縣	8.79	0.44	4.21	2.99	1.59
欽州市	**127.33**	**6.32**	**59.08**	**33.74**	**34.51**
欽州市區	50.74	2.52	26.96	10.20	13.58
靈山縣	40.24	2.00	18.53	8.99	12.72
浦北縣	25.46	1.26	14.42	6.20	4.84
貴港市	**103.65**	**5.14**	**46.83**	**24.03**	**32.79**
貴港市區	43.47	2.16	13.07	11.77	18.63
桂平市	32.50	1.61	20.25	5.42	6.83
平南縣	27.68	1.37	13.51	6.84	7.33
南寧地區	**187.71**	**9.31**	**76.22**	**50.51**	**60.98**
憑祥市	8.15	0.40	0.86	1.28	6.01
横 縣	38.33	1.90	16.14	11.22	10.97
賓陽縣	34.67	1.72	10.34	12.44	11.89
上林縣	11.96	0.59	5.61	2.70	3.65
隆安縣	8.81	0.44	5.15	1.79	1.87
馬山縣	6.94	0.34	3.51	1.31	2.12
扶綏縣	16.30	0.81	8.58	3.53	4.19
崇左縣	20.49	1.02	8.10	6.57	5.82

6.1.15 1997年廣西壯族自治區國内生産總值及其構成(續)

單位:億元(RMB 100 Million Yuan)

地 區 Region	國内生産總值 Gross Domestic Product	占全區比重(%) Proportion	第一産業 Primary Industry	第二産業 Secondary Industry	第三産業 Tertiary Industry
大新縣	8.11	0.40	3.51	2.55	2.05
天等縣	6.59	0.33	3.82	0.79	1.98
寧明縣	16.69	0.83	5.86	3.98	6.85
龍州縣	10.53	0.52	4.74	2.35	3.44
柳州地區	**136.63**	**6.78**	**56.05**	**47.58**	**33.00**
合山市	7.94	0.39	1.26	5.21	1.47
鹿寨縣	20.87	1.04	7.29	8.66	4.92
象州縣	15.34	0.76	7.54	4.81	2.99
武宣縣	15.99	0.79	9.03	3.40	3.56
來賓縣	35.55	1.76	13.81	13.33	8.41
融安縣	10.74	0.53	3.28	3.35	4.11
三江縣	5.64	0.28	2.30	1.13	2.21
融水縣	10.28	0.51	5.10	2.90	2.28
金秀縣	4.50	0.22	2.22	1.03	1.25
忻城縣	9.78	0.49	4.21	3.76	1.81
桂林地區	**187.88**	**9.32**	**86.07**	**55.16**	**46.65**
靈川縣	23.14	1.15	9.65	8.21	5.28
全州縣	42.94	2.13	18.04	12.31	12.59
興安縣	26.44	1.31	10.60	8.36	7.48
永福縣	12.40	0.62	5.98	4.06	2.36
灌陽縣	10.44	0.52	5.21	2.80	2.43
龍勝縣	6.82	0.34	3.26	1.69	1.87
資源縣	6.04	0.30	2.60	1.07	2.37
平樂縣	19.38	0.96	10.93	3.68	4.77
荔浦縣	25.52	1.27	13.19	7.77	4.56
恭城縣	14.74	0.73	6.61	5.22	2.91
賀州地區	**110.62**	**5.49**	**54.55**	**33.79**	**22.29**
賀州市	53.59	2.66	28.87	15.14	9.58
昭平縣	15.49	0.77	8.91	3.06	3.52
鐘山縣	29.38	1.46	11.06	12.17	6.15
富川縣	12.60	0.63	5.71	3.42	3.47
玉林市	**242.82**	**12.05**	**94.39**	**81.17**	**67.26**
玉林市區	56.84	2.82	11.44	25.83	19.57
北流市	47.57	2.36	23.72	13.57	10.28
容 縣	31.87	1.58	12.05	9.88	9.94
陸川縣	32.36	1.61	11.82	11.06	9.48
博白縣	51.49	2.56	24.76	15.11	11.62

6.1.15 1997年廣西壯族自治區國內生產總值及其構成(續)

單位:億元(RMB 100 Million Yuan)

地 區 Region	國內生產總值 Gross Domestic Product	占全區比重(%) Proportion	第一產業 Primary Industry	第二產業 Secondary Industry	第三產業 Tertiary Industry
興業縣	22.70	1.13	10.59	5.72	6.39
百色地區	**106.06**	**5.26**	**44.00**	**26.74**	**35.31**
百色市	22.70	1.13	4.74	7.60	10.36
田陽縣	14.83	0.74	7.56	3.51	3.76
田東縣	14.29	0.71	5.31	3.96	5.02
平果縣	14.41	0.72	4.95	4.77	4.69
德保縣	7.94	0.39	4.04	1.29	2.61
靖西縣	10.04	0.50	5.89	1.46	2.69
那坡縣	2.99	0.15	1.70	0.33	0.96
凌雲縣	3.55	0.18	2.04	0.62	0.89
樂業縣	2.17	0.11	1.23	0.34	0.60
田林縣	4.94	0.25	2.63	1.20	1.11
隆林縣	5.59	0.28	2.33	1.31	1.95
西林縣	2.62	0.13	1.58	0.35	0.69
河池地區	**131.00**	**6.50**	**40.53**	**43.26**	**47.21**
河池市	22.11	1.10	3.09	6.73	12.29
宜州市	34.63	1.72	9.99	10.14	14.50
羅城縣	9.96	0.49	4.30	3.09	2.57
環江縣	11.65	0.58	4.56	4.35	2.74
南丹縣	15.35	0.76	4.09	7.52	3.74
天峨縣	3.47	0.17	1.72	0.75	1.00
鳳山縣	3.18	0.16	1.51	0.77	0.90
東蘭縣	5.63	0.28	2.42	0.78	2.43
巴馬縣	5.34	0.26	2.92	1.34	1.08
都安縣	7.55	0.37	3.67	1.25	2.63
大化縣	12.14	0.60	2.27	7.82	2.05

6.1.16　1997年貴州省國内生產總值及其構成

單位：億元(RMB 100 Million Yuan)

地　區 Region	國内生產總值 Gross Domestic Product	占全省比重(%) Proportion	第一產業 Primary Industry	第二產業 Secondary Industry	第三產業 Tertiary Industry
全　省	**792.98**	**—**	**271.83**	**293.47**	**227.68**
貴陽市	**197.51**	**24.91**	**22.27**	**101.09**	**74.15**
清鎮市	17.36	2.19	3.91	10.05	3.40
開陽縣	11.65	1.47	4.16	5.03	2.46
息烽縣	5.47	0.69	2.12	1.98	1.37
修文縣	7.50	0.95	3.02	2.92	1.56
六盤水市	**63.39**	**7.99**	**11.26**	**33.48**	**18.65**
鐘山區	23.23	2.93	0.76	14.38	8.09
盤縣特區	22.54	2.84	4.31	13.18	5.05
六枝特區	9.72	1.23	2.68	4.11	2.94
水城縣	6.53	0.82	3.52	1.81	1.20
遵義市	**193.97**	**24.46**	**77.10**	**66.56**	**50.32**
紅花崗區	42.71	5.39	1.85	19.22	21.64
赤水市	9.67	1.22	3.30	5.10	1.27
仁懷市	14.08	1.78	5.75	6.44	1.89
遵義縣	48.27	6.09	20.78	14.45	13.04
桐梓縣	13.22	1.67	7.70	2.93	2.59
綏陽縣	9.04	1.14	6.12	1.72	1.20
正安縣	7.55	0.95	5.46	0.71	1.38
道真縣	4.66	0.59	3.23	0.52	0.91
務川縣	4.46	0.56	2.84	0.74	0.88
鳳岡縣	5.99	0.76	4.17	0.90	0.92
湄潭縣	11.33	1.43	7.08	1.46	2.79
余慶縣	6.00	0.76	4.53	0.58	0.89
習水縣	7.92	1.00	4.59	2.01	1.32
銅仁地區	**52.22**	**6.59**	**36.35**	**7.30**	**8.58**
銅仁市	6.80	0.86	2.28	2.17	2.35
江口縣	2.76	0.35	1.77	0.46	0.53
玉屏縣	3.69	0.47	1.66	1.32	0.71
石阡縣	4.11	0.52	3.09	0.47	0.55
思南縣	8.60	1.08	7.31	0.49	0.81
印江縣	7.97	1.01	3.57	0.50	3.90
萬山特區	0.80	0.10	0.44	0.14	0.22
德江縣	8.93	1.13	7.18	0.73	1.02
沿河縣	5.00	0.63	3.82	0.42	0.76
松桃縣	6.80	0.86	5.23	0.61	0.96
黔西南州	**45.64**	**5.76**	**17.21**	**18.08**	**10.35**
興義市	20.45	2.58	4.45	10.70	5.30
興仁縣	5.18	0.65	2.90	1.19	1.09
普安縣	2.55	0.32	1.30	0.66	0.59
晴隆縣	2.66	0.34	1.11	0.91	0.64
貞豐縣	2.98	0.38	1.82	0.45	0.71
望謨縣	2.45	0.31	1.50	0.31	0.64
册亨縣	3.19	0.40	1.28	1.53	0.38
安龍縣	6.18	0.78	2.84	2.33	1.01
畢節地區	**98.99**	**12.48**	**47.48**	**33.25**	**18.26**
畢節市	25.70	3.24	9.69	12.52	3.49

6.1.16 1997年貴州省國内生産總值及其構成(續)

單位:億元(RMB 100 Million Yuan)

地 區 Region	國内生産總值 Gross Domestic Product	占全省比重(%) Proportion	第一産業 Primary Industry	第二産業 Secondary Industry	第三産業 Tertiary Industry
大方縣	12.24	1.54	6.60	3.29	2.35
黔西縣	11.67	1.47	5.78	2.63	3.26
金沙縣	11.87	1.50	5.50	4.15	2.22
織金縣	10.02	1.26	5.36	2.24	2.42
納雍縣	7.25	0.91	4.08	1.73	1.44
威寧縣	12.19	1.54	6.77	2.58	2.84
赫章縣	7.77	0.98	3.72	2.71	1.34
安順地區	**47.93**	**6.04**	**18.42**	**15.84**	**13.66**
安順市	20.16	2.54	5.25	6.07	8.84
平壩縣	8.51	1.07	2.08	4.87	1.56
普定縣	5.90	0.74	2.60	2.01	1.29
關嶺縣	4.46	0.56	2.80	1.04	0.62
鎮寧縣	4.72	0.60	2.43	1.33	0.96
紫雲縣	4.18	0.53	3.26	0.53	0.39
黔東南州	**56.50**	**7.13**	**30.78**	**10.32**	**15.39**
凱里市	13.42	1.69	2.78	5.09	5.55
黄平縣	2.81	0.35	1.99	0.11	0.71
施秉縣	1.82	0.23	1.06	0.33	0.43
三穗縣	2.81	0.35	1.88	0.30	0.63
鎮遠縣	3.88	0.49	2.47	0.46	0.95
岑鞏縣	2.80	0.35	1.83	0.34	0.63
天柱縣	5.15	0.65	3.82	0.56	0.77
錦屏縣	2.56	0.32	1.32	0.48	0.76
劍河縣	2.57	0.32	1.60	0.41	0.56
臺江縣	1.62	0.20	1.14	0.17	0.31
黎平縣	4.79	0.60	3.13	0.58	1.08
榕江縣	4.19	0.53	2.69	0.52	0.98
從江縣	3.12	0.39	2.36	0.21	0.55
雷山縣	1.13	0.14	0.67	0.14	0.32
麻江縣	3.91	0.49	1.34	0.17	2.40
丹寨縣	1.83	0.23	0.72	0.42	0.69
黔南州	**82.17**	**10.36**	**32.60**	**30.43**	**19.15**
都匀市	12.36	1.56	2.96	4.66	4.74
福泉市	12.23	1.54	4.37	5.14	2.72
荔波縣	3.23	0.41	1.08	0.90	1.25
貴定縣	12.27	1.55	2.83	7.09	2.35
瓮安縣	9.99	1.26	4.62	2.94	2.43
獨山縣	5.70	0.72	2.93	1.49	1.28
平塘縣	3.85	0.49	2.45	0.68	0.72
羅甸縣	6.50	0.82	3.57	2.10	0.83
長順縣	2.40	0.30	1.36	0.52	0.52
龍里縣	5.05	0.64	1.45	2.79	0.81
惠水縣	6.65	0.84	4.06	1.61	0.98
三都縣	3.77	0.48	2.32	0.50	0.95

6.1.17 1997年海南省國内生産總值及其構成

單位:億元(RMB 100 Million Yuan)

地 區 Region	國内生産總值 Gross Domestic Product	占全省比重(%) Proportion	第一産業 Primary Industry	第二産業 Secondary Industry	第三産業 Tertiary Industry
全 省	**409.86**	**100.00**	**151.28**	**82.68**	**175.90**
海口市	104.58	25.52	2.73	26.53	75.32
三亞市	22.11	5.39	8.33	6.19	7.59
通什市	5.13	1.25	1.77	0.84	2.52
瓊山市	33.76	8.24	12.10	12.08	9.58
文昌市	24.59	6.00	11.85	6.35	6.39
瓊海市	29.59	7.22	14.77	5.94	8.88
萬寧市	23.59	5.76	10.22	6.78	6.59
定安縣	6.94	1.69	3.83	0.92	2.19
屯昌縣	9.34	2.28	5.29	1.55	2.50
澄邁縣	19.10	4.66	9.09	6.86	3.15
臨高縣	13.10	3.20	10.76	1.12	1.22
儋州市	42.57	10.39	23.13	7.32	12.12
東方縣	14.85	3.62	5.80	4.14	4.91
樂東縣	14.95	3.65	10.10	1.29	3.56
瓊中縣	5.72	1.40	3.93	0.48	1.31
保亭縣	4.37	1.07	2.73	0.46	1.18
陵水縣	8.56	2.09	4.91	1.23	2.42
白沙縣	6.05	1.48	4.30	0.65	1.10
昌江縣	13.26	3.24	4.53	6.15	2.58

6.1.18 1997年河北省國內生産總值及其構成

單位:億元(RMB 100 Million Yuan)

地 區 Region	國內生産總值 Gross Domestic Product	占全省比重(%) Proportion	第一産業 Primary Industry	第二産業 Secondary Industry	第三産業 Tertiary Industry
全 省	**3 953.78**	**100.00**	**761.76**	**1 934.38**	**1 257.64**
石家莊市	**781.40**	**19.76**	**140.56**	**365.55**	**275.29**
辛集市	62.82	1.59	19.54	22.81	20.47
藁城市	72.01	1.82	18.79	29.38	23.83
晉州市	43.00	1.09	11.00	17.92	14.09
新樂市	42.09	1.06	10.70	18.66	12.73
鹿泉市	51.03	1.29	8.02	28.65	14.35
井徑縣	20.33	0.51	3.40	10.62	6.30
正定縣	56.08	1.42	13.57	24.82	17.70
欒城縣	34.05	0.86	9.45	13.26	11.34
行唐縣	17.00	0.43	5.53	6.33	5.14
靈壽縣	14.00	0.35	3.56	6.53	3.91
高邑縣	12.06	0.31	4.08	4.36	3.62
深澤縣	11.64	0.29	4.19	3.86	3.59
贊皇縣	8.92	0.23	3.18	3.00	2.74
無極縣	28.36	0.72	8.15	11.91	8.30
平山縣	23.03	0.58	6.52	9.28	7.22
元氏縣	24.30	0.61	6.32	9.94	8.04
趙 縣	33.27	0.84	10.73	12.26	10.29
唐山市	**710.88**	**17.98**	**158.24**	**346.51**	**206.13**
遵化市	65.42	1.65	15.45	25.66	24.31
豐南市	66.91	1.69	20.84	26.77	19.29
遷安市	65.01	1.64	12.28	32.51	20.22
豐潤縣	50.64	1.28	15.05	20.63	14.96
灤 縣	36.01	0.91	10.36	14.26	11.38
灤南縣	51.40	1.30	17.16	20.60	13.64
樂亭縣	46.42	1.17	23.30	10.25	12.88
遷西縣	22.89	0.58	6.23	8.92	7.74
玉田縣	51.43	1.30	21.04	16.04	14.35
唐海縣	20.35	0.51	6.40	9.08	4.87
秦皇島市	**230.71**	**5.84**	**41.63**	**85.48**	**103.60**
青龍滿族縣	13.24	0.33	6.30	3.42	3.52
昌黎縣	31.01	0.78	13.14	9.54	8.34
撫寧縣	30.15	0.76	8.90	13.62	7.63
盧龍縣	24.40	0.62	9.50	7.53	7.36
邯鄲市	**441.12**	**11.16**	**96.41**	**211.53**	**133.18**
武安市	61.40	1.55	5.32	40.42	15.66
邯鄲縣	26.26	0.66	4.99	13.31	7.96
臨漳縣	18.38	0.46	8.44	5.43	4.52
成安縣	13.46	0.34	5.50	4.36	3.60
大名縣	20.83	0.53	7.45	5.94	7.44
涉 縣	15.63	0.40	2.18	9.55	3.90
磁 縣	32.60	0.82	7.00	15.48	10.12

6.1.18　1997年河北省國內生產總值及其構成(續)

單位:億元(RMB 100 Million Yuan)

地　區 Region	國內生產總值 Gross Domestic Product	占全省比重(%) Proportion	第一產業 Primary Industry	第二產業 Secondary Industry	第三產業 Tertiary Industry
肥鄉縣	13.66	0.35	6.38	3.63	3.65
永年縣	38.01	0.96	13.34	13.92	10.75
丘　縣	12.65	0.32	4.57	4.43	3.66
鷄澤縣	9.12	0.23	3.16	3.46	2.50
廣平縣	10.38	0.26	2.99	4.94	2.46
館陶縣	11.63	0.29	5.39	3.21	3.02
魏　縣	22.33	0.56	8.44	5.77	8.11
曲周縣	14.65	0.37	7.60	4.05	3.01
邢臺市	**290.89**	**7.36**	**78.82**	**141.82**	**70.25**
沙河市	29.31	0.74	5.13	16.66	7.52
南宫市	23.16	0.59	6.28	11.89	4.99
邢臺縣	22.33	0.56	7.29	9.83	5.21
臨城縣	8.31	0.21	1.80	3.66	2.85
内丘縣	14.10	0.36	2.40	7.26	4.44
柏鄉縣	9.96	0.25	3.18	4.19	2.59
隆堯縣	25.90	0.66	8.40	10.39	7.10
任　縣	15.65	0.40	3.87	7.89	3.89
南和縣	13.31	0.34	5.10	5.13	3.07
寧晉縣	28.21	0.71	9.47	12.02	6.72
巨鹿縣	12.79	0.32	2.13	7.05	3.62
新河縣	7.26	0.18	2.16	3.61	1.50
廣宗縣	7.37	0.19	2.61	2.75	2.01
平鄉縣	11.07	0.28	2.41	5.92	2.74
威　縣	19.75	0.50	8.00	7.91	3.84
清河縣	27.55	0.70	2.50	17.42	7.62
臨西縣	13.81	0.35	5.02	5.66	3.12
保定市	**545.09**	**13.79**	**146.44**	**226.50**	**172.15**
涿州市	42.40	1.07	6.34	18.72	17.34
定州市	48.00	1.21	21.69	12.57	13.74
安國市	21.94	0.55	7.36	6.72	7.87
高碑店市	33.46	0.85	7.87	15.46	10.13
滿城縣	25.45	0.64	7.49	11.58	6.38
清苑縣	29.30	0.74	12.17	9.54	7.59
淶水縣	13.00	0.33	4.90	4.01	4.09
阜平縣	7.51	0.19	2.18	2.00	3.33
徐水縣	27.58	0.70	7.12	13.55	6.91
定興縣	24.39	0.62	9.19	7.66	7.54

6.1.18 1997年河北省國內生產總值及其構成(續)

單位:億元(RMB 100 Million Yuan)

地 區 Region	國內生產總值 Gross Domestic Product	占全省比重(%) Proportion	第一產業 Primary Industry	第二產業 Secondary Industry	第三產業 Tertiary Industry
唐 縣	12.03	0.30	5.22	3.48	3.32
高陽縣	12.39	0.31	3.92	4.71	3.75
容城縣	14.63	0.37	3.98	6.96	3.68
淶源縣	6.88	0.17	1.19	3.06	2.63
望都縣	12.37	0.31	5.04	3.78	3.55
安新縣	17.11	0.43	4.90	7.37	4.84
易 縣	17.96	0.45	7.53	5.24	5.18
曲陽縣	15.46	0.39	5.27	5.28	4.90
蠡 縣	33.46	0.85	4.78	20.29	8.40
順平縣	11.33	0.29	4.62	4.05	2.66
博野縣	11.14	0.28	3.89	3.07	4.18
雄 縣	23.87	0.60	4.31	12.40	7.17
張家口市	**217.26**	**5.49**	**34.49**	**101.34**	**81.43**
宣化縣	18.97	0.48	3.59	10.72	4.66
張北縣	7.58	0.19	3.15	2.24	2.19
康保縣	6.37	0.16	2.70	1.41	2.26
沽源縣	4.62	0.12	2.15	0.91	1.56
尚義縣	3.59	0.09	1.33	1.00	1.26
蔚 縣	18.81	0.48	3.76	6.89	8.16
陽原縣	7.59	0.19	0.92	3.96	2.70
懷安縣	5.90	0.15	1.60	2.07	2.23
萬全縣	4.88	0.12	1.14	2.01	1.72
懷來縣	15.14	0.38	2.60	6.66	5.88
涿鹿縣	14.35	0.36	5.94	5.18	3.23
赤城縣	7.68	0.19	3.11	2.38	2.20
崇禮縣	4.90	0.12	1.10	2.73	1.08
承德市	**141.85**	**3.59**	**41.51**	**55.22**	**45.12**
承德縣	15.64	0.40	6.48	4.37	4.78
興隆縣	14.25	0.36	4.18	4.90	5.18
平泉縣	17.79	0.45	6.87	5.77	5.14
灤平縣	13.17	0.33	3.62	4.52	5.03
隆化縣	13.92	0.35	6.50	2.73	4.69
豐寧滿族縣	13.52	0.34	4.28	4.40	4.84
寬城滿族縣	6.26	0.16	1.67	2.17	2.41
圍場滿蒙縣	16.68	0.42	6.16	3.78	6.74
滄州市	**369.46**	**9.34**	**80.05**	**183.73**	**105.68**
任丘市	51.88	1.31	7.24	30.58	14.06
泊頭市	23.55	0.60	5.70	10.18	7.67
黄驊市	49.04	1.24	6.63	27.93	14.48
河間市	53.86	1.36	8.69	30.46	14.71

6.1.18 1997年河北省國内生產總值及其構成(續)

單位:億元(RMB 100 Million Yuan)

地 區 Region	國内生産總值 Gross Domestic Product	占全省比重(%) Proportion	第一産業 Primary Industry	第二産業 Secondary Industry	第三産業 Tertiary Industry
滄 縣	43.54	1.10	10.18	18.36	15.00
青 縣	23.92	0.60	5.68	11.91	6.33
東光縣	16.25	0.41	4.19	7.34	4.72
海興縣	6.68	0.17	1.69	3.14	1.85
鹽山縣	12.85	0.33	3.88	4.84	4.13
肅寧縣	15.73	0.40	4.68	6.23	4.82
南皮縣	12.99	0.33	4.72	5.05	3.22
吴橋縣	13.59	0.34	5.57	4.12	3.91
獻 縣	18.91	0.48	6.44	8.40	4.07
孟村回族縣	7.19	0.18	1.54	3.87	1.79
衡水市	**242.42**	**6.13**	**53.39**	**126.09**	**62.94**
冀州市	26.82	0.68	5.55	13.92	7.36
深州市	31.32	0.79	7.43	14.61	9.28
棗强縣	28.38	0.72	5.04	16.04	7.30
武邑縣	14.60	0.37	4.27	7.09	3.24
武强縣	9.23	0.23	1.78	5.52	1.92
饒陽縣	10.00	0.25	4.42	3.21	2.37
安平縣	17.52	0.44	3.15	10.21	4.16
故城縣	22.50	0.57	8.53	6.93	7.03
景 縣	20.80	0.53	6.49	8.83	5.48
阜城縣	15.22	0.38	4.09	8.51	2.63
承德市	**30.65**	**0.78**	**1.75**	**22.56**	**6.33**
廊坊市	**282.07**	**7.13**	**59.99**	**134.20**	**87.88**
霸州市	46.56	1.18	5.72	28.28	12.55
三河市	50.35	1.27	10.99	24.01	15.35
固安縣	22.46	0.57	9.02	7.03	6.42
永清縣	21.09	0.53	7.15	7.63	6.30
香河縣	27.00	0.68	6.27	13.59	7.15
大城縣	21.09	0.53	3.53	10.50	7.06
文安縣	30.85	0.78	4.99	15.82	10.04
大廠回族縣	13.77	0.35	2.55	7.22	4.00

6.1.19 1997年黑龍江省國內生產總值及其構成

單位:億元(RMB 100 Million Yuan)

地 區 Region	國內生產總值 Gross Domestic Product	占全省比重(%) Proportion	第一產業 Primary Industry	第二產業 Secondary Industry	第三產業 Tertiary Industry
全 省	**2 708.50**	**100.00**	**484.80**	**1 449.30**	**774.40**
哈爾濱市	**746.20**	**27.55**	**160.45**	**233.89**	**351.86**
阿城市	48.19	1.78	10.61	22.76	14.82
雙城市	52.56	1.94	25.68	10.82	16.05
尚志市	51.63	1.91	8.93	25.39	17.31
五常市	45.03	1.66	21.94	8.53	14.56
呼蘭縣	41.51	1.53	11.88	18.28	11.34
賓 縣	28.19	1.04	13.85	7.68	6.65
方正縣	12.53	0.46	4.15	4.01	4.38
依蘭縣	15.81	0.58	8.10	2.90	4.80
巴彥縣	35.69	1.32	17.84	11.72	6.13
木蘭縣	10.75	0.40	5.48	3.25	2.02
通河縣	8.01	0.30	3.21	2.62	2.19
延壽縣	9.29	0.34	3.94	3.86	1.49
齊齊哈爾市	**256.40**	**9.47**	**99.50**	**77.20**	**79.70**
訥河市	38.81	1.43	22.43	4.88	11.50
龍江縣	16.19	0.60	10.59	2.69	2.91
泰來縣	8.56	0.32	5.09	1.35	2.12
富裕縣	10.95	0.40	5.16	2.87	2.93
克東縣	9.81	0.36	6.33	1.46	2.02
拜泉縣	18.47	0.68	11.42	2.25	4.80
克山縣	17.15	0.63	10.98	2.25	3.92
甘南縣	11.31	0.42	5.35	3.02	2.94
依安縣	17.39	0.64	12.25	2.32	2.81
牡丹江市	**156.84**	**5.79**	**32.60**	**61.55**	**62.69**
綏芬河市	5.65	0.21	0.24	0.35	5.05
海林市	21.45	0.79	5.29	9.76	6.40
寧安市	23.32	0.86	8.99	6.94	7.39
穆棱市	19.83	0.73	5.11	7.92	6.80
林口縣	14.45	0.53	7.13	3.39	3.93
東寧縣	11.62	0.43	2.77	3.21	5.64
鷄西市	**100.80**	**3.72**	**34.10**	**35.30**	**31.40**
密山市	24.42	0.90	13.53	4.72	6.17
虎林市	22.30	0.82	10.90	4.97	6.43
鷄東縣	19.32	0.71	6.95	8.20	4.16
七臺河市	**44.40**	**1.64**	**7.40**	**22.30**	**14.70**
勃利縣	17.08	0.63	6.03	5.30	5.75

6.1.19　1997年黑龍江省國內生產總值及其構成(續)

單位:億元(RMB 100 Million Yuan)

地　區 Region	國內生產總值 Gross Domestic Product	占全省比重(%) Proportion	第一產業 Primary Industry	第二產業 Secondary Industry	第三產業 Tertiary Industry
佳木斯市	**119.22**	**4.40**	**46.49**	**26.43**	**46.30**
富錦市	24.83	0.92	15.20	3.26	6.37
同江市	9.25	0.34	5.85	1.18	2.23
樺南縣	11.39	0.42	6.48	1.72	3.19
撫遠縣	3.85	0.14	2.63	0.17	1.06
樺川縣	10.50	0.39	5.45	2.17	2.88
湯原縣	9.67	0.36	5.14	1.24	3.29
雙鴨山市	**75.20**	**2.78**	**23.70**	**27.90**	**23.60**
饒河縣	12.86	0.47	6.34	3.46	3.06
集賢縣	15.05	0.56	7.97	3.14	3.93
友誼縣	6.20	0.23	2.82	1.20	2.18
寶清縣	7.73	0.29	5.08	0.90	1.75
鶴崗市	**55.60**	**2.05**	**18.10**	**20.20**	**17.40**
蘿北縣	15.04	0.56	7.74	2.62	4.69
綏濱縣	11.10	0.41	6.93	1.63	2.54
綏化市	295.20	10.90	134.60	69.60	91.00
安達市	28.35	1.05	9.01	8.52	10.82
海倫市	31.57	1.17	19.49	5.63	6.45
肇東市	57.59	2.13	29.10	15.17	13.33
綏棱縣	22.90	0.85	8.90	7.02	6.98
望奎縣	21.63	0.80	12.11	5.47	4.05
蘭西縣	19.21	0.71	9.20	4.41	5.60
青岡縣	17.26	0.64	9.28	2.57	5.42
明水縣	11.55	0.43	6.24	1.93	3.38
慶安縣	21.41	0.79	11.75	4.16	5.51
黑河市	**76.20**	**2.81**	**35.30**	**16.00**	**24.80**
北安市	16.00	0.59	6.29	3.22	6.48
五大連池市	13.02	0.48	7.43	2.51	3.07
嫩江縣	27.67	1.02	14.90	5.60	7.17
遜克縣	5.44	0.20	2.86	1.03	1.55
孫吴縣	2.43	0.09	1.27	0.41	0.76
塔河縣	5.76	0.21	0.47	3.23	2.06
呼瑪縣	2.79	0.10	0.72	0.96	1.12
漠河縣	8.09	0.30	0.82	4.87	2.41
伊春市	**58.70**	**2.17**	**9.90**	**29.10**	**19.70**
鐵力市	14.38	0.53	3.91	6.98	3.48
嘉蔭縣	4.92	0.18	2.14	1.08	1.69
大慶市	**583.90**	**21.56**	**32.60**	**484.60**	**66.70**
杜爾伯特縣	8.76	0.32	4.58	1.57	2.61
林甸縣	7.45	0.28	4.37	1.59	1.50
肇源縣	13.71	0.51	7.16	2.87	3.67
肇州縣	14.47	0.53	7.65	3.85	2.97

6.1.20 1997年河南省國內生産總值及其構成

單位:億元(RMB 100 Million Yuan)

地 區 Region	國内生産總值 Gross Domestic Product	占全省比重(%) Proportion	第一産業 Primary Industry	第二産業 Secondary Industry	第三産業 Tertiary Industry
全 省	**4 079.26**	**100.00**	**1 008.55**	**1 920.05**	**1 150.66**
鄭州市	**574.40**	**14.08**	**35.83**	**316.60**	**221.98**
鞏義市	72.06	1.77	3.05	52.81	16.20
滎陽市	52.20	1.28	5.31	31.96	14.93
新鄭市	65.82	1.61	5.24	45.81	14.77
登封市	43.46	1.07	3.74	30.90	8.82
新密市	56.23	1.38	3.55	37.41	15.26
中牟縣	33.68	0.83	10.31	12.98	10.39
開封市	**175.71**	**4.31**	**60.69**	**63.50**	**51.52**
杞 縣	28.90	0.71	15.25	7.87	5.78
通許縣	21.96	0.54	10.52	6.53	4.91
尉氏縣	25.64	0.63	11.42	8.83	5.39
開封縣	24.24	0.59	11.13	7.45	5.66
蘭考縣	22.93	0.56	9.09	6.92	6.93
洛陽市	**335.01**	**8.21**	**31.07**	**189.51**	**114.43**
偃師市	67.67	1.66	6.67	44.97	16.03
孟津縣	10.93	0.27	2.41	5.27	3.25
新安縣	21.65	0.53	1.96	14.11	5.58
欒川縣	10.98	0.27	1.63	6.41	2.94
嵩 縣	8.97	0.22	2.45	2.76	3.75
汝陽縣	7.86	0.19	2.14	2.82	2.91
宜陽縣	11.69	0.29	3.23	4.57	3.89
洛寧縣	10.84	0.27	3,91	2.75	4.18
伊川縣	19.34	0.47	3.50	12.34	3.50
平頂山市	**225.78**	**5.53**	**36.14**	**122.15**	**67.49**
汝州市	49.54	1.21	9.47	23.61	16.46
舞鋼市	11.02	0.27	2.54	4.85	3.64
寶豐縣	23.74	0.58	3.65	12.32	7.77
葉 縣	21.38	0.52	7.83	8.08	5.48
魯山縣	14.92	0.37	4.77	5.18	4.97
郟 縣	17.10	0.42	5.48	7.88	3.73
安陽市	**217.58**	**5.33**	**47.43**	**107.35**	**62.80**
林州市	39.20	0.96	4.72	22.64	11.84
安陽縣	32.81	0.80	8.40	14.24	10.17
湯陰縣	16.49	0.40	5.40	6.32	4.77
滑 縣	29.56	0.72	15.15	8.24	6.17
内黄縣	21.76	0.53	11.97	5.52	4.27
鶴壁市	**69.96**	**1.72**	**16.35**	**35.13**	**18.48**
浚 縣	19.06	0.47	9.43	5.47	4.17
淇 縣	16.96	0.42	4.69	8.30	3.97
新鄉市	**246.97**	**6.05**	**63.48**	**101.97**	**81.52**
衛輝市	23.46	0.58	7.88	7.37	8.21
輝縣市	41.84	1.03	9.24	22.17	10.42
新鄉縣	31.66	0.78	8.17	14.48	9.01
獲嘉縣	16.18	0.40	4.46	5.89	5.83
原陽縣	18.58	0.46	9.08	5.68	3.82
延津縣	12.75	0.31	5.60	3.82	3.32
封丘縣	17.19	0.42	9.62	3.45	4.13

6.1.20 1997年河南省國内生產總值及其構成(續)

單位:億元(RMB 100 Million Yuan)

地 區 Region	國内生産總值 Gross Domestic Product	占全省比重(%) Proportion	第一産業 Primary Industry	第二産業 Secondary Industry	第三産業 Tertiary Industry
長垣縣	21.85	0.54	8.02	5.65	8.19
焦作市	**246.37**	**6.04**	**38.18**	**152.66**	**55.53**
沁陽市	48.69	1.19	5.83	32.15	10.71
孟州市	26.80	0.66	4.83	16.15	5.83
修武縣	26.07	0.64	5.39	16.46	4.21
博愛縣	33.64	0.82	5.65	20.56	7.43
武陟縣	31.60	0.77	8.87	13.56	9.17
温　縣	25.03	0.61	5.48	14.49	5.05
濮陽市	**165.03**	**4.05**	**39.06**	**87.46**	**38.51**
清豐縣	22.36	0.55	10.92	7.09	4.35
南樂縣	14.95	0.37	7.78	4.15	3.03
範　縣	12.91	0.32	3.83	5.00	4.07
臺前縣	8.61	0.21	2.96	3.33	2.33
濮陽縣	25.27	0.62	10.72	8.52	6.03
許昌市	**222.09**	**5.44**	**51.43**	**113.93**	**56.74**
禹州市	56.83	1.39	9.74	31.27	15.81
長葛市	51.51	1.26	9.87	29.44	12.21
許昌縣	34.20	0.84	11.06	14.67	8.47
鄢陵縣	26.20	0.64	11.64	8.94	5.62
襄城縣	23.65	0.58	8.17	7.28	8.20
漯河市	**126.05**	**3.09**	**34.68**	**61.69**	**29.68**
舞陽縣	20.21	0.50	8.07	7.35	4.79
臨穎縣	32.32	0.79	10.47	15.45	6.41
郾城縣	43.34	1.06	15.55	20.18	7.61
三門峽市	**130.93**	**3.21**	**20.40**	**66.42**	**44.10**
義馬市	14.37	0.35	0.22	11.25	2.89
靈寶市	52.60	1.29	10.23	26.70	15.67
澠　池	19.55	0.48	3.77	11.46	4.32
陝　縣	15.60	0.38	2.85	6.32	6.43
盧氏縣	8.31	0.20	2.82	2.16	3.33
南陽市	**439.03**	**10.76**	**139.23**	**195.71**	**104.08**
鄧州市	54.76	1.34	21.12	18.60	15.05
南召縣	18.68	0.46	5.06	8.90	4.71
方城縣	22.67	0.56	10.14	6.54	5.99
西峽縣	18.08	0.44	5.91	7.86	4.31
鎮平縣	49.77	1.22	11.69	26.19	11.89
内鄉縣	22.85	0.56	8.71	8.55	5.59
淅川縣	24.07	0.59	9.04	10.56	4.46
社旗縣	20.68	0.51	9.59	6.08	5.00
唐河縣	40.78	1.00	19.03	14.53	7.22
新野縣	37.87	0.93	14.59	16.04	7.24
桐柏縣	17.13	0.42	6.30	7.56	3.26
濟源市	**44.90**	**1.10**	**6.60**	**24.10**	**14.19**
商丘市	**224.86**	**5.51**	**101.87**	**63.02**	**59.97**
永城縣	39.57	0.97	17.88	13.47	8.22
虞城縣	25.42	0.62	13.78	6.60	5.04
民權縣	19.44	0.48	9.78	5.29	4.36
寧陵縣	17.47	0.43	6.61	7.23	3.63

6.1.20 1997年河南省國内生産總值及其構成(續)

單位:億元(RMB 100 Million Yuan)

地區 Region	國内生産總值 Gross Domestic Product	占全省比重(%) Proportion	第一産業 Primary Industry	第二産業 Secondary Industry	第三産業 Tertiary Industry
睢縣	20.77	0.51	10.26	5.90	4.61
夏邑縣	21.97	0.54	12.11	5.19	4.67
柘城縣	23.34	0.57	11.91	6.38	5.05
周口地區	**276.14**	**6.77**	**119.88**	**94.49**	**61.77**
周口市	23.42	0.57	1.46	9.98	11.98
項城市	45.42	1.11	11.28	24.31	9.83
扶溝縣	21.52	0.53	12.38	4.70	4.44
西華縣	29.64	0.73	15.21	8.07	6.36
商水縣	21.82	0.53	13.39	4.36	4.07
太康縣	33.95	0.83	19.55	9.02	5.38
鹿邑縣	33.96	0.83	11.99	12.91	9.06
鄲城縣	20.63	0.51	12.83	4.26	3.54
淮陽縣	28.31	0.69	14.25	8.60	5.46
沈丘縣	23.07	0.57	9.43	9.25	4.39
駐馬店地區	**225.09**	**5.52**	**89.90**	**79.31**	**55.88**
駐馬店市	29.62	0.73	1.25	16.06	12.31
確山縣	16.84	0.41	6.80	6.48	3.56
泌陽縣	19.82	0.49	9.48	5.76	4.59
遂平縣	21.36	0.52	8.97	7.57	4.82
西平縣	31.73	0.78	12.02	11.31	8.39
上蔡縣	23.16	0.57	8.59	8.25	6.32
汝南縣	22.93	0.56	10.88	7.39	4.65
平輿縣	17.70	0.43	8.86	5.10	3.74
新蔡縣	21.42	0.53	11.20	6.69	3.53
正陽縣	20.38	0.50	11.94	4.75	3.69
信陽地區	**210.54**	**5.16**	**86.23**	**64.72**	**59.59**
信陽市	25.84	0.63	0.89	11.10	13.85
息縣	18.46	0.45	10.34	4.65	3.47
淮濱縣	16.35	0.40	7.01	4.93	4.41
信陽縣	31.82	0.78	12.69	9.66	9.48
潢川縣	23.64	0.58	10.44	7.84	5.36
光山縣	18.88	0.46	7.91	6.35	4.61
固始縣	32.50	0.80	15.90	8.65	7.95
商城縣	15.78	0.39	7.91	4.12	3.76
羅山縣	19.85	0.49	9.34	5.42	5.09
新縣	10.00	0.25	4.51	3.34	2.15

6.1.21　1997年湖北省國內生產總值及其構成

單位:億元(RMB 100 Million Yuan)

地　區 Region	國內生產總值 Gross Domestic Product	占全省比重(%) Proportion	第一產業 Primary Industry	第二產業 Secondary Industry	第三產業 Tertiary Industry
全　省	**3 450.24**	**100.00**	**767.92**	**1 606.98**	**1 075.34**
武漢市	912.33	26.44	78.79	422.06	411.48
武漢市區	789.25	22.87	44.44	368.71	376.11
黄陂縣	64.07	1.86	18.32	23.36	22.39
新洲縣	59.01	1.71	16.03	29.99	12.98
黄石市	**138.40**	**4.01**	**21.42**	**66.44**	**50.54**
黄石市區	106.12	3.07	11.02	55.05	40.04
大冶市	40.05	1.16	9.52	18.90	11.63
陽新縣	32.28	0.94	10.40	11.39	10.50
十堰市	**165.38**	**4.79**	**35.08**	**79.39**	**50.91**
十堰市區	46.57	1.35	1.51	31.98	13.07
丹江口市	72.86	2.11	8.54	35.89	28.43
鄖　縣	12.35	0.36	5.76	4.83	1.76
竹山縣	9.37	0.27	5.14	2.21	2.02
房　縣	9.32	0.27	4.22	2.34	2.77
鄖西縣	7.30	0.21	4.52	1.12	1.66
竹溪縣	7.61	0.22	5.39	1.02	1.20
荆州市	**316.47**	**9.17**	**130.60**	**102.82**	**83.05**
荆州市區	52.90	1.53	26.72	14.47	11.72
洪湖市	63.10	1.83	21.27	26.87	14.96
石首市	56.61	1.64	15.63	24.15	16.83
松滋市	44.33	1.28	16.09	13.66	14.57
監利縣	50.45	1.46	27.57	12.80	10.08
公安縣	49.08	1.42	23.32	10.87	14.89
宜昌市	**339.64**	**9.84**	**68.12**	**186.52**	**85.00**
宜昌市區	78.20	2.26	3.19	51.41	23.57
當陽市	55.15	1.60	14.76	29.15	11.25
枝城市	25.74	0.75	5.52	12.20	8.02
枝江市	40.68	1.18	12.41	15.13	13.14
秭歸縣	14.81	0.43	4.07	6.65	4.09
五峰縣	7.26	0.21	3.50	2.58	1.19
興山縣	10.47	0.30	2.97	5.82	1.68
長陽縣	22.47	0.65	5.62	13.07	3.79
遠安縣	12.84	0.37	3.98	5.93	2.93
宜昌縣	72.02	2.09	12.10	44.58	15.34
襄樊市	**462.07**	**13.39**	**136.49**	**226.72**	**98.86**
襄樊市區	88.44	2.56	4.37	51.55	32.52
老河口市	35.25	1.02	12.93	32.35	10.02
棗陽市	100.36	2.91	38.85	41.93	19.58
宜城市	50.18	1.45	20.05	17.89	12.24
襄陽縣	125.33	3.63	36.76	58.03	30.53
南漳縣	21.52	0.62	9.68	8.04	3.80
保康縣	9.19	0.27	4.77	2.49	1.93
谷城縣	31.80	0.92	9.08	14.44	8.28

6.1.21 1997年湖北省國内生産總值及其構成(續)

單位:億元(RMB 100 Million Yuan)

地 區 Region	國内生産總值 Gross Domestic Product	占全省比重(%) Proportion	第一産業 Primary Industry	第二産業 Secondary Industry	第三産業 Tertiary Industry
鄂州市	**100.84**	**2.92**	**17.36**	**52.12**	**31.36**
荆門市	**288.79**	**8.37**	**93.40**	**114.74**	**80.65**
荆門市	131.38	3.81	38.50	60.16	32.72
鐘祥市	106.31	3.08	33.15	35.73	37.43
京山縣	51.10	1.48	21.75	18.85	10.50
孝感市	**298.86**	**8.66**	**98.58**	**111.04**	**89.24**
孝感市區	41.04	1.19	11.69	14.36	14.99
廣水市	36.88	1.07	14.20	15.51	7.17
應城市	63.73	1.85	14.03	28.07	21.63
安陸市	28.46	0.82	12.96	9.16	6.34
漢川縣	78.44	2.27	19.61	34.67	24.16
雲夢縣	28.69	0.83	10.05	10.85	7.79
大悟縣	21.41	0.62	8.99	7.26	5.16
孝昌縣	28.34	0.82	10.25	9.31	8.78
黄岡市	**315.91**	**9.16**	**102.71**	**137.58**	**75.62**
黄岡市區	23.55	0.68	3.72	10.51	9.32
麻城市	47.50	1.38	14.35	22.13	11.02
武穴市	45.97	1.33	11.93	21.46	12.57
紅安縣	28.69	0.83	9.01	12.57	7.10
羅田縣	23.02	0.67	8.20	10.16	4.65
浠水縣	37.01	1.07	15.71	11.59	9.71
蘄春縣	39.85	1.15	11.64	18.96	9.25
黄梅縣	41.32	1.20	15.84	18.40	7.08
英山縣	16.63	0.48	7.23	6.24	3.16
團風縣	12.38	0.36	4.91	5.71	1.76
隨州市	**121.62**	**3.52**	**29.56**	**49.46**	**42.60**
潜江市	**118.54**	**3.44**	**22.91**	**52.19**	**43.45**
仙桃市	**160.00**	**4.64**	**33.27**	**65.87**	**60.85**
天門市	**144.26**	**4.18**	**29.01**	**58.26**	**56.99**
神農架林區	**2.52**	**0.07**	**0.58**	**0.98**	**0.95**
咸寧市	18.01	0.52	6.44	6.98	4.60
蒲圻市	36.59	1.06	9.14	15.60	11.85
嘉魚縣	19.45	0.56	7.54	7.50	4.41
通山縣	9.42	0.27	4.27	3.22	1.93
崇陽縣	14.34	0.42	6.62	5.70	2.01
通城縣	14.36	0.42	6.32	4.53	3.63
恩施市	22.52	0.65	8.21	6.56	7.75
利川市	16.15	0.47	9.55	3.61	3.00
建始縣	13.97	0.40	6.70	3.88	3.38
來鳳縣	12.67	0.37	5.89	3.97	2.82
巴東縣	14.28	0.41	6.22	3.24	4.81
鶴峰縣	6.91	0.20	3.55	1.51	1.85
宜恩縣	5.31	0.15	2.83	0.94	1.54
咸豐縣	9.74	0.28	5.24	2.25	2.25

6.1.22　1997年湖南省國内生産總值及其構成

單位:億元(RMB 100 Million Yuan)

地　區 Region	國内生産總值 Gross Domestic Product	占全省比重(%) Proportion	第一産業 Primary Industry	第二産業 Secondary Industry	第三産業 Tertiary Industry
全　省	**2 993.00**	**100.00**	**855.75**	**1 166.97**	**970.28**
長沙市	**482.87**	**16.13**	**68.73**	**207.50**	**206.64**
長沙市區	302.18	10.10	6.44	132.89	162.85
瀏陽市	52.73	1.76	15.81	24.42	12.50
長沙縣	64.38	2.15	13.80	37.86	12.72
望城縣	41.00	1.37	12.33	17.24	11.43
寧鄉縣	53.52	1.79	18.94	20.11	14.46
株州市	**239.70**	**8.01**	**49.16**	**115.58**	**74.96**
株州市區	118.15	3.95	3.98	70.21	43.95
醴陵市	41.59	1.39	12.22	21.24	8.13
株州縣	19.58	0.65	7.23	6.21	6.14
攸　縣	36.86	1.23	14.32	12.28	10.26
茶陵縣	17.22	0.58	8.66	4.32	4.24
炎陵縣	6.30	0.21	2.74	1.32	2.24
湘潭市	**187.50**	**6.26**	**37.14**	**82.40**	**67.96**
湘潭市區	91.85	3.07	2.63	51.08	38.13
湘鄉市	44.44	1.48	14.41	16.78	13.26
韶山市	5.96	0.20	1.38	2.44	2.14
湘潭縣	45.25	1.51	18.72	12.09	14.44
衡陽市	264.35	8.83	90.21	89.94	84.21
衡陽市	**301.41**	**10.07**	**94.81**	**110.23**	**96.38**
衡陽市區	67.66	2.26	3.72	28.49	35.46
耒陽市	43.64	1.46	13.86	18.28	11.50
常寧市	32.90	1.10	10.91	13.56	8.44
衡陽縣	37.84	1.26	21.31	8.13	8.39
衡南縣	39.57	1.32	17.41	14.24	7.93
衡山縣	15.41	0.51	5.70	4.91	4.80
衡東縣	30.31	1.01	10.11	10.88	9.31
祁東縣	34.08	1.14	11.79	11.74	10.55
邵陽市	**204.70**	**6.84**	**86.88**	**59.83**	**58.00**
邵陽市區	29.31	0.98	2.26	12.09	14.96
武岡市	18.94	0.63	9.89	4.39	4.66
邵東縣	55.09	1.84	18.56	20.67	15.86
新邵縣	18.98	0.63	7.30	5.98	5.70
邵陽縣	21.50	0.72	10.74	5.00	5.76
隆回縣	24.41	0.82	10.72	6.93	6.77
洞口縣	23.97	0.80	12.71	3.98	7.28
綏寧縣	14.80	0.49	7.08	4.20	3.51
新寧縣	15.11	0.50	8.42	2.42	4.27
城步縣	5.03	0.17	2.36	1.18	1.48
岳陽市	**279.56**	**9.34**	**86.63**	**101.85**	**91.09**
岳陽市區	111.22	3.72	6.05	57.22	47.95
汨羅市	24.57	0.82	10.01	10.21	4.35
臨湘市	18.02	0.60	5.97	7.39	4.65
岳陽縣	27.50	0.92	12.30	7.40	7.80

6.1.22 1997年湖南省國内生産總值及其構成(續)

單位:億元(RMB 100 Million Yuan)

地 區 Region	國内生産總值 Gross Domestic Product	占全省比重(%) Proportion	第一産業 Primary Industry	第二産業 Secondary Industry	第三産業 Tertiary Industry
華容縣	28.78	0.96	16.62	6.79	5.37
湘陰縣	32.07	1.07	15.74	10.55	5.77
平江縣	24.52	0.82	12.14	5.55	6.83
常德市	**283.16**	**9.46**	**107.33**	**101.93**	**73.90**
常德市區	77.22	2.58	23.04	30.54	23.65
武陵區	37.65	1.26	2.64	20.06	14.96
鼎城區	39.57	1.32	20.40	10.48	8.69
津市市	9.14	0.31	3.35	3.56	2.22
安鄉縣	20.64	0.69	11.26	4.04	5.34
漢壽縣	25.92	0.87	14.90	5.21	5.82
澧 縣	34.96	1.17	13.69	7.46	13.81
臨澧縣	22.05	0.74	7.00	10.01	5.03
桃源縣	46.91	1.57	20.94	13.95	12.01
石門縣	23.59	0.79	9.38	8.28	5.93
張家界市	**47.55**	**1.59**	**14.01**	**13.60**	**19.94**
張家界市區	25.89	0.87	4.47	8.59	12.84
慈利縣	14.80	0.49	6.47	3.46	4.87
桑植縣	6.86	0.23	3.07	1.55	2.23
益陽市	**173.08**	**5.78**	**56.01**	**57.42**	**59.64**
益陽市區	78.08	2.61	14.13	29.88	34.06
沅江市	27.09	0.91	11.24	7.59	8.26
南 縣	23.89	0.80	13.18	5.31	5.40
桃江縣	20.02	0.67	8.95	5.99	5.08
安化縣	24.00	0.80	8.51	8.65	6.84
郴州市	**189.51**	**6.33**	**55.00**	**69.40**	**65.10**
郴州市區	51.80	1.73	6.56	21.18	24.03
資興市	23.44	0.78	5.77	11.41	6.26
桂陽縣	26.21	0.88	10.65	7.45	8.11
永興縣	21.92	0.73	7.11	8.25	6.57
宜章縣	19.08	0.64	5.72	6.16	7.19
嘉禾縣	12.23	0.41	3.84	4.33	4.06
臨武縣	9.92	0.33	3.41	3.88	2.64
汝城縣	10.14	0.34	3.86	3.26	3.02
桂東縣	3.35	0.11	1.51	0.76	1.08
安仁縣	11.42	0.38	6.57	2.72	2.14
永州市	**213.80**	**7.14**	**80.21**	**72.00**	**61.59**
永州市區	51.29	1.71	12.03	19.45	19.79
冷水灘市	25.22	0.84	6.67	10.80	7.75
東安縣	22.16	0.74	9.24	7.57	5.35

6.1.22 1997年湖南省國内生産總值及其構成(續)

單位:億元(RMB 100 Million Yuan)

地 區 Region	國内生産總值 Gross Domestic Product	占全省比重(%) Proportion	第一産業 Primary Industry	第二産業 Secondary Industry	第三産業 Tertiary Industry
道 縣	23.26	0.78	10.36	7.57	5.33
寧遠縣	17.00	0.57	7.40	5.96	3.65
江永縣	8.38	0.28	3.95	1.83	2.60
江華縣	10.78	0.36	6.04	2.47	2.28
藍山縣	9.07	0.30	3.76	2.86	2.46
新田縣	8.16	0.27	3.75	2.50	1.91
雙牌縣	5.98	0.20	2.52	1.98	1.47
祁陽縣	32.50	1.09	14.49	9.01	9.00
婁底地區	**166.08**	**5.55**	**42.70**	**77.37**	**46.01**
婁底市	34.80	1.16	3.10	19.40	12.30
冷水江市	26.33	0.88	2.16	15.30	8.87
漣源市	31.08	1.04	9.65	14.43	7.01
雙峰縣	39.61	1.32	17.07	15.85	6.69
新化縣	30.21	1.01	11.24	9.59	9.38
懷化地區	**190.07**	**6.35**	**61.37**	**61.19**	**67.51**
懷化市	43.28	1.45	5.20	12.77	25.32
洪江市	4.56	0.15	0.60	2.59	1.37
黔陽縣	13.95	0.47	5.72	4.25	3.97
沅陵縣	24.13	0.81	6.24	13.62	4.27
辰溪縣	10.85	0.36	4.43	2.84	3.57
溆浦縣	22.16	0.74	10.60	7.48	4.09
麻陽縣	7.84	0.26	3.25	2.32	2.28
新晃縣	7.91	0.26	2.94	2.87	2.10
芷江縣	9.84	0.33	4.25	2.43	3.16
會同縣	11.32	0.38	4.77	3.90	2.65
靖州縣	10.47	0.35	4.00	3.13	3.34
通道縣	4.20	0.14	1.90	1.01	1.29
湘西自治州	**57.05**	**1.91**	**20.68**	**19.15**	**17.22**
吉首市	14.26	0.48	2.38	6.48	5.41
瀘溪縣	5.44	0.18	2.48	1.33	1.63
鳳凰縣	6.99	0.23	2.53	1.91	2.56
花垣縣	4.84	0.16	2.12	1.51	1.21
保靖縣	4.11	0.14	1.73	1.21	1.17
古丈縣	2.39	0.08	1.12	0.43	0.85
永順縣	8.02	0.27	3.89	2.16	1.97
龍山縣	10.98	0.37	4.43	4.12	2.43

6.1.23 1997年遼寧省國內生產總值及其構成

單位:億元(RMB 100 Million Yuan)

地 區 Region	國内生產總值 Gross Domestic Product	占全省比重(%) Proportion	第一產業 Primary Industry	第二產業 Secondary Industry	第三產業 Tertiary Industry
全 省	**3 490.06**	**100.00**	**485.38**	**1 743.87**	**1 260.81**
沈陽市	**851.13**	**24.39**	**58.64**	**375.00**	**417.49**
沈陽市區	725.66	20.79	15.61	332.20	377.85
新民市	64.66	1.85	23.70	18.62	22.35
遼中縣	43.58	1.25	13.23	17.17	13.18
康平縣	5.44	0.16	3.00	1.98	0.46
法庫縣	13.82	0.40	6.28	5.04	2.49
大連市	**829.72**	**23.77**	**89.00**	**387.59**	**353.13**
大連市區	586.12	16.79	42.74	246.34	297.04
瓦房店市	83.19	2.38	16.88	49.33	16.99
普蘭店市	85.29	2.44	17.13	52.83	15.33
莊河市	52.84	1.51	14.56	23.31	14.97
長海縣	6.27	0.18	3.34	0.82	2.11
鞍山市	**436.03**	**12.49**	**35.22**	**251.58**	**149.23**
鞍山市區	243.34	6.97	3.93	145.62	93.78
海城市	146.37	4.19	16.07	83.27	47.03
臺安縣	24.92	0.71	10.25	10.00	4.67
岫岩縣	21.32	0.61	5.21	11.69	4.41
撫順市	**192.88**	**5.53**	**14.08**	**123.66**	**55.13**
撫順市區	151.81	4.35	3.81	104.51	43.49
撫順縣	11.46	0.33	2.97	5.77	2.71
新賓縣	14.73	0.42	3.69	6.06	4.49
清原縣	14.89	0.43	3.61	6.83	4.45
本溪市	**114.33**	**3.28**	**9.82**	**64.10**	**40.40**
本溪市區	95.65	2.74	2.92	57.77	34.96
本溪縣	21.00	0.60	3.51	11.00	6.49
桓仁縣	14.41	0.41	3.50	7.14	3.77
丹東市	**151.86**	**4.35**	**28.49**	**63.12**	**60.26**
丹東市區	72.85	2.09	1.65	32.09	39.00
東港市	53.00	1.52	15.90	22.10	15.00
鳳城市	30.79	0.88	6.89	14.40	9.50
寬甸縣	23.02	0.66	4.04	11.12	7.96
錦州市	**179.64**	**5.15**	**58.00**	**60.19**	**61.45**
錦州市區	77.14	2.21	4.79	35.85	36.51
凌海市	25.57	0.73	12.39	6.90	6.29
北寧市	28.18	0.81	16.67	5.36	6.15

6.1.23 1997年遼寧省國内生產總值及其構成(續)

單位:億元(RMB 100 Million Yuan)

地 區 Region	國内生產總值 Gross Domestic Product	占全省比重(%) Proportion	第一產業 Primary Industry	第二產業 Secondary Industry	第三產業 Tertiary Industry
義 縣	20.07	0.58	9.28	5.90	4.89
黑山縣	28.76	0.82	14.87	6.19	7.70
營口市	**125.45**	**3.59**	**23.14**	**58.33**	**43.98**
營口市區	81.54	2.34	3.80	49.15	28.59
大石橋市	48.26	1.38	8.32	24.59	15.36
蓋州市	29.06	0.83	11.49	11.72	5.85
阜新市	**62.73**	**1.80**	**13.55**	**23.48**	**25.71**
阜新市區	40.73	1.17	1.86	20.24	18.63
阜新縣	15.61	0.45	8.56	2.40	4.65
彰武縣	4.59	0.13	3.13	0.59	0.87
遼陽市	**73.99**	**2.12**	**2.18**	**43.27**	**28.55**
燈塔市	32.42	0.93	9.15	12.92	10.35
遼陽市	145.10	4.16	19.97	73.79	51.34
遼陽市區	38.90	1.11	8.89	17.61	12.40
盤錦市	**225.97**	**6.47**	**31.08**	**156.40**	**38.49**
盤錦市區	174.82	5.01	2.06	144.82	27.94
盤山縣	24.73	0.71	13.20	6.53	5.00
大窪縣	23.57	0.68	14.30	4.78	4.49
鐵嶺市	**104.18**	**2.99**	**34.06**	**34.62**	**35.50**
鐵嶺市區	29.02	0.83	1.34	14.54	13.13
鐵法市	14.49	0.42	1.28	9.97	3.24
開原市	17.58	0.50	8.95	3.79	4.83
鐵嶺縣	11.64	0.33	6.26	2.33	3.05
西豐縣	7.57	0.22	3.52	1.44	2.62
昌圖縣	22.48	0.64	13.29	3.75	5.44
朝陽市	**93.10**	**2.67**	**29.15**	**32.21**	**31.74**
朝陽市區	32.80	0.94	2.39	18.04	12.38
北票市	12.57	0.36	4.09	4.46	4.02
凌源市	16.97	0.49	5.68	5.95	5.34
朝陽縣	13.00	0.37	5.85	2.80	4.35
建平縣	15.30	0.44	7.83	4.07	3.41
喀左縣	7.89	0.23	4.32	1.55	2.02
葫蘆島市	**140.79**	**4.03**	**28.19**	**65.19**	**47.41**
葫蘆島市區	92.05	2.64	8.40	51.21	32.44
興城市	19.98	0.57	5.26	8.36	6.27
綏中縣	19.07	0.55	10.69	2.87	5.51
建昌縣	10.68	0.31	4.73	2.75	3.20

6.1.24 1997年吉林省國內生産總值及其構成

單位:億元(RMB 100 Million Yuan)

地區 Region	國內生産總值 Gross Domestic Product	占全省比重(%) Proportion	第一産業 Primary Industry	第二産業 Secondary Industry	第三産業 Tertiary Industry
全省	**1 446.91**	**100.00**	**368.16**	**575.43**	**503.32**
長春市	**541.22**	**37.41**	**114.24**	**224.60**	**202.38**
長春市區	341.06	23.57	16.35	172.73	151.98
九臺市	27.48	1.90	10.07	6.99	10.43
榆樹市	54.78	3.79	30.26	10.08	14.44
德惠市	47.48	3.28	20.83	16.11	10.54
農安縣	60.99	4.22	32.74	13.26	15.00
吉林市	**285.82**	**19.75**	**51.84**	**113.89**	**120.09**
吉林市區	154.17	10.66	7.76	73.03	73.38
蛟河市	18.79	1.30	6.96	4.43	7.39
樺甸市	29.34	2.03	7.68	11.93	9.72
舒蘭市	28.83	1.99	11.63	6.96	10.24
磐石市	26.16	1.81	8.64	7.81	9.71
永吉縣	29.54	2.04	9.16	9.72	10.65
四平市	**148.00**	**10.23**	**60.86**	**37.51**	**49.63**
四平市區	40.26	2.78	1.47	15.27	23.52
公主嶺市	46.64	3.22	25.65	10.54	10.45
雙遼市	17.61	1.22	6.49	6.44	4.68
梨樹縣	32.99	2.28	18.55	5.93	8.51
伊通縣	15.38	1.06	7.49	3.80	4.09
遼源市	**49.11**	**3.39**	**11.34**	**16.11**	**21.66**
遼源市區	22.23	1.54	0.56	10.05	11.62
東豐縣	12.50	0.86	5.52	3.43	3.55
東遼縣	11.17	0.77	5.78	2.34	3.05
通化市	**114.60**	**7.92**	**27.27**	**45.72**	**41.61**
通化市區	35.98	2.49	1.71	17.56	16.70
梅河口市	32.03	2.21	10.68	9.06	12.30
集安市	10.01	0.69	2.88	3.77	3.36
通化縣	11.84	0.82	3.54	6.21	2.10
輝南縣	11.61	0.80	2.41	6.00	3.20

6.1.24　1997年吉林省國内生產總值及其構成(續)

單位:億元(RMB 100 Million Yuan)

地　區 Region	國内生產總值 Gross Domestic Product	占全省比重(%) Proportion	第一產業 Primary Industry	第二產業 Secondary Industry	第三產業 Tertiary Industry
柳河縣	13.13	0.91	6.05	3.12	3.96
白山市	**67.28**	**4.65**	**14.45**	**32.10**	**20.73**
白山市區	18.55	1.28	2.30	9.66	6.59
臨江市	12.83	0.89	2.74	5.65	4.45
撫松縣	14.41	1.00	4.58	6.60	3.23
靖宇縣	3.49	0.24	1.00	1.17	1.31
江源縣	13.58	0.94	1.95	6.70	4.93
長白縣	6.28	0.43	1.88	1.80	2.60
松原市	**117.73**	**8.14**	**45.81**	**49.32**	**22.60**
松原市區	35.82	2.48	2.76	25.93	7.14
長嶺縣	14.23	0.98	9.66	1.96	2.61
乾安縣	8.87	0.61	2.42	4.10	2.35
扶余縣	25.29	1.75	17.05	3.28	4.97
前郭爾羅斯縣	33.52	2.32	13.93	14.06	5.54
白城市	**60.64**	**4.19**	**27.71**	**14.16**	**18.77**
白城市區	22.51	1.56	5.45	6.96	10.10
洮南市	11.59	0.80	6.84	1.71	3.04
大安市	11.44	0.79	4.45	4.02	2.97
鎮賚縣	8.71	0.60	5.46	1.36	1.89
通榆縣	8.33	0.58	5.50	1.23	1.59
延邊州	**111.98**	**7.74**	**18.77**	**46.55**	**46.66**
延吉市	31.16	2.15	0.88	13.34	16.95
圖們市	8.72	0.60	0.53	4.09	4.10
敦化市	24.98	1.73	6.18	10.93	7.88
龍井市	9.52	0.66	2.36	3.53	3.63
琿春市	9.34	0.65	2.03	4.18	3.13
和龍市	7.98	0.55	2.02	2.93	3.02
汪清縣	8.10	0.56	2.03	3.12	2.95
安圖縣	10.65	0.74	2.69	4.19	3.77

6.1.25 1997年江蘇省國内生産總值及其構成

單位:億元(RMB 100 Million Yuan)

地 區 Region	國内生産總值 Gross Domestic Product	占全省比重(%) Proportion	第一産業 Primary Industry	第二産業 Secondary Industry	第三産業 Tertiary Industry
全 省	**6 694.62**	**100.00**	**1 016.91**	**3 414.59**	**2 263.12**
南京市	755.05	11.28	4.97	383.56	323.53
南京市區	570.83	8.53	6.48	289.31	275.04
江寧縣	75.84	1.13	11.72	47.66	16.45
江浦縣	18.09	0.27	5.58	6.00	6.51
六合縣	32.28	0.48	9.70	13.20	9.38
溧水縣	30.94	0.46	6.12	16.26	8.56
高淳縣	27.08	0.40	8.36	11.13	7.59
無錫市	**960.01**	**14.34**	**45.56**	**563.72**	**350.73**
無錫市區	315.00	4.71	3.52	174.03	137.45
江陰市	245.03	3.66	14.02	147.20	83.81
宜興市	150.02	2.24	16.01	81.50	52.51
錫山市	249.96	3.73	12.00	160.99	76.96
徐州市	**515.02**	**7.69**	**107.93**	**238.16**	**168.93**
徐州市區	226.48	3.38	6.62	123.51	96.35
豐 縣	30.89	0.46	14.02	8.61	8.26
沛 縣	46.13	0.69	16.11	16.22	13.79
銅山縣	72.10	1.08	20.60	35.48	16.02
睢寧縣	30.29	0.45	14.54	7.75	8.00
新沂市	39.51	0.59	14.88	13.18	11.45
邳州市	48.05	0.72	21.76	14.52	11.77
常州市	**470.11**	**7.02**	**44.37**	**265.82**	**159.92**
常州市區	141.58	2.11	3.50	86.23	51.85
溧陽市	63.25	0.94	11.59	29.66	22.00
金壇市	45.59	0.68	8.89	20.67	16.03
武進市	190.59	2.85	19.61	110.20	60.78
蘇州市	**1132.59**	**16.92**	**88.16**	**636.42**	**408.00**
蘇州市區	197.95	2.96	5.45	114.92	77.54
常熟市	195.10	2.91	15.02	100.82	79.25
張家港市	230.20	3.44	10.92	137.57	81.71

6.1.25 1997年江蘇省國內生產總值及其構成(續)

單位:億元(RMB 100 Million Yuan)

地 區 Region	國內生產總值 Gross Domestic Product	占全省比重(%) Proportion	第一產業 Primary Industry	第二產業 Secondary Industry	第三產業 Tertiary Industry
昆山市	130.92	1.96	11.90	76.35	42.67
吳江市	161.50	2.41	14.93	89.00	57.58
太倉市	106.13	1.59	12.63	58.30	35.20
吳縣市	149.14	2.23	17.55	79.83	51.77
南通市	**577.47**	**8.63**	**122.13**	**269.45**	**185.89**
南通市區	118.47	1.77	2.38	72.31	43.78
啟東市	93.42	1.40	24.68	38.68	30.05
如皋市	62.12	0.93	16.55	25.28	20.29
通州市	101.53	1.52	20.28	47.66	33.59
海門市	89.39	1.34	15.63	41.04	32.73
海安縣	55.10	0.82	17.85	17.45	19.80
如東縣	64.48	0.96	25.29	20.40	18.79
連雲港市	**238.53**	**3.56**	**77.48**	**90.12**	**70.93**
連雲港市區	81.15	1.21	6.10	45.18	29.87
贛榆縣	50.70	0.76	20.58	17.94	12.17
東海縣	46.03	0.69	21.50	13.80	10.72
灌雲縣	42.15	0.63	19.17	9.09	13.89
灌南縣	18.50	0.28	10.13	4.11	4.26
淮陰市	**196.58**	**2.94**	**73.20**	**68.69**	**54.70**
淮陰市區	49.03	0.73	2.86	27.76	18.41
淮安市	40.59	0.61	18.19	12.83	9.57
漣水縣	22.12	0.33	13.48	3.97	4.67
洪澤縣	13.50	0.20	7.10	3.24	3.16
盱眙縣	24.51	0.37	11.71	5.62	7.18
金湖縣	20.73	0.31	8.03	6.69	6.01
淮陰縣	26.10	0.39	11.83	8.58	5.69
鹽城市	**421.48**	**6.30**	**148.55**	**155.75**	**117.18**
鹽城市區	49.11	0.73	4.33	24.62	20.16
東臺市	68.11	1.02	28.08	21.41	18.62
大豐市	59.04	0.88	22.23	20.82	15.99

6.1.25 1997年江蘇省國内生産總值及其構成(續)

單位:億元(RMB 100 Million Yuan)

地 區 Region	國内生産總值 Gross Domestic Product	占全省比重(%) Proportion	第一産業 Primary Industry	第二産業 Secondary Industry	第三産業 Tertiary Industry
阜寧縣	38.01	0.57	14.51	13.31	10.19
射陽縣	56.93	0.85	23.72	20.19	13.02
鹽都縣	57.45	0.86	19.02	23.62	14.81
建湖縣	41.84	0.62	12.35	19.01	10.48
響水縣	17.89	0.27	8.69	3.97	5.22
濱海縣	33.09	0.49	15.61	8.79	8.69
揚州市	**376.67**	**5.63**	**57.75**	**188.94**	**129.99**
揚州市區	108.01	1.61	1.50	60.66	45.85
高郵市	47.53	0.71	14.70	19.48	13.35
江都市	78.09	1.17	12.34	36.38	29.36
儀征市	40.52	0.61	6.41	22.54	11.56
寶應縣	44.11	0.66	16.03	15.16	12.91
邗江縣	51.95	0.78	6.75	28.25	16.95
鎮江市	**360.54**	**5.39**	**31.62**	**203.37**	**125.55**
鎮江市區	110.00	1.64	1.52	61.94	46.54
丹陽市	110.40	1.65	13.03	60.87	36.50
揚中市	46.33	0.69	3.32	29.21	13.80
句容市	51.01	0.76	8.43	27.13	15.45
丹徒縣	42.81	0.64	5.33	24.22	13.26
泰州市	**317.76**	**4.75**	**64.22**	**142.48**	**111.06**
泰州市區	84.83	1.27	4.12	55.58	25.13
興化市	60.15	0.90	25.75	15.72	18.69
靖江市	55.36	0.83	7.30	23.94	24.13
泰興市	70.12	1.05	16.32	27.47	26.33
姜堰市	47.30	0.71	10.73	19.77	16.80
宿遷市	**144.69**	**2.16**	**66.35**	**43.21**	**35.14**
宿遷市區	11.15	0.17	0.95	5.00	5.20
宿豫縣	28.32	0.42	12.15	11.10	5.06
沭陽縣	40.10	0.60	21.61	8.34	10.16
泗陽縣	31.01	0.46	14.41	9.23	7.37
泗洪縣	34.12	0.51	17.24	9.53	7.35

6.1.26　1997年江西省國內生產總值及其構成

單位：億元(RMB 100 Million Yuan)

地　區 Region	國內生產總值 Gross Domestic Product	占全省比重(%) Proportion	第一產業 Primary Industry	第二產業 Secondary Industry	第三產業 Tertiary Industry
全　省	**1 715.18**	**100.00**	**475.18**	**658.25**	**581.75**
南昌市	**360.00**	**20.99**	**50.50**	**166.50**	**143.00**
南昌市區	265.13	15.46	5.15	142.83	117.15
南昌縣	40.49	2.36	22.51	6.19	11.79
新建縣	24.84	1.45	8.46	9.26	7.12
安義縣	8.16	0.48	3.65	1.98	2.53
進賢縣	21.21	1.24	10.53	5.94	4.74
景德鎮市	**73.50**	**4.29**	**10.38**	**35.88**	**27.24**
景德鎮市區	41.84	2.44	1.26	24.11	16.46
樂平市	27.19	1.59	6.29	13.04	7.86
浮梁縣	9.38	0.55	2.96	3.38	3.04
萍鄉市	**74.55**	**4.35**	**12.97**	**39.01**	**22.57**
蓮花縣	5.07	0.30	1.96	1.53	1.57
九江市	**192.96**	**11.25**	**53.40**	**77.38**	**62.18**
九江市區	85.36	4.98	1.69	46.65	37.02
瑞昌市	10.47	0.61	3.76	4.05	2.66
九江縣	10.24	0.60	6.03	1.97	2.24
武寧縣	8.62	0.50	4.91	2.24	1.47
修水縣	14.10	0.82	7.30	3.75	3.05
永修縣	11.05	0.64	5.48	2.88	2.69
德安縣	13.80	0.80	3.97	6.90	2.93
星子縣	4.85	0.28	2.76	1.25	0.84
都昌縣	10.96	0.64	5.57	1.57	3.83
湖口縣	7.67	0.45	4.51	1.45	1.72
彭澤縣	10.99	0.64	5.97	2.21	2.82
新余市	**52.21**	**3.04**	**12.47**	**21.66**	**18.07**
新余市區	42.18	2.46	8.47	17.79	15.92
分宜縣	10.03	0.58	4.00	3.87	2.15
鷹潭市	**37.77**	**2.20**	**10.10**	**13.91**	**13.76**
鷹潭市區	6.10	0.36	0.50	1.30	4.30
貴溪市	24.45	1.43	5.57	10.91	7.97
余江縣	7.22	0.42	4.03	1.70	1.49
贛州地區	**222.64**	**12.98**	**91.65**	**61.02**	**69.96**
贛州市	35.35	2.06	2.30	18.63	14.42

6.1.26 1997年江西省國内生産總值及其構成(續)

單位:億元(RMB 100 Million Yuan)

地 區 Region	國内生産總值 Gross Domestic Product	占全省比重(%) Proportion	第一産業 Primary Industry	第二産業 Secondary Industry	第三産業 Tertiary Industry
贛 縣	11.25	0.66	6.02	2.10	3.13
南康市	17.10	1.00	7.41	4.25	5.45
信豐縣	17.69	1.03	8.31	6.60	2.77
大余縣	10.10	0.59	3.14	3.74	3.22
上猶縣	7.35	0.43	3.83	2.06	1.45
崇義縣	7.84	0.46	3.11	1.96	2.77
安遠縣	7.54	0.44	3.87	1.38	2.29
龍南縣	6.91	0.40	3.55	1.57	1.79
定南縣	5.31	0.31	2.28	1.26	1.77
全南縣	6.73	0.39	2.93	2.00	1.80
于都縣	14.97	0.87	7.60	4.16	3.21
寧都縣	16.77	0.98	8.43	4.42	3.92
興國縣	14.22	0.83	8.33	2.88	3.01
瑞金市	13.54	0.79	5.87	2.61	5.07
會昌縣	9.15	0.53	4.85	1.99	2.30
尋烏縣	6.45	0.38	3.51	1.02	1.93
石城縣	7.61	0.44	4.29	1.29	2.03
宜春地區	**160.71**	**9.37**	**65.07**	**49.34**	**46.30**
宜春市	27.20	1.59	8.72	9.09	9.39
豐城市	35.88	2.09	15.30	9.18	11.40
高安市	22.60	1.32	8.32	6.61	7.66
樟樹市	15.69	0.91	7.36	4.01	4.32
奉新縣	10.63	0.62	5.54	2.29	2.79
萬載縣	11.02	0.64	5.03	2.94	3.05
上高縣	15.40	0.90	5.52	6.52	3.37
宜豐縣	10.52	0.61	4.30	3.50	2.72
靖安縣	5.40	0.31	2.01	2.11	1.28
銅鼓縣	6.00	0.35	2.25	1.91	1.83
上饒地區	**160.94**	**9.38**	**62.24**	**48.87**	**49.83**
上饒市	15.15	0.88	3.13	6.14	5.88
上饒縣	12.49	0.73	5.12	3.98	3.39
廣豐縣	17.61	1.03	5.10	6.20	6.30
玉山縣	12.34	0.72	4.03	4.71	3.61
鉛山縣	11.16	0.65	4.76	3.69	2.71

6.1.26 1997年江西省國内生產總值及其構成(續)

單位:億元(RMB 100 Million Yuan)

地 區 Region	國内生產總值 Gross Domestic Product	占全省比重(%) Proportion	第一產業 Primary Industry	第二產業 Secondary Industry	第三產業 Tertiary Industry
横峰縣	4.27	0.25	1.88	1.37	1.03
弋陽縣	9.64	0.56	4.55	2.76	2.33
余干縣	13.47	0.79	8.53	2.28	2.65
波陽縣	22.12	1.29	13.10	3.69	5.33
萬年縣	8.87	0.52	3.46	3.50	1.91
德興市	17.19	1.00	2.97	11.76	2.46
婺源縣	8.61	0.50	3.59	3.17	1.85
吉安地區	**125.37**	**7.31**	**55.32**	**35.78**	**34.27**
吉安市	17.56	1.02	3.10	5.87	8.59
吉安縣	14.33	0.84	6.83	3.38	4.12
吉水縣	9.92	0.58	5.04	2.96	1.93
新干縣	9.65	0.56	4.38	2.76	2.51
峡江縣	4.85	0.28	2.52	1.18	1.15
永豐縣	10.57	0.62	5.19	2.65	2.73
泰和縣	15.86	0.92	7.81	4.18	3.86
遂川縣	10.82	0.63	4.53	2.82	3.46
萬安縣	8.10	0.47	4.39	2.22	1.49
安福縣	12.62	0.74	5.59	3.52	3.51
永新縣	8.05	0.47	4.26	2.16	1.63
寧岡縣	1.87	0.11	0.80	0.50	0.56
井崗山市	2.96	0.17	0.86	0.93	1.18
撫州地區	**109.58**	**6.39**	**46.20**	**37.02**	**26.35**
臨川市	34.60	2.02	10.40	13.00	11.20
南城縣	9.97	0.58	4.51	2.52	2.94
黎川縣	5.03	0.29	2.70	1.23	1.10
南豐縣	9.27	0.54	4.45	2.42	2.40
崇仁縣	10.99	0.64	4.05	3.98	2.96
樂安縣	7.55	0.44	4.44	1.44	1.67
宜黄縣	5.55	0.32	2.89	1.54	1.12
金溪縣	6.42	0.37	3.30	1.62	1.51
資溪縣	3.72	0.22	1.48	1.38	0.86
東鄉縣	14.46	0.84	5.78	5.50	3.17
廣昌縣	4.20	0.24	1.75	1.15	1.30

6.1.27 1997年内蒙古自治區國内生産總值及其構成

單位:億元(RMB 100 Million Yuan)

地 區 Region	國内生産總值 Gross Domestic Product	占全區比重(%) Proportion	第一産業 Primary Industry	第二産業 Secondary Industry	第三産業 Tertiary Industry
全 區	**1 094.52**	**100.00**	**322.52**	**445.50**	**326.50**
呼和浩特市	**128.01**	**11.70**	**21.46**	**53.82**	**52.73**
呼和浩特市區	89.94	8.22	3.36	41.26	45.30
土默特左旗	14.86	1.36	7.24	5.96	1.67
托克托縣	9.45	0.86	3.49	2.88	3.09
和林格爾縣	3.81	0.35	2.56	0.75	0.49
清水河縣	4.50	0.41	2.20	1.49	0.81
武川縣	5.45	0.50	2.61	1.48	1.37
包頭市	**194.89**	**17.81**	**17.23**	**121.95**	**55.71**
包頭市區	160.84	14.70	4.77	110.13	45.96
土默特右旗	20.31	1.86	8.54	5.74	6.02
固陽縣	8.97	0.82	2.00	4.33	2.63
達爾罕茂明安旗	4.77	0.44	1.92	1.75	1.10
烏海市	**26.19**	**2.39**	**0.92**	**17.58**	**7.69**
赤峰市	**141.15**	**12.90**	**50.48**	**46.90**	**43.77**
赤峰市區	57.12	5.22	7.97	25.84	23.33
阿魯科爾沁旗	8.54	0.78	4.81	1.95	1.78
巴林左旗	7.90	0.72	4.09	1.76	2.05
巴林右旗	4.89	0.45	2.79	0.97	1.12
林西縣	7.72	0.71	3.56	2.35	1.82
克什克騰旗	6.24	0.57	3.32	1.26	1.66
翁牛特旗	10.82	0.99	6.06	2.51	2.26
喀喇沁旗	6.81	0.62	2.92	2.24	1.62
寧城縣	16.78	1.53	7.42	5.25	4.11
敖漢旗	14.33	1.31	7.54	2.77	4.02
烏蘭察布盟	**63.36**	**5.79**	**26.91**	**17.54**	**18.91**
集寧市	12.34	1.13	0.59	3.26	8.49
豐鎮市	9.70	0.89	2.90	4.78	2.02
卓資縣	4.47	0.41	2.31	1.08	1.09
化德縣	2.48	0.23	1.73	0.37	0.38
商都縣	6.09	0.56	3.40	1.38	1.31
興和縣	5.52	0.50	2.90	1.85	0.77
凉城縣	4.16	0.38	2.32	1.00	0.84
察哈爾右翼前旗	5.93	0.54	3.34	1.21	1.38

6.1.27　1997年内蒙古自治區國内生產總值及其構成(續)

單位:億元(RMB 100 Million Yuan)

地　區 Region	國内生產總值 Gross Domestic Product	占全區比重(%) Proportion	第一產業 Primary Industry	第二產業 Secondary Industry	第三產業 Tertiary Industry
察哈爾右翼中旗	4.06	0.37	2.63	0.81	0.62
察哈爾右翼后旗	3.98	0.36	2.09	1.05	0.84
四子王旗	5.11	0.47	3.23	0.89	1.00
錫林郭勒盟	**50.62**	**4.62**	**18.95**	**18.91**	**12.76**
二連浩特市	1.30	0.12	0.02	0.14	1.15
錫林浩特市	17.68	1.62	1.87	12.66	3.15
阿巴嘎旗	2.30	0.21	1.68	0.15	0.47
蘇尼特左旗	1.88	0.17	1.36	0.11	0.42
蘇尼特右旗	2.90	0.26	1.12	1.06	0.71
東烏珠穆沁旗	4.72	0.43	2.80	1.04	0.88
西烏珠穆沁旗	5.16	0.47	3.78	0.47	0.92
太僕寺旗	3.33	0.30	1.51	0.96	0.86
鑲黄旗	0.84	0.08	0.56	0.13	0.16
正鑲白旗	1.47	0.13	0.71	0.31	0.45
正藍旗	2.37	0.22	1.66	0.38	0.33
多倫縣	2.51	0.23	1.64	0.28	0.58
哲里木盟	**106.32**	**9.71**	**51.76**	**24.43**	**30.13**
通遼市	41.42	3.78	10.53	16.24	14.65
霍林河市	5.45	0.50	0.74	2.70	2.01
科爾沁左翼中旗	9.80	0.90	5.37	1.41	3.02
科爾沁左翼后旗	13.50	1.23	8.22	1.83	3.45
開魯縣	15.84	1.45	9.05	2.49	4.30
庫倫旗	3.23	0.30	1.55	0.58	1.10
奈曼旗	11.45	1.05	6.33	2.57	2.54
扎魯特旗	10.62	0.97	6.54	1.38	2.69
呼倫貝爾盟	**131.21**	**11.99**	**41.53**	**45.58**	**44.10**
海拉爾市	13.65	1.25	1.65	4.22	7.78
滿洲里市	11.98	1.09	0.89	4.02	7.07
扎蘭屯市	10.40	0.95	5.57	2.01	2.82
牙克石市	19.42	1.77	3.61	7.82	7.99
額爾古納市	7.89	0.72	4.60	2.13	1.16
根河市	13.49	1.23	0.34	8.71	4.44
阿榮旗	9.67	0.88	6.51	1.63	1.53

6.1.27 1997年内蒙古自治區國内生產總值及其構成(續)

單位:億元(RMB 100 Million Yuan)

地 區 Region	國内生產總值 Gross Domestic Product	占全區比重(%) Proportion	第一產業 Primary Industry	第二產業 Secondary Industry	第三產業 Tertiary Industry
莫力達瓦達斡爾旗	9.50	0.87	6.96	1.26	1.28
鄂倫春旗	8.30	0.76	2.96	3.22	2.12
鄂温克旗	12.39	1.13	2.12	7.58	2.69
陳巴爾虎旗	4.68	0.43	2.52	1.06	1.10
新巴爾虎左旗	2.92	0.27	2.03	0.17	0.72
新巴爾虎右旗	2.02	0.18	1.45	0.08	0.48
興安盟	**45.36**	**4.14**	**21.74**	**11.53**	**12.09**
烏蘭浩特市	13.45	1.23	1.61	5.75	6.09
阿爾山市	2.32	0.21	0.78	0.85	0.68
科爾沁右翼前旗	9.40	0.86	5.40	2.48	1.53
科爾沁右翼中旗	5.20	0.48	2.63	0.97	1.60
扎賚特旗	9.60	0.88	6.83	1.31	1.46
突泉縣	7.70	0.70	5.16	1.35	1.18
伊克昭盟	**79.22**	**7.24**	**21.85**	**38.85**	**18.52**
東勝市	19.37	1.77	1.16	12.78	5.43
達拉特旗	17.21	1.57	6.08	7.56	3.57
準格爾旗	13.56	1.24	3.18	7.19	3.19
鄂托克前旗	3.55	0.32	1.89	0.89	0.77
鄂托克旗	6.70	0.61	2.08	3.62	1.00
杭錦旗	6.01	0.55	2.77	1.92	1.31
烏審旗	5.72	0.52	2.54	2.17	1.01
伊金霍洛旗	7.00	0.64	2.31	2.45	2.25
巴彦卓爾盟	**95.01**	**8.68**	**46.38**	**22.58**	**26.05**
臨河市	30.67	2.80	11.80	7.05	11.82
五原縣	11.66	1.07	7.59	1.75	2.32
磴口縣	7.50	0.69	3.43	2.33	1.74
烏拉特前旗	18.60	1.70	9.34	5.72	3.54
烏拉特中旗	7.25	0.66	4.80	1.59	0.86
烏拉特后旗	3.59	0.33	0.86	1.41	1.32
杭錦后旗	15.74	1.44	8.55	2.73	4.45
阿拉善盟	**13.57**	**1.24**	**3.15**	**5.55**	**4.87**
阿拉善左旗	5.49	0.50	2.22	1.46	1.82
阿拉善右旗	1.57	0.14	0.56	0.66	0.35
額濟納旗	1.81	0.17	0.37	0.16	0.28

6.1.28　1997年寧夏回族自治區國内生産總值及其構成

單位：億元(RMB 100 Million Yuan)

地　區 Region	國内生産總值 Gross Domestic Product	占全區比重(%) Proportion	第一産業 Primary Industry	第二産業 Secondary Industry	第三産業 Tertiary Industry
全　區	**210.92**	**100.00**	**44.82**	**87.65**	**78.45**
銀川市	**75.50**	**37.40**	**11.29**	**33.22**	**30.99**
銀川市區	59.42	28.71	3.74	28.69	26.98
永寧縣	8.29	4.47	4.06	2.17	2.06
賀蘭縣	7.79	4.23	3.49	2.36	1.95
石嘴山市	**39.39**	**20.82**	**6.17**	**22.23**	**10.98**
石嘴山市區	27.17	13.42	0.21	18.96	7.99
平羅縣	8.61	4.62	4.04	2.30	2.27
陶樂縣	0.89	0.96	0.49	0.16	0.24
惠農縣	2.72	1.83	1.43	0.81	0.48
銀南地區	**64.76**	**34.45**	**19.96**	**27.32**	**17.47**
吴忠市	14.68	7.50	3.72	7.08	3.88
青銅峽市	15.94	8.09	3.80	8.53	3.62
中衛縣	10.40	5.47	3.22	3.16	4.02
中寧縣	6.12	3.44	3.27	1.50	1.35
靈武市	10.11	5.33	3.62	4.28	2.21
鹽池縣	4.58	2.71	0.92	2.40	1.25
同心縣	2.93	1.92	1.41	0.37	1.14
固原地區	**17.62**	**11.57**	**7.70**	**4.04**	**5.90**
固原縣	5.66	3.22	2.28	1.16	2.23
海原縣	2.90	1.91	1.26	0.80	0.84
西吉縣	3.04	1.98	1.42	0.57	1.06
隆德縣	2.49	1.72	0.80	0.88	0.80
涇源縣	0.92	0.97	0.42	0.24	0.27
彭陽縣	2.61	1.77	1.52	0.39	0.70

6.1.29 1997年青海省國內生產總值及其構成

單位:億元(RMB 100 Million Yuan)

地 區 Region	國內生產總值 Gross Domestic Product	占全省比重(%) Proportion	第一產業 Primary Industry	第二產業 Secondary Industry	第三產業 Tertiary Industry
全 省	**202.05**	**100.00**	**40.65**	**78.80**	**82.60**
西寧市	**60.48**	**29.93**	**4.42**	**26.33**	**29.73**
西寧市區	46.50	23.01	1.24	17.87	27.39
大通縣	13.98	6.92	3.17	8.47	2.34
海東地區	**40.53**	**20.06**	**15.98**	**10.52**	**14.04**
平安縣	2.49	1.23	0.76	0.66	1.07
民和縣	6.47	3.20	2.67	1.99	1.81
樂都縣	5.32	2.63	2.12	1.67	1.53
湟中縣	7.18	3.55	3.14	1.90	2.14
湟源縣	2.17	1.07	1.22	0.37	0.58
互助縣	7.63	3.78	4.03	1.98	1.63
循化縣	1.47	0.73	0.72	0.42	0.34
化隆縣	2.88	1.43	1.33	0.85	0.70
海北州	**9.23**	**4.57**	**3.76**	**2.48**	**2.99**
門源縣	3.24	1.60	1.90	0.75	0.59
祁連縣	2.11	1.04	0.92	0.64	0.55
海晏縣	2.26	1.12	0.44	0.66	1.16
剛察縣	1.91	0.95	0.79	0.43	0.69
黃南州	**7.71**	**3.82**	**3.22**	**2.90**	**1.59**
同仁縣	2.30	1.14	0.81	0.73	0.76
尖扎縣	2.84	1.41	0.39	2.03	0.42
澤庫縣	1.38	0.68	1.08	0.09	0.21
河南縣	1.24	0.61	0.99	0.05	0.20
海南州	**11.24**	**5.56**	**5.43**	**3.21**	**2.60**
共和縣	5.45	2.70	1.35	2.74	1.36
同德縣	1.32	0.65	1.08	0.06	0.18
貴德縣	1.54	0.76	0.91	0.20	0.43
興海縣	1.17	0.58	0.82	0.07	0.29
貴南縣	1.75	0.87	1.26	0.15	0.34
果洛州	**3.90**	**1.93**	**1.93**	**0.39**	**1.58**
瑪沁縣	1.66	0.82	0.59	0.09	0.97
班瑪縣	0.62	0.31	0.34	0.16	0.12
甘德縣	0.42	0.21	0.31	0.02	0.09
達日縣	0.34	0.17	0.25	0.00	0.09
久治縣	0.48	0.24	0.27	0.10	0.11
瑪多縣	0.38	0.19	0.17	0.01	0.20
玉樹州	**3.84**	**1.90**	**2.47**	**0.56**	**0.82**
玉樹縣	1.03	0.51	0.54	0.22	0.27
雜多縣	0.52	0.26	0.41	0.01	0.11
稱多縣	0.53	0.26	0.25	0.15	0.12
治多縣	0.51	0.25	0.33	0.07	0.11
囊謙縣	0.75	0.37	0.63	0.02	0.09
曲麻萊縣	0.51	0.25	0.30	0.10	0.11
海西州	**31.44**	**15.56**	**3.19**	**16.34**	**11.91**
格爾木市	10.21	5.05	0.46	5.73	4.02
德令哈市	2.47	1.22	0.57	0.74	1.16
烏蘭縣	0.67	0.33	0.36	0.14	0.16
都蘭縣	1.47	0.73	0.94	0.21	0.31
天峻縣	1.16	0.57	0.75	0.26	0.15

6.1.30 1997年山東省國內生產總值及其構成

單位:億元(RMB 100 Million Yuan)

地 區 Region	國內生產總值 Gross Domestic Product	占全省比重(%) Proportion	第一產業 Primary Industry	第二產業 Secondary Industry	第三產業 Tertiary Industry
全 省	**6 650.02**	**100.00**	**1 195.00**	**3 185.05**	**2 269.97**
濟南市	**731.73**	**11.00**	**92.11**	**340.16**	**299.46**
濟南市區	479.92	7.22	18.16	234.55	227.22
章丘市	99.78	1.50	22.64	46.00	31.15
長清縣	52.11	0.78	12.81	24.28	15.02
平陰縣	35.68	0.54	10.44	13.15	12.09
商河縣	25.63	0.39	13.28	6.06	6.29
濟陽縣	38.61	0.58	14.79	16.13	7.70
青島市	**797.70**	**12.00**	**116.97**	**382.02**	**298.71**
青島市區	450.41	6.77	18.55	234.13	197.74
膠州市	77.53	1.17	15.20	39.13	23.21
即墨市	68.89	1.04	16.49	30.97	21.43
平度市	81.65	1.23	30.52	28.71	22.42
膠南市	68.02	1.02	20.20	28.03	19.79
萊西市	51.19	0.77	16.01	21.05	14.13
淄博市	**498.80**	**7.50**	**52.31**	**299.39**	**147.09**
淄博市區	414.72	6.24	29.98	258.58	126.15
桓臺縣	49.80	0.75	7.95	28.28	13.60
高青縣	16.25	0.24	7.68	5.46	3.11
沂源縣	18.02	0.27	6.70	7.10	4.23
棗莊市	**214.12**	**3.22**	**37.24**	**113.31**	**63.57**
棗莊市區	118.26	1.78	19.44	64.48	34.34
滕州市	95.86	1.44	17.80	48.83	29.23
東營市	**300.18**	**4.51**	**31.80**	**232.67**	**35.71**
東營市區	225.27	3.39	8.12	197.86	19.29
墾利縣	14.90	0.22	4.85	7.44	2.61
利津縣	21.00	0.32	7.98	10.01	3.01
廣饒縣	39.01	0.59	10.85	17.36	10.79
烟臺市	**725.00**	**10.90**	**130.17**	**374.10**	**220.66**
烟臺市區	234.16	3.52	16.59	130.34	87.23
蓬萊市	56.58	0.85	12.90	26.00	17.69
招遠市	69.67	1.05	8.25	42.53	18.88

6.1.30 1997年山東省國內生産總值及其構成(續)

單位:億元(RMB 100 Million Yuan)

地 區 Region	國內生産總值 Gross Domestic Product	占全省比重(%) Proportion	第一産業 Primary Industry	第二産業 Secondary Industry	第三産業 Tertiary Industry
栖霞市	46.45	0.70	14.66	17.58	14.21
海陽市	39.41	0.59	14.18	16.87	8.36
龍口市	93.06	1.40	15.33	48.93	28.80
萊陽市	54.92	0.83	10.70	26.50	17.72
萊州市	101.13	1.52	20.48	50.53	30.11
長島縣	13.31	0.20	8.57	1.32	3.42
濰坊市	**718.00**	**10.80**	**150.00**	**332.00**	**236.00**
濰坊市區	197.27	2.97	13.42	116.62	67.23
安丘市	81.03	1.22	22.03	31.94	27.06
壽光市	88.16	1.33	27.55	34.06	26.55
昌邑市	54.67	0.82	13.55	23.16	17.96
高密市	60.00	0.90	15.65	24.68	19.67
青州市	70.53	1.06	17.40	29.10	24.03
諸城市	81.66	1.23	21.48	35.50	24.68
臨朐縣	48.06	0.72	12.70	21.01	14.36
昌樂縣	36.61	0.55	11.60	13.13	11.89
濟寧市	**480.57**	**7.23**	**117.58**	**205.87**	**157.12**
濟寧市區	31.97	0.48	8.63	12.13	11.21
兖州市	67.68	1.02	14.14	32.54	21.00
鄒城市	90.64	1.36	12.57	51.92	26.16
曲阜市	49.57	0.75	7.61	25.58	16.37
微山縣	31.21	0.47	10.93	11.17	9.11
魚臺縣	23.07	0.35	9.67	6.20	7.20
金鄉縣	36.04	0.54	16.44	9.00	10.61
嘉祥縣	19.70	0.30	8.00	5.90	5.80
汶上縣	21.00	0.32	9.00	5.10	6.90
泗水縣	24.20	0.36	9.20	9.10	5.89
梁山縣	24.66	0.37	11.38	6.63	6.66
泰安市	**313.52**	**4.71**	**87.57**	**132.80**	**93.15**
泰安市區	116.94	1.76	20.43	54.31	42.20
新泰市	66.04	0.99	12.64	35.22	18.18
肥城市	61.25	0.92	13.85	29.26	18.14

6.1.30　1997年山東省國内生産總值及其構成(續)

單位:億元(RMB 100 Million Yuan)

地　區 Region	國内生産總值 Gross Domestic Product	占全省比重(%) Proportion	第一産業 Primary Industry	第二産業 Secondary Industry	第三産業 Tertiary Industry
寧陽縣	28.11	0.42	11.03	8.46	8.62
東平縣	21.73	0.33	10.17	5.55	6.01
威海市	**477.59**	**7.18**	**108.12**	**230.30**	**139.17**
威海市區	118.08	1.78	16.80	60.32	40.96
乳山市	75.30	1.13	20.69	30.10	24.51
文登市	140.32	2.11	27.54	76.08	36.70
榮成市	143.90	2.16	43.10	63.80	37.00
日照市	**157.13**	**2.36**	**47.13**	**56.35**	**53.65**
日照市區	79.90	1.20	24.90	28.50	26.50
莒　縣	43.80	0.66	14.08	14.92	14.80
五蓮縣	27.08	0.41	7.01	12.55	7.52
萊蕪市	**94.52**	**1.42**	**17.52**	**46.50**	**30.50**
萊蕪市區	94.52	1.42	14.35	46.50	30.50
臨沂市	**426.82**	**6.42**	**123.79**	**173.81**	**129.22**
臨沂市區	90.15	1.36	16.93	46.82	26.40
郯城縣	39.03	0.59	11.60	15.52	11.91
蒼山縣	40.60	0.61	17.41	13.10	10.09
莒南縣	38.52	0.58	12.60	14.70	11.22
沂水縣	36.54	0.55	11.54	14.24	10.76
蒙陰縣	26.45	0.40	7.50	10.30	8.65
平邑縣	36.22	0.54	10.22	16.50	9.50
費　縣	32.87	0.49	11.90	12.47	8.50
沂南縣	29.02	0.44	8.82	15.10	5.10
臨沭縣	25.52	0.38	7.86	10.35	7.31
德州市	**267.87**	**4.03**	**93.05**	**103.32**	**71.50**
德州市區	65.47	0.98	5.30	36.31	23.86
樂陵市	24.52	0.37	12.29	6.42	5.80
禹城市	21.44	0.32	8.61	7.52	5.31
陵　縣	20.53	0.31	10.75	5.60	4.17
平原縣	18.78	0.28	9.60	4.72	4.46
夏津縣	20.43	0.31	7.82	7.52	5.09
武城縣	17.91	0.27	6.26	7.63	4.02

6.1.30 1997年山東省國內生產總值及其構成(續)

單位:億元(RMB 100 Million Yuan)

地 區 Region	國內生產總值 Gross Domestic Product	占全省比重(%) Proportion	第一產業 Primary Industry	第二產業 Secondary Industry	第三產業 Tertiary Industry
齊河縣	21.34	0.32	11.74	4.67	4.93
臨邑縣	20.54	0.31	9.17	6.28	5.09
寧津縣	20.49	0.31	8.32	6.43	5.74
慶雲縣	7.93	0.12	3.17	2.77	1.99
濱州地區	**206.20**	**3.10**	**61.17**	**92.43**	**52.60**
濱州市區	43.53	0.65	6.59	19.60	17.35
惠民縣	25.93	0.39	9.70	9.11	7.11
陽信縣	19.99	0.30	6.50	9.40	4.10
無棣縣	22.18	0.33	4.95	11.85	5.38
沾化縣	15.49	0.23	5.79	4.70	5.00
博興縣	26.44	0.40	7.24	11.88	7.32
鄒平縣	39.96	0.60	13.04	16.22	10.69
聊城市	**217.67**	**3.27**	**82.58**	**89.60**	**45.49**
聊城市區	45.69	0.69	13.01	18.79	13.89
臨清市	25.34	0.38	9.67	11.19	4.48
陽谷縣	25.73	0.39	11.81	9.17	4.75
莘 縣	27.11	0.41	12.99	8.15	5.97
茌平縣	25.27	0.38	11.87	9.60	3.80
東阿縣	15.12	0.23	5.69	6.30	3.13
冠 縣	26.94	0.41	11.50	8.68	6.76
高唐縣	21.25	0.32	8.04	9.32	3.89
荷澤地區	**202.45**	**3.04**	**98.95**	**58.24**	**45.26**
荷澤市區	40.61	0.61	7.99	17.55	15.06
曹 縣	26.57	0.40	14.76	5.60	6.20
定陶縣	16.28	0.24	8.68	4.69	2.91
成武縣	14.29	0.21	8.70	3.05	2.54
單 縣	23.18	0.35	12.39	5.23	5.56
巨野縣	17.81	0.27	11.19	3.21	3.41
鄆城縣	25.80	0.39	14.13	7.42	4.25
鄄城縣	15.64	0.24	10.10	2.60	2.94
東明縣	19.20	0.29	10.34	4.85	4.01

6.1.31　1997年山西省國内生産總值及其構成

單位:億元(RMB 100 Million Yuan)

地　區 Region	國内生産總值 Gross Domestic Product	占全省比重(%) Proportion	第一産業 Primary Industry	第二産業 Secondary Industry	第三産業 Tertiary Industry
全　省	**1 480.13**	**100.00**	**191.84**	**789.45**	**498.84**
太原市	**304.48**	**20.57**	**15.56**	**153.63**	**135.29**
太原市區	253.34	17.12	7.17	116.31	129.85
古交市	21.45	1.45	0.67	15.73	5.05
清徐縣	25.14	1.70	6.01	11.36	7.77
陽曲縣	5.93	0.40	1.39	3.04	1.49
婁煩縣	3.03	0.20	0.33	1.75	0.95
大同市	**155.69**	**10.52**	**13.75**	**89.52**	**52.42**
大同市	116.26	7.85	3.97	75.96	36.32
陽高縣	6.25	0.42	2.84	1.60	1.81
天鎮縣	3.56	0.24	2.20	0.60	0.76
廣靈縣	2.95	0.20	1.16	1.09	0.66
靈丘縣	3.09	0.21	0.78	0.90	1.41
渾源縣	6.11	0.41	1.55	2.76	1.81
左雲縣	9.73	0.66	0.80	6.16	2.77
大同縣	5.23	0.35	1.25	2.34	1.63
陽泉市	**88.08**	**5.95**	**2.93**	**57.61**	**27.54**
陽泉市	63.06	4.26	0.82	42.23	20.01
平定縣	12.71	0.86	1.07	7.50	4.14
盂　縣	12.31	0.83	1.05	7.88	3.38
長治市	**138.38**	**9.35**	**19.15**	**80.46**	**38.77**
長治市	63.75	4.31	1.63	41.89	20.24
潞城市	14.89	1.01	1.23	9.67	4.00
長治縣	13.43	0.91	1.89	8.63	2.91
襄垣縣	9.81	0.66	2.02	4.58	3.20
屯留縣	4.47	0.30	1.51	2.05	0.91
平順縣	2.97	0.20	0.92	1.24	0.81
黎城縣	5.98	0.40	1.39	2.83	1.76
壺關縣	4.24	0.29	1.07	2.13	1.05
長子縣	6.32	0.43	3.21	1.81	1.31
武鄉縣	4.01	0.27	1.28	2.00	0.74

6.1.31 1997年山西省國內生產總值及其構成(續)

單位:億元(RMB 100 Million Yuan)

地 區 Region	國內生產總值 Gross Domestic Product	占全省比重(%) Proportion	第一產業 Primary Industry	第二產業 Secondary Industry	第三產業 Tertiary Industry
沁 縣	3.48	0.24	1.27	0.87	1.33
沁源縣	5.25	0.35	0.92	3.15	1.17
晋城市	**127.08**	**8.59**	**8.42**	**76.06**	**42.60**
晋城市	35.09	2.37	0.41	20.79	13.89
高平市	20.51	1.39	1.92	13.06	5.53
沁水縣	7.83	0.53	1.45	3.66	2.73
陽城縣	23.20	1.57	1.34	15.94	5.95
陵川縣	8.31	0.56	0.98	5.26	2.06
朔州市	**75.02**	**5.07**	**13.54**	**37.55**	**23.93**
朔州市	39.32	2.66	3.98	22.80	12.53
山陰縣	9.12	0.62	2.65	3.72	2.75
應 縣	9.89	0.67	4.04	2.64	3.21
右玉縣	3.82	0.26	1.53	0.81	1.48
懷仁縣	13.84	0.94	2.30	7.57	3.97
忻州地區	**80.02**	**5.41**	**15.00**	**35.01**	**30.01**
忻州市	16.57	1.12	3.32	7.67	5.58
原平市	16.09	1.09	3.65	6.85	5.60
定襄縣	6.84	0.46	1.28	3.49	2.07
五臺縣	4.24	0.29	1.25	1.02	1.96
代 縣	3.68	0.25	1.42	1.16	1.10
繁峙縣	4.52	0.31	0.73	2.29	1.51
寧武縣	3.87	0.26	0.55	2.17	1.14
静樂縣	2.32	0.16	0.75	0.65	0.92
神池縣	2.35	0.16	1.01	0.69	0.65
五寨縣	1.99	0.13	1.13	0.26	0.60
岢嵐縣	1.69	0.11	0.83	0.24	0.62
河曲縣	2.57	0.17	0.34	1.43	0.80
保德縣	3.50	0.24	1.01	1.59	0.90
偏關縣	2.00	0.14	0.57	0.76	0.67
吕梁地區	**90.26**	**6.10**	**18.31**	**50.26**	**21.68**
孝義市	18.80	1.27	1.87	12.90	4.02

6.1.31 1997年山西省國内生產總值及其構成(續)

單位:億元(RMB 100 Million Yuan)

地 區 Region	國内生產總值 Gross Domestic Product	占全省比重(%) Proportion	第一產業 Primary Industry	第二產業 Secondary Industry	第三產業 Tertiary Industry
汾陽市	14.28	0.96	3.36	5.83	5.09
離石市	6.84	0.46	0.33	3.26	3.25
文水縣	18.02	1.22	5.38	10.00	2.63
交城縣	5.85	0.40	0.82	3.55	1.49
興 縣	2.57	0.17	1.09	0.95	0.53
臨 縣	6.28	0.42	3.71	1.14	1.43
柳林縣	2.37	0.16	1.26	0.51	0.60
石樓縣	7.56	0.51	1.14	4.44	1.99
嵐 縣	2.00	0.14	0.98	0.62	0.39
方山縣	1.94	0.13	0.89	0.66	0.38
中陽縣	3.87	0.26	0.76	2.20	0.91
交口縣	5.00	0.34	0.70	3.32	0.97
晋中地區	**136.75**	**9.24**	**21.40**	**71.64**	**43.71**
榆次市	32.61	2.20	4.07	16.88	11.67
介休市	23.56	1.59	1.85	16.95	4.76
榆社縣	3.63	0.25	0.69	2.22	0.73
左權縣	4.40	0.30	1.00	2.47	0.93
和順縣	3.17	0.21	0.88	1.42	0.87
昔陽縣	6.88	0.46	1.08	3.43	2.38
壽陽縣	8.86	0.60	1.57	3.52	3.77
太谷縣	13.26	0.90	3.20	5.52	4.55
祁 縣	10.15	0.69	3.11	4.92	2.13
平遥縣	14.50	0.98	3.20	6.88	4.42
靈石縣	14.64	0.99	0.74	9.10	4.80
臨汾地區	**151.24**	**10.22**	**28.29**	**79.22**	**43.72**
臨汾市	32.15	2.17	3.31	15.01	13.83
侯馬市	11.55	0.78	1.44	5.27	4.85
霍州市	13.11	0.89	1.24	9.38	2.48
曲沃縣	9.50	0.64	2.33	5.80	1.37

6.1.31 1997年山西省國内生產總值及其構成(續)

單位:億元(RMB 100 Million Yuan)

地 區 Region	國内生產總值 Gross Domestic Product	占全省比重(%) Proportion	第一產業 Primary Industry	第二產業 Secondary Industry	第三產業 Tertiary Industry
翼城縣	12.82	0.87	2.24	6.44	4.14
襄汾縣	14.72	0.99	3.50	8.72	2.50
洪洞縣	24.20	1.63	5.46	14.48	4.26
古 縣	3.38	0.23	0.76	1.78	0.83
安澤縣	2.30	0.16	1.15	0.61	0.54
浮山縣	3.02	0.20	1.06	1.39	0.57
吉 縣	2.16	0.15	0.97	0.63	0.55
鄉寧縣	7.88	0.53	1.52	5.36	0.99
蒲 縣	4.59	0.31	0.56	3.30	0.73
大寧縣	1.15	0.08	0.53	0.27	0.35
永和縣	1.03	0.07	0.43	0.21	0.40
隰 縣	2.30	0.16	0.88	0.45	0.96
汾西縣	3.23	0.22	0.76	1.69	0.78
運城地區	**139.02**	**9.39**	**31.37**	**75.58**	**32.07**
運城市	26.32	1.78	2.83	13.04	10.45
永濟市	17.26	1.17	4.41	9.15	3.70
河津市	16.49	1.11	0.96	12.92	2.61
芮城縣	8.83	0.60	2.72	3.87	2.25
臨猗縣	20.45	1.38	7.80	7.04	5.60
萬榮縣	9.16	0.62	2.10	4.73	2.33
新絳縣	9.34	0.63	2.25	4.79	2.31
稷山縣	5.35	0.36	1.28	2.56	1.50
聞喜縣	14.18	0.96	1.95	7.92	4.31
夏 縣	6.80	0.46	2.13	2.54	2.13
絳 縣	5.72	0.39	1.59	3.02	1.11
平陸縣	4.72	0.32	1.91	1.34	1.47
垣曲縣	8.01	0.54	1.16	5.16	1.69

6.1.32 1997年陝西省國内生産總值及其構成

單位:億元(RMB 100 Million Yuan)

地 區 Region	國内生産總值 Gross Domestic Product	占全省比重(%) Proportion	第一産業 Primary Industry	第二産業 Secondary Industry	第三産業 Tertiary Industry
全 省	**1 326.04**	**100.00**	**271.52**	**555.86**	**498.66**
西安市	**500.55**	**37.75**	**51.33**	**209.70**	**239.52**
西安市區	322.59	24.33	10.57	132.18	179.85
長安縣	23.32	1.76	—	—	—
藍田縣	11.40	0.86	—	—	—
臨潼縣	23.14	1.75	—	—	—
周至縣	16.91	1.28	—	—	—
户 縣	22.92	1.73	—	—	—
高陵縣	7.33	0.55	—	—	—
銅川市	**34.03**	**2.57**	**3.62**	**18.89**	**11.52**
銅川市區	26.76	2.02	1.17	15.77	9.83
耀 縣	5.85	0.44	—	—	—
宜君縣	1.42	0.11	—	—	—
寶鷄市	**150.15**	**11.32**	**22.93**	**75.13**	**52.09**
寶鷄市區	60.06	4.53	0.96	37.56	21.53
寶鷄縣	17.77	1.34	—	—	—
鳳翔縣	13.83	1.04	—	—	—
岐山縣	11.48	0.87	—	—	—
扶風縣	7.61	0.57	—	—	—
眉 縣	7.23	0.55	—	—	—
隴 縣	5.06	0.38	—	—	—
千陽縣	2.00	0.15	—	—	—
麟游縣	1.48	0.11	—	—	—
鳳 縣	4.75	0.36	—	—	—
太白縣	2.15	0.16	—	—	—
咸陽市	**183.85**	**13.86**	**48.16**	**82.38**	**53.34**
咸陽市區	91.08	6.87	7.17	58.92	24.99
楊凌區	3.09	0.23	—	—	—
興平市	16.14	1.22	4.37	8.41	3.35
三原縣	12.49	0.94	—	—	—
涇陽縣	13.71	1.03	—	—	—
乾 縣	11.47	0.86	—	—	—

6.1.32 1997年陝西省國内生産總值及其構成(續)

單位:億元(RMB 100 Million Yuan)

地 區 Region	國内生産總值 Gross Domestic Product	占全省比重(%) Proportion	第一産業 Primary Industry	第二産業 Secondary Industry	第三産業 Tertiary Industry
禮泉縣	13.75	1.04	—	—	—
永壽縣	2.69	0.20	—	—	—
彬 縣	5.54	0.42	—	—	—
長武縣	2.18	0.16	—	—	—
旬邑縣	3.85	0.29	—	—	—
淳化縣	3.58	0.27	—	—	—
武功縣	8.48	0.64	—	—	—
渭南市	**140.99**	**10.63**	**39.55**	**58.67**	**42.76**
渭南市區	28.63	2.16	5.90	11.70	11.03
臨渭區	28.63	2.16			
韓城市	16.50	1.24	2.79	8.97	4.75
華陰市	7.97	0.60	1.32	4.56	2.08
華 縣	11.12	0.84	—	—	—
潼關縣	6.86	0.52	—	—	—
大荔縣	14.47	1.09	—	—	—
合陽縣	6.28	0.47	—	—	—
澄城縣	10.02	0.76	—	—	—
蒲城縣	18.63	1.40	—	—	—
白水縣	5.43	0.41	—	—	—
富平縣	12.52	0.94	—	—	—
漢中市	**122.50**	**9.24**	**33.24**	**53.95**	**35.31**
漢中市區	20.62	1.56	3.11	10.37	7.15
漢臺區	20.62	1.56	—	—	
南鄭縣	20.68	1.56	—	—	—
城固縣	18.95	1.43	—	—	—
洋 縣	8.41	0.63	—	—	—
西鄉縣	6.58	0.50	—	—	—
勉 縣	10.80	0.81	—	—	—
寧强縣	5.76	0.43	—	—	—
略陽縣	6.04	0.46	—	—	—
鎮巴縣	3.13	0.24	—	—	—
留壩縣	1.02	0.08	—	—	—

6.1.32　1997年陝西省國內生產總值及其構成(續)

單位:億元(RMB 100 Million Yuan)

地　區 Region	國內生產總值 Gross Domestic Product	占全省比重(%) Proportion	第一産業 Primary Industry	第二産業 Secondary Industry	第三産業 Tertiary Industry
佛坪縣	0.83	0.06			
安康地區	**67.50**	**5.09**	**26.25**	**16.70**	**24.55**
安康市區	21.58	1.63	6.35	6.45	8.77
漢陰縣	4.31	0.33	—	—	—
石泉縣	4.33	0.33	—	—	—
寧陝縣	2.60	0.20	—	—	—
紫陽縣	4.35	0.33	—	—	—
嵐皋縣	2.87	0.22	—	—	—
平利縣	4.73	0.36	—	—	—
鎮坪縣	1.04	0.08	—	—	—
旬陽縣	9.73	0.73	—	—	—
白河縣	2.90	0.22	—	—	—
商洛地區	**38.11**	**2.87**	**13.07**	**10.78**	**14.26**
商州市	6.54	0.49	1.49	1.77	3.27
洛南縣	6.12	0.46	—	—	—
丹鳳縣	3.77	0.28	—	—	—
商南縣	2.80	0.21	—	—	—
山陽縣	5.05	0.38	—	—	—
鎮安縣	4.40	0.33	—	—	—
柞水縣	1.70	0.13	—	—	—
延安市	**67.96**	**5.13**	**19.21**	**26.80**	**21.96**
延安市區	13.31	1.00	1.57	8.24	3.13
延長縣	1.91	0.14	—	—	—
延川縣	9.49	0.72	—	—	—
子長縣	3.35	0.25	—	—	—
安塞縣	4.89	0.37	—	—	—
吳旗縣	3.70	0.28	—	—	—
志丹縣	3.67	0.28	—	—	—
甘泉縣	2.11	0.16	—	—	—
富　縣	3.27	0.25	—	—	—
洛川縣	15.25	1.15	—	—	—
宜川縣	1.76	0.13	—	—	—
黄龍縣	1.05	0.08	—	—	—
黄陵縣	5.82	0.44	—	—	—

6.1.33 1997年上海市國内生産總值及其構成

單位:億元(RMB 100 Million Yuan)

地 區 Region	國内生産總值 Gross Domestic Product	占全省比重(%) Proportion	第一産業 Primary Industry	第二産業 Secondary Industry	第三産業 Tertiary Industry
全 市	**3 360.21**	**100.00**	**75.80**	**1 754.39**	**1 530.02**
黄浦區	36.44	1.08	—	4.60	31.84
南市區	21.90	0.65	—	4.42	17.49
浦東新區	182.23	5.42	11.46	58.88	111.89
盧灣區	23.34	0.69	0.33	5.53	17.48
徐匯區	37.34	1.11	—	9.93	27.41
閔行區	135.75	4.04	3.90	77.75	54.10
静安區	30.38	0.90	—	6.21	24.18
普陀區	31.12	0.93	0.54	9.51	21.08
長寧區	28.84	0.86	0.22	6.98	21.64
嘉定區	125.11	3.72	3.29	84.34	37.48
虹口區	29.33	0.87	—	6.82	22.51
楊浦區	32.99	0.98	—	8.39	24.60
閘北區	25.12	0.75	0.10	7.28	17.74
寶山區	80.44	2.39	3.00	39.13	38.31
金山縣	55.93	1.66	6.45	27.13	22.35
松江縣	88.01	2.62	8.26	54.25	25.50
青浦縣	90.35	2.69	7.97	51.77	30.61
南匯縣	82.20	2.45	11.76	44.19	26.25
奉賢縣	67.08	2.00	7.06	39.90	20.12
崇明縣	43.63	1.30	11.47	17.26	14.90

6.1.34　1997年四川省國内生產總值及其構成

單位：億元(RMB 100 Million Yuan)

地　區 Region	國内生產總值 Gross Domestic Product	占全省比重(%) Proportion	第一產業 Primary Industry	第二產業 Secondary Industry	第三產業 Tertiary Industry
全　省	**3 320.11**	**100.00**	**919.28**	**1 385.38**	**1 015.45**
成都市	**1 007.03**	**30.33**	**120.60**	**456.37**	**430.05**
成都市區	371.78	11.20	19.50	166.26	186.02
錦江區	67.73	2.04	0.75	19.91	47.07
青羊區	71.47	2.15	1.24	19.51	50.72
金牛區	55.52	1.67	1.24	23.02	31.27
武侯區	40.00	1.20	0.70	21.29	18.01
成華區	68.95	2.08	2.16	46.56	20.23
龍泉驛區	35.68	1.07	8.56	15.50	11.62
青白江區	32.42	0.98	4.85	20.47	7.10
彭州市	55.26	1.66	11.80	23.06	20.40
都江堰市	14.58	0.44	4.41	5.87	4.30
崇州市	43.75	1.32	8.82	19.19	15.74
邛崍市	44.28	1.33	8.89	18.58	16.81
金堂縣	43.05	1.30	10.59	19.08	13.39
雙流縣	73.01	2.20	9.98	40.55	22.47
温江縣	27.60	0.83	5.32	13.36	8.92
郫　縣	45.34	1.37	8.38	25.37	11.60
新都縣	42.70	1.29	8.38	20.38	13.94
大邑縣	26.99	0.81	6.74	12.08	8.17
蒲江縣	14.58	0.44	4.41	5.87	4.30
新津縣	19.16	0.58	4.02	9.00	6.10
自貢市	**126.01**	**3.80**	**30.73**	**56.17**	**39.10**
自貢市區	72.21	2.17	6.48	37.95	27.79
自流井區	34.36	1.03	—	17.90	16.46
貢井區	8.76	0.26	0.94	5.05	2.77
大安區	18.06	0.54	2.37	10.52	5.17
沿灘區	11.04	0.33	3.17	4.48	3.39
榮　縣	25.78	0.78	10.65	9.52	5.61

6.1.34 1997年四川省國內生產總值及其構成(續)

單位:億元(RMB 100 Million Yuan)

地區 Region	國內生產總值 Gross Domestic Product	占全省比重(%) Proportion	第一產業 Primary Industry	第二產業 Secondary Industry	第三產業 Tertiary Industry
富順縣	29.61	0.89	13.36	10.12	6.13
攀枝花市	**98.55**	**2.97**	**7.60**	**65.97**	**24.98**
攀枝花市區	85.12	2.56	2.17	61.98	20.96
攀枝花東區	53.97	1.63	0.13	42.38	11.46
攀枝花西區	18.89	0.57	0.17	14.34	4.38
仁和區	12.25	0.37	1.86	5.27	5.12
米易縣	7.03	0.21	2.95	2.15	1.93
鹽邊縣	6.40	0.19	2.43	1.88	2.09
瀘州市	**143.39**	**4.32**	**45.44**	**60.74**	**37.21**
瀘州市區	56.96	1.72	12.55	26.30	18.11
江陽區	28.44	0.86	4.56	13.11	10.76
納溪區	17.09	0.51	5.51	7.72	3.85
龍馬潭區	11.44	0.34	2.47	5.47	3.50
瀘縣	27.97	0.84	11.86	10.29	5.82
合江縣	20.92	0.63	8.40	5.68	6.85
叙永縣	13.07	0.39	5.79	4.59	2.69
古藺縣	12.00	0.36	5.28	4.32	2.40
德陽市	**215.18**	**6.48**	**60.07**	**89.65**	**65.46**
德陽市區	43.65	1.31	8.15	20.27	15.23
廣漢市	39.15	1.18	8.62	17.89	12.64
什邡市	37.06	1.12	7.25	17.56	12.24
綿竹市	38.16	1.15	9.23	18.52	10.41
中江縣	38.96	1.17	20.16	7.55	11.25
羅江縣	8.98	0.27	5.05	2.23	1.71
綿陽市	**275.15**	**8.29**	**68.37**	**121.49**	**85.30**
綿陽市區	34.45	1.04	11.54	13.07	9.85
綿陽涪城區	15.36	0.46	4.31	6.09	4.95
綿陽游仙區	19.10	0.58	7.22	6.98	4.89
江油市	55.00	1.66	10.92	25.26	18.82

6.1.34 1997年四川省國内生産總值及其構成(續)

單位:億元(RMB 100 Million Yuan)

地 區 Region	國内生産總值 Gross Domestic Product	占全省比重(%) Proportion	第一産業 Primary Industry	第二産業 Secondary Industry	第三産業 Tertiary Industry
三臺縣	38.50	1.16	17.71	10.65	10.14
鹽亭縣	17.40	0.52	9.35	3.35	4.69
安 縣	16.96	0.51	8.31	3.97	4.68
梓潼縣	10.74	0.32	5.34	3.11	2.29
北川縣	4.10	0.12	1.98	1.02	1.10
平武縣	4.60	0.14	2.36	1.04	1.20
廣元市	**85.50**	**2.58**	**30.99**	**23.67**	**30.84**
廣元市區	21.10	0.64	6.76	7.44	6.90
元壩區	4.90	0.15	2.57	0.96	1.37
朝天區	3.50	0.11	1.68	0.80	1.02
旺蒼縣	17.52	0.53	5.07	6.71	5.74
青川縣	5.36	0.16	2.93	0.86	1.58
劍閣縣	13.46	0.41	7.44	2.25	3.77
蒼溪縣	13.81	0.42	8.69	1.52	3.60
遂寧市	**104.53**	**3.15**	**42.85**	**31.84**	**29.84**
遂寧市區	42.73	1.29	17.99	11.19	13.54
蓬溪縣	30.94	0.93	15.25	6.59	9.10
射洪縣	36.07	1.09	9.61	13.63	12.83
内江市	**249.58**	**7.52**	**91.77**	**85.89**	**71.91**
内江市中區	30.22	0.91	2.84	12.18	15.20
東興區	21.33	0.64	9.38	6.17	5.77
資中市	25.85	0.78	9.49	8.43	7.93
簡陽市	49.34	1.49	16.53	20.13	12.68
資陽市	34.47	1.04	12.50	14.17	7.80
樂至縣	20.88	0.63	11.56	4.91	4.40
安岳縣	28.90	0.87	18.31	4.24	6.35
威遠縣	24.92	0.75	7.14	11.15	6.63
隆昌縣	21.50	0.65	5.06	11.74	4.69
樂山市	**121.89**	**3.67**	**34.08**	**49.05**	**38.75**
樂山市中區	26.81	0.81	4.17	10.22	12.41
沙灣區	11.69	0.35	1.49	8.23	1.98
五通橋區	13.53	0.41	3.29	6.56	3.68
金口河區	2.92	0.09	0.38	2.21	0.33
峨眉山市	17.58	0.53	3.81	7.57	6.20
犍為縣	13.15	0.40	5.87	3.48	3.80
井研縣	9.50	0.29	4.83	2.29	2.38
夾江縣	11.49	0.35	4.58	3.23	3.68
沐川縣	7.25	0.22	2.64	1.99	2.62
峨邊縣	4.98	0.15	1.18	2.75	1.04
馬邊縣	3.01	0.09	1.84	0.52	0.64

6.1.34 1997年四川省國內生產總值及其構成(續)

單位:億元(RMB 100 Million Yuan)

地 區 Region	國內生產總值 Gross Domestic Product	占全省比重(%) Proportion	第一產業 Primary Industry	第二產業 Secondary Industry	第三產業 Tertiary Industry
南充市	**134.69**	**4.06**	**56.19**	**31.96**	**46.54**
南充市區	50.19	1.51	10.89	15.30	24.00
順慶區	28.24	0.85	2.35	9.01	16.89
高坪區	11.39	0.34	3.63	3.99	3.77
嘉陵區	10.56	0.32	4.91	2.30	3.35
閬中市	14.99	0.45	6.11	4.44	4.44
南部縣	20.70	0.62	10.54	4.20	5.96
營山縣	12.78	0.38	8.23	1.80	2.74
蓬安縣	13.00	0.39	5.73	3.89	3.39
儀隴縣	13.89	0.42	9.52	1.03	3.34
西充縣	9.14	0.28	5.17	1.29	2.70
宜賓市	**151.09**	**4.55**	**43.36**	**60.96**	**46.77**
翠屏區	50.58	1.52	5.39	29.69	15.49
宜賓縣	24.20	0.73	10.42	6.60	7.18
南溪縣	8.62	0.26	3.07	3.62	1.92
江安縣	9.04	0.27	4.43	2.48	2.13
長寧縣	10.25	0.31	4.40	3.34	2.51
高 縣	8.48	0.26	4.42	2.25	1.81
筠連縣	7.45	0.22	3.62	2.10	1.73
珙 縣	11.96	0.36	2.95	4.43	4.58
興文縣	6.17	0.19	3.28	1.54	1.35
屏山縣	5.20	0.16	2.26	1.45	1.48
眉山地區	**96.36**	**2.90**	**39.20**	**34.45**	**22.71**
眉山縣	28.72	0.87	8.28	13.39	7.06
仁壽縣	31.44	0.95	16.90	8.78	5.77
彭山縣	14.79	0.45	4.01	6.00	4.78
洪雅縣	10.59	0.32	5.36	3.05	2.18
丹棱縣	4.48	0.13	2.33	1.10	1.05
青神縣	6.34	0.19	2.33	2.13	1.88
廣安地區	**97.60**	**2.94**	**35.43**	**37.51**	**24.66**
華鎣市	13.44	0.40	2.84	7.80	2.79
岳池縣	19.71	0.59	8.87	5.64	5.21
廣安縣	26.51	0.80	9.14	7.94	9.42
武勝縣	16.87	0.51	8.01	5.08	3.78
鄰水縣	19.78	0.60	7.55	8.17	4.06
達川地區	**166.17**	**5.00**	**71.33**	**56.93**	**37.91**
達川市	21.07	0.63	3.15	8.84	9.09
萬源市	11.99	0.36	6.24	3.78	1.97
達 縣	34.00	1.02	17.42	10.38	6.19
宣漢縣	24.88	0.75	12.40	9.01	3.46
開江縣	13.82	0.42	6.67	4.66	2.49
大竹縣	34.83	1.05	13.32	12.58	8.94
渠 縣	25.59	0.77	12.13	7.68	5.77
巴中地區	**69.75**	**2.10**	**40.23**	**11.33**	**18.19**
巴中市	29.25	0.88	17.43	4.63	7.19

6.1.34　1997年四川省國內生產總值及其構成(續)

單位:億元(RMB 100 Million Yuan)

地　區 Region	國內生產總值 Gross Domestic Product	占全省比重(%) Proportion	第一產業 Primary Industry	第二產業 Secondary Industry	第三產業 Tertiary Industry
通江縣	10.84	0.33	6.66	1.46	2.72
南江縣	11.28	0.34	6.82	1.97	2.49
平昌縣	13.45	0.41	7.46	2.42	3.57
雅安地區	**63.22**	**1.90**	**16.57**	**31.71**	**14.95**
雅安市	20.91	0.63	2.63	11.07	7.21
名山縣	7.35	0.22	3.41	2.39	1.55
滎經縣	8.15	0.25	1.51	4.57	2.08
漢源縣	7.97	0.24	2.93	2.66	2.38
石棉縣	6.92	0.21	1.37	4.63	0.91
天全縣	7.43	0.22	1.98	4.33	1.12
蘆山縣	5.18	0.16	1.59	2.54	1.05
寶興縣	4.94	0.15	0.92	3.26	0.76
阿壩州	**30.13**	**0.91**	**9.15**	**11.74**	**9.24**
汶川縣	8.78	0.26	1.04	6.43	1.30
理　縣	1.90	0.06	0.40	0.90	0.59
茂　縣	2.06	0.06	0.85	0.45	0.76
松潘縣	1.98	0.06	0.77	0.63	0.58
南坪縣	2.23	0.07	0.45	0.75	1.03
金川縣	1.24	0.04	0.56	0.31	0.37
小金縣	1.21	0.04	0.48	0.21	0.51
黑水縣	1.06	0.03	0.41	0.27	0.39
馬爾康縣	2.77	0.08	0.37	0.65	1.75
壤塘縣	0.83	0.02	0.43	0.15	0.24
阿壩縣	1.43	0.04	0.94	0.15	0.34
若爾蓋縣	2.10	0.06	1.56	0.21	0.33
紅原縣	1.44	0.04	0.89	0.31	0.25
甘孜州	**24.67**	**0.74**	**9.46**	**6.82**	**8.38**
康定縣	3.60	0.11	0.89	0.88	1.83
瀘定縣	1.86	0.06	0.55	0.64	0.67
丹巴縣	1.02	0.03	0.32	0.41	0.29
九龍縣	1.35	0.04	0.43	0.73	0.19
雅江縣	0.81	0.02	0.40	0.19	0.22
道孚縣	1.61	0.05	0.59	0.53	0.50
爐霍縣	1.12	0.03	0.50	0.41	0.21
甘孜縣	1.16	0.03	0.68	0.18	0.30
新龍縣	1.95	0.06	0.57	0.61	0.77
德格縣	1.05	0.03	0.80	0.06	0.19
白玉縣	0.89	0.03	0.47	0.21	0.21
石渠縣	0.99	0.03	0.61	0.12	0.27

6.1.34 1997年四川省國内生産總值及其構成(續)

單位:億元(RMB 100 Million Yuan)

地 區 Region	國内生産總值 Gross Domestic Product	占全省比重(%) Proportion	第一産業 Primary Industry	第二産業 Secondary Industry	第三産業 Tertiary Industry
色達縣	1.13	0.03	0.69	0.12	0.32
理塘縣	1.02	0.03	0.60	0.16	0.26
巴塘縣	0.77	0.02	0.34	0.11	0.33
鄉城縣	0.88	0.03	0.33	0.23	0.32
稻城縣	0.63	0.02	0.45	0.03	0.14
得榮縣	0.45	0.01	0.20	0.05	0.20
凉山州	**115.00**	**3.46**	**50.48**	**29.26**	**35.25**
西昌市	31.38	0.95	7.87	8.99	14.51
木里縣	3.27	0.10	1.09	1.01	1.17
鹽源縣	5.06	0.15	2.89	1.15	1.02
德昌縣	5.47	0.16	2.50	1.33	1.64
會理縣	14.97	0.45	8.27	3.21	3.49
會東縣	11.86	0.36	7.03	2.51	2.33
寧南縣	5.32	0.16	2.63	1.59	1.10
普格縣	2.80	0.08	1.62	0.42	0.77
布拖縣	1.97	0.06	1.21	0.11	0.65
金陽縣	2.21	0.07	1.47	0.13	0.60
昭覺縣	2.82	0.08	1.71	0.26	0.86
喜德縣	2.91	0.09	1.17	0.88	0.87
冕寧縣	8.74	0.26	3.96	2.69	2.09
越西縣	3.80	0.11	1.95	0.60	1.25
甘洛縣	5.29	0.16	1.59	2.76	0.94
美姑縣	2.38	0.07	1.40	0.39	0.59
雷波縣	4.23	0.13	1.90	0.77	1.56

6.1.35 1997年天津市國内生産總值及其構成

單位:億元(RMB 100 Million Yuan)

地 區 Region	國内生産總值 Gross Domestic Product	占全市比重(%) Proportion	第一産業 Primary Industry	第二産業 Secondary Industry	第三産業 Tertiary Industry
全 市	**1 240.40**	**100.00**	**74.55**	**643.88**	**521.97**
和平區	20.03	1.61	—	1.93	18.10
和東區	13.57	1.09	—	2.25	11.32
河西區	15.88	1.28	—	2.37	13.51
南開區	12.98	1.05	—	2.46	10.53
河北區	14.62	1.18	—	2.74	11.89
紅橋區	13.64	1.10	—	1.94	11.70
塘沽區	18.65	1.50	1.14	4.68	12.83
漢沽區	10.48	0.84	1.90	3.93	4.65
大港區	21.02	1.69	0.97	11.94	8.12
東麗區	43.52	3.51	1.97	19.79	21.76
西青區	50.18	4.05	4.00	31.18	15.00
津南區	45.81	3.69	2.14	31.14	12.53
北辰區	44.51	3.59	4.60	26.06	13.85
寧河縣	38.56	3.11	7.90	18.01	12.65
武清縣	68.20	5.50	13.52	33.47	21.22
静海縣	65.58	5.29	10.26	39.53	15.79
寶坻縣	73.03	5.89	14.04	35.90	23.09
薊 縣	44.12	3.56	11.36	16.59	16.17

6.1.36　1997年新疆維吾爾自治區國内生產總值及其構成

單位:億元(RMB 100 Million Yuan)

地　區 Region	國内生產總值 Gross Domestic Product	占全省比重(%) Proportion	第一產業 Primary Industry	第二產業 Secondary Industry	第三產業 Tertiary Industry
全　區	**1 050.10**	**100.00**	**280.00**	**413.00**	**357.00**
烏魯木齊市	**216.90**	**20.66**	**3.70**	**83.11**	**130.10**
烏魯木齊市區	201.93	19.32	1.73	77.96	122.25
烏魯木齊縣	14.97	1.51	1.97	5.15	7.85
克拉瑪依市	**94.37**	**9.08**	**0.84**	**75.36**	**18.18**
石河子市	**18.69**	**1.87**	**3.12**	**6.92**	**8.65**
吐魯番地區	**46.81**	**4.55**	**8.04**	**29.52**	**9.26**
吐魯番市	11.02	1.14	4.04	2.31	4.67
鄯善縣	31.38	3.08	2.63	25.74	3.01
托克遜縣	4.41	0.51	1.37	1.47	1.58
哈密地區	**26.77**	**2.64**	**6.64**	**9.27**	**10.85**
哈密市	22.48	2.23	4.55	8.01	9.92
巴里坤縣	3.37	0.41	1.58	1.01	0.78
伊吾縣	0.76	0.16	0.51	0.06	0.19
昌吉自治州	105.43	10.13	40.12	34.53	30.78
昌吉市	**22.60**	**2.24**	**6.77**	**8.54**	**7.29**
阜康市	13.48	1.37	2.93	7.80	2.75
米泉縣	11.37	1.17	2.65	5.20	3.52
呼圖壁縣	13.63	1.39	6.21	3.49	3.93
瑪納斯縣	23.53	2.33	12.98	5.37	5.17
奇臺縣	8.22	0.87	4.19	1.32	2.71
吉木薩爾縣	5.14	0.58	2.49	1.10	1.55
木壘縣	2.48	0.32	1.39	0.29	0.81
伊犁自治州	**160.67**	**15.39**	**75.28**	**38.93**	**46.46**
奎屯市	**9.24**	**0.97**	**0.64**	**4.25**	**4.35**
伊犁地區	**61.42**	**5.94**	**30.55**	**14.90**	**15.98**
伊寧市	13.28	1.35	1.87	5.58	5.83
伊寧縣	10.49	1.09	6.04	2.25	2.21
察布查爾縣	3.91	0.46	2.30	0.54	1.07
霍城縣	9.60	1.00	6.18	1.25	2.16
鞏留縣	3.46	0.42	1.99	0.77	0.70
新源縣	10.60	1.10	5.34	3.13	2.14
昭蘇縣	4.80	0.55	3.30	0.46	1.04
特克斯縣	3.30	0.40	2.04	0.44	0.82
尼勒克縣	2.92	0.37	1.82	0.50	0.60
塔城地區	**65.26**	**6.30**	**33.87**	**13.76**	**17.63**
塔城市	7.33	0.79	2.77	1.48	3.08
烏蘇市	19.18	1.91	11.38	3.68	4.12
額敏縣	9.60	1.00	4.63	1.76	3.21

6.1.36 1997年新疆維吾爾自治區國內生產總值及其構成(續)

單位:億元(RMB 100 Million Yuan)

地 區 Region	國內生產總值 Gross Domestic Product	占全省比重(%) Proportion	第一產業 Primary Industry	第二產業 Secondary Industry	第三產業 Tertiary Industry
沙灣縣	22.45	2.23	6.45	11.45	4.55
托里縣	2.13	0.29	0.67	0.65	0.81
裕民縣	1.71	0.25	0.94	0.19	0.58
和布克賽爾縣	2.12	0.29	0.59	0.94	0.58
阿勒泰地區	**24.75**	**2.45**	**10.22**	**6.02**	**8.50**
阿勒泰市	8.86	0.93	2.68	2.50	3.69
布爾津縣	2.71	0.35	1.11	0.90	0.70
富蘊縣	3.58	0.43	1.83	0.84	0.92
福海縣	3.99	0.47	1.89	0.83	1.27
哈巴河縣	2.08	0.29	1.16	0.36	0.56
清河縣	1.90	0.27	1.00	0.27	0.63
吉木乃縣	1.41	0.22	0.56	0.29	0.56
博爾塔拉州	**19.68**	**1.96**	**10.25**	**3.66**	**5.77**
博樂市	10.90	1.13	5.12	2.35	3.44
精河縣	6.02	0.66	3.47	0.86	1.69
温泉縣	2.75	0.35	1.67	0.45	0.63
巴音郭楞州	**103.77**	**9.97**	**21.32**	**60.29**	**22.17**
庫爾勒市	73.53	7.09	5.73	54.26	13.54
輪臺縣	3.49	0.42	2.18	0.37	0.94
尉犁縣	6.32	0.69	3.64	1.15	1.53
若羌縣	1.71	0.25	0.79	0.46	0.46
且末縣	2.10	0.29	1.22	0.32	0.56
焉耆縣	4.78	0.54	1.99	1.38	1.41
和静縣	7.17	0.77	3.86	1.19	2.12
和碩縣	2.94	0.37	1.32	0.52	1.10
博湖縣	2.27	0.30	1.14	0.44	0.69

6.1.36　1997年新疆維吾爾自治區國内生産總值及其構成(續)

單位:億元(RMB 100 Million Yuan)

地　區 Region	國内生産總值 Gross Domestic Product	占全省比重(%) Proportion	第一産業 Primary Industry	第二産業 Secondary Industry	第三産業 Tertiary Industry
阿克蘇地區	**84.67**	**8.15**	**45.10**	**16.36**	**23.22**
阿克蘇市	34.48	3.37	14.44	6.84	13.20
温宿縣	7.11	0.77	4.55	1.21	1.34
庫車縣	15.20	1.54	6.32	5.02	3.85
沙雅縣	7.31	0.78	5.44	0.70	1.17
新和縣	4.79	0.54	3.40	0.70	0.69
拜城縣	3.49	0.42	2.26	0.67	0.56
烏什縣	3.77	0.45	2.71	0.22	0.85
阿瓦提縣	7.98	0.85	5.66	0.96	1.36
柯坪縣	0.55	0.14	0.32	0.03	0.19
克孜勒蘇州	**5.95**	**0.66**	**2.84**	**0.79**	**2.32**
阿圖什市	2.71	0.35	1.13	0.32	1.26
阿克陶縣	1.89	0.27	1.15	0.23	0.51
阿合奇縣	0.50	0.14	0.23	0.05	0.22
烏恰縣	0.85	0.17	0.33	0.19	0.33
喀什地區	**71.43**	**6.89**	**45.91**	**6.29**	**19.23**
喀什市	8.96	0.94	0.67	2.32	5.97
疏附縣	5.78	0.64	4.36	0.35	1.07
疏勒縣	5.36	0.60	3.84	0.31	1.21
英吉沙縣	3.32	0.40	2.73	0.39	0.20
澤普縣	4.47	0.51	2.38	1.14	0.95
莎車縣	9.32	0.98	6.03	1.41	1.88
葉城縣	5.87	0.65	4.37	0.51	0.99
麥蓋提縣	6.98	0.75	5.33	0.52	1.14
岳普湖縣	2.67	0.34	1.21	0.27	1.18
伽師縣	5.68	0.63	4.52	0.48	0.68
巴楚縣	10.20	1.06	7.53	0.84	1.83
塔什庫爾干縣	0.44	0.13	0.26	0.02	0.16
和田地區	**28.32**	**2.79**	**18.55**	**3.72**	**6.05**
和田市	3.33	0.41	0.60	1.01	1.73
和田縣	4.97	0.56	3.89	0.45	0.64
墨玉縣	6.00	0.66	4.92	0.26	0.81
皮山縣	3.01	0.38	1.78	0.49	0.73
洛浦縣	3.57	0.43	2.35	0.59	0.63
策勒縣	2.68	0.34	1.83	0.22	0.63
于田縣	3.96	0.47	2.83	0.42	0.71
民豐縣	0.72	0.16	0.39	0.11	0.21

6.1.37 1997年雲南省國内生産總值及其構成

單位:億元(RMB 100 Million Yuan)

地　區 Region	國内生産總值 Gross Domestic Product	占全省比重(%) Proportion	第一産業 Primary Industry	第二産業 Secondary Industry	第三産業 Tertiary Industry
全　省	**1 644.23**	**100.00**	**391.48**	**750.01**	**502.74**
昆明市	**487.33**	**29.58**	**41.12**	**240.58**	**205.63**
昆明市區	374.99	23.24	11.07	192.69	171.22
呈貢縣	10.14	0.56	2.45	4.80	2.89
晉寧縣	14.37	0.81	3.97	6.92	3.48
安寧縣	34.79	2.05	2.79	21.90	10.11
富民縣	5.32	0.26	1.71	1.72	1.89
宜良縣	21.25	1.23	7.68	5.59	7.98
路南縣	7.66	0.40	3.39	1.89	2.38
嵩明縣	10.93	0.60	4.07	3.64	3.22
禄勸縣	7.88	0.42	3.99	1.43	2.46
東川市	**5.68**	**0.28**	**1.28**	**2.61**	**1.80**
昭通地區	**72.61**	**3.74**	**29.39**	**23.97**	**19.23**
昭通市	28.85	1.69	5.48	14.22	9.15
魯甸縣	3.40	0.15	2.27	0.33	0.80
巧家縣	4.65	0.22	2.96	0.73	0.96
鹽津縣	3.34	0.14	2.04	0.44	0.85
大關縣	2.48	0.09	1.81	0.18	0.48
永善縣	3.89	0.18	2.32	0.36	1.22
綏江縣	2.23	0.07	0.59	1.25	0.38
鎮雄縣	10.02	0.55	6.32	1.23	2.47
彝良縣	4.77	0.23	2.99	0.71	1.07
威信縣	3.65	0.16	1.93	0.62	1.10
水富縣	5.33	0.26	0.68	3.90	0.75
曲靖地區	**183.78**	**10.63**	**56.02**	**72.87**	**54.90**
曲靖市	76.01	4.56	11.17	38.87	25.97
宣威市	24.66	1.44	9.85	8.17	6.65
馬龍縣	3.86	0.17	1.86	0.89	1.10
富源縣	16.28	0.93	7.24	4.33	4.72
羅平縣	13.80	0.78	4.08	4.59	5.13
師宗縣	8.37	0.45	4.56	1.55	2.26
陸良縣	18.34	1.05	9.39	5.17	3.78
尋甸縣	8.06	0.43	4.36	0.92	2.78
會澤縣	14.40	0.81	3.51	8.38	2.51

6.1.37　1997年雲南省國内生產總值及其構成(續)

單位:億元(RMB 100 Million Yuan)

地　區 Region	國内生產總值 Gross Domestic Product	占全省比重(%) Proportion	第一產業 Primary Industry	第二產業 Secondary Industry	第三產業 Tertiary Industry
楚雄地區	**83.32**	**4.45**	**30.68**	**29.17**	**23.46**
楚雄市	31.66	1.86	5.87	17.51	8.28
雙柏縣	3.16	0.13	1.76	0.64	0.76
牟定縣	4.53	0.21	2.20	1.29	1.05
南華縣	4.25	0.20	2.53	0.81	0.91
姚安縣	4.96	0.24	2.82	0.84	1.30
大姚縣	6.53	0.34	2.71	2.02	1.80
永仁縣	2.45	0.09	1.33	0.54	0.57
元謀縣	5.03	0.24	2.76	0.75	1.51
武定縣	5.08	0.25	2.65	0.93	1.50
禄豐縣	15.67	0.89	6.05	3.84	5.78
玉溪地區	**309.23**	**18.26**	**23.87**	**216.81**	**68.53**
玉溪市	243.99	14.78	2.75	192.84	48.40
江川縣	11.18	0.62	3.89	3.92	3.37
澄江縣	6.50	0.33	1.34	3.28	1.88
通海縣	13.15	0.74	3.78	6.13	3.24
華寧縣	7.11	0.37	2.52	2.21	2.38
易門縣	8.94	0.48	2.07	3.23	3.63
峨山縣	6.01	0.30	1.86	1.73	2.42
新平縣	5.51	0.27	2.73	1.58	1.19
元江縣	6.84	0.35	2.93	1.89	2.02
紅河州	**113.36**	**6.10**	**34.36**	**47.24**	**31.80**
個舊市	22.64	1.32	2.44	12.56	7.65
開遠市	16.81	0.96	3.35	7.16	6.30
蒙自縣	8.13	0.43	3.43	2.35	2.35
屏邊縣	2.28	0.08	1.24	0.42	0.62
建水縣	12.92	0.72	5.17	4.20	3.56
石屏縣	6.89	0.36	3.91	1.03	1.95
彌勒縣	22.45	1.30	4.58	15.35	2.52
瀘西縣	7.24	0.38	2.70	2.03	2.51
元陽縣	3.93	0.18	2.37	0.54	1.03
紅河縣	3.01	0.12	2.12	0.42	0.47
金平縣	2.79	0.11	1.53	0.55	0.71
緑春縣	1.48	0.03	0.71	0.14	0.63

6.1.37 1997年雲南省國內生産總值及其構成(續)

單位:億元(RMB 100 Million Yuan)

地 區 Region	國内生産總值 Gross Domestic Product	占全省比重(%) Proportion	第一産業 Primary Industry	第二産業 Secondary Industry	第三産業 Tertiary Industry
河口縣	2.79	0.11	0.81	0.49	1.50
文山州	**45.51**	**2.28**	**22.65**	**10.19**	**12.66**
文山縣	9.09	0.49	2.91	3.17	3.01
硯山縣	5.66	0.28	2.61	1.49	1.56
西疇縣	3.18	0.13	1.64	0.65	0.89
麻栗坡縣	4.71	0.23	1.99	1.10	1.62
馬關縣	5.12	0.25	2.33	1.14	1.64
丘北縣	4.65	0.22	2.77	0.46	1.42
廣南縣	7.91	0.42	5.51	1.16	1.24
富寧縣	5.19	0.25	2.89	1.02	1.28
思茅地區	**41.66**	**1.92**	**17.46**	**11.99**	**12.24**
思茅縣	6.46	0.33	1.64	2.20	2.63
普洱縣	5.01	0.24	1.70	1.69	1.62
墨江縣	3.63	0.16	1.73	0.76	1.14
景東縣	7.12	0.37	4.13	1.46	1.53
景谷縣	6.71	0.35	2.00	2.84	1.88
鎮源縣	3.44	0.15	1.63	0.87	0.95
江城縣	1.70	0.04	0.96	0.27	0.47
孟連縣	1.78	0.05	0.83	0.39	0.57
瀾滄縣	5.01	0.24	2.59	1.30	1.11
西盟縣	0.80	−0.01	0.25	0.21	0.34
西雙版納州	**37.72**	**2.11**	**17.96**	**5.97**	**13.79**
景洪縣	19.92	1.15	7.86	3.00	9.06
勐海縣	8.00	0.43	4.59	1.56	1.85
勐臘縣	9.80	0.53	5.51	1.41	2.88
大理州	**105.37**	**5.67**	**41.42**	**34.50**	**29.46**
大理市	41.53	2.46	6.14	23.67	11.72
漾濞縣	1.50	0.03	0.83	0.31	0.37
祥雲縣	11.01	0.61	5.60	2.34	3.07
賓川縣	10.79	0.59	7.32	1.67	1.81
彌渡縣	5.59	0.28	3.04	0.84	1.71
南澗縣	4.17	0.19	2.67	0.31	1.18
巍山縣	6.78	0.35	3.67	0.84	2.28
永平縣	5.20	0.25	3.05	0.73	1.41
雲龍縣	3.34	0.14	1.83	0.63	0.87

6.1.37 1997年雲南省國内生産總值及其構成(續)

單位:億元(RMB 100 Million Yuan)

地 區 Region	國内生産總值 Gross Domestic Product	占全省比重(%) Proportion	第一産業 Primary Industry	第二産業 Secondary Industry	第三産業 Tertiary Industry
洱源縣	8.10	0.43	4.18	1.09	2.83
劍川縣	2.77	0.11	1.39	0.61	0.77
鶴慶縣	4.59	0.22	1.70	1.46	1.44
保山地區	**58.24**	**3.24**	**27.87**	**12.07**	**18.28**
保山市	23.99	1.40	10.22	6.04	7.72
施甸縣	6.97	0.36	3.98	0.92	2.07
騰冲縣	14.07	0.79	6.07	2.73	5.26
龍陵縣	5.75	0.29	3.09	1.07	1.59
昌寧縣	7.46	0.39	4.51	1.31	1.64
德宏地區	**33.78**	**1.69**	**13.78**	**8.03**	**12.00**
畹町市	0.62	—0.02	0.15	0.15	0.32
瑞麗市	6.61	0.34	1.73	1.37	3.51
潞西縣	12.12	0.68	4.60	3.03	4.50
梁河縣	2.38	0.08	1.00	0.66	0.73
盈江縣	7.36	0.39	3.70	1.70	1.97
隴川縣	4.69	0.22	2.60	1.12	0.97
麗江地區	**23.86**	**1.21**	**8.39**	**7.38**	**8.11**
麗江縣	10.26	0.56	2.79	3.66	3.81
永勝縣	6.39	0.33	2.85	1.33	2.22
華坪縣	4.20	0.19	1.14	1.71	1.36
寧蒗縣	3.01	0.12	1.61	0.68	0.72
怒江州	**8.30**	**0.26**	**2.87**	**2.66**	**2.77**
瀘水縣	2.84	0.11	0.92	0.66	1.26
福貢縣	1.11	0.01	0.64	0.12	0.35
貢山縣	0.79	—0.01	0.30	0.20	0.29
蘭坪縣	3.56	0.16	1.01	1.68	0.87
迪慶州	**6.40**	**0.21**	**2.85**	**1.65**	**1.91**
中甸縣	2.85	0.11	1.12	0.91	0.83
德欽縣	0.86	—0.01	0.43	0.13	0.30
維西縣	2.69	0.10	1.30	0.61	0.78
臨滄地區	**41.68**	**2.04**	**22.25**	**11.38**	**8.05**
臨滄縣	4.84	0.23	2.52	1.19	1.14
鳳慶縣	6.33	0.32	3.90	0.92	1.50
雲 縣	10.65	0.59	4.29	5.04	1.31
永德縣	4.64	0.22	2.98	0.96	0.70
鎮康縣	2.76	0.11	1.57	0.61	0.58
雙江縣	2.40	0.08	1.55	0.25	0.60
耿馬縣	6.99	0.36	3.78	1.88	1.33
滄源縣	3.07	0.13	1.66	0.53	0.89

6.1.38 1997年浙江省國内生産總值及其構成

單位:億元(RMB 100 Million Yuan)

地 區 Region	國内生産總值 Gross Domestic Product	占全省比重(%) Proportion	第一産業 Primary Industry	第二産業 Secondary Industry	第三産業 Tertiary Industry
全 省	**4 638.24**	**100.00**	**637.48**	**2 509.56**	**1 491.20**
杭州市	**1 036.33**	**22.34**	**91.36**	**541.50**	**403.47**
杭州市區	523.88	11.29	13.01	253.80	257.80
蕭山市	155.48	3.35	16.96	88.18	50.34
建德市	54.05	1.17	9.64	30.86	13.56
富陽市	74.33	1.60	10.76	43.97	19.59
余杭市	100.60	2.17	15.53	56.95	28.12
臨安市	64.34	1.39	11.36	36.62	16.36
桐廬縣	39.63	0.85	6.06	22.41	11.16
淳安縣	24.02	0.52	8.04	8.71	7.27
寧波市	**897.43**	**19.35**	**85.39**	**511.25**	**300.79**
寧波市區	329.17	7.10	12.18	157.71	159.28
余姚市	113.82	2.45	16.71	66.40	30.70
慈溪市	120.49	2.60	13.06	75.94	31.49
奉化市	43.43	0.94	7.79	23.60	12.05
象山縣	56.46	1.22	14.45	28.23	13.78
寧海縣	46.48	1.00	8.04	29.52	8.92
鄞 縣	114.62	2.47	12.40	75.18	27.03
温州市	**605.82**	**13.06**	**52.41**	**354.23**	**199.18**
温州市區	232.04	5.00	5.75	141.69	84.59
瑞安市	122.81	2.65	8.89	78.85	35.07
樂清市	109.99	2.37	11.79	65.01	33.19
洞頭縣	7.12	0.15	2.40	2.70	2.02
永嘉縣	47.54	1.02	4.66	27.81	15.07
平陽縣	50.61	1.09	5.86	29.62	15.14
蒼南縣	54.54	1.18	7.91	28.38	18.25
文成縣	9.46	0.20	2.51	2.62	4.33
泰順縣	8.98	0.19	2.74	2.42	3.82
嘉興市	**419.75**	**9.05**	**63.45**	**248.17**	**108.12**
嘉興市區	92.57	2.00	13.40	53.49	25.67
海寧市	87.66	1.89	11.96	52.76	22.95
平湖市	56.19	1.21	9.64	32.80	13.76
桐鄉市	84.91	1.83	11.57	50.47	22.87
海鹽縣	48.31	1.04	7.84	30.78	9.69
嘉善縣	50.11	1.08	9.05	27.87	13.19
湖州市	**296.17**	**6.39**	**49.32**	**166.38**	**80.47**
湖州市區	137.43	2.96	19.86	78.76	38.80
德清縣	46.91	1.01	7.85	27.43	11.63
長興縣	67.19	1.45	12.40	35.97	18.83
安吉縣	44.63	0.96	9.21	24.22	11.20

6.1.38　1997年浙江省國内生產總值及其構成(續)

單位:億元(RMB 100 Million Yuan)

地　區 Region	國内生產總值 Gross Domestic Product	占全省比重(%) Proportion	第一產業 Primary Industry	第二產業 Secondary Industry	第三產業 Tertiary Industry
紹興市	**594.55**	**12.82**	**68.91**	**361.21**	**164.43**
紹興市區	69.94	1.51	2.71	36.11	31.12
諸暨市	121.60	2.62	16.13	71.73	33.75
上虞市	119.99	2.59	16.34	77.20	26.46
嵊州市	68.02	1.47	13.56	40.48	13.98
紹興縣	173.81	3.75	14.41	111.14	48.27
新昌縣	50.21	1.08	6.19	33.90	10.12
金華市	**461.96**	**9.96**	**51.09**	**264.42**	**146.45**
金華市區	45.16	0.97	3.10	22.11	19.95
蘭溪市	57.52	1.24	6.76	31.80	18.96
東陽市	83.40	1.80	8.47	57.29	17.63
義烏市	110.28	2.38	6.42	55.01	48.86
永康市	55.38	1.19	4.07	38.82	12.49
金華縣	37.60	0.81	10.20	17.44	9.95
武義縣	24.06	0.52	4.85	12.70	6.50
浦江縣	30.11	0.65	2.84	21.86	5.41
磐安縣	9.52	0.21	2.93	4.42	2.17
衢州市	**133.41**	**2.88**	**36.19**	**56.81**	**40.41**
衢州市區	31.85	0.69	2.35	17.02	12.48
江山市	28.15	0.61	8.34	11.56	8.25
衢　縣	20.34	0.44	8.57	6.62	5.15
常山縣	16.05	0.35	5.23	5.67	5.15
開化縣	15.60	0.34	5.60	6.00	4.00
龍游縣	21.12	0.46	5.20	10.28	5.65
舟山市	**89.15**	**1.92**	**29.67**	**27.35**	**32.14**
舟山市區	61.21	1.32	16.49	21.84	22.88
岱山縣	16.88	0.36	8.23	3.62	5.03
嵊泗縣	11.06	0.24	4.95	1.89	4.23
臺州市	**509.07**	**10.98**	**87.03**	**282.35**	**139.68**
臺州市區	181.48	3.91	18.77	112.96	49.75
臨海市	57.24	1.23	12.23	27.43	17.58
温嶺市	130.50	2.81	26.17	64.44	39.89
仙居縣	19.08	0.41	4.71	7.67	6.70
天臺縣	26.27	0.57	5.85	11.51	8.90
三門縣	14.07	0.30	4.68	5.13	4.26
玉環縣	54.29	1.17	14.61	26.92	12.76
麗水市	22.77	0.49	6.36	9.32	7.09
龍泉市	13.63	0.29	4.97	4.12	4.54
青田縣	14.31	0.31	3.43	5.65	5.23
慶元縣	9.80	0.21	3.52	2.90	3.38
縉雲縣	17.21	0.37	4.41	6.91	5.89
遂昌縣	10.19	0.22	3.15	4.06	2.98
松陽縣	9.87	0.21	4.39	2.74	2.74
景寧自治縣	6.20	0.13	2.28	2.02	1.89
雲和縣	6.57	0.14	1.86	2.88	1.83

6.1.39 1991－1997年安徽省國民經濟發展規模

項目 Item	單 位 Unit	年 份 Year						
		1991年	1992年	1993年	1994年	1995年	1996年	1997年
國内生産總值	**億元**	**600**	**730**	**1 070**	**1 488**	**2 004**	**2 339**	**2 670**
第一产业	亿元	190	231	284	337	581	885	732
第二产业	亿元	280	333	495	744	939	1 097	1 261
第三产业	亿元	129	167	291	408	484	576	677

注:本表數據按當年價格計算。

6.1.40 1991－1997年不同産業對安徽省國民經濟貢獻度

項目 Item	單 位 Unit	年 份 Year						
		1991年	1992年	1993年	1994年	1995年	1996年	1997年
國内生産總值	%	**100.00**	**100.00**	**100.00**	**100.00**	**100.00**	**100.00**	**100.00**
第一产业	%	31.74	31.57	26.55	22.62	29.01	37.85	27.43
第二产业	%	46.70	45.60	46.25	49.99	46.85	46.91	47.22
第三产业	%	21.56	22.83	27.19	27.38	24.14	24.64	25.34

注:本表數據按當年價格計算。

6.1.41 1991－1997年北京市國民經濟發展規模

項目 Item	單 位 Unit	年 份 Year						
		1991年	1992年	1993年	1994年	1995年	1996年	1997年
國内生産總值	**億元**	**599**	**709**	**864**	**1 084**	**1 395**	**1 616**	**1 810**
第一产业	亿元	46	49	54	75	81	83	85
第二产业	亿元	292	346	415	500	615	683	739
第三产业	亿元	262	315	395	509	698	849	987

6.1.42 1991－1997年不同産業對北京市國民經濟貢獻度

項目 Item	單 位 Unit	年 份 Year						
		1991年	1992年	1993年	1994年	1995年	1996年	1997年
國内生産總值	%	**100.00**	**100.00**	**100.00**	**100.00**	**100.00**	**100.00**	**100.00**
第一产业	%	7.59	6.67	5.01	5.02	4.06	3.57	3.18
第二产业	%	48.58	47.37	38.77	33.58	30.70	29.20	27.66
第三产业	%	43.63	43.07	36.94	34.22	34.85	36.30	36.95

6.1.43　1991－1997年重慶市國民經濟發展規模

項目 Item	單　位 Unit	年　份　Year						
		1991年	1992年	1993年	1994年	1995年	1996年	1997年
國内生産總值	**億元**	**340**	**418**	**550**	**751**	**1 009**	**1 179**	**1 350**
第一产业	亿元	109	116	141	194	262	285	305
第二产业	亿元	134	170	237	327	427	493	563
第三产业	亿元	97	132	172	230	321	401	482

6.1.44　1991－1997年不同産業對重慶市國民經濟貢獻度

項目 Item	單　位 Unit	年　份　Year						
		1991年	1992年	1993年	1994年	1995年	1996年	1997年
國内生産總值	%	**100.00**	**100.00**	**100.00**	**100.00**	**100.00**	**100.00**	**100.00**
第一产业	%	38.75	34.94	28.42	26.08	27.86	25.96	24.15
第二产业	%	47.96	50.91	47.83	43.93	45.51	44.94	44.68
第三产业	%	34.53	39.63	34.85	30.93	34.17	36.54	38.24

6.1.45　1991－1997年甘肅省國民經濟發展規模

項目 Item	單　位 Unit	年　份　Year						
		1991年	1992年	1993年	1994年	1995年	1996年	1997年
國内生産總值	**億元**	**271**	**318**	**372**	**452**	**553**	**714**	**781**
第一产业	亿元	67	74	87	104	111	188	189
第二产业	亿元	112	129	160	199	259	315	343
第三产业	亿元	93	115	125	149	184	211	248

6.1.46　1991－1997年不同産業對甘肅省國民經濟貢獻度

項目 Item	單　位 Unit	年　份　Year						
		1991年	1992年	1993年	1994年	1995年	1996年	1997年
國内生産總值	%	**100.00**	**100.00**	**100.00**	**100.00**	**100.00**	**100.00**	**100.00**
第一产业	%	23.74	22.28	17.67	13.95	11.77	17.11	15.02
第二产业	%	39.93	38.64	32.32	26.78	27.54	28.70	27.23
第三产业	%	33.16	34.51	25.23	19.96	19.63	19.27	19.68

6.1.47 1991－1997年貴州省國民經濟發展規模

項目 Item	單 位 Unit	年 份 Year						
		1991年	1992年	1993年	1994年	1995年	1996年	1997年
國内生産總值	**億元**	**296**	**340**	**416**	**521**	**630**	**714**	**793**
第一产业	亿元	116	121	133	184	227	254	272
第二产业	亿元	102	122	155	196	234	258	293
第三产业	亿元	79	97	127	142	169	201	228

6.1.48 1991－1997年不同産業對貴州省國民經濟貢獻度

項目 Item	單 位 Unit	年 份 Year						
		1991年	1992年	1993年	1994年	1995年	1996年	1997年
國内生産總值	%	**100.00**	**100.00**	**100.00**	**100.00**	**100.00**	**100.00**	**100.00**
第一产业	%	41.28	36.39	26.96	24.66	24.19	23.19	21.56
第二产业	%	36.23	36.66	31.42	26.31	24.94	23.49	23.27
第三产业	%	28.06	29.02	25.70	19.07	17.99	18.36	18.06

6.1.49 1991－1997年河北省國民經濟發展規模

項目 Item	單 位 Unit	年 份 Year						
		1991年	1992年	1993年	1994年	1995年	1996年	1997年
國内生産總值	**億元**	**1 072**	**1 279**	**1 691**	**2 187**	**2 850**	**3 453**	**3 954**
第一产业	亿元	237	257	302	452	631	701	762
第二产业	亿元	460	573	848	1 053	1 323	1 665	1 934
第三产业	亿元	375	448	541	682	895	1 087	1 258

6.1.50 1991－1997年不同産業對河北省國民經濟貢獻度

項目 Item	計量單位 Unit	年 份 Year						
		1991年	1992年	1993年	1994年	1995年	1996年	1997年
國内生産總值	%	**100.00**	**100.00**	**100.00**	**100.00**	**100.00**	**100.00**	**100.00**
第一产业	%	22.10	20.11	17.84	20.66	22.16	20.30	19.27
第二产业	%	42.90	44.83	50.15	48.14	46.42	48.21	48.92
第三产业	%	35.00	35.06	32.01	31.20	31.42	31.49	31.81

6.1.51　1991－1997 年黑龍江省國民經濟發展規模

項目 Item	單　位 Unit	年　份 Year						
		1991 年	1992 年	1993 年	1994 年	1995 年	1996 年	1997 年
國内生産總值	**億元**	**824**	**964**	**1 203**	**1 619**	**2 015**	**2 403**	**2 709**
第一产业	亿元	150	171	203	316	388	466	485
第二产业	亿元	413	493	650	853	1 055	1 281	1 449
第三产业	亿元	261	300	350	449	572	656	774

6.1.52　1991－1997 年不同産業對黑龍江省國民經濟貢獻度

項目 Item	單　位 Unit	年　份 Year						
		1991 年	1992 年	1993 年	1994 年	1995 年	1996 年	1997 年
國内生産總值	%	**100.00**	**100.00**	**100.00**	**100.00**	**100.00**	**100.00**	**100.00**
第一产业	%	18.22	17.77	16.90	19.54	19.27	19.39	17.90
第二产业	%	50.15	51.15	54.00	52.70	52.36	53.32	53.51
第三产业	%	31.63	31.08	29.11	27.76	28.37	27.30	28.59

6.1.53　1991－1997 年河南省國民經濟發展規模

項目 Item	單　位 Unit	年　份 Year						
		1991 年	1992 年	1993 年	1994 年	1995 年	1996 年	1997 年
國内生産總值	**億元**	**1 046**	**1 280**	**1 663**	**2 224**	**3 003**	**3 661**	**4 079**
第一产业	亿元	335	354	410	547	763	938	1 009
第二产业	亿元	388	545	769	1 072	1 420	1 719	1 920
第三产业	亿元	323	381	483	606	820	1 005	1 151

6.1.54　1991－1997 年不同産業對河南省國民經濟貢獻度

項目 Item	單　位 Unit	年　份 Year						
		1991 年	1992 年	1993 年	1994 年	1995 年	1996 年	1997 年
國内生産總值	%	**100.00**	**100.00**	**100.00**	**100.00**	**100.00**	**100.00**	**100.00**
第一产业	%	32.00	27.66	24.68	24.58	25.41	25.61	24.72
第二产业	%	37.11	42.60	46.24	48.18	47.30	46.95	47.07
第三产业	%	30.89	29.74	29.07	27.24	27.29	27.44	28.21

6.1.55 1991－1997 年湖北省國民經濟發展規模

項目 Item	單 位 Unit	年 份 Year						
		1991 年	1992 年	1993 年	1994 年	1995 年	1996 年	1997 年
國内生産總值	**億元**	**913**	**1 088**	**1 424**	**1 879**	**2 391**	**2 970**	**3 450**
第一产业	亿元	279	303	346	501	620	716	768
第二产业	亿元	360	445	628	813	1 030	1 344	1 607
第三产业	亿元	274	341	450	565	742	910	1 075

6.1.56 1991－1997 年不同産業對湖北省國民經濟貢獻度

項目 Item	單 位 Unit	年 份 Year						
		1991 年	1992 年	1993 年	1994 年	1995 年	1996 年	1997 年
國内生産總值	%	**100.00**	**100.00**	**100.00**	**100.00**	**100.00**	**100.00**	**100.00**
第一产业	%	30.58	27.84	24.32	26.69	25.92	24.12	22.26
第二产业	%	39.40	40.85	44.07	43.25	43.06	45.26	46.58
第三产业	%	30.02	31.31	31.61	30.06	31.02	30.62	31.17

6.1.57 1991－1997 年湖南省國民經濟發展規模

項目 Item	單 位 Unit	年 份 Year						
		1991 年	1992 年	1993 年	1994 年	1995 年	1996 年	1997 年
國内生産總值	**億元**	**833**	**998**	**1 278**	**1 694**	**2 196**	**2 647**	**2 993**
第一产业	亿元	301	324	384	533	685	794	856
第二产业	亿元	282	348	489	618	816	1 008	1 167
第三产业	亿元	250	326	406	543	695	845	970

6.1.58 1991－1997 年不同産業對湖南省國民經濟貢獻度

項目 Item	單 位 Unit	年 份 Year						
		1991 年	1992 年	1993 年	1994 年	1995 年	1996 年	1997 年
國内生産總值	%	**100.00**	**100.00**	**100.00**	**100.00**	**100.00**	**100.00**	**100.00**
第一产业	%	36.12	32.47	30.02	31.45	31.21	29.99	28.59
第二产业	%	33.84	34.87	38.25	36.48	37.16	38.09	38.99
第三产业	%	30.04	32.67	31.73	32.07	31.63	31.91	32.42

6.1.59　1991－1997年遼寧省國民經濟發展規模

項目 Item	單　位 Unit	年　份　Year						
		1991年	1992年	1993年	1994年	1995年	1996年	1997年
國内生産總值	**億元**	**1 200**	**1 473**	**2 011**	**2 462**	**2 793**	**3 158**	**3 490**
第一产业	亿元	181	195	261	319	392	474	485
第二产业	亿元	590	742	1 039	1 259	1 390	1 538	1 744
第三产业	亿元	429	536	711	884	1 011	1 146	1 261

6.1.60　1991－1997年不同産業對遼寧省國民經濟貢獻度

項目 Item	單　位 Unit	年　份　Year						
		1991年	1992年	1993年	1994年	1995年	1996年	1997年
國内生産總值	%	**100.00**	**100.00**	**100.00**	**100.00**	**100.00**	**100.00**	**100.00**
第一产业	%	15.07	13.21	12.97	12.96	14.04	15.01	13.91
第二产业	%	49.17	50.37	51.68	51.14	49.76	48.70	49.97
第三产业	%	35.76	36.42	35.35	35.90	36.20	36.29	36.13

6.1.61　1991－1997年吉林省國民經濟發展規模

項目 Item	單　位 Unit	年　份　Year						
		1991年	1992年	1993年	1994年	1995年	1996年	1997年
國内生産總值	**億元**	**463**	**558**	**718**	**964**	**1 129**	**1 337**	**1 447**
第一产业	亿元	120	131	156	259	304	376	368
第二产业	亿元	203	257	352	399	479	543	575
第三产业	亿元	140	170	210	279	346	418	503

6.1.62　1991－1997年不同産業對吉林省國民經濟貢獻度

項目 Item	單　位 Unit	年　份　Year						
		1991年	1992年	1993年	1994年	1995年	1996年	1997年
國内生産總值	%	**100.00**	**100.00**	**100.00**	**100.00**	**100.00**	**100.00**	**100.00**
第一产业	%	25.99	23.44	21.74	26.91	26.92	28.12	25.44
第二产业	%	43.80	46.05	49.03	41.38	42.46	40.62	39.77
第三产业	%	30.20	30.50	29.24	28.90	30.62	31.26	34.79

6.1.63 1991－1997 年江蘇省國民經濟發展規模

項目 Item	單 位 Unit	年 份 Year						
		1991 年	1992 年	1993 年	1994 年	1995 年	1996 年	1997 年
國内生産總值	**億元**	**1 601**	**2 136**	**2 998**	**4 057**	**5 155**	**6 004**	**6 680**
第一产业	亿元	345	394	491	672	848	965	1 008
第二产业	亿元	794	1 119	1 598	2 187	2 715	3 074	3 412
第三产业	亿元	462	623	910	1 199	1 592	1 965	2 260

6.1.64 1991－1997 年不同産業對江蘇省國民經濟貢獻度

項目 Item	單 位 Unit	年 份 Year						
		1991 年	1992 年	1993 年	1994 年	1995 年	1996 年	1997 年
國内生産總值	%	**100.00**	**100.00**	**100.00**	**100.00**	**100.00**	**100.00**	**100.00**
第一产业	%	21.55	18.44	16.36	16.56	16.46	16.08	15.10
第二产业	%	49.58	52.40	53.30	53.90	52.67	51.20	51.07
第三产业	%	28.87	29.16	30.34	29.54	30.87	32.72	33.83

6.1.65 1991－1997 年江西省國民經濟發展規模

項目 Item	單 位 Unit	年 份 Year						
		1991 年	1992 年	1993 年	1994 年	1995 年	1996 年	1997 年
國内生産總值	**億元**	**479**	**573**	**723**	**948**	**1 245**	**1 517**	**1 715**
第一产业	亿元	183	201	226	314	375	440	475
第二产业	亿元	155	199	282	338	479	589	658
第三产业	亿元	141	172	215	296	391	488	582

6.1.66 1991－1997 年不同産業對江西省國民經濟貢獻度

項目 Item	單 位 Unit	年 份 Year						
		1991 年	1992 年	1993 年	1994 年	1995 年	1996 年	1997 年
國内生産總值	%	**100.00**	**100.00**	**100.00**	**100.00**	**100.00**	**100.00**	**100.00**
第一产业	%	38.23	35.07	31.20	33.15	30.09	29.00	27.70
第二产业	%	32.29	34.83	39.07	35.67	38.48	38.81	38.38
第三产业	%	29.48	30.10	29.74	31.17	31.43	32.19	33.92

6.1.67　1991—1997年内蒙古自治區國民經濟發展規模

項目 Item	單　位 Unit	年　份 Year						
		1991年	1992年	1993年	1994年	1995年	1996年	1997年
國内生産總值	**億元**	**360**	**422**	**533**	**682**	**833**	**985**	**1 095**
第一产业	亿元	117	127	150	209	260	313	323
第二产业	亿元	124	153	208	262	315	387	446
第三产业	亿元	118	142	175	212	258	285	327

6.1.68　1991—1997年不同産業對内蒙古自治區國民經濟貢獻度

項目 Item	單　位 Unit	年　份 Year						
		1991年	1992年	1993年	1994年	1995年	1996年	1997年
國内生産總值	%	**100.00**	**100.00**	**100.00**	**100.00**	**100.00**	**100.00**	**100.00**
第一产业	%	32.58	30.08	28.15	30.58	31.24	31.77	29.47
第二产业	%	34.49	36.18	39.06	38.39	37.81	39.33	40.70
第三产业	%	32.93	33.74	32.79	31.03	30.95	28.91	29.83

6.1.69　1991—1997年寧夏回族自治區國民經濟發展規模

項目 Item	單　位 Unit	年　份 Year						
		1991年	1992年	1993年	1994年	1995年	1996年	1997年
國内生産總值	**億元**	**72**	**83**	**104**	**134**	**170**	**194**	**211**
第一产业	亿元	18	18	21	30	35	43	45
第二产业	亿元	28	34	46	56	74	80	88
第三产业	亿元	26	31	37	48	60	71	78

6.1.70　1991—1997年不同産業對寧夏回族自治區國民經濟貢獻度

項目 Item	單　位 Unit	年　份 Year						
		1991年	1992年	1993年	1994年	1995年	1996年	1997年
國内生産總值	%	**100.00**	**100.00**	**100.00**	**100.00**	**100.00**	**100.00**	**100.00**
第一产业	%	24.94	22.02	20.07	22.34	20.85	22.33	21.25
第二产业	%	38.69	40.96	43.85	41.64	43.68	41.18	41.56
第三产业	%	36.38	37.02	36.08	36.02	35.48	36.48	37.19

6.1.71 1991－1997年青海省國民經濟發展規模

項目 Item	單位 Unit	年份 Year						
		1991年	1992年	1993年	1994年	1995年	1996年	1997年
國内生產總值	**億元**	**75**	**88**	**110**	**138**	**165**	**184**	**202**
第一产业	亿元	18	19	22	32	39	39	41
第二产业	亿元	30	36	48	58	66	72	79
第三产业	亿元	27	32	40	48	61	73	83

6.1.72 1991－1997年不同產業對青海省國民經濟貢獻度

項目 Item	單位 Unit	年份 Year						
		1991年	1992年	1993年	1994年	1995年	1996年	1997年
國内生產總值	%	**100.00**	**100.00**	**100.00**	**100.00**	**100.00**	**100.00**	**100.00**
第一产业	%	23.91	22.21	19.71	22.94	23.47	21.50	20.12
第二产业	%	39.73	41.49	44.14	42.21	39.65	38.96	39.00
第三产业	%	36.35	36.30	36.14	34.85	36.89	39.54	40.88

6.1.73 1991－1997年山東省國民經濟發展規模

項目 Item	單位 Unit	年份 Year						
		1991年	1992年	1993年	1994年	1995年	1996年	1997年
國内生產總值	**億元**	**1 811**	**2 197**	**2 779**	**3 872**	**5 002**	**5 960**	**6 650**
第一产业	亿元	522	535	597	775	1 010	1 200	1 195
第二产业	亿元	746	999	1 359	1 900	2 373	2 811	3 185
第三产业	亿元	543	663	824	1 197	1 620	1 950	2 270

6.1.74 1991－1997年不同產業對山東省國民經濟貢獻度

項目 Item	單位 Unit	年份 Year						
		1991年	1992年	1993年	1994年	1995年	1996年	1997年
國内生產總值	%	**100.00**	**100.00**	**100.00**	**100.00**	**100.00**	**100.00**	**100.00**
第一产业	%	28.82	24.34	21.47	20.02	20.19	20.14	17.97
第二产业	%	41.20	45.49	48.89	49.08	47.43	47.16	47.90
第三产业	%	29.98	30.17	29.64	30.90	32.38	32.71	34.13

6.1.75　1991－1997年山西省國民經濟發展規模

項目 Item	單　位 Unit	年　份　Year						
		1991年	1992年	1993年	1994年	1995年	1996年	1997年
國内生産總值	**億元**	**469**	**570**	**705**	**854**	**1 092**	**1 308**	**1 480**
第一产业	亿元	69	83	97	124	169	198	192
第二产业	亿元	236	289	366	441	545	670	789
第三产业	亿元	163	198	241	289	379	439	499

6.1.76　1991－1997年不同産業對山西省國民經濟貢獻度

項目 Item	單　位 Unit	年　份　Year						
		1991年	1992年	1993年	1994年	1995年	1996年	1997年
國内生産總值	%	**100.00**	**100.00**	**100.00**	**100.00**	**100.00**	**100.00**	**100.00**
第一产业	%	14.68	14.55	13.80	14.51	15.44	15.16	12.96
第二产业	%	50.43	50.74	52.00	51.63	49.90	51.25	53.34
第三产业	%	34.89	34.71	34.20	33.86	34.66	33.59	33.70

6.1.77　1991－1997年陝西省國民經濟發展規模

項目 Item	單　位 Unit	年　份　Year						
		1991年	1992年	1993年	1994年	1995年	1996年	1997年
國内生産總值	**億元**	**467**	**538**	**661**	**817**	**1 000**	**1 175**	**1 326**
第一产业	亿元	117	127	149	182	227	263	272
第二产业	亿元	186	219	279	336	406	475	556
第三产业	亿元	164	193	233	298	367	438	499

6.1.78　1991－1997年不同産業對陝西省國民經濟貢獻度

項目 Item	單　位 Unit	年　份　Year						
		1991年	1992年	1993年	1994年	1995年	1996年	1997年
國内生産總值	%	**100.00**	**100.00**	**100.00**	**100.00**	**100.00**	**100.00**	**100.00**
第一产业	%	25.04	23.59	22.48	22.26	22.72	22.35	20.48
第二产业	%	39.80	40.65	42.24	41.20	40.55	40.41	41.92
第三产业	%	35.16	35.76	35.28	36.54	36.72	37.23	37.61

6.1.79 1991－1997年上海市國民經濟發展規模

項目 Item	單位 Unit	年份 Year						
		1991年	1992年	1993年	1994年	1995年	1996年	1997年
國内生産總值	**億元**	**894**	**1 114**	**1 512**	**1 972**	**2 463**	**2 902**	**3 360**
第一产业	亿元	33	34	38	49	62	72	76
第二产业	亿元	551	677	900	1 143	1 410	1 583	1 754
第三产业	亿元	309	403	573	780	991	1 248	1 530

6.1.80 1991－1997年不同産業對上海市國民經濟貢獻度

項目 Item	單位 Unit	年份 Year						
		1991年	1992年	1993年	1994年	1995年	1996年	1997年
國内生産總值	%	**100.00**	**100.00**	**100.00**	**100.00**	**100.00**	**100.00**	**100.00**
第一产业	%	3.73	3.07	2.53	2.46	2.50	2.47	2.26
第二产业	%	61.69	60.79	59.56	57.98	57.25	54.53	52.21
第三产业	%	34.58	36.14	37.91	39.56	40.24	43.01	45.53

6.1.81 1991－1997年四川省國民經濟發展規模

項目 Item	單位 Unit	年份 Year						
		1991年	1992年	1993年	1994年	1995年	1996年	1997年
國内生産總值	**億元**	**1 016**	**1 177**	**1 486**	**2 001**	**2 505**	**2 985**	**3 320**
第一产业	亿元	339	372	449	597	725	860	919
第二产业	亿元	378	442	580	803	1 021	1 229	1 385
第三产业	亿元	299	364	456	601	759	896	1 015

6.1.82 1991－1997年不同産業對四川省國民經濟貢獻度

項目 Item	單位 Unit	年份 Year						
		1991年	1992年	1993年	1994年	1995年	1996年	1997年
國内生産總值	%	**100.00**	**100.00**	**100.00**	**100.00**	**100.00**	**100.00**	**100.00**
第一产业	%	33.36	31.60	30.24	29.85	28.96	28.81	27.69
第二产业	%	37.24	37.51	39.05	40.11	40.76	41.17	41.73
第三产业	%	29.40	30.89	30.71	30.04	30.28	30.02	30.58

6.1.83 1991－1997年天津市國民經濟發展規模

項目 Item	單位 Unit	年份 Year						
		1991年	1992年	1993年	1994年	1995年	1996年	1997年
國内生産總值	**億元**	**343**	**411**	**536**	**725**	**920**	**1 102**	**1 240**
第一产业	亿元	29	30	35	47	63	71	75
第二产业	亿元	194	231	302	404	501	584	644
第三产业	亿元	119	150	198	275	356	447	522

6.1.84 1991－1997年不同産業對天津市國民經濟貢獻度

項目 Item	單位 Unit	年份 Year						
		1991年	1992年	1993年	1994年	1995年	1996年	1997年
國内生産總值	%	100.00	100.00	100.00	100.00	100.00	100.00	100.00
第一产业	%	8.54	7.36	6.60	6.42	6.87	6.40	6.01
第二产业	%	56.72	56.08	56.42	55.72	54.47	53.01	51.91
第三产业	%	34.74	36.57	36.98	37.86	38.66	40.59	42.08

6.1.85 1991－1997年新疆維吾爾自治區國民經濟發展規模

項目 Item	單位 Unit	年份 Year						
		1991年	1992年	1993年	1994年	1995年	1996年	1997年
國内生産總值	**億元**	**336**	**402**	**506**	**674**	**825**	**912**	**1 050**
第一产业	亿元	112	115	129	188	241	249	280
第二产业	亿元	108	147	217	265	303	337	413
第三产业	亿元	116	140	161	221	282	326	357

6.1.86 1991－1997年不同産業對新疆維吾爾自治區國民經濟貢獻度

項目 Item	單位 Unit	年份 Year						
		1991年	1992年	1993年	1994年	1995年	1996年	1997年
國内生産總值	%	**100.00**	**100.00**	**100.00**	**100.00**	**100.00**	**100.00**	**100.00**
第一产业	%	33.33	28.61	25.49	27.89	29.21	27.30	26.67
第二产业	%	32.14	36.57	42.89	39.32	36.73	36.95	39.33
第三产业	%	34.52	34.83	31.82	32.79	34.18	35.75	34.00

6.1.87 1991—1997 年福建省國民經濟發展規模

項目 Item	單 位 Unit	年 份 Year						
		1991 年	1992 年	1993 年	1994 年	1995 年	1996 年	1997 年
國内生産總值	**億元**	**620**	**785**	**1 128**	**1 676**	**2 146**	**2 584**	**3 000**
第一产业	亿元	169	195	254	363	465	537	577
第二产业	亿元	218	292	464	740	911	1 090	1 294
第三产业	亿元	233	298	410	573	771	957	1 130

6.1.88 1991—1997 年不同産業對福建省國民經濟貢獻度

項目 Item	單 位 Unit	年 份 Year						
		1991 年	1992 年	1993 年	1994 年	1995 年	1996 年	1997 年
國内生産總值	%	**100.00**	**100.00**	**100.00**	**100.00**	**100.00**	**100.00**	**100.00**
第一产业	%	27.21	24.83	22.54	21.66	21.66	20.80	19.22
第二产业	%	35.13	37.16	41.12	44.13	42.43	42.17	43.11
第三产业	%	37.67	38.00	36.34	34.21	35.91	37.03	37.67

6.1.89 1991—1997 年雲南省國民經濟發展規模

項目 Item	單 位 Unit	年 份 Year						
		1991 年	1992 年	1993 年	1994 年	1995 年	1996 年	1997 年
國内生産總值	**億元**	**517**	**619**	**779**	**974**	**1 207**	**1 492**	**1 644**
第一产业	亿元	169	187	192	238	305	364	391
第二产业	亿元	180	219	327	429	536	673	750
第三产业	亿元	168	213	260	307	365	455	503

6.1.90 1991—1997 年不同産業對雲南省國民經濟貢獻度

項目 Item	單 位 Unit	年 份 Year						
		1991 年	1992 年	1993 年	1994 年	1995 年	1996 年	1997 年
國内生産總值	%	**100.00**	**100.00**	**100.00**	**100.00**	**100.00**	**100.00**	**100.00**
第一产业	%	32.76	30.19	24.60	24.39	25.30	24.42	23.81
第二产业	%	34.70	35.40	41.97	44.05	44.42	45.11	45.61
第三产业	%	32.54	34.40	33.42	31.50	30.23	30.47	30.58

6.1.91　1991－1997年浙江省國民經濟發展規模

項目 Item	單位 Unit	年份 Year						
		1991年	1992年	1993年	1994年	1995年	1996年	1997年
國内生産總值	**億元**	**1 082**	**1 365**	**1 909**	**2 667**	**3 525**	**4 146**	**4 638**
第一产业	亿元	245	263	318	444	560	609	637
第二产业	亿元	494	653	980	1 388	1 834	2 200	2 510
第三产业	亿元	342	449	611	835	1 131	1 337	1 491

6.1.92　1991－1997年不同産業對浙江省國民經濟貢獻度

項目 Item	單位 Unit	年份 Year						
		1991年	1992年	1993年	1994年	1995年	1996年	1997年
國内生産總值	%	**100.00**	**100.00**	**100.00**	**100.00**	**100.00**	**100.00**	**100.00**
第一产业	%	22.67	19.24	16.65	16.64	15.88	14.69	13.74
第二产业	%	45.68	47.87	51.34	52.05	52.04	53.07	54.11
第三产业	%	31.65	32.89	32.01	31.31	32.07	32.24	32.15

6.1.93　1991－1997年廣東省國民經濟發展規模

項目 Item	單位 Unit	年份 Year						
		1991年	1992年	1993年	1994年	1995年	1996年	1997年
國内生産總值	**億元**	**1 893**	**2 448**	**3 432**	**4 517**	**5 734**	**6 519**	**7 316**
第一产业	亿元	416	466	560	695	869	942	987
第二产业	亿元	783	1 100	1 701	2 242	2 877	3 269	3 648
第三产业	亿元	695	881	1 171	1 580	1 988	2 308	2 681

6.1.94　1991－1997年不同産業對廣東省國民經濟貢獻度

項目 Item	單位 Unit	年份 Year						
		1991年	1992年	1993年	1994年	1995年	1996年	1997年
國内生産總值	%	**100.00**	**100.00**	**100.00**	**100.00**	**100.00**	**100.00**	**100.00**
第一产业	%	21.97	19.03	16.31	15.38	15.16	14.45	13.49
第二产业	%	41.34	44.96	49.56	49.64	50.17	50.15	49.86
第三产业	%	36.69	36.01	34.13	34.98	34.67	35.40	36.65

6.1.95 1991－1997年廣西壯族自治區國民經濟發展規模

項目 Item	單 位 Unit	年 份 Year						
		1991年	1992年	1993年	1994年	1995年	1996年	1997年
國内生産總值	**億元**	**519**	**647**	**894**	**1 242**	**1 606**	**1 870**	**2 015**
第一产业	亿元	193	229	267	358	489	580	632
第二产业	亿元	141	187	322	486	605	710	760
第三产业	亿元	185	230	305	399	512	579	624

6.1.96 1991－1997年不同産業對廣西區國民經濟貢獻度

項目 Item	單 位 Unit	年 份 Year						
		1991年	1992年	1993年	1994年	1995年	1996年	1997年
國内生産總值	%	**100.00**	**100.00**	**100.00**	**100.00**	**100.00**	**100.00**	**100.00**
第一产业	%	37.15	35.44	29.84	28.81	30.44	31.05	31.34
第二产业	%	27.19	28.99	36.03	39.10	37.68	37.98	37.69
第三产业	%	35.65	35.57	34.13	32.09	31.88	30.97	30.97

6.1.97 1991－1997年海南省國民經濟發展規模

項目 Item	單 位 Unit	年 份 Year						
		1991年	1992年	1993年	1994年	1995年	1996年	1997年
國内生産總值	**億元**	**121**	**182**	**258**	**331**	**364**	**390**	**410**
第一产业	亿元	50	54	78	108	131	144	151
第二产业	亿元	25	38	66	84	79	81	83
第三产业	亿元	46	89	114	140	155	165	176

6.1.98 1991－1997年不同産業對海南省國民經濟貢獻度

項目 Item	單 位 Unit	年 份 Year						
		1991年	1992年	1993年	1994年	1995年	1996年	1997年
國内生産總值	%	**100.00**	**100.00**	**100.00**	**100.00**	**100.00**	**100.00**	**100.00**
第一产业	%	41.67	29.79	30.12	32.50	35.93	36.85	36.91
第二产业	%	20.45	21.10	25.69	25.28	21.59	20.88	20.17
第三产业	%	37.87	49.11	44.20	42.22	42.47	42.27	42.92

第二章　全國和各地區人均經濟發展水平

6.2.1 1991—1997年全國人均經濟發展水平

項目 Item	單位 Unit	年份 Year						
		1991年	1992年	1993年	1994年	1995年	1996年	1997年
國内生産總值	元	1 879	2 287	2 939	3 923	4 854	5 576	6 079
社會消費品零售額	元	712	828	1 033	1 357	1 702	2 024	2 208
城鄉居民年末儲蓄余額	元	786	985	1 246	1 795	2 449	3 147	3 744
城鎮居民可支配收入	元	1 544	2 027	2 577	3 496	4 283	4 839	5 160
城鎮居民消費性支出	元	1 454	1 672	2 111	2 851	3 538	3 919	4 186
農民人均純收入	元	709	784	922	1 221	1 578	1 926	2 090
農村居民消費性支出	元	620	659	770	1 017	1 310	1 572	1 617

注:本表統計口徑為當年價格,1991年城鎮居民可支配收入為生活費收入(其余表格與此相同)。

6.2.2 1992—1997年全國人均經濟發展水平增長情況

(與上年比較)

項目 Item	單位 Unit	年份 Year						
		1991年	1992年	1993年	1994年	1995年	1996年	1997年
國内生産總值	%	—	21.71	28.51	33.48	23.73	14.87	9.02
社會消費品零售額	%	—	16.34	24.66	31.44	25.45	18.90	9.09
城鄉居民年末儲蓄余額	%	—	25.32	26.50	44.06	36.43	28.50	18.97
城鎮居民可支配收入	%	—	31.26	27.18	35.65	22.50	12.98	6.64
城鎮居民消費性支出	%	—	14.99	26.26	35.05	24.10	10.77	6.81
農民人均純收入	%	—	10.64	17.55	32.49	29.21	22.08	8.52
農村居民消費性支出	%	—	6.29	16.84	32.08	28.81	20.00	2.86

注:本表統計口徑為當年價格。

6.2.3 1991－1997年安徽省人均經濟發展水平

項目 Item	單位 Unit	年 份 Year						
		1991年	1992年	1993年	1994年	1995年	1996年	1997年
國内生産總值	元	1 052	1 253	1 672	2 521	3 357	3 881	4 390
社會消費品零售額	元	430	489	569	761	975	1 198	1 403
城鄉居民年末儲蓄余額	元	—	—	—	—	1 146	1 467	1 704
城鎮居民可支配收入	元	1 341	1 808	2 248	3 048	3 795	4 513	4 599
城鎮居民消費性支出	元	1 297	1 521	1 846	2 551	3 161	3 607	3 694
農民人均純收入	元	446	574	725	973	1 303	1 608	1 809
農村居民消費性支出	元	475	502	609	934	1 071	1 309	1 337

注:本表統計口徑為當年價格。

6.2.4 1991－1997年安徽省人均經濟發展水平增長情況

項目 Item	單位 Unit	年 份 Year						
		1991年	1992年	1993年	1994年	1995年	1996年	1997年
國内生産總值	%	—	19.11	33.44	50.78	33.16	15.61	13.12
社會消費品零售額	%	—	13.73	16.51	33.69	28.16	22.81	17.15
城鄉居民年末儲蓄余額	%	—	—	—	—	—	28.02	16.17
城鎮居民可支配收入	%	—	34.82	24.34	35.59	24.51	18.92	1.91
城鎮居民消費性支出	%	—	17.26	21.39	38.18	23.93	14.11	2.39
農民人均純收入	%	—	28.59	26.31	34.33	33.87	23.40	12.50
農村居民消費性支出	%	—	5.68	21.36	53.33	14.61	22.30	2.08

注:本表統計口徑為當年價格。

6.2.5 1991－1997年北京人均經濟發展水平

項目 Item	單位 Unit	年份 Year						
		1991年	1992年	1993年	1994年	1995年	1996年	1997年
國内生產總值	元	5 781	6 805	8 240	10 265	13 073	15 044	16 735
社會消費品零售額	元	3 107	3 700	4 782	5 929	6 611	7 337	8 480
城鄉居民年末儲蓄余額	元	—	—	—	—	—	13 558	15 930
城鎮居民可支配收入	元	2 040	2 556	3 547	5 085	6 235	7 332	7 813
城鎮居民消費性支出	元	1 860	2 135	2 940	4 134	5 020	5 729	6 532
農民人均純收入	元	1 422	1 572	1 883	2 401	3 224	3 562	3 662
農村居民消費性支出	元	1 100	1 149	1 255	1 584	2 336	2 565	2 693

注:本表統計口徑為當年價格。

6.2.6 1991－1997年北京人均經濟發展水平增長情況

(與上年比較)

項目 Item	單位 Unit	年份 Year						
		1991年	1992年	1993年	1994年	1995年	1996年	1997年
國内生產總值	%	—	17.71	21.09	24.58	27.36	15.08	11.24
社會消費品零售額	%	—	19.09	29.24	23.98	11.50	10.98	15.58
城鄉居民年末儲蓄余額	%	—	—	—	—	—	—	17.49
城鎮居民可支配收入	%	—	25.29	38.77	43.36	22.62	17.59	6.56
城鎮居民消費性支出	%	—	14.76	37.71	40.64	21.42	14.14	14.00
農民人均純收入	%	—	10.53	19.78	27.51	34.27	10.49	2.81
農村居民消費性支出	%	—	4.44	9.23	26.22	47.47	9.80	4.99

注:本表統計口徑為當年價格。

6.2.7 1991—1997年重慶市人均經濟發展水平

項目 Item	單位 Unit	年份 Year						
		1991年	1992年	1993年	1994年	1995年	1996年	1997年
國内生産總值	元	—	—	—	—	—	3 914	4 452
社會消費品零售額	元	—	—	—	—	1 242	1 479	1 670
城鄉居民年末儲蓄余額	元	—	—	—	—	—	1 671	1 915
城鎮居民可支配收入	元	—	—	—	—	4 413	5 055	5 323
城鎮居民消費性支出	元	—	—	—	—	3 932	4 404	4 938
農民人均純收入	元	—	—	—	—	1 167	1 435	1 643
農村居民消費性支出	元	—	—	—	—	1 053	1 328	1 390

注:本表統計口徑為當年價格。

6.2.8 1991—1997年重慶市人均經濟發展水平增長情況

(與上年比較)

項目 Item	單位 Unit	年份 Year						
		1991年	1992年	1993年	1994年	1995年	1996年	1997年
國内生産總值	%	—	—	—	—	—	—	13.75
社會消費品零售額	%	—	—	—	—	—	19.08	12.91
城鄉居民年末儲蓄余額	%	—	—	—	—	—	—	14.60
城鎮居民可支配收入	%	—	—	—	—	—	14.55	5.30
城鎮居民消費性支出	%	—	—	—	—	—	12.01	12.14
農民人均純收入	%	—	—	—	—	—	22.96	14.49
農村居民消費性支出	%	—	—	—	—	—	26.12	4.67

注:本表統計口徑為當年價格。

6.2.9 1991—1997 年福建省人均經濟發展水平

項目 Item	單位 Unit	年份 Year						
		1991 年	1992 年	1993 年	1994 年	1995 年	1996 年	1997 年
國内生產總值	元	1 778	2 264	3 649	5 386	6 883	8 136	9 258
社會消費品零售額	元	750	929	1 217	1 646	2 071	2 553	3 009
城鄉居民年末儲蓄余額	元	798	1 049	1 251	1 756	2 457	3 393	4 035
城鎮居民可支配收入	元	1 669	2 283	2 839	3 673	4 507	5 173	6 144
城鎮居民消費性支出	元	1 595	1 884	2 341	3 157	3 848	4 248	4 936
農民人均純收入	元	850	984	1 211	1 578	2 049	2 492	2 786
農村居民消費性支出	元	747	821	1 070	1 440	1 794	1 913	1 994

注:本表統計口徑為當年價格。

6.2.10 1991—1997 年福建省人均經濟發展水平增長情況

(與上年比較)

項目 Item	單位 Unit	年份 Year						
		1991 年	1992 年	1993 年	1994 年	1995 年	1996 年	1997 年
國内生產總值	%	—	27.33	61.17	47.60	27.79	18.20	13.79
社會消費品零售額	%	—	23.79	31.01	35.30	25.80	23.27	17.88
城鄉居民年末儲蓄余額	%	—	—	—	—	—	38.06	18.94
城鎮居民可支配收入	%	—	36.79	24.35	29.38	22.71	14.78	18.76
城鎮居民消費性支出	%	—	18.12	24.26	34.86	21.89	10.40	16.19
農民人均純收入	%	—	15.77	23.01	30.34	29.84	21.67	11.76
農村居民消費性支出	%	—	9.87	30.34	34.56	24.60	6.65	4.23

注:本表統計口徑為當年價格。

6.2.11 1991－1997年甘肅省人均經濟發展水平

項目 Item	單位 Unit	年份 Year						
		1991年	1992年	1993年	1994年	1995年	1996年	1997年
國内生産總值	元	1 133	1 314	1 600	1 925	2 270	2 901	3 137
社會消費品零售額	元	465	554	617	789	943	1 052	1 117
城鄉居民年末儲蓄余額	元	—	—	—	—	—	2 006	2 342
城鎮居民可支配收入	元	1 369	1 708	2 003	2 658	3 153	3 354	3 592
城鎮居民消費性支出	元	1 235	1 457	1 680	2 209	2 618	2 839	2 946
農民人均純收入	元	446	489	551	724	880	1 101	1 185
農村居民消費性支出	元	403	420	538	674	915	986	976

注:本表統計口徑為當年價格。

6.2.12 1991－1997年甘肅省人均經濟發展水平增長情況

(與上年比較)

項目 Item	單位 Unit	年份 Year						
		1991年	1992年	1993年	1994年	1995年	1996年	1997年
國内生産總值	%	—	15.98	21.77	20.31	—	—	8.14
社會消費品零售額	%	—	19.29	11.30	27.95	19.47	11.55	6.16
城鄉居民年末儲蓄余額	%	—	—	—	—	—	—	16.73
城鎮居民可支配收入	%	—	—	—	—	—	6.39	7.11
城鎮居民消費性支出	%	—	18.02	15.26	31.51	18.50	8.43	3.80
農民人均純收入	%	—	9.64	12.54	31.39	21.64	25.02	7.67
農村居民消費性支出	%	—	4.03	28.14	25.37	35.76	7.77	－1.02

注:本表統計口徑為當年價格。

6.2.13 1991—1997年廣東省人均經濟發展水平

項目 Item	單位 Unit	年份 Year						
		1991年	1992年	1993年	1994年	1995年	1996年	1997年
國内生産總值	元	3 001	3 575	4 938	6 380	8 495	9 513	10 428
社會消費品零售額	元	1 222	1 508	1 989	2 768	3 355	3 703	4 139
城鄉居民年末儲蓄余額	元	1 599	2 238	2 837	3 798	5 035	6 473	7 807
城鎮居民可支配收入	元	2 536	3 477	4 632	6 367	7 439	8 158	8 562
城鎮居民消費性支出	元	2 389	2 831	3 777	5 181	6 254	6 736	6 853
農民人均純收入	元	1 143	1 308	1 675	2 182	2 699	3 183	3 468
農村居民消費性支出	元	942	1 060	1 391	1 882	2 255	2 584	2 618

注:本表統計口徑為當年價格。

6.2.14 1991—1997年廣東省人均經濟發展水平增長情況

(與上年比較)

項目 Item	單位 Unit	年份 Year						
		1991年	1992年	1993年	1994年	1995年	1996年	1997年
國内生産總值	%	—	19.13	38.13	29.20	33.15	11.98	9.62
社會消費品零售額	%	—	23.46	31.86	39.17	21.21	10.39	11.77
城鄉居民年末儲蓄余額	%	—	39.96	26.78	33.88	32.56	28.57	20.61
城鎮居民可支配收入	%	—	37.11	33.22	37.46	16.84	9.66	4.95
城鎮居民消費性支出	%	—	18.50	33.43	37.16	20.70	7.71	1.74
農民人均純收入	%	—	14.40	28.09	30.27	23.70	17.94	8.93
農村居民消費性支出	%	—	12.51	31.19	35.30	19.82	14.60	1.30

注:本表統計口徑為當年價格。

6.2.15 1991－1997年廣西壯族自治區人均經濟發展水平

項目 Item	單位 Unit	年份 Year						
		1991年	1992年	1993年	1994年	1995年	1996年	1997年
國内生產總值	元	1 058	1 318	2 031	2 772	3 543	4 081	4 356
社會消費品零售額	元	463	556	675	927	1 172	1 332	1 454
城鄉居民年末儲蓄余額	元	466	632	915	1 274	1 619	1 928	2 186
城鎮居民可支配收入	元	1 614	2 104	2 895	3 981	4 792	5 033	5 110
城鎮居民消費性支出	元	1 584	1 740	2 303	3 327	4 046	4 339	4 453
農民人均純收入	元	658	732	892	1 107	1 446	1 703	1 875
農村居民消費性支出	元	581	616	705	926	1 203	1 399	1 376

注:本表統計口徑為當年價格。

6.2.16 1991－1997年廣西壯族自治區人均經濟發展水平增長情況

(與上年比較)

項目 Item	單位 Unit	年份 Year						
		1991年	1992年	1993年	1994年	1995年	1996年	1997年
國内生產總值	%	—	24.57	54.10	36.48	27.81	15.18	6.74
社會消費品零售額	%	—	20.11	21.43	37.25	26.44	13.65	9.16
城鄉居民年末儲蓄余額	%	—	35.80	44.66	39.23	27.09	19.06	13.43
城鎮居民可支配收入	%	—	30.36	37.60	37.51	20.37	5.04	1.53
城鎮居民消費性支出	%	—	9.87	32.36	44.46	21.61	7.26	2.61
農民人均純收入	%	—	11.24	21.91	24.11	30.63	17.77	10.11
農村居民消費性支出	%	—	6.13	14.38	31.37	29.89	16.30	−1.67

注:本表統計口徑為當年價格。

6.2.17　1991—1997年貴州省人均經濟發展水平

項目 Item	單位 Unit	年份 Year						
		1991年	1992年	1993年	1994年	1995年	1996年	1997年
國內生産總值	元	896	1 009	1 034	1 553	1 853	2 093	2 215
社會消費品零售額	元	280	318	347	461	563	657	736
城鄉居民年末儲蓄余額	元	—	—	—	—	—	881	1 013
城鎮居民可支配收入	元	1 302	1 900	2 313	3 220	3 931	4 221	4 442
城鎮居民消費性支出	元	1 275	1 564	1 876	2 532	3 251	3 573	3 556
農民人均純收入	元	466	506	580	787	1 087	1 277	1 299
農村居民消費性支出	元	404	448	560	678	931	1 068	1 066

注:本表統計口徑為當年價格。

6.2.18　1991—1997年貴州省人均經濟發展水平增長情況

(與上年比較)

項目 Item	單位 Unit	年份 Year						
		1991年	1992年	1993年	1994年	1995年	1996年	1997年
國內生産總值	%	—	12.61	2.48	50.19	19.32	12.95	5.83
社會消費品零售額	%	—	13.31	9.28	32.89	22.12	16.61	12.10
城鄉居民年末儲蓄余額	%	—	—	—	—	—	—	14.98
城鎮居民可支配收入	%	—	45.93	21.74	39.21	22.09	7.37	5.23
城鎮居民消費性支出	%	—	22.67	19.95	34.97	28.38	9.91	−0.48
農民人均純收入	%	—	8.58	14.62	35.69	38.07	17.49	1.71
農村居民消費性支出	%	—	10.89	25.00	21.07	37.26	14.78	−0.22

注:本表統計口徑為當年價格。

6.2.19 1991－1997年海南省人均經濟發展水平

項目 Item	單位 Unit	年份 Year						
		1991年	1992年	1993年	1994年	1995年	1996年	1997年
國内生産總值	元	1 601	2 126	3 815	4 820	5 030	5 500	5 698
社會消費品零售額	元	623	802	950	1 260	1 508	1 657	1 795
城鄉居民年末儲蓄余額	元	1 039	1 680	2 699	3 369	3 978	4 619	5 041
城鎮居民可支配收入	元	1 726	2 318	3 072	3 920	4 770	4 926	4 850
城鎮居民消費性支出	元	1 589	1 851	2 404	3 014	3 760	3 815	3 909
農民人均純收入	元	730	843	992	1 305	1 520	1 746	1 917
農村居民消費性支出	元	560	672	726	1 019	1 080	1 289	1 287

注:本表統計口徑為當年價格。

6.2.20 1991－1997年海南省人均經濟發展水平增長情況

(與上年比較)

項目 Item	單位 Unit	年份 Year						
		1991年	1992年	1993年	1994年	1995年	1996年	1997年
國内生産總值	%	—	32.79	79.44	26.34	4.36	9.34	3.60
社會消費品零售額	%	—	28.80	18.47	32.62	19.69	9.84	8.38
城鄉居民年末儲蓄余額	%	—	61.64	60.70	24.81	18.08	16.12	9.14
城鎮居民可支配收入	%	—	34.30	32.53	27.60	21.68	3.27	－1.54
城鎮居民消費性支出	%	—	16.49	29.88	25.37	24.75	1.46	2.46
農民人均純收入	%	—	15.48	17.67	31.55	16.48	14.87	9.79
農村居民消費性支出	%	—	20.00	8.04	40.36	5.99	19.35	－0.16

注:本表統計口徑為當年價格。

6.2.21　1991－1997年河北省人均經濟發展水平

項目 Item	單位 Unit	年份 Year						
		1991年	1992年	1993年	1994年	1995年	1996年	1997年
國内生産總值	元	1 543	1 843	2 682	3 376	4 449	5 345	6 079
社會消費品零售額	元	565	645	765	1 055	1 324	1 576	1 832
城鄉居民年末儲蓄余額	元	—	—	—	—	2 814	3 530	4 171
城鎮居民可支配收入	元	1 433	1 872	2 334	3 177	3 921	4 443	4 959
城鎮居民消費性支出	元	1 293	1 547	1 898	2 513	3 162	3 424	4 004
農民人均純收入	元	657	682	804	1 107	1 669	2 055	2 286
農村居民消費性支出	元	558	579	697	779	1 104	1 399	1 395

注:本表統計口徑為當年價格。

6.2.22　1991－1997年河北省人均經濟發展水平增長情況

（與上年比較）

項目 Item	單位 Unit	年份 Year						
		1991年	1992年	1993年	1994年	1995年	1996年	1997年
國内生産總值	%	—	19.44	45.52	25.88	31.79	20.14	13.73
社會消費品零售額	%	—	14.26	18.48	37.94	25.50	19.08	16.19
城鄉居民年末儲蓄余額	%	—	—	—	—	—	25.45	18.15
城鎮居民生活費收入	%	—	30.64	24.68	36.12	23.42	13.31	11.61
城鎮居民消費性支出	%	—	19.64	22.69	32.40	25.83	8.30	16.92
農民人均純收入	%	—	3.82	17.81	37.72	50.70	23.14	11.24
農村居民消費性支出	%	—	3.76	20.38	11.76	41.76	26.68	－0.30

注:本表統計口徑為當年價格。

6.2.23 1991—1997年黑龍江省人均經濟發展水平

項目 Item	單位 Unit	年份 Year						
		1991年	1992年	1993年	1994年	1995年	1996年	1997年
國内生産總值	元	2 316	2 433	3 320	4 427	5 465	6 468	7 243
社會消費品零售額	元	985	1 117	1 242	1 502	1 845	2 098	2 347
城鄉居民年末儲蓄余額	元	—	—	—	—	2 948	3 806	4 505
城鎮居民可支配收入	元	1 240	1 630	1 960	2 597	3 375	3 768	4 091
城鎮居民消費性支出	元	1 227	1 378	1 660	2 164	2 776	3 111	3 213
農民人均純收入	元	735	949	1 028	1 394	1 766	2 182	2 308
農村居民消費性支出	元	619	675	751	1 043	1 480	1 537	1 549

注:本表統計口徑為當年價格。

6.2.24 1991—1997年黑龍江省人均經濟發展水平增長情况

(與上年比較)

項目 Item	單位 Unit	年份 Year						
		1991年	1992年	1993年	1994年	1995年	1996年	1997年
國内生産總值	%	—	5.05	36.46	33.34	23.45	18.35	11.98
社會消費品零售額	%	—	13.37	11.15	21.01	22.78	13.74	11.84
城鄉居民年末儲蓄余額	%	—	—	—	—	—	29.10	18.37
城鎮居民可支配收入	%	—	31.45	20.22	32.52	29.97	11.65	8.56
城鎮居民消費性支出	%	—	12.31	20.46	30.36	28.28	12.06	3.29
農民人均純收入	%	—	29.18	8.34	35.51	26.72	23.56	5.79
農村居民消費性支出	%	—	9.05	11.26	38.88	41.88	3.89	0.77

注:本表統計口徑為當年價格。

6.2.25 1991－1997年河南省人均經濟發展水平

項目 Item	單位 Unit	年份 Year						
		1991年	1992年	1993年	1994年	1995年	1996年	1997年
國内生產總值	元	1 133	1 377	1 867	2 475	3 313	4 032	4 430
社會消費品零售額	元	402	468	556	778	996	1 220	1 470
城鄉居民年末儲蓄余額	元	—	—	—	—	1 600	2 023	2 427
城鎮居民可支配收入	元	1 250	1 608	1 963	2 619	3 299	3 755	4 094
城鎮居民消費性支出	元	1 200	1 343	1 609	2 155	2 674	3 009	3 378
農民人均純收入	元	539	588	696	910	1 232	1 579	1 734
農村居民消費性支出	元	455	473	565	732	929	1 206	1 271

注:本表統計口徑為當年價格。

6.2.26 1991－1997年河南省人均經濟發展水平增長情況

(與上年比較)

項目 Item	單位 Unit	年份 Year						
		1991年	1992年	1993年	1994年	1995年	1996年	1997年
國内生產總值	%	—	21.54	35.58	32.57	33.85	21.71	9.87
社會消費品零售額	%	—	16.29	18.75	40.08	28.03	22.43	20.51
城鄉居民年末儲蓄余額	%	—	—	—	—	—	26.39	19.97
城鎮居民可支配收入	%	—	28.64	22.08	33.42	25.98	13.82	9.01
城鎮居民消費性支出	%	—	11.92	19.81	33.93	24.08	12.54	12.25
農民人均純收入	%	—	9.09	18.37	30.75	35.38	28.18	9.80
農村居民消費性支出	%	—	3.96	19.45	29.56	26.97	29.81	5.31

注:本表統計口徑為當年價格。

6.2.27 1991—1997 年湖北省人均經濟發展水平

項目 Item	單位 Unit	年 份 Year						
		1991 年	1992 年	1993 年	1994 年	1995 年	1996 年	1997 年
國内生産總值	元	1 555	1 827	2 565	3 341	4 162	5 122	5 899
社會消費品零售額	元	657	737	885	1 265	1 614	1 967	2 291
城鄉居民年末儲蓄余額	元	—	—	846	1 211	1 658	2 180	2 422
城鎮居民可支配收入	元	1 432	1 883	2 450	3 356	4 029	4 364	4 673
城鎮居民消費性支出	元	1 380	1 578	2 048	2 733	3 434	3 714	3 856
農民人均純收入	元	627	678	783	1 173	1 511	1 864	2 102
農村居民消費性支出	元	615	612	722	1 014	1 245	1 636	1 660

注:本表統計口徑為當年價格。

6.2.28 1991—1997 年湖北省人均經濟發展水平增長情況

(與上年比較)

項目 Item	單位 Unit	年 份 Year						
		1991 年	1992 年	1993 年	1994 年	1995 年	1996 年	1997 年
國内生産總值	%	—	17.49	40.39	30.25	24.57	23.07	15.17
社會消費品零售額	%	—	12.21	20.06	42.92	27.57	21.84	16.46
城鄉居民年末儲蓄余額	%	—	—	—	43.05	36.91	31.51	11.09
城鎮居民可支配收入	%	—	31.49	30.11	36.98	20.05	8.31	7.08
城鎮居民消費性支出	%	—	14.31	29.81	33.45	25.64	8.15	3.83
農民人均純收入	%	—	8.12	15.54	49.77	28.83	23.32	12.80
農村居民消費性支出	%	—	−0.58	18.02	40.43	22.79	31.40	1.47

注:本表統計口徑為當年價格。

6.2.29 1991—1997 年湖南省人均經濟發展水平

項目 Item	單位 Unit	年份 Year						
		1991 年	1992 年	1993 年	1994 年	1995 年	1996 年	1997 年
國内生産總值	元	1 357	1 487	2 053	2 701	3 470	4 130	4 643
社會消費品零售額	元	539	627	754	1 038	1 310	1 474	1 611
城鄉居民年末儲蓄余額	元	—	—	—	—	1 391	1 840	1 947
城鎮居民可支配收入	元	1 488	2 094	2 688	3 888	4 699	5 052	5 210
城鎮居民消費性支出	元	1 368	1 654	2 087	3 138	3 886	4 098	4 317
農民人均純收入	元	689	739	852	1 155	1 425	1 792	2 037
農村居民消費性支出	元	656	707	817	1 089	1 367	1 737	1 816

注:本表統計口徑為當年價格。

6.2.30 1991—1997 年湖南省人均經濟發展水平增長情況

(與上年比較)

項目 Item	單位 Unit	年份 Year						
		1991 年	1992 年	1993 年	1994 年	1995 年	1996 年	1997 年
國内生産總值	%	—	9.58	38.06	31.56	28.47	19.02	12.42
社會消費品零售額	%	—	16.30	20.25	37.59	26.20	12.50	9.31
城鄉居民年末儲蓄余額	%	—	—	—	—	—	32.25	5.82
城鎮居民可支配收入	%	—	40.73	28.37	44.63	20.87	7.51	3.12
城鎮居民消費性支出	%	—	20.91	26.18	50.36	23.84	5.46	5.34
農民人均純收入	%	—	7.33	15.21	35.58	23.39	25.76	13.66
農村居民消費性支出	%	—	7.89	15.45	33.33	25.59	27.02	4.55

注:本表統計口徑為當年價格。

6.2.31 1991—1997年遼寧省人均經濟發展水平

項目 Item	單位 Unit	年份 Year						
		1991年	1992年	1993年	1994年	1995年	1996年	1997年
國内生産總值	元	3 027	3 254	5 015	6 103	6 880	7 730	8 525
社會消費品零售額	元	1 171	1 346	1 663	2 140	2 742	3 133	3 506
城鄉居民年末儲蓄余額	元	—	—	—	—	4 359	5 647	6 690
城鎮居民可支配收入	元	1 542	1 949	2 314	3 063	3 707	4 207	4 518
城鎮居民消費性支出	元	1 485	1 639	1 977	2 588	3 113	3 493	3 720
農民人均純收入	元	897	995	1 161	1 423	1 757	2 150	2 302
農村居民消費性支出	元	767	799	940	1 241	1 472	1 764	1 790

注:本表統計口徑為當年價格。

6.2.32 1991—1997年遼寧省人均經濟發展水平增長情況

(與上年比較)

項目 Item	單位 Unit	年份 Year						
		1991年	1992年	1993年	1994年	1995年	1996年	1997年
國内生産總值	%	—	7.50	54.12	21.69	12.73	12.35	10.28
社會消費品零售額	%	—	14.93	23.54	28.70	28.10	14.25	11.90
城鄉居民年末儲蓄余額	%	—	—	—	—	—	29.54	18.46
城鎮居民可支配收入	%	—	26.39	18.73	32.37	21.03	13.49	7.39
城鎮居民消費性支出	%	—	10.37	20.62	30.91	20.30	12.19	6.50
農民人均純收入	%	—	10.93	16.68	22.57	23.44	22.40	7.05
農村居民消費性支出	%	—	4.17	17.65	32.02	18.61	19.82	1.51

注:本表統計口徑為當年價格。

6.2.33　1991—1997年吉林省人均經濟發展水平

項目 Item	單位 Unit	年份 Year						
		1991年	1992年	1993年	1994年	1995年	1996年	1997年
國内生產總值	元	1 718	2 071	2 868	3 703	4 414	5 163	5 504
社會消費品零售額	元	892	1 033	1 274	1 541	1 858	2 129	2 358
城鄉居民年末儲蓄余額	元	—	—	—	—	—	3 705	4 077
城鎮居民可支配收入	元	1 259	1 637	1 953	2 561	3 175	3 806	4 191
城鎮居民消費性支出	元	1 194	1 375	1 596	2 096	2 598	3 037	3 408
農民人均純收入	元	748	807	892	1 272	1 610	2 126	2 186
農村居民消費性支出	元	648	643	670	854	1 495	1 513	1 624

注：本表統計口徑為當年價格。

6.2.34　1991—1997年吉林省人均經濟發展水平增長情況

（與上年比較）

項目 Item	單位 Unit	年份 Year						
		1991年	1992年	1993年	1994年	1995年	1996年	1997年
國内生產總值	%	—	20.55	38.48	29.11	19.20	16.97	6.60
社會消費品零售額	%	—	15.83	23.36	20.99	20.53	14.59	10.77
城鄉居民年末儲蓄余額	%	—	—	—	—	—	—	10.04
城鎮居民可支配收入	%	—	30.02	19.30	31.13	23.98	19.86	10.12
城鎮居民消費性支出	%	—	15.14	16.10	31.35	23.93	16.91	12.20
農民人均純收入	%	—	7.89	10.43	42.62	26.58	32.06	2.86
農村居民消費性支出	%	—	−0.77	4.20	27.46	75.06	1.22	7.31

注：本表統計口徑為當年價格。

6.2.35 1991－1997年江蘇省人均經濟發展水平

項目 Item	單位 Unit	年份 Year						
		1991年	1992年	1993年	1994年	1995年	1996年	1997年
國内生産總值	元	2 149	2 858	4 308	5 785	7 299	8 447	9 344
社會消費品零售額	元	845	1 019	1 342	1 834	2 335	2 719	2 963
城鄉居民年末儲蓄余額	元	—	—	—	—	2 721	3 615	4 340
城鎮居民可支配收入	元	1 623	2 138	2 774	3 779	4 634	5 186	5 765
城鎮居民消費性支出	元	1 259	1 769	2 311	3 080	3 772	4 058	4 534
農民人均純收入	元	921	1 061	1 267	1 832	2 457	3 029	3 270
農村居民消費性支出	元	878	953	1 059	1 501	1 938	2 414	2 488

注：本表統計口徑為當年價格。

6.2.36 1991－1997年江蘇省人均經濟發展水平增長情况

(與上年比較)

項目 Item	單位 Unit	年份 Year						
		1991年	1992年	1993年	1994年	1995年	1996年	1997年
國内生産總值	%	—	32.99	50.73	34.29	26.17	15.73	10.62
社會消費品零售額	%	—	20.68	31.60	36.73	27.30	16.42	9.00
城鄉居民年末儲蓄余額	%	—	—	—	—	—	32.86	20.06
城鎮居民可支配收入	%	—	31.73	29.75	36.23	22.63	11.91	11.16
城鎮居民消費性支出	%	—	40.51	30.64	33.28	22.47	7.58	11.73
農民人均純收入	%	—	15.20	19.42	44.59	34.12	23.28	7.96
農村居民消費性支出	%	—	8.54	11.12	41.74	29.11	24.56	3.07

注：本表統計口徑為當年價格。

6.2.37 1991—1997年江西省人均經濟發展水平

項目 Item	單位 Unit	年份 Year						
		1991年	1992年	1993年	1994年	1995年	1996年	1997年
國内生産總值	元	1 204	1 439	1 835	2 376	3 083	3 715	4 155
社會消費品零售額	元	438	505	614	824	1 011	1 195	1 346
城鄉居民年末儲蓄余額	元	—	—	—	—	1 511	1 893	2 237
城鎮居民可支配收入	元	1 177	1 528	1 919	2 773	3 377	3 780	4 071
城鎮居民消費性支出	元	1 086	1 253	1 577	2 200	2 712	2 942	3 200
農民人均純收入	元	703	768	870	1 218	1 537	1 870	2 107
農村居民消費性支出	元	597	648	712	1 031	1 256	1 553	1 569

注:本表統計口徑為當年價格。

6.2.38 1991—1997年江西省人均經濟發展水平增長情況

(與上年比較)

項目 Item	單位 Unit	年份 Year						
		1991年	1992年	1993年	1994年	1995年	1996年	1997年
國内生産總值	%	—	19.52	27.52	29.48	29.76	20.50	11.84
社會消費品零售額	%	—	15.37	21.64	34.20	22.67	18.13	12.65
城鄉居民年末儲蓄余額	%	—	—	—	—	—	25.28	18.17
城鎮居民可支配收入	%	—	29.82	25.59	44.50	21.77	11.96	7.70
城鎮居民消費性支出	%	—	15.38	25.86	39.51	23.29	8.47	8.75
農民人均純收入	%	—	9.38	13.20	40.05	26.20	21.61	12.71
農村居民消費性支出	%	—	—	—	—	—	—	1.03

注:本表統計口徑為當年價格。

6.2.39 1991—1997年内蒙古自治區人均經濟發展水平

項目 Item	單位 Unit	年份 Year						
		1991年	1992年	1993年	1994年	1995年	1996年	1997年
國内生産總值	元	1 642	1 712	2 382	3 013	3 639	4 259	4 691
社會消費品零售額	元	666	764	870	1 094	1 292	1 434	1 582
城鄉居民年末儲蓄余額	元	—	—	—	—	1 804	2 202	2 601
城鎮居民可支配收入	元	1 177	1 495	1 893	2 498	2 863	3 432	3 945
城鎮居民消費性支出	元	1 136	1 254	1 585	2 111	2 482	2 768	3 032
農民人均純收入	元	518	672	778	970	1 208	1 602	1 780
農村居民消費性支出	元	571	600	695	835	1 180	1 438	1 560

注:本表統計口徑為當年價格。

6.2.40 1991—1997年内蒙古自治區人均經濟發展水平增長情況

(與上年比較)

項目 Item	單位 Unit	年份 Year						
		1991年	1992年	1993年	1994年	1995年	1996年	1997年
國内生産總值	%	—	4.26	39.14	26.49	20.78	17.04	10.14
社會消費品零售額	%	—	14.71	13.79	25.82	18.07	11.01	10.27
城鄉居民年末儲蓄余額	%	—	—	—	—	—	22.06	18.12
城鎮居民可支配收入	%	—	27.02	26.62	31.96	14.61	19.87	14.95
城鎮居民消費性支出	%	—	10.39	26.40	33.19	17.57	11.52	9.55
農民人均純收入	%	—	29.73	15.77	24.68	24.58	32.57	11.11
農村居民消費性支出	%	—	5.08	15.83	20.14	41.32	21.86	8.48

注:本表統計口徑為當年價格。

6.2.41　1991—1997年寧夏回族自治區人均經濟發展水平

項目 Item	單位 Unit	年份 Year						
		1991年	1992年	1993年	1994年	1995年	1996年	1997年
國内生産總值	元	1 427	1 635	2 123	2 685	3 309	3 731	4 025
社會消費品零售額	元	586	661	757	933	1 115	1 261	1 343
城鄉居民年末儲蓄余額	元	—	1 043	—	—	—	2 762	3 216
城鎮居民生活費收入	元	1 392	1 821	2 171	2 986	3 383	3 612	3 837
城鎮居民消費性支出	元	1 354	1 506	1 877	2 478	2 866	3 039	3 271
農民人均純收入	元	590	591	636	867	999	1 398	1 513
農村居民消費性支出	元	508	545	557	807	1 063	1 236	1 250

注:本表統計口徑為當年價格。

6.2.42　1991—1997年寧夏回族自治區人均經濟發展水平增長情况

(與上年比較)

項目 Item	單位 Unit	年份 Year						
		1991年	1992年	1993年	1994年	1995年	1996年	1997年
國内生産總值	%	—	14.58	29.85	26.47	23.24	12.75	7.88
社會消費品零售額	%	—	12.64	14.62	23.16	19.57	13.10	6.53
城鄉居民年末儲蓄余額	%	—	—	—	—	—	—	16.43
城鎮居民可支配收入	%	—	30.86	19.22	37.54	13.30	6.77	6.23
城鎮居民消費性支出	%	—	11.21	24.69	31.98	15.66	6.05	7.65
農民人均純收入	%	—	0.17	7.61	36.32	15.22	39.94	8.23
農村居民消費性支出	%	—	7.28	2.20	44.88	31.72	16.27	1.13

注:本表統計口徑為當年價格。

6.2.43 1991－1997年青海省人均經濟發展水平

項目 Item	單位 Unit	年份 Year						
		1991年	1992年	1993年	1994年	1995年	1996年	1997年
國内生産總值	元	1 647	1 821	2 337	2 910	3 430	3 748	4 066
社會消費品零售額	元	705	766	839	1 030	1 202	1 281	1 345
城鄉居民年末儲蓄余額	元	715	865	1 070	1 332	1 719	2 005	2 300
城鎮居民可支配收入	元	1 306	1 806	2 127	2 813	3 320	3 834	3 999
城鎮居民消費性支出	元	1 250	1 533	1 870	2 422	2 870	3 178	3 300
農民人均純收入	元	556	603	672	869	1 030	1 174	1 321
農村居民消費性支出	元	486	496	639	746	914	1 052	1 085

注:本表統計口徑為當年價格。

6.2.44 1991－1997年青海省人均經濟發展水平增長情况

(與上年比較)

項目 Item	單位 Unit	年份 Year						
		1991年	1992年	1993年	1994年	1995年	1996年	1997年
國内生産總值	%	—	10.56	28.34	24.52	17.87	9.27	8.48
社會消費品零售額	%	—	8.64	9.54	22.78	16.72	6.58	5.00
城鄉居民年末儲蓄余額	%	—	20.98	23.70	24.49	29.05	16.64	14.71
城鎮居民可支配收入	%	—	38.28	17.77	32.25	18.02	15.48	4.31
城鎮居民消費性支出	%	—	22.64	21.98	29.52	18.50	10.73	3.85
農民人均純收入	%	—	8.45	11.44	29.32	18.53	13.98	12.52
農村居民消費性支出	%	—	2.06	28.83	16.74	22.50	15.15	3.14

注:本表統計口徑為當年價格。

6.2.45 1991－1997年山東省人均經濟發展水平

項目 Item	單位 Unit	年份 Year						
		1991年	1992年	1993年	1994年	1995年	1996年	1997年
國内生産總值	元	1 863	2 307	3 222	4 473	5 746	6 834	7 590
社會消費品零售額	元	625	759	975	1 311	1 657	1 936	2 179
城鄉居民年末儲蓄余額	元	—	—	—	—	—	3 225	3 712
城鎮居民可支配收入	元	1 566	1 974	2 515	3 444	4 264	4 890	5 191
城鎮居民消費性支出	元	1 407	1 599	1 947	2 635	3 285	3 771	4 041
農民人均純收入	元	764	803	953	1 320	1 715	2 086	2 292
農村居民消費性支出	元	613	656	724	996	1 338	1 653	1 626

注：本表統計口徑為當年價格。

6.2.46 1991－1997年山東省人均經濟發展水平增長情況

（與上年比較）

項目 Item	單位 Unit	年份 Year						
		1991年	1992年	1993年	1994年	1995年	1996年	1997年
國内生産總值	%	—	23.83	39.66	38.83	28.46	18.93	11.06
社會消費品零售額	%	—	21.30	28.46	34.57	26.37	16.82	12.55
城鄉居民年末儲蓄余額	%	—	—	—	—	—	—	15.12
城鎮居民可支配收入	%	—	26.08	27.38	36.95	23.80	14.68	6.15
城鎮居民消費性支出	%	—	13.63	21.77	35.36	24.68	14.78	7.15
農民人均純收入	%	—	5.09	18.66	38.52	29.96	21.64	9.86
農村居民消費性支出	%	—	6.97	10.49	37.44	34.42	23.47	－1.59

注：本表統計口徑為當年價格。

6.2.47 1991－1997年山西省人均經濟發展水平

項目 Item	單位 Unit	年份 Year						
		1991年	1992年	1993年	1994年	1995年	1996年	1997年
國内生産總值	元	1 467	1 744	2 352	2 819	3 569	4 220	4 736
社會消費品零售額	元	610	714	808	1 013	1 222	1 446	1 604
城鄉居民年末儲蓄余額	元	—	—	—	—	—	—	—
城鎮居民可支配收入	元	1 230	1 623	1 958	2 566	3 306	3 703	3 990
城鎮居民消費性支出	元	1 171	1 303	1 560	2 043	2 641	3 036	3 229
農民人均純收入	元	568	627	718	884	1 208	1 557	1 738
農村居民消費性支出	元	496	493	599	674	928	1 174	1 145

注:本表統計口徑為當年價格。

6.2.48 1991－1997年山西省人均經濟發展水平增長情况

(與上年比較)

項目 Item	單位 Unit	年份 Year						
		1991年	1992年	1993年	1994年	1995年	1996年	1997年
國内生産總值	%	—	18.88	34.86	19.86	26.61	18.24	12.23
社會消費品零售額	%	—	17.00	13.31	25.31	20.58	18.38	10.94
城鄉居民年末儲蓄余額	%	—	—	—	—	—	—	—
城鎮居民可支配收入	%	—	31.93	20.62	31.07	28.85	12.00	7.76
城鎮居民消費性支出	%	—	11.27	19.72	30.96	29.27	14.96	6.36
農民人均純收入	%	—	10.41	14.56	23.09	36.65	28.87	11.63
農村居民消費性支出	%	—	－0.60	21.50	12.52	37.69	26.51	－2.47

注:本表統計口徑為當年價格。

6.2.49 1991－1997年陕西省人均經濟發展水平

項目 Item	單位 Unit	年 份 Year						
		1991年	1992年	1993年	1994年	1995年	1996年	1997年
國内生產總值	元	1 272	1 458	1 642	2 344	2 843	3 313	3 707
社會消費品零售額	元	525	612	704	879	1 052	1 220	1 374
城鄉居民年末儲蓄余額	元	783	967	1 173	1 572	2 089	2 659	3 054
城鎮居民可支配收入	元	1 368	1 718	2 102	2 684	3 310	3 810	4 001
城鎮居民消費性支出	元	1 276	1 405	1 714	2 246	2 838	3 211	3 462
農民人均純收入	元	534	559	653	805	963	1 165	1 273
農村居民消費性支出	元	487	498	560	737	914	1 097	1 215

注:本表統計口徑為當年價格。

6.2.50 1991－1997年陕西省人均經濟發展水平增長情況

(與上年比較)

項目 Item	單位 Unit	年 份 Year						
		1991年	1992年	1993年	1994年	1995年	1996年	1997年
國内生產總值	%	—	14.62	12.62	42.75	21.29	16.53	11.89
社會消費品零售額	%	—	16.53	15.12	24.74	19.66	15.98	12.66
城鄉居民年末儲蓄余額	%	—	23.50	21.30	34.02	32.89	27.29	14.86
城鎮居民可支配收入	%	—	25.58	22.35	27.69	23.32	15.11	5.01
城鎮居民消費性支出	%	—	10.11	21.99	31.04	26.36	13.14	7.82
農民人均純收入	%	—	4.68	16.82	23.28	19.63	20.98	9.27
農村居民消費性支出	%	—	2.26	12.45	31.61	24.02	20.02	10.76

注:本表統計口徑為當年價格。

6.2.51 1991—1997年上海人均經濟發展水平

項目 Item	單位 Unit	年份 Year						
		1991年	1992年	1993年	1994年	1995年	1996年	1997年
國内生産總值	元	6 955	8 652	11 700	15 204	18 943	22 275	25 750
社會消費品零售額	元	2 851	3 456	4 610	5 684	6 855	8 184	9 095
城鄉居民年末儲蓄余額	元	2 550	3 204	4 467	7 514	10 728	14 340	20 917
城鎮居民可支配收入	元	2 334	3 027	4 297	5 889	7 192	8 178	8 439
城鎮居民消費性支出	元	2 167	2 509	3 530	4 669	5 868	6 763	6 820
農民人均純收入	元	2 003	2 226	2 727	3 437	4 246	4 846	5 277
農村居民消費性支出	元	1 540	1 967	2 200	2 715	3 387	3 868	4 228

注:本表統計口徑為當年價格。

6.2.52 1991—1997年上海人均經濟發展水平增長情况

(與上年比較)

項目 Item	單位 Unit	年份 Year						
		1991年	1992年	1993年	1994年	1995年	1996年	1997年
國内生産總值	%	—	24.40	35.23	29.95	24.59	17.59	15.60
社會消費品零售額	%	—	21.21	33.39	23.31	20.60	19.38	11.14
城鄉居民年末儲蓄余額	%	—	25.65	39.43	68.21	42.77	33.67	45.86
城鎮居民可支配收入	%	—	29.69	41.96	37.05	22.13	13.71	3.19
城鎮居民消費性支出	%	—	15.80	40.67	32.27	25.68	15.25	0.84
農民人均純收入	%	—	11.13	22.51	26.02	23.54	14.14	8.89
農村居民消費性支出	%	—	27.77	11.82	23.41	24.75	14.20	9.31

注:本表統計口徑為當年價格。

6.2.53　1991－1997年四川省人均經濟發展水平

項目 Item	單位 Unit	年份 Year						
		1991年	1992年	1993年	1994年	1995年	1996年	1997年
國内生産總值	元	1 283	1 356	1 911	2 516	3 081	3 763	4 029
社會消費品零售額	元	494	573	647	898	1 148	1 325	1 438
城鄉居民年末儲蓄余額	元	—	537	645	906	1 257	1 597	1 879
城鎮居民可支配收入	元	1 537	2 001	2 421	3 311	4 003	4 483	4 763
城鎮居民消費性支出	元	1 488	1 651	2 034	2 806	3 429	3 788	4 093
農民人均純收入	元	590	634	698	946	1 158	1 453	1 681
農村居民消費性支出	元	552	569	647	904	1 093	1 350	1 440

注:本表統計口徑為當年價格。

6.2.54　1991－1997年四川省人均經濟發展水平增長情況

(與上年比較)

項目 Item	單位 Unit	年份 Year						
		1991年	1992年	1993年	1994年	1995年	1996年	1997年
國内生産總值	%	—	5.69	40.93	31.66	22.46	22.14	7.07
社會消費品零售額	%	—	15.87	12.91	38.83	27.93	15.41	8.52
城鄉居民年末儲蓄余額	%	—	—	20.11	40.47	38.74	27.05	17.66
城鎮居民可支配收入	%	—	30.19	20.99	36.76	20.90	11.99	6.25
城鎮居民消費性支出	%	—	10.98	23.17	37.96	22.20	10.47	8.04
農民人均純收入	%	—	7.46	10.09	35.53	22.41	25.47	15.69
農村居民消費性支出	%	—	3.16	13.69	39.67	20.86	23.52	6.70

注:本表統計口徑為當年價格。

6.2.55 1991－1997年天津人均經濟發展水平

項目 Item	單位 Unit	年 份 Year						
		1991年	1992年	1993年	1994年	1995年	1996年	1997年
國内生産總值	元	3 943	4 696	6 075	8 164	10 308	12 270	13 796
社會消費品零售額	元	1 754	1 970	2 340	3 245	3 987	4 958	5 614
城鄉居民年末儲蓄余額	元	—	2 306	3 044	4 430	6 147	8 058	9 595
城鎮居民可支配收入	元	1 699	2 238	2 769	3 982	4 930	5 968	6 609
城鎮居民消費性支出	元	1 586	1 907	2 322	3 301	4 064	4 680	5 204
農民人均純收入	元	1 169	1 309	1 473	1 836	2 406	3 000	3 244
農村居民消費性支出	元	796	847	938	1 161	1 548	1 957	1 882

注:本表統計口徑為當年價格。

6.2.56 1991－1997年天津人均經濟發展水平增長情況

(與上年比較)

項目 Item	單位 Unit	年 份 Year						
		1991年	1992年	1993年	1994年	1995年	1996年	1997年
國内生産總值	%	—	19.10	29.37	34.39	26.26	19.03	12.44
社會消費品零售額	%	—	12.29	18.82	38.65	22.88	24.34	13.23
城鄉居民年末儲蓄余額	%	—	—	32.00	45.53	38.76	31.09	19.07
城鎮居民可支配收入	%	—	31.72	23.73	43.81	23.81	21.05	10.74
城鎮居民消費性支出	%	—	20.24	21.76	42.16	23.11	15.16	11.20
農民人均純收入	%	—	11.98	12.53	24.64	31.05	24.69	8.13
農村居民消費性支出	%	—	6.41	10.74	23.77	33.33	26.42	－3.83

注:本表統計口徑為當年價格。

6.2.57　1991－1997年新疆維吾爾自治區人均經濟發展水平

項目 Item	單位 Unit	年份 Year						
		1991年	1992年	1993年	1994年	1995年	1996年	1997年
國內生產總值	元	2 047	2 458	2 980	3 953	4 764	5 167	5 904
社會消費品零售額	元	781	874	1 033	1 208	1 527	1 749	1 807
城鄉居民年末儲蓄余額	元	—	—	—	—	—	3 408	3 935
城鎮居民可支配收入	元	1 476	1 952	2 423	3 170	4 163	4 650	4 845
城鎮居民消費性支出	元	1 266	1 491	1 835	2 478	3 187	3 457	3 887
農民人均純收入	元	703	740	778	946	1 137	1 290	1 504
農村居民消費性支出	元	580	611	704	850	942	1 347	1 395

注：本表統計口徑為當年價格。

6.2.58　1991－1997年新疆維吾爾自治區人均經濟發展水平增長情況

（與上年比較）

項目 Item	單位 Unit	年份 Year						
		1991年	1992年	1993年	1994年	1995年	1996年	1997年
國內生產總值	%	—	20.08	21.24	32.65	20.52	8.46	14.26
社會消費品零售額	%	—	11.90	18.14	16.90	26.42	14.55	3.30
城鄉居民年末儲蓄余額	%	—	—	—	—	—	—	15.45
城鎮居民可支配收入	%	—	32.25	24.13	30.83	31.32	11.70	4.19
城鎮居民消費性支出	%	—	17.77	23.07	35.04	28.61	8.47	12.44
農民人均純收入	%	—	5.30	5.07	21.59	20.19	13.46	16.59
農村居民消費性支出	%	—	5.30	5.07	9.25	10.82	42.99	3.56

注：本表統計口徑為當年價格。

6.2.59　1991－1997年雲南省人均經濟發展水平

項目 Item	單位 Unit	年份 Year						
		1991年	1992年	1993年	1994年	1995年	1996年	1997年
國內生產總值	元	1 145	1 334	2 006	2 490	3 044	3 715	4 042
社會消費品零售額	元	433	534	632	774	926	1 025	1 141
城鄉居民年末儲蓄余額	元	—	—	—	—	1 254	1 661	1 969
城鎮居民生活費收入	元	1 529	2 076	2 653	3 452	4 085	4 976	5 558
城鎮居民消費性支出	元	1 428	1 704	2 186	2 844	3 448	4 007	4 537
農民人均純收入	元	573	618	675	803	1 011	1 229	1 376
農村居民消費性支出	元	501	536	625	765	981	1 209	1 318

注：本表統計口徑為當年價格。

6.2.60 1991－1997年雲南省人均經濟發展水平增長情况

(與上年比較)

項目 Item	單位 Unit	年份 Year						
		1991年	1992年	1993年	1994年	1995年	1996年	1997年
國内生産總值	%	—	16.51	50.37	24.13	22.25	22.04	8.80
社會消費品零售額	%	—	23.32	18.38	22.50	19.63	10.63	11.34
城鄉居民年末儲蓄余額	%	—	—	—	—	—	32.46	18.54
城鎮居民可支配收入	%	—	35.78	27.79	30.12	18.34	21.81	11.70
城鎮居民消費性支出	%	—	19.30	28.30	30.07	21.26	16.22	13.21
農民人均純收入	%	—	7.93	9.19	18.99	25.91	21.59	11.94
農村居民消費性支出	%	—	6.92	16.63	22.35	28.26	23.25	9.00

注:本表統計口徑為當年價格。

6.2.61 1991－1997年浙江省人均經濟發展水平

項目 Item	單位 Unit	年份 Year						
		1991年	1992年	1993年	1994年	1995年	1996年	1997年
國内生産總值	元	2 540	2 850	4 431	6 149	8 074	9 455	10 515
社會消費品零售額	元	961	1 166	1 580	2 376	3 232	3 683	3 962
城鄉居民年末儲蓄余額	元	—	—	—	—	3 152	4 193	5 186
城鎮居民可支配收入	元	1 950	2 619	3 626	5 066	6 221	6 956	7 359
城鎮居民消費性支出	元	1 806	2 154	2 856	4 079	5 263	5 764	6 170
農民人均純收入	元	1 211	1 359	1 746	2 225	2 966	3 463	3 684
農村居民消費性支出	元	1 027	1 112	1 262	1 680	2 378	2 702	2 839

注:本表統計口徑為當年價格。

6.2.62 1991－1997年浙江省人均經濟發展水平增長情况

(與上年比較)

項目 Item	單位 Unit	年份 Year						
		1991年	1992年	1993年	1994年	1995年	1996年	1997年
國内生産總值	%	—	12.20	55.47	38.77	31.31	17.10	11.21
社會消費品零售額	%	—	21.26	35.56	50.32	36.03	13.96	7.59
城鄉居民年末儲蓄余額	%	—	—	—	—	—	33.03	23.68
城鎮居民可支配收入	%	—	34.31	38.45	39.71	22.80	11.81	5.79
城鎮居民消費性支出	%	—	19.27	32.59	42.82	29.03	9.52	7.04
農民人均純收入	%	—	12.24	28.48	27.43	33.30	16.76	6.38
農村居民消費性支出	%	—	8.28	13.49	33.12	41.55	13.62	5.07

注:本表統計口徑為當年價格。

第三章　財政金融狀況

6.3.1　1997年全國金融機構存貸款余額

單位:億元(RMB 100 Million Yuan)

項目 Item / 地區 Region	金融機構各項存款余額			金融機構各項貸款余額		
	Banking Institutions Deposit Balance	其中:企業存款 Enterprise Deposit	城鄉居民存款 Saving Deposits of Urban and Rural Residents	Banking Institutions Loans Balance	其中:短期貸款 Short-Term Loans	中長期貸款 Long/Middle Term Loans
全　國	**82 390.30**	**28 656.30**	**46 279.80**	**74 914.10**	**55 418.30**	**15 468.70**
安　徽	1 704.04	515.74	1 036.55	1 906.17	1 451.74	322.39
北　京	4 956.76	2 921.15	1 770.91	2 544.47	1 835.35	552.47
重　慶	1 082.27	429.42	580.67	1 156.13	861.61	259.58
福　建	2 192.74	721.00	1 324.37	1 750.38	1 279.40	329.60
甘　肅	932.31	314.20	571.93	1 000.51	636.02	215.05
廣　東	6 991.44	2 666.49	—	5 140.17	4 439.13	694.27
廣　西	1 568.83	4 555.02	1 013.14	1 423.48	1 058.17	299.30
貴　州	713.00	256.95	362.87	761.88	544.28	169.13
海　南	742.00	274.84	362.61	755.94	442.54	149.06
河　北	2 591.11	780.30	—	2 372.15	—	—
黑龍江	2 409.50	661.10	1 689.70	2 524.40	2 119.30	362.00
河　南	3 271.76	861.43	2 243.00	3 320.89	—	493.16
湖　北	1 906.97	773.93	1 092.08	2 617.67	2 000.69	604.91
湖　南	1 769.97	509.08	1 224.68	2 123.00	1 667.21	341.63
遼　寧	4 066.80	1 106.90	2 727.40	4 182.20	3 126.30	780.00
吉　林	1 206.82	322.94	833.27	1 913.61	—	271.57
江　蘇	4 276.37	2 065.42	2 179.91	3 646.58	3 019.76	576.83
江　西	1 047.10	294.48	699.86	1 257.09	984.02	266.98
内蒙古	845.53	199.33	605.01	1 172.17	—	—
寧　夏	262.41	75.77	168.86	273.16	—	—
青　海	183.39	69.72	—	252.57	—	88.65
山　東	5 134.64	1 398.28	3 261.11	4 663.73	—	—
山　西	1 363.31	392.96	—	1 215.24	—	—
陜　西	1 704.28	556.89	1 122.02	1 620.84	1 199.08	361.50
上　海	5 561.00	2 780.63	2 729.57	3 722.30	3 071.43	564.91
四　川	1 952.00	760.39	—	2 364.95	1 608.33	732.81
天　津	1 635.00	638.88	863.36	1 502.91	1 136.48	298.81
西　藏	—	—	—	—	—	—
新　疆	1 069.57	401.39	676.13	1 125.96	806.68	236.17
雲　南	1 829.40	825.24	805.99	1 496.95	—	—
浙　江	4 297.00	1 587.63	2 293.55	3 273.73	2 643.19	415.04

6.3.2 1997年全國金融機構存貸款余額結構

單位:%

項目 Item / 地區 Region	金融機構各項存款余額 Banking Institutions Deposit Balance	其中:企業存款 Enterprise Deposit	城鄉居民存款 Saving Deposits of Urban and Rural Residents	金融機構各項貸款余額 Banking Institutions Loans Balance	其中:短期貸款 Short-Term Loans	中長期貸款 Long/Middle Term Loans
全　國	**100.00**	**34.78**	**56.17**	**100.00**	**73.98**	**20.65**
安　徽	100.00	30.27	60.83	100.00	76.16	16.91
北　京	100.00	58.93	35.73	100.00	72.13	21.71
重　慶	100.00	39.68	53.65	100.00	74.53	22.45
福　建	100.00	32.88	60.40	100.00	73.09	18.83
甘　肅	100.00	33.70	61.35	100.00	63.57	21.49
廣　東	100.00	38.14	—	100.00	86.36	13.51
廣　西	100.00	290.35	64.58	100.00	74.34	21.03
貴　州	100.00	36.04	50.89	100.00	71.44	22.20
海　南	100.00	37.04	48.87	100.00	58.54	19.72
河　北	100.00	30.11	—	100.00	—	—
黑龍江	100.00	27.44	70.13	100.00	83.95	14.34
河　南	100.00	26.33	68.56	100.00	—	14.85
湖　北	100.00	40.58	57.27	100.00	76.43	23.11
湖　南	100.00	28.76	69.19	100.00	78.53	16.09
遼　寧	100.00	27.22	67.07	100.00	74.75	18.65
吉　林	100.00	26.76	69.05	100.00	—	14.19
江　蘇	100.00	48.30	50.98	100.00	82.81	15.82
江　西	100.00	28.12	66.84	100.00	78.28	21.24
内蒙古	100.00	23.57	71.55	100.00	—	—
寧　夏	100.00	28.87	64.35	100.00	—	—
青　海	100.00	38.02	—	100.00	—	35.10
山　東	100.00	27.23	63.51	100.00	—	—
山　西	100.00	28.82	—	100.00	—	—
陝　西	100.00	32.68	65.84	100.00	73.98	22.30
上　海	100.00	50.00	49.08	100.00	82.51	15.18
四　川	100.00	38.95	—	100.00	68.01	30.99
天　津	100.00	39.08	52.80	100.00	75.62	19.88
西　藏	—	—	—	—	—	—
新　疆	100.00	37.53	63.22	100.00	71.64	20.97
雲　南	100.00	45.11	44.06	100.00		
浙　江	100.00	36.95	53.38	100.00	80.74	12.68

6.3.3 1997年安徽省主要城市財政金融指標

單位:億元(RMB 100 Million Yuan)

地 區 Region	城鄉居民年末儲蓄存款余額 Savings Deposits Balance In Urban and Rural Areas	財政收入(地方) Local Financial Revenue	財政支出(地方) Local Financial Expenditure	金融機構各項存款余額 Deposits of Financial Institution	金融機構各項貸款余額 Loans of Financial Institution
全 省	**1 036.55**	**235.04**	**207.24**	**1 704.04**	**1 906.17**
合肥市區	106.33	12.49	11.56	268.37	243.94
蕪湖市區	39.73	2.66	4.88	73.81	72.10
蚌埠市區	49.02	4.66	4.36	90.07	77.18
淮南市區	58.96	4.76	4.63	89.35	87.09
馬鞍山市區	29.35	7.12	4.81	65.87	64.27
淮北市區	34.68	3.55	3.82	57.64	54.15
銅陵市區	17.83	2.59	2.81	32.42	53.72
安慶市區	30.00	4.13	4.95	51.36	67.12
黄山市區	18.88	0.76	1.31	31.74	24.63
滁州市區	17.22	2.27	3.62	27.29	38.93
阜陽市區	38.56	3.08	5.96	55.97	49.57
宿州市區	31.09	1.87	2.08	42.75	47.57
六安市區	17.34	2.71	3.21	27.84	33.88
宣州市區	14.22	1.75	2.02	23.35	24.61
巢湖市區	16.32	2.18	2.52	25.39	29.01
貴池市區	11.04	1.18	1.40	17.09	17.50

6.3.4 1997年北京市財政金融指標

單位:億元(RMB 100 Million Yuan)

地　區 Region	城鄉居民年末儲蓄存款余額 Savings Deposits Balance In Urban and Rural Areas	財政收入(地方) Local Financial Revenue	財政支出(地方) Local Financial Expenditure	金融機構各項存款余額 Deposits of Financial Institution	金融機構各項貸款余額 Loans of Financial Institution
全　市	**1 771.00**	**209.91**	**262.20**	**4 957.00**	**2 544.00**
東城區	—	8.20	9.88	—	—
西城區	—	11.01	13.64	—	—
崇文區	—	3.51	3.89	—	—
宣武區	—	6.05	6.76	—	—
朝陽區	—	14.24	16.19	—	—
豐臺區	—	5.58	7.71	—	—
石景山區	—	2.22	4.21	—	—
海澱區	—	13.85	19.14	—	—
門頭溝區	—	2.02	3.70	—	—
房山區	—	4.39	5.22	—	—
昌平縣	—	1.68	3.77	—	—
順義縣	—	2.41	5.20	—	—
通　縣	—	1.91	3.71	—	—
大興縣	—	1.50	4.13	—	—
平谷縣	—	0.98	3.83	—	—
懷柔縣	—	4.20	5.64	—	—
密雲縣	—	2.48	4.55	—	—
延慶縣	—	1.09	3.54	—	—

6.3.5　1997年重慶市財政金融指標

單位：億元(RMB 100 Million Yuan)

地　區 Region	城鄉居民年末儲蓄存款余額 Savings Deposits Balance In Urban and Rural Areas	財政收入(地方) Local Financial Revenue	財政支出(地方) Local Financial Expenditure	金融機構各項存款余額 Deposits of Financial Institution	金融機構各項貸款余額 Loans of Financial Institution
全　市	**580.67**	**74.92**	**115.16**	**1082.27**	**1156.13**
重慶市區	258.9	45.57	64.6	494.31	529.12
江津市區	25.14	1.49	2.2	32.34	25.94
合川市區	26.71	1.32	1.85	32.42	22.32
永川市區	17.22	1.03	1.61	22.88	22.52
萬縣市區	50.87	2.85	5.11	28.45	45.63
涪陵市區	21.48	3.4	5.76	44.05	51.17

6.3.6　1997年甘肅省主要城市財政金融指標

單位：億元(RMB 100 Million Yuan)

地　區 Region	城鄉居民年末儲蓄存款余額 Savings Deposits Balance In Urban and Rural Areas	財政收入(地方) Local Financial Revenue	財政支出(地方) Local Financial Expenditure	金融機構各項存款余額 Deposits of Financial Institution	金融機構各項貸款余額 Loans of Financial Institution
全　省	**571.93**	**46.91**	**106.72**	**932.31**	**1000.51**
蘭州市區	182.95	12.53	13.2	387.59	398.26
金昌市區	16.51	1.56	2.48	24.99	42.22
天水市區	30.55	1.71	3.81	43.88	37.36
白銀市區	27.54	2.03	2.7	43.75	66.5

6.3.7 1997年福建省主要城市財政金融指標

單位:億元(RMB 100 Million Yuan)

地 區 Region	城鄉居民年末儲蓄存款余額 Savings Deposits Balance In Urban and Rural Areas	財政收入(地方) Local Financial Revenue	財政支出(地方) Local Financial Expenditure	金融機構各項存款余額 Deposits of Financial Institution	金融機構各項貸款余額 Loans of Financial Institution
全 省	**1 324.37**	**162.91**	**224.36**	**2 192.74**	**1 750.38**
福州市區	263.95	24.05	22.47	567.93	506.98
厦門市區	178.35	28.8	33.04	400.62	352.34
莆田市區	35.05	2.62	3.22	48.81	35.57
三明市區	27.34	2.76	4.05	42.72	39.53
泉州市區	68.24	7.78	8.63	111.19	80.72
漳州市區	36.43	5.76	6	51.78	42.91
南平市區	25.54	2.65	3.7	40.9	35.08
龍岩市區	24.8	3.71	5.63	39.63	35.04
晉江市區	71.35	4.3	3.88	91.24	46.2
福清市區	48.14	3.79	3.46	57.33	34.91
南安市區	57.81	3.17	3.15	70.47	38.77
長樂市區	15.33	1.85	1.91	23.64	12.18

6.3.8　1997年廣東省主要城市財政金融指標

單位：億元(RMB 100 Million Yuan)

地　區 Region	城鄉居民年末儲蓄存款余額 Savings Deposits Balance In Urban and Rural Areas	財政收入(地方) Local Financial Revenue	財政支出(地方) Local Financial Expenditure	金融機構各項存款余額 Deposits of Financial Institution	金融機構各項貸款余額 Loans of Financial Institution
全　省	**5504.50**	**543.95**	**682.66**	**6991.44**	**5140.17**
廣州市	1238.49	83.86	118.37	—	—
深圳市	707.67	144.77	142.70	—	—
珠海市	—	14.82	19.92	—	—
汕頭市	167.10	16.77	16.44	—	—
韶關市	58.23	2.70	5.91	—	—
河源市	22.80	0.53	3.08	—	—
梅州市	12.72	2.15	3.93	—	—
惠州市	74.97	2.98	6.11	—	—
汕尾市	14.88	1.36	2.64	—	—
東莞市	425.82	11.41	14.37	—	—
中山市	281.56	9.49	11.25	—	—
江門市	90.93	4.90	7.06	—	—
佛山市	175.86	9.48	14.06	—	—
陽江市	35.84	1.41	3.13	—	—
湛江市	124.97	5.55	12.59	—	—
茂名市	58.36	4.15	5.77	—	—
肇慶市	58.52	2.82	5.08	—	—
清遠市	38.59	0.88	2.58	—	—
潮州市	37.08	2.13	3.41	—	—
揭陽市	30.74	2.35	4.29	—	—
雲浮市	18.92	0.88	2.52	—	—

6.3.9 1997年廣西壯族自治區主要城市財政金融指標

單位:億元(RMB 100 Million Yuan)

地　區 Region	城鄉居民年末儲蓄存款余額 Savings Deposits Balance In Urban and Rural Areas	財政收入(地方) Local Financial Revenue	財政支出(地方) Local Financial Expenditure	金融機構各項存款余額 Deposits of Financial Institution	金融機構各項貸款余額 Loans of Financial Institution
全　區	**1 013.14**	**99.16**	**170.83**	**1 568.83**	**1 423.48**
南寧市	140.87	8.59	8.18	—	—
柳州市	100.43	5.67	6.64	—	—
桂林市	75.89	5.30	6.05	—	—
梧州市	31.66	3.59	4.04	—	—
北海市	43.41	4.19	4.06	—	—
防城港市	19.33	1.99	2.85	—	—
欽州市	21.62	2.00	2.99	—	—
貴港市	23.34	1.99	2.50	—	—

6.3.10 1997年貴州省主要城市財政金融指標

單位:億元(RMB 100 Million Yuan)

地　區 Region	城鄉居民年末儲蓄存款余額 Savings Deposits Balance In Urban and Rural Areas	財政收入(地方) Local Financial Revenue	財政支出(地方) Local Financial Expenditure	金融機構各項存款余額 Deposits of Financial Institution	金融機構各項貸款余額 Loans of Financial Institution
全　省	**362.87**	**57.87**	**113.79**	**712.80**	**761.88**
貴陽市區	—	3.43	4.17	—	—
六盤水市區	—	0.35	0.50	—	—
遵義市區	—	1.46	2.42	—	—
安順市區	—	0.85	1.09	—	—

6.3.11　1997 年海南省主要城市財政金融指標

單位：億元(RMB 100 Million Yuan)

地　區 Region	城鄉居民年末儲蓄存款余額 Savings Deposits Balance In Urban and Rural Areas	財政收入(地方) Local Financial Revenue	財政支出(地方) Local Financial Expenditure	金融機構各項存款余額 Deposits of Financial Institution	金融機構各項貸款余額 Loans of Financial Institution
全　省	**362.61**	**31.65**	**48.48**	**742.69**	**758.09**
海口市區	164.86	5.81	8.44	246.39	287.28
三亞市區	22.09	2.2	2.45	27.19	34.6

6.3.12　1997 年寧夏回族自治區主要城市財政金融指標

單位：億元(RMB 100 Million Yuan)

地　區 Region	城鄉居民年末儲蓄存款余額 Savings Deposits Balance In Urban and Rural Areas	財政收入(地方) Local Financial Revenue	財政支出(地方) Local Financial Expenditure	金融機構各項存款余額 Deposits of Financial Institution	金融機構各項貸款余額 Loans of Financial Institution
全　省	**168.86**	**14.07**	**33.63**	**262.41**	**273.16**
銀川市區	—	3.69	4.18	—	—
石嘴山市區	—	1.35	1.67	—	—

6.3.13　1997 年青海省主要城市財政金融指標

單位：億元(RMB 100 Million Yuan)

地　區 Region	城鄉居民年末儲蓄存款余額 Savings Deposits Balance In Urban and Rural Areas	財政收入(地方) Local Financial Revenue	財政支出(地方) Local Financial Expenditure	金融機構各項存款余額 Deposits of Financial Institution	金融機構各項貸款余額 Loans of Financial Institution
全　省	**113.14**	**10.92**	**36.47**	**204.23**	**261.61**
西寧市區	55.03	3.13	3.7	98.9	142.84

6.3.14 1997年河北省主要城市財政金融指標

單位:億元(RMB 100 Million Yuan)

地 區 Region	城鄉居民年末儲蓄存款余額 Savings Deposits Balance In Urban and Rural Areas	財政收入(地方) Local Financial Revenue	財政支出(地方) Local Financial Expenditure	金融機構各項存款余額 Deposits of Financial Institution	金融機構各項貸款余額 Loans of Financial Institution
全 省	**2 712.98**	**72.06**	**88.07**	**1 617.90**	**1 386.11**
石家莊市區	216.91	14.10	14.95	486.13	320.75
唐山市區	135.93	12.79	15.20	239.47	245.87
秦皇島市區	101.26	9.34	11.04	206.53	160.89
邯鄲市區	80.22	7.20	8.43	113.80	97.78
邢臺市區	51.18	6.73	6.28	78.52	80.81
保定市區	77.10	6.78	7.91	125.35	112.60
張家口市區	66.52	4.96	7.72	95.45	118.65
承德市區	42.00	2.25	4.27	63.00	79.00
廊坊市區	42.97	2.81	4.78	80.15	46.65
滄州市區	44.85	3.11	3.80	70.23	69.08
衡水市區	42.21	1.94	3.71	59.27	54.04

6.3.15 1997年黑龍江省主要城市財政金融指標

單位:億元(RMB 100 Million Yuan)

地 區 Region	城鄉居民年末儲蓄存款余額 Savings Deposits Balance In Urban and Rural Areas	財政收入(地方) Local Financial Revenue	財政支出(地方) Local Financial Expenditure	金融機構各項存款余額 Deposits of Financial Institution	金融機構各項貸款余額 Loans of Financial Institution
全 省	**1 689.70**	**150.60**	**233.60**	**2 409.50**	**2 524.40**
哈爾濱市區	365.20	25.35	33.28	569.80	424.60
齊齊哈爾市區	99.80	4.90	7.80	131.30	134.80
鷄西市區	51.90	2.30	3.80	59.96	55.62
鶴崗市區	35.80	1.30	2.84	44.34	62.87
雙鴨山市區	12.70	2.00	2.39	15.93	25.67
大慶市區	185.20	14.10	15.00	332.20	145.30
伊春市區	52.50	1.31	2.12	58.09	55.61
佳木斯市區	72.50	2.10	4.10	88.23	102.36
七臺河市區	26.20	1.00	1.90	33.70	30.40
牡丹江市區	83.30	4.14	6.63	104.10	101.60
黑河市區	14.50	0.60	2.10	18.00	25.52

6.3.16 1997年河南省主要城市財政金融指標

單位:億元(RMB 100 Million Yuan)

地 區 Region	城鄉居民年末儲蓄存款余額 Savings Deposits Balance In Urban and Rural Areas	財政收入(地方) Local Financial Revenue	財政支出(地方) Local Financial Expenditure	金融機構各項存款余額 Deposits of Financial Institution	金融機構各項貸款余額 Loans of Financial Institution
全 省	**2 243.00**	**185.73**	**284.37**	**3 271.76**	**3 320.89**
鄭州市區	230.15	18.03	18.18	724.91	606.46
開封市區	49.08	4.64	4.75	125.24	145.65
洛陽市區	120.71	10.79	11.16	314.82	288.55
平頂山市區	52.89	5.67	7.32	143.74	149.25
安陽市區	61.42	4.39	7.00	225.94	183.91
鶴壁市區	25.25	1.60	2.92	55.11	62.52
新鄉市區	63.88	12.58	10.94	205.03	178.51
焦作市區	43.32	4.31	6.26	149.05	143.47
濮陽市區	49.40	3.98	5.19	132.03	135.92
許昌市區	24.14	2.74	3.33	109.86	104.12
漯河市區	31.97	2.10	3.05	86.15	102.39
三門峽市區	20.81	1.88	3.43	105.74	115.07
南洋市區	47.18	3.39	4.79	236.45	267.12

6.3.17　1997年湖北省主要城市財政金融指標

單位：億元(RMB 100 Million Yuan)

地　區 Region	城鄉居民年末儲蓄存款余額 Savings Deposits Balance In Urban and Rural Areas	財政收入（地方） Local Financial Revenue	財政支出（地方） Local Financial Expenditure	金融機構各項存款余額 Deposits of Financial Institution	金融機構各項貸款余額 Loans of Financial Institution
全　省	**1 092.00**	**139.89**	**223.70**	**1 906.97**	**2 617.67**
武　漢	403.36	37.41	44.39	1 035.71	970.80
黄石市區	59.88	4.64	6.28	84.26	109.44
十堰市區	78.72	5.64	10.27	124.97	154.89
荆州市區	116.43	8.15	13.01	153.03	233.34
宜昌市區	114.64	10.69	16.53	210.82	266.01
襄樊市區	144.13	10.44	14.44	193.29	234.34
鄂州市區	34.12	2.26	3.24	42.40	64.82
荆門市區	72.48	6.30	8.01	96.86	125.78
孝感市區	95.92	6.33	10.65	121.99	182.40
隨州市區	26.52	3.70	4.33	30.57	43.44
仙桃市區	29.85	3.35	3.71	33.79	46.02
天門市區	23.08	3.20	3.33	26.42	41.91
潜江市區	39.90	3.17	3.76	47.23	57.40

6.3.18 1997年湖南省主要城市財政金融指標

單位:億元(RMB 100 Million Yuan)

地 區 Region	城鄉居民年末儲蓄存款余額 Savings Deposits Balance In Urban and Rural Areas	財政收入(地方) Local Financial Revenue	財政支出(地方) Local Financial Expenditure	金融機構各項存款余額 Deposits of Financial Institution	金融機構各項貸款余額 Loans of Financial Institution
全 省	**1 255.28**	**137.16**	**230.82**	**1 769.97**	**2 123.00**
長沙市	—	25.64	28.07	—	—
株洲市	—	10.56	13.10	—	—
湘潭市	—	5.18	6.69	—	—
衡陽市	—	10.22	13.98	—	—
邵陽市	—	8.52	12.94	—	—
岳陽市	—	9.34	13.66	—	—
益陽市	—	4.98	8.61	—	—
常德市	—	9.99	14.28	—	—
郴州市	—	9.83	12.89	—	—
永州市	—	7.21	11.16	—	—
懷化地區	—	7.61	11.58	—	—
張家界市	—	2.48	4.68	—	—

6.3.19 1997年遼寧省主要城市財政金融指標

單位:億元(RMB 100 Million Yuan)

地 區 Region	城鄉居民年末儲蓄存款余額 Savings Deposits Balance in Urban and Rural Areas	財政收入(地方) Local Financial Revenue	財政支出(地方) Local Financial Expenditure	金融機構各項存款余額 Deposits of Financial Institution	金融機構各項貸款余額 Loans of Financial Institution
全 省	**2 727.40**	**2 282.00**	**3 406.00**	**4 066.80**	**4 182.20**
沈陽市區	689.08	47.90	60.45	1 066.14	998.83
大連市區	607.70	59.02	73.74	1001.46	914.36
鞍山市區	223.61	19.32	28.77	313.55	333.95
撫順市區	146.81	21.90	19.36	214.92	201.60
本溪市區	105.74	10.87	14.16	134.11	151.03
丹東市區	144.53	8.18	12.93	176.57	169.51
錦州市區	147.41	9.08	14.44	187.90	190.14
營口市區	108.00	6.89	10.52	138.13	161.34
阜新市區	64.41	3.81	10.18	86.31	104.35
遼陽市區	76.66	7.61	11.28	121.40	154.10
盤錦市區	108.51	8.00	12.60	148.45	124.18
鐵嶺市區	88.60	6.20	12.30	114.00	150.40
朝陽市區	78.70	5.26	13.31	96.44	136.45
葫蘆島市區	111.68	7.09	11.65	144.70	177.78

6.3.20 1997年吉林省主要城市財政金融指標

單位:億元(RMB 100 Million Yuan)

地 區 Region	城鄉居民年末儲蓄存款余額 Savings Deposits Balance in Urban and Rural Areas	財政收入(地方) Local Financial Revenue	財政支出(地方) Local Financial Expenditure	金融機構各項存款余額 Deposits of Financial Institution	金融機構各項貸款余額 Loans of Financial Institution
全 省	**1 071.33**	**82.85**	**167.75**	**1 206.82**	**1 913.61**
長春市區	314.71	20.32	26.82	457.40	451.15
吉林市區	140.43	13.06	14.21	187.76	220.54
四平市區	42.41	2.19	3.97	53.58	77.05
遼源市區	23.80	1.11	1.97	28.59	39.62
通化市區	30.68	1.79	3.45	39.25	53.88
白山市區	25.91	1.66	2.43	32.30	41.80
松原市區	17.37	2.27	2.32	9.20	3.90
白城市區	18.40	0.98	2.78	24.44	35.31
延吉市區	42.36	2.03	2.71	55.00	64.41
榆樹市區	17.69	1.27	2.27	19.96	53.44
公主嶺市區	22.91	1.29	2.01	27.37	49.30
德惠市區	20.72	1.07	1.94	24.17	46.72
九臺市區	14.58	0.97	1.75	17.18	33.17
磐石市區	12.04	0.77	1.32	14.00	22.10

6.3.21 1997年江蘇省主要城市財政金融指標

單位:億元(RMB 100 Million Yuan)

地 區 Region	城鄉居民年末 儲蓄存款余額 Savings Deposits Balance in Urban and Rural Areas	財政收入 (地方) Local Financial Revenue	財政支出 (地方) Local Financial Expenditure	金融機構各 項存款余額 Deposits of Financial Institution	金融機構各 項貸款余額 Loans of Financial Institution
全 省	**2 180.00**	**273.2**	**379.5**	**4 276.37**	**3 646.58**
南京市區	351.03	85.98	44.59	329.5	719.42
無錫市區	127.38	33.31	15.09	190.54	251.95
徐州市區	93.86	22.16	10.32	210.82	167.28
常州市區	90.59	22.68	9.65	274.41	168.54
蘇州市區	111.13	23.27	14	162.14	206.45
南通市區	74.86	13.28	7.66	81.51	119.84
連雲港市區	41.17	8.27	7.06	54.58	78.99
淮陰市區	25.94	9.15	4.16	64.05	62.08
鹽城市區	24.66	5.55	4.75	104.6	67.95
揚州市區	46.35	7.22	5.51	87.97	86.65
鎮江市區	38.71	8.84	5.26	76.48	95.2
泰州市區	24.79	11.02	7.43	19.24	52.01
宿遷市區	9.89	0.96	2.88	139.9	20.48

6.3.22 1997年江西省主要城市財政金融指標

單位:億元(RMB 100 Million Yuan)

地 區 Region	城鄉居民年末儲蓄存款余額 Savings Deposits Balance in Urban and Rural Areas	財政收入(地方) Local Financial Revenue	財政支出(地方) Local Financial Expenditure	金融機構各項存款余額 Deposits of Financial Institution	金融機構各項貸款余額 Loans of Financial Institution
全 省	**928.24**	**88.44**	**150.16**	**1 378.16**	**1 477.58**
南昌市區	179.07	11.02	9.54	294.26	234.43
景德鎮市區	25.85	2.01	3.01	35.29	47.58
萍鄉市區	36.94	3.41	4.37	44.46	48.96
九江市區	42.39	4.11	5.54	68.09	88.49
新余市區	33.39	2.55	3.19	40.27	52.14
鷹潭市區	12.62	0.76	1.70	19.78	18.24
贛州市區	20.72	1.96	1.86	43.51	44.66
宜春市區	17.19	1.41	1.82	22.76	21.91
豐城市區	17.56	2.53	1.98	30.09	21.77
臨川市區	2.44	1.84	1.92	3.12	29.98
上饒市區	14.20	1.48	1.48	19.78	19.03
吉安市區	18.87	1.16	0.93	27.03	27.45

注:年鑒上城市含下轄市縣,但有些項目無,所以采用報表數據。

6.3.23　1997年内蒙古自治區主要城市財政金融指標

單位:億元(RMB 100 Million Yuan)

地　區 Region	城鄉居民年末儲蓄存款余額 Savings Deposits Balance in Urban and Rural Areas	財政收入(地方) Local Financial Revenue	財政支出(地方) Local Financial Expenditure	金融機構各項存款余額 Deposits of Financial Institution	金融機構各項貸款余額 Loans of Financial Institution
全　省	**605.01**	**73.18**	**142.91**	**845.53**	**1 172.17**
呼和浩特市區	99.70	15.42	12.80	158.77	132.82
包頭市區	115.04	24.32	16.53	159.16	159.87
烏海市區	—	2.89	2.90	24.57	22.86
赤峰市區	—	11.88	15.16	95.66	151.98
集寧市區	15.75	0.55	0.73	—	—
通遼市區	16.11	2.03	1.99	—	—
海拉爾市區	17.81	0.90	1.28	—	—
烏蘭浩特市區	6.89	0.51	1.44	—	—
根河市區	8.56	0.62	0.68	—	—
臨河市區	20.05	1.01	1.41	—	—
牙克石市區	16.71	0.85	1.10	—	—

6.3.24 1997年山東省主要城市財政金融指標

單位:億元(RMB 100 Million Yuan)

地 區 Region	城鄉居民年末儲蓄存款余額 Savings Deposits Balance in Urban and Rural Areas	財政收入(地方) Local Financial Revenue	財政支出(地方) Local Financial Expenditure	金融機構各項存款余額 Deposits of Financial Institution	金融機構各項貸款余額 Loans of Financial Institution
全 省	**3 261.11**	**304.42**	**423.33**	**5 134.64**	**4 663.73**
濟南市區	—	29.86	36.42	—	—
青島市區	—	44.57	53.31	—	—
淄博市區	176.47	10.02	9.03	268.18	243.19
棗莊市區	—	8.4	12.45	—	—
東營市區	—	8.06	10.86	—	—
烟臺市區	—	22.27	28.02	—	—
威海市區	—	13.42	17.24	—	—
濰坊市區	—	25.6	30.88	—	—
濟寧市區	—	18.02	26.13	—	—
泰安市區	—	12.04	19.92	—	—
日照市區	—	5.56	7.81	—	—
萊蕪市區	—	2.72	4.36	—	—
濱州市區	—	5.96	10.39	—	—
德州市區	—	9.01	14.49	—	—
聊城市區	—	8.16	14.13	—	—
臨沂市區	—	15.32	24.58	—	—
荷澤市區	—	7.37	16.06	—	—

6.3.25 1997年山西省主要城市財政金融指標

單位:億元(RMB 100 Million Yuan)

地 區 Region	城鄉居民年末儲蓄存款余額 Savings Deposits Balance in Urban and Rural Areas	財政收入(地方) Local Financial Revenue	財政支出(地方) Local Financial Expenditure	金融機構各項存款余額 Deposits of Financial Institution	金融機構各項貸款余額 Loans of Financial Institution
全 省	**1 236.8**	**92.81**	**143.51**	**1 792.36**	**1 524.98**
太原市區	269.5	15.36	15.57	—	—
大同市區	111.09	6.21	7.07	—	—
陽泉市區	37.53	3.16	3.83	—	—
長治市區	47.88	3.28	5.06	—	—
晉城市區	23.15	1.96	2.7	—	—
朔州市區	17.14	2.05	2.89	—	—

6.3.26 1997年陝西省主要城市財政金融指標

單位:億元(RMB 100 Million Yuan)

地 區 Region	城鄉居民年末儲蓄存款余額 Savings Deposits Balance in Urban and Rural Areas	財政收入(地方) Local Financial Revenue	財政支出(地方) Local Financial Expenditure	金融機構各項存款余額 Deposits of Financial Institution	金融機構各項貸款余額 Loans of Financial Institution
全 省	**1 090.43**	**140.05**	**144.53**	**1 704.28**	**1 620.84**
西安市區	373.92	26.81	25.00	428.04	226.81
銅川市區	17.53	0.64	1.62	34.06	7.98
寶鷄市區	46.14	1.89	2.88	87.49	21.71
咸陽市區	46.71	1.67	1.85	97.05	21.27
渭南市區	12.03	0.73	0.87	25.27	7.01
延安市區	16.07	0.50	1.00	17.03	3.08
漢中市區	20.88	1.10	1.36	30.83	14.16

6.3.27 1997年上海市財政金融指標

單位:億元(RMB 100 Million Yuan)

地 區 Region	城鄉居民年末儲蓄存款余額 Savings Deposits Balance in Urban and Rural Areas	財政收入(地方) Local Financial Revenue	財政支出(地方) Local Financial Expenditure	金融機構各項存款余額 Deposits of Financial Institution	金融機構各項貸款余額 Loans of Financial Institution
全 省	**2 729.57**	**352.33**	**428.92**	**5 560.65**	**3 722.30**
黄浦區	—	12.36	10.85	—	—
南市區	—	6.40	6.99	—	—
浦東新區	—	40.34	50.77	—	—
盧灣區	—	7.36	7.18	—	—
徐匯區	—	11.25	11.96	—	—
閔行區	—	13.15	13.98	—	—
静安區	—	8.90	8.87	—	—
普陀區	—	8.12	9.72	—	—
長寧區	—	10.12	10.94	—	—
嘉定區	—	8.34	10.14	—	—
虹口區	—	10.32	10.90	—	—
楊浦區	—	8.95	10.40	—	—
閘北區	—	8.25	9.23	—	—
寶山區	—	10.98	11.51	—	—
金山縣	—	3.89	7.81	—	—
松江縣	—	6.05	6.93	—	—
青浦縣	—	7.03	7.92	—	—
南匯縣	—	4.90	5.45	—	—
奉賢縣	—	4.70	5.31	—	—
崇明縣	—	4.68	6.90	—	—

6.3.28 1997年四川省主要城市財政金融指標

單位:億元(RMB 100 Million Yuan)

地　區 Region	城鄉居民年末儲蓄存款余額 Savings Deposits Balance in Urban and Rural Areas	財政收入(地方) Local Financial Revenue	財政支出(地方) Local Financial Expenditure	金融機構各項存款余額 Deposits of Financial Institution	金融機構各項貸款余額 Loans of Financial Institution
全　省	**1 548.32**	**172.90**	**275.10**	**1 952.15**	**2 364.95**
成都市區	515.10	42.21	49.63	—	—
自貢市區	50.48	7.76	7.16	—	—
攀枝花市區	54.72	9.43	12.43	—	—
瀘州市區	70.32	7.72	10.11	—	—
德陽市區	77.04	9.27	13.20	—	—
綿陽市區	94.99	13.02	18.03	—	—
廣元市區	38.11	3.40	6.52	—	—
遂寧市區	51.02	5.11	7.25	—	—
内江市區	120.34	9.60	13.22	—	—
樂山市區	73.58	6.11	8.72	—	—
南充市區	118.14	5.83	11.22	—	—
宜賓市區	61.98	8.26	12.18	—	—

6.3.29 1997年天津市財政金融指標

單位:億元(RMB 100 Million Yuan)

地　區 Region	城鄉居民年末儲蓄存款余額 Savings Deposits Balance in Urban and Rural Areas	財政收入(地方) Local Financial Revenue	財政支出(地方) Local Financial Expenditure	金融機構各項存款余額 Deposits of Financial Institution	金融機構各項貸款余額 Loans of Financial Institution
全　市	**863.36**	**89.91**	**122.78**	**1 634.95**	**1 502.91**
和平區	—	2.87	2.96	—	—
和東區	—	1.42	2.28	—	—
河西區	—	1.50	2.48	—	—
南開區	—	1.54	2.71	—	—
河北區	—	1.47	2.37	—	—
紅橋區	—	0.88	1.82	—	—
塘沽區	—	2.92	4.15	—	—
漢沽區	—	0.78	1.28	—	—
大港區	—	1.88	2.36	—	—
東麗區	—	2.18	2.20	—	—
西青區	—	1.82	1.91	—	—
津南區	—	1.54	1.65	—	—
北辰區	—	1.68	1.72	—	—
寧河縣	—	1.00	1.53	—	—
武清縣	—	1.90	2.36	—	—
静海縣	—	1.70	2.24	—	—
寶坻縣	—	2.06	2.73	—	—
薊　縣	—	1.34	2.09	—	—

6.3.30　1997年新疆維吾爾自治區主要城市財政金融指標

單位：億元(RMB 100 Million Yuan)

地　區 Region	城鄉居民年末儲蓄存款余額 Savings Deposits Balance in Urban and Rural Areas	財政收入(地方) Local Financial Revenue	財政支出(地方) Local Financial Expenditure	金融機構各項存款余額 Deposits of Financial Institution	金融機構各項貸款余額 Loans of Financial Institution
全　省	**676.13**	**57.62**	**126.82**	**1 149.13**	**1 215.39**
烏魯木齊市區	176.07	19.77	16.58	383.13	338.74
克拉瑪依市區	39.60	4.62	4.55	76.01	70.65
石河子市區	25.52	1.63	1.78	33.31	39.71

6.3.31　1997年雲南省主要城市財政金融指標

單位：億元(RMB 100 Million Yuan)

地　區 Region	城鄉居民年末儲蓄存款余額 Savings Deposits Balance in Urban and Rural Areas	財政收入(地方) Local Financial Revenue	財政支出(地方) Local Financial Expenditure	金融機構各項存款余額 Deposits of Financial Institution	金融機構各項貸款余額 Loans of Financial Institution
全　省	—	**31.77**	**39.29**	**557.56**	**443.61**
昆明市	—	26.36	32.73	473.88	364.82
個舊市	—	—	—	—	—
曲靖市	—	5.03	5.05	76.12	72.39
大理市	—	—	—	—	—

6.3.32 1997年浙江省主要城市財政金融指標

單位：億元(RMB 100 Million Yuan)

地 區 Region	城鄉居民年末儲蓄存款余額 Savings Deposits Balance in Urban and Rural Areas	財政收入(地方) Local Financial Revenue	財政支出(地方) Local Financial Expenditure	金融機構各項存款余額 Deposits of Financial Institution	金融機構各項貸款余額 Loans of Financial Institution
全 省	**2 294.00**	**166.00**	**249.00**	**4 297.00**	**3 274.00**
杭州市區	329.00	20.00	20.00	883.00	677.00
寧波市區	162.00	24.00	35.00	412.00	355.00
温州市區	134.00	11.00	8.00	288.00	168.00
嘉興市區	61.00	3.00	3.40	112.00	86.00
湖州市區	55.00	2.70	3.50	91.00	88.00
紹興市區	46.00	3.40	3.60	95.00	86.00
金華市區	28.00	1.40	2.40	58.00	68.00
衢州市區	22.00	1.00	1.90	40.00	40.00
舟山市區	44.00	2.20	4.40	71.00	55.00
臺州市區	58.00	5.70	7.80	123.00	83.00
蕭山市區	84.00	4.40	5.20	125.00	90.00
余姚市區	40.00	3.00	3.20	63.00	43.00
慈溪市區	56.00	3.00	3.30	80.00	47.00
諸暨市區	37.00	1.90	2.30	52.00	39.00
上虞市區	48.00	1.40	2.10	61.00	47.00
瑞安市區	36.00	2.70	3.60	63.00	33.00
温嶺市區	29.00	2.70	3.20	47.00	27.00

第四章　全國及各省市基礎設施狀況和對外經濟合作及貿易發展狀況

6.4.1　1997年全國及各省市基礎設施狀況

項目 Item / 地區 Region	鐵路營業里程 Total Railways in Operation (km)（公里）	公路通車里程 Length of Highways (km)（公里）	內河航道里程 Length of Navigable Inland Waterways (km)（公里）	民航通航里程 Length of Civil Aviation Routes (km)（公里）	貨物運輸周轉量 Freight Ton-Kilometers (100 million ton-km)（億噸公里）	旅客運輸周轉量 Passenger-Kilometers (100 million passenger-km)（億人公里）
全　國	**57 566**	**1 226 405**	**109 827**	**1 425 000**	**38 212**	**10 019**
安　徽	1 836	37 481	5 612	37 130	908.63	397.17
北　京	1 069	12 306	—	—	312.74	215.42
重　慶	554	27 045	1 754	52 315	360.53	238.84
福　建	1 068	47 680	3 725	189 778	618.09	327.91
甘　肅	2 322	35 594	219	2 166	448.11	158.36
廣　東	782	91 862	10 808	463 953	3 204.70	601.97
廣　西	1 973	45 378	4 521	130 237	642.30	378.18
貴　州	1 639	33 211	1 899	—	355.11	268.69
海　南	214	15 246	414	152 068	289.28	111.17
河　北	4 129.80	56 009	75	—	2 063.13	514.21
黑龍江	4 948	49 631	—	1 256	1 006.40	336.70
河　南	2 355	55 015	1 104	50 282	1 547.18	620.28
湖　北	2 011	50 779	7 253	113 184	725.34	282.53
湖　南	2 269	59 761	10 050	—	998.64	592.16
遼　寧	3 569	44 041	508	179 369	1 846.69	460.91
吉　林	3 479	33 075	1 271	76 344	520.70	176.09
江　蘇	750	27 102	23 833	—	1 453.75	701.51
江　西	2 125	35 234	4 937	—	549.55	304.88
內蒙古	5 078	49 992	802	66 532	881.49	180.27
寧　夏	712	9 048	395	8 683	156.32	36.36
青　海	1 095	17 640	—	14 700	76.06	22.05
山　東	2 351	59 260	1 414	—	1 260.93	400.60
山　西	2 504	44 043	170	—	773.32	183.55
陜　西	1 938	41 202	998	187 992	537.27	307.25
上　海	244	3 961	2 100	—	4 016	6 057
四　川	2 327	76 066	6 089	—	692	566
天　津	526	4 287	90	—	1 031.20	79.21
西　藏	—	22 455	—	—	—	—
新　疆	1 341	32 053	—	123 664	541.40	233.39
雲　南	1 897	73 821	1 324	89 781	384.94	172.37
浙　江	942	36 127	10 592	147 922	914.54	529.79

6.4.1 1997年全國及各省市基礎設施狀況（續）

項目 Item / 地區 Region	郵電業務總量（億元） Business Volume of Post and Telecommunications (100 million Yuan)	市内電話用户（户） Local(Urban) Telephone Subscribers at Year-end (subscribers)	其中住宅電話用户（户） Of Which: Residential Telephone Subscribers (subscribers)	無綫電尋呼用户（户） Number of Subscribers of Paging Service at Year-end (subscribers)	移動電話用户（户） Number of Mobile Telephones Subscribers at Year-end (subscribers)	農村電話用户（户） Number of Rural Telephones Subscribers at Year-end (subscribers)
全 國	**1 773.29**	**52 444 000**	**40 571 583**	**29 690 000**	**13 232 876**	**17 866 341**
安 徽	41.10	1 612 477	1 330 176	1 372 852	283 038	552 034
北 京	93.01	—	—	—	—	2 512 032
重 慶	23.35	961 438	630 434	468 444	191 494	173 403
福 建	92.60	1 788 600	—	2 850 000	770 000	1 066 500
甘 肅	14.16	672 876	494 494	186 288	58 945	—
廣 東	330.38	5 200 000	—	—	—	3 140 000
廣 西	38.13	1 137 618	—	—	—	229 638
貴 州	13.15	510 237	385 519	371 588	68 721	54 000
海 南	16.13	326 007	208 618	460 038	131 029	60 888
河 北	63.42	2 356 302	—	—	—	932 078
黑龍江	58.18	2 382 000	2 020 972	1 210 000	629 162	395 000
河 南	64.31	2 300 688	—	1 317 551	480 230	624 771
湖 北	60.14	3 406 885	—	1 514 971	—	—
湖 南	52.24	1 996 000	—	—	—	662 600
遼 寧	88.35	3 097 000	2 457 000	2 680 000	672 000	846 000
吉 林	37.51	1 974 400	1 640 800	907 600	311 300	—
江 蘇	132.52	3 364 700	2 702 100	2 987 900	880 229	2 573 586
江 西	27.56	1 126 255	913 392	815 835	191 861	307 050
内蒙古	17.40	1 056 000	816 000	—	—	—
寧 夏	4.56	267 477	206 841	—	—	—
青 海	3.27	170 900	127 966	41 247	14 108	4 700
山 東	95.74	2 835 000	—	—	—	1 286 000
山 西	27.52	1 058 000	—	—	—	158 000
陝 西	27.85	1 174 607	—	840 598	199 000	237 720
上 海	102.01	3 733 100	2 789 600	2 759 000	750 000	—
四 川	50.62	1 768 507	1 321 477	1 370 000	3 760 000	330 384
天 津	34.28	1 350 900	1 055 900	433 875	265 317	—
西 藏	—	—	—	—	—	—
新 疆	17.16	947 760	540 166	317 000	75 000	2 320
雲 南	29.84	1 029 841	—	—	—	202 001
浙 江	112.97	2 392 544	—	3 920 000	940 000	1 631 650

6.4.2 1997年全國及各省市涉外經濟發展規模

單位：億美元，USD 100 million

項目 Item / 地區 Region	進出口總值 Total Imports & Exports	出口值 Total Exports	進口值 Total Imports	進出口貿易差額 Balance	簽定利用外資協議金額 Total Amount of Foreign Capital to Be Utilized Through the Signed	實際利用外資金額 Total Amount of Foreign Capital Actually Used	其中外商直接投資 Of Which: Foreign Direct Investment
全　國	**3 250.57**	**1 826.97**	**1 423.61**	**403.36**	**610.58**	**644.08**	**523.87**
安　徽	26.37	15.58	10.79	4.79	6.58	4.53	4.34
北　京	156.21	58.34	97.87	—39.53	18.50	16.27	15.93
重　慶	16.32	7.85	8.47	—0.62	4.60	4.53	4.18
福　建	19 255	110.14	82.41	27.63	47.13	42.02	41.97
甘　肅	5.16	3.27	1.88	1.39	1.07	0.52	0.41
廣　東	1 325.79	759.50	566.30	193.30	96.46	126.39	126.35
廣　西	24.84	16.66	8.17	8.49	14.70	9.31	8.86
貴　州	7.15	4.73	2.41	2.32	—	0.64	0.50
海　南	19.25	7.92	11.33	—3.41	6.74	7.25	7.06
河　北	39.81	26.38	13.42	12.96	34.82	11.07	11.03
黑龍江	44.02	33.20	10.82	22.38	8.88	7.60	7.35
河　南	23.95	14.40	9.59	4.81	7.76	7.59	6.92
湖　北	32.08	16.93	15.15	1.78	—	8.53	8.49
湖　南	20.53	14.71	5.82	8.89	12.93	10.10	9.17
遼　寧	147.72	81.10	66.61	1 449	55.10	24.58	23.66
吉　林	24.70	14.29	10.41	3.88	5.39	4.09	4.02
江　蘇	253.20	144.33	109.37	3 496	98.13	55.95	54.35
江　西	12.28	8.92	3.36	5.56	9.27	4.88	4.81
內蒙古	9.69	5.89	3.80	2.09	1.04	1.13	0.73
寧　夏	2.70	2.16	0.55	1.61	0.67	0.44	0.07
青　海	1.51	1.24	0.27	0.97	0.53	0.10	0.02
山　東	199.59	117.17	82.42	35.75	43.61	27.78	27.76
山　西	24.22	19.70	4.52	15.18	5.44	2.81	2.69
陝　西	17.08	10.29	6.79	3.50	13.02	6.38	6.28
上　海	303.66	147.67	155.98	—8.31	81.74	46.02	42.25
四　川	27.15	16.44	10.71	5.73	—	3.10	2.48
天　津	106.97	51.81	55.17	—336	58.71	25.24	25.11
西　藏	1.44	0.23	1.22	—0.99	—	—	—
新　疆	12.61	4.08	8.53	—4.45	—	0.45	0.25
雲　南	16.26	10.23	6.03	4.20	3.25	0.64	0.50
浙　江	162.53	107.46	55.07	52.39	48.65	15.48	15.03

6.4.3 我國同各國(地區)海關進出口總額

單位:萬美元(USD10 000)

國別(地區)	Country (Territory)	1996 進出口總額 Total	1996 出口總額 Exports	1996 進口總額 Imports	1997 進出口總額 Total	1997 出口總額 Exports	1997 進口總額 Imports
總計	**Total**	**28 988 031**	**15 104 753**	**13 883 278**	**32 505 745**	**18 269 664**	**14 236 081**
亞洲	**Asia**	**17 468 084**	**9 124 214**	**8 343 870**	**19 731 733**	**10 892 078**	**8 839 655**
阿富汗	Afghanistan	3 476	3 131	345	3 308	3 247	61
巴林	Bahrain	4 313	1 432	2 881	4 043	2 532	1 511
孟加拉國	Bangladesh	68 727	65 305	3 422	75 025	69 590	5 435
文萊	Brunei	3 888	3 886	2	3 331	3 331	
緬甸	Myanmar	65 855	52 114	13 741	64 350	57 009	7 341
柬埔寨	Cambodia	7 024	6 337	687	12 069	7 568	4 501
塞浦路斯	Cyprus	6 233	5 601	632	4 363	4 243	120
朝鮮	Democratic People's Republic of Korea	56 565	49 701	6 864	65 629	53 468	12 161
中國香港	Hong Kong China	4 073 315	3 290 626	782 689	5 077 103	4 378 076	699 027
印度	India	140 519	68 602	71 917	183 032	93 306	89 726
印度尼西亞	Indonesia	370 799	142 757	228 042	451 419	184 061	267 358
伊朗	Iran	78 073	39 459	38 614	103 222	49 642	53 580
伊拉克	Iraq	115	104	11	9 320	5 898	3 422
以色列	Israel	29 012	18 864	10 148	35 626	25 654	9 972
日本	Japan	6 006 706	3 088 622	2 918 084	6 081 280	3 181 982	2 899 298
約旦	Jordan	10 834	9 218	1 616	13 491	11 159	2 332
科威特	Kuwait	21 308	10 165	11 143	17 040	9 344	7 696
老撾	Laos	3 484	2 668	816	2 875	2 293	582
黎巴嫩	Lebanon	10 319	10 313	6	13 001	12 992	9
澳門	Macao	69 359	57 271	12 088	76 474	64 189	12 285
馬來西亞	Malaysia	361 389	137 032	224 357	441 531	191 993	249 538
馬爾代夫	Maldives	57	57	—	33	33	—
蒙古	Mongolia	19 875	7 236	12 639	25 190	6 365	18 825
尼泊爾	Nepal	4 015	3 725	290	6 774	5 808	966
阿曼	Oman	82 335	1 213	81 122	136 246	1 696	134 550
巴基斯坦	Pakistan	96 529	62 302	34 227	106 787	68 871	37 916
菲律賓	Philippines	138 777	101 484	37 293	166 618	133 911	32 707

6.4.3　我國同各國(地區)海關進出口總額(續)

單位:萬美元(USD10 000)

國　別 (地區) Country (Territory)	1996 進出口總額 Total	1996 出口總額 Exports	1996 進口總額 Imports	1997 進出口總額 Total	1997 出口總額 Exports	1997 進口總額 Imports
卡塔爾 Qatar	7 837	2 161	5 676	13 309	1 494	11 815
沙特阿拉伯 Saudi Arabia	157 685	74 780	82 905	167 997	85 409	82 588
新加坡 Singapore	734 968	374 879	360 089	878 356	431 905	446 451
韓　國 Republic of Korea	1 998 148	749 986	1 248 162	2 404 547	911 627	1 492 920
斯里蘭卡 Sri Lanka	19 517	19 155	362	25 489	24 553	936
叙利亞 Syria	15 184	14 873	311	15 452	15 130	322
泰　國 Thailand	314 511	125 475	189 036	351 476	150 030	201 446
土耳其 Turkey	50 072	40 661	9 411	62 123	55 670	6 453
阿聯酋 United Arab Emirates	114 452	107 689	6 763	138 495	130 048	8 447
也門共和國 Arab Republic of Yemen	67 656	10 623	57 033	75 111	10 022	65 089
越　南 Viet Nam	115 152	84 215	30 937	143 564	107 854	35 710
中國臺灣 Taiwan,China	1 898 185	280 176	1 618 009	1 983 821	339 648	1 644 173
非　洲 Africa	**403 082**	**256 634**	**146 448**	**567 066**	**320 687**	**246 379**
阿爾及利亞 Algeria	5 451	5 450	1	11 298	11 296	2
安哥拉 Angola	27 229	2 854	24 375	63 252	2 902	60 350
貝　寧 Benin	7 185	6 989	196	11 840	10 962	878
布隆迪 Burundi	91	91	—	39	39	—
喀麥隆 Cameroon	4 594	1 091	3 503	11 093	1 255	9 838
加那利群島 Canary Islands	2 483	2 482	1	1 734	1 712	22
中　非 Central Africa	513	228	285	191	83	108
塞卜泰 Ceuta	92	92	—	97	97	—
剛　果 Congo	2 563	812	1 751	16 408	1 209	15 199
吉布提 Djibouti	981	981	—	1 345	1 344	1
埃　及 Egypt	40 787	40 445	342	52 090	46 420	5 670
埃塞俄比亞 Ethiopia	4 140	4 119	21	5 561	5 498	63
加　蓬 Gabon	18 914	427	18 487	31 906	592	31 314

6.4.3 我國同各國(地區)海關進出口總額(續)

單位:萬美元(USD10 000)

國別(地區)	Country (Territory)	1996 進出口總額 Total	1996 出口總額 Exports	1996 進口總額 Imports	1997 進出口總額 Total	1997 出口總額 Exports	1997 進口總額 Imports
岡比亞	Gambia	4 627	4 627	—	4 182	4 182	—
加納	Ghana	8 662	8 327	335	8 870	8 617	253
幾內亞	Guinea	3 345	2 970	375	7 074	3 476	3 598
幾內亞(比紹)	Guinea－Bissau	46	46	—	176	72	104
科特迪瓦	Cote D'Ivoir	6 220	5 220	1 000	12 410	9 240	3 170
肯尼亞	Kenya	9 310	9 223	87	13 354	13 236	118
利比里亞	Liberia	11 360	11 360	—	7 363	7 350	13
利比亞	Libya	11 272	5 698	5 574	9 664	7 971	1 693
馬達加斯加	Madagascar	1 727	1 419	308	2 992	2 673	319
馬里	Mali	2 883	1 522	1 361	4 137	1 389	2 748
毛里塔尼亞	Mauritania	1 341	1 321	20	1 178	1 137	41
毛里求斯	Mauritius	4 359	4 358	1	4 814	4 800	14
摩洛哥	Morocco	9 183	7 460	1 723	16 221	11 884	4 337
莫桑比克	Mozambique	1 144	1 124	20	1 668	1 595	73
尼日爾	Niger	147	146	1	216	185	31
尼日利亞	Nigeria	17 767	17 085	682	32 705	31 642	1 063
留尼汪	Reunion	370	370	—	453	453	—
盧旺達	Rwanda	392	379	13	299	233	66
塞內加爾	Senegal	3 895	3 735	160	3 413	3 370	43
塞舌爾	Seychelles	43	43	—	105	105	—
塞拉利昂	Sirra Leone	640	640	—	409	409	—
索馬里	Somalia	106	46	60	77	48	29
南非	South Africa	134 687	68 282	66 405	157 389	78 427	78 962
蘇丹	Sudan	8 674	4 826	3 848	13 379	11 078	2 301
坦桑尼亞	Tanzania	8 360	6 416	1 944	10 210	8 448	1 762

6.4.3 我國同各國(地區)海關進出口總額(續)

單位:萬美元(USD10 000)

國別(地區)	Country (Territory)	1996 進出口總額 Total	1996 出口總額 Exports	1996 進口總額 Imports	1997 進出口總額 Total	1997 出口總額 Exports	1997 進口總額 Imports
多哥	Togo	8 040	7 858	182	7 705	6 925	780
突尼斯	Tunisia	9 297	6 065	3 232	9 730	7 466	2 264
烏干達	Ugnada	921	796	125	1 165	991	174
布基納法索	Burkina Faso	77	77	—	175	157	18
扎伊爾	Zarie	4 445	4 271	174	3 140	2 949	191
贊比亞	Zambie	1 546	972	574	3 719	1 068	2 651
津巴布韋	Zimbabwe	8 731	1 885	6 846	10 275	2 816	7 459
歐洲	**Europe**	**5 151 412**	**2 386 017**	**2 765 395**	**5 471 419**	**2 896 471**	**2 574 948**
比利時	Belgium	206 487	104 213	102 274	227 802	135 975	91 827
丹麥	Danmark	60 634	28 783	31 851	71 874	37 218	34 656
英國	United Kingdom	508 185	320 091	188 094	579 166	381 338	197 828
德國	Federal Republic of Germany	1 316 682	584 269	732 413	1 267 041	649 046	617 995
法國	France	414 680	190 679	224 001	557 162	232 878	324 284
愛爾蘭	Ireland	13 599	9 175	4 424	19 540	12 775	6 765
意大利	Italy	508 232	183 638	324 594	468 745	223 735	245 010
盧森堡	Luxembourg	5 046	1 459	3 587	5 118	2 110	3 008
荷蘭	Holland	445 545	353 686	91 859	547 721	440 463	107 258
希臘	Greece	26 217	20 418	5 799	31 449	24 788	6 661
葡萄牙	Portugal	16 447	13 380	3 067	21 072	16 603	4 469
西班牙	Spain	148 562	96 824	51 738	179 996	124 472	55 524
奧地利	Austria	46 904	16 792	30 112	45 487	19 975	25 512
保加利亞	Bulgaria	6 134	2 742	3 392	4 797	3 138	1 659
捷克	Czecho	23 201	16 571	6 630	27 845	24 994	2 851
斯洛伐克	Slovakia	7 744	2 573	5 171	3 371	2 765	606
芬蘭	Finland	74 895	19 940	54 955	95 747	27 043	68 704
直布羅陀	Gibraltar	390	390	—	320	196	124

6.4.3 我國同各國(地區)海關進出口總額(續)

單位:萬美元(USD10 000)

國別(地區)	Country (Territory)	1996 進出口總額 Total	1996 出口總額 Exports	1996 進口總額 Imports	1997 進出口總額 Total	1997 出口總額 Exports	1997 進口總額 Imports
匈牙利	Hungary	25 868	21 878	3 990	32 211	29 639	2 572
冰島	Iceland	951	359	592	1 398	471	927
馬耳他	Malta	3 805	1 537	2 268	1 787	1 755	32
挪威	Norway	55 235	33 948	21 287	94 658	56 803	37 855
波蘭	Poland	61 589	56 847	4 742	70 538	67 336	3 202
羅馬尼亞	Romania	22 441	15 093	7 348	24 852	17 605	7 247
瑞典	Sweden	177 174	39 200	137 974	182 479	52 730	129 749
瑞士	Switzerland	139 222	46 027	93 195	148 552	61 305	87 247
南斯拉夫	Yugoslavia	1 496	1 436	60	2 347	1 960	387
斯洛文尼亞	Slovenia	2 488	1 578	910	2 236	1 848	388
克羅地亞	Croatia	3 847	625	3 222	2 526	1 324	1 202
馬其頓	Macedonia	57	57	—	157	156	1
波黑共和國	Bosnia and Herzegovina	8	8	—	21	21	—
愛沙尼亞	Estonia	951	919	32	1 067	802	265
拉托維亞	Latvia	1 159	420	739	677	556	121
立陶宛	Lithuania	1 144	1 124	20	1 640	1 376	264
格魯吉亞	Georgia	215	215	—	408	79	329
亞美尼亞	Armenia	66	66	—	37	37	—
阿塞拜疆	Azerbajan	146	125	21	1 566	147	1 419
白俄羅斯	Belorussia	3 710	947	2 763	4 262	1 684	2 578
哈薩克	Kazakhstan	45 990	9 530	36 460	52 741	9 463	43 278
吉爾吉斯	Kirghzia	10 549	6 868	3 681	10 662	7 060	3 602
摩爾多瓦	Moldavia	145	47	98	114	35	79
俄羅斯	Russia	684 448	169 271	515 177	611 895	203 283	408 612
塔吉克	Tadzhikistan	1 172	764	408	2 023	1 105	918
土庫曼	Turkmenistan	1 147	845	302	1 524	1 163	361

6.4.3　我國同各國(地區)海關進出口總額(續)

單位:萬美元(USD10 000)

國　別（地區）	Country (Territory)	1996 進出口總額 Total	1996 出口總額 Exports	1996 進口總額 Imports	1997 進出口總額 Total	1997 出口總額 Exports	1997 進口總額 Imports
烏克蘭	Ukraine	56 588	5 854	50 734	43 527	10 104	33 423
烏兹別克	Uzbekstan	18 967	3 815	15 152	20 292	6 153	14 139
拉丁美洲	**Latin America**	**672 548**	**311 779**	**360 769**	**837 571**	**460 647**	**376 924**
阿根廷	Argentina	85 427	33 663	51 764	118 749	46 528	72 221
巴巴多斯	Barbados	109	109	—	157	157	—
玻利維亞	Bolivia	577	319	258	503	378	125
巴　西	Brazil	224 702	76 294	148 408	253 307	104 410	148 897
智　利	Chile	91 891	46 366	45 525	97 717	56 206	41 511
哥倫比亞	Colombia	4 748	4 660	88	7 297	6 959	338
多米尼加聯邦	Commonwealth of Dominica	3 346	3 344	2	4 500	4 496	4
古　巴	Cuba	23 814	10 050	13 764	25 583	15 619	9 964
庫臘索島	Curacao	633	633	—	1 211	1 211	—
多米尼加共和國	Dominican Republic	2 396	2 391	5	3 996	3 990	6
厄瓜多爾	Ecuador	13 099	3 931	9 168	15 774	5 781	9 993
危地馬拉	Guatemala	4 957	4 942	15	7 415	7 376	39
洪都拉斯	Honduras	3 038	2 820	218	4 126	4 043	83
牙買加	Jamaica	2 457	2 442	15	3 195	3 182	13
墨西哥	Mexica	51 834	22 110	29 724	59 798	41 368	18 430
尼加拉瓜	Nicaragua	742	736	6	1 394	1 394	—
巴拿馬	Panama	48 993	48 819	174	101 157	100 999	158
巴拉圭	Paraguay	8 039	7 808	231	8 578	8 511	67

6.4.3 我國同各國(地區)海關進出口總額(續)

單位:萬美元(USD10 000)

國別(地區) Country (Territory)	1996 進出口總額 Total	1996 出口總額 Exports	1996 進口總額 Imports	1997 進出口總額 Total	1997 出口總額 Exports	1997 進口總額 Imports
秘魯 Peru	65 294	13 538	51 756	71 853	9 762	62 091
波多黎各 Puerto Rico	2 283	2 254	29	2 576	2 555	21
薩爾瓦多 El Salvador	2 600	2 598	2	3 482	3 482	—
蘇里南 Surinam	393	369	24	626	564	62
特立尼達和多巴哥 Trinidad and Tobago	936	840	96	1 079	1 076	3
烏拉圭 Uruguay	12 610	5 743	6 867	17 920	8 773	9 147
委內瑞拉 Venezuela	7 771	5 243	2 528	15 459	11 904	3 555
北美洲 North America	**4 702 729**	**2 829 958**	**1 872 771**	**5 290 710**	**3 460 132**	**1 830 578**
加拿大 Canada	418 855	161 596	257 259	391 213	190 505	200 708
美國 United States	4 283 798	2 668 310	1 615 488	4 899 290	3 269 480	1 629 810
大洋洲及太平洋島嶼 Oceanic and Pacific Islands	**589 779**	**196 151**	**393 628**	**607 044**	**239 651**	**367 393**
澳大利亞 Australia	510 676	167 296	343 380	530 259	205 491	324 768
庫克群島 Cook Islands	40	40	—	15	15	—
斐濟 Fiji	1 644	1 606	38	2 014	1 999	15
新西蘭 New Zealand	63 443	23 135	40 308	63 178	28 239	34 939
諾福克島 Norfolk Islands	5	5	—	9	9	—
巴布亞新幾內亞 Papua New Guinea	12 651	2 752	9 899	10 298	2 629	7 669
其他 Others	**398**	—	**398**	**203**	—	**203**

6.4.4 1997年全國主要省市分國別(地區)進出口額

單位:萬美元(USD 10 000)

國別(地區)	Country (Territory)	安徽省 進出口總額 Total	安徽省 出口總額 Exports	安徽省 進口總額 Imports	福建省 進出口總額 Total	福建省 出口總額 Exports	福建省 進口總額 Imports
總計	**Total**	**234 455**	**152 095**	**82 360**	**1 946 187**	**1 158 909**	**787 278**
亞洲	**Asia**						
其中:							
中國香港	Hong Kong, China	18 241	17 272	969	896 310	490 863	405 447
日本	Japan	34 612	23 254	11 358	296 943	218 425	78 518
澳門	Macao	21	21	—	4 668	2 621	2 047
馬來西亞	Malaysia	4 050	3 403	647	27 583	8 981	18 602
菲律賓	Philippines	1 373	1 373	—	12 438	11 933	—
新加坡	Singapore	5 383	5 124	259	36 834	20 212	16 622
印度	India	2 985	1 160	1 825	—	—	—
巴基斯坦	Pakistan	603	603	—	—	—	—
韓國	Republic of Korea	20 116	15 012	5 104	—	—	—
泰國	Thailand	1 564	1 155	409	10 520	3 037	7 483
阿聯酋	United Arab Empates	4 018	4 004	14	3 809	3 809	—
中國臺灣	Taiwan, China	5 239	1 583	3 656	—	—	—
歐洲	**Europe**						
其中:							
比利時	Belgium	4 293	3 400	893	736	—	736
丹麥	Danmark	552	497	55	1 407	1 407	—
英國	United Kingdom	4 666	2 403	2 263	11 665	8 655	3 010
德國	Federal Republic of Germany	19 183	7 488	11 695	68 543	47 745	20 798
法国	France	4 574	2 410	2 164	—	—	—
爱尔兰	Ireland	128	98	30	—	—	—
意大利	Italy	6 429	3 336	3 093	14 417	9 657	4 760

6.4.4 1997年全國主要省市分國別(地區)進出口額(續)

單位:萬美元(USD 10 000)

國別(地區) Country (Territory)		安徽省			福建省	
	進出口總額 Total	出口總額 Exports	進口總額 Imports	進出口總額 Total	出口總額 Exports	進口總額 Imports
荷蘭 Holland	4 197	3 019	1 178	—	—	—
西班牙 Spain	1 994	1 860	134	8 679	8 233	446
芬蘭 Finland	1 065	409	656	1 335	778	557
匈牙利 Hungary	206	206	—	—	—	—
瑞典 Sweden	1 212	737	475	2 429	1 619	810
俄羅斯 Russia	—	—	—	—	—	—
非洲 Africa						
拉丁美洲 Latin America						
其中:						
阿根廷 Argentina	706	693	13	—	—	—
巴西 Brazil	4 572	1 705	2 867	—	—	—
智利 Chile	11 297	1 313	9 984	—	—	—
古巴 Cuba	125	125	—	—	—	—
墨西哥 Mexica	1 473	1 393	80	—	—	—
北美洲 North America						
其中:						
加拿大 Canada	4 399	1 162	3 237	6 429	3 763	2 666
美國 United States	23 636	18 814	4 822	164 323	137 984	26 339
大洋洲及太平洋島嶼 Oceanic and Pacific Islands						
其中:						
澳大利亞 Australia	9 811	2 138	7 673	8 246	4 482	3 764
新西蘭 New Zealand	305	272	33	—	—	—

6.4.4 1997年全國主要省市分國別(地區)進出口額(續)

單位:萬美元(USD 10 000)

國別(地區)	Country (Territory)	廣西壯族自治區 進出口總額 Total	出口總額 Exports	進口總額 Imports	遼寧省 進出口總額 Total	出口總額 Exports	進口總額 Imports
總計	**Total**	**306 821**	**238 266**	**68 555**	**1 016 018**	**758 465**	**257 553**
亞洲	**Asia**	**244 173**	**195 966**	**48 207**	—	—	—
其中:							
中國香港	Hong Kong, China	147 139	122 020	25 119	73 695	48 589	25 106
日本	Japan	17 663	15 613	2 050	468 472	337 438	131 034
澳門	Macao	1 146	1 146		135	135	
馬來西亞	Malaysia	—	—	—	8 456	7 756	700
菲律賓	Philippines	—	—	—	26 005	25 890	115
新加坡	Singapore	5 468	3 881	1 587	39 366	25 413	13 953
印度	India	940	219	721	—	—	—
巴基斯坦	Pakistan	446	446	352	2 174	2 080	94
韓國	Republic of Korea	—	—	—	104 650	79 922	24 728
泰國	Thailand	—	—	—	8 648	7 663	985
土耳其	Turkey	—	—	—	1 388	711	677
阿聯酋	United Arab Empates	—	—	—	—	—	—
中國臺灣	Taiwan,China	—	—	—	—	—	—
歐洲	**Europe**	**30 641**	**19 465**	**11 176**	—	—	—
其中:							
比利時	Belgium	—	—	—	5 205	3 620	1 585
丹麥	Danmark	—	—	—	1 266	1 082	184
英國	United Kingdom	2 330	1 770	1 067	12 787	11 108	1 679
德國	Federal Republic of Germany	4 558	3 491	—	31 538	26 216	5 322

6.4.4 1997年全國主要省市分國別(地區)進出口額(續)

單位:萬美元(USD 10 000)

國 別 (地區)	Country (Territory)	廣西壯族自治區 進出口總額 Total	出口總額 Exports	進口總額 Imports	遼寧省 進出口總額 Total	出口總額 Exports	進口總額 Imports
法 國	France	2 489	2 173	560	6 690	5 502	1 188
愛爾蘭	Ireland	—	—	—	—	—	—
意大利	Italy	—	—	—	6 094	4 617	1 477
荷 蘭	Holland	26	11	316	18 835	16 449	2 386
西班牙	Spain	—	—	—	3 884	3 099	785
0芬 蘭	Finland	—	—	—	—	—	—
匈牙利	Hungary	—	—	—	149	149	—
瑞 典	Sweden	—	—	—	5 814	1 675	4 139
俄羅斯	Russia	2 594	48	2 546	17 676	10 955	6 721
非 洲	**Africa**	**3 700**	**1 247**	**2 453**	—	—	—
拉丁美洲	**Latin America**	**4 473**	**1 356**	**42**	—	—	—
其中:							
阿根廷	Argentina	—	—	—	—	—	—
巴 西	Brazil	—	—	—	767	767	
智 利	Chile	—	—	—	—	—	—
古 巴	Cuba	—	—	—	—	—	—
墨西哥	Mexica	—	—	—	—	—	—
北美洲	**North America**	**20 673**	**19 228**	**3 117**	—	—	—
其中:							
加拿大	Canada	1 393	1 161	1 445	7 768	7 064	704
美 國	United States	19 280	18 067	232	102 620	87 243	15 377
大洋州及太平洋島嶼	**Oceanic and Pacific Islands**	**3 161**	**1 004**	**1 213**	—	—	—
其中:							
澳大利亞	Australia	3 064	907	2 157	16 581	4 037	12 544
新西蘭	New Zealand	—	—	—	1 744	1 041	703

6.4.4 1997年全國主要省市分國別(地區)進出口額(續)

單位:萬美元(USD 10 000)

國別(地區)	Country (Territory)	陝西省 進出口總額 Total	陝西省 出口總額 Exports	陝西省 進口總額 Imports	山東省 進出口總額 Total	山東省 出口總額 Exports	青海省 進口總額 Imports	青海省 出口總額 Exports
總計	**Total**	**52 787**	**134 850**	**52 787**	**1 308 543**	**1 308 543**	**12 440**	**12 440**
亞洲	**Asia**							
其中:								
中國香港	Hong Kong, China	16 564	40 805	16 564	—	—	2 985.86	2 985.86
日本	Japan	10 358	20 740	10 358	342 630	342 630	3 507.44	3 507.44
澳門	Macao	335	335	—	—	—	2.46	2.46
馬來西亞	Malaysia	4	3 179	4	13 557	13 557	130.19	130.19
菲律賓	Philippines	1 841	1 841	—	6 633	6 633	54.06	54.06
新加坡	Singapore	551	4 710	551	21 830	21 830	366.54	366.54
印度	India	145	2 171	145	—	—	36.84	36.84
巴基斯坦	Pakistan	970	970	—	5 534	5 534	2.85	2.85
韓國	Republic of Korea	3 316	8 629	3 316	343 838	343 838	1 314.97	1 314.97
泰國	Thailand	364	885	364	12 210	12 210	63.59	63.59
土耳其	Turkey	4	2 094	4	—	—	18.81	18.81
阿聯酋	United Arab Empates	1 867	1 867	—	—	—	29.9	29.9
中國臺灣	Taiwan,China	1 227	1 443	1 227	21 709	21 709	—	—
歐洲	**Europe**							
其中:								
比利時	Belgium	16	1 403	16	—	—	117.28	117.28
丹麥	Danmark	495	166	495	—	—	15.58	15.58
英國	United Kingdom	979	4 100	979	12 727	12 727	256.10	256.10
德國	Federal Republic of Germany	2 249	4 551	2 249	30 787	30 787	240.99	240.99

6.4.4 1997年全國主要省市分國別(地區)進出口額(續)

單位:萬美元(10 000 $)

國 別(地區)	Country (Territory)	陝西省			山東省		青海省	
		進出口總額 Total	出口總額 Exports	進口總額 Imports	進出口總額 Total	出口總額 Exports	進口總額 Imports	出口總額 Exports
法 國	France	689	1 668	689	7 867	7 867	92.11	92.11
愛爾蘭	Ireland	284	—	284	—	—	—	—
意大利	Italy	897	4 462	897	8 911	8 911	32.34	32.34
荷 蘭	Holland	236	5 593	236	11 888	11 888	56.58	56.58
西班牙	Spain	—	—	—	—	—	17.68	17.68
芬 蘭	Finland	25	322	25	—	—	2.37	2.37
匈牙利	Hungary	—	—	—	847	847	—	—
瑞 典	Sweden	276	394	276	—	—	5.04	5.04
俄羅斯	Russia	2 133	1 105	2 133	16 127	16 127	13.13	13.13
非 洲	**Africa**	—	—	—	—	—	—	—
拉丁美洲	**Latin America**							
其中:								
阿根廷	Argentina	456	456	—	—	—	—	—
巴 西	Brazil	548	905	548	2 825	2 825	—	—
智 利	Chile	639	639	—	—	—	28.64	28.64
古 巴	Cuba	26	503	26	—	—	—	—
墨西哥	Mexica	451	451	—	—	—	—	—
北美洲	**North America**							
其中:								
加拿大	Canada	38	520	38	8 235	8 235	98.02	98.02
美 國	United States	5 799	10 153	5 799	164 708	164 708	1 594.06	1 594.06
大洋州及太平洋島嶼	**Oceanic and Pacific Islands**							
其中:								
澳大利亞	Australia	1 008	701	1 008	12 305	12 305	46.99	46.99
新西蘭	New Zealand	60	—	60	1 151	1 151	2.71	2.71

6.4.5　我國海關出口主要商品數量和金額

金額單位：萬美元(USD10 000)

品　　名	Item	1996 年貿易額 Trade for 1996		1997 年貿易額 Trade for 1997	
		數　量 Volume	金　額 Value	數　量 Volume	金　額 Value
活猪(萬頭)	Live Hogs (10 000 heads)	240	29 147	227	29 916
活家禽(萬只)	Live Poultry (10 000 heads)	5 377	12 062	5 268	11 358
鮮凍牛肉(萬噸)	Beef (10 000 tons)	3	5 124	3	5 386
鮮凍猪肉(萬噸)	Pork (10 000 tons)	13	21 484	10	19 472
凍鷄(萬噸)	Frozen Chicken (10 000 tons)	30	63 120	30	55 472
凍家兔肉(噸)	Rabbit Meat Frozen (ton)	24 097	6 458	29 105	6 356
鮮蛋(百萬個)	Fresh Eggs (million units)	520	2 531	733	2 528
水産品(萬噸)	Aquatic Products (10 000 tons)	64	173 363	72	188 110
谷物及谷物粉(萬噸)	Cereals and Cereal Flour (10 000 tons)	124	36 742	833	131 681
# 大米(萬噸)	Rice (10 000 tons)	27	11 164	94	26 457
玉米(萬噸)	Maize (10 000 tons)	16	3 027	661	85 769
大豆(萬噸)	Soybean (10 000 tons)	19	6 618	19	7 325
花生及花生仁(萬噸)	Peanuts (10 000 tons)	35	25 439	17	13 839
干豆(萬噸)	Dried Plusses (10 000 tons)	55	24 817	59	26 668
蔬菜(萬噸)	Vegetables (10 000 tons)	167	153 429	167	147 488
#鮮蔬菜(萬噸)	Fresh Vegetables (10 000 tons)	95	53 738	93	49 899
桔、柑、橙(噸)	Mandarins and Oranges (ton)	150 897	6 208	209 127	7 111
蘋果(噸)	Apples (ton)	164 976	6 915	188 420	7 749
核桃仁(噸)	Walnut Meat (ton)	13 217	3 810	12 506	3 741
栗子(噸)	Chestnut (ton)	32 015	6 612	31 551	6 365
白果(噸)	Gingko Nuts (ton)	5 545	2 619	4 049	1 575
松子仁(噸)	Pinenut Kernels (ton)	5 836	3 199	1 828	2 287
食糖(萬噸)	Sugar (10 000 tons)	66	24 779	38	13 279
天然蜂蜜(噸)	Natural Honey (ton)	83 461	11 066	48 217	6 538
茶葉(噸)	Tea (ton)	169 670	28 250	202 464	33 248
辣椒干(噸)	Dried chillies (ton)	29 347	6 284	45 829	5 696
猪肉罐頭(噸)	Canned Pork (ton)	41 624	7 252	37 117	6 553
蘑菇罐頭(噸)	Canned Mushroom (ton)	169 311	18 876	143 799	14 293
啤酒(噸)	Beer (ton)	6 662	3 179	7 153	3 390

6.4.5 我國海關出口主要商品數量和金額(續)

金額單位:萬美元(USD10 000)

品 名	Item	1996年貿易額 Trade for 1996		1997年貿易額 Trade for 1997	
		數 量 Volume	金 額 Value	數 量 Volume	金 額 Value
烤烟(噸)	Flue－cured Tobacco (ton)	51 705	9 027	69 643	16 982
猪鬃(噸)	Bristle (ton)	8 519	5 664	11 077	7 277
腸衣(噸)	Casings (ton)	44 526	33 854	46 602	36 328
填充用羽毛及絨(噸)	Feathers and Dawn for Stuffusing (ton)	21 204	20 884	20 781	18 642
藥材(噸)	Medical Materials (ton)	157 623	33 495	157 588	31 790
未硝毛皮(噸)	Raw Fur Skins (ton)	141	479	204	1 377
＃水貂皮(噸)	Raw Mink Skins (ton)	1	29	36	445
鋸材(立方米)	Wood Sawn (cu. m)	382 612	19 395	387 170	19 305
棉花(噸)	Cotton (ton)	4 493	1 248	994	330
生絲(噸)	Raw Silk (ton)	12 049	26 395	11 089	27 383
山羊絨(噸)	Cashmere (ton)	2 481	18 175	2 257	15 142
兔毛(噸)	Rabbit Hair (ton)	3 986	6 754	4 029	8 141
苧麻(噸)	Ramie (ton)	2 779	1 209	2 690	1 188
天然石墨(噸)	Natural Graphite (ton)	158 368	4 121	170 022	4 313
鎂礦物(萬噸)	Magnesian Ores (10 000 tons)	193	26 322	229	28 989
氟石(萬噸)	Fluorite (10 000 tons)	112	11 941	129	12 963
重晶石(萬噸)	Barite (10 000 tons)	186	5 784	293	9 833
滑石(萬噸)	Talcum (10 000 tons)	102	7 492	98	7 670
鋁礦砂(萬噸)	Aluminum Ores (10 000 tons)	20	1 435	16	1 388
鎢礦砂(噸)	Tungsten Ores (ton)	140	35	751	180
煤(萬噸)	Coal (10 000 tons)	2 900	110 876	3 072	113 253
焦炭、半焦炭(萬噸)	Coke and Semi-coke (10 000 tons)	769	61 123	1 058	79 096
原油(萬噸)	Crude oil (10 000 tons)	2 040	278 929	1 983	273 413
成品油(萬噸)	Petroleum Products Refined (10 000 tons)	417	86 857	559	120 136
石蠟(萬噸)	Paraffin Wax (10 000 tons)	28	14 702	36	17 896
仲鎢酸銨(噸)	Tungstates (ton)	12 425	6 859	14 596	7 412
氧化鋅(噸)	Zinc Oxide and Zinc Peroxide (ton)	26 697	2 369	55 743	4 764

6.4.5 我國海關出口主要商品數量和金額(續)

金額單位:萬美元(USD10 000)

品　名	Item	1996年貿易額 Trade for 1996		1997年貿易額 Trade for 1997	
		數量 Volume	金額 Value	數量 Volume	金額 Value
食用植物油(含棕櫚油)(噸)	Edible Vegetable Oil (ton)	473 465	31 859	822 878	54 813
糠醛(噸)	Furfural (ton)	39 836	4 912	38 416	3 087
合成有機染料(噸)	Synthetic Organic Dyestuffs (ton)	95 292	40 077	127 284	52 759
醫藥品(噸)	Medical and Pharmaceutical Products (ton)	136 157	151 611	137 366	154 056
#中式成藥(噸)	Medicaments of Chinese Type (ton)	18 722	12 600	15 161	11 111
醫用敷料(噸)	Pharmaceutical Goods (ton)	44 110	22 916	47 362	24 787
洗衣粉(噸)	Detergent (ton)	53 549	2 805	47 965	2 430
鞭炮烟花(噸)	Fireworks and Firecrackers (ton)	128 169	20 192	116 628	19 752
松香(噸)	Resin and Resin Acids (ton)	176 003	13 101	204 729	15 942
輪胎(萬條)	Rubber Tyres (10 000 units)	5 745	46 734	7 497	50 069
紙及紙板(未切成形)萬噸)	Paper and Paperboard in Rolls (10 000 tons)	17	16 435	22	19 767
棉紗(噸)	Cotton Yarn (ton)	142 044	45 852	153 054	48 457
麻紗(噸)	Flax or Ramie Yarn (ton)	23 550	9 198	24 626	10 466
棉布(萬米)	Cotton Cloth (10 000 m)	304 286	293 400	301 954	306 947
麻布(萬米)	Flax or Ramie Cloth (10 000 m)	13 760	20 869	16 047	27 900
滌棉布(萬米)	Polyester Cotton Cloth (10 000 m)	132 087	79 771	154 918	93 403
人棉布(萬米)	Rayon Cloth (10 000 m)	67 531	37 794	62 835	33 302
真絲綢緞(萬米)	Silk and Satins (10 000 m)	14 709	43 805	15 310	47 975
麻袋(萬條)	Gunny Bags (10 000 units)	1 806	710	2 027	1 678
塑料編織袋(萬條)	Bags of PP or PE Strip (10 000 units)	80 765	14 482	97 390	15 311
毛毯(萬條)	Woolen Blankets (10 000 units)	12	232	13	359
地毯(萬平方米)	Carpets (10 000 sq.)	1 549	42 217	1 935	45 464
棉浴巾(萬條)	Cotton Bath Towels (10 000 units)	11 519	18 512	11 739	18 016
水泥(萬噸)	Cement (10 000 tons)	1 180	45 088	1 168	44 572
平板玻璃(萬平方米)	Plate Glass (1 000 sq. m)	4 129	11 294	3 987	9 442
玻璃制品	Glass Products	—	25 211	—	32 336
家用陶瓷器(噸)	Porcelain and Pottery Ware for Household Use (ton)	625 707	54 707	707 186	73 328
生、鏡鐵(萬噸)	Pig Iron and Spiegeleise (10 000 tons)	355	51 215	554	81 365

6.4.5 我國海關出口主要商品數量和金額(續)

金額單位:萬美元(USD10 000)

品 名	Item	1996年貿易額 Trade for 1996		1997年貿易額 Trade for 1997	
		數 量 Volume	金 額 Value	數 量 Volume	金 額 Value
硅鐵(萬噸)	Ferro-silicon (10 000 tons)	25	16 390	21	12 924
鋼坯及粗鍛件(萬噸)	Billet and Crude Fougings (10 000 tons)	270	63 655	363	84 535
鋼材(萬噸)	Rolled Steel (10 000 tons)	422	193 908	462	193 505
未鍛造銅及合金(噸)	Unwrought Copper and its Alloys (ton)	53 003	11 739	84 265	18 834
銅材(噸)	Rolled Copper (ton)	80 705	27 634	99 440	32 053
未鍛造鋁及合金(噸)	Unwrought Aluminium and its Alloys (ton)	110 053	16 217	248 462	36 883
鋁材(噸)	Rolled Aluminium (ton)	59 118	12 606	100 328	22 022
鋅及鋅合金(噸)	Zinc and Zinc Alloys (ton)	226 777	21 824	557 008	65 177
錫及錫合金(噸)	Tin and Tin Alloys (ton)	36 128	20 039	41 087	20 521
銻(噸)	Antimony (ton)	31 192	6 261	28 952	5 320
錳(噸)	Manganese (ton)	45 652	6 285	60 143	7 157
標準緊固件(萬噸)	Nails Bolts etc (10 000 tons)	24	27 273	28	29 527
手用及機用工具(噸)	Hand Tools and Tools for Machines (ton)	321 064	75 211	377 015	88 342
搪瓷器(噸)	Enamelware (ton)	48 796	7 930	51 398	8 187
鎖(噸)	Locks (ton)	105 093	29 955	122 293	34 202
縫紉機(包括工業用)(萬架)	Sewing Machines(Including Industrial Use) (10 000 sets)	408	20 649	399	22 355
紡織機械	Texile Machinery	—	12 315	—	14 860
電動機及發電機(萬臺)	Electric Motors and Generators (10 000 sets)	147 317	95 901	184 782	122 473
金屬加工機床(萬臺)	Machine Tools (10 000 sets)	198	25 409	249	28 150
軸承(萬套)	Bearings (10 000 units)	66 395	34 191	77 038	36 162
靜止式變流器(萬個)	Static Converters (10 000 units)	17 763	62 963	26 358	93 782
電容器(噸)	Electrical Capaciters (ton)	15 772	28 164	18 301	37 621
半導體器件(萬個)	Semi Conductors (10 000 units)	2 382 257	32 313	3 113 800	47 145
電綫電纜(噸)	Insulated Wire or Cable (ton)	229 648	70 124	303 428	86 977
電風扇(萬臺)	Fans (10 000 sets)	12 259	80 871	13 163	71 668
原電池(萬個)	Primary Cells and Batteries (10 000 units)	747 014	32 617	841 007	39 022
蓄電池(萬個)	Electric Accumulators (10 000 units)	25 685	23 653	30 449	32 183
有綫電話機(萬臺)	Line Telephone Sets (10 000 sets)	8 571	86 471	10 011	94 796
揚聲器(萬個)	Lounspeakers (10 000 units)	73 199	44 074	8 816	59 081
收録機及組合音響(萬臺)	Sound Recording Apparatus (10 000 sets)	14 673	230 662	18 078	271 305

6.4.5　我國海關出口主要商品數量和金額(續)

金額單位:萬美元(USD10 000)

品　名	Item	1996年貿易額 Trade for 1996		1997年貿易額 Trade for 1997	
		數　量 Volume	金　額 Value	數　量 Volume	金　額 Value
收音機(萬臺)	Radio (10 000 sets)	14 381	35 297	13 482	32 791
電視機(萬臺)	TV Sets (10 000 sets)	1 032	79 434	905	65 431
集裝箱(個)	Containers (unit)	353 120	106 239	329 521	102 806
船舶(艘)	Ships (unit)	17 207	114 265	18 668	1 618 484
汽車和汽車底盤(輛)	Chassis (unit)	15 004	14 749	14 829	18 982
汽車的零件	Motor Vehicles and Parts of Motor Vehicles	—	38 208	—	44 721
自行車(萬輛)	Bicycles (10 000 units)	1 217	46 347	1 439	51 262
手電筒(萬個)	Flashlights (10 000 units)	32 124	9 788	37 343	13 336
醫療儀器及器械	Medical Instruments and Appliances	—	25 775	—	30 289
照相機(萬只)	Cameras (10 000 sets)	6 180	69 579	6 559	92 533
手表(萬只)	Wrist Watches (10 000 sets)	72 974	96 563	83 199	98 991
日用鐘(萬只)	Clocks (10 000 sets)	24 300	33 408	32 121	39 415
家具	Furniture	—	129 527	—	181 806
服裝(針織、鈎織的除外)	Garments(Excluding Knitwear and Crochet)	—	1 365 562	—	1 527 708
針織、鈎織服裝	Garments Knited or Crocheted	—	713 147	—	1 108 383
皮鞋(萬雙)	Leather Shoes (10 000 pairs)	52 610	298 129	62 769	363 791
橡膠或塑料底布鞋	Cloth Shoes with Outer of	—	—	—	—
(萬雙)(包括球鞋)	Rubber or Artificial Plastic Materials(including Gym Shoes) (10 000 pairs)	63 462	101 226	60 281	109 996
塑料制品(萬噸)	Plastic Articles (10 000 tons)	186	268 728	233	348 948
玩具	Toys	—	392 446	—	504 078
足球、籃球、排球(萬個)	Footballs Basketballs and Volleyballs (10 000 units)	3 935	7 804	4 274	7 878
鉛筆	Pencils	—	6 613	—	6 977
傘(萬把)	Umbrellas (10 000 units)	37 367	41 441	43 933	47 836
竹編織品(噸)	Bamboo Products (ton)	55 112	11 539	58 449	11 414
藤編織品(噸)	Rattan Products (ton)	21 140	6 064	20 899	5 802
草席及草編織品(噸)	Straw Mats and Straw Products (ton)	24 904	5 864	21 134	4 941
柳編織品(噸)	Wickerwork (ton)	56 078	12 936	53 043	11 303
鬃刷(萬打)	Bristle Brushes (10 000doz.)	2 512	4 768	3 038	5 719
熱水瓶(萬個)	Vacuum Flasks (10 000 units)	5 037	9 775	6 380	12 588
人造花(噸)	Artificial Flowers (ton)	124 177	41 323	142 841	48 985
機電產品	Mechanical and Electrical Products	—	4 820 299	—	5 931 718

6.4.6 我國海關進口主要商品數量和金額

金額單位:萬美元(USD10 000)

品　　名	Item	1996年貿易額 Trade for 1996		1997年貿易額 Trade for 1997	
		數　量 Volume	金　額 Value	數　量 Volume	金　額 Value
谷物及谷物粉(萬噸)	Cereals and Cereals Flour (10 000 tons)	1 083	257 533	417	91 619
#小麥(萬噸)	Wheat (10 000 tons)	825	189 040	186	36 829
大米(萬噸)	Rice (10 000 tons)	76	28 647	33	13 982
玉米(萬噸)	Maize (10 000 tons)	44	7 306	—	22
食用植物油(含棕櫚油)(萬噸)	Edible Vegetable Oil (10 000 tons)	264	149 304	275	150 457
其他植物油(萬噸)	Other Vegetable Oil (10 000 tons)	12	7 820	11	6 779
食糖(萬噸)	Sugar (10 000 tons)	125	39 309	78	22 877
動物飼料(噸)	Prepared Feeding Stuff	96 116	7 174	109 087	5 912
天然橡膠(萬噸)	Natural Rubber (10 000 tons)	55	72 026	43	45 760
合成橡膠(萬噸)	Synthetic Rubber (10 000 tons)	37	39 689	45	46 901
原木(萬立方米)	Logs (10 000 cu. m)	319	45 778	447	67 779
紙漿(萬噸)	Paper Pulp (10 000 tons)	147	77 500	154	74 792
鋸材(立方米)	Wood Sawn (cu. m)	932 962	17 976	1 324 675	26 782
棉花(原棉)(萬噸)	Cotton,not Carded or Combed (10 000 tons)	65	119 667	75	132 972
羊毛及條(噸)	Wool and Wool Tops	226 213	85 115	207 203	78 945
紡織用合成纖維(萬噸)	Synthetic Fibers Suitable for Spinning (10 000 tons)	97	139 928	104	141 143
#滌綸纖維(噸)	Polyester Fibers	460 486	56 018	610 021	68 167
腈綸纖維(噸)	Polyacryolnitr Fibers	477 921	78 326	402 379	68 976
合成纖維紗綫(噸)	Synthetic Fibers,continuous Filament and Yarn (ton)	676 624	133 410	746 118	147 199
#錦綸長絲(噸)	Polyamide Fiber Yarn (ton)	51 887	15 096	65 683	18 587
滌綸長絲(噸)	Polyster Fiber Yarn (ton)	463 778	74 045	512 222	83 416
鐵礦砂(萬噸)	Iron Ore (10 000 tons)	4 387	132 059	5 511	161 484
錳礦砂(萬噸)	Manganese Ores (10 000 tons)	159	13 355	132	12 375
銅礦砂(萬噸)	Copper Ores (10 000 tons)	82	39 317	94	42 116

6.4.6 我國海關進口主要商品數量和金額(續)

金額單位:萬美元(USD10 000)

品名	Item	1996年貿易額 Trade for 1996		1997年貿易額 Trade for 1997	
		數量 Volume	金額 Value	數量 Volume	金額 Value
鉻礦砂(萬噸)	Chromium Ores (10 000 tons)	76	12 434	89	11 078
氧化鋁(萬噸)	Aluminium Oxide (10 000 tons)	116	23 698	109	23 866
煤(萬噸)	Coal (10 000 tons)	320	14 593	200	9 562
原油(萬噸)	Crude Oil (10 000 tons)	2 262	340 655	3 547	545 621
成品油(萬噸)	Petroleum Products Refined (10 000 tons)	1 583	238 467	2 379	368 206
乙二醇(萬噸)	Ethylenc Glycol (10 000 tons)	23	13 006	20	12 915
對苯二甲酸(噸)	Telephthalic Acid (ton)	447 803	31 103	478 305	28 057
己内酰胺(噸)	Carprolactam (ton)	155 227	20 850	138 662	13 781
純碱(噸)	Soda Ash (ton)	62 734	1 066	110 730	1 796
合成有機染料(噸)	Synthetic Organic Dyestuffs (ton)	28 706	13 121	38 405	15 335
醫藥品(噸)	Pharmaceutical Products (ton)	19 487	35 108	18 642	33 076
化學肥料(自然噸)(萬噸)	Chemical Fertilizer, Manufactured (Actual Weight) (10 000 tons)	1 857	356 324	1 649	299 491
#氯化鉀(萬噸)	Potassium Chloridc (10 000 tons)	344	38 665	463	53 216
尿素(萬噸)	Urea (10 000 tons)	601	124 202	342	61 854
復合肥(萬噸)	Compound Fertilizers (10 000 tons)	721	166 067	749	167 782
原形聚乙烯(萬噸)	Polyethylene in Primary Forms (10 000 tons)	219	158 193	228	176 942
原形聚丙烯(萬噸)	Polypropylene in Primary Forms (10 000 tons)	113	81 408	125	94 802
ABS樹脂(萬噸)	ABS Copolyneres (10 000 tons)	99	103 138	103	106 405
原形聚苯乙烯(萬噸)	Polystyrene in Primary Forms (10 000 tons)	144	118 054	159	128 708
原型聚氯乙烯(萬噸)	Polyvinylchioride in Primary Forms (10 000 tons)	86	62 506	117	86 238
聚酯切片(萬噸)	Slices or Chips of Polyethylene Terephthalate (10 000 tons)	27	24 075	32	24 614
農藥(噸)	Pesticides (ton)	32 111	13 755	48 583	16 571
紙及紙板(萬噸)	Paper and Paperboard (10 000 tons)	449	232 758	552	282 520
復印機(臺)	Photo or Thermo Copying Apparatus (set)	9 341	1 020	1 604	1 762
鋼材(萬噸)	Rolled Steel (10 000 tons)	1 599	710 653	1 323	652 017

6.4.6 我國海關進口主要商品數量和金額(續)

金額單位:萬美元(USD10 000)

品 名	Item	1996年貿易額 Trade for 1996		1997年貿易額 Trade for 1997	
		數 量 Volume	金 額 Value	數 量 Volume	金 額 Value
銅及銅合金(噸)	Copper and Copper Alloys (ton)	290 940	57 140	210 825	43 365
銅材(噸)	Rolled Copper (ton)	423 303	110 172	484 679	127 382
鋁及鋁合金(噸)	Aluminium and Aluminium Alloys (ton)	366 733	45 778	288 891	36 536
鋁材(噸)	Rolled Aluminium (ton)	267 785	59 499	312 099	78 940
金屬加工機床(臺)	Machine Tools (set)	125 176	252 122	104 684	158 459
鍋爐(臺)	Bocilers (set)	14 634	24 617	7 160	20 252
電視機(萬臺)	TV Sets (10 000 sets)	42	24 668	44	17 158
顯象管(萬只)	Cathode-ray TV Picture Tube (10 000 sets)	753	47 418	581	37 335
制冷壓縮機(萬臺)	Compressors for Refrigerating Equipment (10 000 sets)	212	15 923	220	15 682
閥門(萬套)	Valves (10 000 sets)	4 572	26 358	5 067	32 642
自動數據處理設備(萬臺)	Automatic Data Processing Machines (10 000 sets)	888	96 472	1 647	113 452
電話電報交换機(臺)	Line Telephonic or Telegraphic Switching Apparatus (set)	4 932	13 866	15 112	4 759
收録機及組合音響(萬臺)	Sound Recording Apparatus (10 000 sets)	174	7 361	158	3 972
汽車和汽車底盤(輛)	Motor Vehicles and Chassis (unit)	75 360	83 355	48 467	71 174
#小轎車(輛)	Cars (unit)	57 942	37 084	32 019	27 439
卡車(輛)	Trucks (unit)	5 916	6 424	6 856	11 632
自卸車(輛)	Dump Trucks (unit)	470	5 687	160	1 094
裝有引擎的底盤(臺)	Chassis with Engines (unit)	556	2 500	688	2 100
汽車的零件	Parts of Motor Vehicles	—	107 758	—	93 249
飛機(架)	Aircraft (unit)	77	212 729	73	257 605
船舶(艘)	Ships (unit)	1 282	39 307	1 013	25 372
醫療儀器及器械	Medical Instruments and Appliances	—	39 012	—	33 740
機電産品	Mechanical and Electrical Products	—	6 135 087	—	5 933 180

6.4.7 廣西壯族自治區外貿主要出口商品數量和金額

金額單位:萬美元(USD10 000)

品 名	Item	1996年貿易額 Trade for 1996		1997年貿易額 Trade for 1997	
		數 量 Volume	金 額 Value	數 量 Volume	金 額 Value
出口總額	**Exports**	—	**191 610**	—	**238 266**
大米(吨)	Rice (ton)	3 106	163	2 546	132
桐油(吨)	Tung Oil (ton)	5 654	606	6 676	1 101
活猪(百头)	Live Hogs (100 heads)	1 057	1 705	1 014	1 689
活家禽(万只)	Live Poultries (10 000 heads)	258	717	256	695
水产品(吨)	Aquatic Products (ton)	1 912	1 081	1 654	884
水果(吨)	Fruits (ton)	54 011	2 044	82 983	2 283
蔬菜(吨)	Vegetables (ton)	21 989	1 127	19 409	629
罐头(吨)	Canned Food (ton)	79 140	3 714	50 729	3 579
砂糖(吨)	Granulated Sugar (ton)	285 113	10 063	570	33
茶叶(吨)	Tea (ton)	3 465	613	3 457	544
桂皮(吨)	Cassia Bark (ton)	4 797	722	4 097	548
八角(吨)	Anise (ton)	1 166	314	627	157
松香(吨)	Rosinand Rosin Acids (ton)	61 479	4 785	61 752	4 741
鞭炮烟花(万箱)	Fireworks and crakers (10 000 box)	85	2 540	82	2 571
鹅鸭绒毛(吨)	Feathers (ton)	1 332	717	657	726
猪革皮(万张)	Pig skins (10 000 units)	88	373	135	654
棉布(万米)	Cotton Cloth (10 000 m)	4 580	4 668	1 664	1 587
绸缎(万米)	Silk and Satins (10 000 m)	94	180	81	223
自行车(辆)	Bicycles (units)	31	16 336	62	—
瓦楞芯纸(吨)	Corrugated Paper (ton)	14 280	434	7 476	178
电池(万打)	Battries (10 000 doz.)	1 386	1 142	1 592	1 120
陶瓷(万件)	Pottery wear (10 000 units)	26 640	4 964	23 237	5 839
首饰	Jewelry	—	1 261	—	1 475
锡(吨)	Tin (ton)	8 540	5 098	10 886	5 956
锑(吨)	Antimony (ton)	6 710	1 686	10 913	2 333
锑铅合金(吨)	Antimony and Lead Alloys (ton)	3 069	645	1 519	157
水泥(吨)	Cement (ton)	991 342	4 297	1 059 244	4 465
滑石块(吨)	Telcum (ton)	146 554	885	141 073	926
重晶石(吨)	Barite (ton)	2 038 777	4 640	1 849 866	5 923
颜料(吨)	Pigment (ton)	30 689	2 071	34 962	2 819
柴油机(马力)	Desel Engine (h.p.)	453 210	892	497 124	787

6.4.8 廣西壯族自治區外貿主要進口商品數量和金額

金額單位：萬美元(USD10 000)

品名	Item	1996年貿易額 Trade for 1996		1997年貿易額 Trade for 1997	
		數量 Volume	金額 Value	數量 Volume	金額 Value
汽車(輛)	Motor Vehicles (unit)	11	50	1	4
壓縮機(臺)	Compressor (set)	7	4	1	1
機床(臺)	Machine Tools (set)	—	—	1	2
鋼材(噸)	Rolled-Steel (ton)	71 126	2 103	1 442	508
金屬制品(噸)	Metal Products (ton)	58	54	17	5
銅(噸)	Copper (ton)	195	22	920	102
鋁(噸)	Aliuminum (ton)	10 770	1 795	4 976	739
金屬礦砂(噸)	Metal Ores (ton)	742 475	3 247	3 751 655	4 347
廢鋼(噸)	Waste Steel (ton)	3 500	60	10 988	59
柴油(噸)	Desel (ton)	—	—	11 503	225
燃料油(噸)	Fuel (ton)	9 000	185	11 000	110
天然橡膠(噸)	Nature Rubber (ton)	10 263	1 513	4 249	890
合成膠(噸)	Synthetic Rubber (ton)	3 823	214	1 300	78
化肥(噸)	Chemical Fertilizer (ton)	102 204	3 164	52 146	2 027
尿素(噸)	Urea (ton)	52 898	2 193	45 646	1 870
化工原料(噸)	Chemical Materials (ton)	37 939	4 968	272 550	5 065
西藥	Western Medicine (ton)	—	318	—	1 131
紙漿(噸)	Paper Pulp (ton)	144 725	809	8 969	97
紙張(噸)	Paper (ton)	17 488	1 208	11 387	573
彩電(臺)	Color TV (set)	—	—	—	—
棉布(萬米)	Cotton Cloth (10 000 m)	521	560	507	231
棉花(噸)	Cotton (ton)	4 270	814	514	90
化纖紗(噸)	Chemical Fibre (ton)	—	—	—	—
合成纖維(噸)	Synthetic Fibres (ton)	8 380	1 417	7 616	398
糧食(噸)	Grains (ton)	20 700	538	1 210	59
棕櫚油(噸)	Palm Oil (ton)	76 691	5 028	42 911	2 218
香蕉(噸)	Banana (ton)	11 318	267	6 632	155
魚粉(噸)	Fish Meal (ton)	15 300	939	10 500	620
原木(立方米)	Log (cu. m)	6 326	75	91 409	108
砂糖(噸)	Granulated sugar (ton)	58 000	1 826	7 700	208

注：本表數據依據海關統計口徑。(下同)

6.4.9 青海省對外貿易出口商品數量和金額

額單位：萬美元(USD10 000)

品名	Item	1996年貿易額 Trade for 1996		1997年貿易額 Trade for 1997	
		數量 Volume	金額 Value	數量 Volume	金額 Value
總值	**Total**	—	**13 480**	—	**12 440**
1. 農牧土特產品	**1. Special Local Products**	—	**2 303.90**	—	**1 439.60**
1)糧油食品類	**1)Grain**	—	**231.60**	—	**628.80**
蚕豆(吨)	Broad Bean (ton)	2 796.20	132	6 267	255.80
豌豆(吨)	Pea (ton)	246	8.60	99.40	3.20
活牛(头)	Oxes (head)	817	47	599	35.80
冻牛肉(吨)	Frozen Beef (ton)	114.20	22.40	445	65.20
原　盐(吨)	Crude Salt (ton)	1 840	10.70	540	3.30
咸蕨菜(吨)	Salted Fern (ton)	68	5.70	57.80	8.30
2)畜產品類	**2)Animal Products**	—	**821.30**	—	**176.10**
绵羊肠衣(桶)	Sheep and Casing (barrel)	20	9.90	—	—
粗次绵羊毛(吨)	Coarse wool (ton)	21.90	6.60	—	—
羊　绒(吨)	Cashmere (ton)	44.90	244.90	15.40	66.70
无毛绒(吨)	Flannelette Without Hair (ton)	35.80	336.50	11	95.10
山羊毛(吨)	Goats Hair (ton)	—	—	25	7.50
兔　毛(吨)	Rabbit Fur (ton)	18	32.60	—	
3)土產品類	**3)Local Products**	—	**540.20**	—	**80.70**
发　菜(吨)	Hair Weeds (ton)	—	—	—	
蜂　蜜(吨)	Honey (ton)	2 968.80	344	663.20	80.70
菜籽饼(吨)	Rapeseed Cake (ton)	2 441	39.50	—	
4)中藥材類	**4)Traditional Chinese Medicine**	—	**710.80**	—	**554**
甘　草(吨)	Licorice Root (ton)	95.10	15.70	53.20	7.50
枸　杞(吨)	The Fruit of Wolfberry (ton)	66.40	26.50	84.40	34.20
贝　母(吨)	The Bulb of Fritillary (ton)	0.25	0.50	—	—
麻　黄(吨)	Chinese Ephedra (ton)	10.10	0.90	—	—
秦　艽(吨)	Large－leaved Gentian (ton)	—	—	—	—
虫　草(吨)	Caterpillar Fungus (ton)	9.55	571.30	7.60	449.70
大　黄(吨)	Rheum Officinale (ton)	55.40	10.20	3	0.60
雪莲花(吨)	Saussurea Involucrata (ton)	—	—	—	—
鹿　茸(千克)	Pilose Antler (kg)	—	—	—	—
鹿　角(千克)	Cornu Cervi (kg)	—	—	—	—
2. 工業品類	**2. Industial Products**	—	**11 176.10**	—	**11 000.40**
1)紡織品類	**1)Textile**	—	**1 334.60**	—	**1 888.60**
21支普通纱(件)	21 normal yarn (unit)	—	—	—	—
32支普通纱(件)	32 normal yarn (unit)	19	1	—	—
羊绒衫(万件)	Cashmere Shirt (10 000 units)	0.70	6.50	0.36	3.70
纯毛提花毛毯(万条)	Woollen Blanket (10 000 units)	—	—	—	—
睡衣(套)	Sleepcoat (unit)	24 920	10.60	80 160	20.20
羊毛手工打结地毯(平方米)	Carpet (sq.m)	5 111.20	22.90	3 457.20	15.40
民族地毯(平方米)	National Carpet (sq.m)	10 783.60	38.80	14 975.90	63.70

6.4.9 青海省對外貿易出口商品數量和金額(續)

金額單位:萬美元(USD10 000)

品 名	Item	1996年貿易額 Trade for 1996		1997年貿易額 Trade for 1997	
		數 量 Volume	金 額 Value	數 量 Volume	金 額 Value
2)輕工業品類	**2)Light Industial Products**	—	**689.70**	—	**21 502.30**
劳保手套(打)	Gloves for Working (doz)	240 520	174.80	204 054	101.80
布面鞋(万双)	Cloth Shoes (10 000 pairs)	1.20	1.50	1.50	1.90
脱胶骨粒粉	Unglued Bone Meal	—	—	—	—
蹄角粒粉	Coffin Bone Meal	—	—	—	—
抽屉锁(打)	Lock for Drawer (doz)	—	—	—	—
骨 胶	Bone Glue	17	2.40	482	45.60
扬声器(百个)	Loudspeaker (100 sets)	—	—	—	—
3)有色金屬及礦產品類	**3)Nonferrous Metal and Minerals**	—	**8 226.10**	—	**7 367.30**
硅铁(吨)	Ferrosilicon (ton)	33 809	2 305.40	21 016	1 333.20
金属硅(吨)	Silicon (ton)	—	—	47	18.30
锌 (吨)	Zinc (ton)	1 840	187.30	5 689	647.60
炭化硅 (吨)	Charring Silicon (ton)	33 457	1 356.70	35 758	1 181.80
硔石粉(吨)	Fluorite Meal (ton)	761	6.70	—	—
锌矿砂(吨)	Zinc Ore (ton)	5 044	114.40	17 189	429
4)化工類	**4)Chemical Industry**	—	**42.20**	—	**72.40**
硫化碱(吨)	Soda Sulfide (ton)	—	—	60	1.30
元明粉 (吨)	Glauber Salt (ton)	1 350	13.10	80	0.80
氯化镁	Magnesium Chloride (ton)	2 360	19.40	1 548	12.80
硼酸(吨)	Boric Acid (ton)	360	3.90	—	—
三氯化铁(吨)	Ferrictrichloride (ton)	14	1.40	—	—
5)機械設備類	**5)Machinical Instruments**	—	**755.50**	—	**146.40**
蓄电池(千伏)	Storage Batteries (1000 volt)	—	—	—	—
八角锤(打)	Octagon Hammer (doz)	—	—	—	—
活络扳手(打)	Wrench (doz)	—	3.90	1 600	1
罗纹加工机床(台)	Rib-Processing Machinary (set)	—	—	—	—
车床(台)	Lathe (set)	1	2	—	—
铣床(台)	Milling Machine (set)	3	1.70	23	27.30
数控机床(台)	Data Control Machinary (set)	—	—	—	—
马分力电机(台)	Electrical Machinery (set)	2 000	4.60	—	—
工业轴承(万套)	Mechanical Bearing, (10000 units)	33	4.60	9.40	16.40
量具(万件)	Measuring Implement (10000 units)	—	10.90	—	16
6)建工建材類	**6)Building Material Industry**	—	**128**	—	**23.30**

6.4.10　北京市分類別主要商品進出口額

類　　別	Item	金額(萬美元) Value(USD 10 000)	
		1997 年	1996 年
出口總額	**Exports**	**246 503**	**208 624**
1. 初級產品	**1. Primary Goods**	**20 019**	**17 416**
食品及主要供食用的活动物	Food and Lively Animals Chiefly for Food	12 150	12 043
饮料及烟草	Beverage and Tobacco	521	560
非食用原料(燃料除外)	Non—edible Raw Materials(excluding Fuel)	5 512	3 996
矿物燃料、润滑油及有关原料	Mineral Fuels, Lubricants and Related Materials	1 721	700
动植物油、脂及蜡	Animal and Vegetable Oils, Fats and Waxes	115	117
2. 工業制成品	**2. Manufactured Goods**	**226 484**	**191 208**
化学品及有关产品	Chemicals and Related Products	10 355	10 190
按原料分类的制成品	Finished Products Grouped by Materials	51 109	36 888
机械及运输设备	Machinery and Transport Equipment	70 357	55 254
3. 雜項制品	**3. Miscellaneous Products**	**94 624**	**88 854**
4. 未分類商品	**4. Products Not Classified**	**39**	**22**
進口總額	**Imports**	**331 073**	**330 577**
1. 初級產品	**1. Primary Goods**	**40 444**	**21 866**
食品及主要供食用的活动物	Food and Lively Animals Chiefly for Food	10 930	7 755
饮料及烟草	Beverage and Tobacco	561	112
非食用原料(燃料除外)	Non—edible Raw Materials(excluding Fuel)	24 489	9 553
矿物燃料、润滑油及有关原料	Mineral Fuels Lubricants and Related Materials	2 550	2 096
动植物油、脂及蜡	Animal and Vegetable Oils, Fats and Waxes	1 914	2 350
2. 工業制成品	**2. Manufactured Goods**	**290 629**	**308 771**
化学品及有关产品	Chemicals and Related Products	18 275	19 111
按原料分类的制成品	Finished Products Grouped by Materials	55 023	49 923
机械及运输设备	Machinery and Transport Equipment	196 013	206 138
杂项制品	Miscellaneous Products	21 015	33 290
未分类商品	Products Not Classified	303	249

注:本表數據依據海關統計口徑。(下同)

6.4.11 上海市主要商品進出口額

單位:萬美元(USD 10 000)

商品及指標	Item	1996年貿易額 Trade for 1996		1997年貿易額 Trade for 1997	
		出口商品金額	進口商品金額	出口商品金額	進口商品金額
糧 油	Grain and Edible Oil	6 902	7 670	3 626	9 807
飼 料	Fodder	—	6 192	—	8 713
水產品	Aquatic Products	18 884	—	15 497	—
茶葉、咖啡、可可	Tea, Coffee and Cocoa	5 046	—	6 487	—
畜產品	Animal Husbandry Products	15 827	7 753	17 430	6 328
木 材	Timber	3 554	11 606	4 983	13 633
烟 類	Cigarette	8 947	—	8 152	—
紡織品	Textile Good	174 466	87 083	181 720	98 739
紙漿、紙張及制品	Pulp, paper and Related Products	—	13 751	—	15 422
服 裝	Garmemt	340 694	—	335 536	—
工藝品	Handicraft	16 104	—	13 659	—
箱包及鞋帽	Suitcases,Shoes and Hats	58 076	—	59 948	—
文體用品	Cultural and Sports Good	65 187	—	63 182	—
鐘 表	Clock and Watch	2 479	—	1 692	—
黑色金屬	Ferrous Metal	117 438	98 141	130 553	107 091
有色金屬	Nonferrous Metal	23 900	17 088	19 926	21 590
煤炭及煤制品	Coal and Its Products	—	3 590	—	1 985
石油及制品	Petroleum and its Products	8 253	23 992	6 699	21 053
化工原料	Chemical Raw Material	24 035	39 196	23 532	51 489
塑 料	Plastic	27 631	17 946	22 390	19 317
化肥、農藥	Chemical Fertilizer and Pesticides	—	4 655	—	1 569
橡膠及制品	Rubber and its Products	12 695	7 034	11 279	7 070
醫藥原料	Raw Material for Medicines	20 241	6 594	24 959	4 092
醫療器械	Medical Equipment	—	3 108	—	3 702
船 舶	Ship	73 461	5 925	41 504	5 920
汽車、電車、摩托車及零件	Cars,Buses,Motorcycles and Spare Parts	15 161	39 517	8 910	59 410
各類機械	Various Kinds of machinery	70 499	100 044	57 405	98 698
成套設備	Complete Set of Equipment	—	78 150	—	94 252
電信設備及器材	Telecommunications Equipment and Facilitie	109 072	106 236	72 009	96 143
自行車	Bicycle	13 607	—	12 733	—
縫紉機	Sewing Machine	6 120	—	6 773	—
家用電器	Household Eletronic Appliance	81 263	33 561	56 525	28 810

6. 4. 12 重慶市外貿進出口總值

單位:萬美元(USD 10 000)

商品及指標	Item	1997 年貿易額 Trade for 1997	1996 年貿易額 Trade for 1996
進出口總值合計	**Total Imports and Exports**	**163 178**	**140 266**
1. 出口總值	**1. Total Exports**	**78 489**	**63 644**
化工医药类	Chemical Industry and Medical Industry	14 790	14 944
五金矿产类	Hardware and Mineral	9 663	11 581
机械设备类	Machinery and Equipment	6 155	8 177
轻工业品类	Light Industry Products	5 150	4 452
工艺品类	Craft Products	298	372
纺织丝绸类	Textile	32 908	17 391
畜产品类	Animal Products	2 247	3 305
粮油食品类	Grain Oil and Food	3 621	2 909
茶叶土产类	Tea and Local Products	328	437
其他类	Others	3 329	76
2. 進口總值	**2. Total Imports**	**84 689**	**76 622**
#钢材	Rolled－Steel	7 959	4 501
金属矿砂	Metal Ore	5 157	3 087
化工原料	Chemical Raw Materials	5 649	7 950
成套设备及技术引进	Complete Set of Equipment and Technique Importing	3 619	4 939
各类机械	Light Industry Machinery	15 587	1 685
汽车及摩托车	Automobile and Motorcycle	22 288	25 298
电子计算机	Computer	96	312
西　药	Foreign Medical and Pharmaceutical Products	164	115
家用电器	Household Electrical Appliances	27	65

6.4.13 江蘇省海關進出口商品分類金額

金額單位:萬美元(USD10 000)

商品類別	Category of Commodity	1996年貿易額 Trade for 1996		1997年貿易額 Trade for 1997	
		出口 Exports	進口 Imports	出口 Exports	進口 Imports
總　計	Total Value	**1 160 098**	**908 691**	**1 408 903**	**953 159**
活动物、动物产品类	Live Animals & Animal Products	16 415	2 419	15 868	2 276
植物产品	Plant Products(Vegetables, Fruits and Cereals)	15 263	2 418	14 343	10 604
动植物油脂及蜡	Animal Fat, Vegetable Oil and Waxes	963	6 121	6 350	7 473
食品、烟草及制品饮料、酒及醋	Food, Tobacco and Tobacco Substitutes Beverages, Liquor and Vinegar	31 268	11 468	29 302	9 883
矿产品	Minerals	7 561	17 378	9 549	25 323
化工产品及相关工业制成品	Chemicals and Pharmaceutical Products	113 957	71 011	130 105	73 900
塑料、橡胶及制品	Plastics, Rubber and related products	23 557	36 740	26 809	38 714
生皮、皮革、毛皮及其制品、鞍具等类	Raw hides, Leather Fur and related products, Saddle etc.	31 747	15 716	35 010	17 849
木及制品、稻草、秸秆、篮筐结品类	Wood and Wooden Products, Rice Straw Plaited Products and Basket Wickework	9 802	15 131	11 052	21 328
纸浆、纸张及制品	Paper Pulp, Paper, Paperboard and related products	2 908	16 940	4 403	19 052
纺织原料及纺织制品	Textile Materials and products	451 743	176 608	497 757	182 288
鞋、帽、伞、杖、已加工羽绒制品	Footwear, Headwear, Umbrellas, Canes and Processed Feather Products	43 022	3 078	44 468	2 569
石料、水泥、云母及类似材料制品	Gypsum, Cement, Mica and related products	10 540	7 445	13 268	9 586
天然或养植珍珠、包贵金属及制品类	Natural or Cultivated Pearls, Rolled Precious Metal and related products	3 219	1 306	4 173	1 583
贱金属及制品类	Base Metal and related products	72 534	68 230	92 836	70 676
机器、电器设备、录音机及其零件类	Machinery, Electrical Equipment, Recorders and Spare Parts	199 381	410 458	302 787	414 765
车辆、航空器、船舶及运输设备类	Locomotives, Aircraft, Ship and Transportation Equipment	36 434	7 321	45 130	8 765
光学、照相、电影、乐器零件及附件类	Optical, Photographic, Film, instrument Spare Parts and Appendix	32 014	31 817	46 386	32 694
杂项制品类	Sundry Goods and related products	35		79 161	3 864
艺术品收藏品及古物类	Work of Arts, Collection and Antique	57 572	7 059	102	1
未分类商品	Others	163	26	44	37

6.4.14　廣東省海關進出口商品分類金額

金額單位：萬美元(USD10 000)

商品類别	Category of Commodity	1996年貿易額 Trade for 1996		1997年貿易額 Trade for 1997	
		出口 Exports	進口 Imports	出口 Exports	進口 Imports
總　計	**Total Value**	**5 934 575**	**5 061 397**	**7 456 374**	**5 555 574**
1. 活動物：动物产品	**Live Animals & Animal Products**	**65 512**	**28 107**	**68 639**	**28 482**
活动物	Live Animals	20 399	1 252	19 379	1 184
肉及食用杂碎	Meat and Edible Haslets	6 947	12 254	8 999	9 484
水产品	Aquatic Products	30 422	8 694	30 564	9 195
乳品、蛋品、天然蜂蜜	Dairy Products, Eggs, Natural Honey,	3 912	2 958	4 692	3 699
其他食用动物产品	Other Edible Animal Products	3 832	2 949	5 005	4 920
2. 植物產品	**Plant Products**	**58 478**	**40 791**	**57 485**	**43 618**
树苗及花草	Saplings, Flowers and Herbs	905	287	897	321
蔬　菜	Edible Vegetables	20 397	883	20 049	992
水果及坚果	Fruits and Nuts	8 643	4 834	7 209	6 274
咖啡、茶叶及调味香　料	Coffee, Tea and Spices	7 551	440	8 263	488
谷　物	Cereals	312	13 772	386	14 451
制粉工业产品	Flour, Starch and Related Products	3 429	3 422	4 304	3 407
植物油籽及果食、种子	Oil Seeds and Kernels, Seeds,	14 704	14 254	13 598	15 274
虫胶、树胶、树脂	Shellac, Gum, Resin	536	1 222	721	1 026
编结植物材料、	Stuff of Knitting Plant, Other	2 001	1 677	2 058	1 385
3. 動植物油脂及蠟	**Animal Fat, Vegetable Oill and Wax**	**19 717**	**44 063**	**31 084**	**53 129**
4. 食品、烟草及制品	**Food, Tobacco and Related Products**	**110 164**	**35 106**	**117 247**	**47 651**
动物产品制品	Animal Products	36 049	157	35 107	82

6.4.14 廣東省海關進出口商品分類金額(續)

金額單位:萬美元(USD10 000)

商品類別	Category of Commodity	1996年貿易額 Trade for 1996		1997年貿易額 Trade for 1997	
		出口 Exports	進口 Imports	出口 Exports	進口 Imports
糖及糖食	Sugar and Sugar Products	6 067	3 595	9 813	7 982
可可及可可制品	Cocoa and Cocoa Products	113	422	263	331
糧食及乳制品 糕餅點心	Foodstuff, Dairy Products and Pastry Products	7 246	1 107	9 005	966
蔬菜水果等 植物制品	Products of Vegetables and Fruits	12 200	805	11 949	949
雜項制品	Miscellaneous Edible Products	8 935	2 617	10 373	2 056
飲料、酒及醋	Beverages, Liguor and Vinegar	26 573	2 430	27 975	2 491
食品的殘渣及 動物飼料	Drag of Food, Animal Forage	3 794	16 506	4 769	26 437
烟草及烟草制品	Tobacco and Related Products	9 187	7 467	7 993	6 357
5. 礦產品	**Minerals**	**121 655**	**269 156**	**202 053**	**343 091**
盐、硫磺、建筑材料	Salt, Sulphur, Building Material	10 104	6 230	10 963	8 809
矿砂、矿渣及矿灰	Ore, Slag and Mortar	1 834	9 834	2 436	8 931
矿物燃料、矿物油及产品	Mineral Fuels, Lubricants and Related Material	109 717	253 092	188 654	325 351
6. 化工產品	**Chemicals**	**127 508**	**284 365**	**149 019**	**318 903**
无机化学品	Inorganic Chemicals	25 040	18 230	30 213	24 052
有机化学品	Organic Chemicals and Pharmaceutical Products	19 821	83 615	22 860	91 122
药 品	Medicine	6 202	7 156	7 713	6 114
肥 料	Fertilizers	10 274	42 021	11 060	33 454
鞣料、染料、染料浸膏	Tanning Material, Dyeing Extracts,	18 091	45 311	19 999	60 040

6.4.15 海南省海關進出口主要商品金額

單位:萬美元(USD 10 000)

商品及指標	Item	1996年貿易額 Trade for 1996	1997年貿易額 Trade for 1997
進口主要商品	**CATEGORY BY IMPORTS**		
机械设备	Machinery	748	27 396
钢　材	Stills	65 420	26 160
航空器及零件	Spacecraft and Parts Thereof	—	14 446
成品油	Finished Petroleum Products	7 437	7 945
电器及电子产品	Electrical Appliance and Electron Products	—	3 909
医药品	Medicinal and Pharmaceutical Products	2 764	2 095
植物油	Vegetable Oil	4 228	1 557
橡胶极其制品	Rubber and Related Products	182	1 480
船舶及浮动结构体	Shipping and Related Products	—	1 210
对苯二甲酸	Paraxylene Acid	—	1 199
出口主要商品	**CATEGORY BY EXPORTS**		
天然气	Natural Gas	—	27 606
铁合金	Ferroalloy	—	4 560
锑	Stibium	—	3 403
衣服及衣着附件	Garments and Clothing Accessories	2 278	2 577
蔬　菜	Vegetable	402	—
茶　叶	Tea	233	—
桉木片	Eucalyptus Pieces	—	2 497
家　具	Furniture	1 068	2 045
咖　啡	Coffee	—	1 094
胡　椒	Pepper	—	1 070
机电产品	Machinery, Electric Products	2 020	—
塑料制品	Plastic Articles (10 000 tons)	360	—
纺织纱线、织物及制品	Woven Febrics and Textile Products	1 708	—
水海产品	Aquatic Products	1 238	2 305
肥　料	Fertilizer	—	596

6.4.16 黑龍江省海關進出口總額(按商品類別分)

单位:万美元(USD 10 000)

項目 Items	進出口總額 Total Imports and Exports			
	進口總額 Imports		出口總額 Exports	
	1996 年	1997 年	1996 年	1997 年
總 額	**244 922**	**246 298**	**108 210**	**130 724**
活动物、动物产品	7 355	6 870	6 784	6 574
植物产品	19 959	21 468	18 688	19 406
动、植物油、脂及其分解产品、及动、植腊	767	68	58	22
食品、饮料、酒及醋;烟草及代用品	7 047	7 379	6 223	6 689
矿产品	9 182	9 847	5 728	6 412
化学工业及相关工业的产品	37 426	33 431	7 734	6 408
塑料及其制品、橡胶及其制品	10 444	7 866	844	848
生皮、皮革、毛皮及其制品	1 870	2 908	1 561	2 622
木材及木制品	11 486	13 117	7 700	7 359
木浆及其他纤维状纤维素浆	8 975	8 715	690	522
纺织原料及纺织制品	22 231	35 233	17 744	31 518
鞋、帽、伞	3 943	7 283	3 860	7 261
石料、石膏、水泥、石棉、云母及制品	1 815	2 009	1 352	1 592
天然或养殖珍珠	102	234	66	125
贱金属及其制品	21 602	19 290	5 762	7 342
机器、机械器具	62 513	58 356	19 474	21 183
车辆、航空器、船舶及有关运输设备	8 178	2 434	377	427
光学、照相、电影、计量、检验等仪器	5 552	5 500	926	980
艺术品	2	3	2	3
杂项制品及其它	4 469	4 280	2 640	3 430

6.4.17 甘肅省進口貿易額

单位:万美元 (USD 10 000)

商 品	Item	1996 年貿易額 Trade for 1996	1997 年貿易額 Trade for 1997
總 計	**Total**	**13 058**	**14 543**
畜产品	Animal Products	64	—
木 材	Timber	—	—
种子种畜	Seed Grain, Breeding Stock	10	4
纺织原料	Textile Materials	1 119	822
纺织品	Textile Products	54	—
工艺品	Handicrafts Articles	—	—
箱包及鞋帽	Boxes Package Footwear and Headwear	12	—
纸浆、纸张及制品	Paper Paper Pulp and Products	281	423
黑色金属	Ferrous Metal	83	447
有色金属	Nonferrous Metal	5 257	4 748
非金属矿产品及制品	Nonmetal Mineral and Products	—	—
石油及制品	Petroleum and Products	8	166
化工原料	Ghemical Raw Marerial	987	1 214
塑 料	Plastics	326	146
化肥农药	Chemical Firtilizers and Pesticides	209	—
医疗器械	Medical Appliances	147	51
汽车、电车、摩托车及零件	Vehicles Motors and Parts	126	58
各类机械	Machineries	3 088	3 291
成套设备	Complete sets of Equipments	1 105	1 860
电讯设备及器材	Telecommunications Equipments	24	293
电子设备及仪器	Electronic Equipment and Instrument	24	141
光学仪器	Optical Equipments	92	6
物理化工仪器	Physical Chemical Industry Equipments	27	12
家用电器	Household Electrical Appilances	—	44
照相制版及电影器材	Photigraphic, Film Appliances	10	—
工农具	Industry and Agriculture Means	—	—
未分类商品	Others Unclassifed Goods	5	4

6.4.17 甘肅省進口貿易額(續)

单位:万美元 (USD 10 000)

商品	Item	1996年貿易額 Trade for 1996	1997年貿易額 Trade for 1997
總計	**Total**	**39 071**	**40 669**
粮油	Grain and Oil	358	286
食用动物及产品	Edible Animal and Products	27	16
食用植物及产品	Edible Plants and Products	1 632	1 456
食品制成品	End—Product Foog	307	113
饲料	Forage	185	123
咖啡、茶叶、可可	Coffee, Tea and Cocoa	1	
香调料及香料油	Spice and Perfume Oil	31	11
工业用土产原料	Local Material for Industry	—	3
山货	Mountain Products	—	—
畜产品	Animal Products	438	118
木材	Timber	1	2
种子种畜	Seeded Grain and breeding Stocks	17	15
纺织原料	Textile Material	2 065	1 525
纺织品	Textile Products	1 943	1 802
丝织品	Silk Products	—	121
服装	Garments	2	5 115
陶瓷	Ceramics	2 186	129
地毯及装饰挂毯	Carpets and Decoration Tapestry	19	1 094
工艺品	Technology Arts	2 219	79
箱包及鞋帽	Boxes, Bags, Shoeses and Hats	120	1 066
文体用品	Recreational and Sports Appliances	153	453
纸浆、纸张及制品	Paper Pulp, Paper and Products	388	—
日用五金器具	Hardware for Daily Used	26	63
钟表	Clocks	71	—
家俱	Furnitures	3	13

6.4.18 貴州省進出口商品分類金額

单位:万美元 (USD 10 000)

商品及指標	Item	1996 年貿易額 Trade for 1996	1997 年貿易額 Trade for 1997
1. 進口商品總金額	**1. Total Value of Import**	**20 831**	**19 421**
1)生產資料	**1)Capital Goods**	**19 932**	**15 712**
机器和设备	Machinary and Instrument	9 371	3 865
生产原料	Production Material	10 561	11 847
重工业原料	Heavy Industry Material	4 401	4 849
轻工业原料	Light Industry Material	3 905	2 777
农业生产资料	Capital Goods for Agriculture	2 255	4 176
2)生活資料	**2)Means of Livelihood**	**899**	**3 709**
一般生活资料	Normal Means of Livelihood	782	3 709
高档消费品	High-Grade Consumer Goods	117	
2. 構成(%)	**2. Constructure (%)**	**100**	**100**
1)生產資料	**1)Capital Goods**	**95.70**	**80.90**
1. 机器和设备	**Machinary and Instrument**	45	19.90
2. 生产原料	**Production Material**	50.70	61
重工业原料	**Heavy Industry Material**	21.20	25.20
轻工业原料	**Light Industry Material**	18.70	14.30
农业生产资料	**Capital Goods for Agriculture**	10.80	21.50
2)生活資料	**2)Means of Livelihood**	**4.30**	**19.10**
一般生活资料	**Normal Means of Livelihood**	3.80	19.10
高档消费品	**High-Grade Consumer Goods**	0.50	

6.4.18 貴州省進出口商品分類金額(續)

单位:万美元 (USD 10 000)

商品及指標	Item	1996 年貿易額 Trade for 1996	1997 年貿易額 Trade for 1997
1. 出口商品總金額	**1. Total Value of Export**	**43 733**	**48 239**
1)初級產品	**1)Primary Goods**	**11 077**	**10 613**
食品	Foods	3 612	2 460
饮料及烟草	Beverages and Tobacco	2 634	3 763
非食用原料	Unedible Raw Material	4 117	3 377
矿物燃料	Mineral Fuels	155	579
动植物油脂及蜡	Animal Fat, Vagetable Oil and Wax	559	434
2)工業制成品	**2)Manufactured Goods**	**32 656**	**37 626**
化学品及有关产品	Chemicals and Related Products	7 703	10 757
按原料分类的制成品	Products Classified by Material	9 666	12 735
机械运输设备	Machinery and Transport Equipment	7 797	7 091
其他商品	Products Not Otherwise Classified	7 490	7 043
2. 構成(%)	**2. Constructure(%)**	**100**	**100**
1)初級產品	**1)Primary Goods**	**25.30**	**22**
食品	Foods	6.30	5.10
饮料及烟草	Beverages and Tobacco	6	7.80
非食用原料	Unedible Raw Material	9.40	7
矿物燃料	Mineral Fuels	0.30	1.20
动植物油脂及蜡	Animal Fat, Vagetable Oil and Wax	1.30	0.90
2)工業制成品	**2)Manufactured Goods**	**74.70**	**78**
化学品及有关产品	Chemicals and Related Products	17.60	22.30
按原料分类的制成品	Products Classified by Material	22.10	26.40
机械运输设备	Machinery and Transport Equipment	17.80	14.70
其他商品	Products Not Otherwise Classified	17.20	14.60

6.4.19 河南省主要商品出口總額

单位:万美元 (USD 10 000)

商品及指標	Item	1996年貿易額 Trade for 1996	1997年貿易額 Trade for 1997
總 值	**Total Value**	**189 800**	**196 161**
1. 按加工程度分	**1. By Extent Processing**		
初级产品	Primary Goods	53 144	54 729
工业制成品	Manufactured Goods	136 656	141 432
2. 按工農產品分	**2. By Industrial and Agricultural Products**		
农副产品	Agricultural and Sideline Products	18 980	19 812
工矿产品	Industrial and Mineral Products	91 104	97 296
3. 按類別分	**3. By Category**		
粮油产品	Grain and Oil Products	24 996	24 389
土畜产品	Livestock Products	17 818	17 525
纺织丝绸	Textile and Fabric	35 651	33 170
服 装	Garment	24 371	24 726
工艺品	Handicraft Article	14 338	14 909
轻工业产品	Light Industrial Products	6 348	7 192
五金矿产品	Metal and Mineral Products	20 411	26 665
煤炭及制品	Coal and Related Products	8 550	8 469
化工产品	Chemicals and Related Products	4 323	4 789
医药品	Medicinal and Pharmaceutical Products	6 096	5 023
运输工具及工农具	Transport and Farming Equipment	2 173	2 829
机械及设备	Machinery Equipments	13 355	12 493
光电产品	Optical and Electron Products	4 540	6 194
家电设备	Household Electrical Appliances	5 806	5 732
其 他	Others	1 022	2 056

6.4.20 遼寧省進出口商品分類金額

單位:萬美元(USD 10 000)

商品及指標	Item	1996年貿易額 Trade for 1996		1997年貿易額 Trade for 1997	
		出口商品金額	進口商品金額	出口商品金額	進口商品金額
總 值	**Total Value**	**833 800**	**291 000**	**889 400**	**407 000**
按加工程度分	**By Extent Processing**				
初级产品	Primary Goods	303 800	87 000	307 300	105 000
工业制成品	Manufactured Goods	530 000	530 000	582 100	582 100
食品及活动物	Food and Live Animals	72 900	9 000	79 500	26 000
非食用原料	Non-Edible Raw Materials	29 000	6 000	34 500	20 000
矿物燃料润滑油及有关原料	Mineral Fuels, Lubricants and Related Materials	201 900	72 000	193 300	59 000
化学品及有关产品	Chemical and Related Products	70 100	70 100	64 700	64 700
轻纺产品、橡胶制品及矿产品及其制品	Light and Textile Industrial Products, Rubber Products, Minerats and Metal-lurgical Products	253 500	253 500	298 400	298 400
机械及运输设备	Machinery and Transport Equipment	206 400	206 400	219 000	219 000

6.4.21 寧夏回族自治區外貿商品出口額

单位:万美元 (USD 10 000)

商品及指標	Item	1996年貿易額 Trade for 1996	1997年貿易額 Trade for 1997
出口總額	**Total Value of Export**	**167 753**	**208 980**
按商品類别分	**By Category of Commdities**		
农副产品	Agricultural and Sideline Products	25 166	28 566
轻纺产品	Lighe Industry Products	36 982	36 443
工矿产品	Industrial and Mineral Products	105 605	143 971
按專業公司分	**By Specialized Corporation**		
# 直接出口	Directly Export	166 753	208 980
粮油食品类	Grain Oil and Food	3 882	3 083
# 直接出口	Directly Export	3 882	3 083
纺织品类	Txtile	7 968	7 229
# 直接出口	Directly Export	7 968	7 229
土产品类	Local Products	7 314	7 510
# 直接出口	Directly Export	7 314	7 510
畜产品类	Animal Products	18 350	19 987
# 直接出口	Directly Export	18 350	19 987
工艺品类	Handcraft Article	935	783
轻工业品类	Light Industry	21 053	23 295
五金矿产类	Hardware	69 684	107 397
# 直接出口	Directly Export	69 684	107 397
化工类	Chemical Industry	16 384	22 698
机械(设备)类	Machinery Equipment	5 207	7 627

6.4.22 内蒙古自治區對外貿易主要商品進出口總值

单位:万美元 (USD 10 000)

商品及指標	Item	1996 年貿易額 Trade for 1996	1997 年貿易額 Trade for 1997
出口總值	**Total Value of Export**	**68 590**	**73 519**
1. 按商品類别分	**1. By Category of Commdities**		
糧油商品類	Grain Oil and Food	8 122	10 110
土畜産類	Animal Products	2 580	2 125
紡織類	Txtile	11 697	13 775
輕工類	Light Industry	12 841	14 353
工藝類	Handcraft Article	1 822	1 539
五金礦産類	Hardware	11 578	14 718
化工類	Chemical Industry	2 552	2 210
機械類	Machinery	377	510
醫藥類	Medicine	690	1 443
機械設備類	Machinery Equipment	1 125	876
絲綢類	Silk	147	27
煤炭類	Coal	1 884	2 007
其 他	Other	13 175	9 826
2. 按國家(地區)分	**2. By Country(Territory)**		
中國香港	Hong Kong, China	7 435	8 857
澳 門	Macao	42	7
日 本	Japan	13 930	11 487
新加坡	Singapore	285	351
德 國	Germany	1 606	1 108
法 國	France	1 738	1 195
意大利	Italy	2 151	2 501
英 國	United Kingdom	2 699	2 206
美 國	United States	2 738	3 191
比利時	Belgium	179	346
俄羅斯	Russian	15 519	20 149

6.4.22 内蒙古自治區對外貿易主要商品進口總值(續)

單位:萬美元 (USD 10 000)

商品及指標	Item	1996 年貿易額 Trade for 1996	1997 年貿易額 Trade for 1997
進口總值	**Total Value of Import**	**56 391**	**57 508**
按主要商品類别分	**By Category of Commdities**		
成套设备及技术引进	Complete set of Equipment and Technology Imporeting	9 462	2 086
机械类	Machinery	3 319	7 722
仪器类	Instrument	707	2 745
五矿类	Hardware and Mineral	8 704	11 633
化工类	Chemial Industry	10 947	7 417
医药类	Medicine	382	409
轻工类	Light Industry	583	1 906
工艺类	Handcrafts Articals	2	0.20
纺织类	Textile	3 581	4 760
粮油类	Grain and Oil	27	29
土畜类	Local and Animalm Products	18 677	18 801
進口數量按品種分	**By Assortment**		
汽车(辆)	Motor Vehicle	250	—
钢材(吨)	Rolled Steel (ton)	30 058	138 261
金属矿砂(吨)	Metal Ore(ton)	1 181 487	884 740
合成纤维(吨)	Synthetic Fiber Suitable(ton)	394	15 851
原木(立方米)	Logs	46 532	310 537
化肥(吨)	Fertilizer(ton)	602 504	161 061
化工原料(吨)	Chemical Raw Material(ton)	12 086	36 638

6.4.23　1997年四川省外貿進出口商品分類金額

單位：萬美元(USD 10 000)

商品類別	Commodities	出口 Exports	進口 Imports
全省合計	**Total**	**164 429.00**	**107 111.00**
糧　油	Grain Oil	1 306.00	3 568.00
食用動物及其産品	Edible Animal and Products	6 164.00	—
食用植物及其産品	Edible Plant and Products	8 124.00	—
水産品	Aquatic Products	—	72.00
食品制成品	End-Product Food	3 469.00	37.00
飼　料	Forage	448.00	1 386.00
咖啡、茶葉、可可	Coffee Tea and Cocoa	468.00	—
香調料及香料油	Spice and Perfume Oil	755.00	—
工業用土産原料	Local Material for Industry	106.00	—
山　貨	Mountain Products	174.00	—
畜産品	Animal Products	6 679.00	89.00
木　材	Timber	3 534.00	912.00
種子、種畜	Seeded Grain and Breeding Stocks	25.00	1.00
烟　類	Cigarette	1 381.00	93.00
紡織原料	Textile Material	5 609.00	986.00
紡織品	Textile Products	13 003.00	1 232.00
絲織品	Silk Products	6 198.00	—
服　裝	Garments	15 394.00	—
陶　瓷	Ceramics	246.00	97.00
地毯及裝飾挂毯	Carpets and Decoration Tapestry	1 701.00	47.00
工藝品	Handcraft Articals	791.00	10.00
箱包及鞋帽	Boxes, Bags, Shoeses and Hats	1 621.00	9.00
文體用品	Recreational and Sports Appliances	381.00	139.00
紙漿、紙張及制品	Paper Pulp, Paper and Products	341.00	3 034.00
日用五金器具	Hardware for Daily Used	19.00	26.00
鐘　表	Clocks	58.00	—

6.4.23 1997年四川省外貿進出口商品分類金額(續)

單位:萬美元(USD 10 000)

商品類别	Commodities	出口 Exports	進口 Imports
家　具	Furniture	6.00	5.00
日用雜品	Articles for Daily Use	966.00	166.00
黑色金屬	Ferrous Metal	22 206.00	8 257.00
有色金屬	Nonferrous Metal	6 634.00	6 584.00
非金屬礦産品及制品	Nonmetal Mineral and Products	1 163.00	451.00
煤炭及煤制品	Coal and Coal Products	95.00	—
石油及制品	Petroleum and its Products	—	23.00
化工原料	Chemical Raw Material	10 029.00	5 213.00
塑　料	Plastics	330.00	3 004.00
油漆、油墨及染料	Oil—based Coating Printing Ink and Colourant	169.00	64.00
化肥、農藥	Chemical Fertilizer and Pesticides	257.00	1 953.00
火工制品	Priming System	84.00	—
橡膠及制品	Rubber and its Products	35.00	585.00
中藥材	Traditional Chinese Medicine Material	3 929.00	—
中成藥、藥酒	Chinese Patent Medicine, Medicinal Liquor	378.00	—
醫藥原料	Medicine Material	7 172.00	995.00
西成藥	West Patent Medicine	225.00	—
醫療器械	Medical Equipment	23.00	93.00
船　舶	Ships	—	2.00
航空設備	Spacecrafts	2 500.00	15 799.00
鐵路車輛及設備	Tranfic of Railway	125.00	—
汽車、電車、摩托車及零件	Cars Buses Motorcycles and Spare Parts	568.00	217.00
各類機械	Machineries	12 083.00	25 159.00
成套設備	Complete set of Equipment	4 953.00	15 771.00
電訊設備及器材	Telecommunication Equipment and Instrument	5 507.00	6 228.00
電子設備及儀器	Electronic Equipment	177.00	2 528.00
光學儀器	Optical Instrument	227.00	213.00
物理化工儀器	Physical Chemical Instrument	229.00	1 269.00
照相制版及電影器材	Photographic, Print and Film Instroment	12.00	122.00
自行車	Bicycles	20.00	—
縫紉機	Sewing Machine	13.00	—
家用電器	Household Electronic Appliances	1 866.00	131.00
工農具	Farming Equipment	4 125.00	425.00
出版物	Publishing Products	13.00	—

6.4.24 新疆維吾爾自治區進出口商品分類金額

單位:萬美元(USD 10 000)

商品及指標	Item	1996年貿易額 Trade for 1996		1997年貿易額 Trade for 1997	
		出口商品金額	進口商品金額	出口商品金額	進口商品金額
總　值	**Total Value**	**54 975.00**	**85 392.00**	**66 547.00**	**78 120.00**
1.按加工程度分	**1. By Extent Processing**				
1)初級產品	1)Primary Goods	16 395.00	16 782.00	18 590.00	17 947.00
食品及活動物	Food and Live Animals	8 832.00	207.00	9 623.00	410.00
飲料及烟草	Beverages and Tobacco	1 028.00	19.00	3 447.00	—
非食用原料	Non-Edible Raw Materials	4 014.00	16 255.00	2 167.00	17 531.00
礦物燃料潤滑油及有關原料	Mineral Fuels, Lubricants and Related Materials	2 450.00	34.00	3 179.00	6.00
動植物油脂及蠟	Animal and Vegetable Oils, Fats and Waxes	71.00	—	174.00	—
2)工業制成品	2)Manufactured Goods	38 580.00	68 610.00	47 957.00	60 173.00
化學品及有關產品	Chemical and Related Products	4 450.00	16 463.00	5 653.00	10 549.00
輕紡產品、橡膠制品及礦產品及其制品	Light and Textile Industrial Products, Rubber Products, Minerals and Metallurgical Products		—	—	—
2.按原料分類的制成品	**2. Manufactured Goods Classified By Raw Materials**	**1 937.00**	**30 031.00**	**1 790.00**	**33 157.00**
機械及運輸設備	Machinery and Transport Equipment	3 412.00	17 301.00	3 572.00	12 069.00
雜項制品	Miscellaneous Products	28 202.00	4 293.00	36 717.00	3 916.00
未分類商品	Products Not Classified	579.00	255.00	225.00	482.00
其　它	**Others**	—	**267.00**	—	—

6.4.25 雲南省進口主要商品金額

單位:萬美元(USD 10 000)

品　名	Name of Commodity	1996年貿易額 Trade for 1996年	1997年貿易額 Trade for 1997年
總　值	**Total Value**	**91 697.00**	**79 686.00**
糧　油	Grain Oil	1 061.00	616.00
食用植物及其產品	Edible Vegetable Products	331.00	10.00
水產品	Aquatic Products	320.00	29.00
茶葉、咖啡、可可	Tea,Coffee and Cocoa	399.00	10.00
畜產品	Livestock Products	115.00	19.00
紡織品	Textile Products	2.00	162.00
絲織品	Fabric Products	3.00	
工藝品類	Handicraft Article	692.00	521.00
鐘　表	Clocks	93.00	
黑色金屬	Ferrous Metals	4 136.00	6 283.00
鋼　材	Stills	2 064.00	3 913.00
有色金屬	Nonferrous Metals	3 255.00	7 041.00
非金屬礦產品及制品	Nonmetallic Mineral and Its Products	468.00	291.00
石油及制品	Petroleum and Its Products	282.00	29.00
成品油	Finished Petroleum Products	140.00	16.00
化工原料	Chemical Raw Materials	5 271.00	5 151.00
化　肥	Chemical Fertilizer	391.00	301.00
農　藥	Pesticide	24.00	171.00
橡膠極其制品	Rubber and Related Products	521.00	271.00
西成藥	West Prepared Medicine	10.00	2.00
醫藥器械	Medical Equipment	1 000.00	789.00
汽車、電車、摩托車及零件	Buses, Cars, Motorcycles and Spare Parts	1 359.00	4 310.00
各類器械	Various kinds of Machinery	37 568.00	27 138.00

6.4.25　雲南省進口主要商品金額(續)

單位:萬美元(USD 10 000)

品　名	Name of Commodity	1996 年貿易額 Trade for 1996 年	1997 年貿易額 Trade for 1997 年
農林機械	Agriculture Machinery	370.00	66.00
烟草機械	Tobacco Processing Machinery	21 299.00	15 801.00
食品加工機械	Food Processing Machinery	187.00	117.00
成套設備	Complete set of Equipment	8 181.00	2 259.00
輕工成套設備	Light Industrial Complete set of Equipment	1 524.00	683.00
郵電通訊設備	Post and Telecommunic-ation Equipment	1 939.00	361.00
交通運輸設備	Machinery and Transport Equipment	269.00	130.00
指標保護設備	Environmental Protections	305.00	4.00
電訊設備及器材	Telecommunication Equipment and Facilities	670.00	4 593.00
計算機	Compute and	656.00	4 275.00
計算機附屬設備	Appendix Equipment	504.00	3 516.00
電子設備及儀器	Electron Equipment and Instrument	620.00	96.00
光學儀器	Optical Instrument	281.00	177.00
物理光學儀器	Physical Optical Instrument	128.00	67.00
物理化工儀器	Physical and Chemical Instrument	143.00	534.00
實驗室化工儀器	Lab Chemical Instrument	125.00	
照相制版	Photomechanical Process	2 467.00	1 701.00
及電影器材	Film Facilities		
家用電器	Household—Electrical Appliance 366.00	593.00	
家具類	Furniture	3.00	
文體類	Culture and Sports Goods	528.00	108.00
紙漿紙張及制品	Paper, Pulp and Products	1 461.00	1 583.00
日用雜品	Miscellaneous Articles for Daily Use	2.00	15.00
烟類	Cegarettes	8 604.00	2 280.00
木材	Timber	5 473.00	2 262.00

6.4.26 1997年山西省對外貿易商品進出口金額

單位:萬美元(USD 10 000)

商品及指標	Item	1997年出口貿易額 Trade for 1997	商品及指標	Item	1997年出口貿易額 Trade for 1997
糧 油	Grain and Oil	2 501.00	紡織品	Textile	5 042.00
食用動物及其産品	Edible Animal and Products	733.00	紙漿、紙張及制品	Paper Pulp, Paper and Products	238.00
凍野禽野味	Frozen Wild Fowl, Game	289.00	日用五金器皿	Hardware Appliance for Daily Used	693.00
食用植物及其産品	Edible Plant and Products	2 270.00	玻璃器皿	Glass Ware	679.00
水産品	Aquatic Products	45.00	日用雜品	Miscellaneous Articles for Daily Used	335.00
食品制成品	End-Product Food	550.00	鋼 材	Steel Products	2 222.00
香調料及香料酒	Spice and Hippocras	93.00	金屬制品	Metal Products	3 032.00
飼 料	Forage	90.00	小五金	Trim	255.00
山 貨	Mountain Products	420.00	生 鐵	Pig Iron	17 400.00
畜産品	Animal Products	816.00	美術陶瓷	Decorative Ceramics	189.00
其他裘皮及制品	Fur coat and Other Fur Products	274.00	地毯及裝飾毯	Carpet and Tapestry	133.00
木 材	Timber	82.00	工藝品類	Handcrafts Articlas	645.00
種子、種畜	Seeded Grain	65.00	工藝燈	Art Lantern	221.00
棉制品	Cotton Products	637.00	珠寶首飾	Jewnery	220.00
其它棉制品	Other Cotton Products	398.00	箱包及鞋帽	Boxes, Bags Shoses and Hats	464.00
毛制品	Wool Products	174.00	鞋 類	Footwares	419.00
化纖制品	Synthetic Fiber Products	193.00	文化用品	Culture Goods	631.00
滌棉制品	Polyester-mixed Cotton Products	146.00	健身用品	Healthy Goods	286.00
絲織品	Silk Manufactureing	129.00	電子玩具	Electronic Toys	250.00
服 裝	Garment	3 581.00	其它非金屬礦産品制品	Unmetal Products	341.00
棉針織服裝	Cotton Knitted Garment	948.00	煤炭及煤制品	Coal and Coal Products	75 235.00
滌棉針織服裝	Polyester Cotton Knitted Garment	153.00	化工原料	Chemical Raw Material	5 251.00
棉服裝	Cotton Garment	761.00	鐵合金		1 686.00
麻服裝	Gunny Garment	294.00	硅錳合金	Silicomangan	8 926.00
化纖服裝	Synthetic Fiber Garment	316.00	鑄鐵制品	Pig Iron Casting Products	1 637.00

6.4.26　1997年山西省對外貿易商品進出口金額(續)

單位:萬美元(USD 10 000)

商品及指標	Item	1997年出口貿易額 Trade for 1997	商品及指標	Item	1997年出口貿易額 Trade for 1997
皮服裝	Fur Garment	622.00	鑄鍛件	Casting	790.00
陶瓷類	Pottery Ware	328.00	有色金屬礦產品	Nonferrous Metal Mineral	8 103.00
紡織原料	Textile Raw Material	1 284.00	建築材料	Buildind Material	472.00
汽車、電車、摩托車等	Car Bus Motorcycle	226.00	耐火材料	Refractory	1 144.00
塑　料	Plastic	11.00	汽車零件	Parts for Motor Vehicles	150.00
油漆、油墨及染料	Oil-based Coating Printing Ink and Colourane	358.00	各類機械	Various kinds of Machinary	621.00
化肥、農藥	Chemical Fertilizer and Pesticide	307.00	礦山機械	Mining Machinery	111.00
橡膠及制品	Rubber and Related Products	880.00	成套設備	Complete set of Equipment	165.00
其它橡膠制品	Other Rubber Products	192.00	軋鋼設備	Mangel Equipment	159.00
中藥材	Chinese Medicine Mareial	72.00	電訊設備及器材	Telecommunication Equipment and Appliance	405.00
中成藥、藥酒	Chinese Patent Medicine, Medicinal Liquor	10.00	其它電子元器件	Other Electronic Cells	158.00
醫藥原料	Medicine Raw Material	534.00	光學儀器	Optical Instrument	79.00
西成藥	West Prepared Medicine	148.00	縫紉機類	Sewing Machine	21.00
醫療器械	Medical Equipment	67.00	家用電器	Household Electrical Appliance	128.00
			工農具	Farminf Equipment	257.00

注:本表數據依據外貿統計口徑。

6.4.26 1997年山西省對外貿易商品進出口金額(續)

單位:萬美元(USD 10 000)

商品及指標	Item	1997年出口貿易額 Trade for 1997	商品及指標	Item	1997年出口貿易額 Trade for 1997
糧食	Grain	608.00	電工設備	Electrical Engineering	73.00
水産品	Aquatic Products	61.00	家用電器	Household Electrical Appliance	300.00
食品制成品	End-Product Food	32.00			
畜産品	Animal Products	1.00	火電設備	Thermal Power	120.00
紡織原料	Textile Raw Material	2 529.00	發電機組	Electric Power System	36.00
植物纖維	Plant Fibre	1 586.00	動力機械	Power Plant	221.00
動物纖維	Animal Fibre	378.00	通用機械	Universal Machine	467.00
人造纖維	Man-Made Fibre	249.00	通用機械零配件	Universal Machine Parts	388.00
合成纖維	Synthetic Fibre	228.00	金屬切削機床	Metal-cutting Tool	91.00
其它紡織原料	Other Textile Material	88.00	金剛石及制品	Diamond	36.00
紡織品	Textile Products	45.00	軸承基礎件	Bearing Divice	44.00
陶瓷類	Pottery Ware	26.00	煤礦機械	Coal Minal Machine	1 971.00
工藝品類	Handcraft Articles	91.00	土建工程機械	Building Projects	45.00
箱包及鞋帽	Bag Box, Shoes and Hat	20.00	紡織機械	Textile Machine	123.00
紙漿、紙張及制品	Paper Pulp,Paper and Products	325.00	印刷機械	Printing Machine	68.00
			糧油加工機械	Grain Processing Machine	214.00
黑色金屬	Ferrous Metal	6 807.00	化工機械	Chemical Industry Machine	50.00
有色金屬	Unferrous Metal	1 667.00	其它各類機械	Other Various Machine	996.00
其它有色金屬礦砂	Unferrous Metal Mineral Ore		輕工成套設備	Complete set of Light Industry Equipment	596.00
有色金屬材及制品	Unferrous Metal Material and Products	49.00	塑料制品設備	Plastic Products Equipment	196.00
			玻璃制品設備	Glass Products Equipment	353.00
非金屬礦産品及制品	Nonmetal Mineral and Products	48.00	其它電力設備	Other Electrical Power Equipment	300.00
橡膠及制品	Rubber and Rubber Products	516.00	糧油食品成套設備	Grain and Oil Set Equipment	1 377.00
醫療器械	Medical Equipment	1 155.00	計算機	Computers	674.00
工農具	Farming Equipment	2.00	光學儀器	Optical Instrument	14.00
飲料罐裝設備	Beverage Potting Equipment	1 377.00	電子成套設備	Complete set of Eguipment	92.00
汽車電車摩托車及零件	Car Bus Motorcycle and Parts	74.00	郵電通信設備	Post and Telecommunication Equipment	105.00
塑料	Plastic	2 047.00	醫藥衛生設備	Sanitery Equipment	280.00
油漆、油墨及染料	Paint Printing Ink Dyestuff	63.00	其它成套設備	Other Complete set of Equipment	421.00
化肥、農藥	Chemical Furtilizer and Pesticide	33.00	電訊設備及器材	Telecommunication Equipment and Appliance	1 020.00
化學成套設備	Complete set of Chemical Equipment	39.00	機械成套設備	Complete set of Machinery Equipment	96.00
紡織成套設備	Complete set of Textile Equipment	51.00	無綫通訊設備	Wireless Communication Equipment	127.00
建材成套設備	Complete set of Building Material Equipment	249.00	電子元器件	Electric Spice	59.00
			其它電訊設備及器材	Other Telecommunication Equipment and Appliance	13.00
其它建材成套設備	Other Complete set of Building Material Equipment	157.00	電子設備及儀器	Electrical Appliance	34.00

6.4.27　安徽省出口主要商品數量及金額

金額單位：萬美元(USD10 000)

品　名	Item	1996年貿易額 Trade for 1996		1997年貿易額 Trade for 1997	
		數　量 Volume	金　額 Value	數　量 Volume	金　額 Value
大米(噸)	Rice	13 100.00	582.00	38 158.00	898.00
芝麻(噸)	Sesame	33 656.00	3 550.00	13 445.00	1 398.00
凍猪肉(噸)	Pork (tons)	3 310.00	511.00	2 942.00	512.00
凍牛肉(噸)	Beef (tons)	768.00	100.00	3 247.00	528.00
凍鷄(噸)	Frozen Chicken (tons)	4 310.00	937.00	6 281.00	1 190.00
蔬菜(噸)	Mandarins and Oranges	104 773.00	4 022.00	62 497.00	4 098.00
脱水蔬菜(噸)	Dehydrated Vegetables	5 672.00	1 031.00	5 334.00	1 016.00
罐頭(噸)	Canned Food (ton)	88 560.00	2 147.00	43 880.00	1 986.00
茶葉(噸)	Tea (ton)	11 050.00	1 710.00	12 534.00	1 864.00
檸檬酸(噸)	Citric Acid	83 017.00	1 402.00	114 494.00	2 688.00
竹制品	Bamboo Proucts	—	94.00	—	599.00
羽毛(噸)	Leather	3 399.00	2 443.00	3 183.00	1 910.00
羽絨制品	Leather Products	—	1 319.00	—	2 279.00
絲　類	Silk	—	1 000.00	—	775.00
兔毛(噸)	Rabbit hair (ton)	119.00	251.00	288.00	690.00
棉紗綫	Cotton Yarn (ton)	30 750.00	1 709.00	99 915.00	1 357.00
棉　布	Cotton Cloth (m)	881 099.00	5 678.00	666 462.00	5 364.00
麻　布	Flax or Ramie Cloth (m)	8 423.00	405.00	11 886.00	584.00
化纖布	Chemical Fibre Cloth	928 048.00	3 463.00	657 082.00	2 661.00
棉制品	Cotton Products	—	8 086.00	—	9 459.00
化纖制品	Chemical Fibre Products	—	509.00	—	504.00
抽　紗	Drawnwork	—	—	—	559.00
其他紡織品	Other Textile Products	—	193.00	—	1 181.00
絲織品	Silk Fabric	—	2 188.00	—	2 118.00
服　裝	Garments	—	28 983.00	—	33 055.00
地毯及裝飾毯	Carpets Woolen Blankets (sq. m)	—	2 656.00	—	1 866.00
工藝品類	Handcrafts Articles	—	3 301.00	—	3 162.00
箱　類	Boxes	—	555.00	—	532.00
包袋類	Bags	—	813.00	—	970.00
鞋　類	Shoes (pairs)	—	8 318.00	—	8 021.00
玩　具	Toys	—	2 046.00	—	2 762.00
紙漿、紙張類	Paper and Paperboard in Rolls (tons)	—	1 520.00	—	1 228.00
保温瓶類	Vaccum Flask	—	460.00	—	531.00
雜項百貨	Miscellaneous Goods	—	457.00	—	570.00
其他日用雜品	Other Miscellaneous Products for Daily Use	—	601.00	—	890.00
文教用品	Recreation Goods	—	1 042.00	—	1 165.00
體育用品	Sports Goods	—	507.00	—	574.00

6.4.27 安徽省出口主要商品数量及金额(续)

金額單位:萬美元(USD10 000)

品 名	Item	1996年貿易額 Trade for 1996		1997年貿易額 Trade for 1997	
		數 量 Volume	金 額 Value	數 量 Volume	金 額 Value
鋼材(噸)	Rolled Steel (tons)	156 406.00	4 304.00	201 689.00	5 296.00
金屬制品	Metal Products	—	747.00	—	597.00
小五金	Metal Fittings	—	1 752.00	—	1 884.00
生鐵(噸)	Pig Iron	444 190.00	6 301.00	610 362.00	8 967.00
銅(噸)	Copper	4 931.00	1 104.00	34 672.00	5 145.00
銅材(噸)	Copper Product	1 896.00	500.00	2 638.00	645.00
水泥(噸)	Cement	456 796.00	1 825.00	553 968.00	2 118.00
煤(噸)	Coal	1 002 040.00	4 320.00	1 153 380.00	4 724.00
焦炭(噸)	Coke	63 827.00	387.00	220 197.00	1 597.00
聚乙烯醇(噸)	Polyvinyl Alcohol	488.00	124.00	2 543.00	645.00
塑料制品	Plastic Articles	—	2 824.00	—	3 625.00
輪 胎	Tyre	—	3 559.00	—	3 535.00
橡膠制品	Rubber Product	—	775.00	—	628.00
植物藥材	Plant Medicine Mareial	—	827.00	—	714.00
抗菌素藥	Antibiotic	—	3 322.00	—	3 308.00
維生素	Vitamin	—	1 690.00	—	1 106.00
解熱鎮痛藥	Medicine for Dismiss Heat and Labor Pains	—	655.00	—	1 054.00
其他醫藥原料	Other Medicine Raw Mareial	—	584.00	—	1 327.00
醫療器械	Medical Appliance	—	350.00	—	506.00
船 舶	Ship	—	321.00	—	1 159.00
汽車零件	Parts for Cars	—	247.00	—	553.00
動力機械	Power Plant	—	1 824.00	—	1 773.00
電工設備	Electrical Engineering	—	497.00	—	886.00
起重機械	Derrick	—	3 644.00	—	2 908.00
機 床	Machine Tool	17 898.00	1 098.00	21 969.00	1 185.00
其他各類機械	Other Various	—	497.00	—	907.00
化學成套設備	Complete Set of Chemical Equipment	—	—	—	643.00
電 池	Battery	—	565.00	—	759.00
電子元器件	Electric Spice	—	1 115.00	—	1 008.00
其它電訊設備及器材	Other Telecommunication Equipment and Appliance	—	43.00	—	527.00
自行車輛	Bicycle	270 818.00	451.00	366 250.00	610.00
自行車零配件	Bicycle Parts	—	739.00	—	1 149.00
家用電器	Household Electrical Appliance	—	5 200.00	—	7 918.00
工農具	Farming Equipment	—	1 148.00	—	1 156.00

注:本表數據依據外貿統計口徑。

6.4.28 1997年外國和港澳臺地區在安徽省直接投資(按行業分)

單位:萬美元(USD 10 000)

指　標 Item	新簽協議 Contracts		實際投資 Investment	
	合同數(個) Number of Contracts	投資額(萬美元) Value of Investment	合計(萬美元)Total(USD 10 000)	
			Total	現金 Cash
總　計	**278.00**	**38 508.00**	**43 443.00**	**43 443.00**
農林牧漁業	10.00	669.00	253.00	253.00
采掘業	2.00	590.00	172.00	172.00
#煤炭采選業				
制造業	179.00	19 980.00	20 036.00	20 036.00
#食品加工業	10.00	1 580.00	621.00	621.00
食品制造業	14.00	435.00	265.00	265.00
飲料制造業	6.00	154.00	30.00	30.00
紡織業	16.00	720.00	230.00	230.00
服裝及其他纖維制品制造業	17.00	724.00	606.00	606.00
家具制造業	2.00	62.00	—	—
石油加工及煉焦業	2.00	118.00	330.00	330.00
化學原料及化學制品制造業	6.00	454.00	1 573.00	1 573.00
醫藥制造業	7.00	1 353.00	299.00	299.00
塑料制造業	13.00	944.00	361.00	361.00
非金屬礦物制品業	11.00	3 060.00	1 900.00	1 900.00
黑色金屬冶煉及壓延加工業	11.00	2 799.00	785.00	785.00
普通機械制造業	3.00	254.00	500.00	500.00
交通運輸設備制造業	4.00	1 062.00	3 540.00	3 540.00
電氣機械及器材制造業	9.00	1 696.00	5 525.00	5 525.00
電子及通信設備制造業	6.00	1 273.00	2 337.00	2 337.00
電力、煤氣及水的生產和供應業	9.00	3 934.00	7 010.00	7 010.00
建築業	4.00	372.00	154.00	154.00
地質勘查業、水利管理業	—	—	—	—
交通運輸、倉儲及郵電通訊業	9.00	5 885.00	7 814.00	7 814.00
批發和零售貿易、餐飲業	13.00	640.00	565.00	565.00
金融、保險業	—	—	—	—
房地產業	25.00	3 987.00	3 700.00	3 700.00
社會服務業	26.00	1 645.00	3 688.00	3 688.00
衛生、體育和社會福利業	—	—	—	—
教育、文化藝術及廣播電影電視業	—	—	—	—
科學研究和綜合技術服務業	—	—	—	—
其他行業	1.00	806.00	51.00	51.00

6.4.29 1997年北京外商投資利用情況(按行業分)

單位:萬美元(USD 10 000)

項　目	Item	實際利用外資額 Amount of Foreign Capital Actually Used	客商實際投資 Actual Foreign Investment	企業對外借款投資 Foreign Loans for Investment
合　計	**Total**	**159 286.00**	**107 729.00**	**51 557.00**
工　業	Industry	46 555.00	41 328.00	5 227.00
建築業	Construction	553.00	553.00	—
商業飲食業	Commer and Catering	1 164.00	414.00	750.00
居民服務業	Residential Services	93 983.00	48 469.00	45 514.00
#房地產業	Real Estate	70 260.00	28 015.00	42 245.00
其他行業	Others	17 031.00	16 965.00	66.00

6.4.30 廣西壯族自治區實際利用外資情況

金額單位:萬美元(USD 10 000)

項　目	Item	實際利用外資額 Amount of ForeignCapital Actually Used	
		1996年	1997年
農、林、牧、漁業	Farming, Forestry, Fishery	301.00	3 042.00
工　業	Manufacturing	38 199.00	31 002.00
建築業	Construction	1 545.00	15 309.00
交通運輸、郵電通信業	Transport, Post and Telecommunications	882.00	20 644.00
商業、飲食和物資供應業	Sales & Catering Supply	272.00	131.00
房地、公用服務業	Real Estate & Social Services	22 017.00	16 735.00
其他行業	others	3 402.00	1 123.00

6.4.31 廣東省簽訂利用外資項目數

單位:個(Unit)

指　標	Item	1996年	1997年
按行業分	**By sector**		
農、林、牧、漁業	Farming,Forestry,Animal Husbandry,Fishhery	149.00	116.00
采掘業	Mining and Quarrying	—	32.00
制造業	Manufacturing	5 089.00	14 805.00
電力、煤氣及水的生產和供應業	Electricity, Gas and Water Production and Supply		10.00
建築業	Consruction	54.00	56.00
地質堪查業、水利管理業	Geological Prospecting,Water Conservancy	1.00	1.00
交通運輸、倉儲及郵電通信業	Transport, Storage, Post and Telecommunications	57.00	55.00
批發、零售貿易和餐飲業	Wholesale and Retail Sales & Catering Trades	249.00	166.00
金融保險業	Finance and Insurance	5.00	5.00
房地產業	Real Estate Trade	224.00	128.00
社會服務業	Social Services	—	191.00
衛生體育和社會福利業	Health Cae,Sporting and Social welfare	20.00	7.00
教育文化藝術和廣播電影電視業	Education,Culture and Arts, Radio and Television	17.00	7.00
科學研究和綜合技術服務業	Scientific Research and Polytecnical Services	25.00	13.00
國家機關政黨機關和社會團體	Government Agencies,Party Agencies and social Orgnizations	65.00	2 145.00
其他行業	others		

6.4.32　貴州省外商直接投資

金額單位：萬美元(USD 10 000)

指　標	Item	1996年 項目(個) Projects	1996年 合同金額 Contracted Value	1997年 項目(個) Projects	1997年 合同金額 Contracted Value
總　計	**Total**	**86**	**10 817.00**	**77.00**	**10 066.00**
按行業分	**By sector**				
農、林、牧、漁業	Farming, Forestry, Animal Husbandry, Fishery	4	104.00	1.00	6.00
采掘業	Mining and Quarrying	—	—	5.00	122.00
工　業	Manufacturing	65	8 740.00	55.00	5 557.00
電力、煤氣及水的	Electricity, Gas and Water Production	—	—	1.00	157.00
生産和供應業	and Supply	4	716.00	6.00	2 682.00
建築業	Construction	—	—	3.00	750.00
交通運輸郵電通信業	Transport, Storage, Post and Telecommunications	1	—	—	—
商業、飲食和物資供應業	Sales & Catering Trades and Supply	12	1 119.00	4.00	599.00
房地、公用服務業	Real Estate Trade & Social Services	—	—	—	—
衛生體育和社會福利業	Health Cae, Sporting and Social welfare	—	—	—	—
教育文化藝術和	Education, Culture and Arts	—	70.00	—	—
科學研究和綜合技術服務業	Scientific Research and Polytecnical Services	1	68.00	2.00	193.00

6.4.33 1997年海南省利用外資簽約及投資額

金額單位:萬美元(USD 10 000)

指 標	Item	新簽協議數(個) Number of Newly Signed Agreements (unit)	協議合同總投資 Total Investment of Agreements And Contracts	協議合同外商投資額 Foreign Investment of Agreements and Contracts
總 計	**Total**	**241**	**97 570.00**	**67 421.00**
按國民經濟行業分	**By sector**			
農、林、牧、漁業	Farming, Forestry, Animal Husbandry, Fishery	52	4 001.00	2 746.00
工 業	Industry	102	39 491.00	24 298.00
采掘業	Mining and Quarrying	—	—	—
制造業	Manufacturing	102	39 491.00	24 298.00
電力、煤氣及水的建築業	Electricity, Gas and Water Production Construction	9	9 656.00	6 062.00
交通運輸、倉儲及郵電通信業	Transport, Storage, Post and Telecommunications	6	7 937.00	5 437.00
批發、零售貿易和餐飲業	Wholesale and Retail Sales & Catering Trades	16	363.00	343.00
金融保險業、房地產業	Finance and Real Estate Trade	24	11 845.00	7 485.00
社會服務業	Social Services	20	6 479.00	3 993.00
衛生體育和社會福利業	Health Care, Sporting and Social Welfare	1	870.00	653.00
教育文化藝術和廣播電影	Education ,Culture and Arts,	1	13.00	7.00
電視業	Radio and Television			

6.4.33　1997 年海南省利用外資簽約及投資額(續)

金額單位:萬美元(USD 10 000)

指　　標	Item	外商直接投資 Foreign Direct Investment	實際利用外資金額 Foreign Capital Actually Used	外商直接投資 Foreign Direct Investment
總　計	**Total**	**28 186.00**	**112 134.00**	**71 134.00**
按國民經濟行業分	**By sector**			
農、林、牧、漁業	Farming, Forestry, Animal Husbandry, Fishery	1 746.00	3 263.00	2 603.00
工　業	Industry	8 048.00	30 393.00	21 003.00
采掘業	Mining and Quarrying	—	—	—
制造業	Manufacturing	8 048.00	30 393.00	21 003.00
電力、煤氣及水的建築業	Electricity, Gas and Water Production Construction	6 062.00	11 910.00	1 310.0]0
交通運輸、倉儲及郵電通信業	Transport, Storage, Post and Telecommunications	207.00	17 376.00	1 076.00
批發、零售貿易和餐飲業	Wholesale and Retail Sales & Catering Trades	343.00	1 387.00	1 387.00
金融保險業、房地產業	Finance and Real Estate Trade	7 485.00	15 913.00	15 913.00
社會服務業	Social Services	3 053.00	26 289.00	24 739.00
衛生體育和社會福利業	Health Cae, Sporting and Social welfare	653.00	—	—
教育文化藝術和廣播電影	Education ,Culture and Arts,	7.00	548.00	548.00
電視業	Radio and Television			

6.4.34 1997年湖北省外商投資企業基本情況(按行業分)

金額單位:萬美元(USD10 000)

項 目 Projects	本年登記			年末實有		
	企業數 Number of Enterprises	注册資本 Registered Capital	#外方注册資本 Foreign Registered Capital	企業數 Number of Enterprises	注册資本 Registered Capital	#外方注册資本 Foreign Registered Capital
交通運輸設備制造業	211	4 172.00	2 860.00	167	83 343.00	35 255.00
電子及通信設備制造業	14	1 907.00	1 051.00	266	23 316.00	12 550.00
電力煤氣及水的生產和供應業	8	12 049.00	5 049.00	35	30 198.00	13 393.00
建築業	10	7 856.00	3 975.00	444	63 387.00	38 916.00
#土木工程建築業	7	7 481.00	3 819.00	89	42 730.00	25 448.00
綫路、管道和設備安裝業	1	250.00	100.00	24	777.00	476.00
地質勘查業、水利管理業	—	—	—	—	—	—
交通運輸、倉儲及郵電通訊業	2	379.00	213.00	85	22 680.00	12 505.00
倉儲業	1	240.00	144.00	4	1 382.00	618.00
郵電通訊業	—	—	—	2	176.00	107.00
批發和零售貿易業、餐飲業	7	1 858.00	1 774.00	395	43 633.00	24 775.00
#零售業	—	—	—	5	314.00	208.00
餐飲業	5	608.00	524.00	385	41 913.00	23 244.00
金融、保險業	—	—	—	—	—	—
房地產業	20	6 138.00	4 695.00	753	272 349.00	193 654.00
社會服務業	42	4 669.00	3 037.00	544	67 145.00	41 532.00
#公共設施服務業	3	113.00	63.00	41	7 270.00	3 874.00
居民服務業	6	248.00	224.00	85	4 487.00	2 689.00
娛樂服務業	24	3 854.00	2 422.00	178	21 218.00	13 886.00
信息、咨詢服務業	5	317.00	201.00	111	9 916.00	5 572.00
衛生、體育和社會福利業	—	—	—	15	3 395.00	2 695.00
#衛生	—	—	—	8	1 754.00	1 229.00
體 育	—	—	—	7	1 641.00	1 466.00
教育、文化藝術和廣播電影電視業	3	153.00	127.00	20	1 359.00	1 224.00
#文化藝術業	3	153.00	127.00	17	861.00	741.00
廣播電影電視業	—	—	—	3	498.00	483.00
科學研究和綜合技術服務業	2	20.00	13.00	19	512.00	339.00
#科學研究業	—	—	—	2	142.00	127.00
綜合技術服務業	2	20.00	13.00	17	370.00	212.00
其他行業	2	617.00	58.00	29	22 617.00	12 157.00

6.4.35　1997年江蘇省利用外資情況

金額:萬美元(USD 10 000)

指標	Item	簽訂利用外資 Through signed agreement		實際利用外資金額 Actual Utilization Value
		項目 Projects	合同金額 Contract Value	
總　計	**Total**	**2 108**	**981 316.00**	**678 529.00**
對外借款	Foreign Loans	—	—	44 373.00
外國政府貸款	Government Loans	—	—	5 541.00
國際金融	Loans from International Monetary	—	—	26 909.00
組織貸款	Organizations	—	—	—
外國銀行	Loans of Ready Remittance from	—	—	11 240.00
現匯貸款	Foreign Bank	—	—	—
買方信貸	Buyer Credit Loans	—	—	683.00
對外發行證券	Issue Negotiationable Securities to Foreign Country	—	—	—
外商直接投資	Direct Foreign Investment	2 088	927 078.00	579 251.00
合資經營	Joint Venture	1 100	452 767.00	297 197.00
合作經營	Cooperative Operation	168	90 074.00	39 431.00
獨資經營	Soloy Foreign Funded	819	383 460.00	242 447.00
外商投資股份制企業	Share Holding With Foreign Investment	1	777.00	176.00
外商其他投資	Other Foreign Investment	20	54 238.00	54 905.00
對外發行股票	Issue Share Certificate to Foreign Country	2	52 160.00	52 160.00
補償貿易中客	Provide with Equipment in Compensation	3	315.00	541.00
商作價提供設備	Trade Priced by Travelling Trader			
加工裝配中客	Providing with Equipment and Assembling	12	1 235.00	1 676.00
商作價提供設備	Priced by Travelling Trader			
國際租賃	International Loans	3	528.00	528.00

6.4.36 外商在江西直接投資情況(按行業分)

項 目 Projects	1996年			1997年		
	年末實有企業數(個) Number of Enterprises (unit)	#投産開業數 Number of Enterprises Starting to Operate	年外商實際投資(萬美元) Actual Foreign Investment (USD 10 000)	年末實有企業數(個) Number of Enterprises (unit)	#投産開業數 Number of Enterprises Starting to Operate	本年外商實際投資(萬美元) Actual Foreign Investment (USD 10 000)
合 計	**2 804**	**1 268**	**30 067.00**	**2 654**	**1 511**	**47 768.00**
農、林、牧、漁業	82	21	1 461.00	104	52	3 618.00
采掘業	76	6	301.00	79	10	143.00
制造業	1 737	966	19 137.00	1 610	1 100	28 837.00
#食 品	95	68	1 622.00	84	23	476.00
飲 料	70	22	777.00	63	60	380.00
紡織業	116	66	433.00	119	70	1 496.00
服裝及其他纖維制品	198	105	3 607.00	178	140	1 492.00
家 具	17	16	148.00	19	16	836.00
石油加工及煉焦業	12	5	19.00	10	1	—
化學原料及化學制品	90	49	238.00	82	58	926.00
醫 藥	36	30	1 054.00	39	24	387.00
塑料制品業	97	60	451.00	86	71	959.00
非金屬礦物制品業	101	56	2 683.00	91	82	3 317.00
黑色金屬冶煉及壓延加工業	30	3	—	27	9	6 169.00
普通機械	38	35	3 307.00	26	14	374.00
交通運輸設備	66	3	14.00	56	37	2 841.00
電氣機械及器材	80	30	444.00	59	49	959.00
電子及通信設備	124	61	1 374.00	97	57	907.00
電力、煤氣及水的生産	53	2	191.00	46	5	947.00
和供應業建築業	107	10	830	90	30	1 944.00
地質勘探業、水利管理業	—	—	—	1	1	84.00
交通運輸、倉儲及郵電通信業	51	21	206.00	60	16	671.00
#公路運輸業	40	20	201.00	40	12	203.00
郵電通信業	3	1	5.00	4	1	120.00
批發和零售貿易、餐飲業	84	13	108.00	75	41	992.00
#食品、飲料、烟草和家	14	2	—	16	—	—
零售業	4	4	—	5	3	106.00
餐飲業	66	3	108.00	54	38	886.00
金融、保險業	1	—	—	1	—	—
#金融業	1	—	—	1	—	—
房地産業	383	132	3 557.00	357	158	7 043.00
#房地産開發與經營業	310	107	3 557.00	287	157	6 962.00

6.4.37　山東新批準外商直接投資企業分行業情況(1997年)

行　業 Profession	合　計 Total		合資經營 Joint Venture		合作經營 Jointly operated		獨資經營 Foreign Funded	
	項目(個) Item (unit)	金額(萬美元) Value (USD 10 000)	項目(個) Item (unit)	金額(萬美元) Value (USD 10 000)	項目(個) Item (unit)	金額(萬美元) Value (USD 10 000)	項目(個) Item (unit)	金額(萬美元) Value (USD 10 000)
總　計	**1 597**	**328 037.00**	**727**	**86 794.00**	**93**	**160 435.00**	**774**	**77 898.00**
1.農、林、牧、漁業	46	5 195.00	19	2 698.00	6	162.00	21	2 335.00
其中:農業	18	1 829.00	5	1 305.00	4	35.00	9	489.00
2.采掘業	14	7 882.00	4	469.00	2	3 989.00	5	514.00
3.制造業	1 232	136 216.00	579	64 353.00	43	13 413.00	610	58 450.00
其中:紡織業	52	5 816.00	30	4 110.00	1	27.00	21	1 679.00
化學原料及化學制品制造業	66	9 302.00	37	4 584.00	1	23.00	28	4 695.00
醫藥制造業	13	1 674.00	11	1 507.00	—	—	2	167.00
普通機械制造業	31	4 645.00	9	1 479.00	—	—	22	3 166.00
專用設備制造業	38	5 996.00	18	5 347.00	1	28.00	19	594.00
電子及通信準備制造業	44	6 067.00	14	3 030.00	1	1 306.00	29	1 731.00
4.電力、煤氣及水的生產和供應業	7	106 088.00	6	2 385.00	1	103 703.00	—	—
5.建築業	14	4 176.00	9	371.00	3	3 176.00	2	629.00
6.地質勘查業、水利管理業	2	1 210.00	—	—	2	1 210.00	—	—
7.交通運輸、倉儲及郵電通信業	25	34 951.00	3	922.00	22	34 029.00	—	—
8.批發和零售貿易、餐飲業	38	4 010.00	24	3 491.00	6	140.00	8	379.00
9.房地產業	27	8 463.00	24	6 833.00	2	289.00	1	1 341.00
其中:房地產開發經營	23	7 752.00	20	6 122.00	2	289.00	1	1 341.00
10.社會服務業	54	4 518.00	36	3 223.00	4	39.00	14	1 256.00
其中:旅館業	—	120.00	—	120.00	—	—	—	—
11.衛生、體育和社會福利業	1	100.00	—	—	—	—	1	100.00
12.科學研究和綜合技術服務業	5	1 102.00	3	103.00	—	—	2	999.00
13.其他	132	14 126.00	20	1 946.00	2	285.00	110	11 895.00

6.4.38 1997年山西按行業分利用外資協議(合同)額

行業 Profession	合計 Total		合資經營 Joint Venture		合作經營 Jointly operated		獨資經營 Foreign Funded	
	項目(個) Item (unit)	金額(萬美元) Value (USD 10 000)	項目(個) Item (unit)	金額(萬美元) Value (USD 10 000)	項目(個) Item (unit)	金額(萬美元) Value (USD 10 000)	項目(個) Item (unit)	金額(萬美元) Value (USD 10 000)
總計	**143**	**29 074.00**	**105**	**19 577.00**	**18**	**8 691.00**	**20**	**806.00**
1.農、林、牧、漁業	6	155.00	4	109.00	—	—	2	46.00
農業	2	49.00	1	10.00	—	—	1	39.00
畜牧業	4	106.00	3	99.00	—	—	1	7.00
2.采掘業	4	1 871.00	2	1 809.00	—	—	2	62.00
煤炭采選業	1	1 773.00	1	1 773.00	—	—	—	—
有色金屬采選業	3	98.00	1	36.00	—	—	2	62.00
3.制造業	110	18 857.00	92	17 222.00	4	979.00	14	656.00
食品加工業	5	88.00	3	47.00	1	5.00	1	36.00
食品制造業	5	170.00	8	440.00	—	—	−3	−270.00
飲料制造業	6	1 827.00	5	887.00	1	940.00	—	—
紡織業	5	1 387.00	4	1 362.00	—	—	1	25.00
服裝及其他纖維制造品制造業	3	288.00	2	29.00	—	—	1	259.00
皮革、毛皮、羽絨及制品	3	61.00	2	37.00	1	24.00	—	—
木材加工及竹、藤、棕、草	1	15.00	1	15.00	—	—	—	—
制品業	—	—	—	—	—	—	—	—
家具制造業	3	108.00	2	66.00	—	—	1	42.00
造紙及紙制品業	3	119.00	3	119.00	—	—	—	—
印刷業、記錄媒介的復制	—	12.00	—	12.00	—	—	—	—
文化體育用品制造業	2	41.00	2	41.00	—	—	—	—
石油加工及煉焦業	3	3 788.00	3	3 776.00	—	—	—	—
化學原料及化學制品制造業	8	236.00	6	176.00	1	10.00	1	50.00
醫藥制造業	2	95.00	1	39.00	—	—	1	56.00

6.4.38　1997年山西按行業分利用外資協議(合同)額(續)

行　業 Profession	合　計 Total		合資經營 Joint Venture		合作經營 Jointly operated		獨資經營 Foreign Funded	
	項目(個) Item(unit)	金額(萬美元) Value(USD 10 000)	項目(個) Item(unit)	金額(萬美元) Value(USD 10 000)	項目(個) Item(unit)	金額(萬美元) Value(USD 10 000)	項目(個) Item(unit)	金額(萬美元) Value(USD 10 000)
塑料制品業	21	452.00	21	452.00	—	—	—	—
非金屬礦物制品業	9	2 136.00	8	2 094.00	—	—	1	42.00
黑色金屬冶煉及壓延加工業	5	6 868.00	4	6 784.00	—	—	1	84.00
有色金屬冶煉及壓延加工業	6	180.00	6	180.00	—	—	—	—
金屬制品業	3	86.00	2	76.00	—	—	1	10.00
普通機械制造業	3	31.00	1	11.00	—	—	2	20.00
專用設備制造業	3	317.00	3	317.00	—	—	—	—
交通運輸設備制造業	5	100.00	3	60.00	—	—	2	40.00
電氣機械及器材制造業	2	58.00	2	58.00	—	—	—	—
電子及通信準備制造業	2	324.00	2	324.00	—	—	—	—
其他制造業	2	70.00	—	—	—	—	2	70.00
4.電力、煤氣及水的生産和供應業	1	10.00	—	—	1	10.00	—	—
5.建築業	10	7 192.00	2	18.00	8	7 159.00	—	15.00
6.交通運輸、倉儲及郵電通信業	—	—	—	—	—	—	—	—
7.批發和零售貿易、餐飲業	2	114.00	1	9.00	1	105.00	—	—
8.房地産業	1	108.00	—	66	1.00	42	—	—
9.社會服務業	7	508.00	2	85.00	3	396.00	2	27.00
公共設施服務業	2	195.00	1	15.00	1	180.00	—	—
信息、咨詢服務業	1	36.00	—	—	1	36.00	—	—
計算機應用服務業	2	27.00	—	—	—	—	2	27.00
10.科學研究和綜合技術服務業	1	176.00	1	176.00	—	—	—	—
11.其他	1	83.00	1	83.00	—	—	—	—

6.4.39 1997年上海市外商投資企業(項目)數和投資額(按產業分)

項目	Item	簽訂合同企業(項目)數(個) Number of Contracts Signed	外商合同投資額(萬美元) Total Investment Contracted Foreign Capital (USD 10 000)	實際吸收外資金額(萬美元) Total Value of Foreign Capital Absorbed (USD 10 000)
總計	**Total**	**1 802**	**531 999.00**	**480 816.00**
第一產業	Primary Industry	10	507.00	96.00
第二產業	Secondary Industry	1 021	307 583.00	270 745.00
工業	Industry	994	304 252.00	269 528.00
建築業	Construction	27	3 331.00	1 217.00
第三產業	Tertiary Industry	771	223 909.00	209 975.00
#交通運輸、倉儲及郵電通信業	Transport, Communication, Storage Postal and Telecommunications	28	4 079.00	1 675.00
批發、零售貿易及餐飲業	Wholesale, Retail and Catering Businesses	71	15 030.00	22 282.00
房地產業	Real Estate	115	109 767.00	132 590.00
社會服務業	Social Services	214	48 926.00	22 588.00

6.4.40 外國和港澳臺地區在新疆直接投資情況(按行業分)

項目 Item	簽訂協議情況		客商實際投資(萬美元) Actual Investment	年末實有企業個數(個) Number of Enterprise
	合同數(個) Number of Projects	客商實際投資(萬美元) Foreign Investment		
合計	**51**	**4 127.00**	**2 472.00**	**622**
農林牧漁業	10	904.00	349.00	20
采掘業	1	200.00	130.00	1
制造業	32	1 052.00	1 169.00	417
電力、煤氣及水的生產和供應業	1	968.00	—	3
建築業	2	128.00	4.00	28
地質勘查業、水利管理業	—	—	—	1
交通運輸、倉儲及郵電通訊業	—	—	—	15
批發零售貿易、餐飲業	1	19.00	224.00	20
房地產業	1	243.00	128.00	38
社會服務業	3	613.00	463.00	69
衛生、體育和社會福利業	—	—	—	1
教育、文化藝術及廣播電影電視業	—	—	—	3
科學研究和綜合技術服務業	—	—	—	4
其他行業	—	—	—	2

6.4.41 1997年青海按行業分三資企業情況

項　目 Item	新簽協議 Newly Signed Agreement		本年實際投資(萬美元) Actual Investment		年末實有企業數(個) Number of Enterprise (unit)	建成投產開業企業數(個) Enterprise Starting to operate
	合同數(個) Number of Contracts (unit)	客商投資額(萬美元) Foreign Investment (USD 10 000)	合　計 Total	現　金 Cash		
總　計	**22**	**5 284.00**	**1 471.00**	**1 384.00**	**82**	**51**
1.農、林、牧、漁業	—	—	5.00	5.00	1	33
2.制造業	12	2 059.00	1 142.00	1 142.00	53	1
其中:食品加工業	1	7.00	—	—	3	2
食品制造業	1	22.00	25.00	25.00	4	1
飲料制造業	—	—	—	—	1	—
紡織業	1	50.00	—	—	1	2
服裝及其他纖維制造品制造業	1	60.00	—	—	4	4
化學原料及化學制品制造業	—	—	—	—	4	3
塑料制品業	—	—	—	—	4	6
非金屬礦物制品業	4	1 702.00	132.00	132.00	10	3
黑色金屬冶煉及壓延加工業	3	182.00	156.00	156.00	6.00	2
交通運輸設備制造業	—	—	34.00	34.00	2	2
電子及通信準備制造業	—	—	—	—	2	2
3.電力、煤氣及水的生產和供應業	1	2 437.00	—	—	1	—
4.建築業	—	—	—	—	3	3
5.交通運輸、倉儲及郵電通信業	—	—	51.00	—	1	—
其中:公路運輸業	—	—	51.00	—	1	—
6.批發和零售貿易、餐飲業	1	560.00	3.00	3.00	6	5
其中:餐飲業	1	560.00	3.00	3.00	6	5
7.房地產業	4	193.00	260.00	225.00	6	3
其中:房地產開發及經營業	4	193.00	260.00	225.00	6	3
8.社會服務業	4	35.00	10.00	9.00	11	7
其中:旅館業	—	—	—	—	1	1
信息、咨詢服務業	2	5.00	5.00	4.00	6	4

6.4.42 寧夏區按行業分三資企業協議投資額

項目 Item	1995年		1997年	
	合同個數 (個) Number of Contracts (unit)	客方協議投資額 (萬美元) Foreign Investment Through Agreements (USD 10 000)	合同個數 (個) Number of Contracts (unit)	客方協議投資額 (萬美元) Foreign Investment Through Agreements (USD 10 000)
總計	**42**	**2 878.00**	**26**	**1 070.00**
農、林、牧、漁業	3	150.00	1	5.00
工業	32	1 843.00	23	872.00
建築業	2	646.00	1	93.00
房地產公用服務業	2	92.00	—	—
交通運輸、郵電業	—	—	—	—
其他行業	3	147.00	1	100.00

6.4.43 1997年重慶市外商投資項目數和投資額

單位:個、萬美元(unit,USD 10 000)

指標	Item	簽定合同企業(項目)數 Signed Contracts Enterprises	外商協議投資額 Foreign Investment Through Agreement	實際利用外資額 Actually Used Foreign Capital
全市總計	**Total**	**229**	**46 017.00**	**30 406.00**
第一産業	Primary Industry	5	391.00	7.00
第二産業	Secondary Industry	144	26 179.00	13 593.00
工業	Industry	128	13 384.00	13 161.00
建築業	Construction	16	12 795.00	432.00
第三産業	Tertiary Industry	80	19 447.00	24 866.00
#交通運輸、倉儲及郵電通訊業	Transportation,Storage,Postal and Telecommunication Services	3	492.00	11 658.00
批發零售貿易及餐飲業	Wholesale,Retail Sales and Catering Trade	13	4 875.00	2 108.00
房地産業	Real Estate	26	5 692.00	10 278.00
社會服務業	Social Services	38	8 388.00	822.00

6.4.44　1997年内蒙古按行業分三資企業情况

項　目 Item	本年客商實際投資（萬美元） Actual Foreign Investment (USD 10 000)	現金 Cash	年末實有企業數（個） Number of Enterprises (unit)	建成投産開業 Number of Enterprises Starting to open	從業人員（人） Number of Staff (person)
總　計	**8 433.10**	**5 217.80**	**640**	**354**	**58 960**
1.農、林、牧、漁業	690.00	191.00	19	5	328
2.采掘業	47.20	46.20	3	2	21
其中:煤炭采選業	4.00	3.00	2	1	12
3.制造業	6 901.60	4 240.00	502	284	51 824
其中:食品加工業	1 626.90	89.50	28	14	1 669
食品制造業	161.00	47.00	18	5	267
飲料制造業	164.20	71.90	9	5	242
紡織業	2 344.40	1 981.40	69	50	18 660
服裝及其他纖維制造品制造業	99.20	71.80	52	28	3 777
家具制造業	65.00	42.00	8	5	248
石油加工及煉焦業	35.00	35.00	2	2	47
化學原料及化學制品制造業	117.30	66.00	29	15	2 416
醫藥制造業	39.50	26.10	17	8	514
塑料制品業	190.50	113.50	23	10	525
非金屬礦物制品業	176.00	165.00	29	16	2 430
黑色金屬冶煉及壓延加工業	109.00	109.00	11	5	525
普通機械制造業	18.00	6.00	17	11	1 085
交通運輸設備制造業	38.00	38.00	18	7	635
電氣機械及器材制造業	77.20	54.20	19	11	1 436
電子及通信準備制造業	79.80	37.50	32	19	1 405
4.電力、煤氣及水的生産和供應業	203.00	203.00	7	2	13
5.建築業	52.10	46.10	21	11	692
6.交通運輸、倉儲及郵電通信業	6.00	6.00	5	3	137
其中:公路運輸業	6.00	6.00	1	—	11
郵電通信業	—	—	1	1	26
7.批發和零售貿易、餐飲業	306.10	266.30	42	25	3 242
其中:食品、飲料、烟草和家庭用品批發	—	—	1	—	—
零售業	281.90	242.10	7	5	1 681
餐飲業	24.20	24.20	31	18	1 542
8.房地産業	45.00	45.00	13	8	217
其中:房地産開發及經營業	45.00	45.00	11	6	122
9.社會服務業	166.40	166.40	24	13	2 469
其中:旅館業	165.00	165.00	13	4	1 779
旅游業	1.40	1.40	2	2	46
信息、咨詢服務業	—	—	2	2	27
10.衛生、體育和社會福利業	—	—	1	—	—
11.教育、文化藝術及廣播電影電視業	—	—	1	—	—
12.科學研究和綜合技術服務業	7.80	7.80	1	1	10

6.4.45 河北省三資企業行業、國別(地區)分布狀況

單位:萬美元

行業 Sectors	審批項目(個) Items Approved (unit)		協議外資額 Agreements of Foreign Capital		實際利用外資額 Foreign Capital Actually Used	
	1997年	1996年	1997年	1996年	1997年	1996年
總 計	**731**	**906**	**142 087.00**	**179 216.00**	**149 620.00**	**123 652.00**
農、林、牧、漁業	26	14	2 625.00	3 517.00	1 518.00	316.00
工 業	582	803	89 811.00	149 864.00	102 110.00	101 680.00
建築業	35	8	26 325.00	5 854.00	18 740.00	6 780.00
地質勘查業、水利管理業	—	—	—	—	1 445.00	—
運輸郵電業	13	10	6 550.00	6 723.00	14 688.00	2 146.00
批零貿易、餐飲業	11	16	1 074.00	993.00	488.00	1 587.00
房地產業	19	14	10 446.00	5 668.00	4 963.00	6 424.00
社會服務業	44	39	5 196.00	6 585.00	5 483.00	4 277.00
衛生、體育、社會福利業	1	—	60.00	—	140.00	255.00
文教藝術、廣播電影業	—	—	—	—	45.00	120.00
科學研究、綜合技術服務業	—	1	—	7.00	—	33.00

6.4.46 1997年天 津外商投資企業合同和實際利用外資情況(按行業分)

項 目 Items	簽定合同數 (個) Number of Contracted Signed (unit)	合同投資總額 (萬美元) Contracts of Foreign Investment (USD 10 000)	實際利用外資 (萬美元) Amount of Foreign Capital Actually Used (USD 10 000)
總 計	**1 056**	**488 072.00**	**251 135.00**
農 業	11	935.00	209.00
工業及建築業	473	125 704.00	170 324.00
交通運輸	5	18 951.00	9 853.00
商業飲食物資供應業	472	91 904.00	31 301.00
房地產業公共事業服務業	39	204 904.00	32 129.00

第五章　物價水平

6.5.1　歷年全國各種物價總指數

（以上年價格為 100）

年份 Year	商品零售價格指數 General Retail Price Index	居民消費價格指數 General Consumer Price Index	農產品收購價格指數 General Purchasing Price Index of Farm Products	農村工業品零售價格指數 General Rural Retail Price Index of Industrial Products	工農業商品綜合比價指數 General Price Parity Index of Industrial and Farm Products	
					農產品收購價格指數＝100 Farm Products	農村工業品零售價格指數＝100 Industrial Products
1958	100.20	—	102.20	99.40	97.30	102.80
1959	100.90	—	101.80	100.90	99.10	100.90
1960	103.10	—	103.50	102.80	99.30	100.70
1961	116.20	—	128.00	104.90	82.00	122.00
1962	103.80	—	99.40	104.50	105.10	95.10
1963	94.10	—	97.20	99.00	101.90	98.20
1964	96.30	—	97.50	98.10	100.60	99.40
1965	97.30	—	99.20	96.30	97.10	103.00
1966	99.70	—	104.20	97.10	93.20	107.30
1967	99.30	—	99.90	99.20	99.30	100.70
1968	100.10	—	99.80	99.70	99.90	100.10
1969	98.90	—	99.80	98.50	98.70	101.30
1970	99.80	—	100.10	99.80	99.70	100.30
1971	99.30	—	101.60	98.50	96.90	103.10
1972	99.80	—	101.40	99.50	98.10	101.90
1973	100.60	—	100.80	100.00	99.20	100.80
1974	100.50	—	100.80	100.00	99.20	100.80
1975	100.20	—	102.10	100.00	97.90	102.10
1976	100.30	—	100.50	100.10	99.60	100.40
1977	102.00	—	99.80	100.10	100.30	99.70
1978	100.70	—	103.90	100.00	96.20	103.90
1979	102.00	—	122.10	100.10	82.00	122.00
1980	106.00	—	107.10	100.80	94.10	106.30

6.5.1 歷年全國各種物價總指數(續)

(以上年價格為 100)

年 份 Year	商品零售價格指數 General Retail Price Index	居民消費價格指數 General Consumer Price Index	農產品收購價格指數 General Purchasing Price Index of Farm Products	農村工業品零售價格指數 General Rural Retail Price Index of Industrial Products	工農業商品綜合比價指數 General Price Parity Index of Industrial and Farm Products	
					農產品收購價格指數=100 Farm Products	農村工業品零售價格指數=100 Industrial Products
1981	102.40	—	105.90	101.00	95.40	104.90
1982	101.90	—	102.20	101.60	99.40	100.60
1983	101.50	—	104.40	101.00	96.70	103.40
1984	102.80	—	104.00	103.10	99.10	100.90
1985	108.80	109.30	108.60	103.20	95.00	105.20
1986	106.00	106.50	106.40	103.20	97.00	103.10
1987	107.30	107.30	112.00	104.80	93.60	106.90
1988	118.50	118.80	123.00	115.20	93.70	106.80
1989	117.80	118.00	115.00	118.70	103.20	96.90
1990	102.10	103.10	97.40	104.60	107.40	93.10
1991	102.90	103.40	98.00	103.00	105.10	95.10
1992	105.40	106.40	103.40	103.10	99.70	100.30
1993	113.20	114.70	113.40	111.80	98.60	101.40
1994	121.70	124.10	139.90	117.20	83.80	119.40
1995	114.80	117.10	119.90	114.70	95.70	104.50
1996	106.10	108.30	104.20	106.20	101.90	98.10
1997	100.80	102.80	95.50	101.10	105.90	94.50

6.5.2 1997年各地區居民消費價格指數和商品零售價格指數

(以上年價格為100)

地 區 Region	居民消費價格指數 Consumer Price Index			商品零售價格指數 Retail Price Index of Commodities		
	全省(區、市) Province	城市 Urban Areas	農村 Rural Areas	全省(區、市) Province	城市 Urban Areas	農村 Rural Areas
全國平均	**102.80**	**103.10**	**102.50**	**100.80**	**100.80**	**10.70**
北 京	105.30	—	—	103.80	—	—
天 津	103.10	—	—	100.70	—	—
河 北	103.50	103.70	103.40	102.10	102.00	102.10
山 西	103.10	103.10	103.00	101.30	100.90	101.70
內蒙古	104.50	104.60	104.30	102.30	102.40	101.90
遼 寧	103.10	103.80	102.10	101.00	101.00	100.50
吉 林	103.70	103.70	103.70	101.80	101.70	102.00
黑龍江	104.40	104.50	103.80	102.20	102.00	102.60
上 海	102.80	—	—	98.80	—	—
江 蘇	101.70	101.30	102.00	99.30	99.10	99.50
浙 江	102.80	104.10	102.10	100.30	100.90	99.40
安 徽	101.30	101.90	100.70	99.40	100.10	98.90
福 建	101.70	102.50	101.30	99.80	99.60	100.10
江 西	102.00	103.00	101.20	99.60	100.10	99.30
山 東	102.80	103.20	102.40	100.80	100.80	100.70
湖 北	103.20	102.60	103.60	101.50	100.80	102.20
湖 南	102.80	103.00	102.50	100.30	100.60	99.80
廣 東	101.90	102.10	101.50	99.80	99.80	99.80
廣 西	100.80	100.70	100.80	99.60	99.90	99.40
海 南	100.80	101.50	100.30	99.40	99.60	99.10
重 慶	103.10	—	—	101.60	—	—
四 川	105.10	105.10	105.00	102.90	102.80	102.90
貴 州	103.40	103.40	103.40	101.50	101.40	101.70
雲 南	104.30	104.60	103.90	102.30	101.60	103.20
西 藏	—	—	—	—	—	—
陝 西	104.80	105.20	104.00	101.60	101.30	101.80
甘 肅	102.90	102.80	102.90	101.60	101.40	101.90
青 海	104.80	105.10	104.20	103.00	103.20	102.70
寧 夏	103.80	103.90	103.50	102.20	102.20	102.10
新 疆	103.70	103.50	103.90	101.80	101.30	102.50

6.5.3 1997年全國及各地區商品零售價格分類指數(一)

(以上年價格為100)

地 區 Region	總指數 General Index	一、食品類 Food	1.糧食 Grain	① 細糧 Flour and Rice	②粗糧 Coarse Food Grain	2.油脂類 Oil of Fat
全國平均	**100.80**	**99.80**	**92.10**	**91.30**	**99.90**	**101.60**
北 京	103.80	101.70	96.70	96.90	93.80	100.70
天 津	100.70	100.90	95.40	95.30	95.80	100.00
河 北	102.10	100.60	92.50	92.40	92.90	103.90
山 西	101.30	100.50	94.90	94.90	94.50	98.40
内蒙古	102.30	100.40	93.60	93.40	94.70	100.20
遼 寧	101.00	100.30	92.50	92.50	92.00	100.80
吉 林	101.80	101.70	94.50	93.50	99.90	99.40
黑龍江	102.20	102.30	98.20	96.80	107.80	97.20
上 海	98.80	101.50	94.00	92.90	116.80	100.10
江 蘇	99.30	97.40	82.30	81.20	102.40	101.10
浙 江	100.30	98.90	85.00	84.10	103.80	98.40
安 徽	99.40	97.10	88.50	87.10	104.30	102.20
福 建	99.80	98.20	88.50	87.30	108.70	102.20
江 西	99.60	97.50	91.80	91.00	105.30	98.60
山 東	100.80	99.70	93.00	93.10	92.90	108.00
河 南	100.50	99.80	91.10	90.90	93.00	103.90
湖 北	101.50	100.60	93.10	92.60	105.20	102.00
湖 南	100.30	98.70	94.00	92.70	118.80	98.90
廣 東	99.80	99.30	94.30	94.00	99.00	103.20
廣 西	99.60	97.80	93.90	91.80	112.60	101.80
海 南	99.40	97.20	91.50	91.10	100.40	97.60
四 川	102.90	103.30	97.50	96.40	103.90	103.30
貴 州	101.50	101.00	94.40	93.90	99.10	99.80
雲 南	102.30	102.50	92.40	91.60	102.70	99.30
西 藏	—	—	—	—	—	—
陜 西	101.60	100.60	96.70	96.70	98.40	99.80
甘 肅	101.60	100.10	95.40	94.90	100.20	97.10
青 海	103.00	102.00	104.20	104.30	103.60	99.50
寧 夏	102.20	101.40	101.10	100.90	103.70	94.80
新 疆	101.80	98.50	104.10	104.20	102.80	104.70

6.5.3　1997年全國及各地區商品零售價格分類指數(二)

(以上年價格為100)

地　區 Region	3.肉禽蛋 Meal Poultry and Eggs	4.水産品 Aquatic Products	5.鮮菜 Fresh Vegetables	6.干菜 Dried Vegetables	7.鮮果 Fresh Fruits	8.干果 Dried Fruits
全國平均	**101.30**	**101.20**	**99.50**	**102.10**	**92.10**	**106.60**
北　京	102.30	109.90	94.80	107.70	94.00	112.90
天　津	98.40	103.90	102.60	103.00	94.90	107.10
河　北	106.00	107.40	99.70	99.60	92.60	108.20
山　西	100.30	103.10	103.00	102.00	95.70	113.10
內蒙古	99.40	110.90	107.30	103.50	93.50	110.30
遼　寧	102.20	107.00	99.50	104.20	93.20	116.80
吉　林	102.60	107.20	103.60	108.10	92.90	115.20
黑龍江	104.40	109.20	104.00	108.10	93.10	114.50
上　海	105.40	96.70	97.50	105.10	91.60	101.10
江　蘇	101.90	101.80	94.10	104.10	91.60	105.50
浙　江	98.60	104.30	102.50	102.30	92.00	102.70
安　徽	101.70	101.30	88.60	99.90	86.50	106.30
福　建	98.30	99.90	107.90	101.90	89.50	102.20
江　西	98.00	97.50	99.60	99.90	89.50	98.50
山　東	104.50	107.60	92.50	100.70	90.00	108.50
河　南	105.00	105.30	86.90	98.90	86.60	110.20
湖　北	106.00	99.30	93.50	100.80	89.90	102.80
湖　南	99.00	98.60	97.90	95.70	91.10	106.60
廣　東	97.90	94.00	109.50	100.50	90.90	102.40
廣　西	96.00	91.90	100.00	102.90	96.80	101.70
海　南	93.80	97.30	98.00	101.00	103.50	99.90
四　川	107.70	103.40	101.90	100.70	93.20	109.40
貴　州	101.80	100.00	101.70	94.30	94.00	111.00
雲　南	101.20	103.00	113.90	100.50	97.70	104.10
西　藏	—	—	—	—	—	—
陝　西	101.10	103.40	102.40	97.60	98.00	114.40
甘　肅	99.20	97.70	106.30	100.60	94.90	101.70
青　海	96.50	104.70	103.90	110.50	95.60	107.80
寧　夏	97.40	106.70	105.10	105.70	93.30	103.70
新　疆	94.70	104.50	91.10	106.00	87.50	102.40

6.5.3 1997年全國及各地區商品零售價格分類指數(三)

(以上年價格為100)

地 區 Region	9.其他食品 Other Food	①調味品 Condiments	②食糖 Sugar	② 糖果 Candy	④糕點 Cake	⑤奶及奶制品 Milk and Its Products
全國平均	**103.00**	**102.90**	**98.00**	**102.90**	**103.90**	**104.80**
北 京	106.50	105.50	97.90	101.70	104.50	117.70
天 津	102.40	101.70	99.60	101.30	101.20	108.70
河 北	103.30	104.30	96.80	104.90	104.50	102.70
山 西	102.40	108.00	95.80	100.90	102.50	101.50
內蒙古	101.40	102.60	95.40	104.90	101.50	101.00
遼 寧	103.90	102.30	98.30	106.10	104.80	103.60
吉 林	104.20	102.20	100.00	103.60	105.80	103.70
黑龍江	103.20	103.60	100.40	105.00	101.10	103.50
上 海	104.40	100.40	97.80	100.70	102.00	111.60
江 蘇	102.40	103.40	97.30	100.00	105.30	104.20
浙 江	100.60	101.30	96.60	100.80	101.60	101.20
安 徽	102.40	104.50	98.30	101.50	104.40	101.50
福 建	101.90	104.30	96.30	101.90	102.40	102.70
江 西	101.20	101.80	95.50	102.00	102.60	101.20
山 東	103.90	105.80	98.80	105.00	104.60	103.00
河 南	102.20	101.30	98.50	102.30	104.40	102.70
湖 北	102.90	104.00	98.40	107.00	103.60	99.30
湖 南	102.30	101.60	99.60	100.40	104.20	105.10
廣 東	101.80	102.50	96.70	101.60	103.30	102.80
廣 西	103.20	104.10	101.10	102.80	102.40	106.30
海 南	101.00	104.60	99.70	102.80	101.20	98.40
四 川	101.80	100.90	98.60	103.20	107.00	98.50
貴 州	103.60	103.60	94.30	103.30	108.80	105.40
雲 南	104.40	103.60	99.00	102.40	103.90	110.40
西 藏	—	—	—	—	—	—
陝 西	102.10	103.30	98.10	103.80	103.40	102.20
甘 肅	101.60	103.50	96.10	100.50	105.40	100.60
青 海	102.80	103.60	99.30	102.40	104.30	105.80
寧 夏	107.50	102.40	96.70	111.00	113.60	107.60
新 疆	102.60	109.80	95.30	101.30	103.40	101.50

6.5.3　1997年全國及各地區商品零售價格分類指數(四)

(以上年價格為100)

地　區 Region	⑥罐頭 Canned Food	10.飲食業 Catering Trade	①主食 Staple Food	②炒菜 Fried Dishes	③地方小吃 Local Snack	二、飲料和烟酒類 Beverage Tobacco and Liquor
全國平均	**103.8**	**104.7**	**104.5**	**104.7**	**105.2**	**101.2**
北　京	100.5	102.9	106.5	101.4	103.9	105.6
天　津	103.6	106.9	113.5	102.9	105.7	102.7
河　北	104.6	104.1	103.5	104.1	105.4	103.4
山　西	102.2	106.2	103.5	107.1	107.7	100.2
内蒙古	101.1	104.3	103.1	104.7	104.5	102.6
遼　寧	106.9	101.0	101.2	100.8	101.7	101.2
吉　林	108.1	107.7	105.1	110.7	101.7	104.3
黑龍江	106.4	104.6	103.2	104.9	104.2	99.8
上　海	100.6	108.5	116.1	107.6	101.4	92.7
江　蘇	101.4	104.7	103.5	104.5	108.3	98.5
浙　江	102.8	106.0	103.6	105.1	110.6	99.3
安　徽	100.4	104.7	100.9	105.9	106.0	99.2
福　建	102.9	100.5	101.8	99.8	100.9	102.8
江　西	103.4	103.6	103.6	103.1	105.4	97.6
山　東	104.0	103.7	101.6	105.9	102.0	103.7
河　南	103.4	106.2	102.2	107.1	108.7	101.2
湖　北	104.8	107.5	105.0	108.5	111.2	102.7
湖　南	104.6	106.1	105.4	106.6	105.7	101.3
廣　東	102.8	102.1	101.5	101.7	103.9	101.5
廣　西	101.2	105.4	105.1	105.3	106.2	101.5
海　南	95.4	106.3	108.9	104.8	107.1	96.2
四　川	105.5	107.4	109.8	105.9	107.0	100.4
貴　州	99.9	110.9	106.7	114.2	113.2	100.0
雲　南	104.8	108.9	103.5	113.7	104.8	101.2
西　藏	—	—	—	—	—	—
陝　西	101.9	106.4	104.5	108.2	104.3	104.4
甘　肅	103.4	103.0	103.8	102.9	102.0	101.3
青　海	101.0	103.1	102.0	104.5	101.2	102.4
寧　夏	103.1	103.3	99.8	104.1	105.5	100.2
新　疆	101.2	105.4	106.3	102.9	108.2	101.8

6.5.3 1997年全國及各地區商品零售價格分類指數(五)

(以上年價格為100)

地區 Region	1.飲料 Beverages	2.烟酒 Tobacco and Liquor	三、服裝和鞋帽類 Garments Shoes and Hats	1.服裝 Garments	2.鞋 Shoes	3.其他衣着 Other Clothing
全國平均	**102.1**	**100.9**	**103.5**	**103.0**	**103.7**	**105.0**
北京	102.2	107.4	103.1	102.6	104.5	103.3
天津	100.5	103.4	99.3	98.4	101.1	100.7
河北	102.4	103.8	106.3	105.4	107.8	106.4
山西	99.6	100.5	104.0	105.8	100.9	104.6
內蒙古	106.9	101.7	107.1	105.1	110.5	108.4
遼寧	100.6	101.4	104.1	103.5	103.5	107.9
吉林	100.2	105.7	103.9	102.5	104.9	106.4
黑龍江	98.7	100.0	104.8	104.3	105.9	104.8
上海	102.7	90.4	99.9	99.3	101.8	100.2
江蘇	102.8	97.7	103.1	103.4	102.0	103.8
浙江	101.7	98.6	104.4	103.7	104.2	107.5
安徽	100.3	98.9	101.6	100.0	102.5	106.2
福建	101.9	103.4	103.0	102.6	103.1	104.8
江西	101.3	96.6	104.0	103.8	104.4	104.1
山東	104.3	103.5	102.5	102.6	102.4	102.0
河南	101.4	101.1	104.7	104.7	104.7	104.7
湖北	103.4	102.6	103.1	103.0	101.9	107.2
湖南	101.2	101.3	103.4	102.6	104.2	105.4
廣東	100.9	101.8	102.1	101.8	102.5	102.9
廣西	100.2	101.8	99.8	99.3	100.4	101.7
海南	96.9	96.0	103.5	102.0	109.6	103.6
四川	104.5	99.6	104.9	104.1	105.7	106.3
貴州	103.4	99.3	102.2	102.7	101.0	102.6
雲南	104.3	100.1	105.1	104.8	103.2	110.3
西藏	—	—	—	—	—	—
陝西	101.8	105.5	105.8	107.3	102.6	107.3
甘肅	100.9	101.4	104.2	104.6	103.4	104.0
青海	102.5	102.4	104.5	105.8	103.4	101.9
寧夏	106.6	98.8	108.0	104.4	112.6	109.0
新疆	105.8	101.0	104.7	104.4	106.0	103.2

6.5.3 1997年全國及各地區商品零售價格分類指數(六)

(以上年價格為100)

地區 Region	四、紡織品類 Textiles	1.棉布 Cotton Cloth	2.棉花化纖混紡布 Blend Cloth	3.化纖布 Chemical Fiber Cloth	4.呢絨 Woolen Fabric	5.綢緞 Silk
全國平均	**101.9**	**102.8**	**101.7**	**101.2**	**102.3**	**101.6**
北 京	102.2	100.6	104.8	100.5	103.1	102.4
天 津	98.3	101.4	100.3	100.0	89.8	101.1
河 北	104.1	104.6	107.0	102.3	104.5	103.2
山 西	101.4	103.0	106.2	99.0	101.6	101.9
內蒙古	102.2	101.6	102.1	101.9	103.6	100.9
遼 寧	101.6	101.6	99.4	95.9	103.0	103.4
吉 林	102.6	99.0	104.0	99.6	101.7	103.7
黑龍江	103.1	103.7	101.7	99.1	106.2	101.5
上 海	100.3	102.0	83.2	99.2	99.1	102.6
江 蘇	102.0	102.1	100.6	102.4	101.8	100.9
浙 江	103.3	101.6	102.9	103.7	105.8	102.9
安 徽	101.6	103.7	101.7	101.2	102.6	100.1
福 建	101.4	100.6	101.3	99.9	103.1	100.3
江 西	102.0	101.7	104.4	99.4	104.3	102.6
山 東	100.9	102.1	99.6	99.3	101.1	101.6
河 南	101.0	104.0	102.4	99.4	102.0	100.8
湖 北	103.0	102.6	102.1	104.3	103.9	102.9
湖 南	101.9	101.7	97.4	105.5	102.5	100.2
廣 東	101.1	103.8	99.8	99.7	99.4	100.1
廣 西	103.1	108.4	101.6	103.0	101.4	100.0
海 南	103.7	101.8	110.9	100.0	100.0	101.0
四 川	102.6	103.1	104.3	102.0	101.4	100.9
貴 州	101.3	104.8	106.1	99.1	102.4	100.0
雲 南	102.5	104.5	99.2	97.9	103.0	104.6
西 藏	—	—	—	—	—	—
陝 西	101.1	102.6	101.0	98.6	105.0	98.0
甘 肅	104.0	100.8	102.8	110.0	105.4	100.9
青 海	101.3	103.8	100.2	99.0	100.7	99.9
寧 夏	104.9	101.0	97.7	112.1	112.1	98.8
新 疆	102.0	103.6	104.6	100.2	100.1	101.4

6.5.3 1997年全國及各地區商品零售價格分類指數(七)

(以上年價格為 100)

地 區 Region	6.其他紡織品 Other Textiles	五、中西藥品類 Traditional Chinese & Western Medicines	1.中藥 Traditional Medicines	2.西藥 Western Medicines	3.醫療用品 Medical Articals	六、化妝品類 Cosmetics
全國平均	**102.0**	**104.4**	**108.4**	**101.6**	**103.5**	**102.3**
北 京	103.5	105.2	112.2	101.5	101.1	103.1
天 津	100.4	103.9	111.9	98.0	98.6	100.2
河 北	103.1	103.3	106.9	100.6	103.8	105.4
山 西	100.4	104.1	108.3	100.7	103.9	103.4
內蒙古	102.3	105.9	107.9	104.4	107.6	104.4
遼 寧	102.9	102.8	105.2	101.6	103.3	102.5
吉 林	105.4	103.1	106.5	100.1	105.0	101.2
黑龍江	103.3	104.5	109.9	101.1	102.4	103.0
上 海	100.7	102.2	109.1	97.3	100.7	99.9
江 蘇	103.0	103.2	105.0	101.8	103.9	101.6
浙 江	102.3	105.5	109.0	102.4	105.2	101.4
安 徽	100.9	104.9	109.6	101.6	104.0	100.0
福 建	102.2	104.5	108.3	101.7	104.2	101.6
江 西	101.4	108.0	112.5	105.7	103.3	104.4
山 東	101.6	104.6	110.3	101.0	103.8	102.7
河 南	100.9	101.5	106.8	98.8	103.1	101.9
湖 北	101.8	105.0	106.1	104.3	105.2	107.0
湖 南	100.0	102.6	111.9	96.5	104.1	104.8
廣 東	102.3	105.1	105.1	105.2	104.5	102.1
廣 西	101.5	108.5	112.6	105.2	102.9	99.8
海 南	102.8	102.0	103.7	100.7	98.3	103.8
四 川	102.5	104.0	107.7	101.4	103.2	102.5
貴 州	100.8	105.3	112.5	102.4	106.4	104.9
雲 南	103.5	104.8	108.9	102.1	104.3	100.2
西 藏	—	—	—	—	—	—
陝 西	100.7	105.8	111.5	102.0	105.8	104.4
甘 肅	102.0	103.3	107.0	100.5	104.1	100.2
青 海	102.2	102.6	108.0	100.6	103.5	102.3
寧 夏	102.0	104.1	110.8	99.2	107.1	103.4
新 疆	104.0	106.5	113.3	102.9	102.3	101.0

6.5.3 1997年全國及各地區商品零售價格分類指數(八)

(以上年價格為 100)

地區 Region	七、書報雜志類 Newspapers and Magazines	八、文化體育用品 Cultural and Sports Goods	1. 文化用品 Cultural Goods	2. 體育用品 Sports Goods	九、日用品類 Articals for daily use	1. 一般日用品 Ordinary Articals for daily use
全國平均	**112.8**	**101.7**	**100.9**	**104.1**	**102.3**	**102.2**
北京	118.0	100.7	100.7	101.5	109.6	102.1
天津	134.1	98.9	96.6	110.4	102.0	102.9
河北	114.1	103.6	103.3	104.4	103.3	102.5
山西	118.3	104.2	103.9	105.5	102.8	101.9
内蒙古	107.8	106.7	106.8	106.3	102.8	102.7
遼寧	114.7	101.3	100.6	103.3	101.1	101.5
吉林	114.4	101.6	99.6	105.6	102.8	103.7
黑龍江	116.2	102.6	101.5	107.0	103.5	102.9
上海	112.8	97.2	96.4	100.2	100.2	101.8
江蘇	109.1	99.9	99.4	101.7	101.1	101.4
浙江	110.2	102.0	101.4	103.7	101.5	101.2
安徽	111.4	102.2	101.8	103.2	102.2	102.5
福建	106.2	100.7	99.4	104.8	101.1	102.1
江西	108.4	101.9	101.3	103.9	102.4	101.3
山東	114.3	100.9	100.1	103.1	102.0	101.6
河南	110.4	102.5	101.9	104.3	101.5	100.8
湖北	106.7	100.3	100.4	100.1	103.3	106.6
湖南	111.1	103.9	102.6	107.1	103.6	104.3
廣東	113.1	100.1	99.3	102.5	100.7	101.2
廣西	121.6	101.9	102.0	101.6	101.6	101.7
海南	126.1	102.0	101.4	104.4	102.1	102.0
四川	107.0	105.4	104.4	108.5	103.9	104.1
貴州	107.6	102.8	102.2	104.7	102.3	102.0
雲南	115.2	102.3	101.4	106.6	102.3	102.8
西藏	—	—	—	—	—	—
陝西	122.3	101.8	100.6	108.1	101.6	102.0
甘肅	112.6	104.1	100.9	110.5	102.8	102.7
青海	121.7	102.6	102.1	106.7	102.5	102.8
寧夏	114.7	100.1	100.6	98.6	102.3	101.3
新疆	119.9	101.8	100.9	105.7	102.3	101.3

6.5.3 1997年全國及各地區商品零售價格分類指數(九)

(以上年價格為100)

地 區 Region	2.家具類 Furniture	3.日用雜品 Articles for daily use	十、家用電器類 Household Appliances	十一、首飾類 Jewelry	十二、燃料類 Fuels	十三、建築類璜材料類 Building Decoration Materials	十四、機電產品類 Mechanical and Electrical Products
全國平均	**102.3**	**102.7**	**95.6**	**97.8**	**107.3**	**99.0**	**95.5**
北 京	117.7	106.5	99.1	99.0	156.9	106.9	93.5
天 津	100.0	102.2	93.4	98.7	122.3	98.4	92.9
河 北	104.2	103.4	97.6	98.8	106.6	99.9	95.5
山 西	102.3	106.2	97.0	99.1	105.6	98.0	95.8
內蒙古	102.5	103.4	98.2	99.1	107.6	101.7	98.2
遼 寧	100.6	100.9	96.3	98.8	103.9	99.2	97.5
吉 林	100.6	104.2	95.0	97.5	104.7	99.9	95.5
黑龍江	102.6	107.9	96.3	98.2	104.2	98.2	96.0
上 海	95.7	100.0	87.2	94.9	123.0	92.0	95.2
江 蘇	99.7	102.1	95.1	98.8	107.2	97.8	96.0
浙 江	100.9	103.5	96.8	98.2	103.6	98.7	96.9
安 徽	101.5	102.9	95.6	98.5	106.5	99.4	96.1
福 建	99.7	101.7	97.1	95.9	106.4	97.0	96.3
江 西	103.2	104.7	96.1	98.3	104.5	97.7	95.3
山 東	102.6	101.9	96.8	98.7	104.7	100.0	95.6
河 南	101.6	103.7	93.5	98.5	107.9	98.2	96.4
湖 北	98.0	100.6	94.4	98.6	107.5	101.5	97.5
湖 南	102.1	102.7	95.9	96.3	102.4	97.4	95.0
廣 東	99.4	101.6	95.5	94.8	103.9	98.1	93.6
廣 西	100.4	102.7	94.9	99.0	103.4	95.6	93.5
海 南	101.1	104.5	98.7	99.0	110.0	96.2	95.0
四 川	103.0	104.3	96.6	97.1	109.9	102.7	98.0
貴 州	104.1	100.2	95.6	97.8	103.2	98.4	97.7
雲 南	101.1	102.1	96.4	96.6	107.5	102.6	98.1
西 藏	—	—	—	—	—	—	—
陝 西	101.0	101.6	93.6	96.3	104.8	99.9	93.6
甘 肅	103.5	102.1	97.4	99.0	104.7	99.6	95.1
青 海	101.5	103.1	96.3	100.6	109.5	104.8	99.2
寧 夏	101.7	109.4	96.2	98.4	106.0	99.3	97.2
新 疆	103.7	104.8	97.0	98.3	114.1	102.9	99.9

6.5.4　1997 年全國及各地區農村商品零售價格分類指數(一)

(以上年價格為 100)

地　區 Region	總指數 General Index	一、食品類 Food	1. 糧食 Grain	① 細糧 Flour and Rice	②粗糧 Coarse Food Grain	2. 油脂類 Oil of Fat
全國平均	**100.70**	**99.20**	**90.40**	**89.10**	**99.90**	**101.90**
北　京	—	—	—	—	—	—
天　津	—	—	—	—	—	—
河　北	102.10	99.80	91.30	90.90	92.90	104.60
山　西	101.70	100.80	95.10	95.50	93.60	100.70
内蒙古	101.90	99.60	89.40	89.00	90.20	96.30
遼　寧	100.50	98.90	89.40	89.00	91.70	103.20
吉　林	102.00	102.40	95.50	94.80	98.00	98.30
黑龍江	102.60	102.70	98.00	95.20	111.30	98.30
上　海	—	—	—	—	—	—
江　蘇	99.50	97.60	81.50	79.90	101.20	102.20
浙　江	99.40	96.90	83.90	82.60	104.00	99.00
安　徽	98.90	97.50	90.00	89.00	101.10	101.40
福　建	100.10	98.90	88.80	86.90	110.70	104.00
江　西	99.30	96.80	90.20	89.40	103.10	98.80
山　東	100.70	99.40	88.10	87.00	92.70	104.80
河　南	101.20	100.70	88.10	86.60	96.60	105.00
湖　北	102.20	101.30	92.00	91.20	104.40	102.90
湖　南	99.80	97.90	93.90	91.80	120.60	97.50
廣　東	99.80	98.70	91.00	90.50	97.90	103.90
廣　西	99.40	97.50	92.50	89.70	115.70	100.80
海　南	99.10	96.60	91.30	90.20	106.50	99.10
四　川	102.90	102.40	94.80	93.10	101.30	103.80
貴　州	101.70	100.50	91.30	90.20	97.70	100.50
雲　南	103.20	103.10	95.20	94.30	102.80	99.30
西　藏	—	—	—	—	—	—
陝　西	101.80	100.70	89.00	88.00	97.40	100.50
甘　肅	101.90	99.50	94.70	94.40	98.90	94.00
青　海	102.70	101.10	101.00	100.80	103.50	97.80
寧　夏	102.10	100.30	101.00	100.60	106.10	93.80
新　疆	102.50	100.10	103.60	104.10	100.50	108.20

6.5.4 1997年全國及各地區農村商品零售價格分類指數(二)

(以上年價格為100)

地 區 Region	3.肉禽蛋 Meal Poultry and Eggs	4.水產品 Aquatic Products	5.鮮菜 Fresh Vegetables	6.干菜 Dried Vegetables	7.鮮果 Fresh Fruits	8.干果 Dried Fruits
全國平均	**101.50**	**101.10**	**99.30**	**100.50**	**91.60**	**106.40**
北 京	—	—	—	—	—	—
天 津	—	—	—	—	—	—
河 北	106.40	107.60	98.80	99.50	93.80	107.90
山 西	101.60	104.20	101.30	101.30	98.70	121.20
內蒙古	100.60	111.40	109.40	99.10	93.80	108.50
遼 寧	105.10	106.20	97.90	102.40	92.30	117.50
吉 林	103.20	107.10	110.00	105.50	96.00	114.60
黑龍江	105.70	110.70	105.80	102.70	94.80	113.80
上 海	—	—	—	—	—	—
江 蘇	101.60	103.30	95.00	103.10	91.50	106.60
浙 江	97.90	101.30	98.30	101.10	88.60	103.90
安 徽	101.50	101.00	89.70	99.40	85.70	105.90
福 建	98.60	100.20	112.60	104.00	89.80	105.40
江 西	98.30	96.50	98.30	97.70	88.10	97.80
山 東	105.00	107.50	92.50	99.40	89.60	110.10
河 南	108.00	105.30	86.50	99.30	87.30	107.70
湖 北	106.70	102.60	96.60	102.70	91.00	100.60
湖 南	98.60	99.00	94.20	95.10	88.40	103.90
廣 東	97.20	92.90	110.20	101.40	92.60	101.20
廣 西	97.00	91.30	99.20	102.30	91.10	101.30
海 南	93.30	99.40	93.50	97.30	100.60	102.40
四 川	108.10	103.00	100.80	101.20	93.00	107.80
貴 州	101.30	98.40	105.30	94.40	96.20	109.90
雲 南	102.40	102.80	117.00	101.00	99.10	108.40
西 藏	—	—	—	—	—	—
陝 西	104.70	104.30	106.50	96.50	100.60	117.00
甘 肅	100.00	102.90	104.40	99.40	94.50	104.80
青 海	94.00	107.80	107.70	108.40	95.60	105.50
寧 夏	95.70	104.00	105.60	104.60	92.30	108.30
新 疆	93.70	99.60	94.50	106.20	85.60	100.90

6.5.4　1997 年全國及各地區農村商品零售價格分類指數(三)

(以上年價格為 100)

地　區 Region	9. 其他食品 Other Food	①調味品 Condiments	②食糖 Sugar	② 糖果 Candy	④糕點 Cake	⑤奶及奶制品 Milk and Its Products
全國平均	**102.10**	**102.80**	**97.60**	**102.90**	**103.90**	**101.80**
北　京	—	—	—	—	—	—
天　津	—	—	—	—	—	—
河　北	102.70	104.50	96.40	107.10	102.20	101.10
山　西	103.90	109.10	95.50	104.50	104.30	102.80
內蒙古	100.80	102.70	95.90	105.90	99.70	98.70
遼　寧	102.50	103.00	98.00	106.20	102.60	102.90
吉　林	105.30	108.20	97.60	104.70	106.80	108.20
黑龍江	102.60	101.70	99.10	100.60	104.20	102.90
上　海	—	—	—	—	—	—
江　蘇	101.90	102.40	96.60	99.60	105.80	101.30
浙　江	101.40	102.30	97.30	102.10	101.30	103.00
安　徽	102.80	104.90	99.60	101.50	104.50	102.40
福　建	101.90	103.20	95.70	101.80	101.40	107.00
江　西	100.30	101.90	93.30	101.10	101.50	100.80
山　東	104.10	107.50	98.20	104.50	104.60	105.30
河　南	102.00	101.40	98.80	102.50	104.50	102.20
湖　北	103.20	103.10	97.60	111.80	106.00	98.20
湖　南	102.60	101.90	99.90	99.40	105.50	111.70
廣　東	100.40	102.20	96.80	99.80	101.50	100.40
廣　西	102.40	104.30	100.10	101.90	101.60	105.10
海　南	100.80	106.60	96.90	98.80	102.70	93.30
四　川	100.50	100.40	97.70	102.70	104.70	93.50
貴　州	103.90	103.30	94.00	105.70	112.80	103.20
雲　南	103.80	103.90	98.60	103.30	106.90	101.20
西　藏	—	—	—	—	—	—
陝　西	102.80	103.40	96.50	105.20	105.90	105.10
甘　肅	102.00	105.50	95.50	98.20	104.70	98.90
青　海	103.00	102.20	96.40	105.30	105.20	104.80
寧　夏	103.90	102.70	97.50	114.10	101.60	105.70
新　疆	103.30	112.10	95.40	101.20	104.70	102.50

6.5.4 1997年全國及各地區農村商品零售價格分類指數(四)

(以上年價格為100)(以上年價格為100)

地 區 Region	⑥罐頭 Canned Food	10.飲食業 Catering Trade	①主食 Staple Food	②炒菜 Fried Dishes	③地方小吃 Local Snack	二、飲料和烟酒類 Beverage Tobacco and Liquor
全國平均	**103.4**	**105.1**	**103.4**	**105.7**	**106.0**	**101.0**
北 京	—	—	—	—	—	—
天 津	—	—	—	—	—	—
河 北	104.8	103.7	102.2	103.8	106.7	102.3
山 西	101.0	107.1	104.9	108.2	108.3	100.8
内蒙古	101.1	104.9	103.6	106.8	101.4	103.2
遼 寧	101.2	102.4	99.3	103.7	102.0	101.2
吉 林	106.5	103.9	105.4	103.3	103.5	103.0
黑龍江	105.9	106.2	101.1	108.3	105.9	100.7
上 海	—	—	—	—	—	—
江 蘇	103.3	102.6	102.3	102.6	103.6	98.5
浙 江	105.2	104.8	103.5	105.0	105.4	100.1
安 徽	99.9	104.8	100.2	106.7	105.5	98.5
福 建	107.5	100.5	101.8	99.6	100.7	104.0
江 西	104.5	104.4	104.0	104.5	104.4	97.9
山 東	102.8	102.7	99.8	105.8	104.2	103.2
河 南	103.3	107.6	101.5	109.6	106.5	100.4
湖 北	102.9	108.8	106.9	109.5	111.4	102.5
湖 南	103.3	106.4	103.1	107.7	109.5	100.7
廣 東	100.8	102.8	102.0	101.8	106.5	101.5
廣 西	100.4	106.0	105.7	105.9	107.2	100.7
海 南	98.6	102.9	102.7	100.0	108.4	98.8
四 川	105.8	107.4	108.9	106.5	105.6	101.0
貴 州	99.9	108.3	107.5	107.5	122.0	99.4
雲 南	106.7	108.1	106.5	109.8	105.2	105.0
西 藏	—	—	—	—	—	—
陝 西	100.1	106.0	104.2	107.1	105.8	104.8
甘 肅	106.0	105.7	105.6	107.0	104.1	100.2
青 海	106.8	104.4	104.1	105.9	100.9	103.2
寧 夏	104.2	102.9	100.9	104.0	102.9	102.5
新 疆	99.7	109.4	108.6	109.6	110.0	101.2

6.5.4 1997年全国及各地区农村商品零售价格分类指数(五)

(以上年價格為100)

地 區 Region	1. 飲料 Beverages	2. 烟酒 Tobacco and Liquor	三、服裝和鞋帽類 Garments Shoes and Hats	1. 服裝 Garments	2. 鞋 Shoes	3. 其他衣着 Other Clothing
全國平均	**102.5**	**100.7**	**103.6**	**103.0**	**104.2**	**104.6**
北 京	—	—	—	—	—	—
天 津	—	—	—	—	—	—
河 北	101.8	102.6	107.0	106.4	108.2	106.2
山 西	101.9	100.5	104.5	105.4	103.0	104.0
内蒙古	104.2	103.1	105.6	104.4	105.5	109.0
遼 寧	101.6	101.2	103.2	100.7	105.9	105.1
吉 林	99.8	104.7	101.7	101.6	101.8	102.2
黑龍江	101.1	100.6	103.4	103.3	103.3	103.8
上 海	—	—	—	—	—	—
江 蘇	103.3	97.6	103.5	104.4	102.3	102.4
浙 江	103.1	99.1	103.5	103.4	103.0	104.7
安 徽	97.1	98.9	99.5	97.4	101.3	103.9
福 建	105.3	103.6	100.4	99.9	100.2	102.7
江 西	99.8	97.4	103.1	102.4	104.7	102.4
山 東	102.9	103.4	102.6	102.5	103.2	101.8
河 南	101.1	100.3	106.4	107.1	105.7	105.2
湖 北	105.3	101.9	105.1	104.3	105.7	106.6
湖 南	99.2	100.8	102.7	100.8	104.9	106.7
廣 東	102.8	100.9	102.6	102.0	101.7	106.3
廣 西	99.4	100.9	99.7	98.7	101.0	101.7
海 南	98.4	99.1	98.4	94.7	107.3	106.4
四 川	105.6	100.3	105.6	104.2	106.8	106.9
貴 州	108.5	98.1	102.6	103.4	101.3	101.5
雲 南	104.7	105.2	103.4	102.1	103.9	106.1
西 藏	—	—	—	—	—	—
陝 西	110.0	103.6	103.4	103.8	102.8	103.6
甘 肅	99.2	100.3	104.7	104.4	105.5	104.6
青 海	100.6	104.1	103.8	105.1	102.1	103.4
寧 夏	102.6	102.4	109.0	107.1	111.6	110.9
新 疆	104.5	100.6	104.4	103.7	106.2	102.6

6.5.4 1997年全國及各地區農村商品零售價格分類指數(六)

(以上年價格為100)

地 區 Region	四、紡織品類 Textiles	1.棉布 Cotton Cloth	2.棉花化纖混紡 Blend Cloth	3.化纖布 Chemical Fiber Cloth	4.呢絨 Woolen Fabric	5.綢緞 Silk
全國平均	**101.9**	**103.4**	**102.4**	**101.0**	**101.6**	**101.6**
北 京	—	—	—	—	—	—
天 津	—	—	—	—	—	—
河 北	105.7	106.2	109.9	105.3	105.4	104.6
山 西	101.1	102.6	108.0	97.0	100.7	103.0
内蒙古	101.3	101.0	100.5	100.1	101.5	102.4
遼 寧	100.1	101.3	100.3	96.3	99.5	105.3
吉 林	101.6	100.6	105.5	100.5	101.8	100.3
黑龍江	100.7	104.5	100.0	100.7	100.9	99.4
上 海	—	—	—	—	—	—
江 蘇	102.0	102.7	102.0	98.2	101.8	101.6
浙 江	101.8	102.2	100.7	102.7	103.0	101.7
安 徽	100.1	103.4	101.6	97.6	100.2	99.5
福 建	99.2	99.9	98.0	99.9	99.0	98.1
江 西	102.4	100.9	105.9	99.7	106.9	104.1
山 東	100.2	101.7	98.2	99.0	100.1	101.8
河 南	101.3	103.5	101.5	100.5	101.5	101.3
湖 北	103.8	103.9	104.2	107.3	100.9	101.2
湖 南	101.0	101.4	96.6	104.5	103.5	100.1
廣 東	101.6	105.9	104.5	97.8	99.5	100.6
廣 西	104.3	109.5	102.4	103.6	101.4	98.8
海 南	102.2	100.6	110.4	100.0		106.1
四 川	102.4	102.9	104.2	102.1	100.8	101.8
貴 州	100.8	108.3	103.4	98.3	102.3	100.6
雲 南	103.1	104.6	98.1	100.2	99.8	105.0
西 藏	—	—	—	—	—	—
陝 西	101.2	106.0	104.1	99.5	101.9	100.0
甘 肅	103.3	101.4	103.2	107.5	99.8	103.3
青 海	102.2	104.5	100.0	100.0	102.9	100.0
寧 夏	107.1	100.8	103.2	116.6	105.5	102.5
新 疆	103.8	104.8	105.7	100.5	105.5	102.1

6.5.4 1997年全國及各地區農村商品零售價格分類指數(七)

(以上年價格為100)

地 區 Region	6.其他紡織品 Other Textiles	五、中西藥品類 Traditional Chinese & Western Medicines	1.中藥 Traditional Medicines	2.西藥 Western Medicines	3.醫療用品 Medical Articals	六、化妝品類 Cosmetics
全國平均	**101.8**	**104.6**	**108.4**	**102.1**	**103.6**	**102.5**
北 京	—	—	—	—	—	—
天 津	—	—	—	—	—	—
河 北	103.4	101.9	106.5	98.8	102.5	106.8
山 西	101.3	104.9	110.2	100.9	107.3	104.0
内蒙古	102.4	107.4	107.5	107.7	103.9	103.2
遼 寧	102.2	104.2	108.1	101.4	104.6	101.7
吉 林	101.3	102.3	105.9	99.6	102.6	101.3
黑龍江	99.5	103.5	105.5	102.2	103.5	105.3
上 海	—	—	—	—	—	—
江 蘇	104.6	103.5	105.6	102.3	103.5	100.4
浙 江	100.6	106.3	110.7	102.7	105.6	100.6
安 徽	100.4	103.9	107.5	100.9	104.5	99.3
福 建	99.5	104.9	110.4	100.4	104.7	100.7
江 西	99.8	107.4	112.6	105.1	101.8	106.5
山 東	101.1	103.1	107.6	100.4	105.5	102.5
河 南	101.0	101.2	104.5	99.4	102.5	102.1
湖 北	102.7	106.7	107.1	107.0	103.0	102.3
湖 南	100.0	106.2	117.5	99.4	102.6	106.9
廣 東	101.6	106.5	106.8	106.5	104.0	103.0
廣 西	103.0	106.1	106.9	106.2	101.6	101.2
海 南	98.2	99.5	102.3	98.0	95.9	104.0
四 川	101.7	104.2	109.4	100.1	102.3	103.5
貴 州	100.2	105.5	109.6	103.7	110.2	103.4
雲 南	106.4	104.8	108.3	103.4	101.3	101.8
西 藏	—	—	—	—	—	—
陝 西	99.1	105.4	107.5	104.1	104.5	106.9
甘 肅	100.9	103.4	107.5	100.7	102.1	102.1
青 海	103.1	106.1	108.8	103.5	104.4	102.2
寧 夏	102.7	104.4	110.1	100.1	104.3	103.3
新 疆	103.5	104.9	110.3	102.9	103.2	102.1

6.5.4 1997年全國及各地區農村商品零售價格分類指數(八)

(以上年價格為100)

地 區 Region	七、書報雜志類 Newspapers and Magazines	八、文化體育用品 Cultural and Sports Goods	1. 文化用品 Cultural Goods	2. 體育用品 Sports Goods	九、日用品類 Articals for daily use	1. 一般日用品 Ordinary Articals for daily use
全國平均	**112.5**	**103.4**	**102.8**	**105.1**	**102.1**	**102.2**
北京	—	—	—	—	—	—
天津	—	—	—	—	—	—
河北	113.0	105.7	105.1	107.2	103.2	102.4
山西	126.6	105.5	106.0	103.2	103.0	101.2
內蒙古	111.9	104.7	102.4	108.7	102.4	102.2
遼寧	113.8	102.2	101.6	105.1	100.8	100.9
吉林	116.7	103.4	101.6	108.4	102.6	102.2
黑龍江	110.3	103.4	102.4	105.7	102.0	102.3
上海	—	—	—	—	—	—
江蘇	109.7	101.9	101.8	102.1	100.9	101.4
浙江	110.2	102.3	101.6	104.6	101.3	101.9
安徽	109.3	101.4	100.5	103.3	101.2	101.4
福建	104.8	102.9	101.4	106.7	101.8	102.8
江西	107.6	102.1	101.4	104.8	102.1	100.5
山東	114.9	101.2	100.6	103.2	101.9	102.1
河南	111.5	103.6	103.1	104.9	101.9	100.9
湖北	107.0	103.1	103.8	101.1	101.8	101.5
湖南	111.1	106.7	105.1	110.6	103.9	104.8
廣東	117.9	101.4	100.3	104.5	101.4	101.6
廣西	122.8	103.2	101.0	101.9	100.9	101.1
海南	120.0	103.2	102.1	106.2	102.8	102.3
四川	107.5	107.0	105.9	110.5	104.6	104.8
貴州	105.4	108.2	110.1	103.4	102.1	103.3
雲南	114.1	104.0	103.0	107.3	103.0	103.7
西藏	—	—	—	—	—	—
陝西	119.3	102.1	101.5	104.2	101.9	101.1
甘肅	114.2	105.1	103.5	109.6	101.7	102.0
青海	121.0	102.8	102.4	105.0	101.7	102.8
寧夏	115.5	104.1	103.9	104.7	101.1	100.4
新疆	132.9	102.6	102.2	103.8	102.4	102.0

6.5.4　1997年全國及各地區農村商品零售價格分類指數(九)

(以上年價格為100)

地區 Region	2.家具類 Furniture	3.日用雜品 Articles for daily use	十、家用電器類 Household Appliances	十一、首飾類 Jewelry	十二、燃料類 Fuels	十三、建築類璜材料類 Building Decoration Materials	十四、機電產品類 Mechanical and Electrical Products
全國平均	**101.1**	**103.3**	**96.2**	**98.1**	**106.3**	**98.3**	**97.0**
北京	—	—	—	—	—	—	—
天津	—	—	—	—	—	—	—
河北	104.0	103.9	97.9	99.9	108.5	100.3	96.7
山西	102.6	108.7	95.2	98.9	106.6	96.8	95.3
内蒙古	102.9	102.2	95.2	99.0	108.8	102.7	100.8
遼寧	100.5	101.6	97.0	99.1	104.2	98.8	97.7
吉林	103.7	102.5	98.6	97.2	105.5	99.3	99.9
黑龍江	102.1	101.0	99.0	98.9	107.7	100.2	99.2
上海	—	—	—	—	—	—	—
江蘇	98.7	103.1	98.0	98.8	107.4	96.1	97.3
浙江	99.5	101.5	97.5	98.2	105.3	96.0	95.9
安徽	100.2	102.4	94.5	98.1	105.3	99.2	97.8
福建	100.7	100.4	5.6	94.1	108.9	97.9	94.3
江西	102.5	104.8	95.6	97.6	103.7	96.9	96.2
山東	100.9	103.1	96.8	99.0	106.6	98.0	96.0
河南	102.1	104.0	93.0	97.1	110.4	97.9	97.9
湖北	100.9	103.0	95.3	98.9	106.1	100.6	99.2
湖南	101.6	102.9	95.8	99.6	101.6	94.3	97.3
廣東	99.8	103.9	96.1	94.2	103.9	96.1	96.7
廣西	99.6	102.1	94.4	99.3	102.1	94.1	95.1
海南	101.6	107.2	98.9	99.0	114.4	100.3	94.0
四川	103.9	104.6	96.0	98.6	107.6	103.3	99.9
貴州	100.3	99.5	93.3	98.3	104.8	98.2	99.7
雲南	102.1	102.3	95.2	97.9	110.5	104.6	97.7
西藏	—	—	—	—	—	—	—
陝西	102.2	102.7	92.2	98.8	105.4	103.0	94.8
甘肅	100.9	102.4	97.3	102.3	107.1	101.3	97.0
青海	99.6	101.5	98.0	101.4	104.2	102.4	100.0
寧夏	101.0	104.2	95.4	98.6	105.1	101.2	97.4
新疆	101.5	105.0	98.0	99.0	106.6	103.9	101.5

6.5.5 1997年全國及各地區城市商品零售價格分類指數(一)

(以上年價格為100)

地 區 Region	總指數 General Index	一、食品類 Food	1.糧食 Grain			2.油脂類 Oil of Fat
				①細糧 Flour and Rice	②粗糧 Coarse Food Grain	
全國平均	**100.80**	**100.10**	**93.30**	**92.80**	**99.80**	**101.40**
北 京	103.80	101.70	96.70	96.90	93.80	100.70
天 津	100.70	100.90	95.40	95.30	95.80	100.00
河 北	102.00	101.40	94.20	94.50	92.90	103.10
山 西	100.90	100.30	94.60	94.50	95.60	96.50
内蒙古	102.40	100.60	95.40	94.90	100.00	102.00
遼 寧	101.00	100.60	93.70	93.90	92.00	100.30
吉 林	101.70	101.40	94.10	93.10	101.90	99.60
黑龍江	102.00	102.20	98.30	97.20	105.90	96.60
上 海	98.80	101.50	94.00	92.90	116.80	100.10
江 蘇	99.10	97.30	82.80	82.00	103.70	100.30
浙 江	100.90	100.80	86.80	86.30	103.40	97.90
安 徽	100.10	96.60	86.90	85.10	108.10	102.90
福 建	99.60	97.90	88.50	87.70	105.70	101.50
江 西	100.10	98.40	93.80	93.20	110.10	98.20
山 東	100.80	99.90	96.20	96.40	93.00	110.30
河 南	99.80	98.90	93.90	94.40	83.70	102.90
湖 北	100.80	99.90	94.40	94.10	105.90	101.20
湖 南	100.60	99.60	94.20	93.80	112.90	100.30
廣 東	99.80	99.60	96.60	96.40	100.00	102.70
廣 西	99.90	98.30	96.20	94.90	107.80	102.90
海 南	99.60	97.90	90.80	90.90	89.50	94.90
四 川	102.80	104.20	100.30	99.50	109.20	102.70
貴 州	101.40	101.40	96.90	96.60	102.00	99.20
雲 南	101.60	102.00	89.40	88.90	101.70	99.40
西 藏	—	—	—	—	—	—
陝 西	101.30	100.50	98.90	98.80	98.90	99.40
甘 肅	101.40	100.40	96.20	95.70	100.90	100.00
青 海	103.20	102.50	106.60	106.90	104.90	100.30
寧 夏	102.20	102.00	101.20	101.20	101.20	95.70
新 疆	101.30	97.40	104.70	104.50	114.60	100.20

6.5.5　1997 年全國及各地區城市商品零售價格分類指數(二)

(以上年價格為 100)

地　區 Region	3. 肉禽蛋 Meal Poultry and Eggs	4. 水產品 Aquatic Products	5. 鮮菜 Fresh Vegetables	6. 干菜 Dried Vegetables	7. 鮮果 Fresh Fruits	8. 干果 Dried Fruits
全國平均	**101.30**	**101.20**	**99.60**	**103.30**	**92.30**	**106.70**
北　京	102.30	109.90	94.80	107.70	94.00	112.90
天　津	98.40	103.90	102.60	103.00	94.90	107.10
河　北	105.50	107.30	100.80	99.70	91.10	108.90
山　西	99.60	102.90	104.20	102.40	93.50	109.40
內蒙古	99.10	110.70	106.40	105.90	93.50	111.10
遼　寧	101.80	107.20	99.80	104.60	93.30	116.70
吉　林	102.40	107.40	101.30	108.70	91.90	115.40
黑龍江	104.10	108.80	103.50	110.50	92.60	114.90
上　海	105.40	96.70	97.50	105.10	91.60	101.10
江　蘇	102.10	100.80	93.60	104.80	91.70	104.80
浙　江	99.30	106.00	106.70	103.80	94.90	101.40
安　徽	102.00	101.60	87.40	100.90	87.30	106.80
福　建	98.20	99.90	105.40	100.20	89.30	98.80
江　西	97.60	98.70	100.60	102.70	91.10	99.60
山　東	104.20	107.70	92.50	101.80	90.30	106.60
河　南	102.10	105.60	87.30	98.10	86.20	112.70
湖　北	105.50	97.10	91.40	99.30	88.90	105.20
湖　南	99.40	98.20	100.50	98.30	93.00	108.50
廣　東	98.30	94.50	109.20	100.00	90.20	103.00
廣　西	94.70	92.80	100.70	103.80	101.60	102.40
海　南	94.50	91.70	102.50	105.70	96.70	99.10
四　川	107.20	104.00	102.60	100.00	93.40	112.20
貴　州	102.20	100.80	99.20	95.60	92.40	112.20
雲　南	100.30	103.10	112.10	98.70	97.00	98.90
西　藏	—	—	—	—	—	—
陝　西	99.40	103.10	99.30	98.30	97.20	111.70
甘　肅	98.90	96.40	106.70	101.60	95.00	100.40
青　海	98.10	103.90	102.30	111.50	95.50	108.80
寧　夏	98.30	107.50	104.80	106.40	93.80	101.20
新　疆	95.60	107.10	89.40	105.70	88.60	103.60

6.5.5 1997年全國及各地區城市商品零售價格分類指數(三)

(以上年價格為100)

地區 Region	9.其他食品 Other Food	①調味品 Condiments	②食糖 Sugar	② 糖果 Candy	④糕點 Cake	⑤奶及奶制品 Milk and Its Products
全國平均	**103.50**	**102.90**	**98.40**	**102.90**	**104.00**	**105.70**
北京	106.50	105.50	97.90	101.70	104.50	117.70
天津	102.40	101.70	99.60	101.30	101.20	108.70
河北	104.00	104.00	97.40	103.50	106.30	104.00
山西	101.40	106.90	96.10	99.50	101.30	100.70
内蒙古	101.70	102.50	95.00	104.50	102.00	101.80
遼寧	104.30	102.10	98.40	106.10	105.60	103.60
吉林	103.80	100.90	101.70	103.10	105.50	102.20
黑龍江	103.30	104.30	100.80	106.10	100.50	103.50
上海	104.40	100.40	97.80	100.70	102.00	111.60
江蘇	102.80	104.00	97.80	100.20	105.00	105.40
浙江	100.00	100.10	95.80	99.80	101.70	100.50
安徽	101.80	104.00	96.20	101.40	104.30	100.10
福建	101.80	104.80	96.70	102.00	103.00	101.20
江西	102.50	101.70	99.60	103.10	104.10	101.70
山東	103.70	103.90	100.00	105.50	104.70	101.70
河南	102.50	101.10	96.80	101.80	104.10	103.40
湖北	102.70	104.60	99.40	104.20	102.50	99.70
湖南	101.80	100.60	98.60	101.50	103.20	101.30
廣東	102.70	102.90	96.60	102.70	104.10	103.80
廣西	104.50	103.80	103.10	104.20	103.20	108.20
海南	101.00	103.90	101.70	104.60	100.70	102.30
四川	105.40	103.30	103.80	105.00	110.20	104.00
貴州	103.50	103.90	94.60	101.20	105.30	107.20
雲南	105.80	102.80	99.60	102.10	100.40	116.80
西藏	—	—	—	—	—	—
陜西	101.60	103.30	99.10	103.30	101.80	100.90
甘肅	101.40	101.30	96.60	101.70	105.80	101.20
青海	102.80	105.10	101.00	100.60	103.90	106.30
寧夏	110.10	101.90	95.00	109.30	117.90	109.20
新疆	102.30	107.60	95.40	101.80	102.50	101.40

6.5.5　1997年全國及各地區城市商品零售價格分類指數(四)

(以上年價格為100)

地　區 Region	⑥罐頭 Canned Food	10.飲食業 Catering Trade	①主食 Staple Food	②炒菜 Fried Dishes	③地方小吃 Local Snack	二、飲料和烟酒類 Beverage Tobacco and Liquor
全國平均	**104.0**	**104.6**	**105.1**	**104.3**	**104.9**	**101.3**
北　京	100.5	102.9	106.5	101.4	103.9	105.6
天　津	103.6	106.9	113.5	102.9	105.7	102.7
河　北	104.4	104.4	105.0	104.3	103.8	104.7
山　西	103.3	105.6	101.9	106.5	107.4	99.9
内蒙古	101.0	104.2	102.8	104.3	105.6	102.3
遼　寧	109.7	100.8	101.6	100.3	101.6	101.2
吉　林	108.5	108.3	105.0	112.0	101.5	104.6
黑龍江	106.6	104.4	103.7	104.6	103.3	99.6
上　海	100.6	108.5	116.1	107.6	101.4	92.7
江　蘇	100.2	105.8	104.0	105.6	110.1	98.7
浙　江	99.2	107.0	103.6	105.1	113.7	98.6
安　徽	100.8	104.5	102.2	104.8	106.8	99.9
福　建	101.4	100.5	101.8	99.9	101.0	102.2
江　西	102.4	103.1	103.3	102.2	106.4	97.5
山　東	105.4	104.4	103.2	106.0	100.0	104.2
河　南	103.4	104.9	102.8	104.5	110.4	102.4
湖　北	106.0	106.1	103.2	107.5	111.0	103.0
湖　南	106.0	105.9	107.4	105.6	102.7	102.2
廣　東	104.0	101.9	101.3	101.6	103.1	101.6
廣　西	102.5	104.8	104.6	104.8	105.3	102.9
海　南	93.8	109.0	112.8	110.0	106.3	93.0
四　川	104.8	107.4	111.2	105.6	108.6	99.8
貴　州	100.3	112.6	105.3	115.4	110.1	100.4
雲　南	102.4	109.7	101.0	117.4	104.5	98.1
西　藏	—	—	—	—	—	—
陝　西	103.4	107.0	104.8	109.3	102.9	103.9
甘　肅	101.5	102.0	103.2	101.8	101.5	101.9
青　海	100.4	102.4	100.5	103.8	101.3	101.2
寧　夏	101.0	103.5	99.0	104.1	106.7	98.9
新　疆	101.8	101.0	104.8	91.9	106.2	103.3

6.5.5 1997年全國及各地區城市商品零售價格分類指數(五)

(以上年價格為100)

地 區 Region	1.飲料 Beverages	2.烟酒 Tobacco and Liquor	三、服裝和鞋帽類 Garments Shoes and Hats	1.服裝 Garments	2.鞋 Shoes	3.其他衣着 Other Clothing
全國平均	**101.9**	**101.1**	**103.4**	**103.0**	**103.3**	**105.3**
北 京	102.2	107.4	103.1	102.6	104.5	103.3
天 津	100.5	103.4	99.3	98.4	101.1	100.7
河 北	103.2	105.6	105.5	104.3	107.4	106.8
山 西	97.9	100.5	103.7	106.2	99.6	105.0
內蒙古	108.3	100.9	107.5	105.3	112.8	108.1
遼 寧	100.4	101.5	104.4	104.1	102.8	108.3
吉 林	100.4	106.0	104.9	103.0	106.2	106.9
黑龍江	98.2	99.9	105.1	104.4	106.6	105.2
上 海	102.7	90.4	99.9	99.3	101.8	100.2
江 蘇	102.5	97.9	102.9	102.8	101.7	104.8
浙 江	100.0	98.2	105.0	103.8	104.9	109.4
安 徽	103.2	98.8	104.4	103.5	103.9	110.4
福 建	100.4	103.0	104.1	103.7	104.4	105.6
江 西	103.6	95.9	105.2	105.3	104.2	107.0
山 東	105.3	103.7	102.4	102.7	101.9	102.1
河 南	101.8	102.5	102.9	102.4	103.5	104.0
湖 北	102.1	103.2	101.8	102.3	99.1	108.3
湖 南	102.1	102.2	104.1	104.6	103.6	103.6
廣 東	99.9	102.2	101.8	101.7	102.9	101.5
廣 西	101.0	103.4	100.0	99.8	99.7	101.5
海 南	95.0	92.1	108.2	108.0	112.2	99.3
四 川	102.9	99.2	103.8	104.0	103.0	104.6
貴 州	101.1	100.2	101.9	102.2	100.7	104.3
雲 南	104.1	95.5	106.4	106.5	102.3	114.7
西 藏	—	—	—	—	—	—
陝 西	99.1	106.5	106.8	108.8	102.5	108.9
甘 肅	101.5	102.0	103.9	104.7	102.3	103.7
青 海	105.4	100.2	105.1	106.4	104.3	98.9
寧 夏	109.3	97.0	107.7	103.0	112.9	108.2
新 疆	109.3	102.3	105.1	104.9	105.9	104.1

6.5.5　1997年全國及各地區城市商品零售價格分類指數(六)

(以上年價格為100)

地　區 Region	四、紡織品類 Textiles	1.棉布 Cotton Cloth	2.棉花化纖混紡 Blend Cloth	3.化纖布 Chemical Fiber Cloth	4.呢絨 Woolen Fabric	5.綢緞 Silk
全國平均	**101.9**	**102.1**	**101.0**	**101.2**	**102.6**	**101.6**
北　京	102.2	100.6	104.8	100.5	103.1	102.4
天　津	98.3	101.4	100.3	100.0	89.8	101.1
河　北	102.0	102.5	103.1	98.6	103.8	101.3
山　西	101.5	103.4	104.7	101.6	102.1	101.4
內蒙古	102.5	102.1	103.1	102.8	104.0	100.3
遼　寧	102.1	101.8	99.0	96.5	103.5	103.0
吉　林	103.0	98.4	102.1	99.2	101.7	104.9
黑龍江	103.8	103.5	102.2	99.1	106.8	101.9
上　海	100.3	102.0	83.2	99.2	99.1	102.6
江　蘇	102.0	101.4	98.4	104.8	101.9	100.5
浙　江	104.5	101.1	104.7	104.7	107.2	103.7
安　徽	103.2	104.0	101.9	106.2	104.7	100.5
福　建	102.7	101.1	103.7	100.0	105.3	101.1
江　西	101.6	104.3	101.8	98.8	100.5	101.5
山　東	101.6	102.7	101.6	100.0	101.9	101.5
河　南	100.7	105.5	104.1	97.9	102.4	100.4
湖　北	102.1	99.6	99.2	100.4	107.6	105.9
湖　南	102.9	102.8	98.6	107.0	101.6	100.3
廣　東	100.8	102.8	97.5	101.1	99.4	99.8
廣　西	101.6	105.7	99.9	102.3	101.1	101.9
海　南	107.4	101.1	112.5	100.0	100.0	100.0
四　川	102.7	104.2	105.8	101.2	102.0	100.1
貴　州	101.6	102.0	108.0	100.1	102.4	100.0
雲　南	101.6	103.9	100.5	87.8	104.5	104.3
西　藏	—	—	—	—	—	—
陝　西	101.1	99.9	99.6	98.3	105.6	97.2
甘　肅	104.1	100.5	102.7	111.1	107.3	100.1
青　海	100.5	102.7	100.5	97.0	99.5	100.0
寧　夏	103.7	101.2	95.6	108.6	115.4	96.8
新　疆	100.5	101.4	101.4	99.9	97.6	100.8

6.5.5 1997年全國及各地區城市商品零售價格分類指數(七)

(以上年價格為100)

地 區 Region	6.其他紡織品 Other Textiles	五、中西藥品類 Traditional Chinese & Western Medicines	1.中藥 Traditional Medicines	2.西藥 Western Medicines	3.醫療用品 Medical Articals	六、化妝品類 Cosmetics
全國平均	**102.1**	**104.2**	**108.4**	**101.2**	**103.5**	**102.2**
北 京	103.5	105.2	112.2	101.5	101.1	103.1
天 津	100.4	103.9	111.9	98.0	98.6	100.2
河 北	102.6	105.1	107.4	103.2	105.1	103.2
山 西	99.8	103.0	106.5	100.5	100.6	103.0
內蒙古	102.2	105.1	108.1	102.3	109.3	104.8
遼 寧	103.0	102.5	104.2	101.6	103.0	102.6
吉 林	106.4	103.4	106.8	100.4	106.9	101.2
黑龍江	104.3	104.9	111.4	100.9	101.8	102.4
上 海	100.7	102.2	109.1	97.3	100.7	99.9
江 蘇	101.9	103.0	104.8	101.5	104.1	102.1
浙 江	104.1	104.7	107.3	102.3	104.9	102.0
安 徽	101.5	105.9	111.9	102.3	103.5	100.6
福 建	103.5	104.4	106.9	102.5	103.9	102.1
江 西	102.9	108.6	112.4	106.4	105.5	101.4
山 東	102.0	105.5	111.6	101.5	103.4	103.0
河 南	100.8	101.9	110.0	98.0	103.3	101.8
湖 北	100.9	103.7	105.4	102.6	106.9	111.9
湖 南	99.9	100.5	108.4	94.5	104.6	103.8
廣 東	102.7	104.3	104.2	104.4	104.7	101.8
廣 西	100.1	111.2	118.4	103.7	104.5	98.5
海 南	110.3	104.4	104.9	104.2	101.3	103.1
四 川	104.4	103.7	104.6	103.1	104.6	102.0
貴 州	101.6	105.2	113.6	101.7	104.3	105.8
雲 南	101.2	104.8	109.3	101.1	106.0	99.4
西 藏	—	—	—	—	—	—
陝 西	101.4	106.1	113.5	101.0	106.1	
甘 肅	102.5	103.2	106.9	100.2	104.8	
青 海	101.6	99.2	102.8	98.8	105.5	
寧 夏	101.6	104.1	111.9	98.6	108.2	
新 疆	104.5	107.9	115.7	102.8	101.1	

6.5.5 1997年全國及各地區城市商品零售價格分類指數(八)

(以上年價格為100)

地 區 Region	七、書報雜志類 Newspapers and Magazines	八、文化體育用品 Cultural and Sports Goods	1. 文化用品 Cultural Goods	2. 體育用品 Sports Goods	九、日用品類 Articals for daily use	1. 一般日用品 Ordinary Articals for daily use
全國平均	**113.0**	**100.8**	**100.0**	**103.4**	**102.4**	**102.2**
北 京	118.0	100.7	100.7	101.5	109.6	102.1
天 津	134.1	98.9	96.6	110.4	102.0	102.9
河 北	115.1	101.0	102.0	101.0	103.3	102.5
山 西	111.8	103.4	102.7	106.4	102.6	102.5
内蒙古	105.9	107.1	107.8	105.3	103.0	102.9
遼 寧	115.0	101.0	100.3	102.7	101.1	101.6
吉 林	113.6	101.2	99.1	104.9	102.8	104.0
黑龍江	117.7	102.2	101.2	107.4	103.8	103.0
上 海	112.8	97.2	96.4	100.2	100.2	101.8
江 蘇	108.6	98.7	97.9	101.5	101.1	101.4
浙 江	110.2	101.6	101.3	102.9	101.8	100.6
安 徽	114.0	102.7	102.6	103.0	103.2	103.6
福 建	107.5	99.8	98.6	103.9	100.8	101.6
江 西	109.7	101.6	101.2	102.8	103.0	102.3
山 東	113.8	100.6	99.7	103.0	102.0	101.2
河 南	109.5	101.3	100.8	103.6	101.1	100.8
湖 北	106.4	98.6	98.3	99.5	104.3	110.3
湖 南	111.2	102.0	100.8	105.1	103.2	103.8
廣 東	110.1	99.5	98.8	101.6	100.3	101.0
廣 西	120.6	100.4	99.9	101.3	102.5	102.6
海 南	132.1	100.8	100.7	101.5	101.3	101.8
四 川	106.6	103.3	102.4	106.0	102.6	102.6
貴 州	109.6	98.7	96.6	106.0	102.5	101.0
雲 南	116.1	100.9	100.1	106.1	101.5	102.1
西 藏	—	—	—	—	—	—
陝 西	124.1	101.5	100.1	110.8	101.5	102.3
甘 肅	111.2	103.7	99.6	111.0	103.0	102.9
青 海	122.0	102.4	101.8	109.2	103.1	102.8
寧 夏	114.2	96.5	96.6	95.4	102.9	101.7
新 疆	111.4	101.0	99.9	108.0	102.1	100.7

6.5.5 1997年全國及各地區城市商品零售價格分類指數(九)

(以上年價格為100)

地 區 Region	2.家具類 Furniture	3.日用雜品 Articles for daily use	十、家用電器類 Household Appliances	十一、首飾類 Jewelry	十二、燃料類 Fuels	十三、建築類璜材料類 Building Decoration Materials	十四、機電產品類 Mechanical and Electrical Products
全國平均	**102.8**	**102.3**	**95.3**	**97.7**	**108.0**	**99.6**	**95.1**
北 京	117.7	106.5	99.1	99.0	156.9	106.9	93.5
天 津	100.0	102.2	93.4	98.7	122.3	98.4	92.9
河 北	104.3	103.0	97.2	97.8	103.4	99.4	94.3
山 西	102.2	104.1	97.9	99.2	104.4	99.0	96.0
內蒙古	102.3	104.2	99.6	99.1	107.1	101.3	97.4
遼 寧	100.6	100.8	96.1	98.8	103.8	99.2	97.5
吉 林	100.2	104.6	93.7	97.6	104.5	100.5	93.6
黑龍江	102.7	109.5	95.7	98.2	102.6	97.3	95.4
上 海	95.7	100.0	87.2	94.9	123.0	92.0	95.2
江 蘇	100.3	101.6	93.3	98.8	107.0	99.4	95.4
浙 江	102.1	105.4	96.0	98.2	102.5	101.4	97.3
安 徽	102.5	103.6	96.9	99.0	107.8	99.6	94.3
福 建	99.2	102.4	97.6	96.4	104.7	96.4	96.9
江 西	103.7	104.6	96.6	98.7	105.7	98.6	94.4
山 東	103.6	101.1	96.8	98.5	103.3	102.4	95.4
河 南	101.1	102.7	93.9	99.0	105.7	98.6	95.6
湖 北	96.8	98.2	93.8	98.5	108.8	102.0	96.1
湖 南	102.3	102.6	96.0	95.7	103.2	100.8	94.5
廣 東	99.2	100.6	95.2	94.9	103.9	99.2	92.3
廣 西	101.5	103.5	95.6	98.8	105.6	98.4	92.6
海 南	100.4	101.4	98.4	99.1	105.4	93.1	96.0
四 川	102.0	104.1	97.5	96.1	113.1	101.9	95.8
貴 州	106.3	100.6	96.6	97.5	102.0	98.6	97.0
雲 南	100.0	101.0	97.1	96.0	105.1	100.9	98.4
西 藏	—	—	—	—	—	—	—
陜 西	100.6	101.1	94.2	95.4	104.5	98.5	93.0
甘 肅	104.7	101.8	97.5	97.8	103.2	98.3	93.9
青 海	103.2	104.4	94.6	100.1	113.2	106.9	98.6
寧 夏	102.2	112.4	96.6	98.2	106.4	97.9	97.2
新 疆	105.3	104.7	96.2	97.3	120.8	101.7	98.7

第六章　社會經濟發展狀況

6.6.1　1997年安徽省主要城市市區社會經濟狀況

城　市 City	職工年平均工資（元） Annual Average Wages of Staff and Workers (yuan)	固定資產投資總額（億元） Total Investment in Fixed Assets (billion yuan)	社會消費品零售總額（億元） Total Retail Sales of Consumer Goods (billion yuan)	實際利用外資總額（萬美元） Amount of Foreign Capital Actually Used (USD 10 000)	市區内電話用户（萬户） Number of Local Urban Telephone Subscribers (10 000 subscribers)	
						住宅電話 Residential
全　省	**5 492.00**	**687.30**	**859.80**	**84 246.00**	**161.25**	**133.02**
合肥市區	6 537.00	44.35	94.77	26 730.00	27.93	21.87
蕪湖市區	6 535.00	25.54	33.44	3 583.00	12.96	10.88
蚌埠市區	5 287.00	13.21	33.94	4 019.00	13.92	12.04
淮南市區	6 182.00	35.83	33.84	302.00	12.69	10.93
馬鞍山市區	7 946.00	27.46	21.66	565.00	8.80	7.68
淮北市區	6 569.00	18.88	19.73	—	5.47	4.53
銅陵市區	6 201.00	10.94	15.71	206.00	5.56	4.26
安慶市區	5 690.00	18.36	25.10	2 660.00	13.11	11.08
黄山市區	5 729.00	4.65	8.83	1 100.00	5.08	3.79
滁州市區	6 746.00	7.77	13.15	2 128.00	9.59	8.23
阜陽市區	5 392.00	4.01	26.16	3 398.00	15.17	12.39
宿州市區	3 758.00	8.40	18.10	—	7.23	6.22
六安市區	4 774.00	6.10	15.71	1 128.00	7.52	6.26
宣州市區	5 473.00	3.80	18.51	254.00	6.47	5.12
巢湖市區	5 454.00	11.13	14.38	1 128.00	6.41	5.15
貴池市區	4 698.00	3.76	8.10	62.00	3.23	2.60

6.6.2 1997年北京市區社會經濟狀況

城市 City	職工年平均工資（元） Annual Average Wages of Staff and Workers (yuan)	固定資產投資總額（億元） Total Investment in Fixed Assets (billion yuan)	社會消費品零售總額（億元） Total Retail Sales of Consumer Goods (billion yuan)	實際利用外資總額（萬美元） Amount of Foreign Capital Actually Used (USD 10 000)	市區内電話用户（萬户） Number of Local Urban Telephone Subscribers (10 000 subscribers)	
						住宅電話 Residential
全　市	**11 019.00**	**5 820 764.00**	**1 051.53**	**159 286**	**251.20**	—
東城區	10 099.00	24.07	50.12	16 147.00	—	—
西城區	11 006.00	5.15	58.63	19 658.00	—	—
崇文區	8 592.00	17.90	32.43	14 133.70	—	—
宣武區	9 492.00	28.86	38.12	367.30	—	—
朝陽區	10 512.00	29.04	9.13	7 460.00	—	—
豐臺區	9 303.00	7.12	42.61	598.90	—	—
石景山區	10 106.00	4.91	24.15	778.00	—	—
海澱區	12 530.00	12.40	206.04	697.40	—	—
門頭溝區	7 873.00	1.61	11.40	1 313.30	—	—
房山區	7 698.00	3.95	38.02	1 688.00	—	—
昌平縣	7 550.00	7.41	14.98	2 052.40	—	—
順義縣	7 823.00	16.10	27.24	10 307.00	—	—
通州區	7 862.20	3.94	30.63	3 706.70	—	—
大興縣	7 773.00	6.46	22.41	2 489.30	—	—
平谷縣	7 285.00	4.21	11.38	2 080.00	—	—
懷柔縣	9 177.00	8.70	12.66	3 715.50	—	—
密雲縣	7 807.00	4.30	12.27	2 025.00	—	—
延慶縣	7 696.90	1.20	14.71	113.00	—	—

6.6.3 1997年重慶市區社會經濟狀況

城 市 City	職工年平均工資(元) Annual Average Wages of Staff and Workers (yuan)	固定資産投資總額(億元) Total Investment in Fixed Assets (billion yuan)	社會消費品零售總額(億元) Total Retail Sales of Consumer Goods (billion yuan)	實際利用外資總額(萬美元) Amount of Foreign Capital Actually Used (USD 10 000)	市區内電話用户(萬户) Number of Local Urban Telephone Subscribers (10 000 subscribers)	
						住宅電話 Residential
全 市	**5 502.00**	**274.74**	**507.93**	**98 200.00**	**96.14**	**69.04**
重慶市區	6 235.00	148.07	272.37	33 300.00	80.73	57.48
江津市區	4 786.00	21.70	18.04	467.00	1.69	1.46
合川市區	4 239.00	6.15	17.42	189.00	2.16	1.72
永川市區	4 913.00	12.15	15.93	22.00	2.60	2.11
萬縣市區	4 636.00	21.35	21.96	222.00	4.70	3.61
涪陵市區	5 262.00	17.99	14.42	7.00	4.27	2.67

6.6.4 1997年甘肅省主要城市市區社會經濟狀況

城 市 City	職工年平均工資(元) Annual Average Wages of Staff and Workers (yuan)	固定資産投資總額(億元) Total Investment in Fixed Assets (billion yuan)	社會消費品零售總額(億元) Total Retail Sales of Consumer Goods (billion yuan)	實際利用外資總額(萬美元) Amount of Foreign Capital Actually Used (USD 10 000)	市區内電話用户(萬户) Number of Local Urban Telephone Subscribers (10 000 subscribers)	
						住宅電話 Residential
全 省	**6 182.00**	**264.39**	**278.52**	**4 144.00**	**67.29**	**49.45**
蘭州市區	6 596.00	—	112.97	—	38.35	20.87
金昌市區	8 252.00	—	3.62	—	3.66	2.40
天水市區	4 653.00	—	15.77	—	5.48	2.85
白銀市區	6 651.00	—	11.05	—	4.41	2.26

6.6.5 1997年福建省主要城市市區社會經濟狀況

城 市 City	職工年平均工資 (元) Annual Average Wages of Staff and Workers (yuan)	固定資產投資總額 (億元) Total Investment in Fixed Assets (billion yuan)	社會消費品零售總額 (億元) Total Retail Sales of Consumer Goods (billion yuan)	實際利用外資總額 (萬美元) Amount of Foreign Capital Actually Used (USD 10 000)	市區內電話用户 (萬户) Number of Local Urban Telephone Subscribers (10 000 subscribers)	住宅電話 Residential
全 省	**7 559**	**901.06**	**987.69**	**43.7223**	**178.86**	—
福州市區	7 853	127.58	128.11	6.27	47.93	—
厦門市區	11 821	153.4	132.9	13.79	40.18	—
莆田市區	7 043	15.1	30.01	0.85	7.9	—
三明市區	8 910	10.92	13.43	0.17	6.54	—
泉州市區	7 963	39.32	44.99	1.72	12.6	—
漳州市區	6 657	20.05	28.23	1.42	11.47	—
南平市區	7 519	17.92	12.78	0.16	5.18	—
龍岩市區	7 570	9.82	11.4	0.11	7.6	—
晉江市區	7 434	20.01	62.56	2.9	15.55	—
福清市區	7 991	46.2	35.37	2.5	13.25	—
南安市區	7 068	19.04	35.34	1.1	12.42	—
長樂市區	7 113	9.94	17.02	2.65	7.12	—

6.6.6 1997年廣西壯族自治區主要城市社會經濟狀況

城 市 City	職工年平均工資 (元) Annual Average Wages of Staff and Workers (yuan)	固定資產投資總額 (億元) Total Investment in Fixed Assets (billion yuan)	社會消費品零售總額 (億元) Total Retail Sales of Consumer Goods (billion yuan)	實際利用外資總額 (萬美元) Amount of Foreign Capital Actually Used (USD 10 000)	市區內電話用户 (萬户) Number of Local Urban Telephone Subscribers (10 000 subscribers)	住宅電話 Residential
全 區	**5 540**	**479.8**	**673.72**	**126 991**	**113.76**	—
南寧市	6 446	68.58	115.36	27 074	34.62	—
柳州市	6 156	32.1	61.36	5 508	15.11	—
桂林市	6 098	23.58	46.38	16 623	10.81	—
梧州市	4 842	19.47	46.21	6 000	10.27	—
北海市	5 736	13.59	26.3	4 502	7.26	—
防城港市	5 607	9.19	16.56	3 500	3.06	—
欽州市	4 963	12.64	40.65	3 635	4.34	—
貴港市	4 509	9.06	28.69	185	4.73	—

注:除市區外含下轄市縣。

6.6.7　1997年貴州省主要城市市區社會經濟狀況

城　市 City	職工年平均工資（元）Annual Average Wages of Staff and Workers (yuan)	固定資産投資總額（億元）Total Investment in Fixed Assets (billion yuan)	社會消費品零售總額（億元）Total Retail Sales of Consumer Goods (billion yuan)	實際利用外資總額（萬美元）Amount of Foreign Capital Actually Used (USD 10 000)	市區内電話用户（萬户）Number of Local Urban Telephone Subscribers (10 000 subscribers)	住宅電話 Residential
全　省	**5 206**	**247.23**	**265.48**	**1.06**	**51.02**	**38.55**
貴陽市區	6 062	49.86	73.23	0.24	17.8	13.77
六盤水市區	6 164	6.59	8.45	0.01	1.39	0.91
遵義市區	5 162	5.4	14.55	—	3.76	2.79
安順市區	4 323	3	10.81	0.1	1.9	1.34

6.6.8　1997年海南省、寧夏回族自治區、青海省主要城市市區社會經濟狀況

城　市 City	職工年平均工資（元）Annual Average Wages of Staff and Workers (yuan)	固定資産投資總額（億元）Total Investment in Fixed Assets (billion yuan)	社會消費品零售總額（億元）Total Retail Sales of Consumer Goods (billion yuan)	實際利用外資總額（萬美元）Amount of Foreign Capital Actually Used (USD 10 000)	市區内電話用户（萬户）Number of Local Urban Telephone Subscribers (10 000 subscribers)	住宅電話 Residential
海南全省	**5 664**	**167.83**	**133.41**	**11.21**	**32.6**	**20.86**
海口市區	8 470	59.34	60.38	5.57	11.57	10.86
三亞市區	7 385	17.62	6.56	1.59	1.94	1.3
寧夏全區	**6 073**	**68.345**	**71.1548**	**4 163**	**26.7477**	**20.6841**
銀川市區	5 986	19.0403	28.6371	—	12.3866	8.9128
石嘴山石市區	7 096	7.1911	8.1581	—	4.9014	4.1523
青海全省	**7 091**	**97.66**	**66.71**	**1471**	**17.09**	**12.8**
西寧市區	6 413.2	18.73	34.95	1183	10.45	9.72

6.6.9 1997年廣東省主要城市社會經濟狀況

城市 City	職工年平均工資(元) Annual Average Wages of Staff and Workers (yuan)	固定資産投資總額(億元) Total Investment in Fixed Assets (billion yuan)	社會消費品零售總額(億元) Total Retail Sales of Consumer Goods (billion yuan)	實際利用外資總額(萬美元) Amount of Foreign Capital Actually Used (USD 10 000)	市區内電話用户(萬户) Number of Local Urban Telephone Subscribers (10 000 subscribers)	
						住宅電話 Residential
全省	**9 698**	**2 298.14**	**2 918.66**	**1 420 519**	**520**	**314**
廣州市	13 118	656.58	802.59	274 033	147	20
深圳市	16 531	417.53	326.48	287 168	64	29
珠海市	12 793	71.77	93.82	102 154	18	2
汕頭市	7 716	125.46	153.27	100 841	43	17
韶關市	6 619	37.48	67.57	14 086	19	7
河源市	4 983	22.55	25.69	6 867	8	7
梅州市	5 516	30.75	53.77	7 420	17	14
惠州市	6 967	57.83	100.55	95 838	17	15
汕尾市	5 563	21.55	58.34	5 582	5	14
東莞市	10 691	65.89	110.21	116 635	12	31
中山市	11 039	59.89	77.11	54 699	9	20
江門市	8 136	76.73	151.87	47 997	30	17
佛山市	10 788	144.58	243.74	112 056	25	39
陽江市	6 858	24.86	54.69	5 728	8	6
湛江市	6 488	68.48	147.11	10 157	27	14
茂名市	6 983	81.5	131.43	8 652	16	11
肇慶市	7 121	64.11	93.13	37 115	15	6
清遠市	6 331	60.11	57.43	15 724	10	5
潮州市	4 872	30.54	43.98	16 350	10	14
揭陽市	4 760	54.24	82.95	40 816	13	20
雲浮市	6 527	29.27	42.93	6 960	7	6

注:除市區外含下轄市縣。

6.6.10　1997年河北省主要城市市區社會經濟狀況

城　市 City	職工年平均工資 (元) Annual Average Wages of Staff and Workers (yuan)	固定資産投資總額 (億元) Total Investment in Fixed Assets (billion yuan)	社會消費品零售總額 (億元) Total Retail Sales of Consumer Goods (billion yuan)	實際利用外資總額 (萬美元) Amount of Foreign Capital Actually Used (USD 10 000)	市區内電話用户 (萬户) Number of Local Urban Telephone Subscribers (10 000 subscribers)	
						住宅電話 Residential
全　省	**5 692**	**533.5**	**461.68**	**105 536**	**177.87**	**58**
石家莊市區	6 256	130.65	105.93	25 680	33.35	53
唐山市區	6 029	94.34	79.76	17 767	23.21	50
秦皇島市區	6 801	62.13	37.28	16 263	18.39	70
邯鄲市區	5 395	77.77	51.3	13 057	24.82	46
邢臺市區	5 113	21.74	25.11	1 030	8.9	58
保定市區	5 491	22.75	55.61	13 600	35.08	67
張家口市區	4 879	41.13	46.43	1 984	8.97	37
承德市區	5 067	19.49	18.28	1 836	7.32	60
滄州市區	4 836	20.88	18.41	1 110	6.2	62
廊坊市區	5 376	24.07	11.86	7 535	7.29	70
衡水市區	4 707	18.54	11.7	5 674	4.32	

6.6.11　1997年黑龍江省主要城市市區社會經濟狀況

城　市 City	職工年平均工資 (元) Annual Average Wages of Staff and Workers (yuan)	固定資産投資總額 (億元) Total Investment in Fixed Assets (billion yuan)	社會消費品零售總額 (億元) Total Retail Sales of Consumer Goods (billion yuan)	實際利用外資總額 (萬美元) Amount of Foreign Capital Actually Used (USD 10 000)	市區内電話用户 (萬户) Number of Local Urban Telephone Subscribers (10 000 subscribers)	
						住宅電話 Residential
全　省	**4 889**	**669.8**	**880.2**	**103 537**	**238.2**	**202.1**
哈爾濱市區	5 474	122.1	241.6	18 000	86.47	71.53
齊齊哈爾市區	4 312	19.86	62.78	1 400	25.97	22.27
鷄西市區	4 276	9.8	23.43	1 160	9.47	7.52
鶴崗市區	4 394	16.1	15.8	372.91	5.11	4.36
雙鴨山市區	3 637	6.51	11.9	—	6.47	5.46
大慶市區	9 474	174.08	50.6	912	20.16	17.7
伊春市區	2 842	8.41	16.54	258.6	9.69	8.6
佳木斯市區	4 484	9.7	29.27	900	20.29	17.83
七臺河市區	4 861	14	11.1	257.2	4.88	4.21
牡丹江市區	4 736	20.7	33.16	2 519	19.69	16.74
黑河市區	3 989	1.88	3.5	210	8.62	7.36

6.6.12 1997年河南省主要城市市區社會經濟狀况

城市 City	職工年平均工資（元） Annual Average Wages of Staff and Workers (yuan)	固定資産投資總額（億元） Total Investment in Fixed Assets (billion yuan)	社會消費品零售總額（億元） Total Retail Sales of Consumer Goods (billion yuan)	實際利用外資總額（萬美元） Amount of Foreign Capital Actually Used (USD 10 000)	市區内電話用户（萬户） Number of Local Urban Telephone Subscribers (10 000 subscribers)	
						住宅電話 Residential
全　省	**5 225**	**1 165.19**	**1 358.81**	**126 500**	**230.07**	**180.89**
鄭州市區	7 241	72.74	164.19	12 869	51.71	30.92
開封市區	4 592	10.15	43.13	565	11.93	6.87
洛陽市區	6 862	39.55	90.42	947	23.82	14.46
平頂山市區	7 297	32.94	26.57	2 763	13.01	6.46
安陽市區	6 102	29.62	27.95	57	10.92	5.48
鶴壁市區	5 289	7.65	9.24	74	5.09	2.37
新鄉市區	6 239	15.04	32.48	2 102	17.26	7.01
焦作市區	5 553	14.9	19.54	3 000	10.65	4.85
濮陽市區	7 935	33.08	8.88	1 120	5.68	2.85
許昌市區	4 651	7.32	19.86	1 482	9.03	3.21
漯河市區	4 087	15.14	12.9	3 615	6.79	3.14
三門峽市區	5 224	9.58	9.65	669	8.05	3.43
南洋市區	5 217	46.04	45.3	1 551	15.06	5.69

6.6.13 1997年湖北省主要城市市區社會經濟狀況

城 市 City	職工年平均工資（元）Annual Average Wages of Staff and Workers (yuan)	固定資産投資總額（億元）Total Investment in Fixed Assets (billion yuan)	社會消費品零售總額（億元）Total Retail Sales of Consumer Goods (billion yuan)	實際利用外資總額（萬美元）Amount of Foreign Capital Actually Used (USD 10 000)	市區内電話用户（萬户）Number of Local Urban Telephone Subscribers (10 000 subscribers)	住宅電話 Residential
全 省	**5 401**	**1 083.6**	**1 345.34**	**134 113**	**228.96**	**137.38**
武漢市區	6 406	413.99	438.02	45 333	146.14	949.89
黄石市區	4 832	28.62	54.57	6 436	11.83	7.1
十堰市區	6 016	29.2	57.65	240	12	6
荆州市區	4 495	51.65	130.95	313	14.74	7.37
宜昌市區	5 876	174.2	105.23	956	11.19	6.71
襄樊市區	4 810	68.28	108.96	1 097	11.76	7.05
鄂州市區	5 045	22.48	26.56	1 807	7.01	4.21
荆門市區	5 050	40.64	72.4	1 920	6.89	4.13
孝感市區	4 311	52.65	84.78	675	4.04	2.02
隨州市區	4 563	10.93	32	28	—	—
仙桃市區	4 354	15.66	39.64	2 343	—	—
天門市區	4 616	16.48	35.43	340	—	—
潜江市區	6 093	16.45	21.69	32	—	—

6.6.14 1997年湖南省主要城市社會經濟狀況

城 市 City	職工年平均工資（元）Annual Average Wages of Staff and Workers (yuan)	固定資産投資總額（億元）Total Investment in Fixed Assets (billion yuan)	社會消費品零售總額（億元）Total Retail Sales of Consumer Goods (billion yuan)	實際利用外資總額（萬美元）Amount of Foreign Capital Actually Used (USD 10 000)	市區内電話用户（萬户）Number of Local Urban Telephone Subscribers (10 000 subscribers)	住宅電話 Residential
全 省	**5 326**	**688.36**	**1 041.6**	**135 777**	**199.6**	—
長沙市	6 281	123.52	205.03	29 086.21	38.53	—
株洲市	6 062	34.78	87.6	6 209.54	19.67	—
湘潭市	5 600	49.91	54.81	4 028.96	12.45	—
衡陽市	4 752	44.8	94.82	11 096.1	17.87	—
邵陽市	4 394	25.12	69.75	2 041.87	13.25	—
岳陽市	5 038	54.21	99.54	8 724.57	16.78	—
益陽市	4 110	32.11	57.42	1 370.75	10.44	—
常德市	5 004	55.58	90.53	10 116.83	18.91	—
郴州市	5 604	30.09	78.78	5 680.43	10.53	—
永州市	4 598	34.8	53.75	3 017.69	10.84	—
懷化地區	4 827	21.91	53.63	3 050.3	11.43	—
張家界市	5 047	12.9	14.74	675.32	3.96	—

注：除市區外含下轄市縣。

6.6.15 1997年遼寧省主要城市市區社會經濟狀況

城市 City	職工年平均工資（元） Annual Average Wages of Staff and Workers (yuan)	固定資產投資總額（億元） Total Investment in Fixed Assets (billion yuan)	社會消費品零售總額（億元） Total Retail Sales of Consumer Goods (billion yuan)	實際利用外資總額（萬美元） Amount of Foreign Capital Actually Used (USD 10 000)	市區内電話用户（萬户） Number of Local Urban Telephone Subscribers (10 000 subscribers)	住宅電話 Residential
全省	**5 591**	**953.7**	**1 450.6**	**305 876**	**309.6988**	**245.6614**
沈陽市區	5 978	146.6287	400.27	75 005	91.2427	71.0761
大連市區	8 798	149.4949	283.4411	142 016	56.976	43.3708
鞍山市區	6 108	52.8528	54.9788	22 470	26.4236	20.7347
撫順市區	5 157	32.5164	77.5165	7 309	21.0475	18.7081
本溪市區	5 232	26.3306	32.9063	13 483	13.2878	10.872
丹東市區	4 820	33.844	23.7505	19 880	16.1888	12.9823
錦州市區	4 950	14.7467	41.1988	5 910	15.3943	12.2687
營口市區	4 994	16.7462	26.0286	8 305	13.1405	11.3683
阜新市區	3 952	16.4627	28.5838	191	7.7025	5.9659
遼陽市區	5 491	24.9522	22.0803	5 120	11.2746	8.9262
盤錦市區	9 310	84.1481	27.4164	3 638	6.6152	4.8959
鐵嶺市區	5 848	12.3182	16.1349	1 012	10.9892	8.7401
朝陽市區	5 280	5.6655	11.2908	701	10.1648	8.1891
葫蘆島市區	4 983	12.814	29.3685	836	9.2513	7.5632

6.6.16 1997年吉林省主要城市市區社會經濟狀況

城 市 City	職工年平均工資（元） Annual Average Wages of Staff and Workers (yuan)	固定資産投資總額（億元） Total Investment in Fixed Assets (billion yuan)	社會消費品零售總額（億元） Total Retail Sales of Consumer Goods (billion yuan)	實際利用外資總額（萬美元） Amount of Foreign Capital Actually Used (USD 10 000)	市區内電話用户（萬户） Number of Local Urban Telephone Subscribers (10 000 subscribers)	住宅電話 Residential
全 省	**5 664**	**364.51**	**619.69**	**100 015**	**197.44**	**164.08**
長春市區	7 577	89.43	174.77	7 254	54.6	44.2
吉林市區	6 936	69.37	91.07	4 448	25.1	21.5
四平市區	5 103	4.4	20.54	4 616	13.1	5.3
遼源市區	4 542	5.55	14.11	325	4.6	3.8
通化市區	5 062	4.89	12.84	25	6.2	5
白山市區	4 695	5.58	8.7	57	3.8	3.2
松原市區	8 243	31.15	8.04	—	4.8	3.9
白城市區	4 329	4.37	16.17	29	4.6	4
延吉市區	6 332	10.24	30.26	—	10	8.4
榆樹市區	5 179	2.37	8.29	—	2.4	2.3
公主嶺市區	5 011	3.89	13.54	—	2.9	2.5
德惠市區	5 065	6.52	5.41	—	2	1.7
九臺市區	5 045	2.69	8.12	—	1.9	1.6
磐石市區	4 595	1.47	8.04	—	1.4	1.2

6.6.17 1997年江蘇省主要城市市區社會經濟狀況

城 市 City	職工年平均工資(元) Annual Average Wages of Staff and Workers (yuan)	固定資産投資總額(億元) Total Investment in Fixed Assets (billion yuan)	社會消費品零售總額(億元) Total Retail Sales of Consumer Goods (billion yuan)	實際利用外資總額(萬美元) Amount of Foreign Capital Actually Used (USD 10 000)	市區内電話用户(萬户) Number of Local Urban Telephone Subscribers (10 000 subscribers)	住宅電話 Residential
全 省	**7 108**	**2 203.09**	**2 118.12**	**678 529**	**516.27**	**270.21**
南京市區	9 326	299.07	278.7	59 633	69.24	57.22
無錫市區	9 026	110.39	126.4	45 652	24.87	18.7
徐州市區	7 533	78.89	86.7	16 380	17.19	13.86
常州市區	9 056	67.95	69.96	35 888	19.32	14.98
蘇州市區	8 893	162.87	75.21	77 797	25.96	20.29
南通市區	7 942	77.5	45.77	48 419	11.84	9.42
連雲港市區	6 371	32.32	37.31	8 872	10.83	9.15
淮陰市區	6 266	22.65	31.59	5 774	6.08	5.08
鹽城市區	6 909	20.39	34.18	3 617	6.7	4.87
揚州市區	7 814	63.42	44.92	20 096	12.07	9.68
鎮江市區	7 515	39.07	36.49	30 025	12.85	10.29
泰州市區	6 204	24.31	27.28	4 469	5.3	4.59
宿遷市區	4 934	6.15	6.55	48	1.76	1.54

6.6.18　1997年江西省主要城市市區社會經濟狀況

城　市 City	職工年平均工資（元） Annual Average Wages of Staff and Workers (yuan)	固定資産投資總額（億元） Total Investment in Fixed Assets (billion yuan)	社會消費品零售總額（億元） Total Retail Sales of Consumer Goods (billion yuan)	實際利用外資總額（萬美元） Amount of Foreign Capital Actually Used (USD 10 000)	市區内電話用户（萬户） Number of Local Urban Telephone Subscribers (10 000 subscribers)	住宅電話 Residential
全　省	**5 089**	**384.3**	**558.55**	**6.53**	**112.63**	**91.34**
南昌市區	5 786	52.71	82.05	1.05	—	—
景德鎮市區	3 628	6.8	11.5	0.075	—	—
萍鄉市區	5 331	10.43	25.36	0.069	—	—
九江市區	5 419	22.95	23.17	0.27	—	—
新余市區	5 784	11.65	15.52	0.079	—	—
鷹潭市區	4 450	3.31	4.41	0.054	—	—
贛州市區	4 350	14.25	15.92	0.21	—	—
宜春市區	4 097	4.58	13.08	0.058	—	—
豐城市區	4 408	15.14	17.06	0.004	—	—
臨川市區	4 187	5.1	15.77	0.11	—	—
上饒市區	4 487	1.83	137.14	—	—	—
吉安市區	4 185	4.05	7.14	0.094	—	—

6.6.19　1997年内蒙古自治區主要城市市區社會經濟狀況

城　市 City	職工年平均工資（元） Annual Average Wages of Staff and Workers (yuan)	固定資産投資總額（億元） Total Investment in Fixed Assets (billion yuan)	社會消費品零售總額（億元） Total Retail Sales of Consumer Goods (billion yuan)	實際利用外資總額（萬美元） Amount of Foreign Capital Actually Used (USD 10 000)	市區内電話用户（萬户） Number of Local Urban Telephone Subscribers (10 000 subscribers)	住宅電話 Residential
全　省	**5 124**	**317.5**	**367.92**	**7 325**	**105.6**	**81.6**
呼和浩特市區	5 195	27.1549	52.5061	2 518	15.21	11.42
包頭市區	5 813	41.9178	64.4574	3 736	21.45	—
烏海市區	4 852	5.5805	9.1844	204	—	—
赤峰市區	4 881	41.9875	58.0336	1 692.02	—	—
集寧市區	4 057	2.5903	5.7139	—	—	—
通遼市區	4 241	4.8832	16.428	—	—	—
海拉爾市區	4 855	2.6912	10.8033	—	—	—
烏蘭浩特市區	4 798	3.1607	8.6189	—	—	—
根河市區	4 692	0.1837	2.4327	—	—	—
臨河市區	4 364	3.8667	9.2338	—	—	—
牙克石市區	3 819	0.6466	6.2159	—	—	

6.6.20 1997年山東省主要城市市區社會經濟狀況

城 市 City	職工年平均工資 (元) Annual Average Wages of Staff and Workers (yuan)	固定資産投資總額 (億元) Total Investment in Fixed Assets (billion yuan)	社會消費品零售總額 (億元) Total Retail Sales of Consumer Goods (billion yuan)	實際利用外資總額 (萬美元) Amount of Foreign Capital Actually Used (USD 10 000)	市區内電話用户 (萬户) Number of Local Urban Telephone Subscribers (10 000 subscribers)	住宅電話 Residential
全 省	**6 241**	**1 792.22**	**1 914.19**	**358 400**	**283.5**	—
濟南市區	7 636	116.1145	261.8918	40 525	—	—
青島市區	7 030	159.449	216.1787	83 597	—	—
淄博市區	6 417	103.0049	116.89	7 068	316 731	
棗莊市區	6 004	42.6512	67.5672	5 163	—	—
東營市區	9 342	110.5075	52.0378	7 101	—	—
烟臺市區	6 067	68.3437	191.9355	44 086	—	—
威海市區	5 711	46.1588	116.8922	30 914	—	—
濰坊市區	5 834	64.7284	210.9568	33 868	—	—
濟寧市區	6 406	78.579	122.7441	18 578	—	—
泰安市區	5 906	39.5015	107.1612	1 202	—	—
日照市區	5 323	24.8379	41.4751	6 149	—	—
萊蕪市區	6 459	13.4701	34.6645	833	—	—
濱州市區	5 329	20.7419	39.0219	5 103	—	—
德州市區	4 446	31.105	89.3596	4 605	—	—
聊城市區	4 629	30.3662	39.226	3 580	—	—
臨沂市區	5 208	48.1299	136.2362	1 797	—	—
荷澤市區	4 177	11.9344	51.2198	3 531	—	—

6.6.21　1997年山西省主要城市市區社會經濟狀況

城　市 City	職工年平均工資（元） Annual Average Wages of Staff and Workers (yuan)	固定資産投資總額（億元） Total Investment in Fixed Assets (billion yuan)	社會消費品零售總額（億元） Total Retail Sales of Consumer Goods (billion yuan)	實際利用外資總額（萬美元） Amount of Foreign Capital Actually Used (USD 10 000)	市區内電話用户（萬户） Number of Local Urban Telephone Subscribers (10 000 subscribers)	住宅電話 Residential
全　省	**5 320**	**398. 4**	**503. 9**	**45 432**	—	—
太原市區	—	90. 95	100. 74	—	—	—
大同市區	—	25. 45	45. 8	—	—	—
陽泉市區	—	35. 95	18. 47	—	—	—
長治市區	—	16. 22	16. 35	—	—	—
晉城市區	—	1. 89	1. 69	—	—	—
朔州市區	—	4. 72	11. 09	—	—	—

6.6.22　1997年陝西省主要城市市區社會經濟狀況

城　市 City	職工年平均工資（元） Annual Average Wages of Staff and Workers (yuan)	固定資産投資總額（億元） Total Investment in Fixed Assets (billion yuan)	社會消費品零售總額（億元） Total Retail Sales of Consumer Goods (billion yuan)	實際利用外資總額（萬美元） Amount of Foreign Capital Actually Used (USD 10 000)	市區内電話用户（萬户） Number of Local Urban Telephone Subscribers (10 000 subscribers)	住宅電話 Residential
全　省	**5 184**	**424. 1**	**490. 54**	**88 028**	**117. 4607**	—
西安市區	5 990	89. 96	226. 81	22 057	—	—
銅川市區	4 558	6. 69	7. 98	25	—	—
寶鷄市區	6 514	21. 73	21. 71	984	—	—
咸陽市區	5 635	20. 92	21. 27	8	—	—
渭南市區	4 286	4. 74	7. 01	22	—	—
延安市區	4 109	3. 83	3. 08	—	—	—
漢中市區	4 465	5. 17	14. 16	20	—	—

6.6.23 1997年上海市區社會經濟狀況

城 市 City	職工年平均工資（元） Annual Average Wages of Staff and Workers (yuan)	固定資産投資總額（億元） Total Investment in Fixed Assets (billion yuan)	社會消費品零售總額（億元） Total Retail Sales of Consumer Goods (billion yuan)	實際利用外資總額（萬美元） Amount of Foreign Capital Actually Used (USD 10 000)	市區内電話用户（萬户） Number of Local Urban Telephone Subscribers (10 000 subscribers)	住宅電話 Residential
全 市	**11 425**	**1 977.59**	**1 325.21**	**634 508**	**373.31**	**278.96**
黄浦區	11 505	92.2	179.54	—	—	—
南市區	9 531	44.02	52.7	—	—	—
浦東新區	10 836	478.29	141.88	—	—	—
盧灣區	10 261	65.69	56.84	—	—	—
徐匯區	11 495	143.47	82.21	—	—	—
閔行區	11 041	83.26	76.55	—	—	—
静安區	9 862	105.96	42.72	—	—	—
普陀區	9 943	62.22	118.17	—	—	—
長寧區	11 476	79.98	50.65	—	—	—
嘉定區	11 394	25.54	62	—	—	—
虹口區	10 304	55.85	65.76	—	—	—
楊浦區	10 012	36.53	54.09	—	—	—
閘北區	8 864	46.73	45.9	—	—	—
寶山區	11 040	160.27	59.23	—	—	—
金山縣	9 414	30.64	36.26	—	—	—
松江縣	10 475	33.68	62.99	—	—	—
青浦縣	10 042	11.08	40.14	—	—	—
南匯縣	8 852	22.99	45.43	—	—	—
奉賢縣	9 758	30.37	30.45	—	—	—
崇明縣	9 055	7.62	21.7	—	—	—

6.6.24 1997年四川、雲南、新疆二省一區主要城市市區社會經濟狀況

城 市 City	職工年平均工資（元） Annual Average Wages of Staff and Workers (yuan)	固定資産投資總額（億元） Total Investment in Fixed Assets (billion yuan)	社會消費品零售總額（億元） Total Retail Sales of Consumer Goods (billion yuan)	實際利用外資總額（萬美元） Amount of Foreign Capital Actually Used (USD 10 000)	市區内電話用户（萬户） Number of Local Urban Telephone Subscribers (10 000 subscribers)	
						住宅電話 Residential
四川省	**5 626**	**949.3**	**1 212.37**	**87 680**	**176.85**	**132.15**
成都市	6 938	—	409.99	—	—	—
自貢市	4 830	—	42.67	—	—	—
攀枝花市	7 757	—	32.11	—	—	—
瀘州市	5 601	—	43.26	—	—	—
德陽市	6 472	—	62.71	—	—	—
綿陽市	5 437	—	81.04	—	—	—
廣元市	4 361	—	36.84	—	—	—
遂寧市	4 394	—	37.06	—	—	—
内江市	4 751	—	65.95	—	—	—
樂山市	5 156	—	48.05	—	—	—
南充市	4 112	—	52.84	—	—	—
宜賓市	4 757	—	52.61	—	—	—
新疆區	**6 644**	**446.81**	**310.42**	**8 700**	**94.78**	**54.02**
烏魯木齊市區	7 975	94.89	92.91	—	22.35	15
克拉瑪依市區	13 721	72.43	11.07	—	3.33	
石河子市區	6 237	7.36	0.46	—	4.01	2.24
雲南省	**703.7**	**520.72**	**154.7**	**31 400**	—	—
昆明市	8 224	112.17	138.49	—	—	—
個舊市	—	—	—	—	—	—
曲靖市	7 068	28.01	13.87	—	—	—
大理市	—	—	—	—	—	—

6.6.25 1997年天津市區社會經濟狀況

城市 City	職工年平均工資（元）Annual Average Wages of Staff and Workers (yuan)	固定資產投資總額（億元）Total Investment in Fixed Assets (billion yuan)	社會消費品零售總額（億元）Total Retail Sales of Consumer Goods (billion yuan)	實際利用外資總額（萬美元）Amount of Foreign Capital Actually Used (USD 10 000)	市區内電話用户（萬户）Number of Local Urban Telephone Subscribers (10 000 subscribers)	住宅電話 Residential
全 市	**8 238**	**498.66**	**535.02**	**342 301**	**135.09**	**105.59**
和平區	9 279	65.4	23.64	—	—	—
和東區	7 407	16.74	5.15	—	—	—
河西區	8 319	35.65	8.45	—	—	—
南開區	7 389	29.93	9.16	—	—	—
河北區	7 045	14.5	6.7	—	—	—
紅橋區	6 192	5.73	4.61	—	—	—
塘沽區	11 868	82.11	22.24	—	—	—
漢沽區	9 003	9.36	1.93	—	—	—
大港區	11 424	39.32	5.22	—	—	—
東麗區	7 785	17.64	0.41	—	—	—
西青區	8 253	49.75	0.22	—	—	—
津南區	6 515	5.28	1.09	—	—	—
北辰區	8 179	25.75	0.67	—	—	—
寧河縣	6 820	1.19	0.72	—	—	—
武清縣	7 024	15.51	2	—	—	—
静海縣	6 536	1.64	0.93	—	—	—
寶坻縣	6 633	8.57	2.02	—	—	—
薊 縣	6 968	7.02	9.71	—	—	—

6.6.26　1997年浙江省主要城市市區社會經濟狀況

城　市 City	職工年平均工資（元） Annual Average Wages of Staff and Workers (yuan)	固定資産投資總額（億元） Total Investment in Fixed Assets (billion yuan)	社會消費品零售總額（億元） Total Retail Sales of Consumer Goods (billion yuan)	實際利用外資總額（萬美元） Amount of Foreign Capital Actually Used (USD 10 000)	市區内電話用户（萬户） Number of Local Urban Telephone Subscribers (10 000 subscribers)	住宅電話 Residential
全　省	**8 386**	**1 695**	**1 757**	**280 000**	**239**	
杭州市區	10 039	182	174	25 000	—	—
寧波市區	10 874	179	115	44 000	—	—
温州市區	8 412	93	147	4 000	—	—
嘉興市區	8 120	70	42	8 000	—	—
湖州市區	8 129	35	58	3 000	—	—
紹興市區	9 063	26	30	4 000	—	—
金華市區	7 999	21	23	600	—	—
衢州市區	8 140	11	13	700	—	—
舟山市區	9 084	27	35	1 000	—	—
臺州市區	8 473	48	55	1 000	—	—
蕭山市區	8 499	47	39	10 000	—	—
余姚市區	7 843	25	37	2 000	—	—
慈溪市區	8 708	35	50	3 000	—	—
諸暨市區	8 411	35	34	500	—	—
上虞市區	7 151	29	27	1 000	—	—
瑞安市區	8 398	26	50	400	—	—
温嶺市區	8 317	26	43	900	—	—

第七篇
商品分銷渠道

導讀

◆ 社會消費品零售總額及其構成

◆社會消費品零售量的經濟類型和行業構成

△社會消費品零售量的經濟類型構成

△ 社會消費品零售量的城鄉和行業構成

◆ 大中型批發零售貿易企業狀況

主要統計指標解釋

社會消費品零售總額　指各種經濟類型的批發零售貿易業、餐飲業、制造業和其他行業(含農民對非農業居民零售額)對城鄉居民和社會集團消費品零售的總和。這個指標反映通過各種商品流通渠道向居民和社會集團供應的生活消費品,是研究人民生活、社會消費品購買力、貨幣流通等問題的重要指標。

對居民的消費品零售額　指售給城鄉居民用于生活消費的商品。

對社會集團的消費品零售額　指售給機關、團體、部隊、學校、企業、事業單位和城市街道居委會、農村村民委員會用公款購買的用作非生產非經營用的消費品。

批發零售貿易業網點　指各種經濟類型獨立核算法人批發零售貿易企業的從事商品批發貿易零售貿易業務的自然單位數(批發零售貿易法人企業本身應作為一個網點計算以及各行業附設的從事商品批發貿易零售貿易業務的自然單位數。網點應具備、具有獨立固定的營業場所,配備一定的業務人員,不論機構大小,不論是否單獨核算,均按自然門點計算,既有一個點就算一個網點。有的單位有幾個分支機構(如分站、分銷點、門市部),則有幾個分支機構就算幾個網點。

批發零售貿易業人員　即從業人員,指從事批發零售貿易業并取得勞動報酬或經營收入的人員。包括職工(包括:長期職工、合同制職工、臨時職工)和其他從業人員(包括再就業的離退休人員,三資企業中的外方人員和港澳臺方人員)。

批發零售貿易企業、對外貿易企業劃型標準　批發零售貿易企業是根據企業的全年商品銷售額指標進行劃分,對外貿易企業則是根據全年的進出口額(含代理進出口)進行劃分。物資供銷企業暫按批發貿易企業的劃型標準進行劃分。具體標準如下:

1. **大型**　批發企業(2.5 億元及以上),零售企業(1.2 億元及以上),對外貿易企業(8 000 萬美元及以上)。
2. **中型**　批發企業(2 000 萬元及以上—2.5 億元及以下),零售企業(500 萬元及以上—1.2 億元及以下),對外貿易企業(2 800萬美元及以上—8 000 萬美元及以下)。

第一章　社會消費品零售總額及其構成

7.1.1 1997年社會消費品零售總額(按經濟類型分)

單位:億元(100 Million Yuan)

地區 Region	國有單位 State－owned	集體單位 Collective Owned	合營 Joint Owned	個體 Individual	其他 Others
全 國	**6 355.90**	**4 768.00**	**148.60**	**9 512.20**	**6 514.20**
安 徽	205.20	174.20	1.60	272.80	206.00
北 京	368.80	247.90	31.30	236.30	167.20
重 慶	101.70	76.30	1.60	114.10	214.20
福 建	135.80	150.00	6.90	524.30	170.70
甘 肅	72.40	39.30	0.50	110.80	55.50
廣 東	622.90	474.70	36.20	1071.10	713.80
廣 西	124.00	101.50	1.20	296.90	150.10
貴 州	64.60	25.00	0.10	120.50	55.30
海 南	25.10	6.80	1.60	56.70	43.20
河 北	306.40	176.60	1.40	544.40	166.30
黑龍江	233.70	97.40	0.10	397.90	151.10
河 南	320.50	238.60	3.10	571.20	225.40
湖 北	298.80	205.40	0.70	441.10	399.30
湖 南	198.70	132.40	1.20	464.60	244.70
遼 寧	246.60	175.20	0.90	631.00	396.90
吉 林	102.80	50.30	0.30	275.10	191.20
江 蘇	499.10	634.30	11.00	472.70	501.00
江 西	138.60	80.90	0.60	196.60	141.80
内蒙古	107.70	63.00	0.30	122.60	74.30
寧 夏	24.30	8.20	—	18.60	20.10
青 海	23.60	5.40	0.80	25.80	11.10
山 東	437.30	400.60	6.40	.672.2	397.70
山 西	135.80	82.10	0.30	167.70	118.00
陝 西	144.10	93.60	1.00	120.20	131.60
上 海	535.00	385.00	21.80	83.10	300.30
四 川	243.60	241.90	1.40	380.60	344.90
天 津	127.00	92.60	6.70	77.30	231.40
西 藏	9.70	1.50	0.40	18.70	2.30
新 疆	120.80	20.20	0.10	105.10	64.20
雲 南	129.10	84.60	1.00	127.70	124.70
浙 江	252.20	202.50	8.10	794.50	499.90

7.1.2 1997年社會消費品零售總額(按地區、城鄉分和按行業分)

單位:億元(100 Million Yuan)

地區 Region	社會消費品零售總額 Total Retail Sales of Consumer Goods	按地區分(By Region)			按行業分(By Sector)			
		市 City	縣 County	縣以下 Under County Level	批發零售貿易業 Wholesale and Retail Sale Trade	餐飲業 Catering Trade	制造業 Manufacturing industry	其他行業 Others
全　國	**27 298.90**	**16 650.40**	**3 500.10**	**7 148.40**	**18 108.30**	**2 433.30**	**1 987.90**	**4 769.40**
安　徽	859.80	949.60	191.40	265.30	549.10	67.50	80.70	162.50
北　京	1 051.50	808.30	88.20	155.00	709.40	72.50	56.30	213.30
重　慶	507.90	277.90	71.80	158.20	285.60	44.10	30.90	147.30
福　建	987.70	556.80	126.80	304.10	704.10	96.00	46.20	141.40
甘　肅	278.50	177.10	47.50	53.90	173.40	30.40	18.70	56.00
廣　東	2 918.70	1 929.60	165.60	823.50	1 921.40	411.50	160.30	425.50
廣　西	673.70	320.50	137.00	216.20	420.90	72.20	53.80	126.80
貴　州	265.50	138.50	64.10	62.90	176.20	15.70	12.80	60.80
海　南	133.40	89.40	12.50	31.50	75.50	15.70	3.60	38.60
河　北	1 195.10	583.60	211.80	399.70	833.40	91.00	107.70	163.00
黑龍江	880.20	623.20	139.60	117.40	683.60	63.40	37.90	95.30
河　南	1 358.80	668.00	290.10	400.70	836.90	141.60	195.40	184.90
湖　北	1 345.30	802.40	146.60	396.30	840.80	119.70	79.70	305.10
湖　南	1 041.60	523.20	205.50	312.90	678.10	82.20	62.00	219.30
遼　寧	1 450.60	1 184.20	86.00	180.40	1 028.60	134.50	57.70	229.80
吉　林	619.70	462.40	67.50	89.80	394.30	56.80	28.40	140.20
江　蘇	2 118.10	1 273.50	146.40	698.20	1 446.30	154.60	196.40	320.80
江　西	558.50	251.00	132.80	174.10	339.30	42.30	43.40	133.50
內蒙古	367.90	222.50	86.40	59.00	239.40	31.00	32.60	64.90
寧　夏	71.20	45.50	14.00	11.70	44.80	5.50	4.30	16.60
青　海	66.70	40.40	16.60	9.70	46.00	6.70	4.10	9.90
山　東	1 914.20	1 179.00	188.20	546.10	1 220.00	167.30	239.10	287.80
山　西	503.90	287.20	110.50	106.20	338.00	37.80	34.00	94.10
陝　西	490.50	316.40	87.50	86.60	309.60	40.10	47.00	93.80
上　海	1 325.20	1 063.30	58.50	203.40	1 072.40	89.50	41.00	122.30
四　川	1 212.40	589.60	205.60	417.20	693.20	119.80	99.70	299.70
天　津	1 051.50	449.60	37.30	48.10	295.30	46.10	41.30	152.30
西　藏	32.60	19.80	7.00	5.80	24.30	3.70	2.20	2.40
新　疆	310.40	186.30	57.50	66.60	198.70	22.20	22.80	66.70
雲　南	467.10	227.60	125.70	113.80	316.10	35.00	27.90	88.10
浙　江	1 757.20	403.10	174.10	633.50	1 213.70	116.90	119.90	306.70

第二章　商品分銷渠道的經濟類型和行業構成

7.2.1　1996 年全國商品分銷渠道現狀

項目	Item in Wholesale and Retail Sales	網點數 Number of Establishments	人員數 Number of Persons Engaged
總　計	**Total**	**15 989 164**	**44 991 244**
按經濟類型分	**By Type of Ownership**		
国有经济批发和零售业	State-owned	657 560	9 693 126
集体经济批发和零售业	Collective Owned	1 150 156	7 711 974
私营经济批发和零售业	Private	199 392	1 650 947
个体经济批发和零售业	Individual	13 928 679	24 933 213
联营经济批发和零售业	Joint Owned	7 695	114 276
股份制经济批发和零售业	Share Holding	22 364	674 822
外商投资经济批发和零售业	Foreign Fund	3 395	77 026
港澳台投资经济批发和零售业	Funded by Entrepreneurs from Hong Kong, Macao & Taiwan	2 253	63 493
其他经济批发和零售业	Other Wholesale and Retail Sales	17 670	72 367
按國民經濟行業分	**By Sector**		
食品、饮料、烟草零售业	Food,Beverage and Tobacco	5 177 416	10 738 924
日用百货零售业	Household Articles for Daily Use	3 242 769	8 614 944
纺织、服装、鞋帽零售业	Textile Products,Garments,Shoes and Hats	2 018 136	4 030 888
日用杂品零售业	Sundry Goods for Daily Use	799 486	1 670 984
五金、交电、化工零售业	Hardwires, Electric Appliances and Chemicals	583 466	1 828 788
图书报刊零售业	Books and Newspapers	125 534	365 464
药品及医疗器械零售业	Medicines and Medical Appliances	1 877 499	4 236 805
其他零售业	Other Retail Sales	140 856	405 424

7.2.2 1996年安徽省商品分銷渠道現狀

項目	Item in Wholesale and Retail Sales	網點數 Number of Establishments	人員數 Number of Persons Engaged
總　計	**Total**	**637 059**	**1 899 037**
按經濟類型分	**By Type of Ownership**		
国有经济批发和零售业	State-owned	24 367	377 964
集体经济批发和零售业	Collective Owned	48 039	311 126
私营经济批发和零售业	Private	2 023	20 463
个体经济批发和零售业	Individual	561 963	1 171 346
联营经济	Joint Owned	174	2 650
股份制经济批发和零售业	Share Holding	408	12 828
外商投资经济批发和零售业	Foreign Fund	56	1 087
港澳台投资经济批发和零售业	Funded by Entrepreneurs from Hong Kong, Macao & Taiwan	17	1 450
其他经济批发和零售业	Other Wholesale and Retail Sales	12	123
按國民經濟行業分	**By Sector**		
食品、饮料、烟草零售业	Food,Beverage and Tobacco	205 668	448 713
日用百货零售业	Household Articles for Daily Use	151 763	439 125
纺织、服装、鞋帽零售业	Textile Products,Garments,Shoes and Hats	205 668	448 713
日用杂品零售业	Sundry Goods for Daily Use	35 801	81 415
五金、交电、化工零售业	Hardwires, Electric Appliances and Chemicals	23 508	64 055
图书报刊零售业	Books and Newspapers	5 949	13 510
药品及医疗器械零售业	Medicines and Medical Appliances	3 945	15 472
其他零售业	Other Retail Sales	23 582	81 337

7.2.3 1996年北京商品分銷渠道現狀

項目	Item in Wholesale and Retail Sales	網點數 Number of Establishments	人員數 Number of Persons Engaged
總 計	**Total**	**220 108**	**975 735**
按經濟類型分	**By Type of Ownership**		
国有经济批发和零售业	State-owned	16 167	374 109
集体经济批发和零售业	Collective Owned	22 986	257 490
私营经济批发和零售业	Private	3 650	38 196
个体经济批发和零售业	Individual	171 790	210 253
联营经济批发和零售业	Joint Owned	637	12 292
股份制经济批发和零售业	Share Holding	3 368	68 221
外商投资经济批发和零售业	Foreign Funned	847	9 151
港澳台投资经济批发和零售业	Funded by Entrepreneurs from Hong Kong, Macao & Taiwan	185	3 259
其他经济批发和零售业	Other Wholesale and Retail Sales	478	2 764
按國民經濟行業分	**By Sector**		
食品、饮料、烟草零售业	Food,Beverage and Tobacco	109 558	212 467
日用百货零售业	Household Articles for Daily Use	36 320	190 972
纺织、服装、鞋帽零售业	Textile Products,Garments,Shoes and Hats	20 103	43 967
日用杂品零售业	Sundry Goods for Daily Use	2 027	8 533
五金、交电、化工零售业	Hardwires, Electric Appliances and Chemicals	5 415	50 405
图书报刊零售业	Books and Newspapers	2 688	8 508
医品及医疗器械零售业	Medicines and Medical Appliances	403	6 986
其他零售业	Other Retail Sales	22 417	87 862

7.2.4 1996 年重慶商品分銷渠道現狀

項目	Item in Wholesale and Retail Sales	網點數 Number of Establishments	人員數 Number of Persons Engaged
總　計	**Total**	**344 110**	**863 528**
按經濟類型分	**By Type of Ownership**		
国有经济批发和零售业	State-owned	15 312	127 900
集体经济批发和零售业	Collective Owned	36 616	143 835
私营经济批发和零售业	Private	—	—
个体经济批发和零售业	Individual	291 363	576 360
联营经济批发和零售业	Joint Owned	—	—
股份制经济批发和零售业	Share Holding	—	—
外商投资经济批发和零售业	Foreign Fund	—	—
港澳台投资经济批发和零售业	Funded by Entrepreneurs from Hong Kong, Macao & Taiwan	—	—
其他经济批发和零售业	Other Wholesale and Retail Sales		
按國民經濟行業分	**By Sector**		
食品、饮料、烟草零售业	Food, Beverage and Tobacco	65 576	145 455
日用百货零售业	Household Articles for Daily Use	34 042	83 879
纺织、服装、鞋帽零售业	Textile Products, Garments, Shoes and Hats	21 228	30 647
日用杂品零售业	Sundry Goods for Daily Use	13 529	19 194
五金、交电、化工零售业	Hardwires, lectric Appliances and Chemicals	6 077	13 620
图书报刊零售业	Books and Newspapers	166 413	384 676
医品及医疗器械零售业	Medicines and Medical Appliances	3 950	9 570
其他零售业	Other Retail Sales		

7.2.5 1996年福建省商品分銷渠道現狀

項目	Item in Wholesale and Retail Sales	網點數 Number of Establishments	人員數 Number of Persons Engaged
總 計	**Total**	**407 638**	**1 030 831**
按經濟類型分	**By Type of Ownership**		
国有经济批发和零售业	State-owned	16 582	173 958
集体经济批发和零售业	Collective Owned	35 109	144 646
私营经济批发和零售业	Private	2 682	24 220
个体经济批发和零售业	Individual	344 638	645 270
联营经济批发和零售业	Joint Owned	601	7 518
股份制经济批发和零售业	Share Holding	303	4 969
外商投资经济批发和零售业	Foreign Fund	192	1 936
港澳台投资经济批发和零售业	Funded by Entrepreneurs from Hong Kong, Macao & Taiwan	220	1 719
其他经济批发和零售业	Other Wholesale and Retail Sales	7 311	26 595
按國民經濟行業分	**By Sector**		
食品、饮料、烟草零售业	Food,Beverage and Tobacco	157 972	310 142
日用百货零售业	Household Articles for Daily Use	65 696	157 074
纺织、服装、鞋帽零售业	Textile Products,Garments,Shoes and Hats	52614	107031
日用杂品零售业	Sundry Goods for Daily Use	26 709	54 968
五金、交电、化工零售业	Hardwires, Electric Appliances and Chemicals	19 638	52 833
图书报刊零售业	Books and Newspapers	4 439	10 173
药品及医疗器械零售业	Medicines and Medical Appliances	3 802	12 725
其他零售业	Other Retail Sales	30 578	69 613

7.2.6 1996年甘肅省商品分銷渠道現狀

項目	Item in Wholesale and Retail Sales	網點數 Number of Establishments	人員數 Number of Persons Engaged
總　計	**Total**	**238 814**	**630 533**
按經濟類型分	By Type of Ownership		
国有经济批发和零售业	State-owned	13 250	149 488
集体经济批发和零售业	Collective Owned	14 167	105 995
私营经济批发和零售业	Private	1 334	17 341
个体经济批发和零售业	Individual	209 586	354 236
联营经济批发和零售业	Joint Owned	7	274
股份制经济批发和零售业	Share Holding	75	1 864
外商投资经济批发和零售业	Foreign Fund		
港澳台投资经济批发和零售业	Funded by Entrepreneurs from Hong Kong, Macao & Taiwan	1	710
其他经济批发和零售业	Other Wholesale and Retail Sales	394	625
按國民經濟行業分	**By Sector**		
食品、饮料、烟草零售业	Food, Beverage and Tobacco	60 235	146 039
日用百货零售业	Household Articles for Daily Use	55 231	128 189
纺织、服装、鞋帽零售业	Textile Products, Garments, Shoes and Hats	29 331	54 067
日用杂品零售业	Sundry Goods for Daily Use	15 727	30 554
五金、交电、化工零售业	Hardwires, Electric Appliances and Chemicals	5 545	18 864
图书报刊零售业	Books and Newspapers	1 900	4 254
药品及医疗器械零售业	Medicines and Medical Appliances	4 524	12 027
其他零售业	Other Retail Sales	38 710	77 677

7.2.7 1996年廣東省商品分銷渠道現狀

項目	Item in Wholesale and Retail Sales	網點數 Number of Establishments	人員數 Number of Persons Engaged
總 計	**Total**	**1 183 705**	**3 717 148**
按經濟類型分	**By Type of Ownership**		
国有经济批发和零售业	State-owned	58 902	703 202
集体经济批发和零售业	Collective Owned	169 917	979 909
私营经济批发和零售业	Private	62 601	456 025
个体经济批发和零售业	Individual	887 463	1 496 946
联营经济批发和零售业	Joint Owned	1 150	14 897
股份制经济批发和零售业	Share Holding	1 775	37 126
外商投资经济批发和零售业	Foreign Fund	360	7 818
港澳台投资经济批发和零售业	Funded by Entrepreneurs from Hong Kong, Macao & Taiwan	581	15 542
其他经济批发和零售业	Other Wholesale and Retail Sales	956	5 683
按國民經濟行業分	**By Sector**		
食品、饮料、烟草零售业	Food,Beverage and Tobacco	351 244	893 546
日用百货零售业	Household Articles for Daily Use	178 863	542 360
纺织、服装、鞋帽零售业	Textile Products,Garments,Shoes and Hats	136 997	267 136
日用杂品零售业	Sundry Goods for Daily Use	84135	221 842
五金、交电、化工零售业	Hardwires, Electric Appliances and Chemicals	56 617	188 159
图书报刊零售业	Books and Newspapers	10 095	23 917
药品及医疗器械零售业	Medicines and Medical Appliances	15 751	49 522
其他零售业	Other Retail Sales	189 571	409 200

7.2.8 1996年廣西壯族自治區商品分銷渠道現狀

項目	Item in Wholesale and Retail Sales	網點數 Number of Establishments	人員數 Number of Persons Engaged
總 計	**Total**	**632 430**	**1 208 170**
按經濟類型分	**By Type of Ownership**		
国有经济批发和零售业	State-owned	19 425	192 555
集体经济批发和零售业	Collective Owned	39 436	190 034
私营经济批发和零售业	Private	1 749	12 677
个体经济批发和零售业	Individual	570 374	793 663
联营经济批发和零售业	Joint Owned	364	1 486
股份制经济批发和零售业	Share Holding	923	16 899
外商投资经济批发和零售业	Foreign Fund	35	164
港澳台投资经济批发和零售业	Funded by Entrepreneurs from Hong Kong, Macao & Taiwan	14	64
其他经济批发和零售业	Other Wholesale and Retail Sales	110	628
按國民經濟行業分	**By Sector**		
食品、饮料、烟草零售业	Food, Beverage and Tobacco	203 036	310 834
日用百货零售业	Household Articles for Daily Use	137 003	251 331
纺织、服装、鞋帽零售业	Textile Products, Garments, Shoes and Hats	93 497	140 826
日用杂品零售业	Sundry Goods for Daily Use	29 875	47 501
五金、交电、化工零售业	Hardwires, Electric Appliances and Chemicals	21 412	55 187
图书报刊零售业	Books and Newspapers	6 589	10 753
药品及医疗器械零售业	Medicines and Medical Appliances	7 662	16 522
其他零售业	Other Retail Sales	82 380	141 993

7.2.9 1996年貴州省商品分銷渠道現狀

項目	Item in Wholesale and Retail Sales	網點數 Number of Establishments	人員數 Number of Persons Engaged
總 計	**Total**	**248 997**	**480 494**
按經濟類型分	**By Type of Ownership**		
国有经济批发和零售业	State-owned	12 577	116 587
集体经济批发和零售业	Collective Owned	15 001	55 225
私营经济批发和零售业	Private	209	1 574
个体经济批发和零售业	Individual	221 005	303 319
联营经济批发和零售业	Joint Owned	28	294
股份制经济批发和零售业	Share Holding	117	3 095
外商投资经济批发和零售业	Foreign Fund	17	152
港澳台投资经济批发和零售业	Funded by Entrepreneurs from Hong Kong, Macao & Taiwan	15	177
其他经济批发和零售业	Other Wholesale and Retail Sales	28	71
按國民經濟行業分	**By Sector**		
食品、饮料、烟草零售业	Food,Beverage and Tobacco	84 686	131 594
日用百货零售业	Household Articles for Daily Use	44 143	73 033
纺织、服装、鞋帽零售业	Textile Products,Garments,Shoes and Hats	27 245	40 222
日用杂品零售业	Sundry Goods for Daily Use	18 772	23 887
五金、交电、化工零售业	Hardwires, Electric Appliances and Chemicals	10 104	20 083
图书报刊零售业	Books and Newspapers	4 516	6 781
药品及医疗器械零售业	Medicines and Medical Appliances	5 286	9 075
其他零售业	Other Retail Sales	18 351	30 942

7.2.10 1996年海南省商品分銷渠道現狀

項目	Item in Wholesale and Retail Sales	網點數 Number of Establishments	人員數 Number of Persons Engaged
總 計	**Total**	**96 557**	**308 947**
按經濟類型分	**By Type of Ownership**		
国有经济批发和零售业	State-owned	8 293	92 338
集体经济批发和零售业	Collective Owned	5 589	31 776
私营经济批发和零售业	Private	2 304	23 591
个体经济批发和零售业	Individual	80 015	150 001
联营经济批发和零售业	Joint Owned	51	760
股份制经济批发和零售业	Share Holding	42	4 175
外商投资经济批发和零售业	Foreign Fund	66	888
港澳台投资经济批发和零售业	Funded by Entrepreneurs from Hong Kong, Macao & Taiwan	82	1 246
其他经济批发和零售业	Other Wholesale and Retail Sales	115	4 172
按國民經濟行業分	**By Sector**		
食品、饮料、烟草零售业	Food,Beverage and Tobacco	26 599	62 632
日用百货零售业	Household Articles for Daily Use	12 373	34 786
纺织、服装、鞋帽零售业	Textile Products,Garments,Shoes and Hats	11 503	21 266
日用杂品零售业	Sundry Goods for Daily Use	8 601	14 459
五金、交电、化工零售业	Hardwires, Electric Appliances and Chemicals	5 522	11 518
图书报刊零售业	Books and Newspapers	1 359	2 906
药品及医疗器械零售业	Medicines and Medical Appliances	2 495	5 743
其他零售业	Other Retail Sales	8 307	27 152

7.2.11　1996年河北省商品分銷渠道現狀

項目	Item in Wholesale and Retail Sales	網點數 Number of Establishments	人員數 Number of Persons Engaged
總　計	**Total**	**1 102 141**	**2 955 640**
按經濟類型分	**By Type of Ownership**		
国有经济批发和零售业	State-owned	21 188	447 818
集体经济批发和零售业	Collective Owned	36 121	291 488
私营经济批发和零售业	Private	2 235	21 399
个体经济批发和零售业	Individual	1 042 283	2 175 545
联营经济批发和零售业	Joint Owned	78	705
股份制经济批发和零售业	Share Holding	205	12 231
外商投资经济批发和零售业	Foreign Fund	2	1 650
港澳台投资经济批发和零售业	Funded by Entrepreneurs from Hong Kong, Macao & Taiwan	29	4 804
其他经济批发和零售业	Other Wholesale and Retail Sales	4	11
按國民經濟行業分	**By Sector**		
食品、饮料、烟草零售业	Food,Beverage and Tobacco	382 099	867 450
日用百货零售业	Household Articles for Daily Use	262 129	662 589
纺织、服装、鞋帽零售业	Textile Products,Garments,Shoes and Hats	163 650	347 976
日用杂品零售业	Sundry Goods for Daily Use	75 670	164 647
五金、交电、化工零售业	Hardwires, Electric Appliances and Chemicals	45 956	124 798
图书报刊零售业	Books and Newspapers	9 841	23 084
药品及医疗器械零售业	Medicines and Medical Appliances	7 968	21 643
其他零售业	Other Retail Sales	63 036	150 910

7.2.12 1996年黑龍江省商品分銷渠道現狀

項目	Item in Wholesale and Retail Sales	網點數 Number of Establishments	人員數 Number of Persons Engaged
總　計	**Total**	**560 934**	**1 942 825**
按經濟類型分	**By Type of Ownership**		
国有经济批发和零售业	State-owned	19 370	605 343
集体经济批发和零售业	Collective Owned	22 711	281 957
私营经济批发和零售业	Private	5 704	50 578
个体经济批发和零售业	Individual	512 319	954 049
联营经济批发和零售业	Joint Owned	34	1 853
股份制经济批发和零售业	Share Holding	735	45 988
外商投资经济批发和零售业	Foreign Fund	13	179
港澳台投资经济批发和零售业	Funded by Entrepreneurs from Hong Kong, Macao & Taiwan	25	1 610
其他经济批发和零售业	Other Wholesale and Retail Sales	23	1268
按國民經濟行業分	**By Sector**		
食品、饮料、烟草零售业	Food, Beverage and Tobacco	236 705	514 598
日用百货零售业	Household Articles for Daily Use	137 631	415 332
纺织、服装、鞋帽零售业	Textile Products, Garments, Shoes and Hats	53 887	132 246
日用杂品零售业	Sundry Goods for Daily Use	11 206	32 343
五金、交电、化工零售业	Hardwires, Electric Appliances and Chemicals	19 396	77 488
图书报刊零售业	Books and Newspapers	4 031	18 404
药品及医疗器械零售业	Medicines and Medical Appliances		
其他零售业	Other Retail Sales	33 096	109 547

7.2.13 1996年河南省商品分銷渠道現狀

項目	Item in Wholesale and Retail Sales	網點數 Number of Establishments	人員數 Number of Persons Engaged
總 計	**Total**	**760 894**	**2 103 832**
按經濟類型分	**By Type of Ownership**		
国有经济批发和零售业	State-owned	36 432	547 374
集体经济批发和零售业	Collective Owned	60 478	338 361
私营经济批发和零售业	Private	412	3 175
个体经济批发和零售业	Individual	662 618	1 172 750
联营经济批发和零售业	Joint Owned	100	756
股份制经济批发和零售业	Share Holding	·796	39 251
外商投资经济批发和零售业	Foreign Fund	12	1 201
港澳台投资经济批发和零售业	Funded by Entrepreneurs from Hong Kong, Macao & Taiwan	35	654
其他经济批发和零售业	Other Wholesale and Retail Sales	11	310
按國民經濟行業分	**By Sector**		
食品、饮料、烟草零售业	Food,Beverage and Tobacco	226146	421 271
日用百货零售业	Household Articles for Daily Use	156 210	398 595
纺织、服装、鞋帽零售业	Textile Products,Garments,Shoes and Hats	117 852	217 137
日用杂品零售业	Sundry Goods for Daily Use	39 732	73 665
五金、交电、化工零售业	Hardwires, Electric Appliances and Chemicals	6 194	16 915
图书报刊零售业	Books and Newspapers	9 020	19 651
药品及医疗器械零售业	Medicines and Medical Appliances	6 194	19 651

7.2.14 1996年湖北省商品分銷渠道現狀

項目	Item in Wholesale and Retail Sales	網點數 Number of Establishments	人員數 Number of Persons Engaged
總　計	**Total**	**862 732**	**2 456 993**
按經濟類型分	**By Type of Ownership**		
国有经济批发和零售业	State-owned	52 516	559 004
集体经济批发和零售业	Collective Owned	43 351	308 311
私营经济批发和零售业	Private	9 044	81 040
个体经济批发和零售业	Individual	756 303	1 455 122
联营经济批发和零售业	Joint Owned	502	2 895
股份制经济批发和零售业	Share Holding	901	49 170
外商投资经济批发和零售业	Foreign Fund	42	676
港澳台投资经济批发和零售业	Funded by Entrepreneurs from Hong Kong, Macao & Taiwan	29	312
其他经济批发和零售业	Other Wholesale and Retail Sales	44	463
按國民經濟行業分	**By Sector**		
食品、饮料、烟草零售业	Food, Beverage and Tobacco	114 525	198 167
日用百货零售业	Household Articles for Daily Use	42 769	196 221
纺织、服装、鞋帽零售业	Textile Products, Garments, Shoes and Hats	35 080	88 038
日用杂品零售业	Sundry Goods for Daily Use	2 007	27 955
五金、交电、化工零售业	Hardwires, Electric Appliances and Chemicals	8 969	41 202
图书报刊零售业	Books and Newspapers	1 920	6 420
药品及医疗器械零售业	Medicines and Medical Appliances	1 059	9 147
其他零售业	Other Retail Sales	22 177	122 924

7.2.15 1996年湖南省商品分銷渠道現狀

項目	Item in Wholesale and Retail Sales	網點數 Number of Establishments	人員數 Number of Persons Engaged
總 計	**Total**	**1 020 467**	**2 868 203**
按經濟類型分	**By Type of Ownership**		
国有经济批发和零售业	State-owned	29 642	424 466
集体经济批发和零售业	Collective Owned	40 997	283 186
私营经济批发和零售业	Private	5 585	59 141
个体经济批发和零售业	Individual	943 747	2 085 130
联营经济批发和零售业	Joint Owned	108	3 247
股份制经济批发和零售业	Share Holding	332	10 666
外商投资经济批发和零售业	Foreign Fund	11	1 821
港澳台投资经济批发和零售业	Funded by Entrepreneurs from Hong Kong, Macao & Taiwan	11	431
其他经济批发和零售业	Other Wholesale and Retail Sales	34	115
按國民經濟行業分	**By Sector**		
食品、饮料、烟草零售业	Food, Beverage and Tobacco	332 411	816 584
日用百货零售业	Household Articles for Daily Use	179 197	470 484
纺织、服装、鞋帽零售业	Textile Products, Garments, Shoes and Hats	143 138	321 179
日用杂品零售业	Sundry Goods for Daily Use	48 231	105 360
五金、交电、化工零售业	Hardwires, Electric Appliances and Chemicals	39 144	124 929
图书报刊零售业	Books and Newspapers	12 454	36 702
药品及医疗器械零售业	Medicines and Medical Appliances	8 345	28 738
其他零售业	Other Retail Sales	93 174	233 952

7.2.16 1996年遼寧省商品分銷渠道現狀

項目	Item in Wholesale and Retail Sales	網點數 Number of Establishments	人員數 Number of Persons Engaged
總 計	**Total**	**652 425**	**2 175 246**
按經濟類型分	**By Type of Ownership**		
国有经济批发和零售业	State-owned	27 187	620 499
集体经济批发和零售业	Collective Owned	42 799	455 780
私营经济批发和零售业	Private	20 023	213 070
个体经济批发和零售业	Individual	561 259	831 938
联营经济批发和零售业	Joint Owned	160	2 245
股份制经济批发和零售业	Share Holding	749	46 572
外商投资经济批发和零售业	Foreign Fund	96	2 038
港澳台投资经济批发和零售业	Funded by Entrepreneurs from Hong Kong，Macao & Taiwan	42	2 587
其他经济批发和零售业	Other Wholesale and Retail Sales	110	517
按國民經濟行業分	**By Sector**		
食品、饮料、烟草零售业	Food,Beverage and Tobacco	271 172	467 816
日用百货零售业	Household Articles for Daily Use	82 592	349 035
纺织、服装、鞋帽零售业	Textile Products,Garments,Shoes and Hats	99 995	154 000
日用杂品零售业	Sundry Goods for Daily Use	22 769	40 555
五金、交电、化工零售业	Hardwires，Electric Appliances and Chemicals	18 649	72 189
图书报刊零售业	Books and Newspapers	4 587	15 536
药品及医疗器械零售业	Medicines and Medical Appliances		
其他零售业	Other Retail Sales	42 308	106 437

7.2.17 1996年吉林省商品分銷渠道現狀

項目	Item in Wholesale and Retail Sales	網點數 Number of Establishments	人員數 Number of Persons Engaged
總 計	**Total**	**459 825**	**1 239 900**
按經濟類型分	**By Type of Ownership**		
国有经济批发和零售业	State-owned	14 715	375 917
集体经济批发和零售业	Collective Owned	13 570	158 180
私营经济批发和零售业	Private	1 267	13 521
个体经济批发和零售业	Individual	429 635	663 150
联营经济批发和零售业	Joint Owned	21	463
股份制经济批发和零售业	Share Holding	553	24 867
外商投资经济批发和零售业	Foreign Fund	31	1 088
港澳台投资经济批发和零售业	Funded by Entrepreneurs from Hong Kong, Macao & Taiwan	30	2 693
其他经济批发和零售业	Other Wholesale and Retail Sales	3	21
按國民經濟行業分	**By Sector**		
食品、饮料、烟草零售业	Food,Beverage and Tobacco	188 220	336 145
日用百货零售业	Household Articles for Daily Use	85 559	234 444
纺织、服装、鞋帽零售业	Textile Products,Garments,Shoes and Hats	72 526	117 380
日用杂品零售业	Sundry Goods for Daily Use	20 985	36 152
五金、交电、化工零售业	Hardwires, Electric Appliances and Chemicals	16 648	44 973
图书报刊零售业	Books and Newspapers	6 565	14 245
药品及医疗器械零售业	Medicines and Medical Appliances	6 988	22 121
其他零售业	Other Retail Sales	20 587	52 310

7.2.18 1996 年江蘇省商品分銷渠道現狀

項目	Item in Wholesale and Retail Sales	網點數 Number of Establishments	人員數 Number of Persons Engaged
總 計	**Total**	**840 521**	**2 496 000**
按經濟類型分	**By Type of Ownership**		
国有经济批发和零售业	State-owned	34 745	564 313
集体经济批发和零售业	Collective Owned	87 641	653 691
私营经济批发和零售业	Private	11 488	89 018
个体经济批发和零售业	Individual	704 131	1 120 583
联营经济批发和零售业	Joint Owned	569	8 203
股份制经济批发和零售业	Share Holding	1 314	50 158
外商投资经济批发和零售业	Foreign Fund	46	5 329
港澳台投资经济批发和零售业	Funded by Entrepreneurs from Hong Kong, Macao & Taiwan	53	3 402
其他经济批发和零售业	Other Wholesale and Retail Sales	534	1 303
按國民經濟行業分	**By Sector**		
食品、饮料、烟草零售业	Food, Beverage and Tobacco	224 147	451 372
日用百货零售业	Household Articles for Daily Use	140 518	459 135
纺织、服装、鞋帽零售业	Textile Products, Garments, Shoes and Hats	55 752	137 074
日用杂品零售业	Sundry Goods for Daily Use	36 562	71 461
五金、交电、化工零售业	Hardwires, Electric Appliances and Chemicals	22 204	63 984
图书报刊零售业	Books and Newspapers	3 400	10 076
药品及医疗器械零售业	Medicines and Medical Appliances	2 143	9 113
其他零售业	Other Retail Sales	263 029	475 282

7.2.19 1996年江西省商品分銷渠道現狀

項目	Item in Wholesale and Retail Sales	網點數 Number of Establishments	人員數 Number of Persons Engaged
總 計	**Total**	**434 080**	**1 384 243**
按經濟類型分	**By Type of Ownership**		
国有经济批发和零售业	State-owned	19 718	245 120
集体经济批发和零售业	Collective Owned	26 149	138 476
私营经济批发和零售业	Private	1 158	10 140
个体经济批发和零售业	Individual	386 703	982 377
联营经济批发和零售业	Joint Owned	37	414
股份制经济批发和零售业	Share Holding	238	5 550
外商投资经济批发和零售业	Foreign Fund	21	217
港澳台投资经济批发和零售业	Funded by Entrepreneurs from Hong Kong, Macao & Taiwan	23	1 888
其他经济批发和零售业	Other Wholesale and Retail Sales	33	61
按國民經濟行業分	**By Sector**		
食品、饮料、烟草零售业	Food, Beverage and Tobacco	138 772	373 489
日用百货零售业	Household Articles for Daily Use	98 201	296 420
纺织、服装、鞋帽零售业	Textile Products, Garments, Shoes and Hats	64 185	173 529
日用杂品零售业	Sundry Goods for Daily Use	21 105	53 900
五金、交电、化工零售业	Hardwires, Electric Appliances and Chemicals	15 051	43 966
图书报刊零售业	Books and Newspapers	4 347	13 122
药品及医疗器械零售业	Medicines and Medical Appliances	28 310	75 804
其他零售业	Other Retail Sales	3 472	12 901

7.2.20 1996年内蒙古自治區商品分銷渠道現狀

項目	Item in Wholesale and Retail Sales	網點數 Number of Establishments	人員數 Number of Persons Engaged
總 計	**Total**	**247 526**	**771 727**
按經濟類型分	**By Type of Ownership**		
国有经济批发和零售业	State-owned	13 997	256 725
集体经济批发和零售业	Collective Owned	14 781	128 565
私营经济批发和零售业	Private	1 518	20 178
个体经济批发和零售业	Individual	216 687	350 762
联营经济批发和零售业	Joint Owned	28	233
股份制经济批发和零售业	Share Holding	483	14 682
外商投资经济批发和零售业	Foreign Fund	9	237
港澳台投资经济批发和零售业	Funded by Entrepreneurs from Hong Kong, Macao & Taiwan	13	317
其他经济批发和零售业	Other Wholesale and Retail Sales	10	28
按國民經濟行業分	**By Sector**		
食品、饮料、烟草零售业	Food,Beverage and Tobacco	93 846	211 963
日用百货零售业	Household Articles for Daily Use	58 745	166 181
纺织、服装、鞋帽零售业	Textile Products,Garments,Shoes and Hats	36 274	71 661
日用杂品零售业	Sundry Goods for Daily Use	10 303	25 841
五金、交电、化工零售业	Hardwires, Electric Appliances and Chemicals	5 572	26 086
图书报刊零售业	Books and Newspapers	1 422	4 631
药品及医疗器械零售业	Medicines and Medical Appliances	2 174	8 520
其他零售业	Other Retail Sales	24 514	57 633

7.2.21 1996年寧夏回族自治區商品分銷渠道現狀

項目	Item in Wholesale and Retail Sales	網點數 Number of Establishments	人員數 Number of Persons Engaged
總 計	**Total**	**43 932**	**108 981**
按經濟類型分	**By Type of Ownership**		
国有经济批发和零售业	State-owned	2 581	37 902
集体经济批发和零售业	Collective Owned	2 247	14 899
私营经济批发和零售业	Private	379	2 840
个体经济批发和零售业	Individual	38 695	52 962
联营经济批发和零售业	Joint Owned	2	24
股份制经济批发和零售业	Share Holding	28	354
外商投资经济批发和零售业	Foreign Fund		
港澳台投资经济批发和零售业	Funded by Entrepreneurs from Hong Kong, Macao & Taiwan		
其他经济批发和零售业	Other Wholesale and Retail Sales	20	267
按國民經濟行業分	**By Sector**		
食品、饮料、烟草零售业	Food, Beverage and Tobacco	16 592	28 454
日用百货零售业	Household Articles for Daily Use	9 348	21 445
纺织、服装、鞋帽零售业	Textile Products, Garments, Shoes and Hats	7 283	12 469
日用杂品零售业	Sundry Goods for Daily Use	85	483
五金、交电、化工零售业	Hardwires, Electric Appliances and Chemicals	2 116	6 493
图书报刊零售业	Books and Newspapers	97	687
药品及医疗器械零售业	Medicines and Medical Appliances	142	1 535
其他零售业	Other Retail Sales	3021	5 835

7.2.22 1996年青海省商品分銷渠道現狀

項目	Item in Wholesale and Retail Sales	網點數 Number of Establishments	人員數 Number of Persons Engaged
總 計	**Total**	**49 126**	**110 601**
按經濟類型分	**By Type of Ownership**		
国有经济批发和零售业	State-owned	3 454	36 197
集体经济批发和零售业	Collective Owned	2 767	15 705
私营经济批发和零售业	Private	111	411
个体经济批发和零售业	Individual	42 764	58 120
联营经济批发和零售业	Joint Owned	4	16
股份制经济批发和零售业	Share Holding	22	97
外商投资经济批发和零售业	Foreign Fund		
港澳台投资经济批发和零售业	Funded by Entrepreneurs from Hong Kong, Macao & Taiwan	3	53
其他经济批发和零售业	Other Wholesale and Retail Sales	1	2
按国民经济行业分	By Sector		
食品、饮料、烟草零售业	Food, Beverage and Tobacco	18 665	34 424
日用百货零售业	Household Articles for Daily Use	10 258	23 371
纺织、服装、鞋帽零售业	Textile Products, Garments, Shoes and Hats	5 676	8 504
日用杂品零售业	Sundry Goods for Daily Use	4 919	6 727
五金、交电、化工零售业	Hardwires, Electric Appliances and Chemicals	245	1 756
图书报刊零售业	Books and Newspapers	189	917
药品及医疗器械零售业	Medicines and Medical Appliances	1 264	2 891
其他零售业	Other Retail Sales	5 685	10 013

7.2.23 1996年山東省商品分銷渠道現狀

項目	Item in Wholesale and Retail Sales	網點數 Number of Establishments	人員數 Number of Persons Engaged
總 計	**Total**	**1 451 280**	**4 021 799**
按經濟類型分	**By Type of Ownership**		
国有经济批发和零售业	State-owned	37 042	581 179
集体经济批发和零售业	Collective Owned	50 992	431 498
私营经济批发和零售业	Private	18 531	117 480
个体经济批发和零售业	Individual	1 341 096	2 821 400
联营经济批发和零售业	Joint Owned	197	4 714
股份制经济批发和零售业	Share Holding	2 031	56 188
外商投资经济批发和零售业	Foreign Fund	125	2 076
港澳台投资经济批发和零售业	Funded by Entrepreneurs from Hong Kong, Macao & Taiwan	88	1 265
其他经济批发和零售业	Other Wholesale and Retail Sales	1 178	5 999
按国民经济行业分	By Sector		
食品、饮料、烟草零售业	Food,Beverage and Tobacco	458 698	1 005 735
日用百货零售业	Household Articles for Daily Use	380 794	974 825
纺织、服装、鞋帽零售业	Textile Products,Garments,Shoes and Hats	134 099	296 360
日用杂品零售业	Sundry Goods for Daily Use	75 346	172 428
五金、交电、化工零售业	Hardwires, Electric Appliances and Chemicals	54 281	148 279
图书报刊零售业	Books and Newspapers	5 454	17 206
药品及医疗器械零售业	Medicines and Medical Appliances	14 813	33 844
其他零售业	Other Retail Sales	142 782	345 099

7.2.24 1996年山西省商品分銷渠道現狀

項目	Item in Wholesale and Retail Sales	網點數 Number of Establishments	人員數 Number of Persons Engaged
總 計	**Total**	**394 047**	**1 116 866**
按經濟類型分	**By Type of Ownership**		
国有经济批发和零售业	State-owned	18 565	284 426
集体经济批发和零售业	Collective Owned	29 456	186 639
私营经济批发和零售业	Private	1 714	10 019
个体经济批发和零售业	Individual	343 971	624 326
联营经济批发和零售业	Joint Owned	46	1 170
股份制经济批发和零售业	Share Holding	191	9 431
外商投资经济批发和零售业	Foreign Fund	22	297
港澳台投资经济批发和零售业	Funded by Entrepreneurs from Hong Kong, Macao & Taiwan	4	28
其他经济批发和零售业	Other Wholesale and Retail Sales	78	530
按國民經濟行業分	**By Sector**		
食品、饮料、烟草零售业	Food, Beverage and Tobacco	127 731	280 929
日用百货零售业	Household Articles for Daily Use	84 726	241 298
纺织、服装、鞋帽零售业	Textile Products, Garments, Shoes and Hats	51 142	104 635
日用杂品零售业	Sundry Goods for Daily Use	25 174	41 660
五金、交电、化工零售业	Hardwires, Electric Appliances and Chemicals	9 911	30 510
图书报刊零售业	Books and Newspapers	2 312	6 805
药品及医疗器械零售业	Medicines and Medical Appliances	4 406	10 643
其他零售业	Other Retail Sales	44 095	95 324

7.2.25 1996年陝西省商品分銷渠道現狀

項目	Item in Wholesale and Retail Sales	網點數 Number of Establishments	人員數 Number of Persons Engaged
總 計	**Total**	**347 758**	**1 260 040**
按經濟類型分	**By Type of Ownership**		
国有经济批发和零售业	State-owned	20 533	248 933
集体经济批发和零售业	Collective Owned	49 948	373 702
私营经济批发和零售业	Private	6 295	41 460
个体经济批发和零售业	Individual	270 860	583 099
联营经济批发和零售业	Joint Owned	88	2 359
股份制经济批发和零售业	Share Holding	33	10 469
外商投资经济批发和零售业	Foreign Fund		
港澳台投资经济批发和零售业	Funded by Entrepreneurs from Hong Kong, Macao & Taiwan		
其他经济批发和零售业	Other Wholesale and Retail Sales	1	18
按國民經濟行業分	**By Sector**		
食品、饮料、烟草零售业	Food, Beverage and Tobacco	99 411	309 311
日用百货零售业	Household Articles for Daily Use	77 254	268 282
纺织、服装、鞋帽零售业	Textile Products, Garments, Shoes and Hats	52292	152923
日用杂品零售业	Sundry Goods for Daily Use	19 399	65 426
五金、交电、化工零售业	Hardwires, Electric Appliances and Chemicals	18 024	81 369
图书报刊零售业	Books and Newspapers	3 965	12 952
药品及医疗器械零售业	Medicines and Medical Appliances	3 548	108 949
其他零售业	Other Retail Sales	32 107	13 830

7.2.26 1996年上海市商品分銷渠道現狀

項目	Item in Wholesale and Retail Sales	網點數 Number of Establishments	人員數 Number of Persons Engaged
總 計	**Total**	**171 156**	**1 222 088**
按經濟類型分	**By Type of Ownership**		
国有经济批发和零售业	State-owned	18 809	449 868
集体经济批发和零售业	Collective Owned	37 209	444 312
私营经济批发和零售业	Private	6 066	49 972
个体经济批发和零售业	Individual	103 925	156 411
联营经济批发和零售业	Joint Owned	1 891	32 972
股份制经济批发和零售业	Share Holding	574	29 883
外商投资经济批发和零售业	Foreign Fund	1 196	32 217
港澳台投资经济批发和零售业	Funded by Entrepreneurs from Hong Kong, Macao & Taiwan	604	15 326
其他经济批发和零售业	Other Wholesale and Retail Sales	882	11 127
按國民經濟行業分	**By Sector**		
食品、饮料、烟草零售业	Food,Beverage and Tobacco	72 925	229 451
日用百货零售业	Household Articles for Daily Use	19 061	160 462
纺织、服装、鞋帽零售业	Textile Products,Garments,Shoes and Hats	14 836	71 822
日用杂品零售业	Sundry Goods for Daily Use	3 515	13 953
五金、交电、化工零售业	Hardwires, Electric Appliances and Chemicals	14 800	129 649
图书报刊零售业	Books and Newspapers	1 442	6 519
药品及医疗器械零售业	Medicines and Medical Appliances	1 014	13 345
其他零售业	Other Retail Sales		

7.2.27 1996年四川省商品分銷渠道現狀

項目	Item in Wholesale and Retail Sales	網點數 Number of Establishments	人員數 Number of Persons Engaged
總　計	**Total**	**1 312 729**	**2 858 798**
按經濟類型分	**By Type of Ownership**		
国有经济批发和零售业	State-owned	60 653	520 880
集体经济批发和零售业	Collective Owned	143 541	559 943
私营经济批发和零售业	Private	7 033	71 939
个体经济批发和零售业	Individual	1 093 139	1 643 905
联营经济批发和零售业	Joint Owned	292	3 888
股份制经济批发和零售业	Share Holding	2 953	46 872
外商投资经济批发和零售业	Foreign Fund	30	1 710
港澳台投资经济批发和零售业	Funded by Entrepreneurs from Hong Kong, Macao & Taiwan	31	1 462
其他经济批发和零售业	Other Wholesale and Retail Sales	5 057	8 199
按國民經濟行業分	**By Sector**		
食品、饮料、烟草零售业	Food, Beverage and Tobacco	—	—
日用百货零售业	Household Articles for Daily Use	—	—
纺织、服装、鞋帽零售业	Textile Products, Garments, Shoes and Hats	—	—
日用杂品零售业	Sundry Goods for Daily Use	—	—
五金、交电、化工零售业	Hardwires, Electric Appliances and Chemicals	—	—
图书报刊零售业	Books and Newspapers	—	—
药品及医疗器械零售业	Medicines and Medical Appliances	—	—
其他零售业	Other Retail Sales	—	—

注：四川的零售業1996年無統計。

7.2.28 1996年天津市商品分銷渠道現狀

項目	Item in Wholesale and Retail Sales	網點數 Number of Establishments	人員數 Number of Persons Engaged
總 計	**Total**	**161 181**	**508 332**
按經濟類型分	**By Type of Ownership**		
国有经济批发和零售业	State-owned	5 863	142 213
集体经济批发和零售业	Collective Owned	12 586	162 521
私营经济批发和零售业	Private	1 636	14 711
个体经济批发和零售业	Individual	140 508	167 924
联营经济批发和零售业	Joint Owned	105	1 653
股份制经济批发和零售业	Share Holding	268	13 514
外商投资经济批发和零售业	Foreign Fund	102	3 797
港澳台投资经济批发和零售业	Funded by Entrepreneurs from Hong Kong, Macao & Taiwan	75	1 558
其他经济批发和零售业	Other Wholesale and Retail Sales	38	441
按國民經濟行業分	**By Sector**		
食品、饮料、烟草零售业	Food,Beverage and Tobacco	56 985	102 488
日用百货零售业	Household Articles for Daily Use	30 688	82 988
纺织、服装、鞋帽零售业	Textile Products,Garments,Shoes and Hats	350	7 167
日用杂品零售业	Sundry Goods for Daily Use	343	4 191
五金、交电、化工零售业	Hardwires, Electric Appliances and Chemicals	5 607	33 171
图书报刊零售业	Books and Newspapers	1 113	3 615
药品及医疗器械零售业	Medicines and Medical Appliances	222	2 614
其他零售业	Other Retail Sales	55 956	85 622

7.2.29　1996年新疆維吾爾自治區商品分銷渠道現狀

項目	Item in Wholesale and Retail Sales	網點數 Number of Establishments	人員數 Number of Persons Engaged
總　計	**Total**	**200 881**	**472 762**
按經濟類型分	**By Type of Ownership**		
国有经济批发和零售业	State-owned	10 832	144 095
集体经济批发和零售业	Collective Owned	7 454	56 842
私营经济批发和零售业	Private	1 723	11 534
个体经济批发和零售业	Individual	180 656	255 591
联营经济批发和零售业	Joint Owned	36	244
股份制经济批发和零售业	Share Holding	154	4 182
外商投资经济批发和零售业	Foreign Fund	18	165
港澳台投资经济批发和零售业	Funded by Entrepreneurs from Hong Kong, Macao & Taiwan	8	104
其他经济批发和零售业	Other Wholesale and Retail Sales	—	—
按國民經濟行業分	**By Sector**		
食品、饮料、烟草零售业	Food, Beverage and Tobacco	61 363	106 779
日用百货零售业	Household Articles for Daily Use	45 923	100 977
纺织、服装、鞋帽零售业	Textile Products, Garments, Shoes and Hats	43 210	62 938
日用杂品零售业	Sundry Goods for Daily Use	9 774	14 822
五金、交电、化工零售业	Hardwires, Electric Appliances and Chemicals	4 196	13 372
图书报刊零售业	Books and Newspapers	2 116	4 526
药品及医疗器械零售业	Medicines and Medical Appliances	1 055	4 840
其他零售业	Other Retail Sales	10 654	22 041

7.2.30 1996年雲南省商品分銷渠道現狀

項目	Item in Wholesale and Retail Sales	網點數 Number of Establishments	人員數 Number of Persons Engaged
總 計	**Total**	**349 190**	**755 580**
按經濟類型分	**By Type of Ownership**		
国有经济批发和零售业	State-owned	19 239	169 036
集体经济批发和零售业	Collective Owned	26 584	92 678
私营经济批发和零售业	Private	2 818	9 436
个体经济批发和零售业	Individual	300 222	472 638
联营经济批发和零售业	Joint Owned	51	640
股份制经济批发和零售业	Share Holding	241	10 862
外商投资经济批发和零售业	Foreign Fund	14	67
港澳台投资经济批发和零售业	Funded by Entrepreneurs from Hong Kong, Macao & Taiwan	7	50
其他经济批发和零售业	Other Wholesale and Retail Sales	14	173
按國民經濟行業分	**By Sector**		
食品、饮料、烟草零售业	Food, Beverage and Tobacco	105 855	193 744
日用百货零售业	Household Articles for Daily Use	112 488	212 511
纺织、服装、鞋帽零售业	Textile Products, Garments, Shoes and Hats	43 734	71 536
日用杂品零售业	Sundry Goods for Daily Use	18 578	31 692
五金、交电、化工零售业	Hardwires, Electric Appliances and Chemicals	9 642	20 906
图书报刊零售业	Books and Newspapers	3 077	6 775
药品及医疗器械零售业	Medicines and Medical Appliances	3 234	7 053
其他零售业	Other Retail Sales	24 468	44 677

7.2.31 1996年浙江省商品分銷渠道現狀

項目	Item in Wholesale and Retail Sales	網點數 Number of Establishments	人員數 Number of Persons Engaged
總　計	**Total**	**877 638**	**1 870 506**
按經濟類型分	**By Type of Ownership**		
国有经济批发和零售业	State-owned	19 784	242 376
集体经济批发和零售业	Collective Owned	48 407	258 420
私营经济批发和零售业	Private	18 090	165 750
个体经济批发和零售业	Individual	788 249	1 151 104
联营经济批发和零售业	Joint Owned	281	5 220
股份制经济批发和零售业	Share Holding	2 552	44 658
外商投资经济批发和零售业	Foreign Fund	32	1 065
港澳台投资经济批发和零售业	Funded by Entrepreneurs from Hong Kong, Macao & Taiwan	28	782
其他经济批发和零售业	Other Wholesale and Retail Sales	215	1 131
按國民經濟行業分	**By Sector**		
食品、饮料、烟草零售业	Food, Beverage and Tobacco	286 119	471 311
日用百货零售业	Household Articles for Daily Use	205 101	416 423
纺织、服装、鞋帽零售业	Textile Products, Garments, Shoes and Hats	123 935	192 382
日用杂品零售业	Sundry Goods for Daily Use	28 849	44 989
五金、交电、化工零售业	Hardwires, Electric Appliances and Chemicals	32 642	69 021
图书报刊零售业	Books and Newspapers	6 604	15 042
药品及医疗器械零售业	Medicines and Medical Appliances	2 085	213 895
其他零售业	Other Retail Sales	122 317	5 847

[illegible]	[illegible] Number of Establishments	[illegible] Number of Persons Engaged
[illegible] Total	[illegible]	[illegible]
[illegible] By Type of Ownership		
[illegible] State-owned	[illegible]	[illegible]
[illegible] Collective-owned	[illegible]	[illegible]
[illegible] Private	[illegible]	[illegible]
[illegible] Individual	[illegible]	[illegible]
[illegible] Joint-owned	[illegible]	[illegible]
[illegible] Share Holding	[illegible]	[illegible]
[illegible] Foreign-funded	[illegible]	[illegible]
[illegible] Funded by Entrepreneurs from Hong Kong, Macao & Taiwan	[illegible]	[illegible]
[illegible] Other [illegible]	[illegible]	[illegible]
[illegible] By Sector		
[illegible] Food, Beverage and Tobacco	[illegible]	[illegible]
[illegible] Household Articles of Daily Use	[illegible]	[illegible]
[illegible] Textile Products, Garments, Shoes and Hats	[illegible]	[illegible]
[illegible] Sundry Goods for Daily Use	[illegible]	[illegible]
[illegible] Hardware, Electric Appliances and Chemicals	[illegible]	[illegible]
[illegible] Books and Newspapers	[illegible]	[illegible]
[illegible] Medicine and Medical Appliances	[illegible]	[illegible]
[illegible] Other Retail Sales	[illegible]	[illegible]

第三章　大中型批發零售貿易企業狀況

7.3.1 1997年全國各省市大中型批發、零售貿易企業經營狀況

單位:萬元(10 000 Yuan)

指標	Item	全國	安徽省	北京市	重慶市
資本金	Total Capital	23 369 107.90	460 528.80	2 555 480.40	375 006.40
資産總計	Total Assets	180 108 886.60	3 945 774.70	23 850 808.40	2 578 565.00
負債總計	Total Liabilities	144 215 131.40	3 420 430.40	18 957 961.30	2 168 139.30
資産負債率	Assets-Liability Ratio	0.80	0.87	0.79	0.84
所有者權益	Creditor's Equity	35 893 755.20	525 344.30	4 892 847.10	410 425.00
流動資産	Liquid Assets	123 445 297.60	2 933 970.00	17 305 273.10	1 834 508.00
流動比率	%	0.97	0.93	1.18	0.93
固定資産合計	Fixed Asset	37 992 214.20	880 050.60	2 348 628.10	586 825.30
流動負債	Liquid Liabilities	127 183 083.20	3 143 621.20	14 706 300.70	1 969 325.00
流動負債率	%	1.03	1.07	0.85	1.07
長期負債	Long-Term Liabilities	15 628 012.70	268 989.80	4 011 166.80	177 375.00
商品銷售收入	Sales Revenue	244 673 945.40	6 065 606.00	17 748 373.20	3 601 022.70
商品銷售成本	Cost of Sales	220 099 428.60	5 524 563.70	15 985 893.10	3 219 148.90
經營費用	Operating Expenses	834 199.90	252 452.00	793 421.50	159 788.00
商品銷售利潤	Sales Profits	10 369 173.70	228 093.50	862 289.50	134 995.90
商品銷售利潤率	Rate of Sales Profits(%)	4.24%	3.76%	4.86%	3.75
主營業務利潤	Main Business Profits	—	—	990 717.00	137 402.00
管理費用	Management Expenses	—	153 812.00	726 729.70	151 282.00
營業利潤	Business Profits	—	-121 132.00	-20 797.40	-75 510.00
利潤總額	Total Profits	—	-79 628.00	361 627.40	-48 630.00
資本金利潤率	Rate of Capital Return (%)	—	-17.29%	14.15%	-12.97%

7.3.1 1997年全國各省市大中型批發、零售貿易企業經營狀況(續)

單位:萬元(10 000 Yuan)

指標	Item	福建省	甘肅省	廣東省	廣西壯族自治區
資本金	Total Capital	682 856.40	214 505.40	2 138 037.50	445 026.00
資産總計	Total Assets	4 255 662.80	1 370 280.10	14 615 281.80	2 757 741.00
負債總計	Total Liabilities	3 020 824.70	1 045 345.20	11 286 144.30	2 149 770.20
資産負債率	Assets-Liability Ratio	0.71	0.76	0.77	0.78
所有者權益	Creditor's Equity	1 234 838.00	324 934.90	3 329 137.50	607 970.00
流動資産	Liquid Assets	2 768 334.50	835 449.50	9 494 889.10	1 769 140.00
流動比率	%	1.03	0.86	0.91	0.92
固定資産合計	Fixed Asset	880 987.20	431 818.40	3 141 591.90	774 578.00
流動負債	Liquid Liabilities	2 700 692.10	969 555.40	10 462 687.40	1 916 897.00
流動負債率	%	0.98	1.16	1.10	1.08
長期負債	Long-Term Liabilities	292 113.20	73 691.10	762 305.40	190 205.00
商品銷售收入	Sales Revenue	6 978 425.50	1 432 893.10	21 338 025.60	3 937 985.10
商品銷售成本	Cost of Sales	6 358 680.00	1 281 469.10	19 501 933.30	3 573 099.70
經營費用	Operating Expenses	246 569.70	77 086.50	783 687.00	178 609.00
商品銷售利潤	Sales Profits	288 857.40	63 530.80	882 571.60	147 675.40
商品銷售利潤率	Rate of Sales Profits(%)	4.14%	4.43%	4.14%	3.75%
主營業務利潤	Main Business Profits	301 429.00	64 551.60	915 646.90	150 872.00
管理費用	Management Expenses	186 513.40	—	893 856.40	143 665.00
營業利潤	Business Profits	32 909.60	−39 212.50	−129 038.70	−64 342.00
利潤總額	Total Profits	117 874.30	−30 843.20	128 110.40	−48 234.00
資本金利潤率	Rate of Capital Return	17%	−14.38%	6%	−11%

7.3.1 1997年全國各省市大中型批發、零售貿易企業經營狀況(續)

單位:萬元(10 000 Yuan)

指標	Item	貴州省	海南省	河北省	黑龍江省
資本金	Total Capital	200 386.10	70 548.00	627 354.30	448 923.00
資産總計	Total Assets	2 040 161.40	566 475.80	5 452 897.90	4 000 884.00
負債總計	Total Liabilities	1 718 131.00	494 591.90	4 654 465.10	3 444 940.40
資産負債率	Assets-Liability Ratio	0.84	0.87	0.85	0.86
所有者權益	Creditor's Equity	322 030.40	71 884.00	798 433.00	555 943.00
流動資産	Liquid Assets	1 575 975.80	337 783.00	4 654 165.10	2 887 400.00
流動比率	%	0.97	0.75	1.14	0.95
固定資産合計	Fixed Asset	366 098.40	149 601.00	1 399 739.00	925 123.00
流動負債	Liquid Liabilities	1 631 665.00	449 255.00	4 072 712.00	3 049 214.00
流動負債率	%	1.04	1.33	0.88	1.06
長期負債	Long-Term Liabilities	83 334.10	34 014.40	514 362.50	381 650.00
商品銷售收入	Sales Revenue	2 225 399.40	532 019.50	8 149 854.30	4 167 538.40
商品銷售成本	Cost of Sales	1 896 421.40	485 809.10	7 475 421.70	3 727 553.30
經營費用	Operating Expenses	91 266.00	23 312.00	313 073.90	217 039.00
商品銷售利潤	Sales Profits	185 184.60	15 127.40	287 203.60	171 206.80
商品銷售利潤率	Rate of Sales Profits(%)	8.32%	2.84%	3.52%	4.11%
主營業務利潤	Main Business Profits	—	15 182.00	—	178 963.00
管理費用	Management Expenses	79 673.90	30 868.00	293 688.70	204 985.00
營業利潤	Business Profits	40 879.60	-17 327.00	-123 887.00	-156 373.00
利潤總額	Total Profits	51 379.10	-14 328.00	-68 381.80	-81 874.00
資本金利潤率	Rate of Capital Return	26%	-20%	-11.00%	-18%

7.3.1 1997 年全國各省市大中型批發、零售貿易企業經營狀況(續)

單位:萬元(10 000 Yuan)

指標	Item	河南省	湖北省	湖南省	遼寧省
資本金	Total Capital	624 839.20	1 054 358.00	613 128.00	1 233 000.00
資産總計	Total Assets	6 480 777.70	7 344 035.00	4 861 813.00	8 814 000.00
負債總計	Total Liabilities	5 610 881.70	6 183 428.30	4 016 930.60	7 121 645.40
資産負債率	Assets-Liability Ratio	0.87	0.84	0.83	0.81
所有者權益	Creditor's Equity	869 896.00	1 160 607.40	844 882.00	1 693 000.00
流動資産	Liquid Assets	4 686 624.00	4 800 839.00	3 028 814.00	6 124 000.00
流動比率	%	0.91	0.92	0.86	0.93
固定資産合計	Fixed Asset	1 778 153.00	1 775 031.00	1 194 749.00	1 984 000.00
流動負債	Liquid Liabilities	5 173 838.00	5 199 503.00	3 539 281.00	6 611 580.00
流動負債率	%	1.10	1.08	1.17	1.08
長期負債	Long-Term Liabilities	437 044.00	903 145.00	477 648.00	473 608.90
商品銷售收入	Sales Revenue	9 047 319.40	8 242 574.80	6 588 756.00	10 478 039.90
商品銷售成本	Cost of Sales	8 264 200.70	7 435 533.50	5 983 880.00	9 519 894.80
經營費用	Operating Expenses	354 450.00	346 136.00	246 986.00	—
商品銷售利潤	Sales Profits	356 876.50	315 430.50	285 762.40	408 072.30
商品銷售利潤率	Rate of Sales Profits	3.94%	3.83%	4.34%	3.89%
主營業務利潤	Main Business Profits	—	—	288 141.00	—
管理費用	Management Expenses	316 766.00	455 312.00	260 396.00	429 000.00
營業利潤	Business Profits	360 655.00	-171 600.00	-102 023.00	-207 000.00
利潤總額	Total Profits	-35 159.00	-110 310.00	-56 138.00	-101 000.00
資本金利潤率	Rate of Capital Return	—	-10%	-9%	-8.00%

7.3.1 1997年全國各省市大中型批發、零售貿易企業經營狀況(續)

單位:萬元(10 000 Yuan)

指標	Item	吉林省	江蘇省	江西省
資本金	Total Capital	378 499.00	2 223 100.00	193 064.00
資産總計	Total Assets	3 360 359.00	15 352 300.00	1 844 018.60
負債總計	Total Liabilities	3 018 495.30	12 020 154.50	1 669 124.00
資産負債率	Assets-Liability Ratio	0.90	0.78	0.91
所有者權益	Creditor's Equity	2 549 261.00	33 322.00	1 748.95
流動資産	Liquid Assets	2 426 917.00	10 013 600.00	1 327 322.00
流動比率	%	0.90	0.95	0.86
固定資産合計	Fixed Asset	780 630.00	4 037 300.00	368 226.00
流動負債	Liquid Liabilities	2 693 604.00	10 502 300.00	1 546 811.00
流動負債率	%	1.11	1.05	1.17
長期負債	Long-Term Liabilities	300 141.00	1 332 100.00	84 436.00
商品銷售收入	Sales Revenue	2 934 701.10	29 073 463.40	2 772 773.80
商品銷售成本	Cost of Sales	2 659 692.20	25 673 580.00	2 500 142.10
經營費用	Operating Expenses	181 754.00	—	110 602.00
商品銷售利潤	Sales Profits	59 656.80	1 042 071.70	106 758.40
商品銷售利潤率	Rate of Sales Profits(%)	2.03%	3.58%	3.85%
主營業務利潤	Main Business Profits	60 478.00	1 067 400.00	—
管理費用	Management Expenses	156 633.00	—	82 197.00
營業利潤	Business Profits	-227 797.00	—	-26 534.00
利潤總額	Total Profits	-165 101.00	67 700.00	116 316.00
資本金利潤率	Rate of Capital Return	-44%	3%	60%

7.3.1 1997年全國各省市大中型批發、零售貿易企業經營狀況(續)

單位:萬元(10 000 Yuan)

指標	Item	內蒙古自治區	寧夏回族自治區	青海省
資本金	Total Capital	205 237.90	70 397.20	86 359.00
資産總計	Total Assets	1 302 709.70	409 899.40	73 432.60
負債總計	Total Liabilities	1 215 302.00	304 311.20	430 749.70
資産負債率	Assets-Liability Ratio	0.93	0.74	5.87
所有者權益	Creditor's Equity	1 836 261.00	105 588.20	116 973.00
流動資産	Liquid Assets	957 987.90	267 147.30	361 456.00
流動比率	%	0.89	1.01	0.97
固定資産合計	Fixed Asset	344 721.80	110 150.20	141 443.00
流動負債	Liquid Liabilities	1 072 799.20	264 774.40	372 634.60
流動負債率	%	1.12	0.99	1.03
長期負債	Long-Term Liabilities	139 679.90	37 671.50	56 625.40
商品銷售收入	Sales Revenue	1 704 399.90	520 752.10	476 668.20
商品銷售成本	Cost of Sales	1 520 119.50	463 534.70	411 134.10
經營費用	Operating Expenses	78 493.80	21 577.10	25 811.00
商品銷售利潤	Sales Profits	86 551.90	31 457.30	26 531.70
商品銷售利潤率	Rate of Sales Profits(%)	5.08%	6.04%	5.57%
主營業務利潤	Main Business Profits	—	—	—
管理費用	Management Expenses	93 842.20	22 082.00	25 266.90
營業利潤	Business Profits	-21 651.20	-1 951.60	-17 607.00
利潤總額	Total Profits	-11 587.90	3 871.20	-4 026.00
資本金利潤率	Rate of Capital Return	-6%	5.00%	-5.00%

7.3.1　1997年全國各省市大中型批發、零售貿易企業經營狀況(續)

單位:萬元(10 000 Yuan)

指標	Item	山東省	山西省	陝西
資本金	Total Capital	1 373 669.00	311 246.70	330 929.60
資産總計	Total Assets	12 096 642.00	2 391 737.20	2 172 759.50
負債總計	Total Liabilities	9 799 408.40	1 888 108.10	1 747 522.30
資産負債率	Assets-Liability Ratio	0.81	0.79	0.80
所有者權益	Creditor's Equity	22 972.34	5 036.29	425 237.20
流動資産	Liquid Assets	7 703 194.00	1 546 110.70	1 412 487.20
流動比率	%	0.86	0.95	0.92
固定資産合計	Fixed Asset	3 203 203.00	682 153.50	531 911.00
流動負債	Liquid Liabilities	8 944 328.00	1 628 476.50	1 532 892.30
流動負債率	%	1.16	1.05	1.09
長期負債	Long-Term Liabilities	752 768.40	226 069.90	212 504.10
商品銷售收入	Sales Revenue	16 817 739.90	3 185 953.10	3 057 583.20
商品銷售成本	Cost of Sales	15 078 343.80	2811 461.00	2 770 550.80
經營費用	Operating Expenses	733 062.00	167 879.10	107 892.00
商品銷售利潤	Sales Profits	749 350.70	154 358.50	131 665.80
商品銷售利潤率	Rate of Sales Profits(%)	4.46%	4.84%	4.31%
主營業務利潤	Main Business Profits	—	167 881.00	133 728.00
管理費用	Management Expenses	589 378.00	147 759.30	99 835.00
營業利潤	Business Profits	—	-5 896.90	-12 568.00
利潤總額	Total Profits	39 200.00	14 654.00	3 335.00
資本金利潤率	Rate of Capital Return	3%	5%	1%

7.3.1 1997年全國各省市大中型批發、零售貿易企業經營狀況(續)

單位:萬元(10 000 Yuan)

指標	Item	上海	四川省	天津市
資本金	Total Capital	1 780 536.30	933 753.40	823 030.50
資産總計	Total Assets	13 011 648.80	5 167 788.00	4 722 780.60
負債總計	Total Liabilities	10 029 129.10	3 993 010.00	3 689 379.60
資産負債率	Assets-Liability Ratio	0.77	0.77	0.78
所有者權益	Creditor's Equity	2 982 519.70	1 174 778.00	1 033 401.00
流動資産	Liquid Assets	8 657 384.80	3 360 801.00	3 459 047.20
流動比率	%	1.02	0.92	0.99
固定資産合計	Fixed Assets	2 627 987.60	1 350 597.00	822 659.10
流動負債	Liquid Liabilities	8 524 130.70	3 649 500.00	3 479 582.90
流動負債率	%	0.98	1.09	1.01
長期負債	Long-Term Liabilities	1 365 907.40	270 956.50	202 240.40
商品銷售收入	Sales Revenue	21 509 701.70	7 113 842.40	5 985 716.30
商品銷售成本	Cost of Sales	19 034 050.30	6 377 271.90	5 532 950.20
經營費用	Operating Expenses	892 935.00	327 148.00	231 386.00
商品銷售利潤	Seles Profits	1 051 917.00	280 148.50	187 645.50
商品銷售利潤率	Rate of Sales Profits(%)	4.89%	3.94%	3.13%
主營業務利潤	Main Business Profits	—	365 566.00	—
管理費用	Management Expenses	750 821.00	266 710.00	192 040.00
營養利潤	Business Profits	284 529.00	—50 214.00	-138 214.00
利潤總額	Total Profits	565 043.00	—34 779.00	-10 327.00
資本金利潤率	Rate of Capital Return	32%	-4.00%	-1.00%

7.3.1 1997年全國各省市大中型批發、零售貿易企業經營狀況(續)

單位:萬元(10 000 Yuan)

指標	Item	新疆維吾爾自治區	雲南省	浙江省
資本金	Total Capital	548 370.00	649 996.60	1 696 559.80
資産總計	Total Assets	5 395 980.90	8 335 868.00	10 855 815.70
負債總計	Total Liabilities	4 786 376.60	6 576 282.10	7 662 391.70
資産負債率	Assets-Liability Ratio	0.89	0.79	0.71
所有者權益	Creditor's Equity	609 604.30	1 759 585.90	3 193 424.00
流動資産	Liquid Assets	4 311 547.10	6 410 338.00	7 271 490.70
流動比率	%	0.98	1.07	1.05
固定資産合計	Fixed Asset	891 952.50	1 358 033.90	2 499 357.60
流動負債	Liquid Liabilities	4 398 358.00	5 981 911.30	6 907 569.30
流動負債率	%	1.02	0.93	0.95
長期負債	Long-Term Liabilities	372 120.60	576 944.60	613 025.50
商品銷售收入	Sales Revenue	6 365 731.70	11 397 530.90	21 165 343.40
商品銷售成本	Cost of Sales	5 701 768.00	9 628 294.90	19 651 907.70
經營費用	Operating Expenses	274 508.00	706 033.00	632 125.00
商品銷售利潤率	Sales Profits	258 298.70	825 952.50	745 825.90
商品銷售利潤率	Rate of Sales Profits (%)	4.06%	7.25%	3.52%
主營業務利潤率	Main Business Profits	—	—	757 983.00
管理費用	Management	201 076.80	283 864.00	578 743.00
營業利潤	Business Profits Expenses	−126 528.00	304 610.00	—
利潤總額	Total Profits	−13 444.10	435 816.00	188 773.00
資本金利潤率	Rate of Capital Return	−2%	67%	11%

第八篇
行政區劃和氣候指標

第一章　行政區劃

8.1.1　全國行政區劃表

全國共轄:32 個省(市、自治區)332 個地級市(地區)、2 135 個縣級市(縣)

省級單位名稱 Provinces Municipalities and Autonomous Regions 省(市、自治區)	下轄行政區劃名稱	
	地級市(地區) Cities at Prefectural Level	縣級市(縣) Cities at Countiy Level
安徽省 Anhui	合肥市	長豐縣、肥東縣、肥西縣
	蕪湖市	蕪湖縣、繁昌縣、南陵縣
	蚌埠市	懷遠縣、五河縣、固鎮縣
	淮南市	鳳臺縣
	馬鞍山市	當涂縣
	淮北市	濉溪縣
	銅陵市	銅陵縣
	安慶市	桐城市、懷寧縣、樅陽縣、潛山縣、太湖縣、宿松縣、望江縣、岳西縣
	黄山市	歙縣、休寧縣、黟縣、祁門縣
	滁州市	天長市、明光市、來安縣、全椒縣、定遠縣、鳳陽縣
	阜陽市	亳州市、界首市、臨泉縣、太和縣、渦陽縣、蒙城縣、阜南縣、潁上縣、利辛縣
	宿縣地區	宿州市、碭山縣、蕭縣、靈壁縣、泗縣
	六安地區	六安市、壽縣、霍邱縣、舒城縣、金寨縣、霍山縣
	宣城地區	宣州市、寧國市、郎溪縣、廣德縣、涇縣、績溪縣、旌德縣
	巢湖地區	巢湖市、廬江縣、無為縣、含山縣、和縣
	池州地區	貴池市、東至縣、石臺縣、青陽縣
北京市 Beijing	北京市	昌平縣、順義縣、大興縣、平谷縣、懷柔縣、密雲縣、延慶縣、通縣
重慶市 Chongqing	重慶市	渝中區、大渡口區、江北區、沙坪壩區、九龍坡區、南岸區、北碚區、萬盛區、雙橋區、渝北區、巴南區、江津市、合川市、永川市、長壽縣、綦江縣、潼南縣、銅梁縣、大足縣、榮昌縣、璧山縣
	萬縣區	龍寶區、天城區、五橋區、開縣、忠縣、梁平縣、雲陽縣、奉節縣、巫山縣、巫溪縣、城口縣
	涪陵區	枳城區、李渡區、南川市、墊江縣、武隆縣、豐都縣
	黔江地區	黔江土家族苗族自治縣、石柱土家族自治縣、彭水苗族土家族
福建省 Fujian	福州市	福州市區、福清市、長樂市、閩侯縣、連江縣、羅源縣、閩清縣、永泰縣、平潭縣
	厦門市	
	莆田市	莆田縣、仙游縣
	三明市	永安市、明溪縣、清流縣、寧化縣、大田縣、尤溪縣、沙縣、將樂縣、泰寧縣、建寧縣
	泉州市	石獅市、晉江市、南安市、惠安縣、安溪縣、永春縣、德化縣、金門縣
	漳州市	龍海市、雲霄縣、詔安縣、漳浦縣、長泰縣、東山縣、南靖縣、平和縣、華安縣
	南平市	邵武市、武夷山市、建甌市、建陽市、順昌縣、浦城縣、光澤縣、松溪縣、政和縣
	龍岩地區	龍岩市、漳平市、長汀縣、永定縣、上杭縣、武平縣、連城縣
	寧德地區	寧德市、福安市、福鼎市、霞浦縣、古田縣、屏南縣、壽寧縣、周寧縣、柘榮縣

8.1.1 全國行政區劃表(續)

省級單位名稱 Provinces Municipalities and Autonomous Regions 省(市、自治區)	下轄行政區劃名稱	
	地級市(地區) Cities at Prefectural Level	縣級市(縣) Cities at Countiy Level
甘肅省 Gansu	蘭州市	永登縣、榆中縣、皋蘭縣
	金昌市	永昌縣
	白銀市	靖遠縣、景泰縣、會寧縣
	天水市	武山縣、甘谷縣、清水縣、秦安縣、張家川回族自治縣
	嘉峪關市	
	定西地區	定西縣、岷縣、渭源縣、隴西縣、通渭縣、漳縣、臨洮縣
	平凉地區	平凉市、靈臺縣、静寧縣、崇信縣、華亭縣、涇川縣、莊浪縣
	慶陽地區	西峰市、慶陽縣、鎮原縣、合水縣、華池縣、環縣、寧縣、正寧縣
	隴南地區	成縣、禮縣、康縣、武都縣、文縣、兩當縣、徽縣、宕昌縣、西和縣
	武威地區	武威市、民勤縣、古浪縣、天祝藏族自治縣
	張掖地區	張掖市、民樂縣、山丹縣、臨澤縣、高臺縣、肅南裕固族自治縣
	酒泉地區	玉門市、酒泉市、敦煌市、安西縣、金塔縣、阿克塞哈薩克族自治縣、肅北蒙古族自治縣
	甘南藏族自治州	夏河縣、臨潭縣、卓尼縣、舟曲縣、迭部縣、瑪曲縣、碌曲縣
	臨夏回族自治州	臨夏市、臨夏縣、康樂縣、永靖縣、廣河縣、和政縣、東鄉族自治縣、積石山保安族東鄉族撒拉族自治縣
廣東省 Guangdong	廣州市	花都市、番禺市、從化市、增城市
	深圳市	
	珠海市	斗門縣
	汕頭市	澄海市、潮陽市、南澳縣
	韶關市	樂昌市、南雄市、仁化縣、新豐縣、始興縣、翁源縣、曲江縣、乳源瑶族自治縣
	河源市	和平縣、龍川縣、紫金縣、連平縣、東源縣
	梅州市	興寧市、梅縣、蕉嶺縣、大埔縣、豐順縣、五華縣、平遠縣
	惠州市	惠陽市、惠東縣、博羅縣、龍門縣
	汕尾市	陸豐市、海豐縣、陸河縣
	東莞市	
	中山市	
	江門市	臺山市、新會市、開平市、鶴山市、恩平市
	佛山市	順德市、南海市、三水市、高明市
	陽江市	陽春市、陽西縣、陽東縣
	湛江市	廉江市、雷州市、吴川市、遂溪縣、徐聞縣
	茂名市	高州市、化州市、信宜市、電白縣
	肇慶市	高要市、四會市、廣寧縣、德慶縣、封開縣、懷集縣
	雲浮市	羅定市、雲安縣、新興縣、鬱南縣、
	清遠市	英德市、連州市、佛岡縣、陽山縣、清新縣、連山壯族瑶族自治縣、連南瑶族自治縣
	潮州市	潮安縣、饒平縣
	揭陽市	普寧市、揭東縣、揭西縣、惠來縣

8.1.1　全國行政區劃表(續)

省級單位名稱 Provinces Municipalities and Autonomous Regions 省(市、自治區)	下轄行政區劃名稱	
	地級市(地區) Cities at Prefectural Level	縣級市(縣) Cities at Countiy Level
廣西壯族自治區 Guangxi	南寧市	邕寧縣、武鳴縣
	柳州市	柳江縣、柳城縣
	桂林市	陽朔縣、臨桂縣
	梧州市	蒼梧縣
	北海市	合浦縣
	防城港市	上思縣、東興市
	欽州市	靈山縣、浦北縣
	貴港市	桂平市、平南縣
	南寧地區	憑祥市、橫縣、賓陽縣、上林縣、隆安縣、馬山縣、扶綏縣、崇左縣、大新縣、天等縣、寧明縣、龍州縣
	柳州地區	合山市、鹿寨縣、象州縣、武宣縣、來賓縣、融安縣、三江侗族自治縣、、融水苗族自治縣、金秀瑶族自治縣、忻城縣
	桂林地區	靈川縣、全州縣、興安縣、永福縣、灌陽縣、龍勝縣、平樂縣、荔浦縣、、恭城瑶族自治縣
	梧州地區	岑溪市、藤縣、昭平縣、蒙山縣、賀縣、鐘山縣、富川縣
	玉林市	玉林市、容縣、北流市、陸川縣、博白縣、興業縣
	百色地區	百色市、田陽縣、田東縣、平果縣、德保縣、靖西縣、那坡縣、凌雲縣、樂業縣、田林縣、隆林各族自治縣、西林縣
	河池地區	河池市、宜州市、羅城仡佬族自治縣、環江毛南族自治縣南丹縣、天峨縣、鳳山縣、東蘭縣、巴馬縣、都安縣、大化縣
	賀州地區	賀州市、昭平縣、鐘山縣、富川瑶族自治縣
貴州省 Guizhou	貴陽市	清鎮市、開陽縣、修文縣、息烽縣
	六盤水市	盤縣特區、六枝特區、水城縣、鐘山區
	遵義地區	遵義市、赤水市、仁懷市、遵義縣、綏陽縣、桐梓縣、習水縣、鳳岡縣、正安縣余慶縣 湄潭縣、道真仡佬族苗族自治縣、務川仡佬族苗族自治縣
	銅仁地區	銅仁市、德江縣、江口縣、思南縣、萬山特區、石阡縣、玉屏侗族自治縣、松桃苗族自治縣、印江土家族苗族自治縣、沿河土家族自治縣
	畢節地區	畢節市、黔西縣、大方縣、織金縣、金沙縣、赫章縣、納雍縣、威寧彝族回族苗族自治縣
	安順地區	安順市、普定縣、平壩縣、鎮寧布依族苗族自治縣、紫雲布依族苗族自治縣、關嶺布依族苗族自治縣
	黔西南布依族苗族自治州	興義市、望謨縣、興仁縣、普安縣、册亨縣、晴隆縣、貞豐縣、安龍縣
	黔東南苗族侗族自治州	凱里市、施秉縣、從江縣、錦屏縣、鎮遠縣、麻江縣、臺江縣、天柱縣、黄平縣、榕江縣、劍河縣、三穗縣、雷山縣、黎平縣、岑鞏縣、丹寨縣
	黔南布依族苗族自治州	都匀市、福泉市、貴定縣、惠水縣、羅甸縣、翁安縣、荔波縣、龍里縣、平塘縣、獨山縣、長順縣、三都水族自治縣
海南省 Hainan	海口市 三亞市	通什市、瓊海市、瓊山市、文昌市、萬寧市、儋州市、東方市、定安縣、屯昌縣、澄邁縣、臨高縣、樂東黎族自治縣、瓊中黎族苗族自治縣、保亭黎族苗族自治縣、陵水黎族自治縣、白沙黎族自治縣、昌江黎族自治縣

8.1.1 全國行政區劃表(續)

省級單位名稱 Provinces Municipalities and Autonomous Regions 省(市、自治區)	下轄行政區劃名稱	
	地級市(地區) Cities at Prefectural Level	縣級市(縣) Cities at Countiy Level
河北省 Hebei	石家莊市	辛集市、藁城市、晉州市、新樂市、鹿泉市、平山縣、井陘縣、元氏縣、欒城縣、正定縣、行唐縣、靈壽縣、高邑縣、趙縣、贊皇縣、深澤縣、無極縣
	邯鄲市	武安市、邯鄲縣、永年縣、曲周縣、館陶縣、魏縣、成安縣、大名縣、涉縣、鷄澤縣、邱縣、廣平縣、肥鄉縣、臨漳縣、磁縣
	邢臺市	南宮市、沙河市、邢臺縣、柏鄉縣、任縣、清河縣、寧晉縣、威縣、隆堯縣、臨城縣、廣宗縣、臨西縣、内丘縣、平鄉縣、巨鹿縣、新河縣、南和縣
	保定市	涿州市、定州市、安國市、高碑店市、滿城縣、清苑縣、淶水縣、阜平縣、徐水縣、定興縣、唐縣、高陽縣、容城縣、淶源縣、望都縣、安新縣、易縣、曲陽縣、蠡縣、順平縣、博野縣、雄縣
	張家口市	宣化縣、康保縣、張北縣、陽原縣、赤城縣、沽源縣、懷安縣、懷淶縣、崇禮縣、尚義縣、蔚縣、涿鹿縣、萬全縣
	承德市	承德縣、興隆縣、平泉縣、灤平縣、隆化縣、豐寧縣、圍場縣、寬城縣
	唐山市	遵化市、豐南市、遷安市、遷西市、灤縣、灤南縣、豐潤縣、玉田縣、唐海縣、樂亭縣
	秦皇島市	昌黎縣、盧龍縣、撫寧縣、青龍縣
	滄州市	泊頭市、任丘市、黄驊市、河間市、滄縣、青縣、東光縣、海興縣、鹽山縣、肅寧縣、南皮縣、吴橋縣、獻縣、孟村縣
	廊坊市	霸州市、三河市、固安縣、永清縣、香河縣、大城縣、文安縣、大廠縣
	衡水市	冀州市、深州市、饒陽市、棗强縣、故城縣、阜城縣、安平縣、武邑縣、景縣、武强縣
黑龍江省 Heilongjiang	哈爾濱市	阿城市、尚志市、五常市、雙城市、呼蘭縣、賓縣、方正縣、依蘭縣、巴彦縣、木蘭縣、通河縣、延壽縣
	齊齊哈爾市	訥河市、龍江縣、依安縣、泰來縣、甘南縣、富裕縣、克山縣、克東縣、拜泉縣
	鷄西市	密山市、虎林市、鷄東縣
	鶴崗市	綏濱縣、蘿北縣
	雙鴨山市	集賢縣、友誼縣、寶清縣、饒河縣
	大慶市	林甸縣、肇源縣、肇州縣、杜爾伯特蒙古族自治縣
	伊春市	鐵力市、嘉蔭縣
	佳木斯市	同江市、富錦市、樺南縣、樺川縣、湯原縣、撫遠縣
	七臺河市	勃利縣
	牡丹江市	綏芬河市、海林市、寧安市、穆棱市、東寧縣、林口縣
	黑河市	北安市、五大連池市、嫩江縣、遜克縣、孫吴縣
	綏化地區	綏化市、安達市、肇東市、海倫市、望奎縣、蘭西縣、青岡縣、慶安縣、明水縣、綏棱縣
	大興安嶺地區	呼瑪縣、塔河縣、漠河縣

8.1.1　全國行政區劃表(續)

省級單位名稱 Provinces Municipalities and Autonomous Regions 省(市、自治區)	下轄行政區劃名稱	
	地級市(地區) Cities at Prefectural Level	縣級市(縣) Cities at Countiy Level
河南省 He'nan	鄭州市	鞏義市、新鄭市、新密市、登封市、滎陽市、中牟縣
	開封市	開封縣、尉氏縣、蘭考縣、杞縣、通許縣
	洛陽市	偃師市、孟津縣、汝陽縣、伊川縣、洛寧縣、嵩縣、宜陽縣、新安縣、欒川縣
	平頂山市	汝州市、舞鋼市、寶豐縣、葉縣、魯山縣、郏縣
	焦作市	修武、博愛、武陟、温縣
	鶴壁市	浚縣、淇縣
	新鄉市	衛輝市、輝縣市、新鄉縣、獲嘉縣、原陽縣、長垣縣、封丘縣、延津縣
	安陽市	林州市、安陽縣、滑縣、内黄縣、湯陰縣
	濮陽市	濮陽縣、南樂縣、臺前縣、清豐縣、範縣
	許昌市	禹州市、長葛市、許昌縣、鄢陵縣、襄城縣
	漯河市	舞陽縣、臨潁縣、郾城縣
	三門峡市	義馬市、靈寶市、澠池縣、陜縣、盧氏縣
	南陽市	鄧州市、南召縣、方城縣、西峡縣、鎮平縣、内鄉縣、淅川縣、社旗縣、唐河縣、新野縣、桐柏縣
	商丘市	永城市、虞城縣、民權縣、寧陵縣、睢縣、夏邑縣、柘城縣
	周口地區	周口市、項城市、扶溝縣、西華縣、商水縣、太康縣、鹿邑縣、鄲城縣、淮陽縣、沈丘縣
	駐馬店地區	確山縣、泌陽縣、遂平縣、西平縣、上蔡縣、汝南縣、平輿縣、新蔡縣、正陽縣
	信陽地區	信陽市、息縣、淮濱縣、信陽縣、潢川縣、光山縣、固始縣、商城縣、羅山縣、新縣
	濟源市	
湖北省 Hubei	武漢市	黄陂縣、新州縣
	黄石市	大冶市、陽新縣
	襄樊市	老河口市、棗陽市、宜城市、襄陽縣、南漳縣、谷城縣、保康縣
	十堰市	丹江口市、鄖縣、竹山縣、房縣、鄖西縣、竹溪縣
	荆州市	洪湖市、石首市、松滋市、監利縣、公安縣
	宜昌市	枝城市、當陽市、枝江市、宜昌縣、秭歸縣、遠安縣、興山縣、五峰縣、長陽縣
	荆門市	鐘祥市、京山縣
	鄂州市	
	孝感市	廣水市、應城市、安陸市、漢川縣、雲夢縣、大悟縣、孝昌縣
	黄岡市	麻城市、武穴市、紅安縣、羅田縣、浠水縣、蘄春縣、黄梅縣、英山縣、團風縣
	咸寧地區	咸寧市、蒲圻市、嘉魚縣、通山縣、崇陽縣、通城縣
	恩施自治州	恩施市、利川市、建始縣、來鳳縣、巴東縣、鶴峰縣、宣恩縣、咸豐縣
	省直轄縣級 4 市 1 區	隨州市、神農架林區、仙桃市、天門市、潜江市

8.1.1 全國行政區劃表(續)

省級單位名稱 Provinces Municipalities and Autonomous Regions 省(市、自治區)	下轄行政區劃名稱	
	地級市(地區) Cities at Prefectural Level	縣級市(縣) Cities at Countiy Level
湖南省	長沙市	瀏陽市、長沙縣、望城縣、寧鄉縣
Hu'nan	株州市	株州市、醴陵市、株州縣、茶陵縣、炎陵縣、攸縣
	湘潭市	湘鄉市、韶山市、湘潭縣
	衡陽市	耒陽市、衡陽縣、衡南縣、衡山縣、衡東縣、常寧市、祁東縣
	邵陽市	武岡市、邵東縣、新邵縣、邵陽縣、隆回縣、洞口縣、新寧縣、綏寧縣、城步苗族自治縣
	岳陽市	汨羅市、臨湘市、岳陽縣、平江縣、湘陰縣、華容縣
	常德市	津市市、安鄉縣、漢壽縣、澧縣、臨澧縣、桃源縣、石門縣
	張家界市	慈利縣、桑植縣
	益陽市	沅江市、南縣、桃江縣、安化縣
	郴州市	資興市、桂陽縣、永興縣、宜章縣、嘉禾縣、臨武縣、汝城縣、桂東縣、安仁縣
	永州市	東安縣、道縣、寧遠縣、江永縣、藍山縣、江華瑶族自治縣、新田縣、雙牌縣、祁陽縣
	婁底地區	婁底市、冷水江市、漣源市、雙峰縣、新化縣
	懷化地區	懷化市、洪江市、黔陽縣、沅陵縣、辰溪縣、溆浦縣、麻陽侗族自治縣、新晃侗族自治縣、芷江侗族自治縣、會同縣、靖州苗族侗族自治縣、通道侗族自治縣
	湘西土家族苗族自治州	吉首市、瀘溪縣、鳳凰縣、花垣縣、保靖縣、古丈縣、永順縣、龍山縣
	沈陽市	新民市、遼中縣、康平縣、法庫縣
遼寧省	大連市	瓦房店市、普蘭店市、莊河市、長梅縣
Liaoning	鞍山市	海城市、臺安市、岫岩縣(滿)
	撫順市	撫順縣、新賓縣(滿)、清原縣(滿)
	本溪市	本溪縣(滿)、桓仁縣(滿)
	丹東市	東港市、鳳城市、寬甸縣(滿)
	錦州市	凌海市、北寧市、義縣、黑山縣
	營口市	大石橋市、蓋州市
	阜新市	阜新縣(蒙)、彰武縣
	遼陽市	遼陽縣、燈塔市
	盤錦市	盤山縣、大窪縣
	鐵嶺市	鐵法市、鐵嶺縣、西豐縣、昌圖縣
	朝陽市	北票市、凌源市、朝陽縣、建平縣、喀左縣(蒙)
	葫蘆島市	興城市、綏中縣、建昌縣
		注:縣區后加括號的表示民族自治縣。
	長春市	九臺市、榆數市、德惠市、農安縣
吉林省	吉林市	蛟河市、樺甸市、舒蘭市、磐石市、永吉縣
Jilin	四平市	公主嶺市、雙遼市、梨樹縣、伊通滿族自治縣
	遼源市	東豐縣、東遼縣
	通化市	梅河口市、集安市、通化縣、輝南縣、柳河縣
	白山市	臨江市、撫松縣、靖宇縣、江源縣、長白朝鮮族自治縣
	松原市	長嶺縣、乾安縣、扶余縣、前郭爾羅斯蒙古組族自治縣
	白城市	洮南市、大安市、鎮賚縣、通榆縣
	延邊朝鮮族自治州	圖們市、敦化市、龍井市、琿春市、河龍市、汪清縣、安圖市

8.1.1　全國行政區劃表(續)

省級單位名稱 Provinces Municipalities and Autonomous Regions 省(市、自治區)	下轄行政區劃名稱	
	地級市(地區) Cities at Prefectural Level	縣級市(縣) Cities at Countiy Level
江蘇省 Jiangsu	南京市	江寧縣、溧水縣、高淳縣、六合縣、江浦縣
	徐州市	邳州市、新沂市、銅山縣、睢寧縣、沛縣、豐縣
	連雲港市	東海縣、灌雲縣、贛榆縣、灌南縣
	淮陰市	淮安市、淮陰縣、漣水縣、洪澤縣、金湖縣、盱眙縣
	宿遷市	宿豫縣、沭陽縣、泗陽縣、泗洪縣
	鹽城市	東臺市、大豐市、鹽都縣、建湖縣、響水縣、阜寧縣、射陽縣、濱海縣
	揚州市	高郵市、江都市、儀征市 、邗江縣、寶應縣
	泰州市	泰興市、姜堰市、靖江市、興化市
	南通市	如皋市、通州市、海門市、啟東市、海安縣、如東
	鎮江市	丹陽市區、揚中市、句容市、丹徒縣
	常州市	金壇市、溧陽市、武進市
	無錫市	江陰市 、宜興市、錫山市
	蘇州市	常熟市、張家港市、太倉市、昆山市、吴江市、吴縣市
江西省 Jiangxi	南昌市	南昌縣、新建縣、安義縣、進賢縣
	景德鎮市	樂平市、浮梁縣
	萍鄉市	上栗縣、蘆溪縣、蓮花縣
	九江市	九江縣、瑞昌市、武寧縣、修水縣、永修縣、德安縣、星子縣、都昌縣、湖口縣、彭澤縣
	新余市	分宜縣
	鷹潭市	貴溪市、余江縣
	贛州地區	贛縣、南康市、信豐縣、大余縣、上猶縣、崇義縣、安遠縣、龍南縣、定南縣、全南縣、寧都縣、于都縣、興國縣、瑞金市、會昌縣、尋烏縣、石城縣
	宜春地區	宜春市、豐城市、高安市、樟樹市、奉新縣、萬載縣、上高縣、宜豐縣、靖安縣、銅鼓縣
	上饒地區	上饒市、上饒縣、廣豐縣、玉山縣、鉛山縣、横峰縣、戈陽縣、余干縣、波陽縣、萬年縣、德興市、婺源縣
	吉安地區	吉安市、井岡山市、吉安縣、峡江縣、新干縣、永豐縣、泰和縣、遂川縣、萬安縣、安福縣、永新縣、寧崗縣
	撫州地區	臨川市、南城縣、黎川縣、南豐縣、崇仁縣、樂安縣、宜黄縣、金溪縣、資溪縣、東鄉縣、廣昌縣
青海省 Qinghai	西寧市	大通回族土族自治縣
	海東地區行政公署	平安縣、樂都縣、湟中縣、湟源縣、互助土族自治縣、民和回族土族自治縣、化隆回族自治縣、循化撒拉族自治縣
	海北藏族自治州	祁連縣、剛察縣、海晏縣、門源回族自治縣
	海南藏族自治州	共和縣、貴德縣、同德縣、貴南縣、興海縣、龍羊峡行政委員會
	黄南藏族自治州	同仁縣、尖扎縣、澤庫縣、河南蒙古族自治縣(省直轄行政單位由黄南州代管)、李家峡行政委員會
	果洛藏族自治州	瑪沁縣、甘德縣、久治縣、達日縣、班瑪縣、瑪多縣
	玉樹藏族自治州	玉樹縣、囊謙縣、稱多縣、治多縣、雜多縣、曲麻萊縣
	海西蒙古族藏族自治州	格爾木市、德令哈市、烏蘭縣、都蘭縣、天峻縣、茫崖行政委員會、冷湖行政委員會、大柴旦行政委員會昆侖行政委員會、瀚海行政委員會、察爾汗行政委員會

8.1.1 全國行政區劃表(續)

省級單位名稱 Provinces Municipalities and Autonomous Regions 省(市、自治區)	下轄行政區劃名稱	
	地級市(地區) Cities at Prefectural Level	縣級市(縣) Cities at Countiy Level
內蒙古自治區 Inner Mongolia	呼和浩特市	土默特左旗、托克托縣、和林格爾縣、清水河縣、武川縣
	包頭市	固陽縣、土默特右旗、達爾罕茂明安聯合旗
	烏海市	烏海市區
	赤峰市	林西縣、寧城縣、阿魯科爾沁旗、巴林左旗、巴林右旗、克什克騰旗、翁牛特旗、喀喇沁旗、敖漢旗
	呼倫貝爾盟	海拉爾市、滿洲里市、扎蘭屯市、牙克什市、額爾古納市、根河市、陳巴爾虎旗、阿榮旗、莫力達瓦達斡爾族自治旗、鄂倫春自治旗、鄂温克族自治旗、新巴爾虎右旗、新巴爾虎左旗
	興安盟	烏蘭浩特市、阿爾山市、突泉縣、科爾沁右翼前旗、科爾沁右翼中旗、扎賚特旗、突泉縣
	哲里木盟	通遼市、霍林郭勒市、開魯縣、科爾沁左翼中旗、科爾沁左翼后旗、庫倫旗奈曼旗、扎魯特旗
	錫林郭勒盟	二連浩特市、錫林浩特市、多倫縣、阿巴嘎旗、蘇尼特左旗、蘇尼特右旗、東烏珠穆沁旗、西烏珠穆沁旗、太僕寺旗、鑲黄旗、正鑲白旗、正藍旗
	烏蘭察布盟	集寧市、豐鎮市、卓資縣、化德縣、商都縣、興和縣、凉城縣、察哈爾右翼前旗、察哈爾右翼中旗、察哈爾右翼后旗、四子王旗
	伊克昭盟	東勝市、達拉特旗、準格爾旗、鄂托克前旗、鄂托克旗、杭錦旗、烏審旗、伊金霍洛旗
	巴彦淖爾盟	臨河市、五原縣、磴口縣、烏拉特前旗、烏拉特中旗、烏拉特后旗、杭錦后旗
	阿拉善盟	阿拉善左旗、阿拉善右旗、額濟納旗
寧夏回族自治區 Ningxia		
	銀川市	永寧縣、賀蘭縣
	石嘴山市	平羅縣、陶樂縣、惠農縣
	銀南地區	吴忠市、青銅峽市、靈武市、同心縣、鹽池縣、中寧縣、中衛縣
	固原地區	固原縣、海原縣、西吉縣、隆德縣、涇源縣、彭陽縣
山東省 Shandong		
	濟南市	章丘市、長青縣、平陰縣、濟陽縣、商河縣
	青島市	膠州市、即墨市、平度市、膠南市、萊西市
	淄博市	桓臺縣、高青縣、沂源縣
	棗莊市	藤州市
	東營市	墾利縣、利津縣、廣饒縣
	烟臺市	龍口市、萊陽市、萊州市、蓬萊市、招遠市、栖霞市、海陽市、長島縣
	濰坊市	青州市、諸城市、壽光市、安丘市、高密市、昌邑市、臨朐縣、昌樂縣
	濟寧市	曲阜市、兖州市、鄒城市、微山縣、魚臺縣、金鄉縣、嘉祥縣、汶上縣、泗水縣、梁山縣
	泰安市	新泰市、肥城市、寧陽縣、東平縣
	威海市	文登市、榮城市、乳山市
	日照市	五蓮縣、莒縣
	萊蕪市	萊蕪市區
	臨沂市	郯城縣、蒼山縣、莒南縣、沂水縣、蒙陰縣、平邑縣、費縣、沂南縣、臨沭縣
	德州市	樂陵市、禹城市、陵縣、夏津縣、武城縣、齊河縣、臨邑縣、寧津縣、慶雲縣、平原縣、
	濱州地區	濱州市、惠民縣、陽信縣、無棣縣、沾化縣、博興縣、鄒平縣
	聊城市	臨清市、陽谷縣、莘縣、茌平縣、東阿縣、冠縣、高唐縣
	荷澤地區	荷澤市、曹縣、定陶縣、成武縣、單縣、巨野縣、鄆城縣、鄄城縣、東明縣

8.1.1　全國行政區劃表(續)

省級單位名稱 Provinces Municipalities and Autonomous Regions 省(市、自治區)	下轄行政區劃名稱	
	地級市(地區) Cities at Prefectural Level	縣級市(縣) Cities at Countiy Level
山西省 Shanxi	太原市	古交市、清徐縣、陽曲縣、婁煩縣
	大同市	陽高縣、天鎮縣、廣靈縣、靈丘縣、渾源縣、左雲縣、大同縣
	陽泉市	平定縣、盂縣
	長治市	潞城市、長治縣、襄垣縣、屯留縣、平順縣、黎城縣、壺關縣、長子縣、武鄉縣、沁縣、沁源縣
	晉城市	高平市、澤州縣、沁水縣、陽城縣、陵川縣
	朔州市	山陰縣、應縣、右玉縣、懷仁縣
	忻州行署	忻州市、原平市、定襄縣、五臺縣、代縣、繁峙縣、寧武縣、靜樂縣、神池縣、五寨縣、岢嵐縣、河曲縣、保德縣、偏關縣
	吕梁行署	孝義市、離石市、汾陽市、文水縣、交城縣、興縣、臨縣、柳林縣、石樓縣、嵐縣、方山縣、中陽縣、交口縣
	晉中行署	榆次市、介休市、榆社縣、左權縣、和順縣、昔陽縣、壽陽縣太谷縣、祁縣、平遥縣、靈石縣
	臨汾行署	臨汾市、侯馬市、霍州市、曲沃縣、翼城縣、襄汾縣、洪洞縣、隰縣、古縣、安澤縣、浮山縣、吉縣、鄉寧縣、大寧縣、蒲縣、永和縣、汾西縣
	運城行署	運城市、永濟市、河津市、芮城市、臨猗縣、萬榮縣、新絳縣、稷山縣、聞喜縣、夏縣、絳縣、平陸縣、垣曲縣
陜西省 Shaanxi	西安市	長安縣、藍田縣、臨潼縣、周至縣、户縣、高陵縣
	銅川市	耀縣、宜君縣
	寶鷄市	寶鷄縣、鳳翔縣、岐山縣、扶風縣、眉縣、隴縣、千陽縣、麟游縣、鳳縣、太白縣
	咸陽市	興平市、三原縣、涇陽縣、乾縣、禮泉縣、永壽縣、彬縣、長武縣、旬邑縣、淳化縣、武功縣
	渭南市	臨渭區、韓城市、華陰市、華縣、潼關縣、大荔縣、蒲城縣澄城縣、白水縣、合陽縣、富平縣
	漢中市	南鄭縣、城固縣、洋縣、西鄉縣、勉縣、寧强縣、略陽縣、鎮巴縣、留壩縣、佛坪縣
	安康地區	安康市、漢陰縣、石泉縣、寧陜縣、紫陽縣、嵐皋縣、平利縣、鎮坪縣、旬陽縣、白河縣
	商洛地區	商州市、洛南縣、丹鳳縣、商南縣、山陽縣、鎮安縣、柞水縣
	延安市	延長縣、延川縣、子長縣、安塞縣、志丹縣、吴旗縣、甘泉縣、富縣、洛川縣、宜川縣、黄龍縣、黄陵縣
	榆林地區	榆林市、神木縣、府谷縣、横山縣、靖邊縣、定邊縣、綏德縣、米脂縣、佳縣、吴堡縣、清澗縣、子洲縣
上海市 Shanghai	上海市	松江縣、青浦縣、南匯縣、奉賢縣、崇明縣
天津市 Tianjin	天津市	寧河縣、武清縣、静海縣、寶坻縣、薊縣

8. 1. 1 全國行政區劃表(續)

省級單位名稱 Provinces Municipalities and Autonomous Regions 省(市、自治區)	下轄行政區劃名稱	
	地級市(地區) Cities at Prefectural Level	縣級市(縣) Cities at Countiy Level
四川省 Sichuan	成都市	都江堰市、彭州市、邛崍市、崇州市、金堂縣、雙流縣、温江縣、郫縣、新都縣、大邑縣、蒲江縣、新津縣
	自貢市	榮縣、富順縣
	攀枝花市	米易縣、鹽邊縣
	瀘州市	瀘縣、合江縣、敘永縣、古藺縣
	德陽市	廣漢市、什邡市、綿竹市、中江縣、羅江縣
	綿陽市	江油市、安縣、梓潼縣、平武縣、北川縣、三臺縣、鹽亭縣
	廣元市	劍閣縣、旺蒼縣、青川縣、蒼溪縣
	遂寧市	蓬溪縣、射洪縣、大英縣
	內江市	資陽市、簡陽市、資中縣、威遠縣、隆昌縣、安岳縣、樂至縣
	樂山市	峨眉山市、犍為縣、井研縣、夾江縣、沐川縣、峨邊彝族自治縣、馬邊彝族自治縣
	南充市	閬中市、南部縣、西充縣、營山縣、儀隴縣、蓬安縣
	宜賓市	宜賓縣、南溪縣、江安縣、長寧縣 高縣 筠連縣、珙縣、興文縣、屏山縣
	眉山地區	眉山縣、仁壽縣、彭山縣、洪雅縣、丹棱縣、青神縣
	廣安地區	華鎣市、廣安縣、岳池縣、武勝縣、鄰水縣
	達川地區	達川市、萬源市、達縣、宜漢縣、開江縣、大竹縣、渠縣
	巴中地區	巴中市、平昌縣、通江縣、南江縣
	雅安地區	雅安市、名山縣、滎經縣、漢源縣、石棉縣、天全縣、蘆山縣、寶興縣
	阿壩羌族自治州	汶川縣、理縣、茂縣、松潘縣、南坪縣、金川縣、小金縣、黑水縣、馬爾康縣、壤塘縣、阿壩縣、若爾蓋縣、紅原縣
	甘孜藏族自治州	康定縣、瀘定縣、丹巴縣、九龍縣、雅江縣、道孚縣、爐霍縣、甘孜縣、新龍縣、德格縣、白玉縣、石渠縣、色達縣、理塘縣、巴塘縣、鄉城縣、稻城縣、得榮縣
	凉山彝族自治州	西昌市、木理藏族自治區、鹽源縣、德昌縣、會理縣、會東縣、寧南縣、普格縣、布拖縣、金陽縣、昭覺縣、喜德縣、冕寧縣、越西縣、甘洛縣、美姑縣、雷波縣
新疆維吾爾自治區 Xinjiang	烏魯木齊市	烏魯木齊縣
	克拉瑪依市	
	石河子市	
	吐魯番地區	吐魯番市、鄯善縣、托克遜縣
	哈密地區	哈密市、巴里坤哈薩克自治縣、伊吾縣
	昌吉回族自治州	昌吉市 、阜康市、米泉縣、呼圖壁縣、瑪納斯縣、奇臺縣、吉木薩爾縣、木壘縣
	奎屯市	哈薩克自治縣
	伊犁地區	伊寧市、伊寧縣、察布查爾錫伯自治縣、霍城縣、鞏留縣、新源縣、昭蘇縣、特克斯縣、尼勒克縣
	塔城地區	塔城市 額敏縣 烏蘇市 沙灣縣 托里縣 裕民縣 和布克賽爾蒙古自治縣
	阿勒泰地區	阿勒泰市、布爾津縣、富蘊縣、福海縣、哈巴河縣、青河縣、吉木乃縣
	博爾塔拉州	博樂市、精河縣、温泉縣
	巴音郭楞蒙古自治州	庫爾勒市、輪臺縣、尉犁縣、若羌縣、且末縣 、焉耆回族自治縣、和静縣、和碩縣、博湖縣
	阿克蘇地區	阿克蘇市、温宿縣、庫車縣、沙雅縣、新和縣、拜城縣、烏什縣、阿瓦提縣、柯坪縣
	克孜勒蘇柯爾克孜自治州	阿圖什市、阿克陶縣、阿合奇縣、烏恰縣、
	喀什地區	喀什市、疏附縣、疏勒縣、英吉沙縣、澤普縣、莎車縣、葉城縣、麥蓋提縣、岳普湖縣、伽師縣、巴楚縣、塔什庫爾干塔吉克自治縣
	和田地區	和田市、和田縣、墨玉縣、皮山縣、洛普縣、策勒縣、于田縣、民豐縣

8.1.1　全國行政區劃表(續)

省級單位名稱 Provinces Municipalities and Autonomous Regions 省(市、自治區)	下轄行政區劃名稱	
	地級市(地區) Cities at Prefectural Level	縣級市(縣) Cities at Countiy Level
雲南省 Yunnan	昆明市	呈貢縣、晉寧縣、安寧市、富民縣、祿勸縣、嵩明縣、宜良縣、路南縣
	東川市	東川市
	昭通地區	魯甸縣、巧家縣、鹽津縣、大關縣、永善縣、綏江縣、鎮雄縣、彝良縣、威信縣、水富縣
	曲靖地區	馬龍縣、宣威市、富源縣、羅平縣、師宗縣、陸良縣、會澤縣、尋甸縣、沾益縣
	楚雄州	雙柏縣、牟定縣、南華縣、姚安縣、大姚縣、永仁縣、元謀縣、武定縣、祿豐縣
	玉溪地區	江川縣、澄江縣、通海縣、華寧縣、易門縣、峨山縣、新平縣、元江縣
	紅河州	個舊市、開遠市、蒙自縣、建水縣、石屏縣、彌勒縣、瀘西縣、元陽縣、紅河縣、金平縣、綠春縣、屏邊縣、河口縣
	文山州	文山縣、硯山縣、西疇縣、馬關縣、邱北縣、廣南縣、富寧縣、麻栗坡縣
	思茅地區	思茅市、普洱縣、景東縣、景谷縣、鎮沅縣、墨江縣、孟連縣、瀾滄縣、西盟縣、江城縣
	西雙版納州	景洪市、勐海縣、勐臘縣
	大理州	大理市、漾濞縣、祥雲縣、賓川縣、彌渡縣、永平縣、雲龍縣、洱源縣、劍川縣、鶴慶縣、南澗縣、巍山縣
	保山地區	保山市、施甸縣、藤冲縣、龍陵縣、昌寧縣
	德宏州	潞西市、梁河縣、盈江縣、隴川縣、瑞麗市、畹町市
	麗江地區	麗江縣、永勝縣、華坪縣、寧蒗縣
	怒江州	瀘水縣、福貢縣、蘭坪縣、貢山縣
	迪慶州	中甸縣、德欽縣、維西縣
	臨滄地區	臨滄縣、風慶縣、雲縣、永德縣、鎮康縣、雙江縣、耿馬縣、滄源縣
浙江省 Zhejiang	杭州市	蕭山市、建德市、富陽市、余杭市、臨安市、銅廬縣、淳安縣
	寧波市	余姚市、慈溪市、奉化市、象山縣、寧海縣、鄞縣
	温州市	瑞安市、樂清市、洞頭縣、永嘉縣、平陽縣、蒼南縣、文成縣、泰順縣
	嘉興市	海寧市、平湖市、桐鄉市、海鹽縣、嘉善縣
	湖州市	德清縣、長興縣、安吉縣
	紹興市	諸暨市、上虞市、嵊州市、紹興縣、新昌縣
	金華市	蘭溪市、東陽市、義烏市、永康市、金華縣、武義縣、浦江縣、磐安縣
	衢州市	江山市、衢縣、常山縣、開化縣、龍游縣
	舟山市	岱山縣、嵊泗縣
	臺州市	臨海市、温嶺市、仙居縣、天臺縣、三門縣、玉環縣
	麗水地區	麗水市、龍泉市、青田縣、慶元縣、縉雲縣、遂昌縣、松陽縣、雲和縣、景寧自治縣
臺灣省 Taiwan		

注:臺灣省資料暫缺。

第二章　主要城市氣候指標

8.2.1　主要城市平均氣温(1997年)

單位:攝氏度(℃)

城市 City	1月 Jan.	2月 Feb.	3月 Mar.	4月 Apr.	5月 May	6月 June	7月 July	8月 Aug.	9月 Sept.	10月 Oct.	11月 Nov.	12月 Dec.	年平均 Annual Average
北　京	−3.8	1.3	8.7	14.5	20.0	24.6	28.2	26.6	18.6	14.0	5.4	−1.5	13.1
天　津	−4.9	0.4	7.7	14.7	19.9	24.6	28.8	27.3	19.1	16.1	5.5	−1.8	13.1
石家莊	−2.2	2.5	9.3	15.5	21.6	26.9	29.6	27.7	20.0	15.7	5.8	−0.1	14.4
太　原	−4.6	−0.7	6.5	12.2	18.7	22.8	25.2	24.1	15.5	10.4	3.0	−2.9	10.1
呼和浩特	−10.2	5.2	3.7	9.7	16.3	21.4	23.8	22.7	13.4	6.9	−1.6	−7.8	−7.8
沈　陽	−13.2	−6.5	2.8	11.1	16.7	23.0	26.7	25.5	16.6	8.2	0.1	−5.4	8.8
大　連	−4.7	−1.2	4.9	12.2	16.1	22.0	26.0	25.8	19.8	13.4	6.3	0.4	11.8
長　春	−15.5	−9.3	−0.1	9.5	14.8	22.4	25.0	23.0	14.7	5.2	−1.0	−8.4	6.7
哈爾濱	−17.6	−10.1	−2.2	8.9	14.7	22.2	25.1	22.0	14.3	3.9	−2.5	−10.8	5.7
上　海	3.9	6.3	10.5	15.3	22.5	24.9	27.5	27.6	23.4	19.6	13.8	8.0	16.9
南　京	2.1	5.2	10.6	15.6	23.0	25.6	27.5	27.7	22.3	17.7	11.0	5.8	16.2
杭　州	4.5	6.6	11.5	16.4	23.2	25.3	27.7	27.6	22.8	19.2	12.7	7.3	17.1
合　肥	2.8	5.4	11.2	16.4	24.0	26.5	28.0	28.5	22.5	19.0	10.6	5.9	16.7
福　州	11.1	11.7	15.4	18.8	23.3	25.5	28.1	27.9	24.3	22.0	19.1	14.0	20.1
南　昌	6.0	8.1	14.0	17.5	24.0	25.2	27.5	27.9	22.9	20.1	13.0	7.8	17.8
濟　南	−0.2	4.0	10.2	15.9	21.7	27.6	30.4	28.3	20.9	16.2	7.4	2.5	15.4
青　島	−1.1	1.8	6.7	11.9	17.6	22.3	25.8	26.2	21.2	16.6	9.4	3.3	13.5
鄭　州	0.0	4.2	9.8	15.4	21.7	25.9	27.9	27.9	19.8	16.3	7.4	2.6	14.9
武　漢	4.6	7.5	12.4	17.3	24.4	26.4	28.2	29.6	22.5	19.9	11.4	6.3	17.5
長　沙	5.7	7.0	12.4	16.5	24.0	24.9	27.6	28.6	21.4	18.9	11.9	7.3	17.2
廣　州	14.3	13.9	19.0	22.4	25.6	26.6	27.7	28.0	25.3	24.6	20.3	15.9	22.0
南　寧	15.3	14.4	18.3	22.8	26.2	28.1	27.6	28.5	25.3	24.8	20.5	15.5	22.2
海　口	18.7	17.7	22.3	25.2	27.5	28.1	28.6	29.3	26.1	26.2	24.5	21.0	24.6
桂　林	9.9	10.6	15.3	18.6	24.1	25.9	26.3	27.6	22.9	20.9	15.2	9.6	18.9
重　慶	9.0	9.6	14.7	18.0	23.3	24.2	28.1	30.9	23.8	18.1	13.6	8.6	18.5
成　都	7.0	8.0	13.3	16.6	22.2	23.1	25.8	26.8	21.6	17.6	12.0	7.8	16.8
貴　陽	7.0	6.0	11.9	15.4	20.8	21.6	23.2	24.8	19.1	16.1	12.2	6.8	15.4
昆　明	8.6	9.7	14.3	15.4	20.0	20.4	19.5	20.4	16.7	16.1	13.1	10.5	15.4
拉　薩	−2.8	1.4	5.0	6.1	12.2	14.1	16.3	16.1	12.3	6.7	3.2	−0.6	7.5
西　安	−0.5	3.8	10.0	15.2	22.1	27.4	28.3	28.3	20.2	14.9	6.2	1.3	14.8
蘭　州	−3.7	0.9	8.4	12.1	19.4	21.9	23.0	22.2	16.3	10.7	2.8	−3.4	10.9
西　寧	−6.3	−4.5	3.6	6.8	12.8	15.0	16.8	15.9	10.5	5.1	−2.4	−7.0	5.5
銀　川	−0.6	−2.3	6.2	11.7	18.7	22.6	23.9	22.9	15.2	8.6	1.3	−5.5	10.2
烏魯木齊	−10.4	−9.3	2.9	16.3	19.2	22.9	24.4	23.3	19.3	12.7	−4.5	−10.8	8.8

8.2.2 主要城市平均相對濕度(1997年)

單位:%

城市 City	1月 Jan.	2月 Feb.	3月 Mar.	4月 Apr.	5月 May	6月 June	7月 July	8月 Aug.	9月 Sept.	10月 Oct.	11月 Nov.	12月 Dec.	年平均 Annual Average
北京	49	41	47	50	55	57	69	74	68	47	66	56	56
天津	67	60	58	53	57	60	69	74	68	57	75	76	64
石家莊	52	47	61	58	53	49	63	68	62	48	78	70	59
太原	46	48	61	59	46	52	67	63	64	47	65	51	55
呼和浩特	51	49	51	34	40	45	59	59	57	43	62	56	50
沈陽	65	64	54	46	53	60	70	76	68	60	58	63	61
大連	56	58	56	44	59	62	76	78	62	51	63	61	60
長春	70	68	50	39	56	54	70	79	66	59	59	57	60
哈爾濱	67	63	49	40	53	56	67	78	63	65	60	65	60
上海	73	71	77	73	68	77	81	84	71	71	79	77	75
南京	76	71	77	72	68	73	82	82	71	75	82	82	75
杭州	74	74	81	73	69	76	79	82	73	73	79	82	76
合肥	73	72	76	72	65	69	80	78	69	67	78	81	73
福州	71	77	81	78	77	82	80	81	79	76	73	80	77
南昌	72	74	80	79	75	83	84	83	79	77	78	85	79
濟南	48	44	51	50	55	45	60	66	57	46	72	66	55
青島	63	64	70	66	73	72	83	82	64	59	74	71	70
鄭州	57	57	68	67	63	57	74	71	67	53	77	65	64
武漢	77	75	81	75	71	74	81	73	71	72	78	82	75
長沙	80	86	86	85	77	83	82	78	82	84	82	85	82
廣州	72	80	80	84	83	87	86	84	81	80	72	75	80
南寧	73	78	84	82	79	80	86	80	78	77	73	78	79
海口	83	94	89	87	82	83	84	79	87	85	78	86	84
桂林	69	71	79	82	77	82	87	80	74	79	72	78	77
重慶	81	85	79	80	76	81	77	62	73	87	83	86	79
成都	79	83	81	79	75	82	84	78	75	78	78	82	79
貴陽	79	81	79	80	71	77	80	70	72	83	76	82	77
昆明	65	65	58	61	58	72	84	74	77	76	71	71	69
拉薩	29	33	36	44	44	55	56	58	67	54	41	36	46
西安	67	67	74	70	58	42	62	55	65	65	73	72	64
蘭州	51	41	49	46	41	43	58	57	55	45	53	52	49
西寧	42	43	55	59	59	62	69	72	73	62	63	58	59
銀川	52	49	58	41	45	50	65	64	58	49	66	65	55
烏魯木齊	74	74	71	28	42	35	40	34	30	36	70	75	50

8.2.3　主要城市平均降水量(1997年)

單位:毫米　Mililimeters

城市 City	1月 Jan.	2月 Feb.	3月 Mar.	4月 Apr.	5月 May	6月 June	7月 July	8月 Aug.	9月 Sept.	10月 Oct.	11月 Nov.	12月 Dec.	全年 Annual Total
北　京	4.9	0.0	10.6	17.4	41.5	35.5	139.8	83.2	44.1	43.0	2.1	8.8	430.9
天　津	8.0	10.4	15.5	5.6	21.8	52.3	69.6	55.1	102.9	11.7	17.0	8.2	378.1
石家莊	0.4	8.8	48.6	18.2	20.5	32.3	65.5	57.3	46.7	2.2	15.4	12.9	328.8
太　原	0.2	7.1	39.1	17.2	1.9	9.8	114.7	14.1	29.5	5.0	9.2	0.0	247.8
呼和浩特	—	5.1	14.9	7.0	20.3	80.1	132.6	100.3	22.7	0.2	3.5	—	386.7
沈　陽	18.9	3.7	7.3	4.3	34.7	61.0	77.5	270.0	49.2	30.8	5.7	8.7	571.8
大　連	6.5	20.0	4.7	2.9	67.0	68.8	61.3	244.0	16.3	3.8	11.0	22.4	528.7
長　春	10.2	4.6	6.3	2.7	110.5	32.4	81.8	230.1	80.7	7.6	6.9	1.0	574.8
哈爾濱	4.7	0.4	2.8	8.7	50.1	22.2	141.7	195.8	26.6	25.4	1.3	2.2	481.9
上　海	51.5	11.1	40.8	41.0	91.5	114.9	178.6	435.3	17.7	13.6	91.6	87.9	1 175.5
南　京	27.6	34.4	131.2	34.0	62.9	102.8	87.6	204.9	15.4	44.1	99.2	58.7	902.8
杭　州	56.8	49.6	68.2	84.9	73.8	122.7	432.6	194.2	25.9	52.1	158.3	116.1	1 435.2
合　肥	33.4	43.4	117.2	69.0	47.0	58.3	53.7	75.9	40.5	26.2	80.6	52.0	697.2
福　州	48.7	108.9	149.4	90.9	226.4	282.7	180.8	269.3	238.0	82.2	62.0	93.0	1 832.3
南　昌	39.9	66.8	93.4	190.1	216.4	268.8	202.5	200.6	33.4	23.6	269.1	120.8	1 725.4
濟　南	0.4	15.9	29.0	27.5	93.6	4.6	121.5	148.1	102.3	26.3	39.4	9.5	618.1
青　島	2.0	15.0	15.4	31.7	38.1	10.2	20.7	212.6	7.7	2.5	80.2	28.2	464.3
鄭　州	7.7	13.6	42.2	28.7	73.6	19.2	14.6	33.5	77.9	2.3	37.1	4.5	354.9
武　漢	56.1	85.9	27.6	64.3	70.0	104.6	294.2	29.6	21.7	48.0	79.1	65.5	946.6
長　沙	57.4	91.3	117.6	208.8	140.0	401.6	211.5	52.1	180.4	72.0	175.8	115.8	1 824.3
廣　州	65.9	105.6	59.6	197.1	165.6	468.6	248.4	282.4	203.6	142.6	9.7	48.8	1 997.9
南　寧	64.4	20.1	152.7	282.9	203.8	126.4	237.7	256.1	72.1	24.1	6.3	43.2	1 489.8
海　口	14.1	137.4	147.2	220.7	251.7	290.2	193.7	270.9	462.3	155.6	0.0	47.4	2 191.2
桂　林	100.2	63.2	130.7	323.5	199.1	212.8	310.1	238.7	80.0	70.2	50.6	170.4	1 949.5
重　慶	16.6	31.6	58.8	73.8	170.8	144.4	161.5	28.3	110.0	65.0	24.9	13.1	898.8
成　都	3.4	24.9	35.0	60.1	70.6	172.0	156.9	195.0	32.5	18.5	11.3	3.0	783.2
貴　陽	42.4	31.7	53.0	147.6	90.8	163.2	183.8	57.0	156.3	162.9	8.6	17.8	1 115.1
昆　明	14.7	22.1	37.6	57.2	28.2	172.8	368.4	357.7	157.2	79.7	72.0	15.1	1 382.7
拉　薩	3.7	0.0	5.0	10.3	18.6	84.1	58.7	47.9	88.8	2.8	1.3	0.3	321.5
西　安	9.6	13.6	25.9	54.3	17.2	11.7	91.9	4.3	84.0	17.0	31.5	0.7	361.7
蘭　州	0.0	0.0	6.8	19.2	12.8	16.2	88.3	64.6	26.7	0.0	0.8	0.0	235.4
西　寧	0.5	1.2	25.9	54.3	33.8	31.1	101.7	105.2	41.3	5.1	8.9	0.9	409.9
銀　川	0.5	1.6	14.4	3.6	3.9	2.1	48.6	68.2	5.4	0.2	7.1	0.8	156.4
烏魯木齊	9.7	3.6	13.0	0.2	45.1	11.5	20.2	21.1	0.6	0.2	27.4	7.2	159.8

8.2.4 主要城市日照時數(1997年)

單位:小時(Hours)

城市 City	1月 Jan.	2月 Feb.	3月 Mar.	4月 Apr.	5月 May	6月 June	7月 July	8月 Aug.	9月 Sept.	10月 Oct.	11月 Nov.	12月 Dec.	全年 Annual Total
北京	178.8	183.2	211.3	265.4	257.9	267.5	227.0	235.4	231.6	279.0	120.9	138.5	2596.5
天津	177.4	183.8	224.9	276.8	256.6	269.1	234.7	233.1	243.3	276.2	107.7	129.0	2612.6
石家莊	145.1	174.7	169.6	244.1	270.4	252.3	238.2	258.7	216.1	268.8	87.0	85.0	2 410.0
太原	177.0	179.8	175.2	224.0	261.5	257.8	250.7	243.3	231.2	271.2	131.4	118.6	2 521.7
呼和浩特	167.5	202.4	212.9	297.3	283.8	299.8	273.2	285.3	254.4	275.7	152.5	133.7	2 838.5
沈陽	152.3	179.1	234.8	243.6	232.7	250.7	288.1	194.2	207.0	194.8	139.2	151.8	2 468.3
大連	212.0	205.6	260.7	287.1	248.0	295.5	285.6	262.6	237.3	274.3	150.0	166.4	2 885.1
長春	183.6	202.6	268.9	273.5	244.8	290.7	298.6	222.4	257.0	197.5	179.8	173.1	2 792.5
哈爾濱	140.2	179.0	241.0	272.2	226.0	285.0	280.2	210.8	260.0	164.6	193.3	162.3	2 614.6
上海	93.0	126.3	103.4	148.3	199.8	158.2	156.0	127.1	182.2	176.9	109.7	84.4	1 665.3
南京	142.7	130.5	142.0	173.7	225.2	184.8	185.4	207.0	222.9	201.3	120.9	84.1	2 020.5
杭州	115.4	92.6	85.3	132.4	209.7	172.5	180.3	143.0	146.7	178.8	133.1	50.5	1 640.3
合肥	144.0	107.4	122.7	166.2	220.4	219.0	188.5	204.4	196.8	207.3	119.6	91.8	1 988.1
福州	110.2	63.9	91.9	97.8	143.7	115.8	158.8	122.7	99.8	137.3	142.2	76.0	1 360.1
南昌	98.2	71.3	84.6	90.5	175.0	141.5	168.8	165.6	121.8	166.4	127.1	38.9	1 449.7
濟南	169.6	176.2	223.4	236.0	257.1	250.8	228.5	225.1	229.3	256.2	106.9	139.1	2 498.2
青島	177.4	200.4	249.0	239.1	248.2	262.4	221.4	237.9	231.3	255.4	137.3	155.8	2 615.6
鄭州	143.4	155.7	155.3	186.4	237.1	210.9	215.5	255.6	199.2	225.9	89.4	107.4	2 181.8
武漢	114.5	89.6	90.0	156.4	208.7	197.1	171.8	260.9	213.3	200.0	132.2	73.7	1 908.2
長沙	92.5	30.1	45.7	93.4	199.4	160.3	172.9	242.8	120.3	118.8	109.8	39.7	1 425.7
廣州	148.6	51.9	81.4	49.5	112.7	76.3	111.4	148.5	99.3	94.1	156.0	80.1	1 209.8
南寧	70.9	49.7	28.2	93.3	147.2	142.8	100.4	149.2	138.2	148.6	111.8	21.2	1 201.5
海口	115.7	35.4	107.6	118.6	186.7	183.1	226.4	205.6	118.9	179.8	167.6	75.9	1 721.3
桂林	103.9	44.6	51.3	91.4	137.9	116.1	91.1	187.0	152.7	108.2	95.7	17.7	1 197.6
重慶	25.1	13.2	40.6	88.9	113.8	100.3	134.7	246.5	123.6	26.9	28.4	1.0	943.0
成都	41.8	8.1	39.8	89.0	134.1	85.8	114.6	175.2	117.0	77.7	37.8	18.0	938.9
貴陽	54.1	24.6	55.5	67.5	137.3	80.4	76.7	176.1	108.3	34.0	56.8	11.8	883.1
昆明	213.9	160.2	248.1	229.8	253.8	141.7	44.5	140.3	119.8	179.4	189.5	197.8	2 118.8
拉薩	259.9	234.2	223.8	241.3	287.9	252.6	271.4	248.8	202.1	256.2	257.9	243.3	2 979.4
西安	47.5	60.1	50.5	75.0	118.5	236.9	210.3	231.6	172.3	137.1	40.6	32.3	1 412.7
蘭州	164.8	194.4	215.5	230.6	265.1	296.5	263.9	242.8	212.3	251.3	172.9	138.7	2 648.8
西寧	232.2	222.3	226.0	248.2	274.5	257.7	259.4	219.9	206.7	230.1	204.6	204.5	2 786.1
銀川	216.3	189.5	221.5	275.5	299.0	310.8	252.4	273.2	271.9	272.7	195.0	187.3	2 965.1
烏魯木齊	77.1	136.8	145.2	308.2	287.5	247.6	321.8	280.5	272.7	265.1	109.9	54.8	2 507.2

(京)新登字 041 號

版權所有。未經許可，本書的任何部分不準以任何方式在世界任何地區以任何文字翻印、拷貝、仿制或轉載本書任何一部分或全部。

Copyright All rights reserved. No part of the publication may be reproduced or transmitted in any form or by any means, electronic or mechanical, including photocopying, recording or any information storage and retrieval system, without written permission from the publisher

圖書在版編目(CIP)數據

CEC 中國市場營銷環境年鑒:1998 版
—北京:中國統計出版社,1999.5
ISBN 7-5037-2887-6
I. C...
II. 國...
III. 市場-中國-年鑒-1998
IV. F723-54

中國版本圖書館 CIP 數據核字(98)第 33986 號

臨時性廣告經營許可證:京工商廣臨字 99009 號

責任編輯/李基祥　張國華　連四清
封面設計/尹震
出版發行/中國統計出版社
通信地址/北京市三里河月壇南街 75 號　郵政編碼/100826
辦公地址/北京市豐臺區西三環南路甲 6 號
電　話/(010)63459084、63266600—22500(發行部)
印　刷/北京順義振華印刷廠
經　銷/新華書店
開　本/889×1194mm　1/16
字　數/600 千字
印　張/53.625　12 頁彩圖
版　別/1999 年 5 月第 1 版
版　次/1999 年 5 月第 1 次印刷
書　號/ISBN 7-5037-2887-6/F.1145
定　價/(上、下册)980.00 元

中國統計版圖書,版權所有,侵權必究。
中國統計版圖書,如有印裝錯誤,本社發行部負責調換。

CEC
中國市場營銷環境年鑒
1998（上）

中国统计出版社

祥龍國際酒店

祥龍國際酒店位于張家界市中心，是一家由港方獨立經營的四星級酒店，曾先后接待過江澤民、李瑞環、鄒家華、錢其琛、張萬年等黨和國家、軍隊領導人及外國首腦和要人，還接待過大批社會名流。

酒店交通非常方便，離飛機場和火車站僅十分鐘車程，到各景區也十分方便，是整個張家界旅游區的交通中心。

酒店擁有各類客房260間，設有大小會議室5個，中餐廳、西餐廳、宴會廳、咖啡廳、卡拉OK歌舞廳、商務中心、購物中心、美容中心、桑拿健身中心、游泳池、臺球室、洗衣房、乒乓球室、保齡球場、網球場、旅游車隊多種服務功能，通訊方便、快捷。

祥龍山莊隸屬祥龍國際酒店，是一家按三星級標准投資新建的酒店，總投資900萬元人民幣。她座落在風景名勝區武陵源天子山賀龍公園對面，擁有客房、餐飲、酒吧、桑拿健身、商場、彩印中心、娛樂等服務項目。

如果您想休閑、娛樂、度假，祥龍山莊將是您絶好的去處。

諸位朋友，祥龍國際酒店及祥龍山莊熱忱歡迎您前來下榻、召開各種會議，您將獲得優惠的價格及酒店優質的服務。

電話：(0744) 8226888-2258或2213　　傳真：8222935

地址：張家界市解放路46號　郵編：427000

酒店大堂

中餐廳

標准房

皇家套房

西餐廳

大峰林奇觀

TCL——中國馳名商標

TCL集團有限公司——按照現代企業制度建立起來的具有國際競爭力的大型國有跨國企業集團有限公司

TCL經營目標——創中國名牌 建一流企業

TCL企業宗旨——爲顧客創造價值 爲員工創造機會 爲社會創造效益

TCL企業精神——敬業 團隊 創新

櫛風沐雨十八載，TCL1.5萬名訓練有素的員工（分布全國七大區域的30家分公司、160家經營部——6000名高素質的職業化營銷隊伍）爲TCL56億品牌價值屢建奇功：

TCL電話——産銷量連續十年穩居全國同行業第一

TCL彩電——産銷量穩居全國同行業第三

TCL國際電工——産銷量躍居全國同行業前二位

高瞻遠矚

卓然超群

創維電子集團

創維電子集團是一家總部設在香港，擁有强大的高科技人才、龐大的生產設施，從事彩色電視機的開發、生產和銷售的大型現代化跨國企業，在全球共85個國家和地區建立了穩定、可靠、多層次的銷售網絡。

1993年創維集團與中國深圳彩電總公司、中國電子器件工業總公司合資經營成立深圳創維—RGB電子有限公司，深圳、東莞爲生産、銷售的兩大基地。50%以上産品遠銷歐洲、美洲及東南亞等國家和地區。

深圳創維—RGB電子有限公司擁有先進的技術設備，雄厚的技術力量。基地有四條從SKD到整機裝備完整的生産綫，配備全新美國引進的全套自動插件機，配套完好的儀表，可滿足從37厘米到86厘米全系列的各種規格、各種制式的彩電的生産需用，年生産能力達150萬臺。公司共有員工近3000人，各類專業技術人才約200人，并成功地從歐洲、美洲、日本吸納了大量專家，成立了創維電視研究中心。在競爭激烈的市場商戰中，創維人遵照“以質量求生存、以服務求信譽、以開發爲先導、以效益爲目標”的原則，以雄厚的技術力量爲基底，不斷開發新産品，推動企業的發展。創維電視率先在國内開發了第三代彩電，采用國際最高技術、最新工藝的大規模集成電路，達到國際同類産品的先進水平，其“霹靂神”系列品種在國内引起很大的反響。

緊跟世界潮流，創造一流産品，注重銷售及售后服務，使創維電視成爲一匹“黑馬”，在彩電行業中脱穎而出，屢獲殊榮：1994年榮獲北京第五届亞洲及太平洋博覽會金獎；1995年在全國用户評選活動中被授予“金橋獎”、深圳市“1995年度質量管理優秀企業”、“95年産品監檢質量好企業”、“中國企業最佳形象AAA級”等榮譽，并順利通過了ISO-9002國際質量體系認證。95、96年連續兩年在電子工業部“百强”企業榜上有名。96年國家統計局、中國統計學會數據統計表明，在中國百家商場名牌電視機銷售榜上，創維電視名列第六名，96年銷售額突破15億大關，出口量全國第一，并躋身中國十大名牌彩電。

“創造至尊、維譽至誠”，創維集團以董事長黄宏生爲領導的創業者們，正一如既往、放眼世界、創造潮流，在市場競争的大潮中，揚帆遠航。

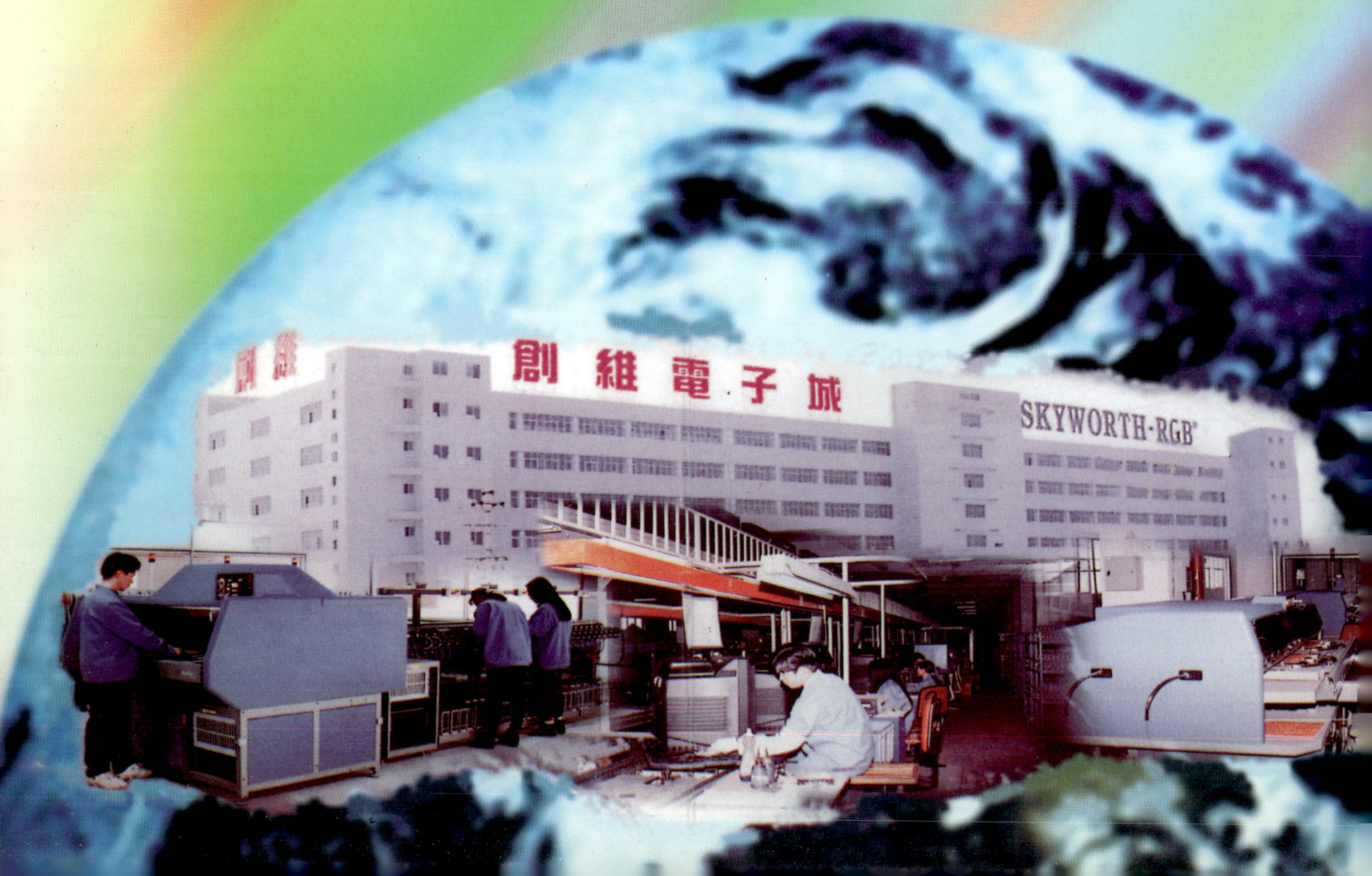

厦門華僑電子企業有限公司

厦門華僑電子企業有限公司是生産和經營各類電子産品的大型綜合性電子企業。目前，公司擁有七家全資子公司，一家控股的上市股份制公司，六家合資企業及配套廠等。主要産品有彩色電視機、彩色顯示器、傳真機、防盗保安工程電話及其系統、激光影碟機（VCD）、衛星接收機、電話機、各種音響産品、車載視聽系統、微波通信設備、數字式移動電話（ GSM）、家用醫療電子産品、模具、印制板以及電阻、電容、變壓器、電源綫等元器件産品。

厦門華僑電子股份有限公司主要生産包括全世界各種制式的彩電，目前産品有“華夏一號”系列全數字化彩電 42″—10″三十幾種機型，“福滿堂”系列數字化彩電二十幾種機型，“新視野”系列六十幾種機型。公司産品 50%以上出口，十年來，公司彩電出口量已占全國同期出口彩電的30%以上，被國務院確定爲“機電産品出口基地”；同時也以其物美價廉的産品贏得全國消費者青睞，成爲中國消費者協會連年推薦的商品，被中國科學技術協會、中國電子學會評爲“中華名牌彩電”。公司目前已在全國五十多個中心城市設有辦事處，産品覆蓋全國市場。

上海商務中心家電城

上海商務中心家電城是按照市政府關于“大商業、大市場、大流通”的要求，由市商委直屬企業上海商務中心獨立組建的家電專業市場，啓用上海商務中心交易大厦二、三樓二個層面，建築面積達2萬平方米，自96年9月7日試營業至今，纍計銷售已近24億元，并成爲上海規模空前、品種齊全、質量上乘、價格公道、服務一流的家電市場。在上海億元商場銷售監測網97年統計中名列家電銷售總額第一、彩電等多項品種銷量第一。家電城的知名度在上海以至全國正日益得到擴大。

地址：上海曲陽路800號　電話：6553473
電傳：（021）65553504　郵編：20043

北京國美電器有限公司

北京國美電器有限公司是國美集團所屬的大型商業企業，主要經營家用電器。國美電器成立于1987年1月1日，公司創業者在極其艱苦的環境下獨具膽識，穩扎穩打，靈活多變，在短短幾年中由一個小電器店發展成目前北京市最大的電器專營公司之一。

國美以優良的服務，便利的位置，良好的環境及便宜的價格贏得了廣大顧客的贊賞與認可。"買電器，到國美"已成爲北京市民的共識。另外，公司與國內、國際著名廠家如康佳、長虹、厦華、TCL、先科、德高、尊寶、松下、東芝、索尼、飛利浦、日立、先鋒、愛華、建伍等建立了密切的關係，并成爲衆多廠家的代理商。

北京國美電器有限公司

- **國美電器北太平莊商城　62071730　62071731**
  北三環中路40號（北太平莊小商品批發市場向東200米）
- **國美電器前門總公司　66061332　66061333**
  前門西大街27號（肯德基斜對面路北）
- **國美電器方莊新商城　67697611　67697612**
  方莊玉蜓橋東南角（華潤百貨首層）
- **國美電器王府井商城　65273862　65273865**
  老福爺百貨商城向西100米
- **國美電器公主墳公司　63969660　63969652**
  公主墳環島東南角華鷹大厦首層
- **國美電器海澱公司　62172809　62186448**
  魏公村路口北20米
- **國美電器朝陽公司　65522184　65529247**
  朝外大街109號（藍島往西200米路北）

廊坊市
吉興家電公司

總經理：陳同吉

河北省廊房市吉興家電總公司成立于1982年，地處京津之間，地理位置優越，加之十七年的商海搏擊及廠商的密切合作，現已發展成爲華北北部地區具有强勁發展實力的大型家電專營公司之一。本公司在市區内擁有三個零售商場，經營面積達到3500平方米，平均日銷售額可達五十萬元左右，公司還采取松散型、集團化經營管理模式，在百公里内十八個縣、市設有二十一個連鎖專賣店，年銷售總額可達到2.8個億左右。

總經理陳同吉先生在企業發展中注重現代化管理及人才開發，經過多年實踐，總結出一套行之有效的JX管理模式，公司現有中、高級管理人員42名，全部具有大專以上學歷及相關文憑。從總經理到全體員工都把“無功就是過、平平淡淡就是錯”做爲行事准則，就是這樣，吉興人才常常會笑着對朋友們説“我們在發展”。

美國派伯丹大學工商管理學院院長 Terry W. Young 教授向中怡康公司總經理宛森林先生授榮譽證書。

中怡康公司

北京中怡康經濟咨詢有限責任公司是隸屬于中華人民共和國國家統計局的信息企業，其主要業務是零售研究、消費者研究、信息咨詢和客户委托專項調研服務。

中怡康經濟咨詢有限責任公司的各種研究依托于遍布中國大陸的健全的調查和信息收集網絡。其特點是信息反饋及時、調查結果准確、操作過程規範、研究人員專業，全面保證信息服務質量。

中怡康經濟咨詢有限責任公司是中國大陸最大的家用電器零售市場研究機構，其觀測的産品有彩色電視機，家用電冰箱，家用洗衣機，家用空調器，微波爐，激光視盤機，組合音響等産品。觀測範圍覆蓋中國大陸 30 個省的 170 個不同規模城市，共計 1000 家各種類型家電零售商場。

中怡康經濟咨詢有限責任公司集多年經驗專門爲客户制作的市場資訊報告，是客户掌握市場營銷環境、細分市場類型、制定營銷策略的重要决策依據。

主要業務範圍與成果

舉辦市場調研培訓會議

一、主要業務範圍

零售研究

分銷渠道研究

市場總容量預測

消費者行爲調研

媒體研究

客户委托專項調研

宏觀信息提供

二、主要成果

1、中國城鄉多級市場家用電器產品市場資訊（月度更新）

2、中國家用電器市場銷售渠道研究（年度更新）

3、中國家用電器市場容量報告（年度更新）

4、中國市場營銷環境年鑒—1998（正式出版）

中怡康公司數據處理工作間

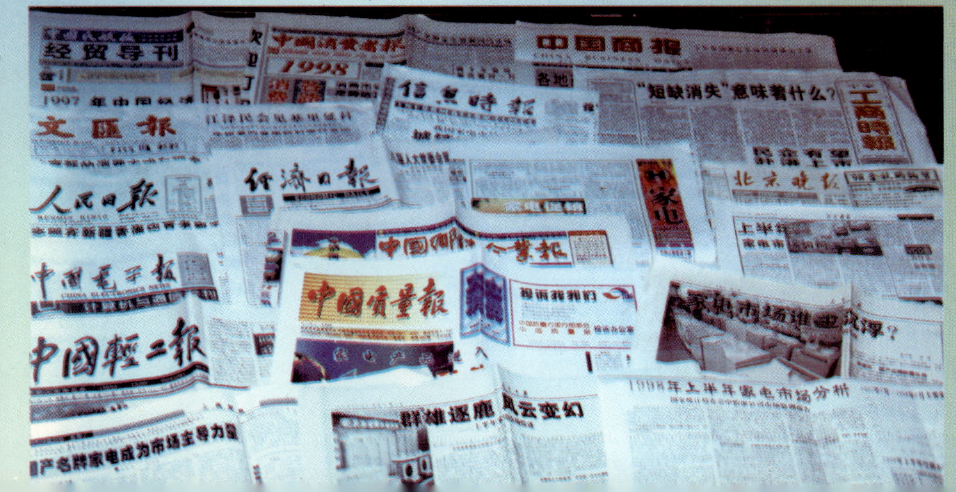

中怡康公司關于家電市場的研究文章經常被全國性的主要報紙刊登或引用。

編委會及編輯工作人員

顧　　問： 馬　洪　劉國光　董輔礽　李京文　楊聖明

名譽主編： 張　塞

主　　編： 鄭家亨

副 主 編： 宛森林　顔德倫

編　　委： 張　塞　鄭家亨　宛森林　顔德倫　李基祥　張國華　連四清

責任編輯： 李基祥　張國華　連四清

編輯人員： 萬紅梅　馬秀麗　王金娥　王俊玲　肖敏知　許　飛　成　濤　李　浩　張國華　李　爽　李　雯　項紅娃　李基祥　張文杰　張志宇　連四清　陳　冉　胡福志　羅　昆　黄起明　楊曉莉　楊曉萍　趙　燕　裴　琨　徐　强

序　言

統計信息是社會經濟信息的主體。

作爲國家統計局對社會各界提供信息咨詢的窗口單位，我們一直在探索提供統計信息咨詢的新路，努力讓我們做得更好。

在與社會各界尤其是企業界的朋友大量交往的過程中，我們深切地感受到廣大統計信息用户在具體使用過程中的諸多不便：多種統計口徑同時并存，服務于企業營銷工作的基礎統計信息散存于多種資料和多個部門中，缺乏系統性和完整性，更缺乏有針對性的深加工工作......于是，編輯一部集全面性、系統性、可比性、方便性、權威性于一身、服務于描述中國市場營銷環境的統計信息年鑒的設想便由此産生。這便是《CEC 中國市場營銷環境年鑒—1998》的萌芽。

從 1998 年 3 月至今，在統計系統廣大專家的積極參與和共同努力下，歷時十個月，幾易其稿，《CEC 中國市場營銷環境年鑒—1998》終于順利出版。

《CEC 中國市場營銷環境年鑒—1998》第一次突破了傳統的城市分級方法，着眼于各城市市場的重要性，利用多項指標對各城市展開綜合評價，將全國 668 座城市劃分爲特點鮮明的三級九類城市，將爲廣大企業確定區域營銷重點、有效改善市場營銷效果提供極大的幫助。

《CEC 中國市場營銷環境年鑒—1998》第一次依據市場營銷環境的幾大要素，着眼于全面性、系統性、可比性、方便性、權威性，將紛繁復雜的大量基礎性社會經濟統計信息分解爲"消費者資源"、"居民生活質量"、"宏觀經濟環境"、"産品分銷渠道環境"、"行政區劃和自然環境"等幾個有機組成部分，從全國到省（自治區、直轄市）再到縣（縣級市）逐級描述，如果大家使用起來條理清晰，得心應手，工作效率倍增，則本年鑒的編輯目的已然達到。

新生事物難免有不完善之處，我們熱誠歡迎廣大讀者朋友提出寶貴建議，以便我們進一步完善，從而爲大家奉獻更加優質的服務。

CEC 中國市場營銷環境年鑒編委會

1999 年 4 月

目　録

上　册

下 册

第一篇
中國城市市場分級研究報告

導 讀

◆城市市場分級的必要性和研究方法

△ 開展城市市場分級研究的必要性

△ 新的城市分級方法

◆一級城市特征及其名録

△ 一級城市 13 座

△ 一級一類城市特征及其名録

△ 一級二類城市特征及其名録

△ 一級三類城市特征及其名録

◆二級城市特征及其名録

△ 二級城市 170 座

△ 二級一類城市特征及其名録

△ 二級二類城市特征及其名録

△ 二級三類城市特征及其名録

◆三級城市特征及其名録

△ 三級城市 474 座

△ 三級一類城市特征及其名録

△ 三級二類城市特征及其名録

△ 三級三類城市特征及其名録

第一章　開展城市市場分級研究的必要性和研究方法

一、開展城市市場分級研究的必要性

毫無疑問，中國消費品市場以需求量大而成為世界上最具吸引力的市場，同時，中國消費品市場也面臨着前所未有的激烈競爭。各廠商為了開拓或擴大在中國的市場份額，正在進一步强化對中國市場的認識和研究，總結不同區域市場的共性和特性，在此基礎上選擇目標市場，制定市場營銷計劃，改善營銷效果。

城市是中國區域經濟發展的中心。對中國市場的研究，首先是對中國城市市場的研究。鑒于我國城市數量衆多，城市之間的社會經濟發展水平差异明顯，將城市市場分級分類，是各廠商最需要的基礎性信息。

現行的城市分級方法主要有兩種：一是按行政級别將各城市分成四級，截止 1997 年底，全國 668 座城市按此方法劃分為：直轄市 4 座，副省級市 15 座，地級市 203 座，縣級市 442 座。

另一種方法是按各城市市區非農業人口總數的多少將各城市分成五級，截止 1997 年底，全國 668 座城市按此方法劃分為：市區非農業人口在 200 萬人以上的超大型城市 12 座，市區非農業人口在 100—200 萬人的特大型城市 22 座，市區非農業人口在 50—100 萬人的大型城市 47 座，市區非農業人口在 20—50 萬人的中型城市 205 座，市區非農業人口在 20 萬人以下的小型城市 382 座。

上述城市分類方法被一直沿用，它在一定程度上也反映了各城市經濟發展水平和市場的重要性。但由于上述方法是以單項指標作為劃分城市類别的標準，不能全面反映各城市經濟發展水平和該市場的重要性，因此必須尋找一種更科學、更能全面地反映各城市經濟發展水平和市場重要性的新的城市分級方法，以便更好地服務于市場營銷工作的需要。

二、新的城市分級方法

國家統計局中怡康經濟咨詢公司在開展多年市場研究工作積累了豐富經驗的基礎上，參考國際上先進的市場分級研究方法，利用國家統計局豐富的社會經濟統計資料，開展中國城市市場分級研究工作。我們將全國 668 座城市（其中 11 座城市資料不全）劃分為三級九類：一級城市 13 座，二級城市 170 座，三級城市 474 座。

中怡康經濟咨詢公司的具體研究方法簡述如下：

1. 城市經濟發展水平和市場重要性分級指標體系設立的原則：

A. 應基本上能够反映各城市經濟發展水平和市場重要性；

B. 指標體系應由一些具有共同特征的可比指標組成；

C. 各項指標應能充分地反映各城市經濟發展水平間的差异；

D. 各項指標必須具有可計量性和可操作性；

E. 被選中的指標之間不能具有太强的相關性。

2. 指標體系的選擇：

根據上述原則，進行具體指標的選擇。我們認為，反映城市經濟發展水平和市場重要性的基本指標體系應包括下列指標：

A. 消費者資源總量：

市區年末總人口數；

市區非農業人口數；

市區人口密度；

B. 經濟規模：
 國内生產總值(GDP)；
 社會消費品零售總額；
 城鄉居民年末儲蓄余額；
 全部從業人數；
C. 消費者收入水平和消費能力：
 人均國内生產總值；
 職工年平均工資；
 城鄉居民年末人均儲蓄存款余額；
 人均社會消費品零售額；
 人均生活用電量；
D. 城市化水平：
 市區非農業人口占總人口比重；
 第二產業從業人數占就業總人數的比重；
 第三產業從業人數占就業總人數的比重；
 第二產業對 GDP 的貢獻率；
 第三產業對 GDP 的貢獻率；
 每 10 萬人擁有醫院床位數；
 每 10 萬人擁有醫生數；
 每百人擁有電話機數；

3. 城市經濟發展水平和市場重要性的評定方法：

A. 采用最大值法對上述原始指標進行無量綱化；
B. 采用主成分分析法和專家意見法相結合的方法，評定各項指標的權重。
C. 對各城市上述指標進行加權合成，得出各城市綜合分值，從而確定各城市經濟發展水平和市場重要性的高低，并據此對城市市場進行分級分類。

第二章　一級城市特征及其名録

一、一級城市概述

1. 一級城市共 13 座。其中一級一類城市 2 座，一級二類城市 5 座，一級三類城市 6 座。
2. 平均每座城市總人口為 444.03 萬人；
   (統計數據報告期為 1996 年，統計範圍為城區和郊區，不包括下轄縣，下同)；
   平均每座城市非農業人口為 345.73 萬人；
   非農業人口比重為 77.86%。
3. 平均每座城市國内生產總值為 770.90 億元；
   人均國内生產總值為 17 361 元；
   第二、第三産業占國内生產總值的 97.10%。
4. 平均每座城市社會消費品零售總額為 370.66 億元；
   人均社會消費品零售總額為 8 347 元。
5. 人均年末城鄉居民儲蓄存款余額為 13 668 元。
6. 全部從業人員人均年工資為 8 440 元。

二、一級一類城市特征及名録

1. 一級一類城市共 2 座，即上海市和北京市，它們是全國最大的城市，是全國性的經濟、文化和交通中心，也是全國最大的城市消費市場。消費者的消費行為在全國居領先地位，對全國市場有着巨大的示範作用。
2. 平均每座城市總人口為 849.21 萬人；
   (統計數據報告期為 1996 年，統計範圍為城區和郊區，不包括下轄縣，下同)；
   平均每座城市非農業人口為 734.53 萬人；
   非農業人口比重為 86.50%。
3. 平均每座城市國内生產總值為 1 609.53 億元；
   人均國内生產總值為 18 953 元；
   第二、第三産業占國内生產總值的 98.72%。
4. 平均每座城市社會消費品零售總額為 723.64 億元；
   人均社會消費品零售總額為 8 521 元。
5. 人均年末城鄉居民儲蓄存款余額為 17 540 元。
6. 全部從業人員人均年工資為 10 442 元。
7. 一級一類城市名録：

省市名稱	城市名稱	城市分級	行政級別	按市區非農業人口劃分的城市規模
上海	上海	一級一類	直轄市	超大型城市
北京	北京	一級一類	直轄市	超大型城市

三、一級二類城市特征及名録

1. 一級二類城市共 5 座，它們是大區性的經濟、文化和交通中心，是各大區内最大的消費市場，對跨省市的區域性市場影響巨大。

2. 平均每座城市總人口為 505.71 萬人;(統計數據報告期為 1996 年,範圍為城區和郊區,不包括下轄縣,下同);
   平均每座城市非農業人口為 368.94 萬人;
   非農業人口比重為 72.95%。
3. 平均每座城市國内生産總值為 746.05 億元;
   人均國内生産總值為 14 752 元;
   第二、第三産業占國内生産總值的 96.11%。
4. 平均每座城市社會消費品零售總額為 376.91 億元;
   人均社會消費品零售總額為 7 453 元。
5. 人均年末城鄉居民儲蓄存款余額為 10 674 元。
6. 全部從業人員人均年工資為 7 130 元。
7. 一級二類城市名録:

省市名稱	城市名稱	城市分級	行政級別	按市區非農業人口劃分的城市規模
天津	天津	一級二類	直轄市	超大型城市
廣東	廣州	一級二類	副省級市	超大型城市
湖北	武漢	一級二類	副省級市	超大型城市
遼寧	沈陽	一級二類	副省級市	超大型城市
重慶	重慶	一級二類	直轄市	超大型城市

四、一級三類城市特征及名録

1. 一級三類城市共 6 座,它們是區域性的經濟中心。
2. 平均每座城市總人口為 257.57 萬人;不包括深圳則為 288.41 萬人。
   (統計數據報告期為 1996 年,範圍為城區和郊區,不包括下轄縣,下同);
   平均每座城市非農業人口為 196.78 萬人;不包括深圳則為 220.36 萬人。
   非農業人口比重為 76.40%;不包括深圳則為 76.41%。
3. 平均每座城市國内生産總值為 512.06 億元;不包括深圳則為 424.47 億元。
   人均國内生産總值為 19 880 元;不包括深圳則為 14 717 元.
   第二、第三産業占國内生産總值的 96.50%;不包括深圳則為 95.70%。
4. 平均每座城市社會消費品零售總額為 247.78 億元;不包括深圳則為 228.80 億元。
   人均社會消費品零售總額為 9 620 元;不包括深圳則為 7 933 元。
5. 人均年末城鄉居民儲蓄存款余額為 14 312 元;不包括深圳則為 11 300 元。
6. 全部從業人員人均年工資為 8 420 元;不包括深圳則為 6 579 元。
7. 一級三類城市名録:

省市名稱	城市名稱	城市分級	行政級別	按市區非農業人口劃分的城市規模
江蘇	南京	一級三類	副省級市	超大型城市
遼寧	大連	一級三類	副省級市	特大型城市
四川	成都	一級三類	副省級市	超大型城市
黑龍江	哈爾濱	一級三類	副省級市	超大型城市
陝西	西安	一級三類	副省級市	超大型城市
廣東	深圳	一級三類	副省級市	大型城市

第三章　二級城市特征及其名録

一、二級城市概述

1. 二級城市共 170 座。其中二級一類城市 16 座，二級二類城市 31 座，二級三類城市 123 座。
2. 平均每座城市總人口為 98.67 萬人；
(統計數據報告期為 1996 年，統計範圍為城區和郊區，不包括下轄縣，下同)；
平均每座城市非農業人口為 53.72 萬人；
非農業人口比重為 54.44％。
3. 平均每座城市國内生產總值為 122.44 億元；
人均國内生產總值為 12409 元；
第二、第三産業占國内生產總值的 92.73％。
4. 平均每座城市社會消費品零售總額為 44.80 億元；
人均社會消費品零售總額為 4 541 元。
5. 人均年末城鄉居民儲蓄存款余額為 7 519 元。
6. 全部從業人員人均年工資為 6 688 元。

二、二級一類城市特征及名録

1. 二級一類城市共 16 座，它們是省/區性的經濟中心和沿海開放城市，也是各省除一級城市以外的最大的消費品市場。對省内市場有着巨大的示範作用。
2. 平均每座城市總人口為 161.11 萬人；
(統計數據報告期為 1996 年，範圍為城區和郊區，不包括下轄縣，下同)；
平均每座城市非農業人口為 122.47 萬人；
非農業人口比重為 76.02％。
3. 平均每座城市國内生產總值為 284.25 億元；
人均國内生產總值為 17 644 元；
第二、第三産業占國内生產總值的 96.90％。
4. 平均每座城市社會消費品零售總額為 113.51 億元；
人均社會消費品零售總額為 7 046 元。
5. 人均年末城鄉居民儲蓄存款余額為 11 755 元。
6. 全部從業人員人均年工資為 7 475 元。
7. 二級一類城市名録：

省市名稱	城市名稱	城市分級	行政級別	按市區非農業人口劃分的城市規模
福建	福州	二級一類	地級市	特大型城市
福建	厦門	二級一類	副省級市	大型城市
甘肅	蘭州	二級一類	地級市	特大型城市
廣東	珠海	二級一類	地級市	中型城市
河北	石家莊	二級一類	地級市	特大型城市

（續表）

省市名稱	城市名稱	城市分級	行政級別	按市區非農業人口劃分的城市規模
河南	鄭州	二級一類	地級市	特大型城市
湖南	長沙	二級一類	地級市	特大型城市
吉林	長春	二級一類	副省級市	超大型城市
江蘇	無錫	二級一類	地級市	大型城市
山東	濟南	二級一類	副省級市	特大型城市
山東	青島	二級一類	副省級市	特大型城市
山西	太原	二級一類	地級市	特大型城市
新疆	烏魯木齊	二級一類	地級市	特大型城市
雲南	昆明	二級一類	地級市	特大型城市
浙江	杭州	二級一類	副省級市	特大型城市
浙江	寧波	二級一類	副省級市	大型城市

三、二級二類城市特征及名録

1. 二級二類城市共 31 座，包括東部沿海經濟發達的大中型城市和中西部比較發達的省會城市，它們省內區域性經濟中心。

2. 平均每座城市總人口為 123.46 萬人；
(統計數據報告期為 1996 年，範圍為城區和郊區，不包括下轄縣，下同)；
平均每座城市非農業人口為 81.21 萬人；
非農業人口比重為 65.78%。

3. 平均每座城市國內生產總值為 178.10 億元；
人均國內生產總值為 14 426 元；
第二、第三產業占國內生產總值的 94.60%。

4. 平均每座城市社會消費品零售總額為 67.48 億元；
人均社會消費品零售總額為 5 466 元。

5. 人均年末城鄉居民儲蓄存款余額為 10 492 元。

6. 全部從業人員人均年工資為 7 242 元。

7. 二級二類城市名録：

省市名稱	城市名稱	城市分級	行政級別	按市區非農業人口劃分的城市規模
安徽	合肥	二級二類	地級市	大型城市
廣東	佛山	二級二類	地級市	中型城市
廣東	東莞	二級二類	地級市	中型城市
廣東	汕頭	二級二類	地級市	大型城市
廣東	中山	二級二類	地級市	中型城市
廣東	南海	二級二類	縣級市	中型城市
廣東	順德	二級二類	縣級市	中型城市
廣東	番禺	二級二類	縣級市	中型城市
廣東	湛江	二級二類	地級市	大型城市
廣西	南寧	二級二類	地級市	大型城市
廣西	柳州	二級二類	地級市	大型城市
貴州	貴陽	二級二類	地級市	特大型城市
海南	海口	二級二類	地級市	中型城市

（續表）

省　市 名　稱	城　市 名　稱	城　市 分　級	行　政 級　别	按市區非農業人口 劃分的城市規模
河　北	唐　山	二級二類	地級市	特大型城市
河　北	邯　鄲	二級二類	地級市	大型城市
黑龍江	大　慶	二級二類	地級市	大型城市
黑龍江	齊齊哈爾	二級二類	地級市	特大型城市
河　南	洛　陽	二級二類	地級市	大型城市
遼　寧	鞍　山	二級二類	地級市	特大型城市
遼　寧	撫　順	二級二類	地級市	特大型城市
吉　林	吉　林	二級二類	地級市	特大型城市
江　蘇	徐　州	二級二類	地級市	特大型城市
江　蘇	蘇　州	二級二類	地級市	大型城市
江　蘇	常　州	二級二類	地級市	大型城市
江　西	南　昌	二級二類	地級市	特大型城市
内蒙古	包　頭	二級二類	地級市	特大型城市
山　東	淄　博	二級二類	地級市	特大型城市
山　東	烟　臺	二級二類	地級市	大型城市
山　東	東　營	二級二類	地級市	中型城市
山　西	大　同	二級二類	地級市	大型城市
浙　江	温　州	二級二類	地級市	中型城市

四、二級三類城市特征及名録

1．二級三類城市共 123 座，它們是一些新興的大中型工業城市和以夕陽工業為主的大型甚至特大型城市。

2．平均每座城市總人口為 84.30 萬人；
（統計數據報告期為 1996 年，範圍為城區和郊區，不包括下轄縣，下同）；
平均每座城市非農業人口為 37.84 萬人；
非農業人口比重為 44.89%。

3．平均每座城市國内生産總值為 87.37 億元；
人均國内生産總值為 10364 元；
第二、第三産業占國内生産總值的 90.03%。

4．平均每座城市社會消費品零售總額為 30.15 億元；
人均社會消費品零售總額為 3 576 元。

5．人均年末城鄉居民儲蓄存款余額為 5369 元。

6．全部從業人員人均年工資為 6 240 元。

7．二級三類城市名録：

省　市 名　稱	城　市 名　稱	城　市 分　級	行　政 級　别	按市區非農業人口 劃分的城市規模
安　徽	蚌　埠	二級三類	地級市	中型城市
安　徽	阜　陽	二級三類	地級市	中型城市
安　徽	淮　北	二級三類	地級市	大型城市
安　徽	淮　南	二級三類	地級市	大型城市
安　徽	馬鞍山	二級三類	地級市	中型城市
安　徽	蕪　湖	二級三類	地級市	中型城市

（續表）

省市名稱	城市名稱	城市分級	行政級別	按市區非農業人口劃分的城市規模
福建	福清	二級三類	縣級市	小型城市
福建	晉江	二級三類	縣級市	小型城市
福建	泉州	二級三類	地級市	中型城市
福建	三明	二級三類	地級市	小型城市
福建	石獅	二級三類	縣級市	小型城市
廣東	潮陽	二級三類	縣級市	中型城市
廣東	鶴山	二級三類	縣級市	小型城市
廣東	花都	二級三類	縣級市	小型城市
江蘇	淮陰	二級三類	地級市	中型城市
廣東	惠州	二級三類	地級市	中型城市
廣東	江門	二級三類	地級市	中型城市
廣東	開平	二級三類	縣級市	小型城市
廣東	茂名	二級三類	地級市	中型城市
廣東	普寧	二級三類	縣級市	中型城市
廣東	三水	二級三類	縣級市	中型城市
廣東	韶關	二級三類	地級市	中型城市
廣東	臺山	二級三類	縣級市	中型城市
廣東	新會	二級三類	縣級市	中型城市
廣東	增城	二級三類	縣級市	小型城市
廣東	肇慶	二級三類	地級市	中型城市
廣西	桂林	二級三類	地級市	中型城市
貴州	六盤水	二級三類	地級市	中型城市
貴州	遵義	二級三類	縣級市	中型城市
河北	保定	二級三類	地級市	大型城市
河北	秦皇島	二級三類	地級市	中型城市
河北	邢臺	二級三類	地級市	中型城市
河北	張家口	二級三類	地級市	大型城市
黑龍江	鶴崗	二級三類	地級市	大型城市
黑龍江	鷄西	二級三類	地級市	大型城市
黑龍江	佳木斯	二級三類	地級市	大型城市
黑龍江	牡丹江	二級三類	地級市	大型城市
黑龍江	伊春	二級三類	地級市	大型城市
河南	安陽	二級三類	地級市	中型城市
河南	焦作	二級三類	地級市	大型城市
河南	開封	二級三類	地級市	大型城市
河南	南陽	二級三類	地級市	中型城市
河南	平頂山	二級三類	地級市	大型城市
河南	濮陽	二級三類	地級市	中型城市
河南	新鄉	二級三類	地級市	大型城市
湖北	黃石	二級三類	地級市	大型城市
湖北	荆門	二級三類	地級市	中型城市
湖北	沙市	二級三類	地級市	大型城市
湖北	十堰	二級三類	地級市	中型城市
湖北	仙桃	二級三類	縣級市	中型城市
湖北	襄樊	二級三類	地級市	大型城市

(續表)

省市名稱	城市名稱	城市分級	行政級別	按市區非農業人口劃分的城市規模
湖北	宜昌	二級三類	地級市	中型城市
湖南	衡陽	二級三類	地級市	大型城市
湖南	湘潭	二級三類	地級市	大型城市
湖南	岳陽	二級三類	地級市	中型城市
湖南	株洲	二級三類	地級市	大型城市
遼寧	本溪	二級三類	地級市	大型城市
遼寧	丹東	二級三類	地級市	大型城市
遼寧	阜新	二級三類	地級市	大型城市
遼寧	葫蘆島	二級三類	地級市	中型城市
遼寧	錦州	二級三類	地級市	大型城市
遼寧	遼陽	二級三類	地級市	大型城市
遼寧	盤錦	二級三類	地級市	中型城市
遼寧	營口	二級三類	地級市	中型城市
吉林	四平	二級三類	地級市	中型城市
吉林	延吉	二級三類	縣級市	中型城市
江蘇	常熟	二級三類	縣級市	中型城市
江蘇	海門	二級三類	縣級市	中型城市
江蘇	江陰	二級三類	縣級市	中型城市
江蘇	昆山	二級三類	縣級市	小型城市
江蘇	溧陽	二級三類	縣級市	中型城市
江蘇	連雲港	二級三類	地級市	中型城市
江蘇	南通	二級三類	地級市	中型城市
江蘇	太倉	二級三類	縣級市	小型城市
江蘇	通州	二級三類	縣級市	中型城市
江蘇	吴江	二級三類	縣級市	小型城市
江蘇	吴縣	二級三類	縣級市	小型城市
江蘇	武進	二級三類	縣級市	小型城市
江蘇	錫山	二級三類	縣級市	中型城市
江蘇	鹽城	二級三類	地級市	中型城市
江蘇	揚州	二級三類	地級市	中型城市
江蘇	宜興	二級三類	縣級市	中型城市
江蘇	張家港	二級三類	縣級市	小型城市
江蘇	鎮江	二級三類	地級市	中型城市
江西	九江	二級三類	地級市	中型城市
江西	萍鄉	二級三類	地級市	中型城市
内蒙古	赤峰	二級三類	地級市	中型城市
内蒙古	呼和浩特	二級三類	地級市	大型城市
寧夏	銀川	二級三類	地級市	中型城市
青海	西寧	二級三類	地級市	大型城市
山東	濟寧	二級三類	地級市	中型城市
山東	萊蕪	二級三類	地級市	中型城市
山東	臨沂	二級三類	地級市	大型城市
山東	泰安	二級三類	地級市	中型城市
山東	滕州	二級三類	縣級市	中型城市
山東	威海	二級三類	地級市	中型城市

（續表）

省市名稱	城市名稱	城市分級	行政級別	按市區非農業人口劃分的城市規模
山東	濰坊	二級三類	地級市	大型城市
山東	新泰	二級三類	縣級市	中型城市
山東	棗莊	二級三類	地級市	大型城市
山東	鄒城	二級三類	縣級市	中型城市
陝西	寶鷄	二級三類	地級市	中型城市
山西	長治	二級三類	地級市	中型城市
山西	陽泉	二級三類	地級市	中型城市
陝西	咸陽	二級三類	地級市	中型城市
四川	樂山	二級三類	地級市	中型城市
四川	綿陽	二級三類	地級市	中型城市
四川	攀枝花	二級三類	地級市	中型城市
四川	自貢	二級三類	地級市	中型城市
新疆	克拉瑪依	二級三類	地級市	中型城市
雲南	玉溪	二級三類	縣級市	小型城市
浙江	慈溪	二級三類	縣級市	小型城市
浙江	湖州	二級三類	地級市	中型城市
浙江	嘉興	二級三類	地級市	中型城市
浙江	樂清	二級三類	縣級市	小型城市
浙江	瑞安	二級三類	縣級市	小型城市
浙江	紹興	二級三類	地級市	中型城市
浙江	臺州	二級三類	地級市	中型城市
浙江	桐鄉	二級三類	縣級市	小型城市
浙江	温嶺	二級三類	縣級市	小型城市
浙江	蕭山	二級三類	縣級市	小型城市
浙江	余姚	二級三類	縣級市	小型城市
浙江	舟山	二級三類	地級市	小型城市
浙江	諸暨	二級三類	縣級市	小型城市

第四章　三級城市特征及其名録

一、三級城市概述：

1. 三級城市共 474 座。其中三級一類城市 119 座，三級二類城市 135 座，二級三類城市 220 座。
2. 平均每座城市總人口為 60.46 萬人；
(統計數據報告期為 1996 年，統計範圍為城區和郊區，不包括下轄縣，下同)；
平均每座城市非農業人口為 14.89 萬人；
非農業人口比重為 24.62%。
3. 平均每座城市國內生產總值為 34.14 億元；
人均國內生產總值為 5 647 元；
第二、第三產業占國內生產總值的 74.29%。
4. 平均每座城市社會消費品零售總額為 10.42 億元；
人均社會消費品零售總額為 1 723 元。
5. 人均年末城鄉居民儲蓄存款余額為 2 717 元。
6. 全部從業人員人均年工資為 4 884 元。

二、三級一類城市特征及名録：

1. 三級一類城市共 119 座。
2. 平均每座城市總人口為 73.94 萬人；
(統計數據報告期為 1996 年，範圍為城區和郊區，不包括下轄縣，下同)；
平均每座城市非農業人口為 21.86 萬人；
非農業人口比重為 29.56%。
3. 平均每座城市國內生產總值為 54.48 億元；
人均國內生產總值為 7 369 元；
第二、第三產業占國內生產總值的 81.19%。
4. 平均每座城市社會消費品零售總額為 17.32 億元；
人均社會消費品零售總額為 2 343 元。
5. 人均年末城鄉居民儲蓄存款余額為 3 688 元。
6. 全部從業人員人均年工資為 5 544 元。
7. 三級一類城市名録：

省市名稱	城市名稱	城市分級	行政級別	按市區非農業人口劃分的城市規模
安徽	安慶	三級一類	地級市	中型城市
安徽	巢湖	三級一類	縣級市	中型城市
安徽	宿州	三級一類	縣級市	中型城市
安徽	銅陵	三級一類	地級市	中型城市
重慶	江津	三級一類	縣級市	中型城市
福建	龍岩	三級一類	地級市	中型城市
福建	南安	三級一類	縣級市	小型城市

（續表）

省 市 名 稱	城 市 名 稱	城 市 分 級	行 政 級 別	按市區非農業人口 劃分的城市規模
福 建	南 平	三級一類	地級市	中型城市
福 建	莆 田	三級一類	地級市	小型城市
福 建	永 安	三級一類	縣級市	小型城市
福 建	漳 州	三級一類	地級市	中型城市
甘 肅	白 銀	三級一類	地級市	中型城市
甘 肅	金 昌	三級一類	地級市	小型城市
甘 肅	天 水	三級一類	地級市	中型城市
廣 東	潮 州	三級一類	地級市	中型城市
廣 東	澄 海	三級一類	縣級市	小型城市
廣 東	從 化	三級一類	縣級市	小型城市
廣 東	恩 平	三級一類	縣級市	小型城市
廣 東	高 明	三級一類	縣級市	小型城市
廣 東	高 要	三級一類	縣級市	小型城市
廣 東	高 州	三級一類	縣級市	中型城市
廣 東	惠 陽	三級一類	縣級市	小型城市
廣 東	揭 陽	三級一類	地級市	小型城市
廣 東	廉 江	三級一類	縣級市	中型城市
廣 東	羅 定	三級一類	縣級市	中型城市
廣 東	清 遠	三級一類	地級市	小型城市
廣 東	陽 江	三級一類	地級市	中型城市
廣 東	雲 浮	三級一類	地級市	小型城市
廣 西	北 海	三級一類	地級市	小型城市
廣 西	貴 港	三級一類	地級市	中型城市
廣 西	梧 州	三級一類	地級市	中型城市
廣 西	玉 林	三級一類	縣級市	中型城市
海 南	瓊 山	三級一類	縣級市	小型城市
河 北	霸 州	三級一類	縣級市	小型城市
河 北	滄 州	三級一類	地級市	中型城市
河 北	承 德	三級一類	地級市	中型城市
河 北	衡 水	三級一類	地級市	中型城市
河 北	廊 坊	三級一類	地級市	中型城市
河 北	涿 州	三級一類	縣級市	小型城市
黑龍江	七臺河	三級一類	地級市	中型城市
黑龍江	雙鴨山	三級一類	地級市	中型城市
河 南	鞏 義	三級一類	縣級市	小型城市
河 南	鶴 壁	三級一類	地級市	中型城市
河 南	漯 河	三級一類	地級市	中型城市
河 南	許 昌	三級一類	地級市	中型城市
湖 北	鄂 州	三級一類	地級市	中型城市
湖 北	潛 江	三級一類	縣級市	中型城市
湖 北	隨 州	三級一類	縣級市	中型城市
湖 北	天 門	三級一類	縣級市	中型城市
湖 南	常 德	三級一類	地級市	中型城市
湖 南	郴 州	三級一類	地級市	中型城市
湖 南	婁 底	三級一類	縣級市	中型城市
湖 南	邵 陽	三級一類	地級市	中型城市

（續表）

省市名稱	城市名稱	城市分級	行政級別	按市區非農業人口劃分的城市規模
湖南	益陽	三級一類	地級市	中型城市
遼寧	海城	三級一類	縣級市	中型城市
遼寧	鐵嶺	三級一類	地級市	中型城市
遼寧	瓦房店	三級一類	縣級市	中型城市
吉林	遼源	三級一類	地級市	中型城市
吉林	松原	三級一類	地級市	中型城市
吉林	通化	三級一類	地級市	中型城市
江蘇	丹陽	三級一類	縣級市	中型城市
江蘇	江都	三級一類	縣級市	小型城市
江蘇	姜堰	三級一類	縣級市	小型城市
江蘇	金壇	三級一類	縣級市	小型城市
江蘇	靖江	三級一類	縣級市	小型城市
江蘇	啟東	三級一類	縣級市	中型城市
江蘇	如皋	三級一類	縣級市	中型城市
江蘇	泰興	三級一類	縣級市	小型城市
江蘇	泰州	三級一類	地級市	小型城市
江蘇	揚中	三級一類	縣級市	小型城市
江蘇	儀征	三級一類	縣級市	小型城市
江西	贛州	三級一類	縣級市	中型城市
江西	景德鎮	三級一類	地級市	中型城市
江西	新余	三級一類	地級市	中型城市
寧夏	石嘴山	三級一類	地級市	中型城市
山東	安丘	三級一類	縣級市	小型城市
山東	濱州	三級一類	縣級市	中型城市
山東	德州	三級一類	地級市	中型城市
山東	肥城	三級一類	縣級市	中型城市
山東	荷澤	三級一類	縣級市	中型城市
山東	膠州	三級一類	縣級市	小型城市
山東	萊陽	三級一類	縣級市	小型城市
山東	萊州	三級一類	縣級市	中型城市
山東	龍口	三級一類	縣級市	中型城市
山東	青州	三級一類	縣級市	小型城市
山東	日照	三級一類	地級市	中型城市
山東	榮成	三級一類	縣級市	中型城市
山東	壽光	三級一類	縣級市	小型城市
山東	文登	三級一類	縣級市	小型城市
山東	章丘	三級一類	縣級市	中型城市
山東	招遠	三級一類	縣級市	小型城市
山東	諸城	三級一類	縣級市	小型城市
山西	晉城	三級一類	地級市	小型城市
山西	臨汾	三級一類	縣級市	中型城市
山西	榆次	三級一類	縣級市	中型城市
四川	德陽	三級一類	地級市	中型城市
四川	江油	三級一類	縣級市	中型城市
四川	瀘州	三級一類	地級市	中型城市
四川	内江	三級一類	地級市	中型城市

（續表）

省市名稱	城市名稱	城市分級	行政級別	按市區非農業人口劃分的城市規模
四川	南充	三級一類	地級市	中型城市
四川	萬縣	三級一類	地級市	中型城市
四川	宜賓	三級一類	地級市	中型城市
新疆	哈密	三級一類	縣級市	小型城市
新疆	喀什	三級一類	縣級市	中型城市
新疆	庫爾勒	三級一類	縣級市	小型城市
雲南	大理	三級一類	縣級市	小型城市
雲南	曲靖	三級一類	縣級市	中型城市
浙江	東陽	三級一類	縣級市	小型城市
浙江	富陽	三級一類	縣級市	小型城市
浙江	海寧	三級一類	縣級市	小型城市
浙江	金華	三級一類	地級市	小型城市
浙江	蘭溪	三級一類	縣級市	小型城市
浙江	臨海	三級一類	縣級市	小型城市
浙江	衢州	三級一類	地級市	小型城市
浙江	上虞	三級一類	縣級市	小型城市
浙江	嵊州	三級一類	縣級市	小型城市
浙江	義烏	三級一類	縣級市	小型城市
浙江	永康	三級一類	縣級市	小型城市
浙江	余杭	三級一類	縣級市	小型城市

三、三級二類城市特征及名録

1. 三級二類城市共 135 座。
2. 平均每座城市總人口為 65.57 萬人；
   （統計數據報告期為 1996 年，範圍為城區和郊區，不包括下轄縣，下同）；
   平均每座城市非農業人口為 16.15 萬人；
   非農業人口比重為 24.63%。
3. 平均每座城市國内生產總值為 35.66 億元；
   人均國内生產總值為 5 439 元；
   第二、第三産業占國内生產總值的 73.35%。
4. 平均每座城市社會消費品零售總額為 10.83 億元；
   人均社會消費品零售總額為 1 652 元。
5. 人均年末城鄉居民儲蓄存款余額為 2 528 元。
6. 全部從業人員人均年工資為 4 981 元。
7. 三級二類城市名録：

省市名稱	城市名稱	城市分級	行政級別	按市區非農業人口劃分的城市規模
安徽	六安	三級二類	縣級市	中型城市
安徽	亳州	三級二類	縣級市	小型城市
安徽	宣州	三級二類	縣級市	小型城市
安徽	滁州	三級二類	地級市	小型城市
安徽	黄山	三級二類	地級市	小型城市
重慶	合川	三級二類	縣級市	小型城市

（續表）

省市名稱	城市名稱	城市分級	行政級別	按市區非農業人口劃分的城市規模
重慶	涪陵	三級二類	地級市	小型城市
重慶	永川	三級二類	縣級市	小型城市
福建	龍海	三級二類	縣級市	小型城市
福建	長樂	三級二類	縣級市	小型城市
福建	漳平	三級二類	縣級市	小型城市
甘肅	玉門	三級二類	縣級市	小型城市
甘肅	嘉峪關	三級二類	地級市	小型城市
廣東	四會	三級二類	縣級市	小型城市
廣東	吴川	三級二類	縣級市	小型城市
廣東	陽春	三級二類	縣級市	小型城市
廣東	雷州	三級二類	縣級市	中型城市
廣東	化州	三級二類	縣級市	小型城市
廣東	河源	三級二類	地級市	小型城市
廣東	興寧	三級二類	縣級市	小型城市
廣東	信宜	三級二類	縣級市	小型城市
廣東	樂昌	三級二類	縣級市	小型城市
廣東	英德	三級二類	縣級市	小型城市
廣西	河池	三級二類	縣級市	小型城市
廣西	欽州	三級二類	地級市	小型城市
貴州	清鎮	三級二類	縣級市	小型城市
貴州	安順	三級二類	縣級市	中型城市
貴州	興義	三級二類	縣級市	小型城市
海南	三亞	三級二類	地級市	小型城市
海南	儋州	三級二類	縣級市	小型城市
河北	豐南	三級二類	縣級市	小型城市
河北	任丘	三級二類	縣級市	小型城市
河北	武安	三級二類	縣級市	小型城市
河北	三河	三級二類	縣級市	小型城市
河北	遷安	三級二類	縣級市	小型城市
黑龍江	尚志	三級二類	縣級市	中型城市
黑龍江	綏化	三級二類	縣級市	中型城市
黑龍江	肇東	三級二類	縣級市	中型城市
黑龍江	鐵力	三級二類	縣級市	中型城市
黑龍江	阿城	三級二類	縣級市	中型城市
河南	義馬	三級二類	縣級市	小型城市
河南	商丘	三級二類	縣級市	中型城市
河南	信陽	三級二類	縣級市	中型城市
河南	三門峽	三級二類	地級市	小型城市
河南	新鄭	三級二類	縣級市	小型城市
河南	駐馬店	三級二類	縣級市	小型城市
河南	林州	三級二類	縣級市	小型城市
河南	濟源	三級二類	縣級市	中型城市
河南	新密	三級二類	縣級市	小型城市
河南	偃師	三級二類	縣級市	小型城市
河南	滎陽	三級二類	縣級市	小型城市
河南	項城	三級二類	縣級市	小型城市

（續表）

省　市 名　稱	城　市 名　稱	城　市 分　級	行　政 級　別	按市區非農業人口 劃分的城市規模
湖　北	丹江口	三級二類	縣級市	小型城市
湖　北	鐘　祥	三級二類	縣級市	中型城市
湖　北	棗　陽	三級二類	縣級市	小型城市
湖　北	老河口	三級二類	縣級市	小型城市
湖　北	洪　湖	三級二類	縣級市	中型城市
湖　南	永　州	三級二類	地級市	中型城市
湖　南	懷　化	三級二類	縣級市	中型城市
湖　南	瀏　陽	三級二類	縣級市	小型城市
湖　南	冷水江	三級二類	縣級市	小型城市
湖　南	湘　鄉	三級二類	縣級市	小型城市
湖　南	資　興	三級二類	縣級市	小型城市
湖　南	吉　首	三級二類	縣級市	小型城市
湖　南	耒　陽	三級二類	縣級市	小型城市
遼　寧	鐵　法	三級二類	縣級市	小型城市
遼　寧	朝　陽	三級二類	地級市	中型城市
遼　寧	普蘭店	三級二類	縣級市	小型城市
吉　林	白　山	三級二類	地級市	中型城市
吉　林	白　城	三級二類	地級市	中型城市
吉　林	圖　們	三級二類	縣級市	小型城市
吉　林	公主嶺	三級二類	縣級市	中型城市
吉　林	敦　化	三級二類	縣級市	中型城市
吉　林	梅河口	三級二類	縣級市	中型城市
江　蘇	句　容	三級二類	縣級市	小型城市
江　蘇	邳　州	三級二類	縣級市	小型城市
江　蘇	興　化	三級二類	縣級市	小型城市
江　蘇	東　臺	三級二類	縣級市	中型城市
江　蘇	大　豐	三級二類	縣級市	小型城市
江　蘇	高　郵	三級二類	縣級市	小型城市
江　西	豐　城	三級二類	縣級市	中型城市
江　西	鷹　潭	三級二類	地級市	小型城市
江　西	臨　川	三級二類	縣級市	中型城市
内蒙古	烏　海	三級二類	地級市	中型城市
内蒙古	滿洲里	三級二類	縣級市	小型城市
内蒙古	海拉爾	三級二類	縣級市	中型城市
内蒙古	牙克石	三級二類	縣級市	中型城市
内蒙古	東　勝	三級二類	縣級市	小型城市
内蒙古	通　遼	三級二類	縣級市	中型城市
内蒙古	根　河	三級二類	縣級市	小型城市
山　東	高　密	三級二類	縣級市	中型城市
山　東	平　度	三級二類	縣級市	小型城市
山　東	曲　阜	三級二類	縣級市	小型城市
山　東	聊　城	三級二類	縣級市	中型城市
山　東	兖　州	三級二類	縣級市	小型城市
山　東	昌　邑	三級二類	縣級市	小型城市
山　東	蓬　萊	三級二類	縣級市	小型城市
山　東	即　墨	三級二類	縣級市	小型城市

（續表）

省市名稱	城市名稱	城市分級	行政級別	按市區非農業人口劃分的城市規模
山東	膠南	三級二類	縣級市	小型城市
山西	古交	三級二類	縣級市	小型城市
山西	朔州	三級二類	地級市	小型城市
山西	介休	三級二類	縣級市	小型城市
山西	運城	三級二類	縣級市	小型城市
山西	孝義	三級二類	縣級市	小型城市
陝西	銅川	三級二類	地級市	中型城市
陝西	漢中	三級二類	地級市	中型城市
陝西	安康	三級二類	縣級市	小型城市
陝西	渭南	三級二類	地級市	小型城市
四川	西昌	三級二類	縣級市	小型城市
四川	都江堰	三級二類	縣級市	小型城市
四川	彭州	三級二類	縣級市	小型城市
四川	簡陽	三級二類	縣級市	小型城市
四川	遂寧	三級二類	地級市	中型城市
四川	廣元	三級二類	地級市	中型城市
四川	達川	三級二類	縣級市	小型城市
四川	什邡	三級二類	縣級市	小型城市
四川	廣漢	三級二類	縣級市	小型城市
四川	資陽	三級二類	縣級市	小型城市
四川	綿竹	三級二類	縣級市	小型城市
新疆	奎屯	三級二類	縣級市	小型城市
新疆	石河子	三級二類	縣級市	小型城市
新疆	伊寧	三級二類	縣級市	中型城市
新疆	阜康	三級二類	縣級市	小型城市
新疆	昌吉	三級二類	縣級市	小型城市
雲南	開遠	三級二類	縣級市	小型城市
雲南	個舊	三級二類	縣級市	中型城市
雲南	楚雄	三級二類	縣級市	小型城市
雲南	宣威	三級二類	縣級市	小型城市
雲南	昭通	三級二類	縣級市	小型城市
浙江	平湖	三級二類	縣級市	小型城市
浙江	臨安	三級二類	縣級市	小型城市
浙江	建德	三級二類	縣級市	小型城市
浙江	奉化	三級二類	縣級市	小型城市
浙江	江山	三級二類	縣級市	小型城市
浙江	麗水	三級二類	縣級市	小型城市

四、三級三類城市特征及名録

1. 三級三類城市共 220 座。
2. 平均每座城市總人口為 50.03 萬人；
   （統計數據報告期為 1996 年，範圍為城區和郊區，不包括下轄縣，下同）；
   平均每座城市非農業人口為 10.34 萬人；
   非農業人口比重為 20.67％。
3. 平均每座城市國内生産總值為 22.20 億元；

人均國内生産總值為 4 437 元；

第二、第三産業占國内生産總值的 66.05%。

4. 平均每座城市社會消費品零售總額為 6.43 億元；
人均社會消費品零售總額為 1 284 元。

5. 人均年末城鄉居民儲蓄存款余額為 2 094 元。

6. 全部從業人員人均年工資為 4 215 元。

7. 三級三類城市名録：

省市名稱	城市名稱	城市分級	行政級别	按市區非農業人口劃分的城市規模
安徽	貴池	三級三類	縣級市	小型城市
安徽	界首	三級三類	縣級市	小型城市
安徽	明光	三級三類	縣級市	小型城市
安徽	天長	三級三類	縣級市	小型城市
安徽	桐城	三級三類	縣級市	小型城市
重慶	南川	三級三類	縣級市	小型城市
福建	福安	三級三類	縣級市	小型城市
福建	福鼎	三級三類	縣級市	小型城市
福建	建甌	三級三類	縣級市	小型城市
福建	建陽	三級三類	縣級市	小型城市
福建	寧德	三級三類	縣級市	小型城市
福建	邵武	三級三類	縣級市	小型城市
福建	武夷山	三級三類	縣級市	小型城市
甘肅	敦煌	三級三類	縣級市	小型城市
甘肅	酒泉	三級三類	縣級市	小型城市
甘肅	臨夏	三級三類	縣級市	小型城市
甘肅	平凉	三級三類	縣級市	小型城市
甘肅	武威	三級三類	縣級市	小型城市
甘肅	西峰	三級三類	縣級市	小型城市
甘肅	張掖	三級三類	縣級市	小型城市
廣東	連州	三級三類	縣級市	小型城市
廣東	梅州	三級三類	地級市	中型城市
廣東	南雄	三級三類	縣級市	小型城市
廣西	百色	三級三類	縣級市	小型城市
廣西	北流	三級三類	縣級市	小型城市
廣西	岑溪	三級三類	縣級市	小型城市
廣西	東興	三級三類	縣級市	小型城市
廣西	防城港	三級三類	地級市	小型城市
廣西	桂平	三級三類	縣級市	小型城市
廣西	合山	三級三類	縣級市	小型城市
廣西	憑祥	三級三類	縣級市	小型城市
廣西	宜州	三級三類	縣級市	小型城市
貴州	畢節	三級三類	縣級市	小型城市
貴州	赤水	三級三類	縣級市	小型城市
貴州	都匀	三級三類	縣級市	小型城市
貴州	福泉	三級三類	縣級市	小型城市
貴州	凱里	三級三類	縣級市	小型城市
貴州	仁懷	三級三類	縣級市	小型城市
貴州	銅仁	三級三類	縣級市	小型城市

（續表）

省市名稱	城市名稱	城市分級	行政級別	按市區非農業人口劃分的城市規模
海　南	瓊　海	三級三類	縣級市	小型城市
海　南	通　什	三級三類	縣級市	小型城市
海　南	萬　寧	三級三類	縣級市	小型城市
海　南	文　昌	三級三類	縣級市	小型城市
河　北	安　國	三級三類	縣級市	小型城市
河　北	泊　頭	三級三類	縣級市	小型城市
河　北	定　州	三級三類	縣級市	小型城市
河　北	高碑店	三級三類	縣級市	小型城市
河　北	藁　城	三級三類	縣級市	小型城市
河　北	河　間	三級三類	縣級市	小型城市
河　北	黄　驊	三級三類	縣級市	小型城市
河　北	冀　州	三級三類	縣級市	小型城市
河　北	晉　州	三級三類	縣級市	小型城市
河　北	鹿　泉	三級三類	縣級市	小型城市
河　北	南　宫	三級三類	縣級市	小型城市
河　北	沙　河	三級三類	縣級市	小型城市
河　北	深　州	三級三類	縣級市	小型城市
河　北	辛　集	三級三類	縣級市	小型城市
河　北	新　樂	三級三類	縣級市	小型城市
河　北	遵　化	三級三類	縣級市	小型城市
黑龍江	安　達	三級三類	縣級市	小型城市
黑龍江	北　安	三級三類	縣級市	中型城市
黑龍江	富　錦	三級三類	縣級市	小型城市
黑龍江	海　林	三級三類	縣級市	中型城市
黑龍江	海　倫	三級三類	縣級市	小型城市
黑龍江	黑　河	三級三類	地級市	小型城市
黑龍江	虎　林	三級三類	縣級市	小型城市
黑龍江	密　山	三級三類	縣級市	小型城市
黑龍江	穆　棱	三級三類	縣級市	小型城市
黑龍江	訥　河	三級三類	縣級市	小型城市
黑龍江	寧　安	三級三類	縣級市	小型城市
黑龍江	雙　城	三級三類	縣級市	小型城市
黑龍江	綏芬河	三級三類	縣級市	小型城市
黑龍江	同　江	三級三類	縣級市	小型城市
黑龍江	五　常	三級三類	縣級市	中型城市
黑龍江	五大連池	三級三類	縣級市	小型城市
河　南	長　葛	三級三類	縣級市	小型城市
河　南	登　封	三級三類	縣級市	小型城市
河　南	鄧　州	三級三類	縣級市	小型城市
河　南	輝　縣	三級三類	縣級市	小型城市
河　南	靈　寶	三級三類	縣級市	小型城市

（續表）

省市名稱	城市名稱	城市分級	行政級別	按市區非農業人口劃分的城市規模
河南	孟州	三級三類	縣級市	小型城市
河南	沁陽	三級三類	縣級市	小型城市
河南	汝州	三級三類	縣級市	小型城市
河南	衛輝	三級三類	縣級市	小型城市
河南	舞鋼	三級三類	縣級市	小型城市
河南	永城	三級三類	縣級市	小型城市
河南	禹州	三級三類	縣級市	小型城市
河南	周口	三級三類	縣級市	小型城市
湖北	安陸	三級三類	縣級市	小型城市
湖北	大冶	三級三類	縣級市	小型城市
湖北	當陽	三級三類	縣級市	小型城市
湖北	恩施	三級三類	縣級市	小型城市
湖北	廣水	三級三類	縣級市	小型城市
湖北	黄岡	三級三類	地級市	中型城市
湖北	利川	三級三類	縣級市	小型城市
湖北	麻城	三級三類	縣級市	小型城市
湖北	蒲圻	三級三類	縣級市	小型城市
湖北	石首	三級三類	縣級市	小型城市
湖北	松滋	三級三類	縣級市	小型城市
湖北	武穴	三級三類	縣級市	小型城市
湖北	咸寧	三級三類	縣級市	小型城市
湖北	孝感	三級三類	地級市	小型城市
湖北	宜城	三級三類	縣級市	小型城市
湖北	應城	三級三類	縣級市	小型城市
湖北	枝城	三級三類	縣級市	小型城市
湖北	枝江	三級三類	縣級市	小型城市
湖南	常寧	三級三類	縣級市	小型城市
湖南	洪江	三級三類	縣級市	小型城市
湖南	津市	三級三類	縣級市	小型城市
湖南	醴陵	三級三類	縣級市	小型城市
湖南	漣源	三級三類	縣級市	小型城市
湖南	臨湘	三級三類	縣級市	小型城市
湖南	汨羅	三級三類	縣級市	小型城市
湖南	韶山	三級三類	縣級市	小型城市
湖南	武岡	三級三類	縣級市	小型城市
湖南	沅江	三級三類	縣級市	小型城市
湖南	張家界	三級三類	地級市	小型城市
遼寧	北寧	三級三類	縣級市	小型城市
遼寧	北票	三級三類	縣級市	中型城市
遼寧	大石橋	三級三類	縣級市	小型城市
遼寧	燈塔	三級三類	縣級市	小型城市

（續表）

省市 名稱	城市 名稱	城市 分級	行政 級別	按市區非農業人口 劃分的城市規模
遼寧	東港	三級三類	縣級市	小型城市
遼寧	鳳城	三級三類	縣級市	小型城市
遼寧	蓋州	三級三類	縣級市	小型城市
遼寧	開原	三級三類	縣級市	小型城市
遼寧	凌海	三級三類	縣級市	小型城市
遼寧	凌源	三級三類	縣級市	小型城市
遼寧	新民	三級三類	縣級市	小型城市
遼寧	興城	三級三類	縣級市	小型城市
遼寧	莊河	三級三類	縣級市	小型城市
吉林	大安	三級三類	縣級市	小型城市
吉林	德惠	三級三類	縣級市	小型城市
吉林	和龍	三級三類	縣級市	小型城市
吉林	樺甸	三級三類	縣級市	小型城市
吉林	渾春	三級三類	縣級市	小型城市
吉林	集安	三級三類	縣級市	小型城市
吉林	蛟河	三級三類	縣級市	小型城市
吉林	九臺	三級三類	縣級市	小型城市
吉林	臨江	三級三類	縣級市	小型城市
吉林	龍井	三級三類	縣級市	小型城市
吉林	磐石	三級三類	縣級市	小型城市
吉林	舒蘭	三級三類	縣級市	中型城市
吉林	雙遼	三級三類	縣級市	小型城市
吉林	洮南	三級三類	縣級市	小型城市
吉林	榆樹	三級三類	縣級市	小型城市
江蘇	淮安	三級三類	縣級市	小型城市
江蘇	新沂	三級三類	縣級市	小型城市
江西	德興	三級三類	縣級市	小型城市
江西	高安	三級三類	縣級市	小型城市
江西	吉安	三級三類	縣級市	小型城市
江西	井岡山	三級三類	縣級市	小型城市
江西	樂平	三級三類	縣級市	小型城市
江西	南康	三級三類	縣級市	小型城市
江西	瑞昌	三級三類	縣級市	小型城市
江西	瑞金	三級三類	縣級市	小型城市
江西	上饒	三級三類	縣級市	小型城市
江西	宜春	三級三類	縣級市	小型城市
江西	樟樹	三級三類	縣級市	小型城市
内蒙古	阿爾山	三級三類	縣級市	小型城市
内蒙古	額爾古納	三級三類	縣級市	小型城市
内蒙古	二連浩特	三級三類	縣級市	小型城市
内蒙古	豐鎮	三級三類	縣級市	小型城市

（續表）

省市名稱	城市名稱	城市分級	行政級別	按市區非農業人口劃分的城市規模
内蒙古	霍林郭勒	三級三類	縣級市	小型城市
内蒙古	集寧	三級三類	縣級市	小型城市
内蒙古	臨河	三級三類	縣級市	小型城市
内蒙古	烏蘭浩特	三級三類	縣級市	小型城市
内蒙古	錫林浩特	三級三類	縣級市	小型城市
内蒙古	扎蘭屯	三級三類	縣級市	小型城市
寧夏	青銅峽	三級三類	縣級市	小型城市
寧夏	吴忠	三級三類	縣級市	小型城市
青海	德令哈	三級三類	縣級市	小型城市
青海	格爾木	三級三類	縣級市	小型城市
山東	海陽	三級三類	縣級市	小型城市
山東	萊西	三級三類	縣級市	小型城市
山東	樂陵	三級三類	縣級市	小型城市
山東	臨清	三級三類	縣級市	小型城市
山東	栖霞	三級三類	縣級市	小型城市
山東	乳山	三級三類	縣級市	小型城市
山東	禹城	三級三類	縣級市	小型城市
山西	汾陽	三級三類	縣級市	小型城市
山西	高平	三級三類	縣級市	小型城市
山西	河津	三級三類	縣級市	小型城市
山西	侯馬	三級三類	縣級市	小型城市
山西	霍州	三級三類	縣級市	小型城市
山西	離石	三級三類	縣級市	小型城市
山西	潞城	三級三類	縣級市	小型城市
山西	忻州	三級三類	縣級市	小型城市
山西	永濟	三級三類	縣級市	小型城市
山西	原平	三級三類	縣級市	小型城市
陝西	韓城	三級三類	縣級市	小型城市
陝西	華陰	三級三類	縣級市	小型城市
陝西	商州	三級三類	縣級市	小型城市
陝西	興平	三級三類	縣級市	小型城市
陝西	延安	三級三類	地級市	小型城市
陝西	榆林	三級三類	縣級市	小型城市
四川	巴中	三級三類	縣級市	小型城市
四川	崇州	三級三類	縣級市	小型城市
四川	峨嵋山	三級三類	縣級市	小型城市
四川	華鎣	三級三類	縣級市	小型城市
四川	閬中	三級三類	縣級市	小型城市
四川	邛崍	三級三類	縣級市	小型城市
四川	萬源	三級三類	縣級市	小型城市
四川	雅安	三級三類	縣級市	小型城市

（續表）

省市名稱	城市名稱	城市分級	行政級別	按市區非農業人口劃分的城市規模
新疆	阿克蘇	三級三類	縣級市	中型城市
新疆	阿勒泰	三級三類	縣級市	小型城市
新疆	阿圖什	三級三類	縣級市	小型城市
新疆	博樂	三級三類	縣級市	小型城市
新疆	和田	三級三類	縣級市	小型城市
新疆	米泉	三級三類	縣級市	小型城市
新疆	塔城	三級三類	縣級市	小型城市
新疆	吐魯番	三級三類	縣級市	小型城市
新疆	烏蘇	三級三類	縣級市	小型城市
雲南	保山	三級三類	縣級市	小型城市
雲南	東川	三級三類	地級市	小型城市
雲南	景洪	三級三類	縣級市	小型城市
雲南	潞西	三級三類	縣級市	小型城市
雲南	瑞麗	三級三類	縣級市	小型城市
雲南	思茅	三級三類	縣級市	小型城市
雲南	畹町	三級三類	縣級市	小型城市
浙江	龍泉	三級三類	縣級市	小型城市

第二篇
中國市場營銷環境研究報告

導　讀

◆國民經濟發展狀況與趨勢

△中國經濟發展的涵義

△中國國民經濟發展現狀

△國民經濟發展的機遇和面臨的困難

△中國國民經濟發展趨勢

◆ 國家經濟政策

△概述

△我國的財政政策

△我國的貨幣政策

△產業政策

△地區經濟政策

△附録一、當前我國重點鼓勵發展的產業、產品和技術目録

△附録二、我國外商投資產業指導目録

鼓勵外商投資產業目録

限制外商投資產業目録

禁止外商投資產業目録

◆城鎮消費者收入和支出分析

△城鎮消費者收入狀況分析

△城鎮居民支出狀況分析

◆農村消費者收入和支出分析

△農村消費者收入狀況分析

△農村消費者支出狀況分析

第一章　國民經濟發展狀況與趨勢

一、中國經濟發展的涵義

從經濟發展的一般要求出發，結合實際我國在自身發展中不斷深化的認識，中國經濟發展的涵義應有以下内容：

1. 經濟總量持續、穩定和較快速度地增加。

2. 要素結構的優化改善，并帶動生產的投入産出效益提高。

要素結構優化的内容包括：一是産業升級化、高度化；二是社會分工多元化、細密化；三是人口流向城市化；四是城鄉、地區差距合理化，并且從長期看逐漸趨向縮小；五是科技進步、人口的結構改變與素質提高自主化、内生化。

3. 經濟體制和經濟運行機制發生變化，經濟系統逐漸形成自我調節，向高素質、高效益方向發展的運行機制。

我國經濟發展的關鍵是要實現經濟體制向社會主義市場經濟體制、增長方式向集約型增長方式的轉變。這兩個轉變將主要體現在四個方面：一是資源配置方式市場交换取向；二是産品流通和要素融通的市場範圍全國取向，并隨我國的競争能力和抗風險素質的增强不斷地實現更大程度上的世界範圍取向；三是企業生産成本節約自主取向；四是交换方式和信息傳遞方式現代化取向。

4. 消費模式高層次、高品位化，社會成員生活質量提高。

5. 社會分配結構合理，絶大多數社會成員從發展中受益不斷增加。

6. 社會文化、教育事業同步或超前于社會生産的發展，社會擁有知識存量增加。

7. 各種社會關系相對和諧，其基本要求是政治穩定、社會成員精神和道德處于良好狀態。

8. 人與自然的關系相對和諧。

其基本要求是生態環境不受大的破壞，資源消耗符合可持續發展的要求。

二、中國國民經濟發展現狀

1. 經濟産出和收入的總量較快速度地增長

1997 年中國國内生産總值(GDP) 達到人民幣 74 772.4 億元，按可比價格計算，是 1978 年的 5.92 倍。中國國内生産總值在 1978—1997 年間年均增長 9.7%。根據世界銀行采取的貨幣换算對比方法計算的結果，1997 年中國國内生産總值在世界排名第七。

1997 年末中國外匯儲備達到 1 399 億美元，位居世界第二位。

從生産産出的實物量上看，中國的谷物、棉花、油菜、肉類、煤炭、化學纖維、紗布、水泥、電視機、鋼等工農業産品産量均居世界首位，發電量、農用化肥産量居世界第二位。

如果將人口規模及其增長因素考慮進去，中國 1978 至 1997 年間人均國内生産總值由 379 元/人提高到 6 079 元/人，剔除價格因素，平均每年實際增長 8.4%；城鎮居民的人均可支配收入(扣除物價因素)年均實際增長 6.2%，農村居民人均純收入(扣除物價因素)年均實際增長 8.1%。

1997 年按人口平均的糧、棉、油等農作物産量分别比 1978 年的增長 26.2%、65.4%、222.0%；按人口平均的原煤、原油、發電量、鋼等工業産品分别比 1978 年增長 71%、25%、243%、165%。

在經濟體制改革促進下出現的生産高速增長基本上消除了原有計劃經濟體制下的産品“短缺”現象，城鄉居民需要的絶大部分商品可由市場滿足供應。

2. 産業結構隨國民經濟總規模的增長得到了持續的優化

第一、我國農業增加值按可比價格計算年均增長5%，基本上較好地支撐了其他行業的擴張。

第二、工業和建築業構成的第二產業的增加值總量按可比價格計算年均增11.9%，與此同時，我國工業生產結構嚴重偏離社會需求的傾向在不斷得到糾正。

我國商品市場體系形成和行業管制的松動順序是先消費品后生產資料，因此輕工業的發展環境在80年代早期優于重工業，國民經濟偏重型的結構得到了有效糾正。輕工業在工業總產值中的比重由1978年的43.1%上升到1981年的50%以上，基本上適應了城鄉居民生活水平提高的需要。隨后輕重工業基本維持在工業比重中各半的發展格局。

從1990、1991年開始，受當時宏觀經濟環境影響，我國部分工業消費品出現結構性過剩，開始呈現買方市場傾向，這是我國輕工業消費品從數量規模來看已經能够滿足城鄉居民需要的征兆，同時也為輕工業消費品向高質量、高服務水平和適應個性要求的方向發展拉開了序幕。

從1996年開始，大部分工業消費品出現的買方市場格局，則標志着消費者的需求將成為影響整個工業產品結構的重要因素。

第三、第三產業在國民經濟中重要地位日漸突出。

我國第三產業的發展自改革初就受到了重視，第三產業增加值1978—1997年間年均增長10.9%，第三產業占國内生產總值的比重由1978年的23.7%上升到1997年32.1%；第三產業從業人員占全部從業人員的比重由12.2%上升到26.4%。

在第三產業内部，隨着我國生產要素市場化進程的逐步深入，金融保險業占第三產業增加值比重也由1978年的9%上升到1997年的17.2%。科學技術對國民經濟的貢獻越來越大。根據1995年全國工業普查的結果，80年代以后出廠的工業生產設備已占工業生產設備總量的90.5%，大中型工業企業生產設備達到國際先進水平和國内先進水平的比重分别達到26.1%和27.7%，比1985年提高了13.2和5.9個百分點，表明中國的的工業技術水平與國際先進水平的差距在逐漸縮小。

第四、基礎設施和生產重要原材料的基礎工業也得到了長足發展。

全國能源生產總量由1978年的6.3億噸標準煤增加到1997年的13.2億噸標準煤；年發電量由2 566億千瓦小時增加到11 356億千瓦小時；鐵路營業里程由4.86萬公里增加到5.76萬公里；高速公路從無到有，1997年達到4 771公里；局用交换機總容量由406萬門增加到11 269萬門，全國縣級以上城市全部實現電話交换程控化，電話網規模居世界第二位；移動通訊成為世界上覆蓋範圍最廣的移動電話網之一，1997年底用户達到1 323萬户。

基礎設施和重要原材料產品在90年代以來取得的進展極大地減輕了它們對國民經濟發展的“瓶頸”制約作用。

3. 社會主義市場經濟體制的框架正在逐步形成

具體表現為，市場開始發揮對資源配置的基礎性作用；在社會主義市場經濟體制建立和經濟建設管理的實踐中，國家宏觀經濟管理部門管理的技巧和熟悉程度也得到了提高。1995、1996年我國既較好地抑制住了需求過熱和通貨膨脹，又防止了經濟滑坡，從而成功地實現了宏觀經濟的“軟着陸”。市場化進程中的難點也得到逐步解决。

在1992年前后，國家放開對絶大部分產品的價格控制，交由市場調節，商品市場的形成是1995年后我國基本擺脱短缺經濟狀况的關鍵性因素。目前，圍繞資金、土地、勞動力等生產要素的市場化，我國都在已獲得基本成就的基礎上深化體制改革。

第一、融資市場在逐步形成。

我國直接融資的資本市場開始形成框架。

我國證券場内交易市場從90年代初建立以來，發展迅速。1997年末在深圳、上海兩個證交所發行股票的上市公司已達745家，A股市價總值人民幣17 529億元。我國直接融資的基金和企業債券市場在場内、場外都有一定的交易規模。

同時，我國證券市場還發行流通B股、H股、S股、N股等多種外幣種股票，并對外發行債券，1997年通過以上方式吸收外資81億美元。

除了向社會公衆募集社會公衆股和進行相應的交易外，我國還先后于1992年7月和1993年4月開通

STAQ 和 NET 兩個法人股交易市場。

我國有些中小城市建立起了局部的産權交易市場，雖然它們進入二級市場流通還處在小範圍、小規模的嘗試階段，并且亟待通過立法和行之有效的監督予以規範，但畢竟有了開端。

1995 年《商業銀行法》的頒布實施意味着間接融資的資金商品式經營有了法律保障。還有，我國銀行同業拆借、票據承兑與貼現、債券回購等其它貨幣市場融資工具也在嘗試中正得到逐步完善。

總體而言，我國資金融通的各種工具和形式都基本上按照市場經濟的要求得到初步建立，下一步的發展關鍵是調整它們的結構并增强資金在各種資本形式上的融通性。

第二、土地市場趨向完善。

我國農村地區土地的家庭聯産承包責任制得到穩定和完善，土地承包期一定 30 年不變，在一些地區還試點探索了農業用地公有制下的承包權的相互轉讓流通。主要目的在于規範農業和農村用地的新《土地管理法》，已經全國人大常委會基本完成審議，并將于 1999 年年初頒布實施。

在城市範圍，我國土地使用權市場和土地有償使用制度從法律框架和具體實施方法上都正在趨于完善和穩定。

第三、勞動力市場化的進程逐步加快，勞動力的流動性越來越强。

我國的勞動人事管理制度改革和人才市場建設在逐步加快，目前已初步形成勞動力能够流動的制度框架和管理機制。勞動者由于各種原因離開原單位，向自己更能發揮優勢和專長的地方流動已形成規模。人才市場建設和探索中的社會保障制度建設也正為企業用工制度改革的深化提供了條件。

4. 開放型經濟格局基本形成

我國對外貿易進出口總額由 1978 年的 206 億美元增加到 1997 年的 3 251 億美元，年均增長 15.6%，比同期世界貿易年均增長率高出近一倍。我國在世界貿易中的位次由 1978 年的第 32 位上升到 1997 年的第 10 位。我國對外出口額占世界貿易出口額的比重由 1978 年的 0.75%上升到 1997 年的 3.0%。

改革開放 20 年來，我國累計實際利用外資 3 700 億美元，其中吸收外商直接投資近 3 000 億美元，累計批準外商投資項目 30 多萬個。1993 年以來，我國已連續 5 年位居世界上吸收外資最多國家的行列。世界 500 家最大的跨國公司已有 300 多家來我國投資設廠。

如果用名義匯率來衡量，我國出口依存度(出口總額/GDP)自 1994 年以來基本保持在 20%左右的水平。1994、1995 年通貨膨脹形成過程中因外匯儲備造成的人民幣投放起了一定的作用。這充分表明我國經濟與外界聯系程度在日益加深。對外開放程度的深化是和經濟市場化緊密相連的，1994 年人民幣實現經常項目的可兑换，對我國出口總額的上臺階起到了重要的促進作用。

我國重返關税與貿易總協定為期不遠，可以相信隨着我國企業競争力的逐步提高和國家宏觀經濟管理抗風險能力的增强，我國今后將逐步實現的人民幣和外幣的資本項目的可兑换，并將為我國吸收外資和我國對外投資提供更好的機制和條件，我國的經濟開放程度還將持續得到提高。

5. 城鄉人民生活水平和生活質量有了很大提高

我國居民消費水平由 1978 年的平均每人 184 元增加到 1997 年的 2 936 元，按可比價格計算，1997 年是 1978 年的 381.1%，平均每年實際增長 7.7%。其中城鎮居民和農村居民人均消費水平分别提高了 2.12 和 2.74 倍，到 1997 年分别達到平均每人 6 048 元和 1 930 元。

反映居民生活質量的恩格爾系數(食品消費支出占總消費支出的比重)，城鎮居民 1997 年僅為 46.4%，比 1978 年降低了 11 個百分點；農村居民 1997 年為 55.1%，比 1978 年降低 12.6 個百分點。

城市人均居住面積由 1978 年的 3.6 平方米擴大到 1997 年的 8.8 平方米，農村居民人均住房面積由 8.1 平方米提高到 22.4 平方米。

隨着居民收入的提高，居民消費品檔次明顯呈現從十元級、百元級到千元級、萬元級的跳躍。目前，轎車、商品房等十萬元級的消費品開始進入部分高、中收入居民家庭。

醫療保健條件大為改善，居民的精神文化娱樂消費支出明顯增加。城鎮居民的醫療保健消費支出占總消費支出比重由 1985 年的 2.5%上升至 1997 年的 4.3%；文教娱樂用服務支出比重從 8.2%上升到 10.2%；農村居民的醫療保健支出比重從 2.4%上升至 3.9%，文教娱樂用服務支出從 4.0%上升至 9.2%。

隨着生活條件的不斷改善，我國城鄉居民的健康水平普遍提高，平均期望壽命由 1981 年的 67.8 歲提高到 1997 年的 70.8 歲．我國居民的生活質量高于同等收入的發展中國家。

6. 各項社會事業都取得了一定的成就

第一、人口過快增長得到有效控制，人口的素質在不斷提高。

到 1997 年底，全國人口總數為 12.36 億人，自然增長率為 10.06‰。據測算如果不實行計劃生育政策，仍保持 70 年代初的人口增長速度，現在我國人口可能會接近 15 億。更為可喜的是，90 年代以來，群衆的生育觀念開始發生變化，人口增長速度明顯減慢，實際出生人數比曾預計的 90 年代生育高峰應出生人數減少了 2 000 萬，人口增長的速度和絶對量都接近八十年代的最低水平。

從人口素質上看，80 年代初我國文盲、半文盲人口的比重為 22.8%，1997 年下降為 12.1%，降低 10 多個百分點。從 1982 年到 1997 年，我國平均每千人受大學教育的人數由 6 人增加到 25 人，受高中教育的人數由 66 人增加到 95 人，受初中教育的人數由 178 人增加到 268 人．1997 年我國普通高等學校在校學生數達 317.4 萬人，和 1978 年 85.6 萬人相比，增長了 2.7 倍。中等學校在校學生人數達 6 994.5 萬人，比 1978 年的 6 637.2 萬人增加 357.3 萬人。與此同時，各種形式的成人高等、中等教育也加快發展。

第二、我國人口城鎮化有一定發展。

1978 年我國城鎮人口占總人口的比重為 17.9%，1997 年上升為 29.9%。

改革開放后，農村的承包制的實行使農村的剩余勞動力能够中短期，甚至長期離開土地向城市發展，同時在沿海開放、開發地區又需要大量勞動力，人口流動、人口遷移的隊伍不斷壯大；

在改革開放過程中，一大批中、小市鎮適應市場流通和生産建設、政治管理和文化交流的需要得到了較好的建設；另外地方政府允許農民經商和自理口糧，進市鎮落户。大部分地方在城鎮户籍管理上都采取了一定的通融辦法使得農村人口可以通過一種或多種途徑獲得市鎮户籍。市鎮人口的比重呈現明顯的上升趨勢。1982 年第三次人口普查我國市鎮人口比重為 20.6%，人口為 2.07 億；1990 年第四次人口普查，市鎮人口比重上升到 26.41%，人口總量為 3.02 億；1997 年市鎮人口比重達到 29.92%，人口總量為 3.70 億。改革開放 20 年來我國市鎮人口比重增加了 12 個百分點，未來時期我國城鎮人口比重上升速度會逐步加快。

第三、我國環境污染嚴重，生態和資源遭到破壞的狀況在 90 年代后期開始得到重視，可持續發展成為各級政府的重要議題。

1995 年以后，一些地方政府開始為整治環境，關停并轉為數不少的給環境造成較嚴重污染的企業。

經過努力。我國森林覆蓋率由 1990 年的 12.98%上升到 1997 年 13.97%。

第四、我國改革以來政治基本保持穩定。

只有政治穩定才能促進經濟發展的觀念已經形成社會共識，絶大部分群衆從改革中受益增加也對穩定的局面起了良好的促進作用。

三、國民經濟發展的機遇和面臨的困難

我國國民經濟持續發展面臨以下機遇：

1. 就整個國家、政府和人民群衆的認識和經驗而言，以下因素爲我國經濟持續發展提供了良好的軟環境

A. 保持國民經濟持續、快速、健康發展，以保證綜合國力的不斷提高和人民群衆的生活水平不斷提高已經形成共識。

B. 改革以來經濟快速增長和生活水平的提高證明我們現在探索出來的這條發展的道路是對的，這一點也已經成為社會共識。

C. 政府經濟管理部門已積累了豐富的實踐經驗

2. 從經濟發展需要的要素供給看，我國也具備支撑持續發展的良好基礎

A. 我國人口衆多，是經濟發展的一個制約因素，但同時也産生了龐大的市場需求，提供了較為廉價而豐富的勞動力資源。在市場化進程的推動下，中國勞動力資源相對過剩對促進勞動力“買方市場”的形成也起到了重要作用。改革后勞動力素質有一定提高，今后還應加大科教投入力度，提高勞動力的結構素質。

B. 我國居民具有偏好儲蓄的傳統，儲蓄率較高，與未來經濟穩定快速增長要求的高投資率相一致，這是經濟持續快速穩定增長的重要保障。從 1978 年起，中國的投資率除 1981 年為 32.5%，所有各年都在 33%以

上，1992 年至 1996 年各年則分別達到 36.2%、43.3%、41.2%、40.8%和 42.4%。這樣高的投資率，在世界各國都是罕見的。中國的高投資率還將保持下去。另外，國外資本净流入及投資融資體制改革的進一步深化對高投資率的支持力度也會進一步加强。

C. 我國國民經濟經過近二十年的高速度增長，也為支持今后國民經濟快速增長奠定了良好的物質基礎。我國鋼鐵、水泥、煤炭、電力等行業近年來也出現買方市場格局，生產資料價格跌幅較大，表明生產資料要素的供給還可支撑更大的需求規模。而且我國全社會節能降耗的潛力尤其巨大。

D. 就新的經濟增長點和所需的技術支持而言，中國與發達國家存在的技術差距和中國對外開放的政策，使得中國在傳統産業仍具有很大增長空間的同時，衆多的新興産業會成為推動經濟快速增長的新的經濟增長點。我們可通過技術引進與自主開發相結合的道路，大大節約技術研究的經費和時間。這一優勢在今后長時間内都將存在。而且，我國自己的技術開發隊伍也初具規模，在一些領域達到了國際先進水平。可以在一定程度上推動我國國民經濟新增長點的産生和發展。

E. 從需要開發和發展的國土地域空間上看，我國東部地區已有一定的經濟基礎，但我國廣袤的中、西部大部分地方經濟發展水平還很落后，為進一步發展提供了廣闊的地域空間。

3. 從經濟發展所需的市場需求來看，我國今后的市場需求也將保持快速增長

A. 我國人口衆多，消費需求必將保持持續旺盛的態勢。預計在 21 世紀上半葉，中國人口總量仍將處于上升階段，人均消費水平也將有較大幅度的增長，消費結構變化趨勢是恩格爾系數進一步下降，對工業制成消費品、住房、文教娱樂、醫療保健消費需求的比重會進一步上升。這種變化趨勢對經濟的長期穩定增長十分有利。

B. 經濟發展成了各級黨和政府的中心工作，我國的投資需求也必將通過各種方式大體維持在和我國的高儲蓄率相對應的水平上。

C. 中國擁有世界上最廣闊的國内市場，由于中國將實施工業化和信息化并進的經濟發展戰略，而且中國地區、城鄉之間發展的不平衡性，從客觀上决定了各個地域、城市與農村、部門與産業間發展水平的層次性、梯度性、交叉性，這樣，大範圍的國民經濟體系内部必然保持較為穩定的增長動力，這是中國國民經濟與發達國家和新興工業化小國家和地區相比，能够實現更加長期穩定快速增長的優勢所在。

D. 我國參與國際交换已有一定深度，按名義匯率計算，我國 1994 年、1995 年、1996 年出口依存度分别為 22.3%、21.3%、18.3%，今后在不斷保持和提高我國出口産品的競争力的前提下，我們還可以利用國際市場的需求促進我國國民經濟産出水平的進一步提高。

4. 從我國經濟發展所處的國際市場背景看，不斷擴大的開放程度還會在以下方面有利于我國的經濟發展

A. 國際資本流入擴大了可以使用的國民財富的總額，增大了投資與消費比例安排上的彈性空間。

B. 我國經濟發展中需要的但國内資源又相對不足的某些資源如一些礦産資源、金屬材料，甚至糧食等等都可以通過國際貿易得到調劑。特别是隨着我國科技水平的不斷提高，我國在世界貿易體系中所處的垂直分工地位會不斷向水平分工轉變，有利于中國通過國際貿易獲得更高的比較利益，提高技術换資源的能力，緩解資源相對短缺的矛盾。

C. 我國在國際經濟交往中已經并將持續引進國際先進技術和管理經驗。

5. 從國内國際的政治環境看，都相對有利于中國經濟發展

A. 從國内看，由于中國采取經濟體制的漸進改革方式，經濟體制改革還將迸發出對生産力提高的促進潛力，而且更重要的是，漸進式的改革使中國能够在改革的同時保持了社會的相對穩定，絶大多數社會成員都不同程度受益于改革和現代化，政治上的相對穩定可以有效地防止發展中國家較容易出現的現代化進程中斷的局面。

B. 從國際環境看，和平與發展已成為當代世界的主題，中國的經濟發展也得到了世界上政治、經濟、文化各界有識之士的普遍支持。

C. 從我國在國際事務中的影響上看，經濟的較長期快速增長和綜合國力的持續增强，不斷提高了我國在世界事務中的政治經濟地位和影響力，還有利于争取對中國更為有利的國際政治和平環境和國際經濟技術交换格局。

但是中國經濟發展進程的深化也面臨以下較為明顯的困難：

1. 自然資源的制約

我國人均自然資源的擁有量很有限,其中最為突出的是水、土地和能源資源。

A. 從土地資源上看,中國國土面積雖然廣博,但耕地面積少,占世界7%的耕地面積養活着22%的人口,人均資源量不足世界平均水平的1/3,隨着工業化的發展,耕地面積還在日益減少,而人口却在日益增長,矛盾會更加突出。

B. 從水資源上看,中國人均水資源占有量僅為世界平均水平的1/4,而且水資源分布不均,從地域分布上看是南多北少,從時間分布看夏多冬少。隨着經濟增長,缺水問題將會日益嚴重。

C. 從能源資源上看,中國能源資源總量豐富,但其中煤炭資源所占比重偏大,對環境污染嚴重,整體能源資源結構和地區分布不均制約了經濟的快速發展。尤其突出的是,中國石油資源后備儲量嚴重不足,對國民經濟對石油的需求却增長很快,我國目前已經成為石油净進口國。如果石油資源潛力發掘没有重大突破,中國經濟增長對進口石油的依賴程度將日益嚴重。

2. 生態環境的制約

目前中國有許多大、中城市大氣污染超標,在其他經濟較發達的地區環境污染也日益嚴重,全國水土流失面積在逐步擴大,如果生態環境得不到有效整治,環境污染對經濟增長的負面影響將大範圍顯露,將對國民經濟的可持續性發展構成嚴重威脅。

3. 人口衆多,就業壓力進一步加大

根據有關預測,中國的人口將持續增長到2040年左右,總人口將達到15.8億左右,然后才會開始十分緩慢地下降,也就是説,從1997—2040年,中國將净增人口3.6億,這將是中國經濟發展的一個沉重負擔。尤其是隨着農業現代化進程的加快,企業的技術進步導致資本有機構成日益提高,經濟增長的勞動力需求彈性將不斷下降。而市場化進程的深入又將使隱性失業不復存在,原有隱性失業也會逐步顯性化,巨大的就業壓力將會一直存在。而且這個問題如果處理不好,有可能在局部地方引發社會矛盾尖鋭化。

另外在勞動力總量剩余的同時,現代化建設所需要的各種人才却相對不足,目前,中國就業勞動力中受過高中以上教育的比例僅為17%左右,受過大學本科教育者不到1%。隨着經濟發展過程中產業結構的升級换代,勞動力的這種文化程度水平構成將越來越難以適應經濟發展的需要。

4. 經濟體制改革和經濟增長方式轉變過程中還將長期存在一些難點

這些難點包括以下幾個方面。

A. 國有企業的改革牽涉面廣,需要理順的關系較多,在較長時期内仍是經濟體制改革的一大攻堅點。

B. 由于企業活力較差,要素(資金、土地、勞動力)市場化進程還不深入,我國經濟增長仍以粗放型增長為主。

C. 我國生產要素市場化進程中的投融資體制改革同樣牽涉面廣,它是今后改革深化過程中必須克服的又一個難點。由于過去長期國有企業預算軟約束或與銀行財產關系不明晰,我國國有銀行積累了大量呆帳壞帳,孕含着一定的金融風險。而新的實業投資體系怎樣避免歷史上多次反復過的低效益重復建設,也是非常需要研究并加以解決的難題。

D. 我國產業結構有很多不合理之處。如規模結構不合理外,產業高度不合理,社會服務業發展相對滯后,在一些地方和環節基礎設施的瓶頸制約尚未解除。

5. 經濟發展過程中還有可能產生一些偏差,這些偏差如不及時加以糾正,也有可能造成社會問題

A. 東部和中、西部地區發展水平差距拉大,需要采取有效措施建立相對均衡的地區發展機制。

B. 少數人暴富和由農村貧困人口、大量失業人口組成的貧困人口群體擴大形成對照,兩者收入差距不斷擴大,既不符合社會主義共同富裕的倫理準則,也有可能產生不穩定因素。

C. 各級政府官員在管理經濟中滋生的腐敗行為需要建立起較有效的法律框架和監督機制加以消除。

總而言之,從我國目前發展發展所處的狀態和取得的成就上看,我國國民經濟可持續性發展的有利因素多于不利因素,機遇大于困難,關鍵在于怎樣把握,以將中國經濟發展事業成功地推向21世紀。

四、中國國民經濟發展趨勢

在政治穩定,黨和政府帶領全國各族群衆把握好發展機遇,克服不利因素,逐步采取有效措施解決好經濟發展過程中已有的和可能出現的困難的前提下,我國國民經濟發展的趨勢可以表述如下:

1. 國民經濟和社會發展會表現出以下階段性特征 *

A. 根據有關預測顯示，我國國内生產總值在 1998－2010 年將保持年平均 8－9%的增長速度，在 2011－2030 年將保持年平均 6%左右的增長速度，在 2031－2050 年將保持年平均 4－5%的增長速度。經濟發展將繼續在快速增長區域内運行，并呈現平穩減速趨勢。經濟增長形態將在 20－30 年内全面轉向集約型，科技進步對經濟增長的貢獻程度大為提高，經濟發展進入可持續狀態。

B. 按照上述國民經濟發展速度，到 2000 年，我國人均 GDP 將達到人民幣 7 000 元左右，GDP 總量將超過人民幣 90 000 億元，東中部的絶大部分地區和西部城鎮與部分農村居民生活水平實現小康，其中一部分城鎮和小部分農村達到富裕。

到 2010 年人均 GDP 將達到人民幣 15 000 元(按 1995 年不變價格計算)，GDP 總量達到約人民幣 20 萬億元，我國將全面實現小康，大中城市、部分小城鎮完成工業化、生活基本實現富裕，部分農村實現生產工業化、生活現代化。

到 2030 年，GDP 總量達到人民幣 60 萬億元，人均 GDP 人民幣 40 000 元，工業化全面完成，基本實現信息化，科技發展水平接近國際先進水平，生態環境得到改善，人民平均生活水平達到當時中等發達國家的水平，部分地區和大中城市的生活水平達到當時發達國家的水平。

到 2050 年，按 1995 年不變價格計算，GDP 總量達到人民幣 150 萬億元左右，人均 GDP 達到人民幣 10 萬元左右，經濟社會全面信息化，科技水平基本達到國際先進水平，若干領域保持領先，生態環境大為改善，人民生活質量和生活水平達到當時一般發達國水平。

2. 在産業結構升級、轉換與變遷方面，中國經濟發展將呈現以下特點：

A. 第一産業的增加值占全部 GDP 的比重將由 1997 年的 18.7%下降到 2010 年的 14%左右，到 2050 年將進一步下降到 6%左右；第二産業的增加值占全部 GDP 的比重將由 1997 年的 49.2%上升到 2010 年 51%左右，然后回落至 2030 年的 48%左右，到 2050 年下降到 42%左右；第三産業的增加值占全部 GDP 的比重將由 1997 年的 32.1%上升到 2010 年的 35%左右，2030 年的上升 43%左右，2050 年上升到 52%左右。

B. 第二産業比重持續上升，到 2010 年前后達到高峰。根據 H．錢納里的研究表明，工業化階段不可逾越，它亦是信息化能够進行的物質基礎。我國目前人均鋼鐵年消耗量僅為美國和日本高峰時期的 8%，因此二次産業還有一個略高于國民經濟增長速度的擴張時期。

C. 國民經濟信息化將超前發展。我國目前信息化水平比發達國家落后約 20 年，但得益于后發優勢和世界信息技術革命，我國的信息化將與工業化同步推進。

D. 多層次的消費需求結構帶動多層次産業結構遞進升級，多層次的需求構是由多層次的居民收入結構所決定的；另一方面，引進技術和自主研究開發相結合，一些高新技術的跳躍式升級産生了多層次的技術進步，多層次的技術進步供給推動産業結構高度化。

E. 傳統重工業規模將在相當長的時期内持續增長，但隨着工業化的基本完成，經濟發展對傳統重工業的需求也會下降。從目前到 2030 年，我國傳統重工業如鋼鐵、水泥、煤炭、石油、化工等産品生産仍將不斷進行規模擴張，在生産擴大的同時，由于技術進步以及産品市場和資本市場的功能作用的發揮，規模效益低下的小企業將被淘汰，大型企業集團的作用在這些産業中的作用將越來越重要。

F. 以高新技術為基礎的新興産業將會持續增長，并逐步取代傳統工業的主導地位。如以數控機床、電子計算機、通訊工具、航空航天等方面為代表的先進設備制造業，將成為制造業的主導行業和經濟增長的支柱産業。

3. 從經濟體制變革來看，根據有關政府文件，我國要在 2020 年左右建立起較爲完善的市場經濟體系，從現在起到 2020 年間，中國經濟體制將在以下幾方面發生深刻變化

A. 90 年代中后期中國國有企業改革已有較大進展，但還是處在探索階段。國有企業改革必將大範圍全面深入地鋪開，在這個過程中，會有相當數量的工人下崗待業，國有企業内部的組織和管理結構以及國有企業和行使所有者職能的有關部門的關系都將發生明顯變化。可以預見，在各個部門、地區以及在國民經濟不同層次上國有企業的覆蓋範圍和深度都會隨實際需要而在不同程度上有所縮小，但國有經濟在國民經濟中的主體地位不會動摇。

* 本部分參考了李京文教授的有關著作。

B. 投融資體制改革全面深化。

其主要内容將包括：一是融資的工具和渠道結構將會發生變化，直接融資中股市將持續擴容，與此相適應，中國場内證券交易場所也將在深、滬兩家的基礎上有若干家的增加，直接融資中的企業債券和基金融資都將得到扶持和發展；同時，商業銀行間接融資的相對比重趨于縮小，并且今后對商業銀行所積存的不良信貸資産會逐步進行整治，商業銀行體系的機構設置會隨資金供需的需要在目前的地區格局上進行調整；中小企業的資本融通市場將得以建立和完善；場外證券交易市場也將得到擴充。

二是資本形式在融資工具間的轉换性將得到增强，國有股、法人股都將上市流通。

三是貨幣市場各種短期融資工具的規模將得到擴大，功能逐步完善發揮。

四是中國將最終實現實現人民幣和外幣之間資本項目的可自由兑换，將為中國資本市場上各種外幣股權交易(B、N、S 股股權)與以人民幣幣種交易的 A 股股權交易相互自由融通提供條件。

五是從實業投資上看，投資立項審批制將逐漸取消，代之以登記備案制，各種經濟主體在投資立項和資金籌措方面的環境會逐步改善。

C. 從中國住房制度改革的進程上看，基本上可以在 2000 年前后實現大部分城鎮居民住房的商品化。中國各地城鎮户籍管理在住房商品化之后將明顯松動，對常住在不同級别城鎮達一定期限的農村、异地人員，將有一定的機制和方式使他們成為相應市鎮的居民。這樣，在 2010 年左右，一個全國範圍的流動障礙非常輕微的人才和勞動力市場將基本形成。

4. 從我國目前發展遇到的主要困難和問題上看，它們的解决都需要一定時間

A. 由于經濟增長仍然伴隨着高污染的傳統産業生産規模的不斷擴大，加上我國以煤為主的能源結構短期内不會發生根本性轉變，“三污”排放的絶對量仍將日益上升，經濟持續增長導致生態環境壓力日益增大。但是，隨着科技進步和産業結構的高度化，隨着經濟實力與環境意識的增强，一方面高污染傳統産業的增長會逐步左右的努力，我國生態環境會逐漸好轉，2030 年以后的環境壓力會逐步有所緩和。

B. 失業率的持續上升壓力不可避免，關鍵在于是否合理引導、幫助下崗失業人員從事各種滿足社會需要的産品生産和服務提供。由于國民經濟高新技術化、信息化和增長集約化，生産過程自動化，社會生産對勞動者的文化和科技素質要求日益提高，對勞動力的教育、培訓和再教育顯得尤其重要。甚至也會成為一種産業。如果城鎮公有單位改革深化，按 1997 年的冗員釋放水平，從現在起至 2010 年實際城鎮失業率將維持在 7—8%左右，并可能有所上升，失業壓力的減輕要等到 2030—2040 年我國人口結構改變和增長速度明顯放慢后才有可能。毫無疑問，為緩和社會矛盾，必須建立起完善的社會保障和失業救濟制度。

C. 在 2005—2010 年間，國民經濟發展的主要問題將由國有企業改革問題轉化為農村現代化問題。按照政府設定的目標，國有企業改革改制和由此涉及到的問題在 5 年左右的時間内可以得到基本解决，關系可以基本理順。此后農村居民與城市居民間收入水平的相對差距縮小的進程將是漫長的，社會經濟二元化結構現象將長期存在。如何縮小城鄉差别，加快農村經濟發展，促進農村人口城鎮化，將成為經濟是否繼續快速增長、經濟發展進程是否中斷或減速的關鍵所在。

D. 發達地區與欠發達地區發展水平與生活水平絶對差距繼續擴大，并導致全國人口由西向東流動的現象長期存在。由于我國發展工業化進程中信息化已起步，東中部經濟在今后相當長時間内將會繼續高速增長，東西部地區居民生活水平和質量的絶對差距擴大估計會持續到 2030 年左右。到 2030 年前后，西部處在産業升級階段，投資環境和投資效益看好，經濟增長速度也相對增高，與東、中部地區生活水平差距趨向縮小，資金和人才等生産要素有可能回流。

在近幾年内，政府會利用買方市場開始形成、社會總需求相對不足的有利條件，努力抓好以下幾方面的工作：

A. 利用競争性的商品市場體系，促成國有企業改制早日完成和其行為方式向完全市場化轉變。

B. 整治金融體系主要是國有商業銀行的不良資産，化解潛在的債務風險。

C. 穩步推進投融資體制改革。

D. 利用可能的條件適度調整和優化經濟結構，主要是按照合理規模經濟的要求，形成合理的企業規模和産業組織。

E. 加大某些局部地方和城市的環境污染防治和生態改良的力度。

F. 適度增加政府投資并刺激企業投資需求，回穩社會總需求規模，防止經濟滑坡。

第二章　國家經濟政策

一、概述

在規範的市場經濟中,國家經濟政策可以區分為財政政策、貨幣政策、産業政策、收入政策、就業政策、地區政策等等方面。

由于規範的市場經濟中,國家及政府的經濟管理職能和單個經濟單位的生産經營職能區分明晰,國家經濟政策的内容基本上為財政貨幣政策所融合,其他經濟政策如收入政策、地區政策等都可以通過財政貨幣政策的功能得到實現。但是發展中國家為了實現産業發展的趕超性,一般都還會保持着較為主動積極的産業政策。

我國目前正在積極推進經濟體制改革,努力構建起適應市場經濟發展需要的財政貨幣政策和産業政策體系。

二、我國的財政政策

1997 年和 1998 年我國財政政策具有如下特征:

1. 國家在通過規範税收減少各種基金及收費項目的方法,來糾正我國財政領域各種不統一,不規範的財政和準財政行為,從而建立較為標準的,符合市場經濟規範的財政政策體系。

2. 國債發行在我國財政政策中占有極其重要地位,目的在于籌措資金,加快國家經濟建設,彌補我國現階段財政收支赤字。通過發行國債的方式,可以避免向銀行透支而帶來的通貨膨脹壓力。

3. 國家繼續實行適度從緊的財政貨幣政策,但根據現實的經濟狀況需要,在 1997 年以來的實際操作過程中,從緊的力度有所減輕。

我國 1997 年年初以來出臺的財政政策如下表 2—1 所列:

表 2—1　1997 年初至 1998 年 8 月財政政策舉措一覽表

日期	政策舉措
1997 年 1 月 9 日	財政部就 1997 年六種到期償還的國債兑付和四種國債付息等事宜發布公告。
1997 年 1 月 10 日	財政部發布公告,1997 年記帳式(一年期)國債計劃發行 200 億元,從 1997 年 1 月 22 日開始發行,2 月 17 日結束,發行期結束后即可上市流通。
1997 年 3 月 20 日	財政部發布公告,1997 年憑證式國債發行總額 1230 億元,從 3 月 11 日起開始發行,10 月 20 日結束。
1997 年 4 月 15 日	財政部發布公告,1997 年無記名(一期)國債于 5 月發行,票面總額 400 億元,本期國債期限三年,票面年利率 9.18%,不記名不挂失。
1997 年 4 月 28 日	國家税務總局通知要求各地税務部門做好貧困農户農業税的減免工作。
1997 年 8 月 22 日	財政部公告,為籌集建設資金,決定在今年國債發行總額内增加發行 1997 年三年期國債 400 億元,發行時間從 1997 年 9 月 1 日開始。
1997 年 9 月 5 日	由財政部組織的 1997 年記帳式(二期)國債 130 億元承銷商和利率已經確定。此次發行的國債為 10 年國債,票面年利率為 9.78%,利息按年支付,最后一年歸還本金,發行期從 9 月 5 日到 9 月 24 日。

（續表）

日期	政策舉措
1997年11月29日	國務院辦公廳近日發出緊急通知，要求各地區采取切實措施及時清理企業欠繳的“兩税”。
1997年12月7日	財政部近日與國家經貿委、國家計委、審計署、監察部、國務院糾風辦聯合發文，取消了217個基金項目，約占全國各地征收基金總數的1/3，預計每年減輕負擔30多億元。
1997年12月20日	經國務院減輕企業負擔部際聯席會議批準，國家計委會同財政部聯合發出通知，公布第一批降低工農業等13個部門22項收費標準，平均下降幅度為35%，降低收費標準后每年減輕企業負擔約為40億元。
1997年12月23日	國家計委、郵電部決定從1998年1月11日起降低放開經營電信業務中的部分租用電路收費標準。
1998年1月1日	對國家鼓勵發展的國内投資項目和外商投資項目進口設備，免征關税和進口環節税，以進一步吸引外商直接投資。
1998年1月5日	財政部會同國家計委對國務院有關部門收取或管理的行政事業性費項目進行清理，經國務院減輕企業負擔部際聯席會議批準，共同發布《關于取消第一批行政事業性收費項目的通知》，該通知共取消了29項行政事業性收費，預計一年可減輕企業負擔3億多元。
1998年1月19日至21日	(1)財政部、國家税務總局對行政事業性收費、基金的營業税政策作調整，以整頓規範財税秩序； (2)財政部頒布實施《行政單位財務規則》。
1998年2月4日	財政部發布1998年第1號公告，1998年憑證式國債計劃發行票面金額1 250億元，發行時間為2月20日至10月31日，其中3年期750億元，年利率為7.11%；5年期500億元，年利率為7.86%。
1998年2月20日	(1)憑證式國債開始發行； (2)中央政府宣布我國將逐步取消財政周轉金，争取用3年時間完成，目的在于整頓金融秩序，防範金融風險； (3)宣布1998年財政農業投資在去年12億元的基礎上又增加9億元，以擴大財政支出和穩固農業基礎； (4)將紡織品出口退税率由9%提高到11%，將輸美紡織品協議配額總量的15%以上直接戴帽分配給紡織品自營出口企業；用以支持和擴大中國紡織品的出口； (5)財政部下發《關于股份制企業轉贈股本和派發紅股免征個人所得税的通知》，股份制企業用資本公積金轉贈股本，對個人取得的轉贈股本數額，不增收個人所得税(用盈余公積金派發紅股仍征收個人所得税)，本舉措的目的在于促進企業的長遠發展。
1998年6月11日	為切實減輕企業負擔，日前財政部等六部委聯合發出“關于公布第二批取消的各種基金(附加收費)項目的通知，取消147個基金項目。
1998年6月12日	國務院決定將證券(股票)交易印花税由千分之五調低到千分之四。
1998年7月2日	對1998年7月3日(含本日)以后購買的1998年憑證式國債，其發行利率及提前兑收的分檔利率作如下調整，1998年三年期憑證式國債，發行利率由原來的7.11%調至5.85%；1998年五年期憑證式國債，發行利率由原來的7.86%調整為6.42%。
1998年7月底	頒布《企業投資與建造合同會計準則》，從1999年1月1日起首先在上市公司中執行。
1998年8月18日	財政部就發行1998年特别國債發布公告，總額為2 700億元的特别國債將于1998年8月18日發行，本期國債為記帳式附息國債，期限為30年，年利率為7.2%，由各商業銀行認購，從發行之日開始計息，利息按年支付發行的國債將主要用于補充商業銀行的資本金。這個舉措也有利于貸款規模的增加。

（續表）

日期	政策舉措
1998 年 8 月底	增發 1000 億元國債，還債期限為 10 年，年利率為 5.5％，在今后兩年納入國家預算，打入財政赤字，今年列入中央財政赤字支出 500 億元，中央財政赤字將由年初預算的 460 億元擴大到 960 億元。募集的資金將用于農林水利、交通電訊、城市市政、農村電網等基礎設施的建設和改造。

三、我國的貨幣政策

1997、1998 年我國貨幣政策具有如下特征。

1. 貨幣政策體系逐步向市場經濟要求靠近，商業銀行信貸自主性增强，市場經濟條件下中央銀行的三大基本政策工具中再貼現率、存款準備金率的功能行使框架基本確立，公開市場業務操作的框架尚未建立。貨幣政策中明顯包含着支持房地產業，間接地支持建築業和基礎設施建設的產業政策內容。

2. 仍然實行"適度從緊"的財政貨幣政策，但從緊的力度在調小。先后 5 次降低存貸款利息率、降低準備金率，完善貼現措施降低再貼息率，擴大指導性信貸規模。

1997 年年初以來出臺的貨幣政策如下表 2—2 所示。

表 2—2　1997 年初到 1998 年 8 月貨幣政策舉措一覽表

日期	政策舉措
1997 年 1 月 4 日	中國人民銀行根據《商業銀行法》的規定，基本完成了國有銀行與信托投資公司脱鈎的工作，銀行所辦信托投資公司實現完整移交，没有因銀行與信托公司脱鈎而發生銀行資產流失或引發支付問題。
1997 年 3 月 1 日	中國人民銀行從 3 月 1 日起，對工商銀行、農業銀行、中國銀行、建設銀行 4 家國有獨資銀行的總行開辦再貼現業務，金融界普遍認為此舉是中央銀行金融宏觀調控方式的重大轉變。
1997 年 5 月 6 日	中國建設銀行副行長石春貴宣布，今年個人住房貸款規模為 40 億元。
1997 年 10 月 15 日	中國人民銀行近日發出《關于合理確定流動貸款期限通知》，要求合理確定流動資金貸款期限，新增中長期流動貸款業務，期限為一至三年，貸款利率執行同期同檔次固定資產貸款利率。
1997 年 10 月 22 日	中國人民銀行發布公告，决定從 10 月 23 日起，降低金融機構存貸款利率。各項存款的年利率平均下調 1.1 個百分點，各項貸款的年利率平均下調 1.5 個百分點。
1998 年 1 月 1 日	取消貸款限額控制，給商業銀行以充分的貸款自主權。
1998 年 2 月初	確定信貸重點，1998 年國家指導性貸款計劃為 9 000 億元，比 1997 年實際貸款增加 800 億元以上。
1998 年 3 月 21 日	(1)將機關團體存款和財政預算外存款劃為金融機構的資金來源，商業銀行可從劃轉的財政性存款中一次性增加可用資金 836 億元； (2)改革存款準備金制度，中央銀行將各金融機構法定存款準備金帳戶和備付金帳户合并為存款準備金帳户，并且將存款準備金率由 13％調至 8％，這樣金融機構從當年新增存款中可相應增加可用資金約 700 億元。
1998 年 3 月 23 日	國家計委、中國人民銀行下發關于下達 1998 年國家安居工程建設投資計劃的通知。安居工程建設範圍擴大到經濟適用房，實施範圍擴大到縣城鄉鎮，建設總規模擴大到 419 億元。
1998 年 3 月 25 日	降低金融機構存貸款利率，存款利率平均下調 0.16 個百分點，貸款利率平均下調 0.6 個百分點。

（續表）

日期	政策舉措
1998年5月初	中國人民銀行總行發布《關于加大信貸投入支持住房建設和消費的通知》，這個文件有利于啟動住房投資并帶動經濟發展。
1998年5月26日	(1)恢復中央銀行債券回購業務，增加商業銀行分銷渠道，此舉出臺，到7月14日，累計融出資金196.4億元，其中未到期余額達159.2億元； (2)增加國家開發銀行固定資產貸款計劃200億元，用于支持基礎設施建設。
1998年7月1日	降低存款貸款利率，主要是降低中長期貸款利率。存款利率平均下調0.49個百分點，貸款利率平均下調1.12個百分點，同時商業銀行的再貼現率由6.3%下降到4.32%。這是自1996年5月、8月以來的第五次中央銀行降息，估計五次降息可減少資金融通的利息負擔近2 400億元。中長期貸款利率的下調，大大降低了固定資產投資和居民購買住房的約束。
1998年7月初	中國人民銀行總行發布《關于進一步改善對中小企業金融服務的意見》。這個文件旨在擴大中小企業投資并改善就業狀況。

四、產業政策

1997年和1998年國家產業政策具有如下特點：

1.產業政策的相當部分通過財政貨幣政策來實現，同時，通過行政管制和行政指導來實現也是一種重要方式。

2.國家重點支持農、林、水利、交通、信息等基礎設施建設，房地產業和科技產業也是國家支持的重點。

3.國家已經開始着手解决布點過于分散、重復建設等產業組織不合理問題。

4.對污染較嚴重，又有經濟實力開展治理工作的局部地區，開始進行環境整治。

1997年初以來出臺的與產業政策有關的政策舉措如表2—3所示。

表2—3 1997年年初以來產業政策舉措一覽表

日期	政策舉措
1997年1月3日	國家計委、財政部發出《關于取消部分建設項目收費，進一步加强建設項目收費管理的通知》，公布取消了48項未按規定程序批準，明顯不合理的住宅建設收費，并部署進一步整頓建設項目收費，加强收費管理體制的工作。這些舉措有利于房地產業和建築業的發展。
1997年1月4日	國務院批準中國有色金屬工業總公司、中國石化總公司和中國航空工業總公司進行國家控股試點，作為國家授權投資機構，對其現有直屬企業、控股企業、參股企業，依照公司法行使出資人權利，進行資產經營活動。試點活動自批準后即正式運行。
1997年2月5日	國務院副秘書長張左已在全國城鎮住房制度改革會議上宣布，國務院已原則同意1997年新增國家安居工程貸款規模100億元，加上1995、1996兩年結轉規模約60億元，共160億元。
1997年3月28日	國家土地局長會議作出部署，停止審批非農項目建設占用耕地。
1997年5月16日	國家計委、國務院證券委宣布，1997年股票發行規模為300億元，重點支持1 000家國有重點企業、120家企業集團、100家現代企業制度試點企業和農業、能源、交通、通訊、重要原材料及高新技術企業。
1997年6月25日	國家計委首次發布產業投資信息，九五期間乙烯工業走以改擴建現有裝置為主的發展道路，不再新布點；石油工業不再擴大原油一次加工能力，發展重點是對沿海、沿江的現有企業改擴建。
1997年7月29日	國家計委發布產業信息，彩電不再增項。

（續表）

日期	政策舉措
1997 年 8 月 6 日	(1)國務院批轉國家計委、國家經貿委等 7 部委意見，進一步加强汽車工業項目管理。 (2)國務院近日發出通知，國家建立兩級醫藥儲備制度，儲備資金規模暫定 12 億元。
1997 年 8 月 25 日	中國輕工總會發布了造紙、釀酒、皮革三個行業環境保護行業政策、技術政策和污染防治政策。
1997 年 10 月 31 日	國務院副總理李嵐清在全國代理配送制工作會議上强調要大力發展代理配送制，深化流通體制改革。經有關部委協調，今后我國將擴大鋼材、汽車代理試點企業範圍，還將支持非試點企業結合實際發展代理配送制，建立穩定的工商關系。
1997 年 12 月 3 日	我國基礎設施領域第一項産業政策條例《水利産業政策》頒布實施。
1997 年 12 月 23 日	為促進信息産業的發展，國家計委、郵電部決定自 1998 年 1 月 1 日起，降低放開經營電信業務中的部分租用電路租費標準。
1997 年 12 月 27 日	吴邦國副總理在全國紡織工業深化改革調整結構工作會議上指出：先從沿海啟動，當年基本完成 480 萬棉紡錠的壓縮淘汰任務，是 1998 年紡織工業突破口的三項任務之一。
1998 年 1 月 22 日	國家科委正式發布實施《中國農業科學技術政策》，主要確定 2010 年以前我國農業科技發展的方向、原則、重點領域、關鍵技術和有關政策。
1998 年 1 月 25 日	中國人民銀行下達 1998 年住房貸款指導性計劃，規模達到 1 000 億元。
1998 年 1 月 29 日	經國務院批準，國家計委主任陳錦華 1997 年 12 月 31 日簽署中華人民共和國國家計劃委員會令，公布《當前國家重點鼓勵發展産業産品和技術目録》，自 1998 年 1 月 1 日起實行。
1998 年 1 月 30 日	經國務院批準，國家計劃委員會、國家經濟貿易委員會、對外貿易經濟合作部聯合公布《外商投資産業指導目録》
1998 年 2 月 6 日	國家開發銀行行長姚振炎表示開發銀行在信貸政策上，繼續向基礎設施和基礎産業傾斜、向有利于中西部資源開發和基礎設施項目傾斜、向有利于促進經濟結構優化和帶動産業升級和新經濟增長點傾斜、向大企業和大企業集團傾斜。
1998 年 2 月 17 日	中國人民銀行發出通知，要求國家銀行新增支持農業貸款不低于新增貸款的 10%，農村信用社用于種植業的貸款不得低于 40%，對農村信用社社員的貸款不得低于貸款總額的 50%。
1998 年 2 月 28 日	國務院批復太湖水污染防治“九五”計劃和 2010 年規劃。要求 1998 年底全流域工業企業排放廢水達到標準，2000 年實現太湖水變清，2010 年基本解決太湖營養化問題，實現湖區生態系統良性循環。
1998 年 3 月 11 日	全國人民代表大會批準國務院機構改革方案。
1998 年 3 月 23 日	國家計委、中國人民銀行下發關于下達 1998 年國家安居工程建設投資計劃的通知，今年安居工程建設擴大到經濟適用房，實施範圍擴大到縣城鄉鎮，建設總規模擴大到 419 億元。
1998 年 3 月 28 日	鐵道部召開加快鐵路建設動員大會，大會提出今后五年投資 2 450 億元，修建鐵路 5 340 公里。
1998 年 4 月 15 日	國土資源部部長周永康指出，在修改的土地管理法通過實施前，繼續執行凍結非農建設項目占用耕地。
1998 年 5 月 31 日	國家開發銀行行長陳元表示，開行將對基礎設施建設加大資金投入，加速資金撥付，加快項目評審，以確保資金及時到位。據透露，今年開行的貸款總規模將達 1 228 億元，比去年增長 11.68%。
1998 年 6 月 19 日	國家發展計劃委員會召開全國電視電話會議，部署加快農村電網建設與改造的工作，以期盡快改變我國農村電網設施落后、電價過高、農民用電負擔過重的狀况。
1998 年 6 月 21 日	為加快公路建設，確保今年經濟增長目標的實現，國務院決定采取增加國家撥款、增加公路客運附加費、對部分收費公路項目進行資産重組和將收費公路投資基金作為産業投資基金試點等四項措施。
1998 年 8 月底	國家財政部發行 1 000 億元國債，用于農林水利、交通電訊、城市市政、農村電網等基礎設施的改造。

五、地區經濟政策

除了上文提到的在財政、貨幣、產業政策中體現地區經濟政策外，我國通過制定相應政策措施，"九五"計劃到 2010 年期間，使各地區在國家規劃和產業政策的指導下，按照"統籌規劃、因地制宜、發揮優勢、分工合作、協調發展"的原則，選擇好適合各地條件的優勢產業，避免區域結構趨同，積極推動地區間優勢互補，合理交換和經濟聯合。這些政策主要包括：

1. 實行國際通行的規範中央財政轉移支付制度，按一定標準和比例相應擴大中央財政對經濟不發達地區的税收返還和轉移支付數額。按照標準的轉移支付制度，越是落后的地區獲得支付數額越大。此項制度將在"九五"期間逐步規範，"九五"以后實現中央財政轉移支付制度化。

2. 在國家規劃和產業政策指導下，通過有關區域發展政策促進各大區域及區域内合理分工體系的形成和具有各地方特色經濟發展方式的形成；理順資源性產品的價格體系，保護資源調出地區的合理利益。

3. 優先在中西部地區安排資源開發和基礎設施建設項目，加大中西部地區國家投資和利用外資的比重。集中力量幫助中西部地區建設一批重點骨干工程和扶持一批適合的支柱產業。

4. 鼓勵國内外投資者到中西部地區投資。鼓勵政策包括地方性税收優惠，大中型項目的中長期貸款貼息優惠，補償資金外流的定向貸款等等；東部地區的一些初級加工業和勞動密集型產業可以考慮在淘汰中内移。

5. 繼續組織中央各部門、社會各界以各種形式支援少數民族地區、貧困地區和中西部經濟不發達地區，組織好東部地區和不發達地區的聯邦帶，落實《國家八七扶貧政策計劃》。

6. 擴大國家三大政策性銀行對中西部地區政策性優惠貸款比重，幫助中西部大、中城市設立城市合作銀行和區域性商業銀行，規範和拓寬這些地區地方性投資機構的融資渠道和經營範圍；在項目工作上予以照顧和優惠。

7. 盡快建立和完善依靠科技和教育加速振興中西部地區的機制，挖掘中西部地區的科技和國防軍工部門的科技力量及國有大中型骨干企業的相應潛力。

采取這些優惠政策和優惠措施，將對抑制區域經濟差距擴大起到一定作用。

附録一：

当前我国重点鼓励发展的产业、产品和技术目录

國家計委規劃司

90 年代中期以來，隨着我國宏觀經濟環境的改善和國内外市場需求的變化，我國產業結構也發生了深刻變化。產業結構調整的重點，從實現產業比例關系的協調轉向全面提高產業素質和國際競爭力。為了適應這一重大變化，主動進行產業結構調整，完善國家產業政策體系，經國務院批準，特頒布當前國家重點鼓勵發展的產業、產品和技術目録(外商投資按《外商投資產業指導目録》執行)。確定這些產業、產品和技術的原則是：(1)符合當前和今后一個時期的市場需求，有比較廣闊的發展前景；(2)有比較高的技術含量，有利于企業設備更新，加快對傳統產業的技術改造，促進產業結構的優化和升級，全面提高經濟效益；(3)國内存在從研究開發到實現產業化的潜在技術基礎，經過努力，可以填補國内產業和技術空白，有利于形成新的經濟增長點；(4)符合可持續發展戰略，有利于資源節約以及生態和環境保護；(5)供給能力相對滯后，提高其供給能力，有利于改善經濟發展的整體外部環境，促進國民經濟實現長期的持續、快速、健康發展。

本着上述原則，國家當前重點鼓勵 29 個領域，共 440 種產品、技術及部分基礎設施和服務的發展。本目録是國家引導投資方向，改善投資結構以及審批基本建設和技術改造項目的主要依據之一。國内投資者投資于本目録内的項目，所需進口的自用設備和技術，在項目核算的設備和技術支出範圍内，且不屬于《國内投資項目不予免税的進口商品目録》之列的，經項目審批部門核準后，免征進口關税和進口環節增值税。有關經濟管

理部門,要參照本目録,制定相應的支持措施,保證國家產業政策的有效實施。各地區要根據本地的實際情況,認真分析國内外市場需求和供給體系的變化,從實際出發,量力而行,選擇目録内有可能形成本地比較優勢的領域進行建設,堅決避免盲目重復建設。國家計委將根據國民經濟和社會發展的情況,國内外市場及產業技術的變動,按年度對本目録進行調整和修訂。本次調整、修訂的目録如下:

一、農業

1. 動植物優良品種及重大病蟲害防治技術
2. 脱毒種苗
3. 蔬菜、花卉無土栽培
4. 高產、高效模式化栽培
5. 先進農業技術開發和推廣
6. 農產品儲藏、保鮮、加工及綜合利用
7. 中低產田綜合治理
8. 宜農荒地、荒山、荒漠、灘涂開發
9. 商品糧、棉、油、糖等農產品基地建設
10. 旱作農業、節水農業及生態農業
11. 天然橡膠
12. 草業和草原建設
13. 名特優水產品
14. 奶業
15. 生物農藥
16. 高效低毒無公害農藥
17. 新型農膜
18. 新型獸用疫苗和獸用化學藥品
19. 牛羊胚胎移植
20. 漁船技術改造
21. 飼料添加劑及配套利用

二、林業

1. 林業良種選育和遺傳改良
2. 經濟林樹種、花卉良種繁育及儲藏
3. 森林災害防治
4. 生態環境脆弱地區特殊困難立地造林
5. 速生豐產林
6. 防護林工程
7. 恢復森林資源工程
8. 荒漠化防治
9. 附帶原料林基地的木漿造紙
10. 木材及人工林、小徑木材和林區剩余物的深度加工及系列產品
11. 竹質工程材料和植物纖維工程材料
12. 林化工產品深加工
13. 樹木生理活性物質
14. 固沙、保水、改土新材料

三、水利

1. 大江、大河、大湖的防洪控制性治理工程
2. 跨流域調水工程
3. 水資源短缺地區的水源工程
4. 干旱地區的人畜飲水和改水工程
5. 蓄滯洪區安全建設
6. 海堤防維護和建設
7. 江河湖庫清淤
8. 病險水庫和堤防的保險加固
9. 綜合利用水利樞紐工程
10. 水土保持技術及設施建設
11. 微威水、劣質水、海水的開發利用及海水淡化
12. 水能資源保護和開發
13. 水利工程中土工合成材料
14. 高效輸配水及節水灌溉技術、設備和方法
15. 高效耐磨及低揚成大流量水泵
16. 水情自動測報及防洪調度自動化系統
17. 水利工程勘測設計(CDA)系列軟件
18. 水文數據采集儀器及設備

四、氣象

1. 自動氣象站系統技術及設備
2. 特種氣象觀測及分析設備
3. 多普勒雷達技術及設備

五、煤炭

1. 礦井地質及地球物理勘探
2. 大中型、高效露天煤礦
3. 大中型、高效選煤廠
4. 瓦斯、煤塵、礦井水、井下火災的防治
5. 工業型煤
6. 水煤漿
7. 煤炭汽化、液化
8. 煤層氣勘探及開發利用
9. 低熱值燃料及煤礦伴生資源的開發利用
10. 管道輸煤

六、電力

1. 水力發電
2. 大型煤礦坑口電站
3. 熱電聯產
5. 太陽能、地熱能、海洋能、垃圾、生物質能發電及大型風力發電
6. 燃氣聯合循環發電
7. 潔净煤發電
8. 遠距離超高壓輸變電
9. 電網改造和建設

七、核能

1. 百萬千瓦級壓水堆核電站
2. 低温核供熱堆、快中子增殖堆、聚變堆
3. 先進的鈾礦采冶
4. 高性能核燃料元件
5. 乏燃料后處理
6. 核分析、核探測儀器儀表
7. 同位素及輻照應用

八、石油天然氣

1. 石油、天然氣勘探
2. 石油、天然氣開采
3. 原油管道輸送
4. 天然氣管道輸送
5. 液化天然氣
6. 石油儲備
7. 油氣及伴生資源綜合利用

九、鐵路

1. 鐵路干綫網
2. 既有鐵路提速
3. 高速鐵路系統
4. 25 噸軸重貨運重載
5. 鐵路行車安全技術保障系統
6. 重型優質鋼軌及新型軌枕
7. 編組站自動化、裝卸作業機械化及貨場設備
8. 鐵路客貨運裝備
9. 鐵路客貨運信息系統
10. 鐵路集裝箱運輸

十、公路

1. 國道主干綫公路網
2. 智能公路運輸系統
3. 公路快速客貨運輸
4. 公路工程新材料
5. 公路新型機械設備設計與制造
6. 公路集裝箱運輸

十一、水運

1. 沿海主樞紐港口
2. 内河干綫航道及碼頭
3. 船舶運輸的標準化、系列化和現代化
4. 大型港口裝卸自動化
5. 遠洋運輸電子數據交换系統

6. 水上交通管制系統
7. 港口新型機械設備設計與制造
8. 水上集裝箱運輸
9. 集裝箱多式聯運

十二、航空運輸

1. 民用機場
2. 高性能機場安檢設備
3. 空中交通管制系統

十三、郵電通信

1. 同温同層通信系統關鍵技術及設備
2. 622MB/S 以上數字同步系列光纖通信系統及設備
3. 155MB/S 以上數字同步系列微波通信系統及設備
4. 數字移動通信(GSM、CDMA、DCS1800 等)系統及設備
5. 綜合業務數字網絡(ISDN)系統及設備
6. 支撐通訊網的新技術設備
7. 衛星通信系統及地球站設備
8. 廣播衛星及地球站設備
9. 衛星移動通信系統設備
10. 有綫及無綫用户接入網系統設備
11. 异步轉移模式寬帶光電傳輸系統設備
12. 智能網絡及其應用設備
13. 數字集群通信系統設備
14. 郵政信函、包裹等自動化處理系統

十四、鋼鐵

1. 高效選礦及礦産資源綜合利用
2. 直接還原
3. 小球燒結及球團燒結
4. 配型煤煉焦及搗固煉焦
5. 干法熄焦
6. 高風温長壽熱風爐
7. 高爐富氧噴煤
8. 高爐高效長壽綜合技術
9. 超高功率電爐及綜合節能技術
10. 轉爐濺渣護爐技術
11. 高效連鑄
12. 連鑄坯熱裝熱送
13. 熔融還原
14. 薄板坯、薄帶坯等近終型連鑄連軋
15. 冶金綜合自動化
16. 控制軋制及控制冷却
17. 板型控制
18. 表面涂鍍層

19. 低合金鋼及微合金鋼
20. 50 噸及以上轉爐煉鋼
21. 不銹鋼冶煉
22. 冷軋硅鋼片
23. 熱、冷軋不銹鋼板
24. 石油鋼管
25. 廢鋼加工和處理
26. 高鋁礬土、硬質粘土礦開采及熟料生產
27. 冶金環境保護及冶金廢氣物綜合利用

十五、有色金屬

1. 深部及難采礦床開采
2. 有色金屬復合材料、新型合金材料
3. 一水硬鋁石型鋁土礦生產氧化鋁
4. 有色金屬强化冶煉、濕法冶煉
5. 非晶合金薄帶
6. 超臨界萃取
7. 高效節能選礦和電化學控制浮選
8. 大型預焙槽電解鋁
9. 鋁及鋁合金快速鑄軋
10. 8 英寸及以上單晶硅片、多晶硅
11. 高效選礦藥劑
12. 高性能、高精度硬質合金、錫化合物、銻化合物及陶瓷材料
13. 高性能磁性材料
14. 超細粉體材料、電子漿料及其制品
15. 新型剎車材料
16. 多金屬共生礦綜合利用
17. 稀土及稀有、稀散金屬開發和綜合利用
18. 鹽湖資源綜合利用
19. 采用焙燒新工藝、熱壓預氧化－氰化提金工藝和細菌氧化－氰化提金工藝開發利用難處理金礦石
20. 難處理金礦含金尾礦資源綜合回收

十六、化工

1. 科學施肥(測土施肥、新型化肥、各種專用肥)
2. 大型合成氨、尿素
3. 大中型高濃度磷鉀肥及其復合肥
4. 含作物所需微量元素復合肥
5. 水煤漿加壓氣化
6. 新型高效催化劑
7. 年產 20 萬噸及以上氯化鉀和年產 10 萬噸以上硫酸鉀
8. 鈣鎂磷肥改性復合肥
9. 管式反映器制粒狀磷銨及三元復合肥
10. 涂層尿素
11. 年產 3 萬噸及以上料漿法磷銨和磷石膏制硫酸聯產水泥
12. 硫基三元肥

13. 稀土復合肥
14. 高純五硫化二磷
15. 先進濕法磷酸精制
16. 抗老化特種聚乙烯
17. 低毒紅礬鈉
18. 萬噸級氰化鈉
19. 5000 噸/年氣相法白碳黑
20. 大中型化學礦山
21. 有機硅單體及有機氟等化工新產品
22. 精細化工新產品
23. 大型煤化工
24. 燒鹹用離子膜
25. 氯化法鈦白粉
26. 高性能子午胎
27. 高性能子午胎骨架材料
28. “三廢”治理及綜合利用

十七、石化

1. 單系列規模 500 萬噸及以上煉油
2. 符合經濟規模的原油深度加工
3. 60 萬噸以上乙烯及大型后加工
4. 聚氯乙烯樹脂
5. 工程塑料及新型塑料合金
6. 合成材料配套原料:雙酚 A、丁苯吡膠乳、吡啶、4.4 二苯基甲烷二异氰酸脂、甲苯二异氰酸脂
7. 合成橡膠及其應用
8. 單系列能力 10 萬噸及以上丙烯
9. 單系列能力 35 萬噸及以上 PTA
10. 尼龍 6 和尼龍 66 新產品
11. 有機化工原料新產品
12. 煉廠氣、化工副產品的綜合利用
13. “三廢”治理及綜合利用

十八、建材

1. 日產 4 000 噸及以上熟料新型干法水泥
2. 新型牆體材料、裝飾裝修材料、防水及保溫材料
3. 萬噸級玻璃纖維池窑拉絲
4. 優質塑料復合門、窗、管道、牆地覆面材料
5. 平板玻璃深加工
6. 高檔衛生潔具及五金配件
7. 非金屬礦超細改性加工及制品
8. 鑽石加工(毛鑽磨成成品鑽)

十九、醫藥

1. 列入國家基本藥物目錄的藥品
2. 重要的出口優勢產品

3．生物工程藥品
4．放射性藥品
5．新型抗腫瘤藥品(含抗肝炎藥物)及新型心腦血管藥
6．愛滋病及放射免疫類等診斷制劑
7．新型地方病用藥
8．新型解熱鎮痛藥物
9．新型藥物制劑及輔料和按 GMP 生產的藥物制劑
10．醫藥專用緊缺的中間體和新型抗生素
11．新型生物化學藥品系列(含生化診斷試劑)
12．新型藥用包裝材料
13．新型醫藥和醫療器械
14．新型衛生材料和敷料
15．計劃生育藥物及工具
16．新型藥物的篩選技術與篩選模型
17．氨基酸新菌種
18．飼料級生物素
19．維吉尼亞霉素和泰樂菌素
20．青霉素鹽提純和純化
21．發酵及自動控溫系統
22．大規模用多肽合成、純化
23．大規模藥用核酸合成、純化
24．高產基因工程菌
25．天然類藥物
26．新型中藥研制和開發

二十、機械

1．精密成型技術及設備
2．三軸以上聯動的數控機床、數控系統及伺服裝置
3．機械產品開發用先進計算機軟硬件技術及設備
4．機械產品開發用先進試驗及檢測技術和設備
5．高速、超硬精密刀具和精密、自動量具量儀
6．新型傳感器
7．轎車軸承、鐵路機車車輛軸承、精密軸承、高速軸承
8．轉輪直徑 8.5 米及以上混流、軸流式水電設備及其關鍵配套輔機
9．大型貫流及抽水蓄能水電機組及其關鍵配套輔機
10．超臨界火電機組
11．60 萬千瓦及以上大型空冷機組
12．100 萬千瓦及以上循環流化床鍋爐
13．3.6 萬千瓦以上燃氣、蒸汽聯合循環設備
14．大型風力發電機組
15．核電機組及關健配套輔機
16．50 萬伏及以上超高壓交直流輸變電設備
17．大電流斷流容量試驗及變壓器突發短路試驗設備
18．新型絶緣材料
19．45 萬噸/年及以上化肥、乙烯關健制造技術和設備

20. 重大技術裝備的分散型控制系統
21. 在綫自動測試技術與系統
22. 新型電力電子技術及裝置
23. 精密、超精密加工技術及設備
24. 激光加工技術及設備
25. 大型精密儀器
26. 新型液壓、密封、氣動元器件
27. 電子式低壓電器
28. 高强度异型緊固件
29. 20 噸/時以上樹脂砂鑄造設備
30. 先進模具設計、制造技術及設備
31. 大型真空電子束焊技術及設備
32. 可控氣氛及真空熱處理技術及設備
33. 安全生産及環保檢測儀器新技術設備制造
34. 城市垃圾處理技術及設備
35. 大型污水處理設備
36. 烟氣脱硫脱硝設備
37. 海水淡化技術及設備
38. 工業機器人
39. 500 萬噸/年及以上井下無軌采、裝、運設備
40. 2 000 萬噸級及以上大型露天礦成套設備
41. 隧道挖掘釩
42. 地鐵暗挖設備
43. 2 米以上大型冷熱連軋及過程控制技術和設備
44. 3 萬立方米/時以上空分設備機械式立體車庫
45. 天然氣集輸設備
46. 柔性版印刷關鍵設備
47. 農業適度規模經營機械設備
48. 農、畜産品深加工及資源綜合利用設備
49. 農業環境、生態農業所需設備
50. 農業(棉花、水稻、玉米、豆類、青飼料等)收獲機械及農機具
51. 真空精煉與鑄造技術及設備
52. 新型儀表元器件和材料
53. 大型工程施工機械及設備
54. 先進内燃機及關鍵零部件

二十一、電子信息

1. 綫寬 0.8 微米以下大規模集成電路
2. 新型電子元器件(含片式元器件)及電力電子元器件
3. 新型表面貼裝元器件光電器件、敏感元器件及傳感器
4. 半導體、光電子專用材料開發
5. 大中型電子計算機
6. 高性能微型電子計算機
7. 工作站、服務器
8. 軟件開發

9. 計算機鋪助設計(三維 CAD)、輔助測試(CAT)、輔
10. 助制造(CAM)、鋪助工程(CAE)系統及其它計算機應用系統
11. 電子專用設備、儀器、工模具
12. 數字交叉連接投備
13. 大容量光、磁盤存儲器及其部件
14. 新型顯示器件(液晶顯示、平板顯示)
15. 新型打印裝置(激光打印機)
16. 數據通信多媒體系統設備
17. 單模光纖
18. 路由器等網絡設備
19. 數字音視頻廣播系統及產品
20. 高畫質激光視盤(采用 MPEG－Ⅱ標準,如 DVD)
21. 高清晰度電視(HDTV)
22. 數字録放像技術
23. 數字彩色電視機
24. 大屏幕彩色投影電視
25. YCD 機芯、光頭、專用芯片
26. 普通紙傳真機
27. 新型保密機
28. 多媒體終端
29. 寬帶數字程控交换機(异步轉移模式寬帶交换機 ATM)
30. 高速無綫尋呼產品
31. 數字多功能電話機

二十二、汽車

1. 汽車車身和車身附件
2. 汽車、摩托車新型發動機
3. 汽車關鍵零部件
4. 汽車重要部件的精密鍛壓、黑色鑄造、有色鑄造及毛坯
5. 汽車模具
6. 汽車電子產品
7. 汽車輕型化新材料
8. 汽車、摩托車整車及發動機、零部件開發系統
9. 發動機管理系統、三元催化轉化裝置等汽手尾氣排放控制系統
10. 國家級檢測中心用于汽車、摩托車型式認證檢測系統

二十三、船舶

1. 高技術、高性能及 6 萬噸級以上大型船舶
2. 船舶主機
3. 船用電站
4. 船用曲軸、特輔機、電子儀表

二十四、航空航天

1. 民用飛機及零部件

2. 航空發動機
3. 航空電子綜合系統
4. 機載設備系統
5. 直升機總體、旋翼系統、傳動系統
6. 航空航天新型材料及應用
7. 燃氣輪機
8. 衛星、運載火箭及零部件
9. 衛星應用
10. 航天技術應用

二十五、輕工紡織

1. 非金屬制品的模具設計、加工、制造
2. 符合經濟規模標準的紙漿、紙及紙板
3. 新型高速九層以上瓦楞紙
4. 皮革后整理加工
5. 無汞鹼錳二次電池、鎳氫電池、鋰電池
6. 特種工業縫紉機
7. 酶劑刑
8. 合成香料、單離香料
9. 無氟制冷技術及應用
10. 黄原膠(食品級)
11. 高檔包裝紙制品
12. 新型包裝材料
13. 全自動高速多色印刷
14. 高檔織物印染和高技術后整理加工
15. 單系列日產 400 噸及以上聚酯
16. 高仿真化纖面料
17. 紡織用油劑、助劑、染化料
18. 碳纖維、芳綸纖維以及改性、异型、超細、復合化學纖維
19. 特種天然纖維加工
20. 工業用特種紡織品
21. 高技術的輕工、紡織機械
22. 3 萬噸以上直接紡滌綸短纖維
23. 1 萬噸以上直接紡滌綸長絲

二十六、建築

1. 建築工程計算機輔助設計
2. 建築機械計算機輔助設計和制造
3. 建築施工計算機應用
4. 建築節能關健技術
5. 高層建築與空間結構設備
6. 建築施工關鍵設備
7. 住宅高性能外圍護結構材料與部件

二十七 、城市基礎設施及房地産

1. 城市地鐵、輕軌及公共交通
2. 城市道路
3. 城市交通管制系統及設備
4. 城市防洪
5. 城鎮供水水源、自來水、排水及污水處理
6. 城市垃圾及其他固體廢物處理和綜合利用
7. 城市燃氣氣源廠
8. 城市集中供熱
9. 節能、低污染取暖設備
10. 城市園林綠化
11. 城市立體停車場
12. 城市危房改造
13. "安居工程"
14. 經濟適用商品住宅
15. 物業管理

二十八、資源綜合利用和環境保護

1. 生態及環境整治
2. 自然保護區
3. 資源綜合利用工程
4. 固體廢弃物綜臺利用
5. 廢水(液)綜合利用
6. 廢氣綜合利用
7. 廢舊物資綜合利用
8. 大型污水處理
9. 廢氣監測
10. 海洋開發及海洋環境保護

二十九、服務業

1. 連鎖店、超級市場、倉儲式商場等商業設施
2. 配送中心、代理制等現代化經營方式
3. 糧食、棉花、食用油、化肥、石油等重要商品的現代化倉儲運輸設施
4. 大型農副產品批發市場
5. 農產品貿工農、產加銷一體化經營及流通設施
6. 農業社會化服務體系
7. 旅游交通及基礎設施建設
8. 重大旅游度假項目和專項旅游項目
9. 大型旅游資源綜合開發項目
10. 銀行、財務公司、信托投資公司
11. 保險公司、保險經紀人及代理人公司
12. 證券公司、投資銀行、商業銀行、基金管理公司
13. 外匯經紀
14. 金融、保險、外匯咨詢
15. 租賃服務
16. 公益性文化藝術、廣播影視、體育設施、文物保護

17. 基本醫療、疾病控制、婦幼保健、康復、福利等設施
18. 重點高等學校和特殊數育的教學和科研設施
19. 國家工程研究中心、國家重點實驗室、高新技術創業中心、新產品開發設計中心、科研中試基地
20. 技術推廣、科技交流、氣象、環保、測繪、地震、海洋、專利、技術監督等科技服務
21. 經濟、科技、工程、管理、會計審計、勞動就業、法律咨詢
22. 高新技術廣告制作、經濟和科技展覽、科學普及
23. 精密儀器、設備維修及服務

(注:本目録經國務院批準由國家計委公布,自 1998 年 1 月 1 日起施行)

附録二:

我国外商投资产业指导目录

國家計委外資司
(1997 年 12 月修訂)

鼓勵外商投資産業目録

一、農、材、牧、漁業及相關工業

1. 荒地、荒山、灘涂開墾、開發(含有軍事設施的除外)、中低産田改造
2. 糖料、果樹、蔬菜、花卉、牧草等農作物優質高産新品種、新技術開發
3. 蔬菜、花卉無土栽培系列化生産
4. 林木營造及林木良種引進
5. 優良種畜種禽、水産苗種繁育(不含我國特有的珍貴優良品種)
6. 名特優水産品養殖
7. 高效、安全的農藥、原藥新産品(殺蟲率、殺菌率達 80%以上,對人畜、作物等安全)
8. 高農度化肥(鉀肥、磷肥)
9. 農膜生産新技術及新産品開發(纖維膜、光解膜、多功能膜及原料)
10. 動物用抗菌原料藥(包括抗生素、化學合成類)
11. 動物用驅蟲藥、殺蟲藥、抗球蟲藥新産品及新劑型
12. 飼料添加劑及飼料蛋白資源開發
13. 糧食、蔬菜、水果、肉食品、水産品的儲藏、保鮮、干燥、加工新技術、新設備
14. 林業化學産品及林區“次、小、薪”材和竹材的綜合利用新技術、新産品
15. 綜合利用水利樞紐的建議、經營(中方控股或占主導地位)
16. 節水灌溉新技術設備制造
17. 農業機具新技術設備制造
18. 生態環境整治和建設工程

二、輕工業

1. 非金屬制品模具設計、加工、制造
2. 紙漿(年産林漿 17 萬噸及以上,并建設相應的原料基地)

3．皮革后整飾加工及其新技術設備制造
4．無汞減錳二次電池、鋰離子電池生產
5．高技術含量的特種工業縫紉機生產
6．聚酰亞胺保鮮薄膜生產
7．新型、高效酶制劑生產
8．合成香料、單離香料生產
9．替代氟利昂應用技術研究及推廣
10．烟用二醋酸纖維素及絲束加工

三、紡織工業

1．紡織化纖林漿〔年產10萬噸及以上，并建相應的原料基地〕
2．工業用特種紡織品
3．高仿真化纖及高檔織物面料的印染及后整理加工
4．紡織用助劑、油劑、染化料生產

四、交通運輸、郵電通信業

1．鐵路運輸技術設備；機車車輛及主要部件設計與制造、綫路設備設計與制造、高速鐵路有關技術與設備制造、通信信號和運輸安全監測設備制造、電氣化鐵路設備和器材制造
2．支綫鐵路、地方鐵路及其橋梁、隧道、輪渡設施的建設、經營(不允許外商獨資)
3．公路、港口新型機械設備設計與制造
4．城市地鐵及輕軌的建設、經營(中方控股或占主導地位)
5．公路、獨立橋梁和隧道的建設、經營
6．港口公用設施的建設、經營(中方控股或占主導地位)
7．民用機場的建設、經營(中方控股或占主導地位)
8．蜂窩移動通信交叉連接/碼分多址(DCS/CDMA)系統設備制造
9．2.5千兆比/秒(2.5GB/S)及以上光同步/微波同步數字系列傳輸設備制造
10．2.5千兆比/秒(2.5GB/S)光通信、無綫通信、數據通信計量儀表制造
11．步轉移模式(ATM)交換機設備制造

五、煤炭工業

1．煤炭采掘運選設備設計與制造
2．煤炭開采與洗選(特種、稀有煤種由中方控股或占主導地位)
3．水煤漿、煤炭液化生產
4．煤炭綜合開發利用
5．低熱值燃料及伴生資源綜合開發利用
6．煤炭管道運輸
7．煤層氣勘查、開發

六、電力工業

1．單機容量30萬千瓦及以上火電站的建設、經營
2．發電為主水電站的建設、經營
3．核電站的建設、經營(中方控股或占主導地位)
4．煤潔净燃燒技術電站的建設、經營
5．新能源電站的建設、經營(包括太陽能、風能、磁能、地熱能、潮汐能、生物質能等)

七、黑色冶金工業

1. 50 噸及以上超高功率電爐(配備爐外精煉和連鑄)、50 噸及以上轉爐煉鋼
2. 不銹鋼冶煉
3. 冷軋硅鋼片生產
4. 熱、冷軋不銹鋼板生產
5. 石油鋼管
6. 廢鋼加工和處理
7. 鐵礦、錳礦采選
8. 直接還原鐵和熔融還原鐵生產
9. 高鋁礬土、硬質粘土礦開采及熟料生產
10. 針狀焦、搗固焦和煤焦油深加工
11. 干熄焦生產

八、有色金屬工業

1. 單晶硅(直徑 8 英寸及以上)、多晶硅生產
2. 硬質合金、錫化合物、銻化合物生產
3. 有色金屬復合材料、新型合金材料生產
4. 銅、鉛、鋅石開采(不允許外商獨資)
5. 鋁礦開采(不允許外商獨資),年產 30 萬噸及以上氧化鋁生產
6. 稀土應用

九、石油、石油化工及化學工業

1. 燒碱用離子膜生產
2. 年產 60 萬噸及以上乙烯(中方控股或占主導地位)
3. 聚氯乙烯樹脂(中方控股或占生導地位)
4. 乙烯副產品 c5－c9 產品的綜合利用
5. 工程塑料及塑料合金
6. 合成材料的配套原料:雙酚 A、丁苯吡膠乳、吡啶、4.4 二苯基甲烷二异氰酸脂
7. 基本有機化工原料:苯、甲苯、二甲苯(對、鄰、間)衍生物產品的綜合利用
8. 合成橡膠:溶液丁苯橡膠、丁基橡膠、乙戊橡膠、丁二橡膠、乙丙橡膠、丁二烯法氯丁橡膠、丙烯酸橡膠、氯醇橡破生產
9. 精細化工:染(顔)料、中間體、催化劑、助劑及石油添加劑新產品、新技術,染(顔)料商品化加工技術,電子、造紙用高科技化學品,食品添加劑、飼料添加劑,皮革化學品、油田助劑、表面活性劑、水處理劑、膠粘劑、無機粉體填料生產
10. 氯化法鈦白粉生產
11. 煤化工產品生產
12. 廢氣、廢液、廢渣綜合利用
13. 汽車尾氣净化劑、催化劑、及其他助劑生產
14. 增加石油采收率的三次采油新技術開發與運用(中方控股或占主導地位)
15. 輸油、輸氣管道及油庫、石油專用碼頭的建設、經營(中方控股或占主導地位)

十、機械工業

1. 高性能焊接機器人和高效焊裝生產綫設備制造
2. 耐高温絶緣材料(絶緣等級為 F、H 級)及絶緣成型件生產
3. 井下無軌采、裝、運設備 100 噸及以上機械傳動礦用自卸車,移動式破碎機 3000

4. 立方米/小時及以上斗輪挖掘機,5 立方米及以上礦用裝載機,全斷面巷道掘進機制造
5. 卷筒紙和對開以上單紙張多色膠印機制造
6. 機電井清洗設備制造和藥物生產
7. 年產 30 萬噸及以上合成氨、48 萬噸及以上尿素、30 萬噸及以上乙烯成套設備中的透平壓縮機、混保造粒機制造(中方控股或占主導地位)
8. 新型紡織機械、新型造紙機械(含紙漿)等成套設備制造
9. 精密在綫油量儀器開發與制造
10. 新型儀表元器件和材料(主要指智能型儀用傳感器、儀用接插件、柔性綫路板、光電開關、接近開關等新型儀用開關、儀用功能材料等)
11. 重要基礎機械、基礎件、重大技術裝備等研究、設計開發中心
12. 比例、伺服液壓技術,低功率氣動控制閥,填料靜密封生產
13. 精冲模、精密型腔模、模具標準件生產
14. 25 萬噸/日及以上城市污水處理設備,工業廢水膜處理設備,上流式厭氧流化庫設備和其他生物處理廢水設備,粉煤灰砌塊生產設備(5—10)噸/年),廢塑料再生處理設備.工業鍋爐脱硫脱硝設備、大型耐高温、耐藏袋式除塵器制造
15. 精密軸承及各種主機專用軸承制造
16. 汽車關鍵零部件制造:制動器總成、驅動橋總成、變速器、柴油機燃油泵、活塞(含活塞環)、氣門、液壓挺杆、軸瓦、增壓器、濾清器(三濾)、等速萬向節、减震器、座奇調角器、車鎖、后視鏡、玻璃升降器、組合儀表、燈具及燈泡、專用高强度緊固件
17. 汽車、摩托車模具(含冲模、注塑模、模壓模等)、夾具(焊接夾具、檢驗夾具等)制造
18. 汽車、摩托車用鑄鍛毛坯件制造
19. 汽車、摩托車技術研究、設計開發中心
20. 石油工業專用沙漠車等特種專用車生產
21. 摩托車關鍵零部件制造:化油器、磁電機、起動電機、燈具、盤式制動器
22. 水質在綫監測儀器的新技術設備制造
23. 特種防汛搶險機械和設備制造
24. 濕地土方及清淤機械制造
25. 10 噸/小時及以上的飼料加工成套設備、關鍵部件生產
26. 石油勘探開發新型儀器設備設計與制造

十一、電子工業

1. 綫寬 0.35 微米及以下大規模集成電路生產
2. 新型電子元器件(含片式元器件)及電力電子元器件生產
3. 光電器件、敏感元器件及傳感器生產
4. 大中型電子計算機制造
5. 可兼容數字電視、高清晰度電視(HDTV)、數字磁帶録放機生產
6. 半導體、光電子專用材料開發
7. 新型顯示器件(平板顯示器及顯示屏)制造
8. 計算機輔助設計(三維 CAD)、輔助測試(CAT)、輔助制造(CAM)、輔助工程(CAE)系統及其他計算機應用系統制造
9. 電子專用設備、儀器、工模具制造
10. 水文數據采集儀器及設備制造
11. 衛星通信系統設備制造
12. 數字交叉連接設備制造
13. 空中交通管制設備制造

14. 大容量光、磁盤存儲器及其部件開發與制造
15. 新型打印裝置(激光打印機等)開發與制造
16. 數據通信多媒體系統設備制造
17. 單模光纖生產
18. 接入網通信系統設備制造
19. 支撑通訊網的新技術設備制造
20. 寬帶綜合業務數字網設備

十二、建築材料、設備及其他非金屬礦制品工業

1. 日熔化 500 噸級及以上優質浮法玻璃生產綫
2. 年産 50 萬件及以上高檔衛生瓷生産綫及其配套的五金件、塑料件
3. 新型建築材料(牆體材料、裝飾裝修材料、防水材料、保温材料)
4. 日産 400 噸及以上水泥熟料新型干法水泥生産綫(限于中西部地區)
5. 散裝水泥倉儲運輸設備
6. 年産 1 萬噸及以上玻璃纖維(池窑拉絲工藝生産綫)
7. 無機非金屬材料及制品(石英玻璃、人工晶體)
8. 玻璃、陶瓷、玻璃纖維窑爐用高檔耐火材料
9. 平板玻璃深加工技術及設備制造
10. 隧道挖掘機、城市地鐵暗挖設備制造
11. 城市衛生特種設備制造
12. 樹木移栽機械設備制造
13. 路面銑平、翻修機械設備制造

十三、醫藥工業

1. 受我國專利保護或行政保護的化學原料藥,需進口的醫藥專用中間體
2. 采用新技術設備生産解熱鎮痛藥
3. 維生素類 :烟酸
4. 新型抗癌藥物及新型心腦血管藥
5. 藥品制劑:采用緩釋、控釋、靶向、透皮吸收等新技術的新劑型、新産品
5. 氨基酸類:絲氨酸、色氨酸、組氨酸等
7. 新型藥品包裝材料、容器及先進的制藥設備
8. 新型、高效、經濟的避孕藥具
9. 中成藥産品質量控制、改變劑型包裝的新技術、新設備、新儀器
10. 中藥有效成分分析的新技術、提取的新工藝、新設備
11. 采用生物工程技術生産的新型藥物
12. 新型佐劑的開發應用
13. 肝炎、愛滋病及放射免疫類診斷試劑生産

十四、醫療弱錮制造業

1. 具有中頻技術、計算機控制技術和數字圖像處理技術,輻射劑量小的 80 千瓦及以上醫用 X 綫機組
2. 電子内窺鏡
3. 醫用導管

十五、航天航空工業

1. 民用飛機設計與制造(中方控股或占主導地位)

2. 民用飛機零部件制造
3. 航空發動機設計與制造〔中方控股或占主導地位）
4. 航空機載設備制造
5. 輕型燃氣輪機制造
6. 民用衛星設計與制造(中方控股或占主導地位)
7. 民用衛星有效載荷制造(中方控股或占主導地位地位)
8. 民用衛星零部件制造
9. 民用衛星應用技術開發
10. 民用運載火箭設計與制造(中方控股或占主導地位)

十六、新興產業

1. 微電子技術
2. 新材料
3. 生物工程技術(不包括基因工程技術)
4. 信息、通信系統網絡技術
5. 同位素、輻射及激光技術
6. 海洋開發及海洋能開發技術
7. 海水淡化及利用技術
8. 節約能源開發技術
9. 資源再生及綜合利用技術
10. 環境污染治理工程及監測和治理技術

十七、服務業

1. 國際經濟、科技、環保信息咨詢
2. 精密儀器設備維修、售后服務
3. 高新技術、新產品開發中心的建設與企業孵化

十八、產品全部直接出口的允許類項目

限制外商投資產業

(甲)

一、輕工業

1. 洗衣機、電冰箱、冰櫃生產
2. 合成脂肪醇、醇醚及醇酸硫酸鹽
3. 空調、冰箱用軸功率 2 千瓦以下壓縮機生產

二、紡織工業

1. 常規切片紡的化纖抽絲
2. 單綫能力在 2 萬噸/年以下粘膠短纖維生產

三、石油、石油化工及化學工業

1. 鋇鹽生產

2. 500 萬噸以下煉油廠建設
1. 斜交輪胎、舊輪胎(子午胎除外)翻新及低性能工業橡膠配件生産
1. 硫酸法鈦白粉生産

四、機械工業

1. 一般滌綸長絲、短纖維設備制造
2. 柴油發電機組制造
3. 各種普通磨料(含剛玉、碳化硅),直徑 400 毫米以下砂輪及人造金剛石鋸片生産
4. 電鑽、電動砂輪機生産
5. 普通碳鋼焊條
6. 普通級標準緊固件、小型和中小型普通軸承
7. 普通鉛酸蓄電池
8. 集裝箱
9. 電梯
10. 鋁合金輪轂

五、電子工業

1. 衛星電視接收機及關鍵件
2. 數字程控局用和用户交換機設備

六、醫藥工業

1. 氯霉素、潔霉素、慶大霉素、雙氫鏈霉素、丁胺卡那霉素、鹽酸四環素、土霉素、乙酰螺旋霉素、麥迪霉素、杜晶白霉素、紅霉素、環丙氟哌酸、氟哌酸、氟嗪酸生産
2. 安乃近、阿斯匹林、撲熱息痛、維生素 B_1、維生素 B_2、維生素 B_6 生産

七、醫療器械制造業

1. 中低擋 B 型超聲顯像儀生産

八、運輸服務業

1. 出租汽车(限于国内购车)
2. 加油站(限于与高速公路配套建设、经营)

(乙)

一、農、林、牧、漁業及相關工業

1. 糧食、棉花、油料種子開發生産(中方控股或主導地位)
2. 珍貴樹種原木加工、出口(不允許外商獨資)
3. 近海及内陸水域水産捕撈業(不允許外商獨資)
4. 中藥材種植、養殖(不允許外商獨資)

二、輕工業

1. 食鹽、工業用鹽生産
2. 外國牌號無酒精飲料(含固體飲料)生産
3. 黄酒、名牌白酒生産
4. 卷烟、過濾嘴棒等烟草加工業
5. 猪、牛、羊藍濕皮加工及生産
6. 天然香料生産

7. 油脂加工
8. 紙及紙扳

三、紡織工業

1. 毛紡織、棉紡織
2. 生絲、坯綢
3. 高仿真化學纖維及芳綸、碳纖維等特種化纖(不允許外商獨資)
4. 纖維級及非纖用聚酯、晴綸、氨綸(不允許外商獨資)

四、交通運輸、郵電通信業

1. 干綫鐵路建設、經營(中方控股或占主導地位)
2. 水上運輸(中方控股或占主導地應)
3. 出入境汽車運輸(不允許外商獨資)
4. 航空運輸(中方控股或占主導地垃)
5. 通用航空(中方控股或占主導地位)

五、電力工業

1. 單機容量 30 萬千瓦以下常規燃煤火電廠的建設、經營(小電網、邊遠山區及低質煤、煤矸石電廠除外)

六、有色金屬工業(不允許外商獨資)

1. 銅加工、鋁加工
2. 貴金屬(金、銀、鉑族)礦產開采、選礦、冶煉、加工
3. 鎢、錫、銻礦等有色金屬開采
4. 稀土勘查、開采、選礦、冶煉、分離

七、石油、石油化工及化學工業

1. 感光材料(膠片、膠卷、PS 版、相紙)
2. 硼鎂鐵礦開采及加工
3. 聯苯胺
4. 離子膜燒堿及有機氯系列化工產品
5. 子午綫輪胎(中方控股或占主導地位)
6. 合成纖維原料:精對苯二甲酸、丙烯睛、己内酰胺、尼龍 66 鹽等

八、機械工業

1. 汽車(含各類轎車、載貨車、客車、改裝車)及摩托車整車(中方控股或占主導地位)
2. 汽車、摩托車發動機(中方控股或占主導地位)
3. 汽車用空調壓縮機、電子控制燃油噴射系統、電子控制制動防抱死系統、安全氣囊及其它汽車電子設備系統、電機、鋁散熱器制造
4. 舊汽車、摩托車及其發動機翻新、拆解(改裝)
5. 火電設備:10 萬千瓦及以上機組(發電機、汽輪機、鍋爐、輔機和控制裝置)、燃氣輪機聯合循環發電設備、循環流化床鍋爐、煤氣化聯合循環技術及裝備(IGCC)、增壓流化床〔PFBC)、脱硫及脱硝設備制造(不允許外商獨資)
6. 水電設備:轉輪直徑 5 米及以上水電機組(含水電輔機和控制裝置)、5 萬干瓦及以上大型抽水蓄能機組、1 萬千瓦及以上大型貫流式機組制造(不允許外商獨資)
7. 核電機組:60 萬千瓦及以上機組制造(不允許外商獨資)

8. 輸變電設備:220 千伏及以上大型變壓器、高壓開關、互感器、電纜設備制造(不允許外商獨資)
9. 320 馬力以下履帶式推土機、3 立方米以下輪式裝載機、50 噸以下汽車起重機(不允許外商獨資)
10. 薄板連鑄機制造
11. 復印機、照相機

九、電子工業

1. 彩色電視機(含投影電視機)、彩色顯像管及玻殼
2. 攝像機(含攝録一體機)
3. 録像機、録像機磁頭、磁鼓、機芯
4. 模擬移動通信系統(蜂窩、集群、無綫尋呼、無綫電話)
5. 衛星導航定位接受設備及關鍵部件(不允許外商獨資)
6. 稀路由衛星通信(VSVT)系統設備制造
7. 2.5 千兆比/秒 (2.5GB/S)以下光同步數字系列、144 兆比/秒(144MB/S)及以下微波通信系統設備制造

十、建築材料、設備及其它非金屬礦制品業

1. 金剛石及其它天然寶石等貴重非金屬礦的勘查、開采及加工(不允許外商獨資)

十一、醫藥工業

1. 中藥材、中成藥半成品及制成品(中藥飲片傳統炮制工藝技術除外)
2. 毒品前體:麻黄堿、僞麻黄堿、麥角新堿、麥角胺、麥角酸等
3. 青霉累 G
4. 成癮性麻醉藥品及精神藥品的生産(中方控股或占主導地位)
5. 高技術的疫苗生産(艾滋病疫苗、丙肝疫苗、避孕疫苗等,中方控股或占主導地位)
6. 國家計劃免疫的疫苗、菌苗類及抗毒震、類毒素類、(卡介苗、脊髓灰質炎、白百破、麻疹、乙腦、流腦疫苗等)的生産
7. 維生素 C 生産
8. 血液制品的生産

十二、醫療器械制造業

1. 一次性注射器、輸液器、輸血器及血袋
2. X 射綫計算機體層攝影裝置(GT)、磁共振成像裝置(MRI)及醫用加速器等大型醫療設備制造

十三、船舶工業

1. 特種船、高性能和 3.5 萬噸及以上船舶的修理、設計與制造
2. 船舶柴油機、輔機、無綫通訊、導航設備及配件設計與制造

十四、内外貿、旅游、房地産及服務業(不允許外商獨資)

1. 國内商業(中方控股或占主導地位)
2. 對外貿易(中方控股或占主導地位)
3. 旅行社
4. 合作辦學(基礎教育除外)
5. 醫療機構(中方控股或占主導地位)
6. 會計、審計、法律咨詢服務.經紀人公司
7. 代理業務(船舶、貨運、期貨、銷售、廣告等)
8. 高檔賓館、别墅、高檔寫字樓、國際會展中心

9. 高爾夫球場
10. 土地成片開發
11. 大型旅游、文化、娛樂公園及人造景觀
12. 國家級旅游區建設、經營

十五、金融及相關行業

1. 銀行、財務公司、信托投資公司
2. 保險公司、保險經紀人、及代理公司
3. 證券公司、投資銀行、商人銀行、基金管理公司、
4. 金融租賃
5. 外匯經紀
6. 金融、保險、外匯咨詢
7. 金銀、珠寶、首飾生產、加工、批發和銷售

十六、其它

1. 印刷、出版發行業務(中方控股或占主導地位)
2. 進出口商品檢驗、鑒定、認證業務(不允許外商獨資)
3. 音像制品制作、出版、發行,電子出版物(中方控股或占主導地位)

十七、國家和我國締結或者參加的國際條約規定限制的其他產業

禁止外商投資產業目錄

一、農、林、牧、漁業及相關工業

1. 國家保護的野生動植物資源
2. 我國稀有的珍貴優良品種(包括種植業、畜牧業、水產業的優良基因)
3. 動植物的自然保護區建設
4. 綠茶及特種茶(名茶、黑茶等)加工

二、輕工業

1. 象牙雕刻、虎骨加工
2. 手工地毯
3. 脫胎漆器
4. 琅玳制品
5. 青化玲瓏瓷
6. 宣紙、墨錠

三、電力工業及城市公用事業

1. 電網的建設、經營
2. 城市供排水

四、礦業采選及加工業

1. 放射性礦產的開采、選礦、冶煉及加工

五、石油、石油化工及化學工業

1. 硼鎂石開采耳加工
2. 天青石開采及加工

六、醫藥工業

1. 列入國家保護資源的中藥材(麝香、甘草等)
2. 傳統的中藥飲片炮制技術及中成藥秘方産品

七、交通運輸、郵電通信業

1. 郵政、電信業務的經營管理
2. 空中交通管制

八、貿易金融業

1. 商品期貨、金融期貨等衍生金融業務

九、廣播影視業

1. 各級廣播電臺(站)、電視臺(網)、發射、轉播臺(站)
2. 廣播電視節目制作、出版、發行及播放
3. 電影制片、發行、放映
4. 録像放映

十、新聞業

十一、武器生産業

十二、其他

1. 危害軍事設施安全和使用效能的項目
2. 致癌、致及畸、致突變原料及加工
3. 跑馬場、賭博
4. 色情服務

十三、國家和我國締結或者參加的國際條約規定禁止的其他産業

第三章 城鎮消費者收入和支出分析

一、城鎮消費者收入狀況分析

1. 1997 年城鎮居民人均可支配收入繼續增長,但速度放慢

1997 年全國城鎮居民家庭人均可支配收入 5 160 元,比上年增長 6.63%,增長幅度比上年回落 6.4 個百分點;扣除物價因素實際增長 3.4%,和 1995 年的 4.8%、1996 年的 3.8%相比,增長速度持續下滑。

1997 年各個季度全國城鎮居民家庭人均可支配收入的增長速度也呈現逐季下滑的趨勢,四個季度的同比名義增長速度分别為 7.7%、6.2%、6.1%、6.0%。

1997 年城鎮居民可支配收入增長速度放慢的主要原因是:

第一,我國自 1996 年實現宏觀經濟軟着陸后,經濟增長速度緩慢下滑,1997 年國内生産總值增長速度為 8.8%,居民收入增長速度也相應放慢。

第二,1997 年是我國企業勞動用工制度改革力度較大的一年,下崗職工人數較多,影響了部分家庭的收入。

1997 年末我國企業下崗職工總數為 1 151 萬人,而 1994 年、1995 年、1996 年分别為 300 萬人、564 萬人、892 萬人。至 1997 年末我國下崗職工總數累計已達 2 000 萬人。1997 年我國城鎮失業率為 3.1%。

1997 年我國每百户城鎮居民家庭就業人口為 183 人,比上年下降 1.6%。其中在國有、集體企業就業人數比上年下降 3.4%;離退休人員比上年增長 6.1%。居民家庭就業面(就業人口/居民人口總數)由上年的 58%下降為 57%,就業者人口負擔系數(總人口/從業人口)由上年的 1.72 上升到 1.74。

第三,受存款利息率下調的影響,存款利息收入下降。

1997 年 10 月 22 日,中國人民銀行對金融機構的存款利率平均下調 1.1 個百分點。受此影響,我國城鎮居民的利息收入比上年下降 4.4%,居民股票和股權投資的紅利收入比上年下降 23.1%;但是居民實物財産租金收入(房租、地租、物租)增長迅速,比上年增長 56.9%。總的來看,1997 年全國城鎮居民財産性收入人均 124 元,比上年增長 11.1%,增長幅度比 1996 年回落了 12.7 個百分點。

2. 不同收入來源增長幅度差异明顯,不同類型家庭居民收入差距擴大

在收入來源中,1997 年城鎮居民家庭平均每人從國有、集體經濟單位獲得的收入為人均 3 602 元,仍是居民收入的主體,占 69.8%;比 1996 年增長 2.5%,增長速度比 1996 年下降了 8.7 個百分點;扣除物價因素,1997 年實際下降 0.6%,而 1996 年則是增長 2.3%。

1997 年城鎮居民家庭平均每人從其他經濟類型單位獲得的收入為 133 元,比上年增長 35.5%,扣除物價因素,實際增長 31.4%,增長速度比 1996 年低 0.6 個百分點。

1997 年城鎮居民家庭平均每人來自個體經營勞動者的收入為 168 元,比 1996 年增長 45.1%,扣除物價因素,實際增長 40.7%,增長速度比 1996 年上升 23.1 個百分點。

由于我國國有、集體企業經濟效益下滑,職工下崗人數增多,部分職工實際收入下降,導致城鎮居民家庭高低收入户之間差距擴大。

1997 年占城鎮居民家庭總調查户數 10%的最高收入户平均每人可支配收入為 10 251 元,比上年增長 10.82%;10%的最低收入户平均每人可支配收入為 2 430 元,比上年下降 0.98%,增幅相差 11.8 個百分點。收入差距明顯擴大,最高和最低收入組人均可支配收入比率由 1996 年的 3.8 : 1 擴大到 1997 年的 4.2 : 1。而 5%的困難户人均可支配收入僅為 2 161 元,比 1996 年下降 2.50%,其收入水平只相當于高收入户的 21.08%。

表 3—1 1997 年城鎮居民家庭不同收入組人均可支配收入狀況

人均可支配收入平組別	占總居民户數比重(%)	人均可支配收入(元/人)	與困難户比較	比上年增長速度(%)
最高收入户	10	10 251	4.74:1	10.82
高收入户	20	7 533	3.45:1	10.36
中等偏上户	20	6 075	2.80:1	8.50
中等户	20	4 860	2.27:1	6.14
中等偏下户	20	3 888	1.84:1	2.86
低收入户	20	3 159	1.49:1	0.32
最低收入户	10	2 430	1.12:1	−0.98
其中:困難户	5	2 187	1:1	−2.50

收入增長放慢和收入差距擴大還反映在我國城鎮居民的減收面擴大上。據調查,1997 年全國城鎮居民家庭減收面達 39%,比上年擴大了 3 個百分點;其中絶對減收面為 34%;相對減收面為 5%。按收入分組,占調查總體的 20%的低收入户減收面達 58.50%,比上年高出 6.3 個百分點;占調查總體 20%的高收入户減收面為 17.55%,比上年減少 8 個百分點。也就是説,收入越低,減收越嚴重。表 3—2 反映了不同收入組居民的減收情況分布,從表中可以看到減收面隨居民家庭人均可支配收入的增加而減少,也反映出城鎮居民收入差距的擴大。

表 3—2 1997 年不同收入户組減收面分布情況

人均可支配收入分組	占總居民户數比例(%)	組内減收面(%)	減收户占減收户總數比重(%)
高收入组	20.00	17.55	8.97
较高收入组	20.00	31.20	16.00
中等收入组	20.00	31.20	16.00
较低收入组	20.00	56.55	29.00
低收入组	20.00	58.50	30.00
平均/合计	100.00	39.00	100.00

居民收入水平差距擴大,要求消費品生産和銷售商進一步細分市場,拉開消費品的價格檔次,適應多收入層次居民的需求。

2. 城鎮居民人均可支配收入總額和增長速度的地區差异較大

分經濟地帶看,東部地區城鎮居民的人均可支配收入最高,而西部地區城鎮居民的人均可支配收入高于中部地區。1997 年東、中、西三大經濟地帶城鎮居民的人均可支配收入分别為 6 276 元、4 318 元、4 484 元,與 1996 年相比,增長速度分别為 6.9%、7.4%、8.9%。

分省區看,可支配收入最高的前三位集中在東部地區,分别是廣東、上海、北京,人均可支配收入分别為 8 562元、8 439 元、7 813 元;收入最低的后三位為甘肅、寧夏、内蒙古,人均可支配收入分别為 3 592 元、3 836 元、3 945 元。省區城鎮居民人均可支配收入的極差率(最大值/最小值)為 2.38 看,比 1996 年的 2.44 有所縮小。

城鎮居民家庭人均可支配收入的省區排序(從高到低)是:廣東、上海、北京、浙江、天津、江蘇、雲南、重慶、湖南、山東、廣西、河北、海南、新疆、湖北、安徽、遼寧、貴州、吉林、河南、黑龍江、江西、陝西、青海、山西、内蒙古、甘肅、寧夏。

表 3－3　1997 年我國各省市自治區城鎮居民人均可支配收入

人均可支配收入分組	省市區數(個)	比重(%)	省市自治區名稱及其人均可支配收入(元/人)	
8 000 元以上	2	6.67	广　东(8 562)	上　海(8 438)
7 000－7 999 元	2	6.67	北　京(7 813)	浙　江(7 359)
6 000－6 999 元	2	6.67	天　津(6 608)	福　建(6 144)
5 000－5 999 元	6	20	江　苏(5 765)	云　南(5 558)
			重　庆(5 323)	湖　南(5 210)
			山　东(5 191)	广　西(5 110)
4 000－4 999 元	13	43.33	河　北(4 959)	海　南(4 850)
			新　疆(4 845)	四　川(4 763)
			湖　北(4 673)	安　徽(4 599)
			辽　宁(4 518)	贵　州(4 442)
			吉　林(4 191)	河　南(4 094)
			黑龙江(4 091)	江　西(4 071)
			陕　西(4 001)	
3 000－3 999 元	5	16.66	青　海(3 999)	内蒙古(3 995)
			山　西(3 990)	宁　夏(3 836.5)
			甘　肃(3 592)	

分省區城鎮居民人均可支配收入的年度增長速度看,從高到低的排列順序是:福建(18.80%)、內蒙古(14.94%)、雲南(11.66%)、河北(11.61%)、江蘇(11.11%)、天津(10.74%)、吉林(10.12%)、河南(9.01%)、黑龍江(8.56%)、江西(7.70%)、遼寧(7.39%)、甘肅(7.11%)、湖北(7.08%)、北京(6.56%)、四川(6.26%)、寧夏(6.21%)、山東(6.15%)、山西(6.04%)、浙江(5.79%)、貴州(5.23%)、陝西(5.03%)、廣東(4.95%)、青海(4.30%)、新疆(4.19%)、上海(3.17%)、湖南(3.12%)、安徽(1.91%)、廣西(1.53%)、海南(－1.55%)。

二、城鎮居民支出狀况分析

1. 城鎮居民支出結構中金融、保險、購房支出增長明顯快于其它支出增長

1997 年城鎮居民現金支出中增長速度較高的現金支出項目有個人所得稅、購房與建房支出、儲蓄保險性支出、購置有價證券、歸還購置住房的銀行貸款,增長速度分别為 37.58%、22.63%、51.98%、80.18%、41.22%,分别比全部現金支出增長速度(8%)高 29.58、13.63、43.98、72.81、33.22 個百分點;他們在總現金支出中的比重相應上升 0.45、0.009、0.47、1.96、3.36、0.026 個百分點。

1997 年城鎮居民平均每人非消費性支出比 1996 年增長 16.73%,比總現金支出增長速度(8%)高出 8.73 個百分點,它在總現金支出中的比重相應上升 0.96 個百分點。受降息及融資渠道多元化趨勢的影響,城鎮居民的存入銀行儲蓄款只增加 1.02%,低于總現金支出增長速度近 7 個百分點。

城鎮居民在股票、債券、儲蓄性保險上的金融投資開始明顯增加,投資方式趨于多元化。1997 年城鎮居民平均每人存入儲蓄款 777 元,比上年增長 1.02%,增幅同比下降 12.2 個百分點;平均每人提取儲蓄存款 730 元,比上年增長 17.6%。存款高于取款差 47 元,比上年下降 31.8%。1997 年城鎮居民平均每人購買各種股票、債券等有價證券比上年增長 80.8%,儲蓄性保險支出比上年增長 51.9%。

表 3－4　1997 年我國城鎮居民主要現金支出項目增長情況

現金支出項目	1996 年（元）	1997 年（元）	1997 年比 1996 年增長％
總現金支出	**5 566.74**	**6 012.31**	**8.00**
一、实际支出	4 571.01	4 945.87	8.20
1、消费性支出	3 919.47	4 185.64	6.79
2、非消费性支出	647.59	755.94	16.73
其中：个人所得税	1.94	2.67	37.58
购房与建房支出	191.52	234.86	22.63
二、借贷支出	995.74	1 066.44	7.10
其中：存入储蓄款	769.23	777.06	1.02
储蓄保险性支出	26.84	40.79	51.98
购置有价证券	27.69	50.07	80.81
归还为购置住房的银行贷款	4.74	6.69	41.22

2. 城鎮居民消費性支出和可支配收入基本上同步增長，消費結構持續改善

1997 年城鎮居民人均消費性支出 4186 元，比上年增長 6.8％，略高于人均可支配收入 6.4％的增長速度，扣除物價因素，實際增長 3.6％。

城鎮居民生活質量進一步提高，消費支出構成發生變化，醫療保健、交通、娛樂、教育文化、居住支出大幅度增長，所占比重逐步增加。反映居民生活質量的恩格爾系數由上年的 48.6％下降為 1997 年的 46.41％。

表 3－5　消費支出構成變化表

單位：％

項　目	1996 年	1997 年	1997 年比 1996 年增加
消费支出	100.00	100.00	——
1. 食品	48.60	46.41	－2.19
2. 衣着	13.47	12.45	－1.02
3. 家庭设备用品及服务	7.61	7.57	－0.04
4. 医疗保健	3.66	4.29	0.63
5. 交通与通信	5.08	5.56	0.48
6. 娱乐教育文化服务	9.57	10.71	1.14
7. 居住	7.68	8.57	0.89
8. 杂项商品及服务	4.35	4.44	0.09

在具體各類消費支出中，表現出如下特點：

第一，飲食結構進一步改善，人們更注重營養性消費。

1997 年食品總體價格水平與上年持平，其中糧食、蛋類價格出現了下降趨勢。1997 年，城鎮居民平均每人用于糧食、澱粉及薯類、糖類、糕點類、菜類的消費支出比上年明顯減少，分別下降 12.3％、6.9％、2.6％、0.6％和 1.3％；而肉禽及其制品、水産品、干鮮瓜果類、奶及奶制品的支出保持較高增長勢頭，分別比上年增長 4.7％、6.9％、7.9％、13.2％。

另外，城鎮居民在外用餐支付食品加工服務費用增長較快，分別比 1996 年增長 9.3％和 13.7％。

從消費量上看，1997 年城鎮居民家庭平均每人消費糧食 88.6 千克，比上年下降 6.4％，其中人均消費細糧 86.1 千克，比上年下降 6.7％；人均消費粗糧 2.5 千克，比上年增長 3.4％。人均年消費猪肉 15.3 千克，比上年下降 10.1％；人均年消費牛羊肉 3.7 千克，比上年增長 12.1％；人均年消費蛋類 11.7 千克，比上年增長

15.6%;人均年消費鮮乳品 5.1 千克,比上年增長 4.97%。

第二,衣着消費支出減少。

1997 年第二季度到第四季度,城鎮居民衣着消費出現負增長。這是近幾年來衣着消費大幅度增長之后,首次出現負增長的現象。1997 年城鎮居民人均衣着消費 521 元,比上年減少 1.3%,扣除物價因素的影響,實際比上年減少 4.4%;衣着消費占全部消費性支出的比重由 1996 年的 13.47%下降到 12.45%。

第三,醫療保健及交通通信支出上高速增長。

在收入水平提高、生活條件改善的前提下,人們保健的意識增强,同時由于醫療改革的深入,居民個人醫療費用自理比重增加,城鎮居民在醫療保健上的消費支出大幅度增長。1997 年城鎮居民人均醫療保健支出 180 元,比上年增長 25.4%,占全部消費支出的比重由 1996 年的 3.7%上升為 4.2%。

現代快節奏的城市生活需要快捷便利的交通通信手段。1997 年城鎮居民用于交通和通信的人均消費支出為 233 元,比上年增長 17%,其中由于交通的消費支出比上年增長 15.8%,用于通信支出比上年增長 18.1%。

第四,娱樂、教育、文化服務等精神消費成為熱點。

1997 年城鎮居民人均用于娱樂教育文化服務類消費的支出為 448 元,比 1996 年增長 19.6%,比 1995 年增長 43.1%。其中人均用于購買娱樂用耐用消費品的支出為 112 元,比上年增長 25.5%;人均用于教育支出為 238 元,比上年增長 16.5%;人均用于文化娱樂的支出為 98 元,比上年增長 21.1%。

第五,居住消費迅速增長,成為居民的又一消費熱點。

隨着住房改革的深入,住房逐漸向商品化過渡,居民居住的公房比重日漸降低,自有房或部分産權自有房屋顯著增加。1995 年城鎮居民住房中公房比重為 63.1%,1996 年為 58.3%,1997 年為 42.9%;而自有房或部分産權自有房的比重,1995 年、1996 年、1997 年分别為 35.4%、40.4%、55.8%。

城鎮居民用于居住的消費支出也在不斷增長,1997 年為人均 359 元,比 1996 年增長 19.2%,扣除物價因素實際增長 5.5%。其中住房消費支出為人均 149 元,比上年增長 19.8%;用于水、電、燃料及其它的消費支出為 210 元,比上年增長 18.78%。1997 年人均消費水 300 立方米、電 203 千瓦小時,分别比 1996 年增長 2.6%、8.4%。

3. 城鎮居民消費支出的省際差别明顯。

1997 年廣東省城鎮居民人均消費支出最高,達 6 853.48 元,甘肅省最低,為人均 2 946.27 元,前者是后者的 2.33 倍,極差率于人均可支配收入的極差率 2.38 基本相符。

人均消費支出水平從高到低排序是:廣東 6 853.48 元、上海 6 819.94 元、北京 6 531.81 元、浙江 6 170.14 元、天津 5 204.15 元、重慶 4 937.75 元、福建 4 935.95 元、雲南 4 537.08 元、江蘇 4 533.57 元、廣西 4 452.70 元、湖南 4 317.16 元、四川 4 092.59 元、山東 4 040.63 元、河北 4 003.71 元、海南 3 908.57 元、新疆 3 887.06 元、湖北 3 855.59 元、遼寧 3 719.91 元、安徽 3 693.55 元、貴州 3 555.69 元、陝西 3 462.33 元、吉林 3 408.03 元、河南 3 378.02 元、青海 3 300.49 元、寧夏 3 271.32 元、山西 3 228.71 元、黑龍江 3 213.42 元、江西 3 199.61元、内蒙古 3 032.30 元、甘肅 2 946.27 元。這個排序列和人均可支配收入的排序具有高度的相關性。

第四章　農村消費者收入和支出分析

一、農村消費者收入狀況分析

1. 1997 年農村居民實際收入保持增長,但速度減慢

1997 年我國農村居民收入增長速度放慢,1998 年的形勢也不樂觀。

根據全國 6.7 萬個農村住户的抽樣調查結果,1997 年全國農民人均純收入達到 2 090 元,比上年增加 164 元,增長 8.5%,扣除價格因素實際增長 4.6%。與往年相比,1997 年農民的增長勢頭減緩。1995 年,我國農村居民人均純收入實際增長 5.3%,1996 年實際增長 9%。同 1996 年比較,1997 年農民收入增長速度下滑了 4.5 個百分點。

農民收入增長速度放慢有上年增幅較大的原因。1996 年受農業大豐收、農產品收購價格提高、非農産業收入增加、農民實際負擔減輕等因素的影響,1996 年,全國農村居民人均純收入達到 1 926 元,比上年增長 22%,實際增長 9%,增長速度創"八五"以來最高紀録。由于我國農業生產還未能從根本上改變靠天吃飯的局面,因此如此大幅度增長的勢頭很難長久持續下去。另外,由于 1996 年農業豐收,市場供求形勢緩和,部分農產品甚至大量過剩,導致 1997 年相當多的農產品降價幅度較大,也影響農民收入的增加。

從 1997 年的形勢來看,影響對農民收入增長的不利因素有:

首先,受自然災害、農作物播種面積減少等因素影響,再加上農產品降價,導致 1997 年種植業收入增長速度下滑。進入 6 月份以來,長江以北大部分地區持續高温少雨,據統計,全國受旱面積達 3 億多畝,其中嚴重受旱面積 1.5 億畝,因旱有 1 300 萬畝夏播作物没有播種,其中糧食 1 000 萬畝,還有 300 萬畝作物播種不出苗,1 100 萬畝干枯死。同時,南方一些地區發生洪澇災害,受害面積也多達 6 218 萬畝,旱澇災害造成 1997 年秋糧減產。1997 年中國棉花播種面積為 6 772 萬畝,在連續 12 年下降的基礎上,又比 1996 年減少 4.4%,降到 10 年來歷史最低點。除新疆播種面積比 1996 年增長 10%外,其余棉花大省播種面積均為下降。但由于科技興棉、防治病蟲害措施得力,棉花總產量達 430 萬噸,與 1996 年的 420 萬噸略有增長。包括棉花在内,1997 年農作產品價格下跌。根據有關資料顯示,占農民純收入來源將近一半的種植業收入在 1997 年名義增長 2%,增長幅度比居民消費價格上漲率 2.8%還要低。

其次,農民負擔有反彈趨勢。1997 年,包括納税、上交集體承包任務和提留與攤派在内的農民負擔增長較快。根據國家統計局農調隊的抽樣調查,1997 年上半年,農民人均三項負擔額達 19.01 元,比 1996 年同期增加 19.6%,該幅度既高于 1996 年同期與 1995 年同期相比增加 16.4%的增幅,也高于 1997 年上半年農民人均現金收入的增幅。1997 年農民負擔的另一個特點是以三項負擔占純收入的比重指標來衡量,中西部地區農民負擔較重,而東部較輕,這個特點與 1996 年基本相同。

第三,鄉鎮企業發展面臨困難,增長速度下滑,也影響農民收入的增長。1997 年中國鄉鎮企業增加值按可比價格增長 18%,大大低于"八五"期間 42.5%的年平均增長速度,也低于 1995 年的 33.6%和 1996 年的 21%的增長速度。鄉鎮企業吸納農村剩余勞動力的能力進一步下降。1997 年鄉鎮企業新吸納農村勞動力約 400 萬人,而"八五"期間平均每年吸納 719 萬人,1996 年新吸納 647 萬人。

受宏觀層面需求不景氣影響,鄉鎮企業虧損進一步增大。1997 年全國鄉鎮企業虧損面達 15%左右,比 1996 年增加約 33%,這樣,農民的收入顯然會受到影響。

但是,以下因素維持了農民收入的相當幅度的增長速度。

第一,林、牧、漁等非種植副業發展有較大突破。1997 年,農民人均林業和漁業純收入分别為 19 元和 21 元,均比上年增加了 20%。特别引人注目的是,人均牧業純收入達 185 元,比上年增加了 44 元,增長 31%;其增加額占全部純收入增加額的 27%。牧業對農民純收入增長的貢獻能達到如此大的比重,近幾年還不多見,各地的情況表明,由于糧食供應充足,飼料價格下跌,導致畜牧業生產成本下降,經濟效益提高,給畜牧業的發

展提供了很好的契機。然而，由于 1997 年中國農村畜牧業大幅增長，導致以猪肉為代表的肉禽制品價格在 1998 年上半年比 1997 年上半年下降了 11.21%，這顯然不利于 1998 年農民收入的增長。

第二，非農産業增長勢頭還是較爲强勁。1997 年，農民人均從家庭經營的第二産業上獲得的純收入為 78 元，比上年增長了 21%；從第三産業獲得的純收入為 175 元，比上年增長了 16%。雖然家庭經營中二、三産業的增長速度與上年相比仍有較大程度下降，但是與第一産業增長速度相比，仍分别多出 15 和 10 個百分點。這説明，農民自主經營的非農産業活動有了一定的基礎，并保持着旺盛的增長勢頭。

此外，農村非農産業收入中的勞動者報酬收入為 515 元，比上年增加 64 元，增長 14%。勞動者報酬收入主要包括鄉鎮企業工資收入和外出打工收入，受宏觀經濟形勢不景氣及鄉鎮企業發展速度放慢的影響，農民勞動報酬收入的增長速度比上年的增長速度降低了近一半，但同農民其它收入比較，仍然較高，從而有利于農民收入增長速度的相對穩定。

1997 年農民現金收入的增長呈現逐季加快的局面，1997 年第 1 季度農民人均現金收入增長 5%，上半年增長 6.5%，前 3 季度增長 7.2%，全年增長 8.5%。收入分階段遞增，且速度加快。

1998 上半年農村居民人均現金收入 977 元，扣除價格因素，與上年同期基本持平。由于自然災害造成部分地區夏糧減産，同時糧食價格仍維持下跌態勢，下半年由于幾個農業生産大省遭受嚴重水災，在農副産品減收、鄉鎮企業生産增幅仍在下降的情况下，1998 年農村居民的收入增長速度同 1997 年相比可能還會放慢。1998 年 1—9 月農村居民人均現金收入 1427 元，比上年同期下降 1.3%，扣除價格因素，農村居民實際現金收入比 1997 年同期增長 1%。

2. 農民收入差距略有擴大，基尼系數達到 0.3285

在農民收入保持增長的同時，收入差异略有擴大，根據有關資料計算，1997 年全國農民收入的基尼系數達到 0.3285，比 1996 年的 0.3229 略有提高，也就是説，從全國總體來説，農民收入差距在緩慢擴大，但仍處于合理區間，離 0.4 的警戒綫尚有一定的距離。

就不同經濟發展地帶而言，90 年代以來三大經濟發展地帶之間農民人均純收入的差距在擴大。但是，1997 年和 1996 年相比，三大地帶的差距基本未變。東部、中部、西部農民人均純收入的比例由 1996 年的 1.96：1.37：1 縮小到 1997 年的 1.95：1.37：1 的水平。這説明自"九五"計劃開始以來，國家加快中西部地區經濟發展的政策開始産生效應，三大經濟地帶農民純收入的差距在不斷擴大的趨勢得到了初步抑制。

全國農民純收入基尼系數增加的主要原因是各地區内部農民個體之間收入差异的擴大。

3. 農村居民人均純收入及其增長速度的省市差异顯著

從省市看，1997 年上海市農村居民的人均純收入水平最高，達到 5 277 元，比第二位的浙江省高出 43.24%，是最低的甘肅省的 4.45 倍，可謂獨枝一秀。農村居民人均純收入在 5 000 元以上的省區數占全部省區數的 3.23%、在 3 000—3 999 元的占 16.13%、在 2 000—2 999 元的占 29.03%、在 1 000—1 999 元的占 51.61%。

1997 年農村居民人均純收入從高到低的排序依次：是上海、浙江、北京、廣東、江蘇、天津、福建、黑龍江、遼寧、山東、河北、吉林、江西、湖北、湖南、海南、廣西、安徽、内蒙古、山西、河南、四川、重慶、寧夏、新疆、雲南、青海、貴州、陜西、西藏、甘肅。1997 年各省(市、自治區)農民人均純收入如表 4—1 所示。

從增長速度看，同 1996 年相比，新疆自治區農民人均純收入增長速度最高，達 16.63%(按當年價格計算，未扣除價格因素，下同)；西藏自治區下降 11.73%。增長速度從高到低排序為：新疆、海南、四川、湖南、湖北、江西、青海、安徽、雲南、福建、山西、河北、内蒙古、山東、河南、陜西、廣東、上海、寧夏、天津、江蘇、甘肅、遼寧、浙江、黑龍江、吉林、北京、貴州、西藏。

1997 年農民人均純收入增長速度在 15%以上的省(市、自治區)有 3 個，占全部省(市、自治區)總數的 9.68%；在 10.00%—14.99%的有 11 個，占 35.48%；在 5.00%—9.99%的有 13 個，占 41.94%；在 5.00%以下的有 4 個，占 12.90%。

表 4－1 1997 年中國各省(市、自治區)農村居民人均純收入

人均純收入分組(元/人、年)	省市區數(個)	比重(%)	省(市、自治區)名稱及收入水平		
5000 元以上	1	3.23	上 海(5277 元)		
3 000－3 999 元	5	16.13	浙 江(3 684 元)	北 京(3 662 元)	广 东(3 468 元)
			江 苏(3 270 元)	天 津(3 244 元)	
2 000－2 999 元	9	29.03	福 建(2 786 元)	黑龙江(2 308 元)	辽 宁(2 301 元)
			山 东(2 292 元)	河 北(2 286 元)	吉 林(2 186 元)
			江 西(2 107 元)	湖 北(2 102 元)	湖 南(2 037 元)
1 000－1 999 元	16	51.61	海 南(1 917 元)	广 西(1 875 元)	安 徽(1 809 元)
			内蒙古(1 780 元)	山 西(1 738 元)	河 南(1 734 元)
			四 川(1 681 元)	重 庆(1 643 元)	宁 夏(1513 元)
			新 疆(1 504 元)	云 南(1 376 元)	青 海(1 321 元)
			贵 州(1 299 元)	陕 西(1 273 元)	西 藏(1 198 元)
			甘 肃(1 185 元)		
合计	31	100.00			

1997 年各省、市、自治區農村居民人均純收入比 1996 年增長情況如表 4－2 所示。

表 4－2 1997 年我國農村居民人均純收入增長程度省區分布

增長速度分組(%)	省市區數(個)	比重(%)	省(市、自治區)名稱及增長速度(%)		
15.00 以上	3	9.68	新 疆(16.63)	海 南(15.64)	四 川(15.64)
10.00－14.99	11	35.48	重 庆(14.52)	湖 南(13.66)	湖 北(12.80)
			江 西(12.71)	安 徽(12.50)	云 南(11.89)
			福 建(11.76)	青 海(12.51)	山 西(11.60)
			河 北(11.24)	内蒙古(11.09)	
5.00－9.99	13	41.94	山 东(9.86)	河 南(9.80)	海 南(9.78)
			陕 西(9.29)	广 东(8.93)	上 海(8.89)
			宁 夏(8.21)	天 津(8.13)	江 苏(7.94)
			甘 肃(7.68)	辽 宁(7.05)	浙 江(6.39)
			黑龙江(5.79)		
5.00 以下	4	12.90	吉 林(2.86)	北 京(2.80)	贵 州(1.71)
			西 藏(－11.73)		
合计	31	100.00			

二、農村消費者支出狀況分析

1. 1997 年農村居民現金支出中用于儲蓄的比重上升

1997 年全國農村居民人均現金支出 2 297.30 元，比 1996 年增長 7.18%，增幅與 1996 年同比回落 13.5 個百分點。在 1997 年農村居民現金支出中，用于生産費用的比重從 1996 年的 27.5%下降到 1997 年的 26.11%，用于繳納税金和上交集體承包費支出從 4.42%下降到 4.26%，用于生活消費的支出從 50.35%下降到 49.03%，用于儲蓄借貸的比重從 11.69%上升到 14.69%。人均儲蓄借貸支出總額從 1996 年的 249.90

元增長到 337.55 元,增長 35.07%。

1990 年、1995 年、1996 年、1997 年四年我國農村居民現金支出結構如表 4—3 所示。

表 4—3 我國 1990 年和 1995—1997 年農村居民現金支出結構變化表

年 份	1990 年	1995 年	1996 年	1997 年
生産費用支出比重(%)	24.73	29.27	27.50	26.11
繳納税金、上交承包費比重(%)	4.51	4.16	4.42	4.26
生活消費支出比重(%)	50.56	48.65	50.35	49.03
儲蓄借貸支出比重(%)	13.78	12.50	11.69	14.69

農村居民生産費用支出比重下降和農民投入積極性有關,也和某些農用生産資料價格下降有關。除以現金計算的生産費用外,包括非現金支出在内的 1997 年中國農村居民人均全年生産性投入總額為 766 元,比 1996 年的投入總額 773 元減少 7 元,這是 90 年代以來首次出現絶對額減少的現象。其中:農户人均家庭經營生産費用支出 706 元,比 1996 年減少 3 元,減少 0.5%;農村住户人均購置生産性固定資産 60 元,比 1996 年減少 4 元,減少 6.4%。

2. 農村居民消費支出增長速度低于收入水平增長速度,但消費結構在逐步改善,消費市場潛力巨大

1997 年農村居民人均生活消費支出 1 617.15 元,比上年增加 45.07 元,增長 2.87%;其中,貨幣性消費 1 126.28元,比上年增長 4.65%;實物性消費 490.87 元,比上年下降 1%,均慢于農村居民人均純收入 8.5% 的增長速度。

表 4—3 中所反映的農村居民儲蓄借貸支出占總現金支出比重上升 3 個百分點,同樣也反映出農村居民儲蓄傾向增强、消費傾向下降的趨勢。

表 4—4 1997 年農村居民各項生活消費支出的增長速度和結構變化表

生活消費支出 項 目	與 1996 年 相比增長(%)	生活消費支出結構(%)		
		1996 年	1997 年	1997 年比 1996 年
生活消費總支出	2.87	100	100	
食 品	0.54	56.33	55.05	—1.28
衣 着	—8.82	7.23	6.76	—0.47
居 住	6.47	13.93	14.42	+0.49
家庭用品及服務	1.41	5.35	5.28	—0.07
醫療保健	7.19	3.71	3.86	+0.15
交通通訊	14.53	2.99	3.33	+0.34
文教娱樂用品及服務	11.87	8.43	9.16	+0.73
其它商品及服務	7.97	2.02	2.12	+0.10

表 4—4 反映了 1997 年農村居民各項生活消費支出的增長情況以及它們在總生活消費支出中的比重及變化,可以看出,農村居民用于居住、醫療保健、交通通訊、文教娱樂用品及服務、其它商品及服務的增長幅度分别達到 6.47%、7.1%、14.53%、11.87%、7.97%,它們在生活消費總支出中的比重也分别上升 0.49、0.15、0.34、0.73、0.10 個百分點。而農村居民用于食品和衣着上的消費支出增長速度分别為 0.54%、—8.82%,它們在生活消費總支出中的比重分别下降 1.28 和 0.47 個百分點。

從食品消費占生活消費總支出的比重看,1997 年農村居民恩格爾系數從 1996 年的 56.33%下降到 55.05%。由于農村居民房屋基本上由自己建造,因此,恩格爾系數的下降基本上反映了農民生活質量的提高。

在食品消費中,我國農村居民的人均糧食消費量從 1990 年開始就呈現下降的趨勢,反映出到 90 年代初我國農村居民糧食消費從量上已基本得到滿足,開始追求更高的質量和品種的搭配。我國農村居民 1997 年食用蔬菜、食油、魚、蝦數量微弱上升,上升幅度分别為 0.89%、0.89%、0.29%;食用家禽及蛋制品上升幅度較大,分别為 22.28%、21.79%;食用的猪、羊、牛、肉基本持平。可見,農民的食品消費結構正處在改善之中。

從衣着消費看,我國農村居民自 90 年代以來購買成衣的趨勢更為明顯。1990 年至 1997 年人均棉布消費量下降 57.77%,其中 1997 年比 1996 年下降 19.15%;人均化纖布消費量與 1990 年基本持平,為 1.79 米,但同 1985 年的 2.50 米相比大幅下降;1997 年隨着我國服裝價格的下降,農村居民的衣着消費支出也出現絶對額下降的局面。

從住房支出看，1997 年我國農村居民年末人均住房居住面積由 1991 年的 18.5 平方米增加到 1997 年的 22.4 平方米，其中磚木結構和鋼筋混凝土結構住房面積達到人均 16.97 平方米，占 75.6%；1997 年農村居民人均新建房屋面積 0.94 平方米。農村居民住房條件有了很大改善。

從對耐用消費品的消費來看，農村市場的潛力是巨大的。我國 1997 年農村居民人均純收入為 2 090 元，扣除價格因素，大體相當于 1985 年的 683 元，這和 1985 年城鎮居民家庭人均生活費收入 685 元大體相當。而 1985 年城鎮居民家庭耐用消費品擁有量與 1997 年農村居民家庭耐用消費品的擁有量比較如表 4—5 所示。

表 4—5 1985 年中國城鎮居民家庭與 1997 年
中國農村居民家庭平均每百户若干耐用消費品擁有量比較表

項目	黑白電視機（臺）	彩色電視機（臺）	電冰箱（臺）	洗衣機（臺）	縫紉機（臺）	電風扇（臺）	自行車（輛）	照相機（臺）
1985 年城镇	66.68	17.21	6.58	48.29	70.82	73.91	152.27	8.52
1997 年农村	65.12	27.32	8.49	21.87	63.97	105.93	141.95	2.06

就 1997 年農村居民實際收入水平而言，其對絶大部分耐用消費品的購買能力應比 1985 年城鎮居民的購買能力要强，由于受到消費和購買的方便程度、配套基礎設施（如電力和自來水供應等）是否完善、售后使用指導和維修服務配套等條件的制約，在上述耐用消費品擁有量中，除彩電、電冰箱和電風扇的擁有量分别高于 1985 年的城鎮水平外，其余耐用消費品擁有量都低于 1985 年的城鎮居民家庭擁有量。其中洗衣機低 57.7%。

3. 農村居民消費水平的省際差别巨大

我們主要從總的生活消費支出、恩格爾系數等方面來描述農村居民消費水平的省際差别。

首先，從生活消費支出水平上看，1997 年上海市的農村居民人均生活消費支出水平最高，達 4 228 元；西藏自治區農村居民人均生活消費支出水平最低，為 805 元，前者為后者的 5.25 倍。上海市的消費支出水平也大大高于其他省市，是處于第二位的浙江省的 1.49 倍。

從農村居民人均生活消費支出的省、市、自治區排序上看，從高到低為上海、浙江、北京、廣東、江蘇、福建、天津、湖南、遼寧、湖北、山東、吉林、江西、内蒙古、黑龍江、四川、新疆、河北、重慶、廣西、安徽、雲南、海南、河南、寧夏、陝西、山西、青海、貴州、甘肅、西藏。1997 年各省、市、自治區農村居民生活消費支出水平如表 4—6 所示。

表 4—6 1997 我國各省、市、自治區農村居民人均生活消費支出表

人均生活消費支出分組（元/人、年）	省市區數（個）	比重（%）	省、市、自治區名稱及人均生活消費支出金額（元/人、年）		
4000 以上	1	3.23	上　海（4228 元）		
2 000—2 999	4	12.90	浙　江（2839 元）	北　京（2693 元）	广　东（2618 元）
			江　苏（2488 元）		
1 500—1 999	10	32.26	福　建（1994 元）	天　津（1882 元）	湖　南（1816 元）
			辽　宁（1790 元）	湖　北（1660 元）	山　东（1626 元）
			吉　林（1624 元）	江　西（1569 元）	内蒙古（1960 元）
			黑龙江（1549 元）		
1 000—1 499	14	45.16	四　川（1 440 元）	新　疆（1 395 元）	河　北（1395 元）
			重　庆（1 390 元）	广　西（1 376 元）	安　徽（1 337 元）
			云　南（1 318 元）	海　南（1 287 元）	河　南（1 271 元）
			宁　夏（1 250 元）	陕　西（1 215 元）	山　西（1 145 元）
			青　海（1 085 元）	贵　州（1 066 元）	
1 000 以下	2	6.45	甘　肃（976 元）	西　藏（805 元）	
合计	31	100.00			

其次，從恩格爾系數看，全國農村居民生活消費的恩格爾系數處于下降態勢，這種趨勢是同我國大部分農

村地區農民生活由温飽型向小康型轉變的進程是相吻合的。

上海、北京農村居民的恩格爾系數已降至 41.5%和 44.8%。恩格爾系數在 60%以上的省區還有西藏、青海、重慶、海南、四川、雲南。按各省、市、自治區農村居民生活消費支出恩格爾系數從低到高排序是上海、北京、新疆、江蘇、河北、天津、廣東、陜西、山東、河南、黑龍江、吉林、福建、遼寧、寧夏、内蒙古、湖北、安徽、山西、甘肅、廣西、湖南、四川、雲南、海南、重慶、青海、西藏、貴州。1997 年各省、市、自治區農村居民生活消費的恩格爾系數如表 4－7 所示。

表 4－7　1997 我國各省、市、自治區農村居民生活消費恩格爾系數

恩格爾系數分組（%）	省市數（個）	比重（%）	省、市、自治區名稱及其恩格爾系數（%）		
40.0—44.9	2	6.45	上　海(41.5)	北　京(44.8)	
45.0—49.9	3	9.68	新　疆(48.0)	浙　江(48.5)	江　苏(48.9)
50.0—54.9	7	22.58	河　北(50.3)	天　津(50.9)	广　东(52.3)
			陕　西(52.8)	山　东(53.6)	河　南(54.6)
			黑龙江(54.8)		
55.0—59.9	12	38.71	吉　林(55.1)	福　建(55.2)	辽　宁(55.4)
			宁　夏(55.8)	内蒙古(55.9)	湖　北(55.9)
			安　徽(56.5)	山　西(57.0)	甘　肃(57.5)
			广　西(58.2)	江　西(58.8)	湖　南(59.4)
60.0—64.9	3	9.68	云　南(62.1)	四　川(62.4)	海　南(63.2)
65.0 以上	4	12.9	重　庆(65.8)	青　海(66.3)	西　藏(66.2)
			贵　州(69.6)		
合计	31	100			

第三篇
消費者資源

導 讀

◆ **消費者資源總量及其構成**

△1955—1997 年全國消費者資源總量
△1997 年全國消費者資源總量
△1997 年各地區市總人口
△1997 年各地區縣總人口
△1997 年各地區縣轄鎮總人口
△1997 年各地區市非農業、農業人口數
△1997 年各地區縣非農業、農業人口數
△1997 年各地區縣轄鎮非農業、農業人口數
△1997 年各地區消費者資源總量及其地區分布
△各省、自治區、直轄市部分少數民族人口
△1997 年全國及各省市消費者年齡構成
△1997 年全國及各省市 6 歲以上人口文化層次構成
△1949—1997 年全國人口自然變動情況
△1997 年全國及各省市消費者資源變化幅度
△1997 年全國分年齡段人口死亡率
△1991—1997 年各地區人口變化表

◆ **居民户及其構成**

△1997 年全國城鄉居民家庭户資源及其地區分布
△1997 年全國及各地區不同規模家庭户構成
△1997 年全國及各地區不同類型家庭户構成
△1995 年各地區家庭户的民族構成
△1997 年全國家庭户户主年齡及性别構成
△ 1997 年各地區城鄉居民家庭户資源及其地區分布

◆ **婚姻狀况**

△1997 年全國 15 歲及 15 歲以上人口婚姻狀况
△1997 年全國各地區 15 歲及 15 歲以上人口婚姻狀況
△1985—1997 年全國婚姻登記和離婚情况
△1997 年各地區婚姻登記和離婚情况
△ 1991—1997 年全國及各省市新婚數

◆ **就業狀况**

△1997 年各地區不同經濟單位職工人數
△1997 年各地區不同經濟單位職工人數構成
△1997 年各地區職工平均工資
△1997 年各地區不同經濟單位職工工資比較
△1991—1997 年全國及分省市職工平均工資
△1991—1997 年全國不同行業勞動力價格變化構成

主要統計指標解釋

人口數　指一定地區範圍内的有生命的個人的總和。年度統計的年末人口數是指每年 12 月 31 日 24 時的人口數。年度統計的全國人口總數内未包括臺灣省和港澳同胞以及海外華僑人數。

非農業人口　是指從事農業以外的職業維持生活的人口以及由他們撫養的人口。本年鑒采用按農業、非農業户口分類的户籍統計口徑。

年末總人口　是指本年 12 月 31 日 24 時的人口總數。

市　是指國家批準成立"市"建制的城市。

鎮　是指經省、自治區、直轄市批準的鎮。1963 年以前為常住人口在 2 000 人以上,非農業人口占 50%以上的。1964 年起改為常住人口在 3 000 人以上,非農業人口占 70%以上,或常住人口在 2 500 人以上,不滿 3 000 人,非農業人口占 85%以上的。1984 年又調整為,凡縣級地方國家機關所在地;或總人口在 20 000 人以下的鄉,鄉政府駐地非農業人口超過 2 000 人的;或總人口在 20 000 人以上的鄉,鄉政府駐地非農業人口占全鄉人口 10%以上的;或少數民族地區、人口稀少的邊遠地區、山區和小型工礦區小港口、風景旅游、邊境口岸等地,非農業人口雖不足 2000 人,都可建鎮。

出生率(又稱粗出生率)　指在一定時期内(通常為 1 年)平均每千人所出生的人數的比率,一般用千分率表示。計算公式:
出生率＝年出生人數/年平均人數＊100%

出生人數　是指活產嬰兒,即胎兒脱離母體時(不管懷孕月數),有過呼吸或其他生命現象。

年平均人數　是年初、年底人口數的平均數,也可用年中人口數代替。

死亡率(又稱粗死亡率)　指在一定時期内(通常為一年)一定地區的死亡人數與同期平均人數(或期中人數)之比,一般用千分率表示。計算公式:
死亡率＝年死亡人數/年平均人數＊100%

人口自然增長率

指在一定時期内(通常為一年)人口自然增加數(出生人數減死亡人數)與該時期内平均人數(或期中人數)之比,一般用千分率表示。計算公式:
人口自然增長率＝(本年出生人數－本年死亡人數)/年平均人數＊100%

職工　指在國有經濟、城鎮集體經濟、聯營經濟、股份制經濟、外商和港、澳、臺投資經濟、其他經濟單位及其附屬機構工作,并由其支付工資的各類人員。不包括:返聘的離退休人員、民辦教師、在國有經濟單位工作的外方人員和港、澳、臺人員。

國有經濟單位職工　指在國有經濟單位及其附屬機構工作,并由其支付工資的各類人員。

城鎮集體經濟單位職工　指在城鎮集體經濟單位及其管理部門工作,并由其支付工資的各類人員。

其他經濟單位職工　指在聯營經濟、股份制經濟、外商投資經濟、港澳臺投資經濟單位工作,并由其支付工資的各類人員。

職工平均工資　指企業、事業、機關單位的職工在一定時期内平均每人所得的貨幣工資額。它表明一定時期職工工資收入的高低程度,是反映職工工資水平的主要指標。計算公式為:職工平均工資＝報告期實際支付的全部職工工資總額/報告期全部職工平均人數

職工平均實際工資　指扣除物價變動因素后的職工平均工資。計算公式為:職工平均實際工資＝報告期職工平均工資/報告期職工生活費價格指數

性别比　男性人數與女性人數之比(女＝100)。

當年價格　指報告期的實際價格,如工廠的出廠價格,農產品的收購價格,商業的零售價格等。使用當年價格計算的數字,是為了使國民經濟各項指標相互銜接,便于考察當年社會經濟效益,便于對生産和流通、生産和分配、生産和消費進行經濟核算和綜合平衡。

按當年價格計算的價值指標,在不同年份之間進行對比時,因為包含有各年間價格變動的因素,不能確切地反映實物量的增減變動。必須消除價格變動因素后,才能真實反映經濟發展動態。因此,在計算增長速度時都使用按可比價格計算的數字。

可比價格　指在不同時期的價值指標對比時,扣除了價格變動的因素,以確切地反映物量的變化。按可比價格計算有兩種方法:一種是直接用産品産量乘某一年的不變價格計算;另一種是用價格指數計算。

不變價格　指用同類産品的年平均價格作為固定價格,來計算各年産品價值。按不變價格計算的産品價值消除了價格變動因素,不同時期對比可以反映生産的發展速度。新中國成立后,隨着工農業産品價格水平的變化,國家統計局先后五次制定了全國統一的工農業産品不變價格和農業産品不變價格,從 1949 年到 1957 年使用 1952 年工(農)業産品不變價格,從 1957 年到 1971 年使用 1957 年不變價格,從 1971 年到 1981 年使用 1970 年不變價格,從 1981 年到 1990 年使用 1980 年不變價格,從 1990 年開始使用 1990 年不變價格。

三次産業　根據社會生産活動歷史發展的順序對産業結構的劃分,産品直接取自自然界的部門稱為第一産業,對初級産品

進行再加工的部門稱為第二產業，為生產和消費提供各種服務的部門稱為第三產業。它是世界上通用的產業結構分類，但各國的劃分不盡一致。我國的三次產業劃分是：

第一產業：農業（包括種植業、林業、牧業和漁業）。

第二產業：工業（包括采掘工業、制造業、自來水、電力、蒸汽、熱水、煤氣）和建築業。

第三產業：除第一、第二產業以外的其他各業。由于第三產業包括的行業多、範圍廣，根據我國的實際情況，第三產業可分為兩大部門；一是流通部門，二是服務部門。

第一章　消費者資源總量及其地區分布

3.1.1　1955－1997年全國消費者資源總量

單位：萬人(10 000 Persons)

年份 Year	總人口(Total Population)			性別比(女＝100) Sex Ratio(Female＝100)
	合計(Total)	男(Male)	女(Female)	
1955	61 465	31 809	29 656	107.26
1956	62 828	32 536	30 292	107.41
1957	64 653	33 469	31 184	107.33
1958	65 994	34 195	31 799	107.53
1959	67 207	34 890	32 317	107.96
1960	66 207	34 283	31 924	107.39
1961	65 859	33 880	31 979	105.94
1962	67 295	34 517	32 778	105.31
1963	69 172	35 533	33 639	105.63
1964	70 499	36 142	34 357	105.20
1965	72 538	37 128	35 410	104.85
1966	74 542	38 189	36 353	105.05
1967	76 368	39 115	37 253	105.00
1968	78 534	40 226	38 308	105.01
1969	80 671	41 289	39 382	104.84
1970	82 992	42 686	40 306	105.90
1971	85 229	43 819	41 410	105.82
1972	87 177	44 813	42 364	105.78
1973	89 211	45 876	43 335	105.86
1974	90 859	46 727	44 132	105.88
1975	92 420	47 564	44 856	106.04
1976	93 717	48 257	45 460	106.15
1977	94 974	48 908	46 066	106.17
1978	96 259	49 567	46 692	106.16
1979	97 542	50 192	47 350	106.00
1980	98 705	50 785	47 920	105.98
1981	100 072	51 519	48 553	106.11
1982	101 541	52 310	49 231	106.25
1983	102 495	52 865	49 630	106.52
1984	103 475	53 423	50 052	106.73
1985	104 532	54 011	50 521	106.91
1986	105 721	54 605	51 116	106.83
1987	107 240	55 409	51 831	106.90
1988	108 978	56 298	52 680	106.87
1989	110 676	57 193	53 483	106.94
1990	113 274	58 498	54 776	106.79
1991	114 511	59 140	55 371	106.81
1992	115 563	59 705	55 858	106.89
1993	116 597	59 941	56 336	105.80
1994	117 674	60 818	56 856	106.97
1995	118 468	61 084	57 384	106.45
1996	119 546	61 630	57 916	106.41
1997	120 582	62 138	58 444	106.32

注：本表各年人口包括中國人民解放軍現役軍人數，未包括香港特別行政區、臺灣省和澳門地區的人口數據。

3.1.2 1997年全國消費者資源總量及其地區分布

單位:萬人(10 000 Persons)

地 區 Region	年底總人口 Total Population	占全國比重(%) Proportion	非農業人口數 Non-Agricultural	占全國比重(%) Proportion	非農業人口占全部人口比重(%) Non-Agricultural Proportion
全 國	**120 582.68**	**100.00**	**29 890.78**	**100.00**	**24.79**
安 徽	6 109.22	5.01	1 125.09	3.76	18.42
北 京	1 092.28	1.01	725.37	2.43	66.41
重 慶	3 042.92	2.49	594.58	1.99	19.54
福 建	3 237.13	2.68	629.24	2.11	19.44
甘 肅	2 456.64	2.04	451.72	1.51	18.39
廣 東	7 013.73	5.76	2 173.50	7.27	30.99
廣 西	4 588.49	3.79	794.95	2.66	17.32
貴 州	3 495.50	2.95	490.74	1.64	14.04
海 南	724.53	0.61	181.46	0.61	25.05
河 北	6 508.11	5.33	1 189.59	3.98	18.28
黑龍江	3 628.53	3.07	1 633.39	5.46	45.02
河 南	9 292.72	7.56	1 598.70	5.35	17.20
湖 北	5 838.83	4.80	1 592.26	5.33	27.27
湖 南	6 444.12	5.29	1 211.54	4.05	18.80
遼 寧	4 077.14	3.38	1 844.37	6.17	45.24
吉 林	2 600.15	2.15	1 115.92	3.73	42.92
江 蘇	6 948.36	5.84	1 837.96	6.15	26.45
江 西	4 025.99	3.39	865.93	2.90	21.51
内蒙古	2 288.52	1.90	763.69	2.55	33.37
寧 夏	528.94	0.43	146.70	0.49	27.73
青 海	466.48	0.41	131.79	0.44	28.25
山 東	8 809.71	7.18	2 309.78	7.73	26.22
山 西	3 091.29	2.57	788.37	2.64	25.50
陝 西	3 482.68	2.92	747.70	2.50	21.47
上 海	1 305.46	1.19	943.03	3.15	72.24
四 川	8 264.70	6.89	1 420.10	4.75	17.18
天 津	905.11	0.78	517.91	1.73	57.22
西 藏	242.74	0.20	33.60	0.11	13.84
新 疆	1 705.81	1.40	600.41	2.01	35.20
雲 南	3 944.59	3.35	566.30	1.89	14.36
浙 江	4 422.28	3.63	865.10	2.89	19.56

注:統計口徑為户籍人口數。

3.1.3 1997年各地區市總人口

單位:萬人(10 000 Persons)

地 區 Region	總人口(Total Population)			性別比(女=100) Sex Ratio(Female=100)
	合計(Total)	男(Male)	女(Female)	
全 國	**52 834.03**	**27 129.17**	**25 704.86**	**105.54**
安 徽	1 858.69	963.86	894.83	107.71
北 京	748.26	381.91	366.35	104.25
重 慶	1 575.89	818.52	757.37	108.07
福 建	1 413.69	732.10	681.59	107.41
甘 肅	662.07	343.53	318.54	107.84
廣 東	4 562.60	2 351.09	2 211.51	106.31
廣 西	1 345.69	704.46	641.23	109.86
貴 州	947.78	491.14	456.64	107.56
海 南	399.79	207.10	192.69	107.48
河 北	2 202.97	1 121.47	1 081.50	103.70
黑龍江	2 100.86	1 069.86	1 031.00	103.77
河 南	2 832.03	1 452.08	1 379.95	105.23
湖 北	3 431.67	1 767.64	1 664.03	106.23
湖 南	2 108.77	1 094.36	1 014.40	107.88
遼 寧	2 865.41	1 454.52	1 410.89	103.09
吉 林	1 691.67	859.13	832.54	103.19
江 蘇	4 116.55	2 085.66	2 030.89	102.70
江 西	1 353.75	703.35	650.40	108.14
内蒙古	768.82	394.84	373.98	105.58
寧 夏	167.38	85.78	81.61	105.11
青 海	84.25	43.01	41.25	104.28
山 東	4 920.18	2 504.15	2 416.03	103.65
山 西	1 162.92	606.62	5 563.98	109.05
陜 西	958.74	499.19	459.55	108.63
上 海	1 018.59	516.22	502.37	102.76
四 川	2 705.61	1,397.32	1 308.29	106.81
天 津	597.06	302.37	294.68	102.61
西 藏	22.58	11.69	10.89	107.34
新 疆	598.32	309.05	289.28	106.83
雲 南	880.31	454.91	425.40	106.94
浙 江	2 731.13	1 402.25	1 328.89	105.52

注:此表統計口徑為户籍人口數。

3.1.4 1997年各地區縣總人口

單位:萬人(10 000 Persons)

地　區 Region	總人口(Total Population)			性别比(女=100) Sex Ratio(Female=100)
	合計(Total)	男(Male)	女(Female)	
全　國	**68 070.43**	**35 179.45**	**32 890.98**	**106.96**
安　徽	4 288.63	2 226.87	2 061.77	108.01
北　京	344.02	172.26	171.76	102.92
重　慶	1 750.70	919.54	831.16	110.63
福　建	1 823.44	939.87	883.57	106.37
甘　肅	1 794.57	929.58	864.99	107.47
廣　東	2 451.13	1 269.23	1 181.90	107.39
廣　西	3 242.80	1 693.41	1 549.39	109.29
貴　州	2 547.71	1 318.24	1 229.48	107.22
海　南	324.74	172.27	152.48	112.98
河　北	4 305.13	2 197.75	2 107.38	104.29
黑龍江	1 527.67	782.93	7 447.74	105.13
河　南	6 460.69	3 324.40	3 136.29	106.00
湖　北	2 407.16	1 246.43	1 160.73	107.38
湖　南	4 335.35	2 253.16	2 082.19	108.21
遼　寧	1 211.73	622.39	589.33	105.61
吉　林	908.48	465.50	442.98	105.08
江　蘇	2 831.81	1 451.37	1 380.44	105.14
江　西	2 672.24	1 385.10	1 287.15	107.61
内蒙古	1 519.70	793.36	726.33	109.23
寧　夏	361.56	186.00	175.56	105.95
青　海	382.23	195.80	186.42	105.03
山　東	3 889.53	1 978.31	1 911.22	103.51
山　西	1 928.37	1 003.86	924.51	108.58
陝　西	2 523.94	1 321.49	1 202.45	109.90
上　海	286.87	141.71	145.16	97.62
四　川	5 559.09	2 894.09	2 665.00	108.60
天　津	308.06	156.24	151.82	102.92
西　藏	220.16	109.21	110.95	98.44
新　疆	1 107.48	567.67	539.81	105.16
雲　南	3 064.28	1 580.80	1 483.48	106.56
浙　江	1 691.15	880.60	810.55	108.64

注:此表統計口徑為户籍人口數。

3.1.5 1997年各地區縣轄鎮總人口

單位:萬人(10 000 Persons)

地 區 Region	總人口(Total Population)			性別比(女=100) Sex Ratio(Female=100)
	合計(Total)	男(Male)	女(Female)	
全 國	**35 653.43**	**18 422.31**	**17 231.13**	**106.91**
安 徽	2 518.78	1 303.80	1 214.98	107.31
北 京	253.10	126.80	126.30	100.39
重 慶	1 073.49	560.86	512.63	109.41
福 建	1 322.52	678.89	643.62	105.48
甘 肅	398.82	208.23	190.59	109.26
廣 東	2 383.43	1 233.56	1 149.87	107.28
廣 西	2 000.87	1 047.78	953.08	109.94
貴 州	1 479.37	763.73	715.65	106.72
海 南	198.76	105.23	93.54	112.49
河 北	2 208.05	1 128.20	1 079.85	104.48
黑龍江	728.01	372.27	355.74	104.65
河 南	2 392.95	1 232.26	1 160.70	106.17
湖 北	1 511.35	781.07	730.28	106.96
湖 南	2 578.94	1 339.69	1 239.24	108.11
遼 寧	652.34	335.23	317.10	105.72
吉 林	583.83	298.74	285.09	104.79
江 蘇	1 229.55	629.74	599.81	104.99
江 西	1 228.04	636.97	591.07	107.77
内蒙古	452.34	234.03	218.31	107.20
寧 夏	110.35	57.08	53.27	107.16
青 海	87.69	45.29	42.40	106.82
山 東	2 139.22	1 089.57	1 049.66	103.80
山 西	891.41	465.78	425.63	109.43
陝 西	1 264.11	665.36	598.75	111.12
上 海	266.84	131.39	135.45	97.00
四 川	3 124.90	1 622.67	1 502.22	108.02
天 津	128.22	65.38	62.84	104.03
西 藏	19.14	9.73	9.42	103.31
新 疆	262.24	134.60	127.65	105.44
雲 南	986.12	506.94	479.18	105.80
浙 江	1 178.65	611.42	567.23	107.79

注:此表統計口徑為户籍人口數。

3.1.6 1997年各地區市非農業、農業人口數

單位:萬人(10 000 Persons)

地 區 Region	總人口 Population	非農業人口 Non-Agricultural		農業人口 Agricultural	
		人口數 Population	占總人口比重(%) Proportion	人口數 Population	占總人口比重(%) Proportion
全 國	**52 834.03**	**21 369.99**	**40.45**	**31 464.03**	**59.55**
安 徽	1 858.69	689.38	37.09	1 169.31	62.91
北 京	748.26	638.81	85.37	109.45	14.63
重 慶	1 575.89	438.72	27.84	1 137.17	72.16
福 建	1 413.69	427.99	30.27	985.70	69.73
甘 肅	662.07	301.70	45.57	360.37	54.43
廣 東	4 562.60	1 724.98	37.81	2 837.61	62.19
廣 西	1 345.69	427.74	31.79	917.95	68.21
貴 州	947.78	302.77	31.95	645.01	68.05
海 南	399.79	121.58	30.41	278.21	69.59
河 北	2 202.97	828.24	37.60	1 374.74	62.40
黑龍江	2 100.86	1 207.91	57.50	892.94	42.50
河 南	2 832.03	1 011.94	35.73	1 820.09	64.27
湖 北	3 431.67	1 228.38	35.80	2 203.29	64.20
湖 南	2 108.77	715.61	33.94	1 393.15	66.06
遼 寧	2 865.41	1 630.87	56.92	1 234.55	43.08
吉 林	1 691.67	876.24	51.80	815.42	48.20
江 蘇	4 116.55	1 447.42	35.16	2 669.13	64.84
江 西	1 353.75	483.45	35.71	870.30	64.29
內蒙古	768.82	487.89	63.46	280.94	36.54
寧 夏	167.38	100.58	60.09	66.80	39.91
青 海	84.25	69.67	82.69	14.59	17.31
山 東	4 920.18	1 698.11	34.51	3 222.07	65.49
山 西	1 162.92	549.08	47.22	613.84	52.78
陝 西	958.74	461.37	48.12	497.36	51.88
上 海	1 018.59	868.79	85.29	149.81	14.71
四 川	2 705.61	810.36	29.95	1 895.25	70.05
天 津	597.06	479.29	80.28	117.77	19.72
西 藏	22.58	14.77	65.43	7.81	34.57
新 疆	598.32	370.09	61.85	228.23	38.15
雲 南	880.31	302.76	34.39	577.56	65.61
浙 江	2 731.13	653.50	23.93	2 077.63	76.07

注:此表統計口徑為户籍人口數。

3.1.7 1997年各地區縣非農業、農業人口數

單位：萬人(10 000 Persons)

地 區 Region	總人口 Population	非農業人口 Non-Agricultural		農業人口 Agricultural	
		人口數 Population	占總人口比重(%) Proportion	人口數 Population	占總人口比重(%) Proportion
全 國	**68 070.43**	**8 558.27**	**12.57**	**59 512.16**	**87.43**
安 徽	4 288.63	446.50	10.41	3 842.13	89.59
北 京	344.02	86.56	25.16	257.46	74.84
重 慶	1 750.70	182.54	10.43	1 568.16	89.57
福 建	1 823.44	201.25	11.04	1 622.19	88.96
甘 肅	1 794.57	150.02	8.36	1 644.54	91.64
廣 東	2 451.13	448.52	18.30	2 002.61	81.70
廣 西	3 242.80	367.21	11.32	2 875.59	88.68
貴 州	2 547.71	187.97	7.38	2 359.75	92.62
海 南	324.74	59.89	18.44	264.85	81.56
河 北	4 305.13	361.35	8.39	3 943.78	91.61
黑龍江	1 527.67	425.47	27.85	1 102.20	72.15
河 南	6 460.69	586.76	9.08	5 873.94	90.92
湖 北	2 407.16	363.88	15.12	2 043.28	84.88
湖 南	4 335.35	495.92	11.44	3 839.43	88.56
遼 寧	1 211.73	213.51	17.62	998.22	82.38
吉 林	908.48	239.68	26.38	668.80	73.62
江 蘇	2 831.81	390.54	13.79	2 441.26	86.21
江 西	2 672.24	382.48	14.31	2 289.76	85.69
內蒙古	1 519.70	275.80	18.15	1 243.90	81.85
寧 夏	361.56	46.12	12.76	315.43	87.24
青 海	382.23	62.12	16.25	320.11	83.75
山 東	3 889.53	611.67	15.73	3 277.87	84.27
山 西	1 928.37	239.29	12.41	1 689.07	87.59
陝 西	2 523.94	286.33	11.34	2 237.61	88.66
上 海	286.87	74.24	25.88	212.63	74.12
四 川	5 559.09	609.74	10.97	4 949.35	89.03
天 津	308.06	38.62	12.54	269.44	87.46
西 藏	220.16	18.82	8.55	201.34	91.45
新 疆	1 107.48	230.32	20.80	877.16	79.20
雲 南	3 064.28	263.54	8.60	2 800.73	91.40
浙 江	1 691.15	211.59	12.51	1 479.56	87.49

注：此表統計口徑為户籍人口數。

3.1.8 1997年各地區縣轄鎮非農業、農業人口數

單位:萬人(10 000 Persons)

地 區 Region	總人口 Population	非農業人口 Non-Agricultural		農業人口 Agricultural	
		人口數 Population	占總人口比重(%) Proportion	人口數 Population	占總人口比重(%) Proportion
全 國	**35 653.43**	**7 044.84**	**19.76**	**28 608.59**	**80.24**
安 徽	2 518.78	381.07	15.13	2 137.72	84.87
北 京	253.10	79.72	31.50	173.38	68.50
重 慶	1 073.49	165.72	15.44	907.77	84.56
福 建	1 322.52	183.51	13.88	1 139.00	86.12
甘 肅	398.82	122.46	30.70	276.37	69.30
廣東	2 383.43	438.30	18.39	1 945.13	81.61
廣 西	2 000.87	312.94	15.64	1 687.93	84.36
貴 州	1 479.37	168.51	11.39	1 310.86	88.61
海 南	198.76	47.92	24.11	150.84	75.89
河 北	2 208.05	308.82	13.99	1 899.23	86.01
黑龍江	728.01	308.16	42.33	419.85	57.67
河 南	2 392.95	474.50	19.83	1 918.45	80.17
湖 北	1 511.35	305.38	20.21	1 205.97	79.79
湖 南	2 578.94	431.79	16.74	2 147.15	83.26
遼 寧	652.34	184.80	28.33	467.53	71.67
吉 林	583.83	223.51	38.28	360.32	61.72
江 蘇	1 229.55	278.74	22.67	950.81	77.33
江 西	1 228.04	307.39	25.03	920.65	74.27
內蒙古	452.34	228.54	50.52	223.80	49.48
寧 夏	110.35	38.15	34.57	72.20	65.43
青 海	87.69	43.80	49.95	43.89	50.05
山 東	2 139.22	357.96	16.73	1 781.26	83.27
山 西	891.41	210.76	23.64	680.65	76.36
陝 西	1 264.11	254.71	20.15	1 009.40	79.85
上 海	266.84	64.15	24.04	202.70	75.96
四 川	3 124.90	537.22	17.19	2 587.68	82.81
天 津	128.22	30.82	24.04	97.39	75.96
西 藏	19.14	8.84	46.20	10.30	53.80
新 疆	262.24	146.39	55.82	115.85	44.18
雲 南	986.12	198.60	20.14	787.52	79.86
浙 江	1 178.65	201.65	17.11	977.00	82.89

注:此表統計口徑為户籍人口數。

3.1.9 1997年安徽省消費者資源總量及其地區分布

單位:萬人(10 000 Persons)

地 區 Region	年底總人口 Total Population	占全省比重 (%) Proportion	非農業人口數 Non- Agricultural	占全省比重 (%) Proportion	非農業人口占 總人口比重 (%) Non-Agricultural Proportion
全 省	**6 109.22**	**100.00**	**1 125.09**	**100.00**	**18.42**
合肥市	**422.32**	**6.91**	**129.58**	**11.52**	**30.68**
合肥市	122.85	2.01	97.06	8.63	79.01
長豐縣	94.21	1.54	8.23	0.73	8.74
肥東縣	108.30	1.77	13.92	1.24	12.85
肥西縣	96.96	1.59	10.37	0.92	10.70
蕪湖市	**213.96**	**3.50**	**67.95**	**6.04**	**31.76**
蕪湖市	62.02	1.02	48.83	4.34	78.73
蕪湖縣	0.87	5.92	0.53	11.12	
繁昌縣	45.20	0.74	7.70	0.68	17.04
南陵縣	53.52	0.88	5.50	0.49	10.28
蚌埠市	**323.27**	**8.54**	**163.84**	**14.56**	**31.39**
蚌埠市	73.96	1.21	49.65	4.41	67.13
懷遠縣	121.46	1.99	11.34	1.01	9.34
五河縣	66.66	1.09	7.45	0.66	11.18
固鎮縣	61.19	1.00	6.52	0.58	10.66
淮南市	**133.53**	**2.19**	**81.23**	**7.22**	**60.83**
凤台县	65.10	1.07	7.65	0.68	11.75
馬鞍山市	**116.12**	**1.90**	**47.97**	**4.26**	**41.31**
馬鞍山市	50.02	0.82	38.73	3.44	77.43
當涂縣	66.10	1.08	9.24	0.82	13.98
淮北市	**184.59**	**3.02**	**68.79**	**6.11**	**37.27**
淮北市	75.29	1.23	56.24	5.00	74.70
濉溪縣	109.30	1.79	12.55	1.12	11.48
銅陵市	**67.05**	**1.10**	**33.28**	**2.96**	**49.63**
銅陵市	32.42	0.53	28.63	2.54	88.31
銅陵縣	34.63	0.57	4.65	0.41	13.43
安慶市	**594.47**	**9.73**	**82.97**	**7.37**	**13.96**
安慶市	55.93	0.92	35.00	3.11	62.58
桐城市	76.54	1.25	8.73	0.78	11.41
懷寧縣	77.46	1.27	7.76	0.69	10.02

注:陰影部分各市統計數據含下轄縣。

3.1.9 1997年安徽省消費者資源總量及其地區分布(續)

單位:萬人(10 000 Persons)

地　區 Region	年底總人口 Total Population	占全省比重 (%) Proportion	非農業人口數 Non-Agricultural	占全省比重 (%) Proportion	非農業人口占總人口比重 (%) Non-Agricultural Proportion
樅陽縣	94.18	1.54	7.42	0.66	7.88
潜山縣	56.19	0.92	4.22	0.38	7.51
太湖縣	56.53	0.93	4.48	0.40	7.92
宿松縣	78.32	1.28	7.11	0.63	9.08
望江縣	59.13	0.97	4.57	0.41	7.73
岳西縣	40.19	0.66	3.68	0.33	9.16
黄山市	**146.44**	**2.40**	**26.78**	**2.23**	**18.29**
黄山市	40.09	0.66	12.83	1.14	32.00
歙縣	50.59	0.83	5.52	0.49	10.91
休寧縣	27.45	0.45	3.18	0.28	11.58
黟縣	9.80	0.16	1.67		17.04
祁門縣	18.51	0.30	3.58	0.32	19.34
滁州市	**412.10**	**6.75**	**90.48**	**8.04**	**21.96**
滁州市	46.40	0.76	18.47	1.64	39.81
天長市	59.40	0.97	16.79	1.49	28.27
明光市	60.39	0.99	11.04	0.98	18.28
來安縣	47.19	0.77	7.41	0.66	15.70
全椒縣	44.14	0.72	12.47	1.11	28.25
定遠縣	86.90	1.42	15.10	1.34	17.38
鳳陽縣	67.68	1.11	9.20	0.82	13.59
阜陽市	**1 359.98**	**22.26**	**138.43**	**12.30**	**10.18**
阜陽市	171.25	2.80	30.78	2.74	17.97
亳州市	135.13	2.21	25.03	2.22	18.52
界首市	71.14	1.16	8.97	0.80	12.61
臨泉縣	176.84	2.89	9.80	0.87	5.54
太和縣	145.72	2.39	11.10	0.99	7.62
渦陽縣	131.20	2.15	12.21	1.09	9.31
蒙城縣	112.30	1.84	11.10	0.99	9.88
阜南縣	140.96	2.31	9.36	0.83	6.64
穎上縣	142.88	2.34	12.53	1.11	8.77
利辛縣	132.56	2.17	7.55	0.67	5.70

注:陰影部分各市統計數據含下轄縣。

3.1.9 1997年安徽省消費者資源總量及其地區分布(續)

單位:萬人(10 000 Persons)

地 區 Region	年底總人口 Total Population	占全省比重 (%) Proportion	非農業人口數 Non-Agricultural	占全省比重 (%) Proportion	非農業人口占總人口比重 (%) Non-Agricultural Proportion
宿縣地區	**555.64**	**9.10**	**62.86**	**5.59**	**11.31**
宿州市	159.04	2.60	31.90	2.84	20.06
碭山縣	86.01	1.41	8.09	0.72	9.41
蕭 縣	122.84	2.01	10.36	0.92	8.43
靈璧縣	107.26	1.76	7.04	0.63	6.56
泗 縣	80.49	1.32	5.47	0.49	6.80
六安地區	**648.27**	**10.61**	**78.13**	**6.94**	**12.05**
六安市	170.54	2.79	27.75	2.47	16.27
壽 縣	123.20	2.02	16.26	1.45	13.20
霍邱縣	158.05	2.59	13.49	1.20	8.54
舒城縣	97.49	1.60	9.79	0.87	10.04
金寨縣	62.76	1.03	6.56	0.58	10.45
霍山縣	36.23	0.59	4.28	0.38	11.81
宣城地區	**273.26**	**4.47**	**45.91**	**4.08**	**16.80**
宣州市	81.88	1.34	13.26	1.18	16.19
郎溪縣	32.98	0.54	4.62	0.41	14.01
廣德縣	50.48	0.83	5.64	0.50	11.17
寧國市	38.10	0.62	10.80	0.96	28.35
涇 縣	36.26	0.59	6.13	0.54	16.91
旌德縣	15.24	0.25	2.04	0.18	13.39
績溪縣	18.32	0.30	3.42	0.30	18.67
巢湖地區	**440.70**	**7.21**	**67.49**	**6.00**	**15.31**
巢湖市	82.27	1.35	27.65	2.46	33.61
廬江縣	117.03	1.92	11.79	1.05	10.07
無為縣	134.89	2.21	12.74	1.13	9.44
含山縣	43.20	0.71	6.93	0.62	16.04
和 縣	63.31	1.04	8.38	0.74	13.24
池州地區	**152.43**	**2.50**	**20.69**	**1.84**	**13.57**
貴池市	60.48	0.99	10.04	0.89	16.60
東至縣	52.90	0.87	5.32	0.47	10.06
石臺縣	11.10	0.18	1.77	0.16	15.95
青陽縣	27.95	0.46	3.56	0.32	12.74

注:陰影部分各市統計數據含下轄縣。

3.1.10 1997年北京市消費者資源總量及其地區分布

單位：萬人(10 000 Persons)

地 區 Region	年底總人口 Total Population	占全市比重 (%) Proportion	非農業人口數 Non-Agricultural	占全市比重 (%) Proportion	非農業人口占總人口比重 (%) Non-Agricultural Proportion
全 市	**1 092.28**	**100.00**	**725.37**	**100.00**	**66.41**
城 區	**269.10**	**22.12**	**244.60**	**33.85**	**90.90**
東城區	71.70	6.56	64.20	8.85	89.54
西城區	87.80	8.04	80.40	11.08	91.57
崇文區	47.00	4.30	43.10	5.94	91.70
宣武區	62.60	5.73	56.90	7.84	90.89
近郊區	**482.10**	**39.62**	**351.20**	**48.60**	**72.85**
朝陽區	170.60	15.62	122.50	16.89	71.81
豐臺區	98.50	9.02	62.70	8.64	63.65
石景山區	39.10	3.58	30.20	4.16	77.24
海澱區	173.90	15.92	135.80	18.72	78.09
遠郊區	**105.10**	**8.64**	**40.70**	**5.63**	**38.73**
門頭溝區	26.70	2.44	15.10	2.08	56.55
房山區	78.40	7.18	25.60	3.53	32.65
各 縣	**360.40**	**29.62**	**86.20**	**11.93**	**23.92**
昌平縣	45.60	4.17	16.40	2.26	35.96
順義縣	56.60	5.18	9.90	1.36	17.49
通 縣	63.80	5.84	16.70	2.30	26.18
大興縣	56.60	5.18	13.70	1.89	24.20
平谷縣	39.70	3.63	8.30	1.14	20.91
懷柔縣	27.70	2.54	7.20	0.99	25.99
密雲縣	43.00	3.94	8.60	1.19	20.00
延慶縣	27.40	2.51	5.40	0.74	19.71

3.1.11　1997年重慶市消費者資源總量及其地區分布

單位:萬人(10 000 Persons)

地　區 Region	年底總人口 Total Population	占全市比重 (%) Proportion	非農業人口數 Non-Agricultural	占全市比重 (%) Proportion	非農業人口占總人口比重 (%) Non-Agricultural Proportion
全　市	**3 042.92**	**100.00**	**594.58**	**100.00**	**19.54**
原重慶市	**558.40**	**18.35**	**288.88**	**48.59**	**51.73**
渝中區	58.11	1.91	57.78	9.72	99.43
大渡口區	20.45	0.67	13.96	2.35	68.26
江北區	44.72	1.47	33.78	5.68	75.54
沙坪壩區	64.32	2.11	41.69	7.01	64.82
九龍坡區	68.84	2.26	42.70	7.18	62.03
南岸區	44.06	1.45	28.86	4.85	65.50
北碚區	62.69	2.06	23.43	3.94	37.37
萬盛區	26.51	0.87	10.31	1.73	38.89
雙橋區	4.11	0.14	1.70	0.29	41.36
渝北區	78.62	2.58	14.39	2.42	18.30
巴南區	85.97	2.83	20.31	3.42	23.62
江津市	144.58	4.75	21.59	3.63	14.93
合川市	150.21	4.94	19.55	3.29	13.02
永川市	102.54	3.37	17.95	3.02	17.51
長壽縣	87.76	2.88	14.61	2.46	16.65
綦江縣	93.86	3.08	17.60	2.96	18.75
潼南縣	89.61	2.94	6.54	1.10	7.30
銅梁縣	80.95	2.66	8.59	1.44	10.61
大足縣	91.30	3.00	9.18	1.54	10.05
榮昌縣	79.65	2.62	13.52	2.27	16.97
璧山縣	59.50	1.96	7.62	1.28	12.81

3.1.11 1997年重慶市消費者資源總量及其地區分布(續)

單位:萬人(10 000 Persons)

地 區 Region	年底總人口 Total Population	占全市比重 (%) Proportion	非農業人口數 Non- Agricultural	占全市比重 (%) Proportion	非農業人口占 總人口比重 (%) Non-Agricultural Proportion
萬縣區	**846.56**	**27.82**	**89.17**	**15.00**	**10.53**
萬縣市	164.25	5.40	33.00	5.55	20.09
開　縣	145.91	4.80	11.89	2.00	8.15
忠　縣	97.80	3.21	9.62	1.62	9.84
梁平縣	86.85	2.85	7.82	1.32	9.00
雲陽縣	123.48	4.06	9.51	1.60	7.70
奉節縣	98.72	3.24	7.30	1.23	7.39
巫山縣	58.18	1.91	4.33	0.73	7.44
巫溪縣	50.06	1.65	3.79	0.64	7.57
城口縣	21.31	0.70	1.91	0.32	8.96
涪陵區	**374.32**	**12.30**	**74.22**	**12.48**	**19.83**
涪陵市	108.71	3.57	44.10	7.42	40.57
南川市	63.51	2.09	8.08	1.36	12.72
墊江縣	86.86	2.85	9.32	1.57	10.73
武隆縣	39.44	1.30	4.43	0.75	11.23
豐都縣	75.80	2.49	8.29	1.39	10.94
黔江地區	**283.67**	**9.32**	**26.68**	**4.49**	**9.41**
黔江縣	47.62	1.56	5.49	0.92	11.53
石柱縣	49.00	1.61	5.43	0.91	11.08
彭水縣	60.08	1.97	4.77	0.80	7.94
酉陽縣	70.20	2.31	6.37	1.07	9.07
秀山縣	56.77	1.87	4.62	0.78	8.14

3.1.12 1997年福建省消費者資源總量及其地區分布

單位：萬人(10 000 Persons)

地 區 Region	年底總人口 Total Population	占全省比重 (%) Proportion	非農業人口數 Non-Agricultural	占全省比重 (%) Proportion	非農業人口占總人口比重 (%) Non-Agricultural Proportion
全 省	**3 237.13**	**100.00**	**629.24**	**100.00**	**19.44**
福州市	**574.85**	**17.76**	**150.40**	**23.90**	**26.16**
福州市	141.68	4.38	103.42	16.44	73.00
福清市	116.89	3.61	13.15	2.09	11.25
長樂市	67.17	2.07	7.33	1.16	10.91
閩候縣	60.52	1.87	6.99	1.11	11.55
連江縣	61.10	1.89	5.30	0.84	8.67
羅源縣	25.19	0.78	2.81	0.45	11.16
閩清縣	29.95	0.93	4.71	0.75	15.73
永泰縣	34.79	1.07	3.28	0.52	9.43
平潭縣	37.56	1.16	3.41	0.54	9.08
厦門市	**124.67**	**3.85**	**57.01**	**9.06**	**45.73**
莆田市	**289.10**	**8.93**	**27.42**	**4.36**	**9.48**
莆田市	34.45	1.06	13.69	2.18	39.74
莆田縣	158.69	4.90	6.84	1.09	4.31
仙游縣	95.96	2.96	6.89	1.09	7.18
三明市	**263.63**	**8.14**	**62.01**	**9.85**	**23.52**
三明市	26.43	0.82	19.28	3.06	72.95
永安市	31.23	0.96	12.87	2.05	41.21
明溪縣	11.60	0.36	2.23	0.35	19.22
清流縣	14.45	0.45	2.34	0.37	16.19
寧化縣	34.73	1.07	3.93	0.62	11.32
大田縣	35.83	1.11	3.91	0.62	10.91
尤溪縣	41.57	1.28	4.83	0.77	11.62
沙 縣	23.45	0.72	5.83	0.93	24.86
將樂縣	16.78	0.52	2.93	0.47	17.46
泰寧縣	12.54	0.39	1.93	0.31	15.39
建寧縣	15.02	0.46	1.93	0.31	12.85

注：陰影部分各市統計數據含下轄縣。

3.1.12 1997年福建省消費者資源總量及其地區分布(續)

單位:萬人(10 000 Persons)

地 區 Region	年底總人口 Total Population	占全省比重 (%) Proportion	非農業人口數 Non-Agricultural	占全省比重 (%) Proportion	非農業人口占總人口比重 (%) Non-Agricultural Proportion
泉州市	**650.13**	**20.08**	**85.21**	**13.54**	**13.11**
泉州市	62.71	1.94	28.24	4.49	45.03
石獅市	29.07	0.90	8.52	1.35	29.31
晉江市	99.46	3.07	11.87	1.89	11.93
南安市	147.15	4.55	10.62	1.69	7.22
惠安縣	125.73	3.88	9.86	1.57	7.84
安溪縣	103.11	3.19	7.33	1.16	7.11
永春縣	52.93	1.64	5.30	0.84	10.01
德化縣	29.97	0.93	3.47	0.55	11.58
漳州市	**438.76**	**13.55**	**71.27**	**11.33**	**16.24**
漳州市	48.35	1.49	22.40	3.56	46.33
龍海市	76.56	2.37	9.97	1.58	13.02
雲霄縣	39.69	1.23	5.89	0.94	14.84
漳浦縣	77.95	2.41	7.13	1.13	9.15
詔安縣	55.12	1.70	6.04	0.96	10.96
長泰縣	18.56	0.57	2.03	0.32	10.94
東山縣	19.89	0.61	6.48	1.03	32.58
南靖縣	33.74	1.04	4.64	0.74	13.75
平和縣	53.04	1.64	4.77	0.76	8.99
華安縣	15.86	0.49	1.92	0.31	12.11
南平市	**931.11**	**28.76**	**165.70**	**26.33**	**17.80**
南平市	48.29	1.49	22.88	3.64	47.38
邵武市	29.94	0.92	9.92	1.58	33.13
武夷山市	21.16	0.65	5.14	0.82	24.29
建甌市	50.27	1.55	9.59	1.52	19.08
建陽市	33.34	1.03	8.29	1.32	24.87
順昌縣	24.09	0.74	6.70	1.06	27.81
浦城縣	39.27	1.21	6.40	1.02	16.30
光澤縣	15.10	0.47	3.31	0.53	21.92
松溪縣	15.64	0.48	2.33	0.37	14.90
政和縣	21.03	0.65	2.40	0.38	11.41

注:陰影部分各市統計數據含下轄縣。

3.1.12　1997年福建省消費者資源總量及其地區分布(續)

單位：萬人(10 000 Persons)

地　區 Region	年底總人口 Total Population	占全省比重 (%) Proportion	非農業人口數 Non-Agricultural	占全省比重 (%) Proportion	非農業人口占總人口比重 (%) Non-Agricultural Proportion
寧德地區	**316.49**	**9.78**	**44.37**	**7.05**	**14.02**
寧德市	40.24	1.24	8.03	1.28	19.96
福安市	58.29	1.80	9.79	1.56	16.80
福鼎市	54.24	1.68	7.56	1.20	13.94
霞浦縣	50.01	1.54	6.01	0.96	12.02
古田縣	42.70	1.32	6.37	1.01	14.92
屏南縣	18.05	0.56	2.03	0.32	11.25
壽寧縣	24.47	0.76	1.76	0.28	7.19
周寧縣	18.60	0.57	1.68	0.27	9.03
柘榮縣	9.89	0.31	1.14	0.18	11.53
龍岩地區	**281.38**	**8.69**	**54.59**	**8.68**	**19.40**
龍岩市	44.91	1.39	23.40	3.72	52.10
漳平市	27.18	0.84	5.02	0.80	18.47
長汀縣	47.28	1.46	8.65	1.37	18.30
永定縣	45.92	1.42	5.12	0.81	11.15
上杭縣	47.43	1.47	4.69	0.75	9.89
武平縣	36.06	1.11	3.33	0.53	9.23
連城縣	32.60	1.01	4.38	0.70	13.44

注：陰影部分各市統計數據含下轄縣。

3.1.13 1997年甘肅省消費者資源總量及其地區分布

單位：萬人(10 000 Persons)

地　區 Region	年底總人口 Total Population	占全省比重 (%) Proportion	非農業人口數 Non-Agricultural	占全省比重 (%) Proportion	非農業人口占總人口比重 (%) Non-Agricultural Proportion
全　省	**2 456.64**	**100.00**	**451.72**	**100.00**	**18.39**
蘭州市	**280.46**	**11.42**	**150.65**	**33.35**	**53.72**
蘭州市	172.44	7.02	140.26	31.05	81.34
永登縣	49.48	2.01	6.23	1.38	12.59
皋蘭縣	16.65	0.68	1.32	0.29	7.93
榆中縣	41.89	1.71	2.84	0.63	6.78
嘉峪關市	**13.09**	**0.53**	**10.78**	**2.39**	**82.35**
金昌市	**42.64**	**1.74**	**18.46**	**4.09**	**43.29**
金昌市	18.44	0.75	13.79	3.05	74.78
永昌縣	24.20	0.99	4.67	1.03	19.30
白銀市	**166.20**	**6.77**	**33.68**	**7.46**	**20.26**
白銀市	43.91	1.79	25.48	5.64	58.03
靖遠縣	44.62	1.82	3.07	0.68	6.88
會寧縣	55.43	2.26	2.13	0.47	3.84
景泰縣	22.24	0.91	3.00	0.66	13.49
天水市	**325.38**	**13.24**	**41.16**	**9.11**	**12.65**
天水市	115.38	4.70	29.57	6.55	25.63
清水縣	29.29	1.19	1.66	0.37	5.67
秦安縣	55.23	2.25	2.51	0.56	4.54
甘谷縣	55.61	2.26	3.44	0.76	6.19
武山縣	40.94	1.67	2.53	0.56	6.18
張家川縣	28.93	1.18	1.45	0.32	5.01
酒泉地區	**89.57**	**3.65**	**30.10**	**6.66**	**33.61**
玉門市	20.39	0.83	11.89	2.63	58.31
酒泉市	32.28	1.31	9.60	2.13	29.74
敦煌市	12.87	0.52	3.16	0.70	24.55
金塔縣	13.5	0.55	2.18	0.48	16.15
肅北縣	1.14	0.05	0.49	0.11	42.98
阿克塞縣	0.79	0.03	0.41	0.09	51.90
安西縣	8.60	0.35	2.37	0.52	27.56

注：陰影部分各市統計數據含下轄縣。

3.1.14 1997年廣東省消費者資源總量及其地區分布

單位：萬人(10 000 Persons)

地　區 Region	年底總人口 Total Population	占全省比重 (%) Proportion	非農業人口數 Non-Agricultural	占全省比重 (%) Proportion	非農業人口占總人口比重 (%) Non-Agricultural Proportion
全　省	**7 013.73**	**100.00**	**2 173.50**	**100.00**	**30.99**
廣州市	**666.49**	**9.50**	**410.86**	**18.90**	**61.65**
廣州市	395.65	5.64	326.73	15.03	82.58
花都市	58.07	0.83	19.06	0.88	32.82
增城市	75.85	1.08	19.04	0.88	25.10
番禺市	88.01	1.25	33.55	1.54	38.12
從化市	48.90	0.70	12.49	0.57	25.53
深圳市	**109.46**	**1.56**	**94.80**	**4.36**	**86.61**
珠海市	**67.34**	**0.96**	**46.22**	**2.13**	**68.64**
珠海市	38.22	0.54	35.60	1.64	93.15
斗門縣	29.12	0.42	10.62	0.49	36.47
汕頭市	**413.09**	**5.89**	**138.05**	**6.35**	**33.42**
汕頭市	109.23	1.56	80.87	3.72	74.04
潮陽市	215.56	3.07	38.18	1.76	17.71
澄海市	81.02	1.16	16.43	0.76	20.28
南澳縣	7.29	0.10	2.56	0.12	35.14
韶關市	**299.43**	**4.27**	**105.03**	**4.83**	**35.08**
韶關市	47.97	0.68	41.70	1.92	86.92
仁化縣	18.36	0.26	7.30	0.34	39.77
南雄市	44.96	0.64	7.98	0.37	17.75
始興縣	23.07	0.33	4.46	0.21	19.32
翁源縣	34.67	0.49	6.42	0.30	18.51
新豐縣	22.76	0.32	5.21	0.24	22.91
曲江縣	39.45	0.56	11.03	0.51	27.95
乳源縣	19.24	0.27	3.57	0.16	18.55
樂昌市	48.95	0.70	17.37	0.80	35.48
河源市	**305.62**	**4.36**	**61.49**	**2.83**	**20.12**
河源市	22.98	0.33	16.22	0.75	70.57
和平縣	46.57	0.66	5.85	0.27	12.57
龍川縣	82.41	1.17	12.63	0.58	15.33
紫金縣	70.45	1.00	15.55	0.72	22.08
連平縣	35.43	0.51	6.60	0.30	18.63

3.1.14 1997年廣東省消費者資源總量及其地區分布(續)

單位:萬人(10 000 Persons)

地 區 Region	年底總人口 Total Population	占全省比重 (%) Proportion	非農業人口數 Non- ·Agricultural	占全省比重 (%) Proportion	非農業人口占 總人口比重 (%) Non-Agricultural Proportion
東源縣	47.79	0.68	4.64	0.21	9.71
梅州市	**469.44**	**6.69**	**91.08**	**3.61**	**19.40**
梅州市	29.62	0.42	22.31	1.03	75.31
梅 縣	59.17	0.84	8.27	0.38	13.97
蕉嶺縣	22.27	0.32	5.44	0.25	24.42
大埔縣	50.32	0.72	8.49	0.39	16.86
豐順縣	63.08	0.90	9.25	0.43	14.67
五華縣	.110.50	1.58	12.64		11.44
興寧市	110.21	1.57	19.98	0.92	18.13
平遠縣	24.27	0.35	4.71	0.22	19.39
惠州市	**266.53**	**3.80**	**89.80**	**4.13**	**33.69**
惠州市	34.54	0.49	27.37	1.26	79.23
惠東縣	66.06	0.94	18.78	0.86	28.43
博羅縣	75.15	1.07	17.26	0.79	22.96
龍門縣	30.40	0.43	7.67	0.35	25.23
惠陽市	60.38	0.86	18.72	0.86	31.00
汕尾市	**255.69**	**3.65**	**61.71**	**2.84**	**24.13**
汕尾市	40.72	0.58	16.30	0.75	40.03
海豐縣	68.60	0.98	16.98	0.78	24.75
陸河縣	23.95	0.34	2.57	0.12	10.75
陸豐市	122.42	1.75	25.86	1.19	21.12
東莞市	**147.12**	**2.10**	**36.97**	**1.70**	**25.13**
中山市	**128.36**	**1.83**	**37.95**	**1.75**	**29.56**
江門市	**377.07**	**5.38**	**138.19**	**6.36**	**36.65**
江门市	41.97	0.60	32.69	1.50	77.88
新会市	85.74	1.22	26.52	1.22	30.94
台山市	101.17	1.44	32.69	1.50	32.31
开平市	67.72	0.97	18.50	0.85	27.31
鶴山市	34.81	0.50	11.52	0.53	33.10
恩平市	45.66	0.65	16.27	0.75	35.63

3.1.14　1997 年廣東省消費者資源總量及其地區分布(續)

單位:萬人(10 000 Persons)

地　區 Region	年底總人口 Total Population	占全省比重 (%) Proportion	非農業人口數 Non-Agricultural	占全省比重 (%) Proportion	非農業人口占總人口比重 (%) Non-Agricultural Proportion
佛山市	**320.96**	**4.58**	**146.15**	**6.72**	**45.53**
佛山市	46.18	0.66	40.50	1.86	87.70
南海市	105.75	1.51	38.01	1.75	35.95
順德市	104.03	1.48	33.11	1.52	31.83
三水市	37.70	0.54	22.38	1.03	59.35
高明市	27.30	0.39	12.15	0.56	44.50
陽江市	**244.35**	**3.48**	**65.01**	**2.99**	**26.60**
陽江市	51.57	0.74	29.11	1.34	56.45
陽東縣	49.01	0.70	6.60	0.30	13.46
陽西縣	44.29	0.63	8.89	0.41	20.07
陽春市	99.48	1.42	20.41	0.94	20.51
湛江市	**627.32**	**8.94**	**148.91**	**6.85**	**23.74**
湛江市	128.38	1.83	56.74	2.61	44.20
徐聞縣	63.24	0.90	11.75	0.54	18.57
遂溪縣	85.41	1.22	16.24	0.75	19.02
廉江市	139.19	1.98	24.33	1.12	17.48
吴川市	85.48	1.22	17.83	0.82	20.86
雷州市	125.62	1.79	22.03	1.01	17.54
茂名市	**590.19**	**8.41**	**114.13**	**5.25**	**19.34**
茂名市	64.61	0.92	29.27	1.35	45.30
電白縣	149.88	2.14	30.16	1.39	20.12
高州市	142.02	2.02	20.19	0.93	14.22
化州市	124.23	1.77	18.78	0.86	15.12
信宜市	109.44	1.56	15.73	0.72	14.38
肇慶市	**368.34**	**5.25**	**91.96**	**4.23**	**24.97**
肇慶市	45.31	0.65	30.66	1.41	67.66
廣寧縣	52.83	0.75	10.91	0.50	20.64
德慶縣	34.03	0.49	6.30	0.29	18.50
封開縣	43.12	0.61	6.98	0.32	16.20
懷集縣	82.93	1.18	10.76	0.49	12.97
高要市	70.00	1.00	14.17	0.65	20.24
四會市	40.12	0.57	12.19	0.56	30.39

3.1.14 1997年廣東省消費者資源總量及其地區分布(續)

單位:萬人(10 000 Persons)

地 區 Region	年底總人口 Total Population	占全省比重 (%) Proportion	非農業人口數 Non- Agricultural	占全省比重 (%) Proportion	非農業人口占 總人口比重 (%) Non-Agricultural Proportion
清遠市	**367.58**	**5.24**	**71.63**	**3.30**	**19.49**
清遠市	50.92	0.73	18.84	0.87	37.01
清新縣	64.87	0.92	7.15	0.33	11.02
佛岡縣	29.15	0.42	4.90	0.23	16.81
連山縣	11.00	0.16	2.40	0.11	21.86
連南縣	14.72	0.21	2.71	0.12	18.39
陽山縣	49.29	0.70	6.50	0.30	13.18
連州市	49.64	0.71	8.93	0.41	17.99
英德市	97.99	1.40	20.20	0.93	20.62
潮州市	**236.24**	**3.37**	**60.02**	**2.76**	**25.41**
潮州市	33.05	0.47	25.28	1.16	76.49
饒平縣	90.91	1.30	18.80	0.86	20.68
潮安縣	112.28	1.60	15.95	0.73	14.20
揭陽市	**508.46**	**7.25**	**97.34**	**4.48**	**19.14**
揭陽市	61.35	0.87	19.87	0.91	32.38
揭東縣	110.23	1.57	13.87	0.64	12.59
惠來縣	94.00	1.34	16.33	0.75	17.37
揭西縣	81.81	1.17	16.41	0.76	20.06
普寧市	161.08	2.30	30.86	1.42	19.16
雲浮市	**243.65**	**3.47**	**76.21**	**3.51**	**31.28**
雲浮市	27.16	0.39	16.60	0.76	61.14
新興縣	42.75	0.61	9.67	0.44	22.61
鬱南縣	46.24	0.66	9.62	0.44	20.80
雲安縣	27.79	0.40	7.15	0.33	25.74
羅定市	99.72	1.42	33.17	1.53	33.27

3.1.15 1997年廣西壯族自治區消費者資源總量及其地區分布

單位:萬人(10 000 Persons)

地 區 Region	年底總人口 Total Population	占全區比重 (%) Proportion	非農業人口數 Non-Agricultural	占全區比重 (%) Proportion	非農業人口占總人口比重 (%) Non-Agricultural Proportion
全 區	**4 588.49**	**100.00**	**794.95**	**100.00**	**17.32**
南寧市	**281.20**	**6.13**	**110.38**	**13.89**	**39.25**
南寧市	128.03	2.79	92.12	11.59	71.95
邕寧縣	89.09	1.94	9.13	1.15	10.25
武鳴縣	64.08	1.40	9.13	1.15	14.25
柳州市	**175.30**	**3.82**	**88.48**	**11.13**	**50.47**
柳州市	87.54	1.91	76.60	9.64	87.50
柳江縣	49.56	1.08	6.19	0.78	12.49
柳城縣	38.20	0.83	5.69	0.72	14.90
桂林市	**134.20**	**2.92**	**53.59**	**6.74**	**39.93**
桂林市	60.35	1.32	45.01	5.66	74.58
陽朔縣	29.71	0.65	3.55	0.45	11.95
臨桂縣	44.14	0.96	5.03	0.63	11.40
梧州市	**275.85**	**6.01**	**53.98**	**6.79**	**19.57**
梧州市	32.78	0.71	25.28	3.18	77.12
岑溪市	74.65	1.63	11.15	1.40	14.94
蒼梧縣	61.44	1.34	6.26	0.79	10.19
藤 縣	87.51	1.91	8.91	1.12	10.18
蒙山縣	19.47	0.42	2.38	0.30	12.22
北海市	**136.49**	**2.97**	**35.29**	**4.44**	**25.86**
北海市	49.24	1.07	18.99	2.39	38.57
合浦縣	87.25	1.90	16.30	2.05	18.68
防城港市	**75.54**	**1.65**	**17.11**	**2.15**	**22.65**
防城港市	46.09	1.00	11.62	1.46	25.21
東興市	9.24	0.20	1.82	0.23	19.70
上思縣	20.21	0.44	3.67	0.46	18.16
欽州市	**308.37**	**6.72**	**31.48**	**3.96**	**10.21**
欽州市	112.86	2.46	16.78	2.11	14.87
靈山縣	122.37	2.67	8.80	1.11	7.19
浦北縣	73.14	1.59	5.90	0.74	8.07
貴港市	**437.31**	**9.53**	**49.64**	**6.24**	**11.35**
貴港市	161.94	3.53	25.54	3.21	15.77
平南縣	119.41	2.60	9.30	1.17	7.79
桂平市	155.96	3.40	14.80	1.86	9.49

3.1.15 1997年廣西壯族自治區消費者資源總量及其地區分布(續)

單位:萬人(10 000 Persons)

地 區 Region	年底總人口 Total Population	占全區比重 (%) Proportion	非農業人口數 Non-Agricultural	占全區比重 (%) Proportion	非農業人口占總人口比重 (%) Non-Agricultural Proportion
玉林市	**497.16**	**10.83**	**63.09**	**7.94**	**12.69**
玉林市	85.59	1.87	18.83	2.37	22.00
北流市	110.00	2.40	13.64	1.72	12.40
容 縣	21.72	0.47	10.22	1.29	47.05
陸川縣	81.34	1.77	7.38	0.93	9.07
博白縣	135.43	2.95	10.33	1.30	7.63
興業縣	63.08	1.37	2.69	0.34	4.26
南寧地區	**549.25**	**11.97**	**72.02**	**9.06**	**13.11**
憑祥市	9.94	0.22	2.73	0.34	27.46
横 縣	103.98	2.27	11.99	1.51	11.53
賓陽縣	92.96	2.03	17.23	2.17	18.53
上林縣	43.96	0.96	3.86	0.49	8.78
隆安縣	36.55	0.80	3.34	0.42	9.14
馬山縣	48.55	1.06	3.43	0.43	7.06
扶綏縣	40.40	0.88	7.13	0.90	17.65
崇左縣	32.79	0.71	6.16	0.77	18.79
大新縣	34.98	0.76	3.90	0.49	11.15
天等縣	39.79	0.87	2.49	0.31	6.26
寧明縣	38.63	0.84	5.60	0.70	14.50
龍州縣	26.72	0.58	4.16	0.52	15.57
柳州地區	**395.05**	**8.61**	**55.83**	**7.02**	**14.13**
合山市	14.26	0.31	6.13	0.77	42.99
鹿寨縣	45.79	1.00	8.12	1.02	17.73
象州縣	34.47	0.75	3.71	0.47	10.76
武宣縣	39.46	0.86	4.64	0.58	11.76
來賓縣	95.52	2.08	15.48	1.95	16.21
融安縣	31.64	0.69	4.90	0.62	15.49
三江侗族自治縣	33.62	0.73	2.78	0.35	8.27
融水苗族自治縣	45.69	1.00	5.18	0.65	11.34
金秀瑶族自治縣	14.55	0.32	1.74	0.22	11.96
忻城縣	40.05	0.87	3.15	0.40	7.87
桂林地區	**341.76**	**7.45**	**43.26**	**5.44**	**12.66**
靈川縣	34.47	0.75	5.43	0.68	15.75
全州縣	76.78	1.67	8.23	1.04	10.72
興安縣	37.18	0.81	5.42	0.68	14.58
永福縣	26.51	0.58	3.25	0.41	12.26
灌陽縣	27.12	0.59	2.59	0.33	9.55

3.1.15　1997年廣西壯族自治區消費者資源總量及其地區分布(續)

單位:萬人(10 000 Persons)

地　區 Region	年底總人口 Total Population	占全區比重 (%) Proportion	非農業人口數 Non- Agricultural	占全區比重 (%) Proportion	非農業人口占 總人口比重 (%) Non-Agricultural Proportion
龍勝各族自治縣	16.69	0.36	2.06	0.26	12.34
資源縣	16.56	0.36	1.81	0.23	10.93
平樂縣	42.40	0.92	5.59	0.70	13.18
荔浦縣	36.39	0.79	5.09	0.64	13.99
恭城瑶族自治縣	27.66	0.60	3.79	0.48	13.70
賀州地區	**199.70**	**4.35**	**25.70**	**3.23**	**12.87**
賀州市	86.11	1.88	11.04	1.39	12.82
昭平縣	38.29	0.83	5.11	0.64	13.35
鐘山縣	47.06	1.03	6.40	0.81	13.60
富川瑶族自治縣	28.24	0.62	3.15	0.40	11.15
百色地區	**358.88**	**7.82**	**42.62**	**5.36**	**11.88**
百色市	31.52	0.69	11.55	1.45	36.64
田陽縣	32.95	0.72	4.09	0.51	12.41
田東縣	38.62	0.84	5.62	0.71	14.55
平果縣	44.70	0.97	5.33	0.67	11.92
德保縣	34.13	0.74	2.51	0.32	7.35
靖西縣	56.67	1.24	3.86	0.49	6.81
那坡縣	19.08	0.42	1.60	0.20	8.39
凌雲縣	17.82	0.39	1.23	0.15	6.90
樂業縣	14.22	0.31	1.17	0.15	8.23
田林縣	22.40	0.49	2.11	0.27	9.42
隆林各族自治縣	34.22	0.75	2.43	0.31	7.10
西林縣	12.55	0.27	1.12	0.14	8.92
河池地區	**372.43**	**8.12**	**53.53**	**6.73**	**14.37**
河池市	30.44	0.66	10.67	1.34	35.05
宜州市	59.13	1.29	9.45	1.19	15.98
羅城仫佬族自治縣	35.46	0.77	4.59	0.58	12.94
環江毛南族自治縣	33.42	0.73	5.47	0.69	16.37
南丹縣	26.85	0.59	5.90	0.74	21.97
天峨縣	13.86	0.30	1.65	0.21	11.90
鳳山縣	18.65	0.41	1.78	0.22	9.54
東蘭縣	27.74	0.60	2.13	0.27	7.68
巴馬瑶族自治縣	23.41	0.51	2.24	0.28	9.57
都安瑶族自治縣	62.18	1.36	3.59	0.45	5.77
大化瑶族自治縣	41.29	0.90	6.06	0.76	14.68

注:陰影部分各市統計數據含下轄縣。

3.1.16 1997年貴州省消費者資源總量及其地區分布

單位:萬人(10 000 Persons)

地 區 Region	年底總人口 Total Population	占全省比重 (%) Proportion	非農業人口數 Non-Agricultural	占全省比重 (%) Proportion	非農業人口占總人口比重 (%) Non-Agricultural Proportion
全 省	**3 495.50**	**100.00**	**490.47**	**100.00**	**14.04**
貴陽市	**311.43**	**8.91**	**138.48**	**28.22**	**44.47**
貴陽市	172.69	4.94	118.11	24.07	68.39
清鎮市	47.27	1.35	10.24	2.09	21.66
開陽縣	40.06	1.15	4.24	0.86	10.58
息烽縣	23.56	0.67	2.52	0.51	10.70
修文縣	27.85	0.80	3.37	0.69	12.10
六盤水市	**266.26**	**7.62**	**48.73**	**9.93**	**18.30**
六盤水市	199.42	5.71	47.63	9.71	23.88
水城縣	66.84	1.91	1.10	0.22	1.65
遵義地區	**668.58**	**19.13**	**93.31**	**19.01**	**13.96**
遵義市	46.15	1.32	33.13	6.75	71.79
赤水市	28.79	0.82	6.14	1.25	21.33
仁懷市	55.00	1.57	4.97	1.01	9.04
遵義縣	137.46	3.93	13.39	2.73	9.74
桐梓縣	60.55	1.73	12.24	2.49	20.21
綏陽縣	46.70	1.34	3.15	0.64	6.75
正安縣	55.33	1.58	2.93	0.60	5.30
道真縣	30.00	0.86	2.12	0.43	7.07
務川縣	38.03	1.09	2.35	0.48	6.18
鳳岡縣	37.23	1.07	2.17	0.44	5.83
湄潭縣	43.19	1.24	3.70	0.75	8.57
余慶縣	26.91	0.77	2.45	0.50	9.10
習水縣	63.24	1.81	4.57	0.93	7.23
銅仁地區	**342.56**	**9.80**	**27.82**	**5.67**	**8.12**
銅仁市	30.73	0.88	8.03	1.64	26.13
江口縣	20.46	0.59	1.65	0.34	8.06
玉屏縣	12.83	0.37	2.22	0.45	17.30
石阡縣	34.59	0.99	1.97	0.40	5.70

3.1.16　1997年貴州省消費者資源總量及其地區分布(續)

單位:萬人(10 000 Persons)

地　區 Region	年底總人口 Total Population	占全省比重 (%) Proportion	非農業人口數 Non-Agricultural	占全省比重 (%) Proportion	非農業人口占總人口比重 (%) Non-Agricultural Proportion
思南縣	57.35	1.64	3.36	0.68	5.86
印江縣	37.61	1.08	2.20	0.45	5.85
德江縣	40.69	1.16	2.72	0.55	6.68
沿河縣	50.36	1.44	2.87	0.58	5.70
松桃縣	57.94	1.66	2.80	0.57	4.83
黔西南自治州	**275.13**	**7.87**	**23.57**	**4.34**	**8.57**
興義市	66.12	1.89	9.46	1.93	14.31
興仁縣	41.36	1.18	2.79	0.57	6.75
普安縣	25.90	0.74	1.57	0.32	6.06
晴隆縣	26.11	0.75	2.26	8.66	
貞豐縣	30.98	0.89	1.92	0.39	6.20
望謨縣	25.45	0.73	1.16	0.24	4.56
册亨縣	19.97	0.57	1.30	0.26	6.51
安龍縣	39.24	1.12	3.11	0.63	7.93
畢節地區	**639.79**	**18.30**	**39.28**	**8.00**	**6.14**
畢節市	112.98	3.23	9.94	2.03	8.80
大方縣	89.10	2.55	4.01	0.82	4.50
黔西縣	75.20	2.15	7.22	1.47	9.60
金沙縣	54.68	1.56	4.31	0.88	7.88
織金縣	83.69	2.39	3.87	0.79	4.62
納雍縣	68.91	1.97	3.01	0.61	4.37
威寧縣	98.74	2.82	3.95	0.80	4.00
赫章縣	56.49	1.62	2.97	0.61	5.26
安順地區	**240.57**	**6.88**	**36.64**	**7.47**	**15.23**
安順市	74.81	2.14	21.83	4.45	29.18
平壩縣	32.53	0.93	6.33	1.29	19.46
普定縣	38.45	1.10	2.21	0.45	5.75
關嶺縣	30.11	0.86	2.14	0.44	7.11
鎮寧縣	32.83	0.94	2.58	0.53	7.86
紫雲縣	31.84	0.91	1.55	0.32	4.87
黔東南自治州	**393.82**	**11.27**	**39.31**	**8.01**	**9.98**
凱里市	41.17	1.18	14.58	2.97	35.41
黄平縣	31.85	0.91	2.04	0.42	6.41
施秉縣	13.99	0.40	1.11	0.23	7.93
三穗縣	18.80	0.54	1.30	0.26	6.91

3.1.16 1997年貴州省消費者資源總量及其地區分布(續)

單位:萬人(10 000 Persons)

地 區 Region	年底總人口 Total Population	占全省比重(%) Proportion	非農業人口數 Non-Agricultural	占全省比重(%) Proportion	非農業人口占總人口比重(%) Non-Agricultural Proportion
鎮遠縣	23.23	0.66	2.61	0.53	11.24
岑鞏縣	19.85	0.57	1.31	0.27	6.60
天柱縣	37.44	1.07	2.44	0.50	6.52
錦屏縣	20.28	0.58	1.69	0.34	8.33
劍河縣	19.62	0.56	1.34	0.27	6.83
臺江縣	15.27	0.44	1.38	0.28	9.04
黎平縣	45.63	1.31	2.63	0.54	5.76
榕江縣	29.51	0.84	2.14	0.44	7.25
從江縣	28.75	0.82	1.49	0.30	5.18
雷山縣	13.54	0.39	0.92	0.19	6.79
麻江縣	19.95	0.57	1.23	0.25	6.17
丹寨縣	14.94	0.43	1.10	0.22	7.36
黔南自治州	**352.75**	**10.09**	**42.06**	**8.57**	**11.92**
都匀市	44.45	1.27	14.94	3.04	33.61
福泉市	28.19	0.81	3.77	0.77	13.37
荔波縣	15.21	0.44	1.18	0.24	7.76
貴定縣	26.03	0.74	3.99	0.81	15.33
瓮安縣	41.69	1.19	3.93	0.80	9.43
獨山縣	31.75	0.91	3.62	0.74	11.40
平塘縣	27.37	0.78	1.10	0.22	4.02
羅甸縣	29.41	0.84	1.54	0.31	5.24
長順縣	22.29	0.64	1.59	0.32	7.13
龍里縣	18.58	0.53	1.60	0.33	8.61
惠水縣	38.63	1.11	3.33	0.68	8.62
三都縣	29.15	0.83	1.47	0.30	5.04

注:陰影部分各市統計數據含下轄縣。

3.1.17　1997年海南省消費者資源總量及其地區分布

單位：萬人(10 000 Persons)

地　區 Region	年底總人口 Total Population	占全省比重(%) Proportion	非農業人口數 Non-Agricultural	占全省比重(%) Proportion	非農業人口占總人口比重(%) Non-Agricultural Proportion
全　省	**724.53**	**100.00**	**181.46**	**100.00**	**25.05**
海口市	**51.41**	**7.10**	**42.28**	**23.30**	**82.24**
三亞市	**44.06**	**6.08**	**15.53**	**8.56**	**35.24**
通什市	10.46	1.44	4.69	2.58	44.82
琼山市	64.19	8.86	13.81	7.61	21.51
文昌市	52.45	7.24	8.46	4.66	16.12
琼海市	43.82	6.05	8.29	4.57	18.92
万宁市	53.76	7.42	8.04	4.43	14.95
定安县	30.15	4.16	5.02	2.77	16.65
屯昌县	24.79	3.42	4.31	2.37	17.38
澄迈县	45.06	6.22	8.46	4.66	18.76
临高县	38.84	5.36	6.37	3.51	16.40
儋州市	79.64	10.99	20.49	11.29	25.73
东方县	34.53	4.77	7.75	4.27	22.45
乐东县	45.97	6.35	6.63	3.65	14.42
琼中县	19.52	2.69	3.78	2.08	19.37
保亭县	15.37	2.12	2.68	1.48	17.44
陵水县	31.17	4.30	5.41	2.98	17.35
白沙县	17.14	2.37	2.75	1.52	16.08
昌江县	22.17	3.06	6.70	3.69	30.21
西南中沙群岛	0.02	0.00	0.02	0.01	100.00

3.1.18 1997年河北省消費者資源總量及其地區分布

單位:萬人(10 000 Persons)

地 區 Region	年底總人口 Total Population	占全省比重 (%) Proportion	非農業人口數 Non-Agricultural	占全省比重 (%) Proportion	非農業人口占總人口比重 (%) Non-Agricultural Proportion
全 省	**6 525**	**100.00**	**1 189.59**	**100.00**	**18.28**
石家莊市	**860.43**	**13.22**	**191.54**	**16.10**	**22.26**
石家莊市	154.63	2.38	129.64	10.90	83.84
辛集市	61.50	0.94	7.00	0.59	11.38
藁城市	73.50	1.13	5.70	0.48	7.76
晉州市	50.40	0.77	3.40	0.29	6.75
新樂市	43.30	0.67	4.70	0.40	10.85
鹿泉市	35.20	0.54	4.10	0.34	11.65
井陘縣	32.50	0.50	3.40	0.29	10.46
正定縣	56.60	0.87	5.70	0.48	10.07
欒城縣	35.70	0.55	2.60	0.22	7.28
行唐縣	39.90	0.61	3.20	0.27	8.02
靈壽縣	31.20	0.48	3.70	0.31	11.86
高邑縣	17.40	0.27	1.60	0.13	9.20
深澤縣	24.60	0.38	3.20	0.27	13.01
贊皇縣	22.00	0.34	1.50	0.13	6.82
無極縣	47.30	0.73	3.30	0.28	6.98
平山縣	44.50	0.68	3.20	0.27	7.19
元氏縣	37.30	0.57	2.50	0.21	6.70
趙 縣	52.90	0.81	3.10	0.26	5.86
唐山市	**688.34**	**10.58**	**180.55**	**15.18**	**26.23**
唐山市	162.84	2.50	119.05	10.01	73.11
遵化市	68.20	1.05	6.70	0.56	9.82
豐南市	52.20	0.80	11.50	0.97	22.03
遷安市	64.50	0.99	8.30	0.70	12.87
豐潤縣	69.50	1.07	7.70	0.65	11.08
灤 縣	52.70	0.81	5.70	0.48	10.82
灤南縣	56.20	0.86	4.40	0.37	7.83
樂亭縣	49.60	0.76	5.60	0.47	11.29
遷西縣	35.30	0.54	3.80	0.32	10.76
玉田縣	63.60	0.98	6.10	0.51	9.59
唐海縣	13.70	0.21	1.70	0.14	12.41
秦皇島市	**262.82**	**4.04**	**63.40**	**5.33**	**24.12**
秦皇島市	66.42	1.02	47.10	3.96	70.91
青龍滿族縣	49.80	0.77	3.00	0.25	6.02
昌黎縣	54.00	0.83	6.00	0.50	11.11
撫寧縣	51.10	0.79	3.90	0.33	7.63
盧龍縣	41.50	0.64	3.40	0.29	8.19
邯鄲市	**807.76**	**12.41**	**139.32**	**11.71**	**17.25**
邯鄲市	126.96	1.95	98.32	8.27	77.44
武安市	67.70	1.04	5.50	0.46	8.12
邯鄲縣	36.30	0.56	1.40	0.12	3.86
臨漳縣	55.10	0.85	2.70	0.23	4.90
成安縣	35.00	0.54	2.00	0.17	5.71

3.1.18 1997年河北省消費者資源總量及其地區分布(續)

單位:萬人(10 000 Persons)

地 區 Region	年底總人口 Total Population	占全省比重(%) Proportion	非農業人口數 Non-Agricultural	占全省比重(%) Proportion	非農業人口占總人口比重(%) Non-Agricultural Proportion
大名縣	71.10	1.09	3.70	0.31	5.20
涉 縣	37.70	0.58	3.30	0.28	8.75
磁 縣	60.50	0.93	4.70	0.40	7.77
肥鄉縣	29.80	0.46	1.80	0.15	6.04
永年縣	78.60	1.21	4.80	0.40	6.11
丘 縣	19.60	0.30	1.20	0.10	6.12
鷄澤縣	24.00	0.37	1.00	0.08	4.17
廣平縣	24.20	0.37	1.40	0.12	5.79
館陶縣	27.20	0.42	1.80	0.15	6.62
魏 縣	76.30	1.17	3.70	0.31	4.85
曲周縣	37.70	0.58	2.00	0.17	5.31
邢臺市	**639.96**	**9.83**	**84.25**	**7.08**	**13.16**
邢臺市	47.96	0.74	37.35	3.14	77.88
沙河市	45.00	0.69	10.10	0.85	22.44
南宫市	46.10	0.71	4.10	0.34	8.89
邢臺縣	45.10	0.69	2.00	0.17	4.43
臨城縣	18.60	0.29	1.70	0.14	9.14
内丘縣	25.10	0.39	1.80	0.15	7.17
柏鄉縣	17.20	0.26	1.50	0.13	8.72
隆堯縣	45.80	0.70	2.80	0.24	6.11
任 縣	29.40	0.45	1.50	0.13	5.10
南和縣	29.90	0.46	1.30	0.11	4.35
寧晉縣	70.00	1.08	5.90	0.50	8.43
巨鹿縣	34.30	0.53	2.10	0.18	6.12
新河縣	15.60	0.24	1.30	0.11	8.33
廣宗縣	26.10	0.40	1.30	0.11	4.98
平鄉縣	26.60	0.41	1.60	0.13	6.02
威 縣	52.00	0.80	2.80	0.24	5.38
清河縣	34.70	0.53	3.00	0.25	8.65
臨西縣	30.50	0.47	2.10	0.18	6.89
保定市	**1 035.24**	**15.91**	**147.76**	**12.42**	**14.27**
保定市	69.24	1.06	56.26	4.73	81.25
涿州市	56.20	0.86	12.80	1.08	22.78
定州市	109.50	1.68	10.80	0.91	9.86
安國市	38.20	0.59	5.10	0.43	13.35
高碑店市	53.10	0.82	7.60	0.64	14.31
滿城縣	42.30	0.65	2.80	0.24	6.62
清苑縣	67.30	1.03	4.10	0.34	6.09
淶水縣	34.00	0.52	3.20	0.27	9.41
阜平縣	20.40	0.31	2.30	0.19	11.27
徐水縣	56.20	0.86	5.20	0.44	9.25
定興縣	54.00	0.83	3.70	0.31	6.85
唐 縣	50.90	0.78	3.40	0.29	6.68
高陽縣	30.30	0.47	2.90	0.24	9.57
容城縣	23.80	0.37	2.00	0.17	8.40
淶源縣	26.00	0.40	3.90	0.33	15.00
望都縣	25.90	0.40	2.50	0.21	9.65

3.1.18 1997年河北省消費者資源總量及其地區分布(續)

單位:萬人(10 000 Persons)

地 區 Region	年底總人口 Total Population	占全省比重(%) Proportion	非農業人口數 Non-Agricultural	占全省比重(%) Proportion	非農業人口占總人口比重(%) Non-Agricultural Proportion
安新縣	39.40	0.61	1.90	0.16	4.82
易 縣	53.90	0.83	5.00	0.42	9.28
曲陽縣	51.20	0.79	3.30	0.28	6.45
蠡 縣	46.90	0.72	2.80	0.24	5.97
順平縣	29.30	0.45	2.40	0.20	8.19
博野縣	24.60	0.38	1.60	0.13	6.50
雄 縣	32.60	0.50	2.20	0.18	6.75
張家口市	**427.55**	**6.57**	**100.08**	**8.41**	**23.41**
張家口市	82.75	1.27	65.28	5.49	78.89
宣化縣	29.00	0.45	2.00	0.17	6.90
張北縣	37.50	0.58	3.70	0.31	9.87
康保縣	28.00	0.43	2.10	0.18	7.50
沽源縣	22.40	0.34	2.20	0.18	9.82
尚義縣	19.00	0.29	2.00	0.17	10.53
蔚 縣	44.40	0.68	4.30	0.36	9.68
陽原縣	26.40	0.41	2.40	0.20	9.09
懷安縣	24.30	0.37	2.60	0.22	10.70
萬全縣	21.20	0.33	2.10	0.18	9.91
懷來縣	32.40	0.50	5.50	0.46	16.98
涿鹿縣	32.60	0.50	3.90	0.33	11.96
赤城縣	27.60	0.42	2.00	0.17	7.25
崇禮縣	12.50	0.19	1.30	0.11	10.40
承德市	**349.33**	**5.37**	**69.51**	**5.84**	**19.90**
承德市	41.23	0.63	29.23	2.46	70.89
承德縣	47.10	0.72	4.00	0.34	8.49
興隆縣	31.40	0.48	3.50	0.29	11.15
平泉縣	45.30	0.70	5.60	0.47	12.36
灤平縣	33.10	0.51	3.10	0.26	9.37
隆化縣	40.50	0.62	11.38	0.96	28.10
豐寧滿族縣	37.00	0.57	3.90	0.33	10.54
寬城滿族縣	23.40	0.36	3.20	0.27	13.68
圍場滿蒙縣	50.30	0.77	5.60	0.47	11.13
滄州市	**609.75**	**9.37**	**72.21**	**6.07**	**11.84**
滄州市	42.15	0.65	30.71	2.58	72.86
任丘市	59.50	0.91	4.70	0.40	7.90
泊頭市	54.20	0.83	1.30	0.11	2.40
黄驊市	38.50	0.59	5.20	0.44	13.51
河間市	74.20	1.14	5.00	0.42	6.74
滄 縣	64.30	0.99	2.00	0.17	3.11

3.1.18 1997年河北省消費者資源總量及其地區分布(續)

單位:萬人(10 000 Persons)

地　區 Region	年底總人口 Total Population	占全省比重 (%) Proportion	非農業人口數 Non-Agricultural	占全省比重 (%) Proportion	非農業人口占總人口比重 (%) Non-Agricultural Proportion
青　縣	37.00	0.57	4.40	0.37	11.89
東光縣	33.60	0.52	3.00	0.25	8.93
海興縣	20.30	0.31	2.10	0.18	10.34
鹽山縣	39.10	0.60	2.50	0.21	6.39
肅寧縣	32.50	0.50	2.70	0.23	8.31
南皮縣	34.10	0.52	2.60	0.22	7.62
吳橋縣	27.20	0.42	3.00	0.25	11.03
獻　縣	53.10	0.82	3.00	0.25	5.65
孟村回族縣	17.20	0.26	1.50	0.13	8.72
衡水市	**409.81**	**6.30**	**66.46**	**5.59**	**16.22**
衡水市	38.91	0.60	21.16	1.78	54.38
冀州市	37.50	0.58	3.90	0.33	10.40
深州市	57.20	0.88	5.40	0.45	9.44
棗强縣	37.40	0.57	10.60	0.89	28.34
武邑縣	32.00	0.49	2.40	0.20	7.50
武强縣	20.90	0.32	1.90	0.16	9.09
饒陽縣	28.60	0.44	2.20	0.18	7.69
安平縣	31.60	0.49	8.10	0.68	25.63
故城縣	44.70	0.69	4.20	0.35	9.40
景　縣	48.40	0.74	3.70	0.31	7.64
阜城縣	32.60	0.50	2.90	0.24	8.90
廊坊市	**367.67**	**5.65**	**55.29**	**4.65**	**15.04**
廊坊市	67.37	1.04	22.49	1.89	33.38
霸州市	52.30	0.80	5.00	0.42	9.56
三河市	43.30	0.67	10.20	0.86	23.56
固安縣	39.30	0.60	3.50	0.29	8.91
永清縣	36.70	0.56	2.60	0.22	7.08
香河縣	31.00	0.48	3.10	0.26	10.00
大城縣	43.50	0.67	3.40	0.29	7.82
文安縣	43.30	0.67	3.20	0.27	7.39
大廠回族縣	10.90	0.17	1.80	0.15	16.51

注:陰影部分各市統計數據含下轄縣。

3.1.19 1997年黑龍江省消費者資源總量及其地區分布

單位:萬人(10 000 Persons)

地　區 Region	年底總人口 Total Population	占全省比重 (%) Proportion	非農業人口數 Non- Agricultural	占全省比重 (%) Proportion	非農業人口占 總人口比重 (%) Non-Agricultural Proportion
全　省	**3 628.53**	**100.00**	**1 633.39**	**100.00**	**45.02**
哈爾濱市	**952.07**	**26.24**	**432.76**	**26.49**	**45.45**
哈爾濱市	334.72	9.22	273.54	16.75	81.72
阿城市	64.14	1.77	20.69	1.27	32.26
雙城市	78.09	2.15	15.60	0.96	19.98
尚志市	59.29	1.63	21.38	1.31	36.06
五常市	92.72	2.56	20.96	1.28	22.61
呼蘭縣	65.80	1.81	13.26	0.81	20.15
賓　縣	57.32	1.58	10.54	0.65	18.39
依蘭縣	36.90	1.02	12.12	0.74	32.85
方正縣	22.37	0.62	9.52	0.58	42.56
巴彥縣	66.72	1.84	12.17	0.75	18.24
木蘭縣	25.03	0.69	5.92	0.36	23.65
通河縣	23.50	0.65	10.42	0.64	44.34
延壽縣	25.47	0.70	6.64	0.41	26.07
齊齊哈爾市	**551.01**	**15.19**	**194.33**	**11.90**	**35.27**
齊齊哈爾市	142.98	3.94	111.87	6.85	78.24
訥河市	70.89	1.95	12.76	0.78	18.00
龍江縣	59.02	1.63	10.25	0.63	17.37
泰來縣	31.73	0.87	7.64	0.47	24.08
富裕縣	29.81	0.82	8.83	0.54	29.62
克東縣	27.82	0.77	6.67	0.41	23.98
拜泉縣	55.30	1.52	8.87	0.54	16.04
克山縣	48.54	1.34	10.55	0.65	21.73
甘南縣	36.73	1.01	7.72	0.47	21.02
依安縣	48.19	1.33	9.17	0.56	19.03
牡丹江市	**450.35**	**12.41**	**217.05**	**13.29**	**48.20**
牡丹江市	264.60	7.29	140.20	8.58	52.99
綏芬河市	4.23	0.12	3.25	0.20	76.83
海林市	43.80	1.21	24.10	1.48	55.02
寧安市	43.20	1.19	14.20	0.87	32.87
穆棱市	31.10	0.86	13.30	0.81	42.77
林口縣	42.92	1.18	12.90	0.79	30.06
東寧縣	20.50	0.56	9.10	0.56	44.39
鷄西市	**192.60**	**5.31**	**113.60**	**6.02**	**58.98**
鷄西市	91.10	2.51	74.60	4.57	81.89
密山市	43.60	1.20	15.30	35.09	
虎林市	29.50	0.81	15.10	0.92	51.19
鷄東縣	28.40	0.78	8.60	0.53	30.28
七臺河市	**83.40**	**2.30**	**38.50**	**2.36**	**46.16**
七臺河市	47.20	1.30	28.30	1.73	59.96
勃利縣	36.20	1.00	10.20	0.62	28.18
佳木斯市	**388.80**	**10.72**	**147.30**	**9.02**	**37.89**
佳木斯市	234.90	6.47	102.20	6.26	43.51
富錦市	42.20	1.16	12.40	0.76	29.38
同江市	16.10	0.44	4.60	0.28	28.57
樺南縣	42.40	1.17	11.50	0.70	27.12
撫遠縣	6.70	0.18	2.60	0.16	38.81
樺川縣	20.00	0.55	4.90	0.30	24.50

3.1.19 1997年黑龍江省消費者資源總量及其地區分布(續)

單位:萬人(10 000 Persons)

地 區 Region	年底總人口 Total Population	占全省比重 (%) Proportion	非農業人口數 Non-Agricultural	占全省比重 (%) Proportion	非農業人口占總人口比重 (%) Non-Agricultural Proportion
湯原縣	26.50	0.73	9.10	0.56	34.34
雙鴨山市	**148.80**	**4.10**	**76.10**	**4.66**	**51.14**
雙鴨山市	50.70	1.40	43.00	2.63	84.81
饒河縣	31.10	0.86	9.10	0.56	29.26
集賢縣	41.00	1.13	13.20	0.81	32.20
友誼縣	12.50	0.34	7.10	0.43	56.80
寶清縣	13.50	0.37	3.70	0.23	27.41
鶴崗市	**110.90**	**3.06**	**76.67**	**4.69**	**69.13**
鶴崗市	69.38	1.91	58.67	3.59	84.56
蘿北縣	23.26	0.64	12.06	0.74	51.85
綏濱縣	18.26	0.50	5.94	0.36	32.53
綏化地區	**531.50**	**14.65**	**135.80**	**8.31**	**25.55**
綏化市	82.20	2.27	26.20	1.60	31.87
安達市	50.30	1.39	18.10	1.11	35.98
海倫市	79.40	2.19	15.20	0.93	19.14
肇東市	83.70	2.31	22.70	1.39	27.12
綏棱縣	30.80	0.85	12.20	0.75	39.61
望奎縣	45.50	1.25	8.40	0.51	18.46
蘭西縣	46.40	1.28	8.60	0.53	18.53
青岡縣	42.90	1.18	9.60	0.59	22.38
明水縣	33.90	0.93	6.80	0.42	20.06
慶安縣	36.40	1.00	8.00	0.49	21.98
黑河市	**166.00**	**4.57**	**67.00**	**4.10**	**40.36**
黑河市	17.00	0.47	11.10	0.68	65.29
北安市	46.00	1.27	21.40	1.31	46.52
五大連池市	35.00	0.96	11.60	0.71	33.14
嫩江縣	49.00	1.35	17.60	1.08	35.92
遜克縣	10.00	0.28	2.60	0.16	26.00
孫吳縣	9.00	0.25	2.70	0.17	30.00
大興安嶺地區	**24.60**	**0.68**	**19.90**	**1.22**	**80.89**
塔河縣	10.90	0.30	9.30	0.57	85.32
呼瑪縣	5.10	0.14	2.70	0.17	52.94
漠河縣	8.60	0.24	7.90	0.48	91.86
伊春市	**132.15**	**3.64**	**110.39**	**6.76**	**83.53**
伊春市	85.44	2.35	80.29	4.92	93.97
鐵力市	38.90	1.07	27.30	1.67	70.18
嘉蔭縣	7.81	0.22	2.80	0.17	35.85
大慶市	**381.00**	**10.50**	**137.90**	**8.44**	**36.19**
大慶市	243.60	6.71	108.90	6.67	44.70
杜爾伯特縣	24.60	0.68	6.40	0.39	26.02
林甸縣	25.50	0.70	6.00	0.37	23.53
肇源縣	44.90	1.24	9.10	0.56	20.27
肇州縣	42.40	1.17	7.50	0.46	17.69

注:陰影部分各市統計數據含下轄縣。

3.1.20 1997年河南省消費者資源總量及其地區分布

單位:萬人(10 000 Persons)

地 區 Region	年底總人口 Total Population	占全省比重(%) Proportion	非農業人口數 Non-Agricultural	占全省比重(%) Proportion	非農業人口占總人口比重(%) Non-Agricultural Proportion
全 省	**9 292.72**	**100.00**	**1 598.70**	**100.00**	**17.20**
鄭州市	**597.33**	**6.43**	**197.94**	**12.38**	**33.14**
鄭州市	200.00	2.15	143.18	8.96	71.59
鞏義市	77.03	0.83	11.52	0.72	14.96
滎陽市	63.92	0.69	9.34	0.58	14.61
新鄭市	59.60	0.64	13.13	0.82	22.03
登封市	60.05	0.65	6.08	0.38	10.12
新密市	71.39	0.77	8.36	0.52	11.71
中牟縣	65.34	0.70	6.33	0.40	9.69
開封市	**457.34**	**4.92**	**84.27**	**5.27**	**18.43**
開封市	75.16	0.81	56.07	3.51	74.60
杞 縣	101.42	1.09	6.09	0.38	6.00
通許縣	56.44	0.61	4.15	0.26	7.35
尉氏縣	84.37	0.91	6.14	0.38	7.28
開封縣	69.41	0.75	4.62	0.29	6.66
蘭考縣	70.54	0.76	7.20	0.45	10.21
洛陽市	**607.03**	**6.53**	**143.14**	**8.95**	**23.58**
洛陽市	138.52	1.49	97.84	6.12	70.63
偃師市	78.94	0.85	7.27	0.45	9.21
孟津縣	42.59	0.46	4.36	0.27	10.24
新安縣	49.73	0.54	5.76	0.36	11.58
欒川縣	30.22	0.33	3.43	0.21	11.35
嵩 縣	50.24	0.54	3.61	0.23	7.19
汝陽縣	40.79	0.44	4.19	0.26	10.27
宜陽縣	63.11	0.68	7.34	0.46	11.63
洛寧縣	42.61	0.46	3.86	0.24	9.06
伊川縣	70.28	0.76	5.48	0.34	7.80
平頂山市	**471.82**	**5.08**	**106.14**	**6.64**	**22.50**
平頂山市	82.65	0.89	59.56	3.73	72.06
汝州市	91.01	0.98	9.95	0.62	10.93
舞鋼市	31.92	0.34	9.21	0.58	28.85
寶豐縣	47.01	0.51	10.96	0.69	23.31
葉 縣	83.41	0.90	6.01	0.38	7.21
魯山縣	81.21	0.87	6.75	0.42	8.31
郟 縣	54.61	0.59	3.70	0.23	6.78
安陽市	**507.68**	**5.46**	**87.57**	**5.47**	**17.25**

3.1.20 1997年河南省消費者資源總量及其地區分布(續)

單位:萬人(10 000 Persons)

地 區 Region	年底總人口 Total Population	占全省比重 (%) Proportion	非農業人口數 Non-Agricultural	占全省比重 (%) Proportion	非農業人口占總人口比重 (%) Non-Agricultural Proportion
安陽市	70.95	0.76	51.69	3.23	72.85
林州市	98.32	1.06	10.85	0.68	11.04
安陽縣	110.95	1.19	8.12	0.51	7.32
湯陰縣	43.56	0.47	5.09	0.32	11.69
滑 縣	116.48	1.25	7.67	0.48	6.58
内黄縣	67.42	0.73	4.15	0.26	6.16
鶴壁市	**132.42**	**1.42**	**37.52**	**2.35**	**28.33**
鶴壁市	41.57	0.45	26.25	1.64	63.15
浚 縣	66.43	0.71	6.33	0.40	9.53
淇 縣	24.42	0.26	4.94	0.31	20.23
新鄉市	**524.69**	**5.65**	**103.60**	**6.48**	**19.74**
新鄉市	71.44	0.77	57.67	3.61	80.73
衛輝市	47.27	0.51	9.65	0.60	20.41
輝縣市	76.24	0.82	9.29	0.58	12.19
新鄉縣	41.41	0.45	3.83	0.24	9.25
獲嘉縣	37.68	0.41	4.67	0.29	12.39
原陽縣	61.64	0.66	4.66	0.29	7.56
延津縣	44.26	0.48	4.29	0.27	9.69
封丘縣	70.10	0.75	4.11	0.26	5.86
長垣縣	74.65	0.80	5.43	0.34	7.27
焦作市	**316.69**	**3.41**	**97.15**	**6.08**	**30.68**
焦作市	70.32	0.76	52.54	3.29	74.72
沁陽市	43.66	0.47	7.92	0.50	18.14
孟州市	32.97	0.35	9.40	0.59	28.51
修武縣	28.15	0.30	4.75	0.30	16.87
博愛縣	41.17	0.44	6.20	0.39	15.06
武陟縣	61.44	0.66	10.60	0.66	17.25
温 縣	38.98	0.42	5.74	0.36	14.73
濮陽市	**343.39**	**3.70**	**55.69**	**3.48**	**16.22**
濮陽市	45.18	0.49	27.72	1.73	61.35
清豐縣	66.01	0.71	6.40	0.40	9.70
南樂縣	47.81	0.51	3.37	0.21	7.05
範 縣	46.52	0.50	4.81	0.30	10.34
臺前縣	33.27	0.36	3.11	0.19	9.35
濮陽縣	104.60	1.13	10.28	0.64	9.83
許昌市	**430.28**	**4.63**	**64.22**	**4.02**	**14.93**
許昌市	34.24	0.37	26.32	1.65	76.87

3.1.20 1997年河南省消費者資源總量及其地區分布(續)

單位:萬人(10 000 Persons)

地　區 Region	年底總人口 Total Population	占全省比重(%) Proportion	非農業人口數 Non-Agricultural	占全省比重(%) Proportion	非農業人口占總人口比重(%) Non-Agricultural Proportion
禹州市	114.27	1.23	12.80	0.80	11.20
長葛市	65.90	0.71	11.48	0.72	17.42
許昌縣	77.93	0.84	3.97	0.25	5.09
鄢陵縣	60.07	0.65	4.64	0.29	7.72
襄城縣	77.87	0.84	5.01	0.31	6.43
漯河市	**247.66**	**2.67**	**51.73**	**3.24**	**20.89**
漯河市	32.49	0.35	30.39	1.90	93.54
舞陽縣	59.37	0.64	5.49	0.34	9.25
臨穎縣	67.42	0.73	8.12	0.51	12.04
郾城縣	88.38	0.95	7.73	0.48	8.75
三門峽市	**212.62**	**2.29**	**55.05**	**3.44**	**25.89**
三門峽市	24.78	0.27	18.26	1.14	73.69
義馬市	14.67	0.16	10.96	0.69	74.71
靈寶市	70.56	0.76	10.69	0.67	15.15
澠　池	32.20	0.35	5.99	0.37	18.60
陝　縣	33.85	0.36	5.60	0.35	16.54
盧氏縣	36.56	0.39	3.55	0.22	9.71
南陽市	**1 037.88**	**11.17**	**134.91**	**8.44**	**13.00**
南陽市	159.63	1.72	45.92	2.87	28.77
鄧州市	151.04	1.63	11.68	0.73	7.73
南召縣	59.78	0.64	9.07	0.57	15.17
方城縣	96.45	1.04	7.88	0.49	8.17
西峽縣	41.21	0.44	4.37	0.27	10.60
鎮平縣	92.48	1.00	11.31	0.71	12.23
内鄉縣	62.32	0.67	6.44	0.40	10.33
淅川縣	71.38	0.77	6.65	0.42	9.32
社旗縣	61.92	0.67	5.82	0.36	9.40
唐河縣	126.19	1.36	10.43	0.65	8.27
新野縣	73.18	0.79	7.43	0.46	10.15
桐柏縣	42.30	0.46	7.91	0.49	18.70
濟源市	**64.00**	**0.69**	**24.00**	**1.50**	**37.50**
商丘市	**737.65**	**7.94**	**76.98**	**4.82**	**10.44**
商丘市	92.19	0.99	31.17	1.95	33.81
永城市	128.48	1.38	11.37	0.71	8.85
虞城縣	104.30	1.12	5.85	0.37	5.61
民權縣	84.03	0.90	8.11	0.51	9.65
寧陵縣	57.97	0.62	4.34	0.27	7.49

3.1.20 1997年河南省消費者資源總量及其地區分布(續)

單位:萬人(10 000 Persons)

地 區 Region	年底總人口 Total Population	占全省比重 (%) Proportion	非農業人口數 Non-Agricultural	占全省比重 (%) Proportion	非農業人口占總人口比重 (%) Non-Agricultural Proportion
睢 縣	75.35	0.81	5.06	0.32	6.72
夏邑縣	105.00	1.13	5.91	0.37	5.63
柘城縣	90.33	0.97	5.17	0.32	5.72
周口地區	**1 005.71**	**10.82**	**93.58**	**5.85**	**9.30**
周口市	31.61	0.34	18.78	1.17	59.41
項城市	108.88	1.17	9.85	0.62	9.05
扶溝縣	68.89	0.74	6.09	0.38	8.84
西華縣	82.70	0.89	7.19	0.45	8.69
商水縣	109.84	1.18	5.98	0.37	5.44
太康縣	128.24	1.38	9.10	0.57	7.10
鹿邑縣	109.58	1.18	8.78	0.55	8.01
鄲城縣	122.85	1.32	7.44	0.47	6.06
淮陽縣	127.34	1.37	9.55	0.60	7.50
沈丘縣	115.78	1.25	10.82	0.68	9.35
駐馬店地區	**788.98**	**8.49**	**85.29**	**5.33**	**10.81**
駐馬店市	30.71	0.33	19.94	1.25	64.93
確山縣	57.74	0.62	4.90	0.31	8.49
泌陽縣	90.69	0.98	6.00	0.38	6.62
遂平縣	59.48	0.64	5.22	0.33	8.78
西平縣	81.04	0.87	13.77	0.86	16.99
上蔡縣	128.75	1.39	7.37	0.46	5.72
汝南縣	80.78	0.87	10.10	0.63	12.50
平輿縣	89.64	0.96	4.89	0.31	5.46
新蔡縣	98.06	1.06	6.76	0.42	6.89
正陽縣	72.09	0.78	6.34	0.40	8.79
信陽地區	**759.83**	**8.18**	**100.22**	**6.27**	**13.19**
信陽市	30.70	0.33	24.15	1.51	78.66
息 縣	88.94	0.96	7.01	0.44	7.88
淮濱縣	62.04	0.67	5.96	0.37	9.61
信陽縣	102.98	1.11	11.44	0.72	11.11
潢川縣	75.82	0.82	10.13	0.63	13.36
光山縣	76.84	0.83	8.86	0.55	11.53
固始縣	149.84	1.61	14.75	0.92	9.84
商城縣	68.55	0.74	6.08	0.38	8.87
羅山縣	71.62	0.77	7.24	0.45	10.11
新 縣	32.50	0.35	4.60	0.29	14.15

注:陰影部分各市統計數據含下轄縣。

3.1.21 1997年湖北省消費者資源總量及其地區分布

單位:萬人(10 000 Persons)

地 區 Region	年底總人口 Total Population	占全省比重(%) Proportion	非農業人口數 Non-Agricultural	占全省比重(%) Proportion	非農業人口占總人口比重(%) Non-Agricultural Proportion
全 省	**5 838.83**	**100.00**	**1 592.26**	**100.00**	**27.27**
武漢市	**723.90**	**12.40**	**422.61**	**26.54**	**58.38**
武漢市	524.13	8.98	387.71	24.35	73.97
黄陂縣	107.77	1.85	16.30	1.02	15.12
新州縣	92.00	1.58	18.60	1.17	20.22
黄石市	**242.83**	**4.16**	**84.94**	**5.33**	**34.98**
黄石市	63.80	1.09	56.62	3.56	88.75
大冶市	84.99	1.46	12.38	0.78	14.57
陽新縣	94.04	1.61	15.94	1.00	16.95
十堰市	**341.73**	**5.85**	**85.58**	**5.37**	**25.04**
十堰市	**45.96**	**0.79**	**37.01**	**2.32**	**80.53**
丹江口市	**48.51**	**0.83**	**18.27**	**1.15**	**37.66**
鄖 縣	**64.33**	**1.10**	**8.75**	**0.55**	**13.60**
竹山縣	**45.45**	**0.78**	**5.12**	**0.32**	**11.27**
房縣	**50.43**	**0.86**	**6.62**	**0.42**	**13.13**
鄖西縣	**50.88**	**0.87**	**5.24**	**0.33**	**10.30**
竹溪縣	**36.17**	**0.62**	**4.57**	**0.29**	**12.63**
荆州市	**630.39**	**10.80**	**156.01**	**9.80**	**24.75**
荆州市	143.06	2.45	65.94	4.14	46.09
洪湖市	88.62	1.52	20.16	1.27	22.75
石首市	63.73	1.09	13.96	0.88	21.90
松滋市	88.97	1.52	14.30	0.90	16.07
監利縣	140.57	2.41	22.61	1.42	16.08
公安縣	105.44	1.81	19.04	1.20	18.06
宜昌市	**399.67**	**6.85**	**112.27**	**7.05**	**28.09**
宜昌市	59.41	1.02	46.96	2.95	79.04
当阳市	49.02	0.84	11.27	0.71	22.99
枝城市	38.65	0.66	8.95	0.56	23.16
枝江市	51.30	0.88	12.40	0.78	24.17
秭归县	40.59	0.70	5.40	0.34	13.30
五峰县	20.81	0.36	2.49	0.16	11.97

3.1.21　1997年湖北省消費者資源總量及其地區分布(續)

單位:萬人(10 000 Persons)

地　區 Region	年底總人口 Total Population	占全省比重(%) Proportion	非農業人口數 Non-Agricultural	占全省比重(%) Proportion	非農業人口占總人口比重(%) Non-Agricultural Proportion
興山縣	18.93	0.32	3.88	0.24	20.50
長陽縣	42.22	0.72	5.48	0.34	12.98
遠安縣	21.56	0.37	5.44	0.34	25.23
宜昌縣	57.18	0.98	10.00	0.63	17.49
襄樊市	**564.69**	**9.67**	**149.61**	**9.40**	**26.49**
襄樊市	68.66	1.18	57.96	3.64	84.42
老河口市	50.77	0.87	15.97	1.00	31.46
棗陽市	107.24	1.84	20.42	1.28	19.04
宜城市	55.07	0.94	11.48	0.72	20.85
襄陽縣	137.39	2.35	18.12	1.14	13.19
南漳縣	60.77	1.04	10.49	0.66	17.26
保康縣	29.79	0.51	4.14	0.26	13.90
谷城縣	55.00	0.94	11.03	0.69	20.05
鄂州市	**101.36**	**1.74**	**29.11**	**1.83**	**28.72**
荆門市	**292.77**	**5.01**	**76.88**	**4.83**	**26.26**
荆門市	119.40	2.04	37.69	2.37	31.57
鐘祥市	104.42	1.79	21.94	1.38	21.01
京山縣	68.95	1.18	17.25	1.08	25.02
孝感市	**587.33**	**10.06**	**93.72**	**5.89**	**15.96**
孝感市	84.78	1.45	20.95	1.32	24.71
廣水市	90.43	1.55	13.36	0.84	14.77
應城市	65.16	1.12	11.80	0.74	18.11
安陸市	60.82	1.04	10.91	0.69	17.94
漢川縣	106.51	1.82	17.19	1.08	16.14
雲夢縣	56.67	0.97	7.74	0.49	13.66
大悟縣	61.17	1.05	7.81	0.49	12.77
孝昌縣	61.79	1.06	3.96	0.25	6.41
黄岡市	**713.89**	**12.23**	**123.40**	**7.75**	**17.29**
黄岡市	35.19	0.60	24.20	1.52	68.77
麻城市	115.15	1.97	16.34	1.03	14.19
武穴市	71.90	1.23	13.65	0.86	18.98
紅安縣	65.38	1.12	12.10	0.76	18.51

3.1.21 1997年湖北省消費者資源總量及其地區分布(續)

單位:萬人(10 000 Persons)

地 區 Region	年底總人口 Total Population	占全省比重 (%) Proportion	非農業人口數 Non-Agricultural	占全省比重 (%) Proportion	非農業人口占總人口比重 (%) Non-Agricultural Proportion
羅田縣	58.33	1.00	6.96	0.44	11.93
浠水縣	101.62	1.74	12.77	0.80	12.57
蘄春縣	93.50	1.60	13.72	0.86	14.67
黄梅縣	95.89	1.64	13.82	0.87	14.41
英山縣	40.02	0.69	5.19	0.33	12.97
團風縣	36.91	0.63	4.65	0.29	12.60
隨州市	161.85	2.77	32.71	2.05	20.21
潜江市	97.67	1.67	31.16	1.96	31.90
仙桃市	154.24	2.64	40.47	2.54	26.24
天門市	**168.93**	**2.89**	**31.16**	**1.96**	**18.45**
神農架林區	7.96	0.14	2.48	0.16	31.16
咸寧地區	**272.37**	**4.66**	**73.86**	**4.64**	**27.12**
咸寧市	53.32	0.91	24.66	1.55	46.25
蒲圻市	50.61	0.87	15.48	0.97	30.59
嘉魚縣	36.08	0.62	10.40	0.65	28.82
通山縣	41.33	0.71	7.51	0.47	18.17
崇陽縣	45.92	0.79	8.44	0.53	18.38
通城縣	45.11	0.77	7.37	0.46	16.34
恩施自治州	**377.23**	**6.46**	**41.45**	**2.60**	**10.99**
恩施市	76.47	1.31	12.29	0.77	16.07
利川市	81.53	1.40	7.15	0.45	8.77
建始縣	50.82	0.87	4.68	0.29	9.21
來鳳縣	44.83	0.77	5.15	0.32	11.49
巴東縣	48.44	0.83	4.63	0.29	9.56
鶴峰縣	21.75	0.37	2.48	0.16	11.40
宜恩縣	18.39	0.31	2.15	0.14	11.69
咸豐縣	35.00	0.60	2.92	0.18	8.34

注:陰影部分各市統計數據含下轄縣。

3.1.22 1997年湖南省消費者資源總量及其地區分布

單位:萬人(10 000 Persons)

地 區 Region	年底總人口 Total Population	占全省比重(%) Proportion	非農業人口數 Non-Agricultural	占全省比重(%) Proportion	非農業人口占總人口比重(%) Non-Agricultural Proportion
全 省	**6 444.12**	**100.00**	**1 211.54**	**100.00**	**18.80**
長沙市	**571.91**	**8.87**	**170.98**	**14.11**	**29.90**
長沙市	163.44	2.54	132.43	10.93	81.03
瀏陽市	133.01	2.06	12.43	1.03	9.35
長沙縣	74.10	1.15	5.44	0.45	7.34
望城縣	71.39	1.11	8.32	0.69	11.65
寧鄉縣	129.97	2.02	12.36	1.02	9.51
株州市	**365.65**	**5.67**	**87.63**	**7.23**	**23.97**
株州市	71.19	1.10	51.67	4.26	72.58
醴陵市	100.37	1.56	13.35	1.10	13.30
株州縣	44.54	0.69	4.63	0.38	10.40
茶陵縣	73.82	1.15	9.03	0.75	12.23
炎陵縣	58.12	0.90	6.29	0.52	10.82
攸 縣	17.61	0.27	2.66	0.22	15.11
湘潭市	**275.68**	**4.28**	**70.31**	**5.80**	**25.50**
湘潭市	64.62	1.00	50.58	4.17	78.27
湘鄉市	88.44	1.37	10.27	0.85	11.61
韶山市	10.05	0.16	1.55	0.13	15.42
湘潭縣	112.57	1.75	7.91	0.65	7.03
衡陽市	**692.42**	**10.74**	**131.73**	**10.87**	**19.02**
衡陽市	77.50	1.20	57.59	4.75	74.31
耒陽市	120.47	1.87	15.88	1.31	13.18
衡陽縣	114.21	1.77	12.76	1.05	11.17
衡南縣	101.53	1.58	11.35	0.94	11.18
衡山縣	39.70	0.62	4.72	0.39	11.89
衡東縣	65.14	1.01	7.15	0.59	10.98
常寧市	83.19	1.29	12.77	1.05	15.35
祁東縣	90.68	1.41	9.51	0.78	10.49
邵陽市	**711.04**	**11.03**	**90.95**	**7.51**	**12.79**
邵陽市	58.11	0.90	30.19	2.49	51.95
武岡市	71.09	1.10	7.68	0.63	10.80
邵東縣	115.90	1.80	10.47	0.86	9.03

3.1.22 1997年湖南省消費者資源總量及其地區分布(續)

單位:萬人(10 000 Persons)

地 區 Region	年底總人口 Total Population	占全省比重(%) Proportion	非農業人口數 Non-Agricultural	占全省比重(%) Proportion	非農業人口占總人口比重(%) Non-Agricultural Proportion
新邵縣	72.32	1.12	6.62	0.55	9.15
邵陽縣	92.41	1.43	6.77	0.56	7.33
隆回縣	107.11	1.66	7.01	0.58	6.54
洞口縣	76.99	1.19	8.06	0.67	10.47
綏寧縣	34.37	0.53	4.08	0.34	11.87
新寧縣	57.89	0.90	6.14	0.51	10.61
城步縣	24.85	0.39	3.93	0.32	15.81
岳陽市	**510.35**	**7.92**	**94.71**	**7.82**	**18.56**
岳陽市	82.95	1.29	43.47	3.59	52.41
汨羅市	69.94	1.09	8.88	0.73	12.70
臨湘市	46.94	0.73	9.12	0.75	19.43
岳陽縣	74.51	1.16	7.75	0.64	10.40
華容縣	70.94	1.10	8.40	0.69	11.84
湘陰縣	67.88	1.05	9.04	0.75	13.32
平江縣	97.19	1.51	8.05	0.66	8.28
常德市	**593.32**	**9.21**	**111.09**	**9.17**	**18.72**
常德市	131.45	2.04	37.47	3.09	28.51
津市市	25.35	0.39	9.83	0.81	38.78
安鄉縣	57.44	0.89	11.78	0.97	20.51
漢壽縣	80.09	1.24	11.07	0.91	13.82
澧 縣	87.72	1.36	12.86	1.06	14.66
臨澧縣	43.43	0.67	6.15	0.51	14.16
桃源縣	97.54	1.51	11.43	0.94	11.72
石門縣	70.30	1.09	10.50	0.87	14.94
張家界市	**153.77**	**2.39**	**22.91**	**1.89**	**14.90**
張家界市	44.60	0.69	11.24	0.93	25.20
慈利縣	67.02	1.04	6.95	0.57	10.37
桑植縣	42.15	0.65	4.72	0.39	11.20
益陽市	**446.87**	**6.93**	**75.80**	**6.26**	**16.96**
益陽市	124.25	1.93	29.20	2.41	23.50
沅江市	74.03	1.15	13.89	1.15	18.76
南 縣	72.70	1.13	12.13	1.00	16.69

3.1.22　1997年湖南省消費者資源總量及其地區分布(續)

單位:萬人(10 000 Persons)

地　區 Region	年底總人口 Total Population	占全省比重(%) Proportion	非農業人口數 Non-Agricultural	占全省比重(%) Proportion	非農業人口占總人口比重(%) Non-Agricultural Proportion
桃江縣	81.54	1.27	8.93	0.74	10.95
安化縣	94.35	1.46	11.65	0.96	12.35
郴州市	**444.76**	**6.90**	**80.41**	**6.64**	**18.08**
郴州市	61.24	0.95	26.88	2.22	43.89
資興市	35.82	0.56	12.15	1.00	33.92
桂陽縣	75.97	1.18	8.56	0.71	11.27
永興縣	62.02	0.96	8.91	0.74	14.37
宜章縣	54.13	0.84	6.90	0.57	12.75
嘉禾縣	33.01	0.51	3.61	0.30	10.94
臨武縣	30.69	0.48	3.93	0.32	12.81
汝城縣	36.02	0.56	3.43	0.28	9.52
桂東縣	16.85	0.26	1.86	0.15	11.04
安仁縣	39.01	0.61	4.18	0.35	10.72
永州市	**550.07**	**8.54**	**75.05**	**6.19**	**13.64**
永州市	103.24	1.60	26.94	2.22	26.09
東安縣	57.22	0.89	5.67	0.47	9.91
道　縣	64.05	0.99	9.02	0.74	14.08
寧遠縣	75.34	1.17	5.47	0.45	7.26
江永縣	24.33	0.38	2.98	0.25	12.25
江華縣	43.88	0.68	4.20	0.35	9.57
藍山縣	34.20	0.53	2.83	0.23	8.27
新田縣	36.87	0.57	3.07	0.25	8.33
雙牌縣	16.64	0.26	2.82	0.23	16.95
祁陽縣	94.30	1.46	12.05	0.99	12.78
婁底地區	**392.13**	**6.09**	**72.92**	**6.02**	**18.60**
婁底市	37.77	0.59	21.56	1.78	57.08
冷水江市	34.39	0.53	17.28	1.43	50.25
漣源市	104.93	1.63	13.00	1.07	12.39
雙峰縣	88.84	1.38	8.89	0.73	10.01
新化縣	126.20	1.96	12.19	1.01	9.66
懷化地區	**476.62**	**7.40**	**87.84**	**7.25**	**18.43**

3.1.22 1997年湖南省消費者資源總量及其地區分布(續)

單位:萬人(10 000 Persons)

地 區 Region	年底總人口 Total Population	占全省比重 (%) Proportion	非農業人口數 Non- Agricultural	占全省比重 (%) Proportion	非農業人口占 總人口比重 (%) Non-Agricultural Proportion
懷化市	54.96	0.85	22.89	1.89	41.65
洪江市	9.49	0.15	6.12	0.51	64.49
黔陽縣	40.48	0.63	6.77	0.56	16.72
沅陵縣	63.25	0.98	11.28	0.93	17.83
辰溪縣	50.32	0.78	9.06	0.75	18.00
溆浦縣	83.40	1.29	8.13	0.67	9.75
麻陽縣	35.16	0.55	3.68	0.30	10.47
新晃縣	24.99	0.39	2.95	0.24	11.80
芷江縣	34.48	0.54	3.98	0.33	11.54
會同縣	33.81	0.52	3.34	0.28	9.88
靖州縣	24.95	0.39	7.60	0.63	30.46
通道縣	21.33	0.33	2.04	0.17	9.56
湘西自治州	**253.83**	**3.94**	**37.83**	**3.12**	**14.90**
吉首市	26.05	0.40	11.13	0.92	42.73
瀘溪縣	26.79	0.42	3.98	0.33	14.86
鳳凰縣	35.80	0.56	3.59	0.30	10.03
花垣縣	26.08	0.40	3.39	0.28	13.00
保靖縣	27.47	0.43	3.34	0.28	12.16
古丈縣	13.38	0.21	2.23	0.18	16.67
永順縣	47.41	0.74	5.09	0.42	10.74
龍山縣	50.85	0.79	5.08	0.42	9.99

注:陰影部分各市統計數據含下轄縣。

3.1.23　1997年遼寧省消費者資源總量及其地區分布

單位：萬人(10 000 Persons)

地　區 Region	年底總人口 Total Population	占全省比重 (%) Proportion	非農業人口數 Non-Agricultural	占全省比重 (%) Proportion	非農業人口占總人口比重 (%) Non-Agricultural Proportion
全　省	**4 077.14**	**100.00**	**1 844.37**	**100.00**	**45.24**
沈陽市	**673.68**	**16.52**	**422.34**	**22.90**	**62.69**
沈陽市	479.10	11.75	386.30	20.94	80.63
新民市	67.00	1.64	12.00	0.65	17.91
遼中縣	50.42	1.24	10.15	0.55	20.14
康平縣	32.96	0.81	7.29	0.40	22.12
法庫縣	44.20	1.08	6.60	0.36	14.93
大連市	**540.60**	**13.26**	**260.00**	**14.10**	**48.09**
大連市	259.70	6.37	195.20	10.58	75.16
瓦房店市	102.00	2.50	30.20	1.64	29.61
普蘭店市	82.00	2.01	16.40	0.89	20.00
莊河市	88.00	2.16	16.00	0.87	18.18
長海縣	8.90	0.22	2.20	0.12	24.72
鞍山市	**339.30**	**8.32**	**170.20**	**9.23**	**50.16**
鞍山市	145.50	3.57	128.30	6.96	88.18
海城市	108.00	2.65	25.60	1.39	23.70
臺安縣	36.50	0.90	6.30	0.34	17.26
岫岩縣	49.30	1.21	10.00	0.54	20.28
撫順市	**226.00**	**5.54**	**148.30**	**8.04**	**65.62**
撫順市	140.90	3.46	126.90	6.88	90.06
撫順縣	18.90	0.46	2.20	0.12	11.64
新賓縣	31.40	0.77	8.10	0.44	25.80
清原縣	34.80	0.85	11.10	0.60	31.90
本溪市	**156.30**	**3.83**	**100.80**	**5.47**	**64.49**
本溪市	95.90	2.35	82.20	4.46	85.71
本溪縣	29.90	0.73	10.60	0.57	35.45
桓仁縣	30.50	0.75	8.00	0.43	26.23
丹東市	**239.40**	**5.87**	**95.20**	**5.16**	**39.77**
丹東市	69.70	1.71	57.50	3.12	82.50
東港市	65.00	1.59	10.00	0.54	15.38
鳳城市	60.00	1.47	16.00	0.87	26.67
寬甸縣	44.70	1.10	11.70	0.63	26.17
錦州市	**303.20**	**7.44**	**104.70**	**5.68**	**34.53**
錦州市	80.90	1.98	65.30	3.54	80.72
凌海市	62.00	1.52	9.00	0.49	14.52
北寧市	53.00	1.30	10.00	0.54	18.87

3.1.23 1997年遼寧省消費者資源總量及其地區分布(續)

單位:萬人(10 000 Persons)

地　區 Region	年底總人口 Total Population	占全省比重 (%) Proportion	非農業人口數 Non- Agricultural	占全省比重 (%) Proportion	非農業人口占 總人口比重 (%) Non-Agricultural Proportion
義　縣	44.00	1.08	6.70	0.36	15.23
黑山縣	63.30	1.55	13.70	0.74	21.64
營口市	**221.06**	**5.42**	**80.18**	**4.35**	**36.27**
營口市	64.06	1.57	49.18	2.67	76.77
大石橋市	70.00	1.72	16.00	0.87	22.86
蓋州市	87.00	2.13	15.00	0.81	17.24
阜新市	**437.60**	**10.73**	**212.70**	**11.53**	**48.61**
阜新市	77.60	1.90	68.10	3.69	87.76
阜新縣	72.80	1.79	6.70	0.36	9.20
彰武縣	40.50	0.99	7.60	0.41	18.77
遼陽市	**177.30**	**4.35**	**73.60**	**3.99**	**41.51**
遼陽市	69.40	1.70	56.70	3.07	81.70
遼陽縣	58.90	1.44	8.90	0.48	15.11
燈塔市	49.00	1.20	8.00	0.43	16.33
盤錦市	**117.00**	**2.87**	**58.40**	**3.17**	**49.91**
盤錦市	52.80	1.30	45.90	2.49	86.93
盤山縣	27.60	0.68	4.10	0.22	14.86
大窪縣	36.60	0.90	8.40	0.46	22.95
鐵嶺市	**293.60**	**7.20**	**86.50**	**4.69**	**29.46**
鐵嶺市	37.50	0.92	30.80	1.67	82.13
鐵法市	23.00	0.56	16.30	0.88	70.87
開原市	60.00	1.47	13.30	0.72	22.17
鐵嶺縣	38.10	0.93	2.90	0.16	7.61
西豐縣	34.20	0.84	6.50	0.35	19.01
昌圖縣	100.80	2.47	16.70	0.91	16.57
朝陽市	**860.70**	**21.11**	**225.20**	**12.21**	**26.16**
朝陽市	44.40	1.09	28.90	1.57	65.09
北票市	63.00	1.55	20.30	1.10	32.22
凌源市	63.00	1.55	13.90	0.75	22.06
朝陽縣	61.60	1.51	3.10	0.17	5.03
建平縣	57.00	1.40	10.10	0.55	17.72
喀左縣	41.70	1.02	6.30	0.34	15.11
葫蘆島市	**265.00**	**6.50**	**71.30**	**3.87**	**26.91**
葫蘆島市	89.20	2.19	44.00	2.39	49.33
興城市	55.00	1.35	12.00	0.65	21.82
綏中縣	60.80	1.49	8.30	0.45	13.65
建昌縣	60.00	1.47	7.00	0.38	11.67

注:陰影部分各市統計數據含下轄縣。

3.1.24　1997年吉林省消費者資源總量及其地區分布

單位：萬人(10 000 Persons)

地　區 Region	年底總人口 Total Population	占全省比重(%) Proportion	非農業人口數 Non-Agricultural	占全省比重(%) Proportion	非農業人口占總人口比重(%) Non-Agricultural Proportion
全　省	**2 600.15**	**100.00**	**1 115.92**	**100.00**	**42.92**
長春市	**683.79**	**26.30**	**272.22**	**24.39**	**39.81**
長春市	278.81	10.72	203.15	18.20	72.86
九臺市	83.67	3.22	19.83	1.78	23.70
榆樹市	122.00	4.69	17.00	1.52	13.93
德惠市	89.66	3.45	14.76	1.32	16.46
農安縣	109.65	4.22	17.48	1.57	15.94
吉林市	**427.63**	**16.45**	**204.00**	**18.28**	**47.70**
吉林市	140.81	5.42	116.11	10.40	82.46
蛟河市	46.51	1.79	17.14	1.54	36.85
樺甸市	43.96	1.69	19.71	1.77	44.84
舒蘭市	67.09	2.58	20.70	1.85	30.85
磐石市	52.77	2.03	16.46	1.48	31.19
永吉縣	76.49	2.94	13.88	1.24	18.15
四平市	**318.69**	**12.26**	**115.10**	**10.31**	**36.12**
四平市	45.97	1.77	37.91	3.40	82.47
公主嶺市	102.06	3.93	34.86	3.12	34.16
雙遼市	39.21	1.51	13.71	1.23	34.97
梨樹縣	85.07	3.27	19.79	1.77	23.26
伊通縣	46.38	1.78	8.83	0.79	19.04
遼源市	**124.87**	**4.80**	**57.28**	**5.13**	**45.87**
遼源市	45.39	1.75	39.32	3.52	86.63
東豐縣	39.90	1.53	10.46	0.94	26.22
東遼縣	39.58	1.52	7.50	0.67	18.95
通化市	**230.06**	**8.85**	**104.32**	**9.35**	**45.34**
通化市	43.42	1.67	36.31	3.25	83.63
梅河口市	62.98	2.42	27.53	2.47	43.71
集安市	23.48	0.90	7.91	0.71	33.69
通化縣	25.83	0.99	7.80	0.70	30.20

3.1.24 1997年吉林省消費者資源總量及其地區分布(續)

單位:萬人(10 000 Persons)

地 區 Region	年底總人口 Total Population	占全省比重 (%) Proportion	非農業人口數 Non-Agricultural	占全省比重 (%) Proportion	非農業人口占總人口比重 (%) Non-Agricultural Proportion
輝南縣	36.93	1.42	14.80	1.33	40.08
柳河縣	37.42	1.44	9.97	0.89	26.64
白山市	**131.68**	**5.06**	**85.37**	**7.65**	**64.83**
白山市	32.63	1.25	25.15	2.25	77.08
臨江市	18.82	0.72	11.36	1.02	60.36
撫松縣	30.37	1.17	18.75	1.68	61.74
靖宇縣	14.29	0.55	6.24	0.56	43.67
江源縣	26.85	1.03	20.00	1.79	74.49
長白縣	8.72	0.34	3.87	0.35	44.38
松原市	**266.01**	**10.23**	**65.27**	**5.85**	**24.54**
松原市	49.68	1.91	30.02	2.69	60.43
長嶺縣	61.97	2.38	10.28	0.92	16.59
乾安縣	28.51	1.10	7.86	0.70	27.57
扶余縣	72.29	2.78	6.84	0.61	9.46
前郭爾羅斯縣	53.56	2.06	10.27	0.92	19.17
白城市	**199.05**	**7.66**	**78.39**	**7.02**	**39.38**
白城市	47.01	1.81	26.89	2.41	57.20
洮南市	43.31	1.67	15.65	1.40	36.13
大安市	42.46	1.63	15.28	1.37	35.99
鎮賚縣	32.22	1.24	10.56	0.95	32.77
通榆縣	34.05	1.31	10.01	0.90	29.40
延邊自治州	**218.38**	**8.40**	**133.94**	**12.00**	**61.33**
延吉市	37.64	1.45	32.39	2.90	86.05
圖們市	13.86	0.53	10.22	0.92	73.74
敦化市	47.72	1.84	25.46	2.28	53.35
龍井市	26.99	1.04	14.58	1.31	54.02
琿春市	20.85	0.80	13.23	1.19	63.45
和龍市	22.92	0.88	13.59	1.22	59.29
汪清縣	26.56	1.02	13.70	1.23	51.58
安圖縣	21.84	0.84	10.77	0.97	49.31

注:陰影部分各市統計數據含下轄縣。

3.1.25 1997年江蘇省消費者資源總量及其地區分布

單位:萬人(10 000 Persons)

地 區 Region	年底總人口 Total Population	占全省比重(%) Proportion	非農業人口數 Non-Agricultural	占全省比重(%) Proportion	非農業人口占總人口比重(%) Non-Agricultural Proportion
全 省	**6 948.36**	**100.00**	**1 837.96**	**100.00**	**26.45**
南京市	**529.82**	**7.63**	**270.05**	**14.69**	**50.97**
南京市	273.26	3.93	234.71	12.77	85.89
江寧縣	74.47	1.07	10.81	0.59	14.52
江浦縣	30.02	0.43	5.43	0.30	18.09
六合縣	68.37	0.98	9.17	0.50	13.41
溧水縣	40.65	0.59	5.02	0.27	12.35
高淳縣	43.05	0.62	4.91	0.27	11.41
無錫市	**432.29**	**6.22**	**173.63**	**9.45**	**40.17**
無錫市	109.56	1.58	92.73	5.05	84.64
江陰市	114.26	1.64	32.78	1.78	28.69
宜興市	109.40	1.57	32.20	1.75	29.43
錫山市	99.07	1.43	15.92	0.87	16.07
徐州市	**866.86**	**12.48**	**182.43**	**9.93**	**21.04**
徐州市	149.34	2.15	102.22	5.56	68.45
新沂市	95.05	1.37	11.84	0.64	12.46
邳州市	150.45	2.17	15.31	0.83	10.18
銅山縣	131.04	1.89	15.40	0.84	11.75
睢寧縣	123.08	1.77	10.15	0.55	8.25
豐 縣	104.28	1.50	9.46	0.51	9.07
沛 縣	113.62	1.64	18.05	0.98	15.89
常州市	**84.76**	**1.22**	**76.14**	**4.14**	**89.83**
常州市	84.76	1.22	76.14	4.14	89.83
溧陽市	77.12	1.11	28.47	1.55	36.92
金壇市	54.16	0.78	9.37	0.51	17.30
武進市	123.19	1.77	13.78	0.75	11.19
蘇州市	**594.04**	**8.55**	**186.18**	**10.13**	**31.34**
蘇州市	107.07	1.54	82.80	4.50	77.33
常熟市	104.33	1.50	25.65	1.40	24.59
張家港市	85.36	1.23	15.60	0.85	18.28
昆山市	77.56	1.12	16.45	0.90	21.21

3.1.25 1997年江蘇省消費者資源總量及其地區分布(續)

單位:萬人(10 000 Persons)

地　區 Region	年底總人口 Total Population	占全省比重 (%) Proportion	非農業人口數 Non- Agricultural	占全省比重 (%) Proportion	非農業人口占 總人口比重 (%) Non-Agricultural Proportion
吴江市	77.56	1.12	17.20	0.94	22.18
太倉市	44.97	0.65	11.34	0.62	25.22
吴縣市	97.19	1.40	17.14	0.93	17.64
南通市	**786.30**	**11.32**	**244.36**	**13.30**	**31.08**
南通市	63.23	0.91	45.82	2.49	72.47
啟東市	116.79	1.68	22.91	1.25	19.62
如皋市	145.37	2.09	27.31	1.49	18.79
通州市	145.60	2.10	36.45	1.98	25.03
海門市	103.25	1.49	34.91	1.90	33.81
海安縣	99.16	1.43	32.58	1.77	32.86
如東縣	112.90	1.62	44.38	2.41	39.31
連雲港市	**437.25**	**6.29**	**82.83**	**4.51**	**18.94**
連雲港市	59.39	0.85	43.91	2.39	73.94
贛榆縣	101.58	1.46	8.49	0.46	8.36
東海縣	107.66	1.55	9.53	0.52	8.85
灌雲縣	99.22	1.43	13.74	0.75	13.85
灌南縣	69.40	1.00	7.16	0.39	10.32
淮陰市	**495.03**	**7.12**	**86.25**	**4.69**	**17.42**
淮陰市	50.56	0.73	30.93	1.68	61.17
淮安市	120.75	1.74	15.44	0.84	12.79
漣水縣	99.80	1.44	8.67	0.47	8.69
洪澤縣	36.85	0.53	7.52	0.41	20.41
盱眙縣	71.09	1.02	8.53	0.46	12.00
金湖縣	34.85	0.50	7.19	0.39	20.63
淮陰縣	81.13	1.17	7.97	0.43	9.82
鹽城市	**789.04**	**11.36**	**151.30**	**8.23**	**19.18**
鹽城市	58.28	0.84	31.05	1.69	53.28
東臺市	117.23	1.69	22.82	1.24	19.47
大豐市	74.22	1.07	14.81	0.81	19.95
阜寧縣	107.70	1.55	14.27	0.78	13.25
射陽縣	103.04	1.48	15.82	0.86	15.35
鹽都縣	86.90	1.25	15.98	0.87	18.39

3.1.25 1997年江蘇省消費者資源總量及其地區分布(續)

單位:萬人(10 000 Persons)

地　區 Region	年底總人口 Total Population	占全省比重(%) Proportion	非農業人口數 Non-Agricultural	占全省比重(%) Proportion	非農業人口占總人口比重(%) Non-Agricultural Proportion
建湖縣	79.50	1.14	14.98	0.82	18.84
響水縣	55.00	0.79	8.55	0.47	15.55
濱海縣	107.17	1.54	13.02	0.71	12.15
揚州市	**446.14**	**6.42**	**105.62**	**5.75**	**23.67**
揚州市	50.82	0.73	38.89	2.12	76.52
高郵市	83.34	1.20	13.49	0.73	16.19
江都市	106.91	1.54	17.85	0.97	16.70
儀征市	59.10	0.85	15.69	0.85	26.55
寶應縣	90.86	1.31	13.20	0.72	14.53
邗江縣	55.11	0.79	6.50	0.35	11.79
鎮江市	**265.41**	**3.82**	**91.21**	**4.96**	**34.37**
鎮江市	58.15	0.84	46.46	2.53	79.90
丹陽市	80.91	1.16	21.50	1.17	26.57
揚中市	27.65	0.40	7.89	0.43	28.54
句容市	60.28	0.87	10.57	0.58	17.53
丹徒縣	38.42	0.55	4.79	0.26	12.47
泰州市	**496.83**	**7.15**	**86.90**	**4.73**	**17.49**
泰州市	58.05	0.84	21.08	1.15	36.31
興化市	153.54	2.21	19.74	1.07	12.86
靖江市	66.27	0.95	13.18	0.72	19.89
泰興市	126.95	1.83	17.91	0.97	14.11
姜堰市	92.02	1.32	14.99	0.82	16.29
宿遷市	**488.83**	**7.04**	**50.36**	**2.74**	**10.30**
宿遷市	23.31	0.34	11.10	0.60	47.62
宿豫縣	92.82	1.34	3.81	0.21	4.10
沭陽縣	162.77	2.34	12.80	0.70	7.86
泗陽縣	111.76	1.61	9.70	0.53	8.68
泗洪縣	98.17	1.41	12.95	0.70	13.19

注:陰影部分各市統計數據含下轄縣。

3. 1. 26 1997 年江西省消費者資源總量及其地區分布

單位：萬人(10 000 Persons)

地　區 Region	年底總人口 Total Population	占全省比重 (%) Proportion	非農業人口數 Non-Agricultural	占全省比重 (%) Proportion	非農業人口占總人口比重 (%) Non-Agricultural Proportion
全　省	**4 025. 99**	**100. 00**	**865. 93**	**100. 00**	**21. 51**
南昌市	**407. 92**	**10. 13**	**161. 59**	**18. 66**	**39. 61**
南昌市	157. 01	3. 90	124. 31	14. 36	79. 17
南昌縣	96. 02	2. 39	13. 41	1. 55	13. 97
新建縣	62. 70	1. 56	10. 68	1. 23	17. 03
安義縣	22. 96	0. 57	3. 30	0. 38	14. 37
進賢縣	69. 23	1. 72	9. 89	1. 14	14. 29
景德鎮市	**140. 50**	**3. 49**	**48. 92**	**5. 65**	**34. 82**
景德鎮市	39. 60	0. 98	30. 79	3. 56	77. 75
樂平市	74. 16	1. 84	12. 73	1. 47	17. 17
浮梁縣	26. 74	0. 66	5. 40	0. 62	20. 19
萍鄉市	**198. 45**	**4. 93**	**51. 44**	**5. 94**	**25. 92**
萍鄉市	147. 02	3. 65	48. 35	5. 58	32. 89
蓮花縣	24. 13	0. 60	3. 09	0. 36	12. 81
蘆溪縣	27. 30	0. 68	—	—	—
九江市	**453. 57**	**11. 27**	**118. 95**	**13. 74**	**26. 23**
九江市	48. 90	1. 21	35. 48	4. 10	72. 56
瑞昌市	40. 27	1. 00	8. 17	0. 94	20. 29
九江縣	48. 90	1. 21	35. 48	4. 10	72. 56
武寧縣	36. 78	0. 91	4. 00	0. 46	10. 88
修水縣	75. 02	1. 86	6. 47	0. 75	8. 62
永修縣	34. 46	0. 86	7. 68	0. 89	22. 29
德安縣	21. 09	0. 52	5. 20	0. 60	24. 66
星子縣	22. 19	0. 55	2. 80	0. 32	12. 62
都昌縣	66. 16	1. 64	5. 91	0. 68	8. 93
湖口縣	26. 20	0. 65	3. 71	0. 43	14. 16
彭澤縣	33. 60	0. 83	4. 05	0. 47	12. 05
新余市	**103. 34**	**2. 57**	**31. 28**	**3. 61**	**30. 27**
新余市	73. 66	1. 83	24. 65	2. 85	33. 46
分宜縣	29. 68	0. 74	6. 63	0. 77	22. 34
鷹潭市	**102. 58**	**2. 55**	**27. 53**	**3. 18**	**26. 84**
鷹潭市	16. 33	0. 41	10. 83	1. 25	66. 32
貴溪市	53. 40	1. 33	11. 69	1. 35	21. 89

3.1.26 1997年江西省消費者資源總量及其地區分布(續)

單位:萬人(10 000 Persons)

地 區 Region	年底總人口 Total Population	占全省比重 (%) Proportion	非農業人口數 Non-Agricultural	占全省比重 (%) Proportion	非農業人口占總人口比重 (%) Non-Agricultural Proportion
余江縣	32.85	0.82	5.01	0.58	15.25
贛州地區	**765.19**	**19.01**	**122.75**	**14.18**	**16.04**
贛州市	43.43	1.08	26.35	3.04	60.67
贛 縣	51.44	1.28	5.43	0.63	10.56
南康市	73.78	1.83	9.61	1.11	13.03
信豐縣	61.94	1.54	6.64	0.77	10.72
大余縣	27.16	0.67	7.49	0.86	27.58
上猶縣	27.43	0.68	3.34	0.39	12.18
崇義縣	19.66	0.49	3.52	0.41	17.90
安遠縣	31.82	0.79	3.70	0.43	11.63
龍南縣	28.65	0.71	4.26	0.49	14.87
定南縣	19.19	0.48	3.08	0.36	16.05
全南縣	17.84	0.44	4.51	0.52	25.28
于都縣	67.62	1.68	8.31	0.96	12.29
寧都縣	79.50	1.97	12.63	1.46	15.89
興國縣	63.94	1.59	6.31	0.73	9.87
瑞金市	56.80	1.41	6.70	0.77	11.80
會昌縣	39.78	0.99	4.20	0.49	10.56
尋烏縣	27.56	0.68	3.29	0.38	11.94
石城縣	27.65	0.69	3.38	0.39	12.22
宜春地區	**495.42**	**12.31**	**97.55**	**11.27**	**19.69**
宜春市	90.76	2.25	19.52	2.25	21.51
豐城市	116.61	2.90	21.49	2.48	18.43
高安市	76.74	1.91	12.63	1.46	16.46
樟樹市	52.72	1.31	11.05	1.28	20.96
奉新縣	28.16	0.70	5.81	0.67	20.63
萬載縣	45.47	1.13	6.37	0.74	14.01
上高縣	32.52	0.81	7.60	0.88	23.37
宜豐縣	25.76	0.64	6.60	0.76	25.62
靖安縣	13.42	0.33	3.43	0.40	25.56
銅鼓縣	13.26	0.33	3.05	0.35	23.00
上饒地區	**614.13**	**15.25**	**92.87**	**10.72**	**15.12**
上饒市	32.68	0.81	16.61	1.92	50.83
上饒縣	65.41	1.62	4.51	0.52	6.89
廣豐縣	72.16	1.79	7.21	0.83	9.99
玉山縣	52.26	1.30	6.32	0.73	12.09

3.1.26 1997年江西省消費者資源總量及其地區分布(續)

單位:萬人(10 000 Persons)

地　區 Region	年底總人口 Total Population	占全省比重 (%) Proportion	非農業人口數 Non-Agricultural	占全省比重 (%) Proportion	非農業人口占總人口比重 (%) Non-Agricultural Proportion
鉛山縣	39.53	0.98	6.71	0.77	16.97
横峰縣	18.73	0.47	2.87	0.33	15.32
弋陽縣	35.25	0.88	6.09	0.70	17.28
余干縣	81.99	2.04	7.21	0.83	8.79
波陽縣	120.09	2.98	15.76	1.82	13.12
萬年縣	33.76	0.84	5.13	0.59	15.20
德興市	29.83	0.74	10.28	1.19	34.46
婺源縣	32.44	0.81	4.17	0.48	12.85
吉安地區	**441.17**	**10.96**	**74.20**	**8.57**	**16.82**
吉安市	31.80	0.79	17.28	2.00	54.34
吉安縣	54.06	1.34	7.33	0.85	13.56
吉水縣	47.12	1.17	6.02	0.70	12.78
峽江縣	15.29	0.38	2.84	0.33	18.57
新干縣	30.07	0.75	4.44	0.51	14.77
永豐縣	38.56	0.96	5.05	0.58	13.10
泰和縣	49.88	1.24	7.13	0.82	14.29
遂川縣	50.34	1.25	4.58	0.53	9.10
萬安縣	27.48	0.68	3.78	0.44	13.76
安福縣	37.22	0.92	7.22	0.83	19.40
永新縣	45.01	1.12	5.29	0.61	11.75
寧岡縣	8.54	0.21	1.36	0.16	15.93
井崗山市	5.80	0.14	1.88	0.22	32.41
撫州地區	**347.25**	**8.63**	**69.24**	**8.00**	**19.94**
臨川市	92.45	2.30	22.93	2.65	24.80
南城縣	28.01	0.70	5.76	0.67	20.56
黎川縣	22.43	0.56	5.00	0.58	22.29
南豐縣	25.77	0.64	4.38	0.51	17.00
崇仁縣	29.67	0.74	5.24	0.61	17.66
樂安縣	32.78	0.81	5.69	0.66	17.36
宜黄縣	19.84	0.49	3.12	0.36	15.73
金溪縣	25.65	0.64	4.23	0.49	16.49
資溪縣	10.24	0.25	2.44	0.28	23.83
東鄉縣	39.79	0.99	6.98	0.81	17.54
廣昌縣	20.62	0.51	3.47	0.40	16.83

注:陰影部分各市統計數據含下轄縣。

3.1.27 1997年内蒙古自治區消費者資源總量及其地區分布

單位：萬人(10 000 Persons)

地 區 Region	年底總人口 Total Population	占全省比重(%) Proportion	非農業人口數 Non-Agricultural	占全省比重(%) Proportion	非農業人口占總人口比重(%) Non-Agricultural Proportion
全 區	**2 288.52**	**100.00**	**763.69**	**100.00**	**33.37**
呼和浩特市	**198.37**	**8.67**	**72.67**	**9.52**	**36.63**
呼和浩特市	96.68	4.22	50.99	6.68	52.74
土默特左旗	33.98	1.48	9.14	1.20	26.90
托克托縣	18.73	0.82	5.68	0.74	30.33
和林格爾縣	18.64	0.81	2.38	0.31	12.77
清水河縣	13.22	0.58	1.83	0.24	13.84
武川縣	17.12	0.75	2.65	0.35	15.48
包頭市	**198.82**	**8.69**	**107.64**	**14.09**	**54.14**
包頭市	130.84	5.72	95.75	12.54	73.18
土默特右旗	34.48	1.51	5.44	0.71	15.78
固陽縣	22.22	0.97	3.62	0.47	16.29
達爾罕茂明安旗	11.28	0.49	2.83	0.37	25.09
烏海市	**38.29**	**1.67**	**31.56**	**4.13**	**82.42**
赤峰市	**437.13**	**19.10**	**86.10**	**11.27**	**19.70**
赤峰市	108.10	4.72	43.90	5.75	40.61
阿魯科爾沁旗	29.15	1.27	3.06	0.40	10.50
巴林左旗	34.93	1.53	3.81	0.50	10.91
巴林右旗	17.38	0.76	3.47	0.45	19.97
林西縣	23.80	1.04	5.00	0.65	21.01
克什克騰旗	25.23	1.10	5.78	0.76	22.91
翁牛特旗	46.44	2.03	5.15	0.67	11.09
喀喇沁旗	36.47	1.59	4.05	0.53	11.11
寧城縣	58.46	2.55	6.18	0.81	10.57
敖漢旗	57.17	2.50	5.70	0.75	9.97
烏蘭察布盟	**273.80**	**11.96**	**66.50**	**8.71**	**24.29**
集寧市	22.70	0.99	20.20	2.65	88.99
豐鎮市	31.00	1.35	7.30	0.96	23.55
卓資縣	24.00	1.05	4.00	0.52	16.67
化德縣	16.10	0.70	3.00	0.39	18.63
商都縣	33.70	1.47	6.40	0.84	18.99
興和縣	29.70	1.30	3.70	0.48	12.46
凉城縣	24.00	1.05	4.60	0.60	19.17

3.1.27 1997年內蒙古自治區消費者資源總量及其地區分布(續)

單位:萬人(10 000 Persons)

地 區 Region	年底總人口 Total Population	占全省比重 (%) Proportion	非農業人口數 Non- Agricultural	占全省比重 (%) Proportion	非農業人口占 總人口比重 (%) Non-Agricultural Proportion
察哈爾右翼前旗	27.80	1.21	5.40	0.71	19.42
察哈爾右翼中旗	22.30	0.97	2.70	0.35	12.11
察哈爾右翼后旗	21.50	0.94	5.50	0.72	25.58
四子王旗	21.00	0.92	3.70	0.48	17.62
錫林郭勒盟	**91.98**	**4.02**	**32.10**	**4.20**	**34.90**
二連浩特市	1.42	0.06	1.42	0.19	100.00
錫林浩特市	13.66	0.60	11.19	1.47	81.92
阿巴嘎旗	4.08	0.18	1.55	0.20	37.99
蘇尼特左旗	6.77	0.30	3.07	0.40	45.35
蘇尼特右旗	3.13	0.14	1.19	0.16	38.02
東烏珠穆沁旗	6.14	0.27	2.33	0.31	37.95
西烏珠穆沁旗	7.28	0.32	2.33	0.31	32.01
太僕寺旗	21.04	0.92	3.11	0.41	14.78
鑲黄旗	2.88	0.13	1.09	0.14	37.85
正鑲白旗	7.32	0.32	1.20	0.16	16.39
正藍旗	7.92	0.35	1.43	0.19	18.06
多倫縣	10.34	0.45	2.19	0.29	21.18
哲里木盟	**299.65**	**13.09**	**77.00**	**10.08**	**25.70**
通辽市	75.51	3.30	29.21	3.82	38.68
霍林河市	6.06	0.26	4.79	0.63	79.04
科尔沁左翼中旗	53.86	2.35	14.54	1.90	27.00
科尔沁左翼后旗	38.67	1.69	10.74	1.41	27.77
开鲁县	37.65	1.65	3.72	0.49	9.88
库伦旗	17.17	0.75	3.94	0.52	22.95
奈曼旗	41.60	1.82	5.20	0.68	12.50
扎鲁特旗	29.13	1.27	4.86	0.64	16.68
呼倫貝爾盟	**271.87**	**11.88**	**180.09**	**23.58**	**66.24**
海拉爾市	23.28	1.02	21.14	2.77	90.81
滿洲里市	15.98	0.70	15.97	2.09	99.94
扎蘭屯市	41.98	1.83	15.81	2.07	37.66
牙克石市	42.28	1.85	35.56	4.66	84.11
額爾古納市	8.12	0.35	7.92	1.04	97.54

3.1.27　1997年内蒙古自治區消費者資源總量及其地區分布(續)

單位:萬人(10 000 Persons)

地　　區 Region	年底總人口 Total Population	占全省比重 (%) Proportion	非農業人口數 Non-Agricultural	占全省比重 (%) Proportion	非農業人口占總人口比重 (%) Non-Agricultural Proportion
根河市	17.77	0.78	17.74	2.32	99.83
阿榮旗	33.80	1.48	10.33	1.35	30.56
莫力達瓦達斡爾旗	28.75	1.26	7.51	0.98	26.12
鄂倫春旗	32.11	1.40	26.49	3.47	82.50
鄂温克旗	15.03	0.66	13.24	1.73	88.09
陳巴爾虎旗	5.50	0.24	4.44	0.58	80.73
新巴爾虎左旗	4.03	0.18	2.23	0.29	55.33
新巴爾虎右旗	3.24	0.14	1.71	0.22	52.78
興安盟	**160.15**	**7.00**	**50.83**	**6.66**	**196.18**
烏蘭浩特市	25.12	1.10	18.99	2.49	75.60
阿爾山市	4.89	0.21	4.81	0.63	98.36
科爾沁右翼前旗	36.85	1.61	5.65	0.74	15.33
科爾沁右翼中旗	23.80	1.04	7.58	0.99	31.85
扎賚特旗	38.78	1.69	7.01	0.92	18.08
突泉縣	30.71	1.34	6.79	0.89	22.11
伊克昭盟	**126.56**	**5.53**	**31.82**	**4.17**	**25.14**
東勝市	17.00	0.74	10.78	1.41	63.41
達拉特旗	31.61	1.38	4.43	0.58	14.01
準格爾旗	25.91	1.13	5.70	0.75	22.00
鄂托克前旗	6.70	0.29	1.71	0.22	25.52
鄂托克旗	8.62	0.38	2.66	0.35	30.86
杭錦旗	13.24	0.58	2.47	0.32	18.66
烏審旗	9.18	0.40	1.52	0.20	16.56
伊金霍洛旗	14.30	0.62	2.55	0.33	17.83
巴彦淖爾盟	**172.57**	**7.54**	**52.13**	**6.83**	**30.21**
臨河市	46.98	2.05	20.39	2.67	43.40
五原縣	29.06	1.27	7.92	1.04	27.25
磴口縣	11.13	0.49	4.02	0.53	36.12
烏拉特前旗	35.42	1.55	5.52	0.72	15.58
烏拉特中旗	14.12	0.62	4.57	0.60	32.37
烏拉特后旗	5.30	0.23	3.01	0.39	56.79
杭錦后旗	30.56	1.34	6.70	0.88	21.92
阿拉善盟	**17.05**	**0.75**	**11.51**	**1.51**	**67.51**
阿拉善左旗	13.07	0.57	8.77	1.15	67.10
阿拉善右旗	2.39	0.10	1.48	0.19	61.92
額濟納旗	1.59	0.07	1.26	0.16	79.25

注:陰影部分各市統計數據含下轄縣。

3.1.28 1997年寧夏回族自治區消費者資源總量及其地區分布

單位:萬人(10 000 Persons)

地 區 Region	年底總人口 Total Population	占全省比重 (%) Proportion	非農業人口數 Non-Agricultural	占全省比重 (%) Proportion	非農業人口占總人口比重 (%) Non-Agricultural Proportion
全 區	**528.94**	**100.00**	**146.70**	**100.00**	**27.74**
銀川市	**92.82**	**17.55**	**50.72**	**34.57**	**54.64**
銀川市	57.34	10.84	45.44	30.97	79.25
永寧縣	18.02	3.41	2.62	1.79	14.54
賀蘭縣	17.46	3.30	2.66	1.81	15.23
石嘴山市	**35.34**	**6.68**	**6.97**	**4.75**	**19.72**
平羅縣	25.79	4.88	5.19	3.54	20.12
陶樂縣	2.42	0.46	0.58	0.40	23.97
惠農縣	7.13	1.35	1.20	0.82	16.83
銀南地區	**181.06**	**34.23**	**41.16**	**28.06**	**22.73**
吴忠市	29.25	5.53	8.75	5.96	29.91
青銅峽市	23.71	4.48	6.81	4.64	28.72
中衛縣	32.11	6.07	6.43	4.38	20.02
中寧縣	22.48	4.25	4.55	3.10	20.24
靈武市	24.94	4.72	8.49	5.79	34.04
鹽池縣	15.15	2.86	2.58	1.76	17.03
同心縣	33.42	6.32	3.55	2.42	10.62
固原地區	**187.57**	**35.46**	**16.77**	**11.43**	**8.94**
固原縣	51.15	9.67	7.84	5.34	15.33
海原縣	36.11	6.83	2.49	1.70	6.90
西吉縣	44.00	8.32	2.41	1.64	5.48
隆德縣	21.03	3.98	1.72	1.17	8.18
涇源縣	10.89	2.06	0.76	0.52	6.98
彭陽縣	24.39	4.61	1.55	1.06	6.36

注:陰影部分各市統計數據含下轄縣。

3.1.29　1997年青海省消費者資源總量及其地區分布

單位:萬人(10 000 Persons)

地　區 Region	年底總人口 Total Population	占全省比重 (%) Proportion	非農業人口數 Non-Agricultural	占全省比重 (%) Proportion	非農業人口占總人口比重 (%) Non-Agricultural Proportion
全　省	**466.48**	**100.00**	**131.79**	**100.00**	**28.25**
西寧市	**111.25**	**23.85**	**68.04**	**51.63**	**61.16**
西寧市	70.15	15.04	59.51	45.16	84.83
大通縣	41.10	8.81	8.53	6.47	20.75
海東地區	203.08	43.54	19.72	14.97	9.71
平安縣	10.84	2.32	2.80	2.12	25.82
民和縣	36.11	7.74	2.94	2.23	8.14
樂都縣	29.01	6.22	3.90	2.96	13.44
湟中縣	44.72	9.59	2.70	2.05	6.04
湟源縣	13.14	2.82	2.55	1.93	19.41
互助縣	36.54	7.83	2.23	1.69	6.10
循化縣	10.60	2.27	0.91	0.69	8.59
化隆縣	22.13	4.74	1.69	1.28	7.64
海北州	**25.41**	**5.45**	**6.08**	**4.61**	**23.91**
門源縣	14.23	3.05	2.65	2.01	18.63
祁連縣	4.34	0.93	1.08	0.82	24.85
海晏縣	2.91	0.62	1.04	0.79	35.74
剛察縣	3.94	0.84	1.31	0.99	33.27
黃南州	**19.06**	**4.09**	**3.28**	**2.49**	**17.23**
同仁縣	7.14	1.53	1.92	1.46	26.89
尖扎縣	4.55	0.98	0.63	0.48	13.85
澤庫縣	4.61	0.99	0.35	0.26	7.48
河南縣	2.76	0.59	0.38	0.29	13.77
海南州	**38.53**	**8.26**	**8.89**	**6.75**	**23.08**

3.1.29 1997年青海省消費者資源總量及其地區分布(續)

單位:萬人(10 000 Persons)

地 區 Region	年底總人口 Total Population	占全省比重 (%) Proportion	非農業人口數 Non- Agricultural	占全省比重 (%) Proportion	非農業人口占 總人口比重 (%) Non-Agricultural Proportion
共和縣	13.09	2.81	5.72	4.34	43.70
同德縣	4.59	0.98	0.56	0.42	12.21
貴德縣	9.25	1.98	1.01	0.77	10.92
興海縣	5.43	1.16	0.56	0.42	10.32
貴南縣	6.18	1.32	1.03	0.78	16.68
果洛州	**12.62**	**2.70**	**2.12**	**1.61**	**16.84**
瑪沁縣	3.28	0.70	1.00	0.76	30.43
班瑪縣	1.98	0.42	0.29	0.22	14.65
甘德縣	2.31	0.50	0.16	0.12	6.93
達日縣	2.21	0.47	0.23	0.17	10.31
久治縣	1.77	0.38	0.19	0.14	10.73
瑪多縣	1.07	0.23	0.25	0.19	23.47
玉樹州	**24.93**	**5.34**	**3.31**	**2.51**	**13.27**
玉樹縣	7.41	1.59	1.75	1.33	23.62
雜多縣	3.43	0.74	0.28	0.21	8.16
稱多縣	3.92	0.84	0.43	0.33	10.97
治多縣	2.21	0.47	0.26	0.19	11.57
囊謙縣	5.90	1.26	0.36	0.27	6.10
曲麻萊縣	2.05	0.44	0.24	0.18	11.51
海西州	**31.59**	**6.77**	**20.33**	**15.42**	**64.35**
格爾木市	8.79	1.88	7.09	5.38	80.69
德令哈市	5.32	1.14	3.06	2.32	57.57
烏蘭縣	10.45	2.24	8.51	6.46	81.44
都蘭縣	5.34	1.14	1.26	0.95	23.52
天峻縣	1.70	0.36	0.41	0.31	24.18

注:陰影部分各市統計數據含下轄縣。

3.1.30 1997年山東省消費者資源總量及其地區分布

單位:萬人(10 000 Persons)

地 區 Region	年底總人口 Total Population	占全省比重 (%) Proportion	非農業人口數 Non-Agricultural	占全省比重 (%) Proportion	非農業人口占總人口比重 (%) Non-Agricultural Proportion
全 省	**8 809.71**	**100.00**	**2 309.78**	**100.00**	**26.22**
濟南市	**549.18**	**6.23**	**229.30**	**9.93**	**41.75**
濟南市	254.80	2.89	170.50	7.38	66.92
章丘市	97.89	1.11	21.80	0.94	22.27
長清縣	52.17	0.59	11.10	0.48	21.28
平陰縣	35.35	0.40	11.70	0.51	33.10
商河縣	57.38	0.65	7.10	0.31	12.37
濟陽縣	51.59	0.59	7.10	0.31	13.76
青島市	**695.44**	**7.89**	**259.60**	**11.24**	**37.33**
青島市	227.23	2.58	171.10	7.41	75.30
膠州市	74.69	0.85	20.80	0.90	27.85
即墨市	105.74	1.20	17.50	0.76	16.55
平度市	131.98	1.50	20.90	0.90	15.84
膠南市	83.48	0.95	17.40	0.75	20.84
萊西市	72.32	0.82	11.90	0.52	16.45
淄博市	**401.03**	**4.55**	**173.80**	**7.52**	**43.34**
淄博市	263.03	2.99	146.00	6.32	55.51
桓臺縣	47.70	0.54	11.50	0.50	24.11
高青縣	35.31	0.40	5.20	0.23	14.73
沂源縣	54.99	0.62	11.10	0.48	20.19
棗莊市	**351.33**	**3.99**	**117.50**	**5.09**	**33.44**
棗莊市	197.65	2.24	72.40	3.13	36.63
滕州市	153.68	1.74	45.10	1.95	29.35
東營市	**166.98**	**1.90**	**68.10**	**2.95**	**40.78**
東營市	70.60	0.80	48.30	2.09	68.41
墾利縣	20.84	0.24	5.40	0.23	25.91
利津縣	28.80	0.33	5.50	0.24	19.10
廣饒縣	46.74	0.53	8.90	0.39	19.04
烟臺市	**641.49**	**7.28**	**196.81**	**8.52**	**30.68**
烟臺市	154.40	1.75	80.10	3.47	51.88
蓬萊市	48.86	0.55	11.60	0.50	23.74
招遠市	57.73	0.66	16.60	0.72	28.75

3.1.30 1997年山東省消費者資源總量及其地區分布(續)

單位:萬人(10 000 Persons)

地 區 Region	年底總人口 Total Population	占全省比重 (%) Proportion	非農業人口數 Non-Agricultural	占全省比重 (%) Proportion	非農業人口占總人口比重 (%) Non-Agricultural Proportion
棲霞市	67.27	0.76	10.50	0.45	15.61
海陽市	70.21	0.80	11.00	0.48	15.67
龍口市	61.50	0.70	22.60	0.98	36.75
萊陽市	89.50	1.02	15.40	0.67	17.21
萊州市	87.56	0.99	27.10	1.17	30.95
長島縣	4.46	0.05	2.00	0.09	44.84
濰坊市	**125.89**	**1.43**	**61.90**	**2.68**	**49.17**
安丘市	108.60	1.23	18.70	0.81	17.22
寿光市	103.66	1.18	21.00	0.91	20.26
昌邑市	67.90	0.77	13.40	0.58	19.73
高密市	84.02	0.95	19.30	0.84	22.97
青州市	88.70	1.01	18.90	0.82	21.31
诸城市	104.00	1.18	14.40	0.62	13.85
临驹县	86.10	0.98	25.80	1.12	29.97
昌乐县	60.20	0.68	10.30	0.45	17.11
濟寧市	**772.05**	**8.76**	**175.60**	**7.60**	**22.74**
濟寧市	98.80	1.12	42.60	1.84	43.12
兖州市	59.07	0.67	19.60	0.85	33.18
鄒城市	109.07	1.24	30.20	1.31	27.69
曲阜市	62.14	0.71	15.80	0.68	25.43
微山縣	66.56	0.76	12.70	0.55	19.08
魚臺縣	43.40	0.49	7.80	0.34	17.97
金鄉縣	59.90	0.68	9.10	0.39	15.19
嘉祥縣	75.04	0.85	9.30	0.40	12.39
汶上縣	71.80	0.82	10.00	0.43	13.93
泗水縣	58.60	0.67	8.10	0.35	13.82
梁山縣	67.67	0.77	10.40	0.45	15.37
泰安市	**532.81**	**6.05**	**150.80**	**6.53**	**28.30**
泰安市	149.15	1.69	52.20	2.26	35.00
新泰市	132.18	1.50	36.90	1.60	27.92
肥城市	95.26	1.08	32.50	1.41	34.12
寧陽縣	79.92	0.91	16.40	0.71	20.52

3.1.30 1997年山東省消費者資源總量及其地區分布(續)

單位:萬人(10 000 Persons)

地區 Region	年底總人口 Total Population	占全省比重(%) Proportion	非農業人口數 Non-Agricultural	占全省比重(%) Proportion	非農業人口占總人口比重(%) Non-Agricultural Proportion
東平縣	76.30	0.87	12.80	0.55	16.78
威海市	**245.10**	**2.78**	**80.30**	**3.48**	**32.76**
威海市	48.50	0.55	27.30	1.18	56.29
乳山市	61.58	0.70	11.20	0.48	18.19
文登市	66.67	0.76	19.90	0.86	29.85
榮成市	68.35	0.78	21.90	0.95	32.04
日照市	**271.54**	**3.08**	**61.40**	**2.66**	**22.61**
日照市	112.30	1.27	31.40	1.36	27.96
莒 縣	108.40	1.23	19.30	0.84	17.80
五蓮縣	50.84	0.58	10.70	0.46	21.05
萊蕪市	**121.00**	**1.37**	**37.70**	**1.63**	**31.16**
臨沂市	**978.58**	**11.11**	**173.60**	**7.52**	**17.74**
臨沂市	176.50	2.00	56.60	2.45	32.07
郯城縣	93.80	1.06	12.50	0.54	13.33
蒼山縣	112.16	1.27	9.90	0.43	8.83
莒南縣	97.47	1.11	16.30	0.71	16.72
沂水縣	111.13	1.26	16.40	0.71	14.76
蒙陰縣	51.87	0.59	11.10	0.48	21.40
平邑縣	96.27	1.09	17.70	0.77	18.39
費 縣	90.40	1.03	11.90	0.52	13.16
沂南縣	88.85	1.01	10.20	0.44	11.48
臨沭縣	60.13	0.68	11.00	0.48	18.29
德州市	**523.18**	**5.94**	**95.90**	**4.15**	**18.33**
德州市	50.48	0.57	30.30	1.31	60.02
樂陵市	63.33	0.72	6.50	0.28	10.26
禹城市	48.96	0.56	7.70	0.33	15.73
陵 縣	52.73	0.60	6.50	0.28	12.33
平原縣	42.98	0.49	6.30	0.27	14.66
夏津縣	47.38	0.54	6.60	0.29	13.93
武城縣	36.17	0.41	5.70	0.25	15.76
齊河縣	58.30	0.66	8.00	0.35	13.72
臨邑縣	50.00	0.57	6.90	0.30	13.80

3.1.30 1997年山東省消費者資源總量及其地區分布(續)

單位:萬人(10 000 Persons)

地 區 Region	年底總人口 Total Population	占全省比重 (%) Proportion	非農業人口數 Non-Agricultural	占全省比重 (%) Proportion	非農業人口占總人口比重 (%) Non-Agricultural Proportion
寧津縣	44.42	0.50	7.60	0.33	17.11
慶雲縣	28.43	0.32	3.80	0.16	13.37
濱州地區	**354.83**	**4.03**	**86.10**	**3.73**	**24.27**
濱州市	58.30	0.66	22.10	0.96	37.91
惠民縣	61.88	0.70	9.00	0.39	14.54
陽信縣	42.05	0.48	6.10	0.26	14.51
無棣縣	41.40	0.47	8.10	0.35	19.57
沾化縣	37.80	0.43	5.30	0.23	14.02
博興縣	45.60	0.52	13.10	0.57	28.73
鄒平縣	67.80	0.77	22.40	0.97	33.04
聊城市	**548.22**	**6.22**	**81.70**	**3.54**	**14.90**
聊城市	92.50	1.05	26.10	1.13	28.22
臨清市	69.60	0.79	13.50	0.58	19.40
陽谷縣	74.25	0.84	12.20	0.53	16.43
莘 縣	94.40	1.07	9.70	0.42	10.28
茌平縣	56.40	0.64	4.70	0.20	8.33
東阿縣	42.20	0.48	4.80	0.21	11.37
冠 縣	72.83	0.83	6.50	0.28	8.92
高唐縣	46.04	0.52	4.20	0.18	9.12
荷澤地區	**825.78**	**9.37**	**117.50**	**5.09**	**14.23**
荷澤市	123.52	1.40	29.90	1.29	24.21
曹 縣	137.30	1.56	18.90	0.82	13.77
定陶縣	56.98	0.65	9.90	0.43	17.37
成武縣	61.93	0.70	7.60	0.33	12.27
單 縣	112.57	1.28	12.90	0.56	11.46
巨野縣	87.65	0.99	9.40	0.41	10.72
鄆城縣	104.92	1.19	10.40	0.45	9.91
鄄城縣	73.95	0.84	9.40	0.41	12.71
東明縣	66.96	0.76	9.10	0.39	13.59

注:陰影部分各市統計數據含下轄縣。

3.1.31 1997年山西省消費者資源總量及其地區分布

單位：萬人(10 000 Persons)

地 區 Region	年底總人口 Total Population	占全省比重 (%) Proportion	非農業人口數 Non-Agricultural	占全省比重 (%) Proportion	非農業人口占總人口比重 (%) Non-Agricultural Proportion
全 省	**3 091.29**	**100.00**	**788.37**	**100.00**	**25.50**
太原市	**293.34**	**9.49**	**191.83**	**24.33**	**65.40**
太原市	221.77	7.17	175.90	22.31	79.32
古交市	18.30	0.59	9.65	1.22	52.73
清徐縣	28.57	0.92	3.05	0.39	10.68
陽曲縣	13.94	0.45	1.68	0.21	12.05
婁煩縣	10.76	0.35	1.55	0.20	14.41
大同市	**269.67**	**8.72**	**110.65**	**14.04**	**41.03**
大同市	123.44	3.99	90.88	11.53	73.62
陽高縣	27.36	0.89	3.60	0.46	13.16
天鎮縣	19.82	0.64	2.46	0.31	12.41
廣靈縣	16.21	0.52	1.71	0.22	10.55
靈丘縣	21.33	0.69	2.31	0.29	10.83
渾源縣	33.36	1.08	4.44	0.56	13.31
左雲縣	12.24	0.40	2.82	0.36	23.04
大同縣	15.91	0.51	2.43	0.31	15.27
陽泉市	**122.28**	**3.96**	**52.68**	**6.68**	**43.08**
陽泉市	61.30	1.98	43.93	5.57	71.66
平定縣	31.86	1.03	4.49	0.57	14.09
盂 縣	29.12	0.94	4.26	0.54	14.63
長治市	**306.01**	**9.90**	**64.88**	**8.23**	**21.20**
長治市	58.41	1.89	37.71	4.78	64.56
潞城市	19.96	0.65	3.46	0.44	17.33
長治縣	31.94	1.03	2.92	0.37	9.14
襄垣縣	24.01	0.78	4.49	0.57	18.70
屯留縣	23.99	0.78	1.87	0.24	7.79
平順縣	16.66	0.54	1.37	0.17	8.22
黎城縣	15.59	0.50	1.65	0.21	10.58
壺關縣	27.52	0.89	2.23	0.28	8.10
長子縣	34.19	1.11	2.58	0.33	7.55

3.1.31 1997年山西省消費者資源總量及其地區分布(續)

單位:萬人(10 000 Persons)

地 區 Region	年底總人口 Total Population	占全省比重 (%) Proportion	非農業人口數 Non- Agricultural	占全省比重 (%) Proportion	非農業人口占 總人口比重 (%) Non-Agricultural Proportion
武鄉縣	21.08	0.68	2.08	0.26	9.87
沁 縣	16.97	0.55	2.75	0.35	16.21
沁源縣	15.69	0.51	1.77	0.22	11.28
晋城市	**206.94**	**6.69**	**34.50**	**4.38**	**16.67**
晋城市	22.90	0.74	14.27	1.81	62.31
高平市	47.32	1.53	5.36	0.68	11.33
澤州縣	51.16	1.65	4.86	0.62	9.50
沁水縣	20.98	0.68	2.76	0.35	13.16
陽城縣	39.71	1.28	5.07	0.64	12.77
陵川縣	24.87	0.80	2.18	0.28	8.77
朔州市	**132.59**	**4.29**	**26.93**	**3.42**	**20.31**
朔州市	52.26	1.69	13.05	1.66	24.97
山陰縣	20.17	0.65	3.29	0.42	16.31
應 縣	26.57	0.86	2.48	0.31	9.33
右玉縣	9.70	0.31	1.32	0.17	13.61
懷仁縣	23.89	0.77	6.79	0.86	28.42
忻州行署	**282.48**	**9.14**	**50.32**	**6.38**	**17.81**
忻州市	46.55	1.51	14.09	1.79	30.27
原平市	45.26	1.46	9.85	1.25	21.76
定襄縣	20.64	0.67	2.83	0.36	13.71
五臺縣	30.97	1.00	3.27	0.41	10.56
代 縣	20.05	0.65	3.80	0.48	18.95
繁峙縣	23.25	0.75	2.26	0.29	9.72
寧武縣	14.81	0.48	3.17	0.40	21.40
静樂縣	15.41	0.50	1.84	0.23	11.94
神池縣	9.85	0.32	1.31	0.17	13.30
五寨縣	10.14	0.33	1.43	0.18	14.10
岢嵐縣	7.60	0.25	0.95	0.12	12.50
河曲縣	13.03	0.42	2.22	0.28	17.04
保德縣	14.28	0.46	1.50	0.19	10.50

3.1.31 1997年山西省消費者資源總量及其地區分布(續)

單位:萬人(10 000 Persons)

地 區 Region	年底總人口 Total Population	占全省比重(%) Proportion	非農業人口數 Non-Agricultural	占全省比重(%) Proportion	非農業人口占總人口比重(%) Non-Agricultural Proportion
偏關縣	10.64	0.34	1.80	0.23	16.92
呂梁行署	**328.07**	**10.61**	**46.84**	**5.94**	**14.28**
孝義市	39.99	1.29	11.29	1.43	28.23
汾陽市	37.54	1.21	6.15	0.78	16.38
離石市	20.78	0.67	7.05	0.89	33.93
文水縣	39.66	1.28	3.67	0.47	9.25
交城縣	20.55	0.66	2.74	0.35	13.33
興 縣	25.97	0.84	2.23	0.28	8.59
臨 縣	54.55	1.76	3.67	0.47	6.73
柳林縣	26.92	0.87	3.20	0.41	11.89
石樓縣	9.91	0.32	0.88	0.11	8.88
嵐 縣	16.10	0.52	1.39	0.18	8.63
方山縣	13.30	0.43	1.27	0.16	9.55
中陽縣	12.66	0.41	1.98	0.25	15.64
交口縣	10.14	0.33	1.32	0.17	13.02
晉中行署	**296.61**	**9.60**	**66.86**	**8.48**	**22.54**
榆次市	49.69	1.61	23.86	3.03	48.02
介休市	36.38	1.18	8.84	1.12	24.30
榆社縣	13.56	0.44	1.72	0.22	12.68
左權縣	16.01	0.52	2.03	0.26	12.68
和順縣	13.53	0.44	1.95	0.25	14.41
昔陽縣	23.94	0.77	2.77	0.35	11.57
壽陽縣	21.25	0.69	3.09	0.39	14.54
太谷縣	26.89	0.87	5.86	0.74	21.79
祁 縣	24.70	0.80	3.99	0.51	16.15
平遥縣	47.48	1.54	6.01	0.76	12.66
靈石縣	23.18	0.75	6.74	0.85	29.08
臨汾行署	**384.22**	**12.43**	**76.69**	**9.73**	**19.96**
臨汾市	66.97	2.17	24.70	3.13	36.88
侯馬市	20.79	0.67	10.22	1.30	49.16

3.1.31 1997年山西省消費者資源總量及其地區分布(續)

單位:萬人(10 000 Persons)

地　區 Region	年底總人口 Total Population	占全省比重 (%) Proportion	非農業人口數 Non-Agricultural	占全省比重 (%) Proportion	非農業人口占總人口比重 (%) Non-Agricultural Proportion
霍州市	26.91	0.87	9.29	1.18	34.52
曲沃縣	21.44	0.69	2.85	0.36	13.29
翼城縣	29.11	0.94	4.53	0.57	15.56
襄汾縣	47.60	1.54	3.98	0.50	8.36
洪洞縣	67.05	2.17	7.38	0.94	11.01
古　縣	8.28	0.27	1.25	0.16	15.10
安澤縣	7.81	0.25	0.93	0.12	11.91
浮山縣	13.02	0.42	1.58	0.20	12.14
吉　縣	9.97	0.32	1.19	0.15	11.94
鄉寧縣	20.19	0.65	2.34	0.30	11.59
蒲　縣	9.61	0.31	1.46	0.19	15.19
大寧縣	6.31	0.20	1.04	0.13	16.48
永和縣	6.07	0.20	0.79	0.10	13.01
隰　縣	9.67	0.31	1.73	0.22	17.89
汾西縣	13.42	0.43	1.43	0.18	10.66
運城行署	**469.03**	**15.17**	**66.23**	**8.40**	**14.12**
運城市	55.77	1.80	16.19	2.05	29.03
永濟市	41.72	1.35	7.42	0.94	17.79
河津市	35.24	1.14	7.20	0.91	20.43
芮城縣	36.38	1.18	2.83	0.36	7.78
臨猗縣	53.90	1.74	3.61	0.46	6.70
萬榮縣	41.26	1.33	2.42	0.31	5.87
新絳縣	29.94	0.97	3.40	0.43	11.36
稷山縣	31.68	1.02	2.58	0.33	8.14
聞喜縣	36.90	1.19	4.89	0.62	13.25
夏　縣	34.05	1.10	2.56	0.32	7.52
絳　縣	26.71	0.86	4.76	0.60	17.82
平陸縣	23.75	0.77	2.10	0.27	8.84
垣曲縣	21.73	0.70	6.27	0.80	28.86

注:陰影部分各市統計數據含下轄縣。

3.1.32　1997年陝西省消費者資源總量及其地區分布

單位:萬人(10 000 Persons)

地　區 Region	年底總人口 Total Population	占全省比重 (%) Proportion	非農業人口數 Non-Agricultural	占全省比重 (%) Proportion	非農業人口占總人口比重 (%) Non-Agricultural Proportion
全　省	**3 482.68**	**100.00**	**747.70**	**100.00**	**21.47**
西安市	**662.05**	**19.01**	**267.51**	**35.78**	**40.41**
西安市	308.89	8.87	225.85	30.21	73.12
長安縣	87.68	2.52	10.22	1.37	11.66
藍田縣	61.32	1.76	5.86	0.78	9.56
臨潼縣	64.60	1.85	10.36	1.39	16.04
周至縣	61.09	1.75	4.32	0.58	7.07
户　縣	55.75	1.60	8.78	1.17	15.75
高陵縣	22.72	0.65	2.12	0.28	9.33
銅川市	**81.72**	**2.35**	**36.93**	**4.94**	**45.19**
銅川市	43.64	1.25	30.03	4.02	68.81
耀　縣	28.87	0.83	5.88	0.79	20.37
宜君縣	9.21	0.26	1.02	0.14	11.07
寶鷄市	**351.64**	**10.10**	**77.06**	**10.31**	**21.91**
寶鷄市	53.90	1.55	43.29	5.79	80.32
寶鷄縣	70.66	2.03	8.86	1.18	12.54
鳳翔縣	49.69	1.43	3.96	0.53	7.97
岐山縣	44.77	1.29	7.12	0.95	15.90
扶風縣	43.79	1.26	3.10	0.41	7.08
眉　縣	29.08	0.83	2.66	0.36	9.15
隴　縣	23.74	0.68	2.25	0.30	9.48
千陽縣	12.58	0.36	1.43	0.19	11.37
麟游縣	8.44	0.24	1.05	0.14	12.44
鳳　縣	9.83	0.28	2.13	0.28	21.67
太白縣	5.16	0.15	1.21	0.16	23.45
咸陽市	**473.06**	**13.58**	**87.01**	**11.64**	**18.39**
咸陽市	86.01	2.47	44.81	5.99	52.10
興平市	53.47	1.54	10.69	1.43	19.99

3.1.32 1997年陝西省消費者資源總量及其地區分布(續)

單位:萬人(10 000 Persons)

地 區 Region	年底總人口 Total Population	占全省比重 (%) Proportion	非農業人口數 Non-Agricultural	占全省比重 (%) Proportion	非農業人口占總人口比重 (%) Non-Agricultural Proportion
三原縣	38.59	1.11	6.45	0.86	16.71
涇陽縣	47.95	1.38	4.07	0.54	8.49
乾 縣	53.23	1.53	3.64	0.49	6.84
禮泉縣	44.85	1.29	4.73	0.63	10.55
永壽縣	17.89	0.51	1.52	0.20	8.50
彬 縣	31.05	0.89	2.55	0.34	8.21
長武縣	16.56	0.48	1.29	0.17	7.79
旬邑縣	25.67	0.74	1.71	0.23	6.66
淳化縣	18.13	0.52	1.69	0.23	9.32
武功縣	39.66	1.14	3.86	0.52	9.73
渭南市	**343.35**	**9.86**	**63.55**	**8.50**	**18.51**
渭南市	85.32	2.45	20.21	2.70	23.69
韓城市	37.25	1.07	10.71	1.43	28.75
華陰市	24.10	0.69	7.15	0.96	29.67
華 縣	34.26	0.98	6.77	0.91	19.76
潼關縣	13.93	0.40	2.51	0.34	18.02
大荔縣	68.23	1.96	5.84	0.78	8.56
合陽縣	42.87	1.23	3.66	0.49	8.54
澄城縣	37.39	1.07	6.70	0.90	17.92
蒲城縣	71.80	2.06	8.73	1.17	12.16
白水縣	26.97	0.77	4.17	0.56	15.46
富平縣	74.69	2.14	7.68	1.03	10.28
漢中市	**363.80**	**10.45**	**63.64**	**8.51**	**17.49**
漢中市	48.73	1.40	21.19	2.83	43.48
南鄭縣	52.48	1.51	6.17	0.83	11.76
城固縣	49.64	1.43	6.77	0.91	13.64
洋 縣	43.59	1.25	6.17	0.83	14.15
西鄉縣	40.23	1.16	4.54	0.61	11.29

3.1.32 1997年陝西省消費者資源總量及其地區分布(續)

單位:萬人(10 000 Persons)

地 區 Region	年底總人口 Total Population	占全省比重 (%) Proportion	非農業人口數 Non-Agricultural	占全省比重 (%) Proportion	非農業人口占總人口比重 (%) Non-Agricultural Proportion
勉 縣	41.56	1.19	7.21	0.96	17.35
寧强縣	32.47	0.93	3.07	0.41	9.45
略陽縣	19.96	0.57	5.13	0.69	25.70
鎮巴縣	27.22	0.78	2.06	0.28	7.57
留壩縣	4.50	0.13	0.69	0.09	15.33
佛坪縣	3.42	0.10	0.64	0.09	18.71
安康地區	**291.11**	**8.36**	**34.63**	**4.63**	**11.90**
安康市	91.66	2.63	16.97	2.27	18.51
漢陰縣	28.40	0.82	2.28	0.30	8.03
石泉縣	18.14	0.52	2.46	0.33	13.56
寧陝縣	7.33	0.21	1.23	0.16	16.78
紫陽縣	34.82	1.00	3.01	0.40	8.64
嵐皋縣	17.01	0.49	1.56	0.21	9.17
平利縣	22.76	0.65	1.83	0.24	8.04
鎮坪縣	5.69	0.16	0.62	0.08	10.90
旬陽縣	44.66	1.28	3.02	0.40	6.76
白河縣	20.64	0.59	1.65	0.22	7.99
商洛地區	**236.16**	**6.78**	**20.67**	**2.76**	**8.75**
商州市	53.03	1.52	6.99	0.93	13.18
洛南縣	43.93	1.26	3.62	0.48	8.24
丹鳳縣	29.24	0.84	1.97	0.26	6.74
商南縣	23.29	0.67	1.77	0.24	7.60
山陽縣	42.20	1.21	2.85	0.38	6.75
鎮安縣	29.04	0.83	1.96	0.26	6.75
柞水縣	15.43	0.44	1.51	0.20	9.79
延安市	**245.60**	**7.05**	**44.22**	**5.91**	**18.00**
延安市	32.93	0.95	13.08	1.75	39.72
延長縣	13.90	0.40	2.02	0.27	14.53

3.1.32 1997年陝西省消費者資源總量及其地區分布(續)

單位:萬人(10 000 Persons)

地 區 Region	年底總人口 Total Population	占全省比重 (%) Proportion	非農業人口數 Non-Agricultural	占全省比重 (%) Proportion	非農業人口占總人口比重 (%) Non-Agricultural Proportion
延川縣	16.85	0.48	2.45	0.33	14.54
子長縣	22.07	0.63	3.11	0.42	14.09
安塞縣	15.03	0.43	1.30	0.17	8.65
延川縣	16.85	0.48	2.45	0.33	14.54
子長縣	22.07	0.63	3.11	0.42	14.09
安塞縣	15.03	0.43	1.30	0.17	8.65
志丹縣	11.60	0.33	1.31	0.18	11.29
吴旗縣	11.85	0.34	1.26	0.17	10.63
甘泉縣	7.29	0.21	1.72	0.23	23.59
富 縣	13.92	0.40	2.43	0.32	17.46
洛川縣	18.80	0.54	2.58	0.35	13.72
宜川縣	11.49	0.33	1.32	0.18	11.49
黄龍縣	4.51	0.13	1.17	0.16	25.94
黄陵縣	11.41	0.33	3.61	0.48	31.64
榆林地區	**314.68**	**9.04**	**38.74**	**5.18**	**12.31**
榆林市	39.81	1.14	10.39	1.39	26.10
神木縣	34.56	0.99	5.44	0.73	15.74
府谷縣	20.39	0.59	2.79	0.37	13.68
横山縣	30.58	0.88	2.10	0.28	6.87
靖邊縣	25.89	0.74	2.47	0.33	9.54
定邊縣	28.30	0.81	2.98	0.40	10.53
綏德縣	33.50	0.96	3.87	0.52	11.55
米脂縣	20.74	0.60	2.18	0.29	10.51
佳 縣	23.59	0.68	1.67	0.22	7.08
吴堡縣	7.64	0.22	1.03	0.14	13.48
清澗縣	20.80	0.60	1.73	0.23	8.32
子洲縣	28.88	0.83	2.09	0.28	7.24

注:陰影部分各市統計數據含下轄縣。

3.1.33　1997年上海市消費者資源總量及其地區分布

單位:萬人(10 000 Persons)

地　區 Region	年底總人口 Total Population	占全市比重 (%) Proportion	非農業人口數 Non - Agricultural	占全市比重 (%) Proportion	非農業人口占 總人口比重 (%) Non-Agricultural Proportion
全　市	**1 305.46**	**100.00**	**943.03**	**100.00**	**72.24**
市　區	**1 018.59**	**78.03**	**868.79**	**92.13**	**85.29**
黄浦區	25.75	1.97	25.75	2.73	100.00
南市區	45.83	3.51	45.80	4.86	99.93
浦東新區	153.40	11.75	119.20	12.64	77.71
盧灣區	37.58	2.88	37.58	3.99	100.00
徐匯區	83.80	6.42	83.00	8.80	99.05
閔行區	57.36	4.39	34.73	3.68	60.55
静安區	38.08	2.92	38.08	4.04	100.00
普陀區	83.49	6.40	81.01	8.59	97.03
長寧區	61.13	4.68	60.00	6.36	98.15
嘉定區	47.57	3.64	17.21	1.82	36.18
虹口區	80.80	6.19	80.79	8.57	99.99
楊浦區	107.75	8.25	107.44	11.39	99.71
閘北區	67.45	5.17	66.42	7.04	98.47
寶山區	74.09	5.68	53.49	5.67	72.20
金山區	54.51	4.18	18.29	1.94	33.55
市轄縣	**286.87**	**21.97**	**74.24**	**7.87**	**25.88**
松江縣	49.19	3.77	15.66	1.66	31.84
青浦縣	45.61	3.49	10.92	1.16	23.94
南匯縣	69.82	5.35	16.39	1.74	23.47
奉賢縣	51.70	3.96	13.91	1.48	26.91
崇明縣	70.55	5.40	17.36	1.84	24.61

3.1.34 1997年四川省消費者資源總量及其地區分布

單位:萬人(10 000 Persons)

地 區 Region	年底總人口 Total Population	占全省比重 (%) Proportion	非農業人口數 Non-Agricultural	占全省比重 (%) Proportion	非農業人口占總人口比重 (%) Non-Agricultural Proportion
全 省	**8 264.70**	**100.00**	**1 420.10**	**100.00**	**17.18**
成都市	**989.60**	**11.97**	**318.50**	**22.43**	**32.18**
成都市	322.10	3.90	209.50	14.75	65.04
彭州市	76.20	0.92	11.50	0.81	15.09
崇州市	64.90	0.79	8.30	0.58	12.79
邛崍市	64.00	0.77	7.40	0.52	11.56
都江堰市	58.00	0.70	15.10	1.06	26.03
金堂縣	82.90	1.00	9.10	0.64	10.98
雙流縣	84.50	1.02	13.50	0.95	15.98
温江縣	30.10	0.36	8.10	0.57	26.91
郫 縣	45.60	0.55	7.90	0.56	17.32
新都縣	58.30	0.71	13.00	0.92	22.30
大邑縣	49.10	0.59	7.10	0.50	14.46
蒲江縣	25.40	0.31	3.00	0.21	11.81
新津縣	28.50	0.34	5.00	0.35	17.54
自貢市	**313.00**	**3.79**	**68.30**	**4.81**	**21.82**
自貢市	104.30	1.26	45.90	3.23	44.01
榮 縣	88.80	1.07	9.80	0.69	11.04
富順縣	119.90	1.45	12.60	0.89	10.51
攀枝花市	**99.70**	**1.21**	**52.20**	**3.68**	**52.36**
攀枝花市	63.10	0.76	47.70	3.36	75.59
米易縣	19.00	0.23	2.70	0.19	14.21
鹽邊縣	17.60	0.21	1.80	0.13	10.23
瀘州市	**457.40**	**5.53**	**65.80**	**4.63**	**14.39**
瀘州市	134.40	1.63	36.40	2.56	27.08
瀘 縣	102.80	1.24	6.60	0.46	6.42
合江縣	83.80	1.01	8.80	0.62	10.50
敘永縣	64.30	0.78	8.60	0.61	13.37
古藺縣	72.10	0.87	5.40	0.38	7.49

3.1.34 1997年四川省消費者資源總量及其地區分布(續)

單位:萬人(10 000 Persons)

地 區 Region	年底總人口 Total Population	占全省比重(%) Proportion	非農業人口數 Non-Agricultural	占全省比重(%) Proportion	非農業人口占總人口比重(%) Non-Agricultural Proportion
德陽市	**372.10**	**4.50**	**66.90**	**4.71**	**17.98**
德陽市	58.80	0.71	24.00	1.69	40.82
什邡市	43.00	0.52	8.10	0.57	18.84
廣漢市	57.40	0.69	11.90	0.84	20.73
綿竹市	51.10	0.62	9.00	0.63	17.61
中江縣	137.70	1.67	11.40	0.80	8.28
羅江縣	24.10	0.29	2.50	0.18	10.37
綿陽市	**512.00**	**6.20**	**94.50**	**6.65**	**18.46**
綿陽市	100.60	1.22	38.90	2.74	38.67
江油市	85.70	1.04	21.70	1.53	25.32
三臺縣	143.70	1.74	14.90	1.05	10.37
鹽亭縣	60.20	0.73	5.60	0.39	9.30
安 縣	48.90	0.59	6.00	0.42	12.27
梓潼縣	38.20	0.46	3.40	0.24	8.90
北川縣	16.10	0.19	1.80	0.13	11.18
平武縣	18.60	0.23	2.20	0.15	11.83
廣元市	**297.80**	**3.60**	**49.50**	**3.49**	**16.62**
廣元市	85.90	1.04	24.80	1.75	28.87
旺蒼縣	44.10	0.53	9.10	0.64	20.63
青川縣	24.90	0.30	2.90	0.20	11.65
劍閣縣	66.60	0.81	5.40	0.38	8.11
蒼溪縣	76.30	0.92	7.30	0.51	9.57
遂寧市	**368.40**	**4.46**	**48.70**	**3.43**	**13.22**
遂寧市	137.90	1.67	21.60	1.52	15.66
蓬溪縣	128.50	1.55	11.50	0.81	8.95
射洪縣	102.00	1.23	15.60	1.10	15.29
内江市	**902.50**	**10.92**	**117.50**	**8.27**	**13.02**
内江市	136.20	1.65	31.70	2.23	23.27
簡陽市	142.90	1.73	15.80	1.11	11.06
資陽市	104.30	1.26	14.20	1.00	13.61

3.1.34 1997年四川省消費者資源總量及其地區分布(續)

單位:萬人(10 000 Persons)

地 區 Region	年底總人口 Total Population	占全省比重 (%) Proportion	非農業人口數 Non- Agricultural	占全省比重 (%) Proportion	非農業人口占 總人口比重 (%) Non-Agricultural Proportion
樂至縣	86.80	1.05	7.70	0.54	8.87
安岳縣	153.10	1.85	10.80	0.76	7.05
威遠縣	74.20	0.90	12.20	0.86	16.44
資中縣	129.90	1.57	13.40	0.94	10.32
隆昌縣	75.10	0.91	11.70	0.82	15.58
樂山市	**343.40**	**4.16**	**77.30**	**5.44**	**22.51**
樂山市	111.50	1.35	40.40	2.84	36.23
峨眉山市	41.90	0.51	12.20	0.86	29.12
犍為縣	56.90	0.69	8.20	0.58	14.41
井研縣	42.00	0.51	4.60	0.32	10.95
夾江縣	34.70	0.42	4.60	0.32	13.26
沐川縣	25.30	0.31	3.10	0.22	12.25
峨邊縣	14.30	0.17	2.50	0.18	17.48
馬邊縣	16.80	0.20	1.70	0.12	10.12
眉山地區	**332.00**	**4.02**	**37.20**	**2.62**	**11.20**
青神縣	20.10	0.24	2.70	0.19	13.43
丹棱縣	16.10	0.19	1.60	0.11	9.94
洪雅縣	34.00	0.41	3.40	0.24	10.00
彭山縣	31.60	0.38	5.40	0.38	17.09
仁壽縣	150.20	1.82	12.70	0.89	8.46
眉山縣	80.00	0.97	11.40	0.80	14.25
南充市	**708.50**	**8.57**	**84.30**	**5.94**	**11.90**
南充市	177.30	2.15	37.80	2.66	21.32
閬中市	85.20	1.03	10.80	0.76	12.68
南部縣	128.60	1.56	10.20	0.72	7.93
營山縣	87.10	1.05	6.70	0.47	7.69
蓬安縣	67.20	0.81	6.10	0.43	9.08
儀隴縣	97.80	1.18	6.90	0.49	7.06
西充縣	65.30	0.79	5.80	0.41	8.88
宜賓市	**498.10**	**6.03**	**77.70**	**5.47**	**15.60**

3.1.34　1997年四川省消費者資源總量及其地區分布(續)

單位:萬人(10 000 Persons)

地　區 Region	年底總人口 Total Population	占全省比重 (%) Proportion	非農業人口數 Non-Agricultural	占全省比重 (%) Proportion	非農業人口占總人口比重 (%) Non-Agricultural Proportion
宜賓市	73.30	0.89	28.00	1.97	38.20
宜賓縣	97.40	1.18	8.60	0.61	8.83
南溪縣	40.50	0.49	6.60	0.46	16.30
江安縣	51.60	0.62	5.70	0.40	11.05
長寧縣	41.80	0.51	3.90	0.27	9.33
高　縣	49.40	0.60	4.80	0.34	9.72
筠連縣	36.90	0.45	3.90	0.27	10.57
珙　縣	40.20	0.49	9.00	0.63	22.39
興文縣	42.00	0.51	4.60	0.32	10.95
屏山縣	25.00	0.30	2.60	0.18	10.40
達川地區	**610.40**	**7.39**	**82.60**	**5.82**	**13.53**
達川市	35.10	0.42	19.60	1.38	55.84
萬源市	53.60	0.65	8.00	0.56	14.93
達　縣	123.80	1.50	13.00	0.92	10.50
宣漢縣	112.10	1.36	11.40	0.80	10.17
開江縣	52.90	0.64	6.40	0.45	12.10
大竹縣	102.70	1.24	10.80	0.76	10.52
渠　縣	130.20	1.58	13.40	0.94	10.29
雅安地區	**148.40**	**1.80**	**26.20**	**1.84**	**17.65**
雅安市	31.70	0.38	11.80	0.83	37.22
名山縣	25.90	0.31	2.40	0.17	9.27
滎經縣	13.40	0.16	1.80	0.13	13.43
漢源縣	34.20	0.41	2.50	0.18	7.31
石棉縣	11.50	0.14	3.40	0.24	29.57
天全縣	14.20	0.17	2.00	0.14	14.08
蘆山縣	12.10	0.15	1.40	0.10	11.57
寶興縣	5.40	0.07	0.90	0.06	16.67
阿壩自治州	**80.50**	**0.97**	**14.90**	**1.05**	**18.51**
汶川縣	10.70	0.13	3.70	0.26	34.58
理　縣	4.30	0.05	0.70	0.05	16.28

3.1.34 1997年四川省消費者資源總量及其地區分布(續)

單位:萬人(10 000 Persons)

地　區 Region	年底總人口 Total Population	占全省比重 (%) Proportion	非農業人口數 Non-Agricultural	占全省比重 (%) Proportion	非農業人口占總人口比重 (%) Non-Agricultural Proportion
茂　縣	9.80	0.12	1.10	0.08	11.22
松潘縣	6.60	0.08	0.90	0.06	13.64
南坪縣	5.60	0.07	1.10	0.08	19.64
金川縣	6.80	0.08	0.90	0.06	13.24
小金縣	7.30	0.09	0.80	0.06	10.96
黑水縣	5.60	0.07	0.80	0.06	14.29
馬爾康縣	5.50	0.07	2.10	0.15	38.18
壤塘縣	3.10	0.04	0.50	0.04	16.13
阿壩縣	5.70	0.07	0.70	0.05	12.28
若爾蓋縣	6.20	0.08	0.80	0.06	12.90
紅原縣	3.30	0.04	0.80	0.06	24.24
甘孜自治州	**86.30**	**1.04**	**13.20**	**0.93**	**15.30**
康定縣	10.20	0.12	3.80	0.27	37.25
瀘定縣	7.40	0.09	1.30	0.09	17.57
丹巴縣	5.50	0.07	0.80	0.06	14.55
九龍縣	4.80	0.06	0.50	0.04	10.42
雅江縣	3.90	0.05	0.50	0.04	12.82
道孚縣	4.50	0.05	0.80	0.06	17.78
爐霍縣	3.70	0.04	0.50	0.04	13.51
甘孜縣	5.60	0.07	0.60	0.04	10.71
新龍縣	4.30	0.05	0.70	0.05	16.28
德格縣	6.20	0.08	0.40	0.03	6.45
白玉縣	4.00	0.05	0.40	0.03	10.00
石渠縣	6.20	0.08	0.40	0.03	6.45
色達縣	3.40	0.04	0.40	0.03	11.76
理塘縣	4.60	0.06	0.60	0.04	13.04
巴塘縣	4.40	0.05	0.60	0.04	13.64
鄉城縣	2.60	0.03	0.30	0.02	11.54
稻城縣	2.70	0.03	0.30	0.02	11.11
得榮縣	2.30	0.03	0.30	0.02	13.04

3.1.34　1997年四川省消費者資源總量及其地區分布(續)

單位:萬人(10 000 Persons)

地　區 Region	年底總人口 Total Population	占全省比重 (%) Proportion	非農業人口數 Non-Agricultural	占全省比重 (%) Proportion	非農業人口占總人口比重 (%) Non-Agricultural Proportion
凉山自治州	**386.50**	**4.68**	**44.40**	**3.13**	**11.49**
西昌市	53.10	0.64	17.00	1.20	32.02
木里自治區	12.00	0.15	1.40	0.10	11.67
鹽源縣	29.80	0.36	1.90	0.13	6.38
德昌縣	17.90	0.22	1.90	0.13	10.61
會理縣	41.80	0.51	4.60	0.32	11.00
會東縣	34.90	0.42	2.20	0.15	6.30
寧南縣	16.50	0.20	1.30	0.09	7.88
普格縣	13.30	0.16	1.10	0.08	8.27
布拖縣	13.30	0.16	0.90	0.06	6.77
金陽縣	13.20	0.16	0.70	0.05	5.30
昭覺縣	19.60	0.24	1.30	0.09	6.63
喜德縣	12.60	0.15	1.00	0.07	7.94
冕寧縣	30.10	0.36	3.00	0.21	9.97
越西縣	22.80	0.28	2.10	0.15	9.21
甘洛縣	17.30	0.21	1.50	0.11	8.67
美姑縣	16.20	0.20	0.80	0.06	4.94
雷波縣	22.10	0.27	1.70	0.12	7.69
廣安地區	**423.70**	**5.13**	**43.00**	**3.03**	**10.15**
華鎣市	33.90	0.41	8.10	0.57	23.89
岳池縣	108.00	1.31	7.00	0.49	6.48
廣安縣	117.80	1.43	15.60	1.10	13.24
武勝縣	77.80	0.94	6.30	0.44	8.10
鄰水縣	86.20	1.04	6.00	0.42	6.96
巴中地區	**335.50**	**4.06**	**37.40**	**2.63**	**11.15**
巴中市	119.40	1.44	13.00	0.92	10.89
通江縣	69.30	0.84	7.20	0.51	10.39
南江縣	59.60	0.72	6.30	0.44	10.57
平昌縣	87.20	1.06	10.90	0.77	12.50

注:陰影部分各市統計數據含下轄縣。

3.1.35 1997年天津市消費者資源總量及其地區分布

單位：萬人(10 000 Persons)

地　區 Region	年底總人口 Total Population	占全市比重(%) Proportion	非農業人口數 Non-Agricultural	占全市比重(%) Proportion	非農業人口占總人口比重(%) Non-Agricultural Proportion
全　市	**905.11**	**100.00**	**517.91**	**100.00**	**57.22**
市内區	369.24	40.80	367.27	70.91	99.47
和平區	45.43	5.02	45.43	8.77	100.00
河東區	62.74	6.93	62.66	12.10	99.87
河西區	69.15	7.64	68.70	13.26	99.35
南開區	73.27	8.10	72.21	13.94	98.55
河北區	61.34	6.78	61.29	11.83	99.92
紅橋區	57.31	6.33	56.98	11.00	99.42
濱海區	93.69	10.35	71.38	13.78	76.19
塘沽區	45.18	4.99	38.03	7.34	84.17
漢沽區	16.74	1.85	12.15	2.35	72.58
大港區	31.77	3.51	21.20	4.09	66.73
其他區	**130.82**	**14.45**	**38.29**	**7.39**	**29.27**
東麗區	29.89	3.30	9.69	1.87	32.42
西青區	30.64	3.39	7.68	1.48	25.07
津南區	36.24	4.00	7.86	1.52	21.69
北辰區	31.86	3.52	10.87	2.10	34.12
天津鐵廠	2.19	0.24	2.19	0.42	100.00
市轄縣	**306.05**	**33.81**	**38.44**	**7.42**	**12.56**
寧河縣	34.99	3.87	6.40	1.24	18.29
武清縣	79.53	8.79	8.77	1.69	11.03
静海縣	49.32	5.45	6.75	1.30	13.69
寶坻縣	64.18	7.09	8.08	1.56	12.59
薊　縣	78.03	8.62	8.44	1.63	10.82

3.1.36 1997年新疆維吾爾自治區消費者資源總量及其地區分布

單位:萬人(10 000 Persons)

地 區 Region	年底總人口 Total Population	占全區比重 (%) Proportion	非農業人口數 Non-Agricultural	占全區比重 (%) Proportion	非農業人口占總人口比重 (%) Non-Agricultural Proportion
全 區	**1 705.81**	**100.00**	**600.41**	**100.00**	**35.20**
烏魯木齊市	**151.94**	**8.91**	**124.12**	**20.67**	**81.69**
烏魯木齊市	136.12	7.98	121.91	20.30	89.56
烏魯木齊縣	15.82	0.93	2.21	0.37	13.97
克拉瑪依市	25.36	1.49	22.22	3.70	87.62
石河子市	56.87	3.33	32.36	5.39	56.90
吐魯番地區	**54.82**	**3.21**	**13.07**	**2.18**	**23.84**
吐魯番市	24.45	1.43	7.09	1.18	29.00
鄯善縣	20.14	1.18	3.82	0.64	18.97
托克遜縣	10.23	0.60	2.16	0.36	21.11
哈密地區	**46.60**	**2.73**	**22.82**	**3.80**	**48.97**
哈密市	34.70	2.03	20.11	3.35	57.95
巴里坤縣	10.04	0.59	2.18	0.36	21.71
伊吾縣	1.86	0.11	0.53	0.09	28.49
昌吉自治州	**143.58**	**8.42**	**54.64**	**9.10**	**38.06**
昌吉市	32.91	1.93	18.42	3.07	55.97
阜康市	14.53	0.85	7.23	1.20	49.76
米泉縣	16.79	0.98	6.09	1.01	36.27
呼圖壁縣	19.49	1.14	7.53	1.25	38.64
瑪納斯縣	15.64	0.92	4.85	0.81	31.01
奇臺縣	22.66	1.33	5.70	0.95	25.15
吉木薩爾縣	12.77	0.75	2.78	0.46	21.77
木壘縣	8.79	0.52	2.04	0.34	23.21
奎屯市	**25.94**	**1.52**	**14.34**	**2.39**	**55.28**
伊犁地區	**204.27**	**11.97**	**61.53**	**10.25**	**30.12**
伊寧市	32.51	1.91	21.59	3.60	66.41
伊寧縣	37.04	2.17	5.04	0.84	13.61
察布查爾縣	16.25	0.95	4.03	0.67	24.80
霍城縣	33.16	1.94	7.39	1.23	22.29
鞏留縣	14.76	0.87	3.32	0.55	22.49
新源縣	27.28	1.60	9.75	1.62	35.74
昭蘇縣	14.60	0.86	3.66	0.61	25.07
特克斯縣	14.57	0.85	3.45	0.57	23.68

3.1.36 1997年新疆維吾爾自治區消費者資源總量及其地區分布(續)

單位:萬人(10 000 Persons)

地 區 Region	年底總人口 Total Population	占全區比重 (%) Proportion	非農業人口數 Non-Agricultural	占全區比重 (%) Proportion	非農業人口占總人口比重 (%) Non-Agricultural Proportion
尼勒克縣	14.10	0.83	3.30	0.55	23.40
塔城地區	**89.62**	**5.25**	**38.11**	**6.35**	**42.52**
塔城市	14.62	0.86	6.20	1.03	42.41
烏蘇市	19.79	1.16	6.57	1.09	33.20
額敏縣	18.25	1.07	7.15	1.19	39.18
沙灣縣	19.03	1.12	11.90	1.98	62.53
托里縣	7.96	0.47	2.51	0.42	31.53
裕民縣	5.08	0.30	1.61	0.27	31.69
和布克賽爾縣	4.89	0.29	2.17	0.36	44.38
阿勒泰地區	**57.46**	**3.37**	**22.91**	**3.82**	**39.87**
阿勒泰市	20.60	1.21	10.33	1.72	50.15
布爾津縣	6.58	0.39	2.02	0.34	30.70
富蘊縣	8.21	0.48	3.23	0.54	39.34
福海縣	6.15	0.36	2.41	0.40	39.19
哈巴河縣	7.23	0.42	1.98	0.33	27.39
清河縣	5.21	0.31	1.50	0.25	28.79
吉木乃縣	3.48	0.20	1.44	0.24	41.38
博爾塔拉州	**38.58**	**2.26**	**12.36**	**2.06**	**32.04**
博樂市	19.70	1.15	7.65	1.27	38.83
精河縣	11.68	0.68	2.83	0.47	24.23
温泉縣	7.20	0.42	1.88	0.31	26.11
巴音郭楞自治州	**98.03**	**5.75**	**38.50**	**6.41**	**39.27**
庫爾勒市	32.25	1.89	19.41	3.23	60.19
輪臺縣	8.43	0.49	1.77	0.29	21.00
尉犁縣	9.22	0.54	2.08	0.35	22.56
若羌縣	2.87	0.17	0.72	0.12	25.09
且末縣	5.00	0.29	1.37	0.23	27.40
焉耆縣	11.64	0.68	4.11	0.68	35.31
和靜縣	16.99	1.00	5.88	0.98	34.61
和碩縣	6.17	0.36	1.99	0.33	32.25
博湖縣	5.46	0.32	1.17	0.19	21.43
阿克蘇地區	**194.03**	**11.37**	**49.25**	**8.20**	**25.38**
阿克蘇市	48.14	2.82	21.32	3.55	44.29

3.1.36 1997年新疆維吾爾自治區消費者資源總量及其地區分布(續)

單位:萬人(10 000 Persons)

地 區 Region	年底總人口 Total Population	占全區比重 (%) Proportion	非農業人口數 Non-Agricultural	占全區比重 (%) Proportion	非農業人口占總人口比重 (%) Non-Agricultural Proportion
温宿縣	19.92	1.17	4.35	0.72	21.84
庫車縣	36.47	2.14	8.54	1.42	23.42
沙雅縣	18.03	1.06	3.05	0.51	16.92
新和縣	13.04	0.76	2.13	0.35	16.33
拜城縣	18.77	1.10	3.34	0.56	17.79
烏什縣	17.11	1.00	2.49	0.41	14.55
阿瓦提縣	18.52	1.09	3.15	0.52	17.01
柯坪縣	4.03	0.24	0.88	0.15	21.84
克孜勒蘇柯爾克孜州	**41.96**	**2.46**	**8.99**	**1.50**	**21.43**
阿圖什市	18.62	1.09	4.57	0.76	24.54
阿克陶縣	15.71	0.92	1.75	0.29	11.14
阿合奇縣	3.39	0.20	0.99	0.16	29.20
烏恰縣	4.24	0.25	1.68	0.28	39.62
喀什地區	**320.89**	**18.81**	**63.86**	**10.64**	**19.90**
喀什市	25.94	1.52	19.61	3.27	75.60
疏附縣	38.48	2.26	2.95	0.49	7.67
疏勒縣	26.71	1.57	3.23	0.54	12.09
英吉沙縣	20.85	1.22	2.37	0.39	11.37
澤普縣	16.14	0.95	4.47	0.74	27.70
莎車縣	59.02	3.46	8.83	1.47	14.96
葉城縣	36.38	2.13	7.13	1.19	19.60
麥蓋提縣	18.94	1.11	4.28	0.71	22.60
岳普湖縣	12.45	0.73	1.65	0.27	13.25
伽師縣	29.05	1.70	2.40	0.40	8.26
巴楚縣	33.99	1.99	6.15	1.02	18.09
塔什庫爾干縣	2.94	0.17	0.79	0.13	26.87
和田地區	**155.36**	**9.11**	**20.76**	**3.46**	**13.36**
和田市	15.27	0.90	8.58	1.43	56.19
和田縣	24.18	1.42	0.97	0.16	4.01
墨玉縣	37.65	2.21	2.34	0.39	6.22
皮山縣	20.66	1.21	2.62	0.44	12.68
洛浦縣	21.77	1.28	2.04	0.34	9.37
策勒縣	12.83	0.75	1.46	0.24	11.38
于田縣	19.80	1.16	1.90	0.32	9.60
民豐縣	3.20	0.19	0.85	0.14	26.56

注:陰影部分各市統計數據含下轄縣。

3.1.37 1997年雲南省消費者資源總量及其地區分布

單位:萬人(10 000 Persons)

地 區 Region	年底總人口 Total Population	占全省比重 (%) Proportion	非農業人口數 Non-Agricultural	占全省比重 (%) Proportion	非農業人口占總人口比重 (%) Non-Agricultural Proportion
全 省	**3 944.59**	**100.00**	**566.30**	**100.00**	**14.36**
昆明市	**597.94**	**15.16**	**196.47**	**34.69**	**32.86**
昆明市	383.82	9.73	164.10	28.98	42.75
呈貢縣	14.77	0.37	2.92	0.52	19.80
晉寧縣	25.48	0.65	4.70	0.83	18.47
安寧市	24.15	0.61	12.53	2.21	51.87
富民縣	13.33	0.34	1.52	0.27	11.38
宜良縣	38.20	0.97	3.83	0.68	10.03
路南縣	21.59	0.55	1.88	0.33	8.69
嵩明縣	32.26	0.82	3.19	0.56	9.89
祿勸縣	44.35	1.12	1.80	0.32	4.06
東川市	**29.29**	**0.74**	**6.77**	**1.20**	**23.13**
昭通地區	**467.06**	**11.84**	**32.10**	**5.67**	**6.87**
昭通市	68.57	1.74	10.26	1.81	14.96
魯甸縣	34.23	0.87	1.38	0.24	4.04
巧家縣	48.44	1.23	2.04	0.36	4.22
鹽津縣	33.81	0.86	2.21	0.39	6.53
大關縣	24.11	0.61	1.39	0.25	5.77
永善縣	38.27	0.97	1.88	0.33	4.92
綏江縣	14.74	0.37	1.81	0.32	12.30
鎮雄縣	115.19	2.92	5.17	0.91	4.49
彝良縣	47.32	1.20	2.33	0.41	4.93
威信縣	33.59	0.85	1.93	0.34	5.74
水富縣	8.79	0.22	1.70	0.30	19.32
曲靖地區	**569.81**	**14.45**	**62.42**	**11.02**	**10.95**
曲靖市	94.61	2.40	24.60	4.34	26.00
宣威市	126.25	3.20	11.56	2.04	9.16
馬龍縣	17.76	0.45	1.88	0.33	10.56
富源縣	61.11	1.55	4.36	0.77	7.13

3.1.37　1997年雲南省消費者資源總量及其地區分布(續)

單位:萬人(10 000 Persons)

地　區 Region	年底總人口 Total Population	占全省比重 (%) Proportion	非農業人口數 Non-Agricultural	占全省比重 (%) Proportion	非農業人口占總人口比重 (%) Non-Agricultural Proportion
羅平縣	49.56	1.26	3.24	0.57	6.53
師宗縣	32.63	0.83	2.71	0.48	8.31
陸良縣	55.16	1.40	5.28	0.93	9.58
尋甸縣	47.60	1.21	2.70	0.48	5.67
會澤縣	85.13	2.16	6.10	1.08	7.16
楚雄地區	**245.66**	**6.23**	**30.72**	**5.42**	**12.50**
楚雄市	45.06	1.14	10.94	1.93	24.29
雙柏縣	15.15	0.38	1.27	0.22	8.40
牟定縣	19.70	0.50	1.64	0.29	8.31
南華縣	22.44	0.57	1.75	0.31	7.78
姚安縣	19.82	0.50	1.43	0.25	7.23
大姚縣	27.96	0.71	2.35	0.42	8.41
永仁縣	10.17	0.26	1.08	0.19	10.64
元謀縣	19.69	0.50	1.80	0.32	9.15
武定縣	25.53	0.65	1.59	0.28	6.24
祿豐縣	40.13	1.02	6.86	1.21	17.08
玉溪地區	**194.63**	**4.93**	**29.74**	**5.25**	**15.28**
玉溪市	35.73	0.91	10.33	1.82	28.92
江川縣	24.62	0.62	2.04	0.36	8.28
澄江縣	14.23	0.36	1.58	0.28	11.12
通海縣	25.56	0.65	2.91	0.51	11.38
華寧縣	19.12	0.48	1.72	0.30	8.97
易門縣	16.79	0.43	3.67	0.65	21.88
峨山縣	14.31	0.36	2.57	0.45	17.95
新平縣	25.62	0.65	2.88	0.51	11.23
元江縣	18.67	0.47	2.05	0.36	10.96
紅河州	**385.73**	**9.78**	**63.99**	**11.30**	**16.59**
個舊市	38.33	0.97	21.91	3.87	57.16
開遠市	25.67	0.65	10.46	1.85	40.75

3.1.37 1997年雲南省消費者資源總量及其地區分布(續)

單位:萬人(10 000 Persons)

地 區 Region	年底總人口 Total Population	占全省比重 (%) Proportion	非農業人口數 Non- Agricultural	占全省比重 (%) Proportion	非農業人口占 總人口比重 (%) Non-Agricultural Proportion
蒙自縣	30.14	0.76	5.62	0.99	18.64
屏邊縣	14.26	0.36	1.47	0.26	10.30
建水縣	47.98	1.22	6.34	1.12	13.20
石屏縣	27.86	0.71	3.13	0.55	11.24
彌勒縣	46.97	1.19	4.44	0.78	9.46
瀘西縣	35.69	0.90	3.08	0.54	8.62
元陽縣	34.90	0.88	1.69	0.30	4.85
紅河縣	25.90	0.66	1.48	0.26	5.71
金平縣	30.74	0.78	1.62	0.29	5.28
緑春縣	19.63	0.50	1.39	0.25	7.10
河口縣	7.65	0.19	1.36	0.24	17.77
文山州	**312.98**	**7.93**	**23.29**	**4.11**	**7.44**
文山縣	39.35	1.00	7.23	1.28	18.37
硯山縣	40.97	1.04	2.56	0.45	6.25
西疇縣	23.80	0.60	1.76	0.31	7.40
麻栗坡縣	26.18	0.66	1.73	0.30	6.59
馬關縣	34.16	0.87	2.67	0.47	7.83
丘北縣	41.40	1.05	2.65	0.47	6.41
廣南縣	70.07	1.78	2.56	0.45	3.65
富寧縣	37.05	0.94	2.13	0.38	5.75
思茅地區	**173.19**	**4.39**	**21.85**	**3.86**	**12.62**
思茅市	16.29	0.41	6.90	1.22	42.34
普洱縣	18.49	0.47	3.27	0.58	17.68
墨江縣	35.31	0.90	2.36	0.42	6.68
景東縣	34.58	0.88	2.25	0.40	6.50
景谷縣	28.52	0.72	2.69	0.48	9.44
鎮源縣	20.10	0.51	1.76	0.31	8.75
江城縣	9.23	0.23	1.51	0.27	16.32
孟連縣	10.68	0.27	1.12	0.20	10.53

3.1.37　1997年雲南省消費者資源總量及其地區分布(續)

單位:萬人(10 000 Persons)

地　區 Region	年底總人口 Total Population	占全省比重 (%) Proportion	非農業人口數 Non-Agricultural	占全省比重 (%) Proportion	非農業人口占總人口比重 (%) Non-Agricultural Proportion
瀾滄縣	45.72	1.16	3.25	0.57	7.10
西盟縣	8.08	0.20	0.88	0.16	10.89
西雙版納州	**461.98**	**11.71**	**69.57**	**12.28**	**15.06**
景洪市	35.85	0.91	9.11	1.61	25.41
勐海縣	28.82	0.73	2.99	0.53	10.37
勐臘縣	19.17	0.49	3.52	0.62	18.34
大理州	**320.41**	**8.12**	**35.86**	**6.33**	**11.19**
大理市	48.01	1.22	17.12	3.02	35.67
漾濞縣	9.72	0.25	0.97	0.17	10.03
祥雲縣	42.21	1.07	2.36	0.42	5.59
賓川縣	31.56	0.80	1.90	0.34	6.02
彌渡縣	29.74	0.75	1.98	0.35	6.64
南澗縣	20.83	0.53	1.19	0.21	5.69
巍山縣	29.05	0.74	1.87	0.33	6.45
永平縣	16.26	0.41	1.32	0.23	8.11
雲龍縣	19.52	0.49	1.62	0.29	8.32
洱源縣	31.58	0.80	1.88	0.33	5.96
劍川縣	16.36	0.41	1.60	0.28	9.77
鶴慶縣	25.57	0.65	2.04	0.36	7.99
保山地區	**228.25**	**5.79**	**21.13**	**3.73**	**9.26**
保山市	80.38	2.04	9.78	1.73	12.16
施甸縣	31.71	0.80	2.11	0.37	6.64
騰冲縣	57.41	1.46	4.60	0.81	8.02
龍陵縣	26.11	0.66	2.05	0.36	7.87
昌寧縣	32.65	0.83	2.59	0.46	7.93
德宏地區	**98.80**	**2.50**	**15.21**	**2.69**	**15.39**
畹町市	1.22	0.03	0.54	0.10	44.66
瑞麗市	9.23	0.23	2.20	0.39	23.80
潞西市	31.99	0.81	6.03	1.06	18.83

3.1.37 1997年雲南省消費者資源總量及其地區分布(續)

單位:萬人(10 000 Persons)

地 區 Region	年底總人口 Total Population	占全省比重 (%) Proportion	非農業人口數 Non-Agricultural	占全省比重 (%) Proportion	非農業人口占總人口比重 (%) Non-Agricultural Proportion
梁河縣	15.34	0.39	1.54	0.27	10.01
盈江縣	25.15	0.64	2.58	0.46	10.28
隴川縣	15.87	0.40	2.32	0.41	14.61
麗江地區	**107.83**	**2.73**	**12.12**	**2.14**	**11.24**
麗江縣	33.85	0.86	6.15	1.09	18.18
永勝縣	37.23	0.94	2.40	0.42	6.44
華坪縣	14.69	0.37	1.77	0.31	12.04
寧蒗縣	22.06	0.56	1.80	0.32	8.15
怒江州	**45.81**	**1.16**	**6.29**	**1.11**	**13.74**
瀘水縣	15.12	0.38	2.92	0.52	19.32
福貢縣	8.85	0.22	0.85	0.15	9.61
貢山縣	3.35	0.09	0.50	0.09	14.99
蘭坪縣	18.49	0.47	2.02	0.36	10.92
迪慶州	**32.99**	**0.84**	**4.03**	**0.71**	**12.21**
中甸縣	12.90	0.33	2.32	0.41	18.00
德欽縣	5.81	0.15	0.63	0.11	10.77
維西縣	14.28	0.36	1.08	0.19	7.56
臨滄地區	**210.12**	**5.33**	**16.95**	**2.99**	**8.07**
臨滄縣	26.69	0.68	4.47	0.79	16.74
鳳慶縣	41.75	1.06	2.49	0.44	5.96
雲縣	39.43	1.00	2.42	0.43	6.14
永德縣	31.55	0.80	1.75	0.31	5.53
鎮康縣	15.19	0.39	1.03	0.18	6.77
雙江縣	15.89	0.40	1.20	0.21	7.52
耿馬縣	24.00	0.61	2.18	0.39	9.10
滄源縣	15.63	0.40	1.43	0.25	9.12

注:陰影部分各市統計數據含下轄縣。

3.1.38　1997年浙江省消費者資源總量及其地區分布

單位：萬人(10 000 Persons)

地　區 Region	年底總人口 Total Population	占全省比重 (%) Proportion	非農業人口數 Non-Agricultural	占全省比重 (%) Proportion	非農業人口占總人口比重 (%) Non-Agricultural Proportion
全　省	**4 422.28**	**100.00**	**865.10**	**100.00**	**19.56**
杭州市	**607.96**	**13.75**	**204.39**	**23.63**	**33.62**
杭州市	169.29	3.83	131.76	15.23	77.83
蕭山市	112.90	2.55	20.75	2.40	18.38
建德市	50.49	1.14	9.80	1.13	19.41
富陽市	61.52	1.39	9.55	1.10	15.52
余杭市	78.49	1.77	14.86	1.72	18.93
臨安市	50.89	1.15	6.34	0.73	12.46
桐廬縣	39.48	0.89	6.45	0.75	16.34
淳安縣	44.90	1.02	4.88	0.56	10.87
寧波市	**533.31**	**12.06**	**123.50**	**14.28**	**23.16**
寧波市	117.87	2.67	67.53	7.81	57.29
余姚市	83.14	1.88	13.50	1.56	16.24
慈溪市	100.04	2.26	11.95	1.38	11.95
奉化市	48.74	1.10	7.42	0.86	15.22
象山縣	53.18	1.20	8.50	0.98	15.98
寧海縣	57.62	1.30	5.62	0.65	9.75
鄞　縣	72.72	1.64	8.98	1.04	12.35
温州市	**708.35**	**16.02**	**119.76**	**13.84**	**16.91**
温州市	115.28	2.61	49.74	5.75	43.15
瑞安市	116.52	2.63	16.08	1.86	13.80
樂清市	111.37	2.52	9.82	1.14	8.82
洞頭縣	12.50	0.28	1.26	0.15	10.08
永嘉縣	85.50	1.93	6.18	0.71	7.23
平陽縣	78.92	1.78	12.06	1.39	15.28
蒼南縣	117.43	2.66	20.03	2.32	17.06
文成縣	37.17	0.84	2.37	0.27	6.38
泰順縣	33.66	0.76	2.22	0.26	6.60

3.1.38 1997年浙江省消費者資源總量及其地區分布(續)

單位:萬人(10 000 Persons)

地 區 Region	年底總人口 Total Population	占全省比重 (%) Proportion	非農業人口數 Non-Agricultural	占全省比重 (%) Proportion	非農業人口占總人口比重 (%) Non-Agricultural Proportion
嘉興市	**329.29**	**7.45**	**70.34**	**8.13**	**21.36**
嘉興市	77.76	1.76	25.28	2.92	32.51
海寧市	63.91	1.45	11.98	1.38	18.75
平湖市	48.06	1.09	8.50	0.98	17.69
桐鄉市	65.20	1.47	10.64	1.23	16.32
海鹽縣	36.38	0.82	6.46	0.75	17.76
嘉善縣	37.98	0.86	7.48	0.86	19.69
湖州市	**254.54**	**5.76**	**54.20**	**6.27**	**21.29**
湖州市	106.20	2.40	26.82	3.10	25.25
德清縣	42.03	0.95	9.47	1.09	22.53
長興縣	61.48	1.39	11.67	1.35	18.98
安吉縣	44.83	1.01	6.24	0.72	13.92
紹興市	**428.93**	**9.70**	**70.11**	**8.10**	**16.35**
紹興市	31.90	0.72	22.82	2.64	71.54
諸暨市	105.40	2.38	11.10	1.28	10.53
上虞市	77.28	1.75	10.66	1.23	13.79
嵊州市	73.83	1.67	7.79	0.90	10.55
紹興縣	97.20	2.20	12.21	1.41	12.56
新昌縣	43.32	0.98	5.53	0.64	12.77
金華市	**440.52**	**9.96**	**64.96**	**7.51**	**14.75**
金華市	33.14	0.75	19.12	2.21	57.69
蘭溪市	65.73	1.49	10.03	1.16	15.26
東陽市	78.07	1.77	7.66	0.89	9.81
義烏市	65.21	1.47	9.02	1.04	13.83
永康市	52.33	1.18	6.12	0.71	11.70
金華縣	55.25	1.25	3.00	0.35	5.43
武義縣	32.84	0.74	4.31	0.50	13.12
浦江縣	37.57	0.85	4.09	0.47	10.89

3.1.38　1997年浙江省消費者資源總量及其地區分布(續)

單位:萬人(10 000 Persons)

地　區 Region	年底總人口 Total Population	占全省比重(%) Proportion	非農業人口數 Non-Agricultural	占全省比重(%) Proportion	非農業人口占總人口比重(%) Non-Agricultural Proportion
磐安縣	20.38	0.46	1.61	0.19	7.90
衢州市	**238.96**	**5.40**	**36.06**	**4.17**	**15.09**
衢州市	25.70	0.58	14.38	1.66	55.95
江山市	56.00	1.27	6.37	0.74	11.38
衢　縣	52.10	1.18	2.14	0.25	4.11
常山縣	31.53	0.71	3.57	0.41	11.32
開化縣	33.71	0.76	3.53	0.41	10.47
龍游縣	39.92	0.90	6.07	0.70	15.21
舟山市	**98.58**	**2.23**	**24.42**	**2.82**	**24.77**
舟山市	68.22	1.54	18.56	2.15	27.21
岱山縣	21.75	0.49	3.67	0.42	16.87
嵊泗縣	8.61	0.19	2.19	0.25	25.44
臺州市	**535.97**	**12.12**	**66.26**	**7.66**	**12.36**
臺州市	139.67	3.16	21.86	2.53	15.65
臨海市	107.95	2.44	11.96	1.38	11.08
温嶺市	112.23	2.54	11.02	1.27	9.82
仙居縣	44.27	1.00	3.74	0.43	8.45
天臺縣	53.88	1.22	6.87	0.79	12.75
三門縣	39.60	0.90	3.25	0.38	8.21
玉環縣	38.37	0.87	7.56	0.87	19.70
麗水地區	**245.82**	**5.56**	**31.09**	**3.59**	**12.65**
麗水市	33.89	0.77	9.04	1.04	26.67
龍泉市	26.87	0.61	3.68	0.43	13.70
青田縣	49.07	1.11	4.41	0.51	8.99
慶元縣	19.02	0.43	1.64	0.19	8.62
縉雲縣	43.18	0.98	3.38	0.39	7.83
遂昌縣	22.55	0.51	3.16	0.37	14.01
松陽縣	22.87	0.52	2.53	0.29	11.06
景寧自治縣	17.46	0.39	1.61	0.19	9.22
雲和縣	10.91	0.25	1.64	0.19	15.03

注:陰影部分各市統計數據含下轄縣。

3.1.39 各省、自治區、直轄市部分少數民族人口

單位:人(persons)

地區	蒙古族	回族	藏族	維吾爾族	苗族	彝族
全 國	**4 802 407**	**8 612 001**	**4 593 072**	**7 207 024**	**7 383 622**	**6 578 524**
安 徽	759	302 052	558	130	2 141	1 920
北 京	16 833	207 050	1 329	2 020	1 667	659
福 建	2 383	92 464	282	33	3 902	356
甘 肅	8 135	1 095 668	367 006	938	352	111
廣 東	1 129	8 886	1 307	262	5 988	792
廣 西	731	27 174	211	53	426 413	7 233
貴 州	24 107	127 118	677	42	3 666 751	707 275
海 南	159	5 674	101	10	51 676	52
河 北	141 833	493 899	995	279	2 351	995
黑龍江	139 077	139 357	186	211	2 438	586
河 南	66 015	870 327	1 606	1 833	1 782	1 156
湖 北	5 632	77 934	760	277	200 764	1 378
湖 南	1 468	93 583	552	5 794	1 568 951	1 151
遼 寧	587 311	263 481	625	390	1 232	440
吉 林	156 488	122 422	143	264	495	210
江 蘇	2 749	121 695	866	361	3 746	2 165
江 西	1 199	4 933	397	20	1 433	2 165
內蒙古	3 379 738	192 725	807	166	848	334
寧 夏	2 281	1 525 336	198	70	213	58
青 海	71 510	639 766	912 160	122	381	106
山 東	2 878	461 230	932	238	2 181	649
山 西	2 845	58 098	474	66	1 105	466
陝 西	2 989	131 878	1 319	583	624	191
上 海	1 939	50 392	637	492	422	199
四 川	27 303	108 285	1 087 758	209	533 860	1 787 340
天 津	2 991	161 229	505	199	356	83
西 藏	104	2 956	2 096 718	14	74	122
新 疆	138 021	682 912	2 235	7 191 845	2 633	412
雲 南	13 148	521 561	111 335	38	895 704	4 060 327
浙 江	652	17 294	393	65	3 139	695

注:本表數據為第四次人口普查數。

3.1.39 各省、自治區、直轄市部分少數民族人口(續)

單位:人(persons)

地區	壯族	布依族	朝鮮族	滿族	侗族	瑶族
全　國	**15 555 820**	**2 548 294**	**1 923 361**	**9 846 776**	**2 508 624**	**2 137 033**
安　徽	2 684	1 157	667	5 514	520	169
北　京	4 506	387	7 710	165 043	675	437
福　建	7 836	596	137	5 329	513	468
甘　肅	819	75	561	16 701	110	74
廣　東	149 112	1 661	611	7 065	3 233	135 767
廣　西	14 215 476	11 614	246	5 914	287 541	1 327 467
貴　州	38 210	2 480 650	230	16 844	1 399 796	30 474
海　南	31 389	116	199	627	480	2 148
河　北	17 723	321	6 713	1 735 203	703	897
黑龍江	3 242	347	454 091	1 191 577	797	336
河　南	3 264	676	1 200	51 519	518	229
湖　北	5 299	548	2 072	12 657	54 645	1 307
湖　南	20 918	1 227	423	5 446	749 026	460 667
遼　寧	2 760	258	230 719	4 954 217	484	310
吉　林	1 254	105	1 183 567	1 054 535	165	141
江　蘇	4 361	2 075	963	6 008	1 287	290
江　西	2 868	233	170	4 185	819	1 016
内蒙古	1 503	112	22 173	460 517	178	107
寧　夏	370	53	325	16 563	86	22
青　海	671	53	308	8 527	64	87
山　東	4 965	909	3 362	19 552	613	303
山　西	2 230	262	1 066	13 319	147	101
陝　西	1 384	163	1 139	13 618	284	97
上　海	898	136	742	4 236	226	86
四　川	4 639	7 350	643	12 915	2 712	425
天　津	2 565	95	1 820	31 345	146	147
西　藏	53	19	11	171	14	3
新　疆	6 179	472	968	18 585	646	459
雲　南	1 010 876	34 101	271	7 044	1 504	172 722
浙　江	7 766	1 288	254	2 720	683	277

注:本表數據為第四次人口普查數。

3.1.39 各省、自治區、直轄市部分少數民族人口(續)

單位:人(persons)

地區	白族	土家族	哈尼族	哈薩克族	傣族	黎族
全　國	**1 598 052**	**5 725 049**	**1 254 800**	**1 110 758**	**1 025 402**	**1 112 498**
安　徽	559	1 527	567	16	354	120
北　京	870	1 721	36	198	102	109
福　建	146	1 082	11	2	59	258
甘　肅	97	567	21	3 146	13	25
廣　東	613	3 976	478	7	1 295	3 231
廣　西	302	2 012	30	——	258	3 167
貴　州	123 307	1 045 455	180	——	434	81 237
海　南	44	790	14	6	141	1 020 539
河　北	672	2 051	184	4	136	134
黑龍江	256	1 375	18	10	11	44
河　南	1 044	3 276	342	10	533	178
湖　北	1 156	1 771 004	21	11	49	630
湖　南	114 843	1 794 855	563	5	388	689
遼　寧	298	1 083	95	19	36	100
吉　林	295	379	22	25	46	39
江　蘇	863	2 370	726	31	377	258
江　西	263	833	22	2	54	135
內蒙古	154	511	31	13	28	117
寧　夏	23	357	6	11	2	4
青　海	118	823	1	523	2	4
山　東	1 600	778	748	9	451	135
山　西	184	881	7	11	17	6
陝　西	291	829	10	102	25	16
上　海	218	720	99	62	92	35
四　川	7 420	1 076 529	1 149	64	5 678	266
天　津	101	470	11	2	2	13
西　藏	96	132	25	2	7	1
新　疆	329	5 234	17	1 106 271	31	144
雲　南	1 341 508	2 039	1 249 297	20	1 014 643	649
浙　江	382	1 390	69	4	138	215

注:本表數據為第四次人口普查數。

第二章　消費者年齡和文化層次構成

3.2.1　1997 年全國及各省市消費者年齡構成

單位：% (percent)

地　區 Region	0—14 歲(%) Age 0—14	15—64 歲(%) Age 15—64	65 歲及以上(%) Age 65 and Over
全　國	**24.98**	**67.99**	**7.03**
安　徽	25.04	68.18	6.78
北　京	16.50	74.69	8.81
重　慶	23.41	68.41	8.18
福　建	28.30	64.56	7.14
甘　肅	27.48	67.74	4.78
廣　東	28.65	64.05	7.30
廣　西	28.56	63.82	7.62
貴　州	29.41	65.14	5.45
海　南	31.23	62.37	6.40
河　北	25.52	67.83	6.65
黑龍江	21.89	73.50	4.61
河　南	26.72	66.44	6.84
湖　北	27.30	66.77	5.93
湖　南	24.60	68.09	7.31
遼　寧	18.99	73.20	7.81
吉　林	20.88	72.93	6.19
江　蘇	21.49	69.67	8.84
江　西	27.03	67.10	5.87
內蒙古	24.70	70.18	5.12
寧　夏	29.53	66.18	4.29
青　海	28.72	66.71	4.57
山　東	23.27	68.87	7.86
山　西	27.19	66.58	6.23
陝　西	27.63	66.52	5.85
上　海	15.58	72.19	12.23
四　川	23.31	68.72	7.97
天　津	19.98	71.60	8.42
西　藏	33.28	61.27	5.45
新　疆	30.25	65.19	4.56
雲　南	27.26	66.55	6.19
浙　江	19.32	71.42	9.26

3.2.2 1997年全國及各省市6歲以上人口文化層次構成

單位：%(percent)

地 區 Region	文盲半文盲(%) Illiterate and Semi-Illiterate	小學(%) Primary School	初中(%) Junior Secondary School	高中(%) Senior Secondary School	大專以上(%) & Higher Level
全 國	**14.16**	**40.66**	**32.06**	**10.38**	**2.74**
安 徽	17.38	41.11	32.15	7.54	1.83
北 京	6.78	19.67	34.74	25.38	13.44
重 慶	14.87	47.75	27.62	7.80	1.97
福 建	15.02	45.98	26.99	9.38	2.63
甘 肅	23.46	39.00	26.11	9.78	1.65
廣 東	8.99	43.26	32.25	11.82	3.67
廣 西	13.25	48.64	30.54	6.65	0.93
貴 州	22.49	48.17	21.41	5.93	2.01
海 南	12.51	39.45	33.76	11.96	2.32
河 北	12.41	39.35	35.33	10.81	2.10
黑龍江	8.59	36.19	37.70	12.76	4.75
河 南	12.83	37.87	38.34	9.36	1.60
湖 北	12.40	41.55	31.08	11.58	3.39
湖 南	9.64	45.33	32.66	10.34	2.02
遼 寧	7.67	33.63	40.05	12.63	6.02
吉 林	7.75	37.17	33.75	16.35	4.99
江 蘇	16.98	35.15	34.18	11.65	2.05
江 西	10.88	46.46	31.19	9.60	1.88
內蒙古	14.59	37.29	32.49	12.04	3.60
寧 夏	23.07	34.11	29.01	10.56	3.27
青 海	41.24	31.55	18.31	6.92	2.01
山 東	19.32	37.36	33.22	8.60	1.49
山 西	8.63	37.54	38.77	11.69	3.36
陝 西	14.51	39.81	30.80	11.89	2.99
上 海	9.03	21.27	36.98	23.82	8.89
四 川	16.12	45.83	27.53	8.54	1.99
天 津	8.96	29.98	34.72	19.07	7.27
西 藏	45.96	47.51	4.88	1.32	0.32
新 疆	10.50	43.64	27.75	12.53	5.58
雲 南	22.18	49.31	21.36	5.91	1.24
浙 江	16.47	39.35	31.58	10.09	2.50

第三章 全國及各省市消費者資源變化情況

3.3.1 1949—1997年全國人口自然變動情况

年份 Year	出生率(‰) Birth Rate	死亡率(‰) Death Rate	自然增長率(‰) Natural Growth Rate
1949	36.00	20.00	16.00
1950	37.00	18.00	19.00
1951	37.80	17.80	20.00
1952	37.00	17.00	20.00
1953	37.00	14.00	23.00
1954	37.97	13.18	24.79
1955	32.60	12.28	20.32
1956	31.90	11.40	20.50
1957	34.03	10.80	23.23
1958	29.22	11.98	17.24
1959	24.78	14.59	10.19
1960	20.86	25.43	—4.57
1961	18.02	14.24	3.78
1962	37.01	10.02	26.99
1963	43.37	10.04	33.33
1964	39.14	11.50	27.64
1965	37.88	9.50	28.38
1966	35.05	8.83	26.22
1967	33.96	8.43	25.53
1968	35.59	8.21	27.38
1969	34.11	8.03	26.08
1970	33.43	7.60	25.83
1971	30.65	7.32	23.33
1972	29.77	7.61	22.16
1973	27.93	7.04	20.89
1974	24.82	7.34	17.48
1975	23.01	7.32	15.69
1976	19.91	7.25	12.66
1977	18.93	6.87	12.06
1978	19.28	6.25	13.03
1979	17.82	6.21	11.61
1980	18.21	6.34	11.87
1981	20.91	6.36	14.55
1982	22.28	6.60	15.68
1983	20.19	6.90	13.29
1984	19.90	6.82	13.08
1985	21.04	6.78	14.26
1986	22.43	6.86	15.57
1987	23.33	6.72	16.61
1988	22.37	6.64	15.73
1989	21.58	6.54	15.04
1990	21.06	6.67	14.39
1991	19.68	6.70	12.98
1992	18.24	6.64	11.60
1993	18.09	6.64	11.45
1994	17.70	6.49	11.21
1995	17.12	6.57	10.55
1996	16.98	6.56	10.42
1997	16.57	6.51	10.06

3.3.2 1997年全國及各省市消費者資源變化幅度

地 區 Region	人口自然增長率(‰) Natural Growth Rate	人口出生率(‰) Birth Rate	人口死亡率(‰) Death Rate	年末總人口(萬人) Total Population
全 國	**10.06**	**16.57**	**6.51**	**120 582.68**
安 徽	9.30	15.80	6.50	6 109.22
北 京	1.89	7.91	6.02	1 092.28
重 慶	6.24	13.60	7.36	3 042.92
福 建	6.32	12.41	6.09	3 237.13
甘 肅	11.02	17.22	6.20	2 456.24
廣 東	11.50	16.90	5.40	7 013.73
廣 西	9.53	15.93	6.40	4 588.49
貴 州	14.48	22.15	7.67	3 495.50
海 南	13.56	19.18	5.62	724.53
河 北	6.29	13.11	6.82	6 508.11
黑龍江	6.85	12.02	5.17	3 628.53
河 南	7.67	13.97	6.30	9 292.72
湖 北	8.12	14.81	6.69	5 838.83
湖 南	5.60	12.59	6.99	6 441.20
遼 寧	5.40	11.78	6.38	4 077.14
吉 林	6.80	12.22	5.42	2 600.15
江 蘇	4.59	11.43	6.84	6 948.36
江 西	10.87	17.43	6.56	4 025.99
內蒙古	8.25	15.21	6.96	2 288.52
寧 夏	13.47	18.90	5.43	528.94
青 海	14.85	21.80	6.95	466.48
山 東	4.63	11.28	6.65	8 809.71
山 西	10.12	16.18	6.06	3 091.29
陝 西	7.62	13.91	6.29	3 482.68
上 海	−1.30	5.50	6.80	1 305.46
四 川	8.75	15.75	7.00	8 264.70
天 津	3.03	9.98	6.95	905.11
西 藏	16.00	23.90	7.90	242.74
新 疆	13.11	19.66	6.55	1 705.81
雲 南	12.91	20.82	7.91	3 944.59
浙 江	4.93	11.41	6.48	4 422.28

3.3.3　1997 年全國分年齡段人口死亡率

年齡段 Age (歲)	死亡率 Death Rate (‰)		
	平均 Average	男 Male	女 Female
合　計	**6.35**	**6.96**	**5.72**
0 — 4	8.63	7.83	9.59
5 — 9	0.72	0.97	0.46
10 — 14	0.64	0.74	0.53
15 — 19	0.79	0.75	0.83
20 — 24	1.22	1.56	0.89
25 — 29	1.36	1.43	1.30
30 — 34	1.68	2.19	1.17
35 — 39	1.81	2.32	1.29
40 — 44	2.35	3.12	1.56
45 — 49	3.80	4.88	2.67
50 — 54	4.92	5.21	4.62
55 — 59	9.36	12.00	6.64
60 — 64	17.66	22.67	12.51
65 — 69	26.45	30.66	22.20
70 — 74	43.13	50.30	36.56
75 — 79	65.31	76.14	56.54
80 — 84	112.31	134.11	98.44
85 — 89	148.03	212.00	118.43
90^+	275.23	313.04	258.80

3.3.4 1991—1997年安徽省人口變化表

年份 Year	人口出生率‰ Birth Rate	人口死亡率‰ Death Rate	人口自然增長率‰ Natural Growth Rate
1991年	21.19	6.06	15.13
1992年	18.76	6.14	12.62
1993年	17.18	6.51	10.67
1994年	16.70	6.86	9.84
1995年	16.07	6.41	9.66
1996年	16.00	6.50	9.50
1997年	15.80	6.50	9.30

3.3.5 1991—1997年北京市人口變化表

年份 Year	人口出生率‰ Birth Rate	人口死亡率‰ Death Rate	人口自然增長率‰ Natural Growth Rate
1991年	8.03	5.82	2.21
1992年	9.22	6.11	3.11
1993年	9.35	6.16	3.19
1994年	8.96	5.76	3.2
1995年	7.92	5.12	2.8
1996年	8.02	5.34	2.68
1997年	7.91	6.02	1.89

3.1.6 1991—1997年重慶市人口變化表

年份 Year	人口出生率‰ Birth Rate	人口死亡率‰ Death Rate	人口自然增長率‰ Natural Growth Rate
1991年	—	—	—
1992年	—	—	—
1993年	—	—	—
1994年	—	—	—
1995年	—	—	—
1996年	—	—	—
1997年	13.60	7.36	6.24

3.3.7 1991－1997 年福建省人口變化表

年份 Year	人口出生率‰ Birth Rate	人口死亡率‰ Death Rate	人口自然增長率‰ Natural Growth Rate
1991 年	20.03	6.26	13.77
1992 年	18.18	6.02	12.16
1993 年	16.72	5.62	11.1
1994 年	16.24	5.95	10.29
1995 年	15.2	5.9	9.3
1996 年	13.22	5.94	7.28
1997 年	12.41	6.09	6.32

3.3.8 1991－1997 年甘肅省人口變化表

年份 Year	人口出生率‰ Birth Rate	人口死亡率‰ Death Rate	人口自然增長率‰ Natural Growth Rate
1991 年	19.38	6.05	13.33
1992 年	19.37	6.64	12.73
1993 年	20.16	6.84	13.32
1994 年	20.82	6.84	13.98
1995 年	20.65	6.49	14.16
1996 年	18.43	6.64	11.79
1997 年	17.22	6.20	11.02

3.3.9 1991－1997 年廣東省人口變化表

年份 Year	人口出生率‰ Birth Rate	人口死亡率‰ Death Rate	人口自然增長率‰ Natural Growth Rate
1991 年	20.54	5.95	14.59
1992 年	19.31	6.17	13.14
1993 年	18.34	5.84	12.50
1994 年	18.20	5.78	12.42
1995 年	18.10	5.70	12.40
1996 年	18.05	6.09	11.96
1997 年	16.90	5.40	11.50

3.3.10 1991－1997 年廣西壯族自治區人口變化表

年份 Year	人口出生率‰ Birth Rate	人口死亡率‰ Death Rate	人口自然增長率‰ Natural Growth Rate
1991 年	21.89	7.24	14.65
1992 年	20.19	7.28	12.91
1993 年	19.58	6.35	13.23
1994 年	18.84	6.60	12.24
1995 年	17.54	6.53	11.01
1996 年	16.83	6.82	10.01
1997 年	15.93	6.40	9.53

3.3.11 1991－1997 年海南省人口變化表

年份 Year	人口出生率‰ Birth Rate	人口死亡率‰ Death Rate	人口自然增長率‰ Natural Growth Rate
1991 年	23.03	5.99	17.04
1992 年	21.35	6.07	15.28
1993 年	21.01	5.26	15.75
1994 年	20.77	6.29	14.48
1995 年	20.12	5.61	14.51
1996 年	20.08	5.88	14.20
1997 年	19.18	5.62	13.56

3.3.12 1991－1997 年河北省人口變化表

年份 Year	人口出生率‰ Birth Rate	人口死亡率‰ Death Rate	人口自然增長率‰ Natural Growth Rate
1991 年	16.60	6.70	9.90
1992 年	15.30	6.40	8.90
1993 年	51.40	6.10	9.30
1994 年	14.90	6.50	8.40
1995 年	13.90	6.30	7.60
1996 年	13.90	6.60	7.30
1997 年	13.11	6.82	6.29

3.3.13 1991—1997年黑龍江省人口變化表

年份 Year	人口出生率‰ Birth Rate	人口死亡率‰ Death Rate	人口自然增長率‰ Natural Growth Rate
1991年	15.89	5.70	10.19
1992年	16.25	6.12	10.13
1993年	15.90	5.52	10.38
1994年	15.15	5.47	9.68
1995年	13.23	5.33	7.90
1996年	12.40	5.05	7.35
1997年	12.02	5.17	6.85

3.3.14 1991—1997年河南省人口變化表

年份 Year	人口出生率‰ Birth Rate	人口死亡率‰ Death Rate	人口自然增長率‰ Natural Growth Rate
1991年	14.7	4.91	9.79
1992年	12.59	5.03	7.56
1993年	10.89	4.84	6.05
1994年	11.27	5.96	5.31
1995年	9.25	5.07	4.18
1996年	9.53	5.36	4.17
1997年	13.97	6.30	7.67

3.3.15 1991—1997年湖北省人口變化表

年份 Year	人口出生率‰ Birth Rate	人口死亡率‰ Death Rate	人口自然增長率‰ Natural Growth Rate
1991年	20.70	7.36	13.34
1992年	19.05	6.87	12.18
1993年	20.04	6.93	13.11
1994年	18.17	6.68	11.49
1995年	16.18	6.91	9.27
1996年	16.08	6.93	9.15
1997年	14.81	6.69	8.12

3.3.16 1991—1997年湖南省人口變化表

年份 Year	人口出生率‰ Birth Rate	人口死亡率‰ Death Rate	人口自然增長率‰ Natural Growth Rate
1991年	20.50	7.30	13.20
1992年	16.70	7.30	9.40
1993年	14.08	7.13	6.95
1994年	13.88	7.03	6.85
1995年	13.02	7.15	5.87
1996年	12.81	7.20	5.61
1997年	12.59	6.99	5.60

3.3.17 1991—1997年遼寧省人口變化表

年份 Year	人口出生率‰ Birth Rate	人口死亡率‰ Death Rate	人口自然增長率‰ Natural Growth Rate
1991年	9.90	5.20	4.70
1992年	10.20	5.40	4.80
1993年	10.00	5.60	4.40
1994年	10.70	5.80	4.90
1995年	9.90	5.50	4.40
1996年	9.50	5.80	3.70
1997年	11.78	6.38	5.40

3.3.18 1991—1997年吉林省人口變化表

年份 Year	人口出生率‰ Birth Rate	人口死亡率‰ Death Rate	人口自然增長率‰ Natural Growth Rate
1991年	11.88	4.81	7.07
1992年	11.52	5.00	6.52
1993年	12.87	5.03	7.84
1994年	11.99	5.12	6.87
1995年	12.07	4.88	7.19
1996年	11.53	4.95	6.58
1997年	12.22	5.42	6.80

3.3.19　1991—1997 年江蘇省人口變化表

年份 Year	人口出生率‰ Birth Rate	人口死亡率‰ Death Rate	人口自然增長率‰ Natural Growth Rate
1991 年	17.05	6.50	10.55
1992 年	15.71	6.76	8.95
1993 年	13.97	6.61	7.36
1994 年	13.78	6.86	6.97
1995 年	12.32	6.56	5.76
1996 年	12.11	6.58	5.53
1997 年	11.43	6.84	4.59

3.3.20　1991—1997 年江西省人口變化表

年份 Year	人口出生率‰ Birth Rate	人口死亡率‰ Death Rate	人口自然增長率‰ Natural Growth Rate
1991 年	21.20	7.13	14.07
1992 年	19.53	7.07	12.46
1993 年	20.33	6.89	13.44
1994 年	19.38	7.00	12.38
1995 年	18.94	7.28	11.66
1996 年	17.53	7.02	10.51
1997 年	17.43	6.56	10.87

3.3.21　1991—1997 年内蒙古人口變化表

年份 Year	人口出生率‰ Birth Rate	人口死亡率‰ Death Rate	人口自然增長率‰ Natural Growth Rate
1991 年	16.77	6.97	9.80
1992 年	17.07	6.73	10.34
1993 年	18.48	6.83	11.65
1994 年	18.98	6.50	12.48
1995 年	17.23	6.70	10.53
1996 年	16.09	6.43	9.66
1997 年	15.21	6.96	8.25

3.3.22 1991－1997年寧夏回族自治區人口變化表

年份 Year	人口出生率‰ Birth Rate	人口死亡率‰ Death Rate	人口自然增長率‰ Natural Growth Rate
1991年	21.96	5.13	16.83
1992年	20.11	5.36	14.75
1993年	19.43	5.36	14.07
1994年	19.67	6.02	13.65
1995年	19.28	5.49	13.79
1996年	19.03	5.25	13.78
1997年	18.9	5.43	13.47

3.3.23 1991－1997年青海省人口變化表

年份 Year	人口出生率‰ Birth Rate	人口死亡率‰ Death Rate	人口自然增長率‰ Natural Growth Rate
1991年	23.37	8.35	15.02
1992年	22.54	8.14	14.40
1993年	20.50	8.26	12.24
1994年	22.06	6.82	15.24
1995年	22.01	6.89	15.12
1996年	21.89	7.20	14.96
1997年	21.80	6.95	14.85

3.3.24 1991－1997年山東省人口變化表

年份 Year	人口出生率‰ Birth Rate	人口死亡率‰ Death Rate	人口自然增長率‰ Natural Growth Rate
1991年	16.39	5.73	10.66
1992年	10.95	6.02	4.93
1993年	9.47	5.84	3.63
1994年	9.31	5.99	3.32
1995年	9.66	5.83	3.83
1996年	10.33	6.04	4.29
1997年	11.28	6.65	4.63

3.3.25 1991－1997年山西省人口變化表

年份 Year	人口出生率‰ Birth Rate	人口死亡率‰ Death Rate	人口自然增長率‰ Natural Growth Rate
1991年	21.56	6.87	14.69
1992年	19.59	6.94	12.65
1993年	17.48	6.36	11.12
1994年	17.46	6.70	10.76
1995年	16.60	6.12	10.48
1996年	16.59	6.25	10.34
1997年	16.18	6.06	10.12

3.3.26 1991－1997年陝西省人口變化表

年份 Year	人口出生率‰ Birth Rate	人口死亡率‰ Death Rate	人口自然增長率‰ Natural Growth Rate
1991年	19.82	6.51	13.31
1992年	18.85	6.57	12.28
1993年	17.63	6.55	11.08
1994年	17.59	6.60	10.99
1995年	15.93	6.57	9.36
1996年	14.99	6.51	8.48
1997年	12.41	6.09	6.32

3.3.27 1991—1997年上海市人口變化表

年份 Year	人口出生率‰ Birth Rate	人口死亡率‰ Death Rate	人口自然增長率‰ Natural Growth Rate
1991年	7.80	6.70	1.10
1992年	7.30	7.10	0.20
1993年	6.50	7.30	−0.80
1994年	5.90	7.30	−1.40
1995年	5.50	7.50	−2.00
1996年	5.20	7.50	−2.30
1997年	5.50	6.80	−1.30

3.3.28 1991—1997年四川省人口變化表

年份 Year	人口出生率‰ Birth Rate	人口死亡率‰ Death Rate	人口自然增長率‰ Natural Growth Rate
1991年	15.80	7.30	8.50
1992年	16.30	7.00	9.30
1993年	16.80	7.20	9.60
1994年	16.90	7.00	9.90
1995年	17.10	7.20	9.90
1996年	16.60	7.30	9.30
1997年	15.75	7.00	8.75

3.3.29 1991－1997年天津市人口變化表

年份 Year	人口出生率‰ Birth Rate	人口死亡率‰ Death Rate	人口自然增長率‰ Natural Growth Rate
1991年	11.94	5.78	6.16
1992年	12.50	6.00	6.50
1993年	10.71	6.20	4.51
1994年	10.98	6.19	4.79
1995年	10.23	6.23	4.00
1996年	10.09	6.53	3.56
1997年	9.98	6.95	3.03

3.3.30 1991－1997年新疆人口變化表

年份 Year	人口出生率‰ Birth Rate	人口死亡率‰ Death Rate	人口自然增長率‰ Natural Growth Rate
1991年	24.45	7.86	16.59
1992年	22.80	7.84	14.96
1993年	21.53	7.68	13.85
1994年	20.82	7.43	13.39
1995年	18.90	6.45	12.45
1996年	19.45	6.60	12.85
1997年	19.66	6.55	13.11

3.3.31 1991－1997年雲南省人口變化表

年份 Year	人口出生率‰ Birth Rate	人口死亡率‰ Death Rate	人口自然增長率‰ Natural Growth Rate
1991年	21.80	8.10	13.70
1992年	21.00	8.00	13.00
1993年	22.00	8.10	13.90
1994年	21.80	8.00	13.80
1995年	20.75	8.03	12.73
1996年	20.87	7.94	12.93
1997年	20.82	7.91	12.91

3.3.32 1991－1997年浙江省人口變化表

年份 Year	人口出生率‰ Birth Rate	人口死亡率‰ Death Rate	人口自然增長率‰ Natural Growth Rate
1991年	14.48	6.39	8.09
1992年	14.72	6.57	8.15
1993年	13.61	6.58	7.03
1994年	13.24	6.64	6.60
1995年	12.66	6.75	5.91
1996年	12.09	6.58	5.51
1997年	11.41	6.48	4.93

第四章　居民户及其構成

3.4.1 1997年全國城鄉居民家庭户資源及其地區分布

地 區 Region	居民總户數(萬户) Total Households	占全國比重(%) Proportion	平均家庭户規模(人/户) Average Persons Per Household	其中非農業居民户數(萬户) Non-Agricultural Households	占全國比重(%) Proportion	平均家庭户規模(人/户) Average Persons Per Household
全 國	**32 663.41**	**100.00**	**3.69**	**9 370.15**	**100.00**	**3.19**
安 徽	1 592.32	4.87	3.84	357.17	3.81	3.15
北 京	375.69	1.15	2.91	237.05	2.53	3.06
重 慶	897.78	2.75	3.39	194.31	2.07	3.06
福 建	788.03	2.41	4.11	191.84	2.05	3.28
甘 肅	579.65	1.77	4.24	144.78	1.55	3.12
廣 東	1 721.29	5.27	4.07	603.75	6.44	3.60
廣 西	1 068.60	3.27	4.29	246.88	2.63	3.22
貴 州	851.29	2.61	4.11	160.90	1.72	3.05
海 南	174.84	0.54	4.14	45.82	0.49	3.96
河 北	1 780.13	5.45	3.66	381.28	4.07	3.12
黑龍江	1 006.50	3.08	3.61	518.54	5.53	3.15
河 南	2 341.56	7.17	3.97	485.93	5.19	3.29
湖 北	1 529.28	4.68	3.82	492.96	5.26	3.23
湖 南	1 789.16	5.48	3.60	385.84	4.12	3.14
遼 寧	1 255.84	3.84	3.25	585.51	6.25	3.15
吉 林	723.02	2.21	3.60	357.67	3.82	3.12
江 蘇	2 146.87	6.57	3.24	585.34	6.25	3.14
江 西	978.49	3.00	4.11	276.65	2.95	3.13
内蒙古	618.89	1.89	3.70	236.44	2.52	3.23
寧 夏	127.11	0.39	4.16	45.84	0.49	3.20
青 海	105.56	0.32	4.42	38.42	0.41	3.43
山 東	2 527.44	7.74	3.49	728.64	7.78	3.17
山 西	847.48	2.59	3.65	241.09	2.57	3.27
陝 西	906.08	2.77	3.84	235.13	2.51	3.18
上 海	461.40	1.41	2.83	308.18	3.29	3.06
四 川	2 367.45	7.25	3.49	459.58	4.90	3.09
天 津	284.15	0.87	3.19	167.07	1.78	3.10
西 藏	45.42	0.14	5.34	—	—	—
新 疆	436.79	1.34	3.91	185.89	1.98	3.23
雲 南	965.49	2.96	4.09	181.51	1.94	3.12
浙 江	1 369.79	4.19	3.23	287.41	3.07	3.01

3.4.2 1997年全國及各地區不同規模家庭户構成

地 區 Region	居民總户數 Total Households (萬户)	一人户 One Person (%)	二人户 Two Persons (%)	三人户 Three Persons (%)	四人户 Four Persons (%)	五人户 Five Persons (%)	六人户 Six Persons (%)	七人户 Seven Persons (%)	八人户 Eight Persons (%)	九人户 Nine Persons (%)	十人及十人以上户 Ten and Over (%)
全 國	**32 663**	**5.97**	**14.48**	**29.81**	**25.87**	**13.73**	**6.21**	**2.32**	**0.96**	**0.36**	**0.29**
安 徽	1 592.32	4.28	12.90	28.44	28.89	15.06	6.61	2.44	0.97	0.27	0.16
北 京	375.69	7.90	18.37	44.62	17.52	7.48	2.66	0.83	0.43	0.10	0.10
重 慶	897.78	7.52	19.49	34.28	24.66	10.40	3.79	1.26	0.40	0.11	0.09
福 建	788.03	7.25	12.56	23.23	25.73	17.92	7.97	3.19	1.30	0.47	0.35
甘 肅	579.65	4.29	9.93	22.61	29.28	17.04	9.84	4.19	1.72	0.64	0.47
廣 東	1 721.29	6.91	11.88	19.55	23.43	16.92	11.02	4.84	2.54	1.22	1.67
廣 西	1 068.60	6.30	10.10	18.63	26.56	19.61	10.51	4.71	1.85	1.05	0.69
貴 州	851.29	4.32	11.48	24.57	25.68	18.40	9.33	3.90	1.54	0.55	0.25
海 南	174.84	6.94	11.16	15.73	19.35	19.41	13.65	7.30	3.74	1.48	1.25
河 北	1 780.13	4.70	14.25	27.60	28.05	13.00	5.10	1.58	0.41	0.11	0.04
黑龍江	1 006.50	2.43	13.30	41.29	26.52	10.50	4.08	1.18	0.48	0.15	0.07
河 南	2 341.56	4.85	11.09	23.03	28.93	18.38	8.19	3.40	1.36	0.49	0.28
湖 北	1 529.28	5.13	12.91	29.38	28.42	14.15	6.58	2.12	0.96	0.20	0.17
湖 南	1 789.16	6.45	16.12	29.08	28.47	13.25	5.34	1.62	0.48	0.15	0.04
遼 寧	1 255.84	5.07	17.54	41.34	21.76	9.21	3.37	1.03	0.44	0.17	0.09
吉 林	723.02	2.95	12.94	39.93	24.91	11.86	4.63	1.64	0.80	0.21	0.13
江 蘇	2 146.87	6.94	18.74	35.93	20.11	11.79	4.34	1.27	0.61	0.18	0.09
江 西	978.49	4.34	10.95	24.68	30.60	15.98	7.98	3.45	1.18	0.38	0.45
内蒙古	618.89	4.38	13.69	32.38	28.29	13.54	5.02	1.88	0.60	0.14	0.09
寧 夏	127.11	3.28	10.76	24.68	25.80	17.33	10.08	4.35	2.06	0.84	0.61
青 海	105.56	2.87	7.99	20.74	26.03	18.04	10.95	6.28	3.41	1.71	1.97
山 東	2 527.44	7.40	18.46	35.29	24.31	9.94	3.33	0.91	0.26	0.07	0.02
山 西	847.48	5.61	13.86	26.33	28.92	15.33	6.89	2.00	0.84	0.12	0.09
陝 西	906.08	4.50	12.22	24.06	29.36	17.18	8.04	3.11	0.94	0.34	0.26
上 海	461.40	8.80	20.37	43.39	15.23	9.11	2.12	0.54	0.35	0.06	0.04
四 川	2 367.45	7.95	16.59	31.52	24.87	11.01	4.98	1.70	0.81	0.38	0.23
天 津	284.15	4.80	15.62	44.49	21.27	9.84	3.00	0.61	0.20	0.10	0.07
西 藏	45.42	3.09	8.04	14.43	21.24	17.53	13.61	7.63	0.41	4.54	7.01
新 疆	436.79	5.39	11.63	25.27	22.02	15.23	9.66	5.24	2.78	1.50	1.28
雲 南	965.49	5.35	11.69	21.98	29.63	16.43	8.81	3.59	1.56	0.55	0.44
浙 江	1 369.79	0.61	19.04	33.65	22.50	9.21	3.41	0.95	0.35	0.11	0.18

注:表 3.2.1,3.2.2 數據根據户籍統計口徑匯總而得。

3.4.3 1997年全國及各地區不同類型家庭户構成

地 區 Region	居民總户數 Total Households (萬户)	單身户 One-Person (%)	一對夫妻户 One Couple (%)	二代户 Two Generations (%)	三代户 Three Generations (%)	四代户 Four Generations (%)	其他 Other (%)
全 國	**32 663.41**	**5.97**	**10.03**	**62.06**	**17.35**	**0.66**	**3.93**
安 徽	1 592.32	4.28	8.81	8.81	17.88	0.75	59.47
北 京	375.69	7.90	12.52	59.07	15.93	0.35	4.23
重 慶	897.78	7.52	10.87	59.12	18.93	0.70	2.86
福 建	788.03	7.25	7.67	59.95	19.66	0.84	4.63
甘 肅	579.65	4.29	5.85	60.90	21.61	0.95	6.40
廣 東	1 721.29	6.91	7.25	56.16	21.39	0.83	7.46
廣 西	1 068.60	6.30	5.64	60.29	20.58	0.58	6.61
貴 州	851.29	4.32	7.53	67.68	15.41	0.63	4.43
海 南	174.84	6.94	6.23	60.00	17.39	0.59	8.85
河 北	1 780.13	4.96	12.05	65.20	14.73	0.53	2.53
黑龍江	1 006.50	2.43	10.42	70.37	13.74	0.33	2.71
河 南	2 341.56	4.86	7.69	63.77	18.97	0.88	3.83
湖 北	1 529.28	5.13	8.98	63.87	17.66	0.50	3.86
湖 南	1 789.16	6.46	10.18	63.08	16.88	0.44	2.96
遼 寧	1 255.84	5.07	13.37	63.01	15.84	0.55	2.16
吉 林	723.02	2.95	9.40	64.78	18.54	0.49	3.84
江 蘇	2 146.87	6.94	13.41	55.76	20.12	1.18	2.59
江 西	978.49	4.34	6.74	63.76	19.59	0.84	4.73
内蒙古	618.89	4.41	10.76	68.09	12.51	0.32	3.91
寧 夏	127.11	3.28	7.79	70.15	14.58	0.46	3.74
青 海	105.56	2.87	4.57	60.18	23.77	0.81	7.80
山 東	2 527.44	7.41	14.65	65.52	10.30	0.29	1.83
山 西	847.48	5.61	10.62	66.31	14.75	0.59	2.12
陜 西	906.08	4.61	8.27	62.26	19.72	0.72	4.42
上 海	461.40	8.80	13.32	54.05	19.40	0.52	3.91
四 川	2 367.45	7.96	9.73	57.21	19.69	0.75	4.66
天 津	284.15	4.80	11.84	63.04	17.09	0.34	2.89
西 藏	45.42	3.09	2.47	48.66	25.77	1.03	18.98
新 疆	436.79	0.64	7.66	69.32	11.77	0.19	10.42
雲 南	965.49	5.34	7.25	60.46	20.05	0.96	5.94
浙 江	1 369.79	10.61	13.36	56.29	15.54	0.76	3.44

3.4.4 1995年各地區家庭户的民族構成

地區 Region	合計 Total	單一民族户 Household with One Ethnic	二個民族户 Household with Two Ethnic	三個民族户 Household with Three Ethnic	四個以上民族户 Household with Four Ethnic
全 國	**100.000**	**96.920**	**3.030**	**0.040**	**0.001**
安 徽	100.000	99.426	0.572	0.002	0.001
北 京	100.000	96.277	3.705	0.018	—
福 建	100.000	98.301	1.697	0.002	—
甘 肅	100.000	98.853	1.142	0.003	—
廣 東	100.000	99.129	0.866	0.006	—
廣 西	100.000	88.813	11.015	0.166	0.006
貴 州	100.000	86.669	12.883	0.437	0.011
海 南	100.000	96.196	3.768	0.030	0.006
河 北	100.000	97.782	2.208	0.010	—
黑龍江	100.000	95.421	4.564	0.016	—
河 南	100.000	99.392	0.608	—	—
湖 北	100.000	97.904	2.081	0.015	—
湖 南	100.000	94.155	5.712	0.132	—
遼 寧	100.000	88.904	11.018	0.077	—
吉 林	100.000	93.973	6.004	0.021	—
江 蘇	100.000	99.531	0.468	0.000	—
江 西	100.000	99.158	0.837	0.003	0.001
内蒙古	100.000	88.151	11.748	0.103	—
寧 夏	100.000	98.390	1.602	0.008	—
青 海	100.000	95.073	4.854	0.072	—
山 東	100.000	9.970	0.302	0.000	—
山 西	100.000	99.812	0.187	0.001	—
陜 西	100.000	99.734	0.264	0.001	0.001
上 海	100.000	99.436	0.560	0.004	—
四 川	100.000	98.233	1.656	0.024	—
天 津	100.000	98.651	1.349	0.003	—
西 藏	100.000	99.293	0.707	—	—
新 疆	100.000	97.914	2.065	0.019	0.002
雲 南	100.000	89.840	9.867	0.284	0.009
浙 江	100.000	99.352	0.646	0.002	—

3.4.5 1997年全國家庭户户主年齡及性别構成

年齡段 Age (歲)	户主年齡段構成 Head in Household by Age and Sex		
	合計 Total	男(%) Male	女(%) Female
合 計	**100.00**	**86.15**	**13.85**
14歲以下	0.20	0.12	0.08
15—19	0.24	0.18	0.06
20—24	2.58	2.25	0.33
25—29	11.66	10.72	0.94
30—34	16.73	15.35	1.38
35—39	11.67	10.59	1.08
40—44	14.94	13.39	1.55
45—49	12.41	10.86	1.55
50—54	9.15	7.89	1.26
55—59	2.05	0.80	1.25
60—64	7.05	5.70	1.35
65+	11.32	8.30	3.02

3.4.6 1997年安徽省城鄉居民家庭户資源及其地區分布

地 區 Region	居民總户數 (萬户) Total Households	占全省比重 (%) Proportion	平均家庭户 規模(人/户) Average Persons Per Household	其中非農業居 民户數(萬户) Non-Agricultural Households	占全省比重 (%) Proportion	非農業居民户數 占總户數比重 (%) Non-Agricultural Households Proportion
全 省	**1 592.32**	**100.00**	**3.84**	**357.17**	**100.00**	**22.43**
合肥市	**34.17**	**2.15**	**3.60**	**31.02**	**8.68**	**90.77**
長豐縣	23.98	1.51	3.93	2.40	0.67	10.03
肥東縣	26.26	1.65	4.12	3.89	1.09	14.81
肥西縣	25.16	1.58	3.85	3.09	0.87	12.30
蕪湖市	**20.63**	**1.30**	**3.01**	**18.66**	**5.22**	**90.45**
蕪湖縣	14.89	0.94	3.57	1.91	0.53	12.83
繁昌縣	13.61	0.85	3.32	2.67	0.75	19.61
南陵縣	15.99	1.00	3.35	1.89	0.53	11.80
蚌埠市	**21.77**	**1.37**	**3.40**	**16.80**	**4.70**	**77.16**
懷遠縣	28.79	1.81	4.22	3.09	0.87	10.75
五河縣	16.61	1.04	4.01	2.14	0.60	12.88
固鎮縣	14.77	0.93	4.14	1.81	0.51	12.23
淮南市	**36.73**	**2.31**	**3.64**	**25.68**	**7.19**	**69.91**
鳳臺縣	16.69	1.05	3.90	2.25	0.63	13.51
馬鞍山市	**15.36**	**0.96**	**3.26**	**13.67**	**3.83**	**88.98**
當涂縣	18.63	1.17	3.55	2.99	0.84	16.06
淮北市	**22.02**	**1.38**	**3.42**	**18.91**	**5.30**	**85.89**
濉溪縣	28.26	1.77	3.87	3.73	1.04	13.19
銅陵市	**9.70**	**0.61**	**3.34**	**9.86**	**2.76**	**101.65**
銅陵縣	9.81	0.62	3.53	1.52	0.43	15.48
安慶市	**16.46**	**1.03**	**3.40**	**11.84**	**3.31**	**71.92**
桐城市	18.27	1.15	4.19	2.39	0.67	13.10
懷寧縣	18.70	1.17	4.14	2.15	0.60	11.50
樅陽縣	22.49	1.41	4.19	2.04	0.57	9.05
潛山縣	13.88	0.87	4.05	1.20	0.33	8.62
太湖縣	13.24	0.83	4.27	1.21	0.34	9.12
宿松縣	18.70	1.17	4.19	1.96	0.55	10.46
望江縣	13.93	0.87	4.25	1.24	0.35	8.92
岳西縣	9.75	0.61	4.12	1.02	0.29	10.50
黄山市	**11.96**	**0.75**	**3.35**	**4.41**	**1.23**	**36.84**
歙 縣	15.23	0.96	3.32	1.91	0.53	12.54

3.4.6 1997年安徽省城鄉居民家庭户資源及其地區分布(續)

地 區 Region	居民總户數(萬户) Total Households	占全省比重(%) Proportion	平均家庭户規模(人/户) Average Persons Per Household	其中非農業居民户數(萬户) Non-Agricultural Households	占全省比重(%) Proportion	非農業居民户數占總户數比重(%) Non-Agricultural Households Proportion
休寧縣	7.65	0.48	3.59	1.02	0.29	13.38
黟 縣	3.10	0.19	3.16	0.61	0.17	19.67
祁門縣	5.25	0.33	3.53	1.16	0.33	22.13
滁州市	**13.60**	**0.85**	**3.41**	**6.24**	**1.75**	**45.85**
天長市	17.20	1.08	3.45	5.60	1.57	32.57
明光市	15.70	0.99	3.85	3.30	0.92	21.03
來安縣	12.77	0.80	3.70	2.30	0.64	18.02
全椒縣	11.99	0.75	3.68	3.90	1.09	32.53
定遠縣	20.82	1.31	4.17	4.16	1.17	20.00
鳳陽縣	16.38	1.03	4.13	2.57	0.72	15.66
阜陽市	**43.08**	**2.71**	**3.97**	**8.92**	**2.50**	**20.70**
亳州市	33.42	2.10	4.04	9.43	2.64	28.23
界首市	18.87	1.19	3.77	2.74	0.77	14.51
臨泉縣	42.10	2.64	4.20	2.68	0.75	6.37
太和縣	36.79	2.31	3.96	3.22	0.90	8.76
渦陽縣	30.43	1.91	4.31	3.26	0.91	10.70
蒙城縣	26.64	1.67	4.22	3.03	0.85	11.36
阜南縣	34.58	2.17	4.08	2.63	0.74	7.62
潁上縣	38.46	2.42	3.72	3.88	1.09	10.08
利辛縣	30.57	1.92	4.34	2.00	0.56	6.55
宿縣地區						
宿州市	41.18	2.59	3.86	9.50	2.66	23.08
碭山縣	21.64	1.36	3.97	2.35	0.66	10.85
蕭 縣	32.90	2.07	3.73	3.20	0.90	9.72
靈璧縣	23.59	1.48	4.55	1.78	0.50	7.56
泗 縣	17.92	1.13	4.49	1.40	0.39	7.83
六安地區						
六安市	46.33	2.91	3.68	8.67	2.43	18.72
壽 縣	31.35	1.97	3.93	4.76	1.33	15.19
霍邱縣	42.03	2.64	3.76	4.13	1.16	9.83
舒城縣	26.18	1.64	3.72	3.03	0.85	11.56

3.4.6 1997年安徽省城鄉居民家庭户資源及其地區分布(續)

地 區 Region	居民總户數 (萬户) Total Households	占全省比重 (%) Proportion	平均家庭户 規模(人/户) Average Persons Per Household	其中非農業居 民户數(萬户) Non-Agricultural Households	占全省比重 (%) Proportion	非農業居民户數 占總户數比重 (%) Non-Agricultural Households Proportion
金寨縣	17.31	1.09	3.63	2.08	0.58	12.03
霍山縣	9.63	0.60	3.76	1.31	0.37	13.62
宣城地區						
宣州市	23.17	1.46	3.53	4.33	1.21	18.67
郎溪縣	9.09	0.57	3.63	1.46	0.41	16.07
廣德縣	14.07	0.88	3.59	1.81	0.51	12.84
寧國市	11.92	0.75	3.20	3.89	1.09	32.62
涇 縣	10.66	0.67	3.40	2.07	0.58	19.43
旌德縣	4.23	0.27	3.60	0.66	0.18	15.50
績溪縣	5.29	0.33	3.46	1.14	0.32	21.53
巢湖地區						
巢湖市	23.13	1.45	3.56	8.94	2.50	38.65
廬江縣	28.26	1.77	4.14	3.28	0.92	11.60
無為縣	34.72	2.18	3.88	3.77	1.06	10.87
含山縣	11.51	0.72	3.75	2.13	0.60	18.49
和 縣	16.58	1.04	3.82	2.52	0.71	15.20
池州地區						
貴池市	19.17	1.20	3.16	3.66	1.02	19.08
東至縣	13.64	0.86	3.88	1.58	0.44	11.56
石臺縣	3.07	0.19	3.62	0.56	0.16	18.36
青陽縣	7.96	0.50	3.51	1.16	0.33	14.60

注:全部城市的統計口徑為市區(包括城區和郊區),不含下轄縣級市和縣。

3.4.7 1997年北京市城乡居民家庭户资源及其地区分布

地 區 Region	居民總户數 (萬户) Total Households	占全市比重 (%) Proportion	平均家庭户 規模(人/户) Average Persons Per Household	其中非農業居 民户數(萬户) Non-Agricultural Households	占全市比重 (%) Proportion	非農業居民户數 占總户數比重 (%) Non-Agricultural Households Proportion
全 市	**375.69**	**100.00**	**2.91**	**237.05**	**100.00**	**63.10**
城 區						
東城區	23.60	6.28	3.04	23.60	9.96	100.00
西城區	28.30	7.53	3.10	28.30	11.94	100.00
崇文區	15.90	4.23	2.96	15.90	6.71	100.00
宣武區	20.00	5.32	3.13	20.00	8.44	100.00
近郊區						
朝陽區	50.80	13.52	3.36	42.30	17.84	83.27
豐臺區	27.00	7.19	3.65	21.30	8.99	78.89
石景山區	10.70	2.85	3.65	10.00	4.22	93.46
海澱區	46.50	12.38	3.74	41.10	17.34	88.39
遠郊區						
門頭溝區	8.30	2.21	3.22	5.10	2.15	61.45
房山區	24.90	6.63	3.15	8.70	3.67	34.94
各 縣						
昌平縣	15.10	4.02	3.02	6.30	2.66	41.72
順義縣	17.60	4.68	3.22	3.90	1.65	22.16
通 縣	21.80	5.80	2.93	7.00	2.95	32.11
大興縣	16.70	4.45	3.39	5.30	2.24	31.74
平谷縣	13.20	3.51	3.01	3.30	1.39	25.00
懷柔縣	10.00	2.66	2.77	3.00	1.27	30.00
密雲縣	15.40	4.10	2.79	3.40	1.43	22.08
延慶縣	9.90	2.64	2.77	2.40	1.01	24.24

3.4.8 1997年重慶市城鄉居民家庭户資源及其地區分布

地 區 Region	居民總户數 (萬户) Total Households	占全市比重 (%) Proportion	平均家庭户 規模(人/户) Average Persons Per Household	其中非農業居 民户數(萬户) Non-Agricultural Households	占全市比重 (%) Proportion	非農業居民户數 占總户數比重 (%) Non-Agricultural Households Proportion
全 市	**897.78**	**100.00**	**3.39**	**194.31**	**100.00**	**21.64**
原重慶市	**177.48**	**19.77**	**3.15**	**92.37**	**47.54**	**52.05**
渝中區	19.16	2.13	3.03	19.07	9.81	99.53
大渡口區	6.73	0.75	3.04	4.59	2.36	68.20
江北區	14.76	1.64	3.03	11.15	5.74	75.54
沙坪壩區	19.70	2.19	3.26	12.79	6.58	64.92
九龍坡區	21.76	2.42	3.16	13.51	6.95	62.09
南岸區	14.50	1.62	3.04	9.49	4.88	65.45
北碚區	19.86	2.21	3,16	7.41	3.81	37.31
萬盛區	7.24	0.81	3.66	2.82	1.45	38.95
雙橋區	1.13	0.13	3.64	0.47	0.24	41.59
渝北區	25.81	2.87	3.05	4.72	2.43	18.29
巴南區	26.83	2.99	3.20	6.35	3.27	23.67
江津市	46.96	5.23	3.08	7.01	3.61	14.93
合川市	45.18	5.03	3.32	5.89	3.03	13.04
永川市	29.66	3.30	3.46	5.19	2.67	17.50
長壽縣	27.34	3.05	3.21	4.55	2.34	16.64
綦江縣	26.94	3.00	3.48	5.06	2.60	18.78
潼南縣	23.87	2.66	3.75	1.74	0.90	7.29
銅梁縣	23.49	2.62	3.45	2.49	1.28	10.60
大足縣	24.86	2.77	3.67	2.50	1.29	10.06
榮昌縣	23.04	2.57	3.46	3.91	2.01	16.97
壁山縣	18.34	2.04	3.24	2.35	1.21	12.81
萬縣區						
萬縣市	50.99	5.68	3.22	10.38	5.34	20.36
龍寶區	15.58	1.74	3.16	6.45	3.32	41.40
天城區	17.58	1.96	3.15	2.74	1.41	15.59
五橋區	17.83	1.99	3.35	1.19	0.61	6.67
開 縣	41.95	4.67	3.48	3.41	1.75	8.13
忠 縣	28.13	3.13	3.48	2.76	1.42	9.81
梁平縣	24.92	2.78	3.49	2.24	1.15	8.99
雲陽縣	33.89	3.77	3.64	2.61	1.34	7.70
奉節縣	27.93	3.11	3.53	2.07	1.07	7.41
巫山縣	17.39	1.94	3.35	1.29	0.66	7.42
巫溪縣	14.24	1.59	3.52	1.08	0.56	7.58
城口縣	6.04	0.67	3.53	0.54	0.28	8.94

3.4.8 1997年重慶市城鄉居民家庭户資源及其地區分布(續)

地 區 Region	居民總户數 (萬户) Total Households	占全市比重 (%) Proportion	平均家庭户規模(人/户) Average Persons Per Household	其中非農業居民户數(萬户) Non-Agricultural Households	占全市比重 (%) Proportion	非農業居民户數占總户數比重 (%) Non-Agricultural Households Proportion
涪陵區						
涪陵市	**32.15**	**3.58**	**3.38**	**6.92**	**3.56**	**21.53**
枳城區	17.80	1.98	3.29	5.89	3.03	33.09
李渡區	14.35	1.60	3.49	1.03	0.53	7.19
南川市	18.63	2.08	3.41	2.37	1.22	12.72
墊江縣	22.34	2.49	3.89	2.40	1.24	10.74
武隆縣	10.92	1.22	3.61	1.23	0.63	11.26
豐都縣	22.35	2.49	3.39	2.45	1.26	10.96
黔江縣	13.08	1.46	3.64	1.51	0.78	11.54
石柱縣	14.03	1.56	3.49	1.56	0.80	11.12
彭水縣	16.75	1.87	3.59	1.33	0.68	7.94
酉陽縣	19.94	2.22	3.52	1.81	0.93	9.08
秀山縣	14.94	1.66	3.79	1.22	0.63	8.17

説明:全部城市的統計口徑為市區(包括城區和郊區),不含下轄縣級市和縣,下同。

3.4.9 1997年福建省城鄉居民家庭户資源及其地區分布

地 區 Region	居民總户數 (萬户) Total Households	占全省比重 (%) Proportion	其中非農業居民户數(萬户) Non-Agricultural Households	占全省比重 (%) Proportion	非農業居民户數占總户數比重 (%) Non-Agricultural Households Proportion
全 省	**788.03**	**100.00**	**191.84**	**100.00**	**24.34**
福州市	**37.36**	**4.74**	**33.08**	**17.25**	**88.55**
福清市	25.24	3.20	4.21	2.19	16.67
長樂市	15.98	2.03	2.34	1.22	14.64
閩候縣	15.65	1.99	2.24	1.17	14.28
連江縣	15.80	2.01	1.70	0.89	10.76
羅源縣	6.51	0.83	0.90	0.47	13.85
閩清縣	7.74	0.98	1.51	0.79	19.51
永泰縣	9.00	1.14	1.05	0.55	11.66
平潭縣	9.71	1.23	1.09	0.57	11.24
厦門市	**29.07**	**3.69**	**14.85**	**7.74**	**51.08**

3.4.9 1997年福建省城鄉居民家庭户資源及其地區分布(續)

地 區 Region	居民總户數(萬户) Total Households	占全省比重(%) Proportion	其中非農業居民户數(萬户) Non-Agricultural Households	占全省比重(%) Proportion	非農業居民户數占總户數比重(%) Non-Agricultural Households Proportion
莆田市	**7.43**	**0.94**	**4.38**	**2.28**	**58.89**
莆田縣	41.03	5.21	2.19	1.14	5.34
仙游縣	24.82	3.15	2.20	1.15	8.88
三明市	**6.77**	**0.86**	**6.17**	**3.22**	**91.16**
永安市	7.39	0.94	4.11	2.14	55.68
明溪縣	3.00	0.38	0.71	0.37	23.76
清流縣	3.74	0.47	0.75	0.39	19.92
寧化縣	8.98	1.14	1.26	0.66	14.02
大田縣	9.26	1.18	1.25	0.65	13.48
尤溪縣	10.75	1.36	1.54	0.80	14.35
沙縣	6.06	0.77	1.87	0.97	30.80
將樂縣	5.19	0.66	0.93	0.49	17.99
泰寧縣	3.24	0.41	0.62	0.32	19.11
建寧縣	3.88	0.49	0.62	0.32	15.94
泉州市	**22.79**	**2.89**	**9.03**	**4.71**	**39.64**
石獅市	6.05	0.77	2.73	1.42	45.11
晉江市	21.48	2.73	3.80	1.98	17.68
南安市	26.50	3.36	3.40	1.77	12.83
惠安縣	32.51	4.13	3.16	1.65	9.72
安溪縣	26.67	3.38	2.34	1.22	8.77
永春縣	13.69	1.74	1.70	0.89	12.42
德化縣	7.75	0.98	1.11	0.58	14.35
漳州市	**11.13**	**1.41**	**7.17**	**3.74**	**64.40**
龍海市	16.02	2.03	3.19	1.66	19.91
雲霄縣	10.26	1.30	1.89	0.98	18.40
漳浦縣	20.16	2.56	2.28	1.19	11.29
詔安縣	14.25	1.81	1.93	1.01	13.55

3.4.9 1997年福建省城鄉居民家庭户資源及其地區分布(續)

地 區 Region	居民總户數 (萬户) Total Households	占全省比重 (%) Proportion	其中非農業居民户數(萬户) Non-Agricultural Households	占全省比重 (%) Proportion	非農業居民户數占總户數比重 (%) Non-Agricultural Households Proportion
長泰縣	4.80	0.61	0.65	0.34	13.55
東山縣	5.14	0.65	2.08	1.08	40.42
南靖縣	8.73	1.11	1.48	0.77	16.95
平和縣	13.72	1.74	1.52	0.79	11.09
華安縣	4.11	0.52	0.62	0.32	15.08
南平市	**10.42**	**1.32**	**7.32**	**3.82**	**70.26**
邵武市	7.35	0.93	3.17	1.65	43.09
武夷山市	4.50	0.57	1.65	0.86	36.58
建甌市	11.57	1.47	3.06	1.60	26.48
建陽市	6.73	0.85	2.65	1.38	39.42
順昌縣	6.23	0.79	2.14	1.12	34.38
浦城縣	10.15	1.29	2.05	1.07	20.15
光澤縣	3.90	0.50	1.06	0.55	27.16
松溪縣	4.05	0.51	0.75	0.39	18.41
政和縣	1.23	0.16	0.77	0.40	62.28
寧德地區					
宁德市	7.99	1.01	2.57	1.34	32.18
福安市	11.83	1.50	3.13	1.63	26.43
福鼎市	11.62	1.47	2.41	1.26	20.77
霞浦縣	12.93	1.64	1.92	1.00	14.85
古田縣	11.04	1.40	2.04	1.06	18.43
屏南縣	4.66	0.59	0.65	0.34	13.95
壽寧縣	6.33	0.80	0.57	0.30	8.96
周寧縣	4.81	0.61	0.54	0.28	11.13
柘榮縣	2.56	0.33	0.37	0.19	14.34
龍岩地區					
龍岩市	9.68	1.23	7.48	3.90	77.31
漳平市	5.50	0.70	1.61	0.84	29.21
長汀縣	12.22	1.55	2.77	1.44	22.67
永定縣	11.87	1.51	1.64	0.85	13.79
上杭縣	12.26	1.56	1.50	0.78	12.23
武平縣	9.32	1.18	1.07	0.56	11.48
連城縣	8.43	1.07	1.41	0.73	16.68

說明:全部城市的統計口徑為市區(包括城區和郊區),不含下轄縣級市和縣,下同。

3.4.10 1997年甘肅省城鄉居民家庭户資源及其地區分布

地 區 Region	居民總户數（萬户） Total Households	占全省比重（%） Proportion	平均家庭户規模(人/户) Average Persons Per Household	其中非農業居民户數(萬户) Non-Agricultural Households	占全省比重（%） Proportion	非農業居民户數占總户數比重（%） Non-Agricultural Households Proportion
全 省	**579.65**	**100.00**	**4.24**	**144.78**	**100.00**	**24.98**
蘭州市	**50.63**	**8.73**	**3.41**	**44.72**	**30.89**	**88.32**
永登縣	11.83	2.04	4.18	1.62	1.12	13.68
皋蘭縣	3.89	0.67	4.28	0.34	0.23	8.65
榆中縣	9.86	1.70	4.25	0.73	0.50	7.38
嘉峪關市	**3.71**	**0.64**	**3.53**	**3.32**	**2.30**	**89.56**
金昌市	**5.33**	**0.92**	**3.46**	**4.33**	**2.99**	**81.29**
永昌縣	6.31	1.09	3.84	1.32	0.92	21.00
白銀市	**38.13**	**6.58**	**1.15**	**24.03**	**16.60**	**63.02**
靖遠縣	9.45	1.63	4.72	0.71	0.49	7.47
會寧縣	11.66	2.01	4.75	0.49	0.34	4.19
景泰縣	5.62	0.97	3.96	0.83	0.57	14.68
天水市	**24.47**	**4.22**	**4.72**	**6.81**	**4.70**	**27.82**
清水縣	6.12	1.06	4.79	0.38	0.26	6.21
秦安縣	11.32	1.95	4.88	0.55	0.38	4.89
甘谷縣	11.36	1.96	4.90	0.76	0.53	6.69
武山縣	9.35	1.61	4.38	0.63	0.44	6.74
張家川縣	5.51	0.95	5.25	0.30	0.21	5.52
玉門地區						
玉門市	6.06	1.05	3.36	3.83	2.65	63.25
酒泉市	8.99	1.55	3.59	2.90	2.00	32.25
敦煌市	3.81	0.66	3.38	1.02	0.71	26.79
金塔縣	3.91	0.67	3.45	0.68	0.47	17.50
肅北縣	0.33	0.06	3.45	0.15	0.11	46.07
阿克塞縣	0.19	0.03	4.16	0.11	0.08	57.15
安西縣	2.50	0.43	3.44	0.75	0.52	29.97
張掖地區						
張掖市	12.95	2.23	3.56	3.36	2.32	25.91
肅南縣	0.97	0.17	3.69	0.27	0.19	27.99
民樂縣	5.84	1.01	3.95	0.39	0.27	6.69
臨澤縣	3.84	0.66	3.72	0.46	0.32	11.88
高臺縣	4.12	0.71	3.74	0.51	0.35	12.39
山丹縣	5.28	0.91	3.66	0.80	0.56	15.22
武威地區						
武威縣	23.48	4.05	4.04	4.69	3.24	19.98

3.4.10 1997年甘肅省城鄉居民家庭户資源及其地區分布(續)

地 區 Region	居民總户數 (萬户) Total Households	占全省比重 (%) Proportion	平均家庭户 規模(人/户) Average Persons Per Household	其中非農業居 民户數(萬户) Non-Agricultural Households	占全省比重 (%) Proportion	非農業居民户數 占總户數比重 (%) Non-Agricultural Households Proportion
民勤縣	6.87	1.19	4.07	0.71	0.49	10.27
古浪縣	7.89	1.36	4.64	0.45	0.31	5.64
天祝縣	4.97	0.86	4.40	0.71	0.49	14.20
定西地區						
定西縣	10.62	1.83	4.24	1.57	1.09	14.83
通渭縣	9.07	1.56	4.84	0.42	0.29	4.67
隴西縣	10.87	1.88	4.36	1.41	0.98	12.99
渭源縣	7.87	1.36	4.27	0.31	0.22	4.00
臨洮縣	11.85	2.04	4.34	0.79	0.55	6.69
漳 縣	4.08	0.70	4.46	0.26	0.18	6.39
岷 縣	9.49	1.64	4.52	0.65	0.45	6.87
隴南地區						
武都縣	11.49	1.98	4.47	1.25	0.86	10.87
宕昌縣	6.04	1.04	4.63	0.34	0.23	5.57
成 縣	5.74	0.99	4.20	0.67	0.47	11.73
康 縣	4.66	0.80	4.25	0.31	0.22	6.76
文 縣	5.23	0.90	4.56	0.64	0.44	12.25
西和縣	7.51	1.30	4.71	0.54	0.38	7.23
禮 縣	9.92	1.71	4.91	0.52	0.36	5.25
兩當縣	1.21	0.21	4.21	0.24	0.17	19.74
徽 縣	4.92	0.85	4.22	0.54	0.38	11.04
平凉地區						
平凉市	11.16	1.93	3.84	3.40	2.35	30.46
涇川縣	7.87	1.36	4.10	0.54	0.38	6.90
靈臺縣	5.46	0.94	4.11	0.38	0.26	6.96
崇信縣	2.08	0.36	4.44	0.25	0.17	12.01
華亭縣	4.60	0.79	3.79	1.35	0.93	29.27
莊浪縣	8.42	1.45	4.76	0.37	0.26	4.38
静寧縣	9.60	1.66	4.75	0.49	0.34	5.09
慶陽地區						
西峰市	7.66	1.32	4.02	1.91	1.32	24.95
慶陽縣	7.36	1.27	4.25	1.97	1.36	26.70
環 縣	6.96	1.20	4.66	0.47	0.32	6.71
華池縣	2.76	0.48	4.42	0.37	0.26	13.38
合水縣	3.78	0.65	4.22	0.45	0.31	11.78

3.4.10 1997年甘肅省城鄉居民家庭户資源及其地區分布(續)

地 區 Region	居民總户數 (萬户) Total Households	占全省比重 (%) Proportion	平均家庭户 規模(人/户) Average Persons Per Household	其中非農業居 民户數(萬户) Non-Agricultural Households	占全省比重 (%) Proportion	非農業居民户數 占總户數比重 (%) Non-Agricultural Households Proportion
正寧縣	5.19	0.90	4.25	0.37	0.26	7.11
寧 縣	11.42	1.97	4.33	0.75	0.52	6.56
鎮原縣	10.95	1.89	4.43	0.48	0.33	4.36
臨夏自治州						
臨夏市	4.85	0.84	3.87	2.70	1.87	55.75
臨夏縣	7.39	1.27	4.86	0.23	0.16	3.09
康樂縣	4.56	0.79	4.97	0.22	0.15	4.76
永靖縣	4.58	0.79	4.24	0.76	0.53	16.60
廣河縣	3.31	0.57	5.58	0.16	0.11	4.92
和政縣	3.81	0.66	4.89	0.18	0.13	4.85
東鄉族縣	4.40	0.76	5.68	0.15	0.11	3.46
積石山縣	4.25	0.73	4.93	0.15	0.11	3.58
甘南地區						
卓尼縣	3.12	0.54	4.64	0.24	0.17	7.66
舟曲縣	1.82	0.31	5.38	0.21	0.14	11.34
迭部縣	3.04	0.52	4.23	0.36	0.25	11.79
瑪曲縣	1.23	0.21	4.46	0.41	0.29	33.55
碌曲縣	0.74	0.13	4.78	0.11	0.08	14.67
夏河縣	0.66	0.11	4.45	0.11	0.08	16.45
臨潭縣	3.24	0.56	4.70	1.12	0.77	34.52

説明:全部城市的統計口徑為市區(包括城區和郊區),不含下轄縣級市和縣,下同。

3.4.11 1997年廣東省城鄉居民家庭户資源及其地區分布

地 區 Region	居民總户數 (萬户) Total Households	占全省比重 (%) Proportion	其中非農業居 民户數(萬户) Non-Agricultural Households	占全省比重 (%) Proportion	非農業居民户數 占總户數比重 (%) Non-Agricultural Households Proportion
全 省	**1 721.29**	**100.00**	**603.75**	**100.00**	**35.08**
廣州市	**94.65**	**5.50**	**78.17**	**12.95**	**82.59**
花都市	13.89	0.81	4.56	0.76	32.83
增城市	18.15	1.05	4.55	0.75	25.07
番禺市	21.06	1.22	8.03	1.33	38.13
從化市	11.70	0.68	2.99	0.50	25.56
深圳市	**26.19**	**1.52**	**22.68**	**3.76**	**86.60**
珠海市	**9.14**	**0.53**	**8.52**	**1.41**	**93.22**
斗門縣	6.97	0.40	2.54	0.42	36.44
汕頭市	**26.13**	**1.52**	**19.35**	**3.20**	**74.05**
潮陽市	51.57	3.00	9.14	1.51	17.72
澄海市	19.38	1.13	3.93	0.65	20.28
南澳縣	1.74	0.10	0.61	0.10	35.06
韶關市	**11.48**	**0.67**	**9.98**	**1.65**	**86.93**
仁化縣	4.39	0.26	1.75	0.29	39.86
南雄市	10.76	0.63	1.91	0.32	17.75
始興縣	5.52	0.32	1.07	0.18	19.38
翁源縣	8.30	0.48	1.54	0.26	18.55
新豐縣	5.44	0.32	1.25	0.21	22.98
曲江縣	9.44	0.55	2.64	0.44	27.97
乳源縣	4.60	0.27	0.85	0.14	18.48
樂昌市	11.71	0.68	4.16	0.69	35.53
河源市	**5.50**	**0.32**	**3.88**	**0.64**	**70.55**
和平縣	11.14	0.65	1.40	0.23	12.57
龍川縣	19.71	1.15	3.02	0.50	15.32
紫金縣	16.85	0.98	3.72	0.62	22.08
連平縣	8.48	0.49	1.58	0.26	18.63
東源縣	11.43	0.66	1.11	0.18	9.71
梅州市	**7.09**	**0.41**	**5.34**	**0.88**	**75.32**
梅 縣	14.15	0.82	1.98	0.33	13.99
蕉嶺縣	5.33	0.31	1.30	0.22	24.39
大埔縣	12.04	0.70	2.03	0.34	16.86
豐順縣	15.09	0.88	2.21	0.37	14.65
五華縣	26.44	1.54	3.02	0.50	11.42
興寧市	26.37	1.53	4.78	0.79	18.13

3.4.11 1997年廣東省城鄉居民家庭户資源及其地區分布(續)

地 區 Region	居民總户數 (萬户) Total Households	占全省比重 (%) Proportion	其中非農業居民户數(萬户) Non-Agricultural Households	占全省比重 (%) Proportion	非農業居民户數占總户數比重 (%) Non-Agricultural Households Proportion
平遠縣	5.81	0.34	1.13	0.19	19.45
惠州市	**8.26**	**0.48**	**6.55**	**1.08**	**79.30**
惠東縣	15.80	0.92	4.49	0.74	28.42
博羅縣	17.98	1.04	4.13	0.68	22.97
龍門縣	7.27	0.42	1.83	0.30	25.17
惠陽市	14.44	0.84	4.48	0.74	31.02
汕尾市	**9.74**	**0.57**	**3.90**	**0.65**	**40.04**
海豐縣	16.41	0.95	4.06	0.67	24.74
陸河縣	5.73	0.33	0.62	0.10	10.82
陸豐市	29.29	1.70	6.19	1.03	21.13
東莞市	**35.20**	**2.04**	**8.84**	**1.46**	**25.11**
中山市	**30.71**	**1.78**	**9.08**	**1.50**	**29.57**
江門市	**10.04**	**0.58**	**7.82**	**1.30**	**77.89**
新會市	20.51	1.19	6.35	1.05	30.96
臺山市	24.20	1.41	7.82	1.30	32.31
開平市	16.20	0.94	4.43	0.73	27.35
鶴山市	8.33	0.48	2.76	0.46	33.13
恩平市	10.92	0.63	3.89	0.64	35.62
佛山市	**11.05**	**0.64**	**9.69**	**1.60**	**87.69**
南海市	25.30	1.47	9.09	1.51	35.93
順德市	24.89	1.45	7.92	1.31	31.82
三水市	9.02	0.52	5.35	0.89	59.31
高明市	6.53	0.38	2.91	0.48	44.56
陽江市	**12.34**	**0.72**	**6.96**	**1.15**	**56.40**
陽東縣	11.72	0.68	1.58	0.26	13.48
陽西縣	10.60	0.62	2.13	0.35	20.09
陽春市	23.80	1.38	4.88	0.81	20.50
湛江市	**30.71**	**1.78**	**13.57**	**2.25**	**44.19**
徐聞縣	15.13	0.88	2.81	0.47	18.57
遂溪縣	20.43	1.19	3.89	0.64	19.04
廉江市	33.30	1.93	5.82	0.96	17.48
吴川市	20.45	1.19	4.27	0.71	20.88
雷州市	30.05	1.75	5.27	0.87	17.54
茂名市	**15.46**	**0.90**	**7.00**	**1.16**	**45.28**
電白縣	35.86	2.08	7.22	1.20	20.13
高州市	33.98	1.97	4.83	0.80	14.21
化州市	29.72	1.73	4.49	0.74	15.11

3.4.11 1997年廣東省城鄉居民家庭户資源及其地區分布(續)

地 區 Region	居民總户數 (萬户) Total Households	占全省比重 (%) Proportion	其中非農業居民户數(萬户) Non-Agricultural Households	占全省比重 (%) Proportion	非農業居民户數占總户數比重 (%) Non-Agricultural Households Proportion
信宜市	26.18	1.52	3.76	0.62	14.36
肇慶市	**10.84**	**0.63**	**7.33**	**1.21**	**67.62**
廣寧縣	12.64	0.73	2.61	0.43	20.65
德慶縣	8.14	0.47	1.51	0.25	18.55
封開縣	10.32	0.60	1.67	0.28	16.18
懷集縣	19.84	1.15	2.57	0.43	12.95
高要市	16.75	0.97	3.39	0.56	20.24
四會市	9.60	0.56	2.92	0.48	30.42
清遠市	**12.18**	**0.71**	**4.51**	**0.75**	**37.03**
清新縣	15.52	0.90	1.71	0.28	11.02
佛岡縣	6.97	0.40	1.17	0.19	16.79
連山縣	2.63	0.15	0.58	0.10	22.05
連南縣	3.52	0.20	0.65	0.11	18.47
陽山縣	11.79	0.68	1.55	0.26	13.15
連州市	11.88	0.69	2.14	0.35	18.01
英德市	23.44	1.36	4.83	0.80	20.61
潮州市	**7.91**	**0.46**	**6.05**	**1.00**	**76.49**
饒平縣	21.75	1.26	4.50	0.75	20.69
潮安縣	26.86	1.56	3.81	0.63	14.18
揭陽市	**14.68**	**0.85**	**4.75**	**0.79**	**32.36**
揭東縣	26.37	1.53	3.32	0.55	12.59
惠來縣	22.49	1.31	3.91	0.65	17.39
揭西縣	19.57	1.14	3.93	0.65	20.08
普寧市	38.54	2.24	7.38	1.22	19.15
雲浮市	**6.50**	**0.38**	**3.97**	**0.66**	**61.08**
新興縣	10.23	0.59	2.31	0.38	22.58
鬱南縣	11.06	0.64	2.30	0.38	20.80
雲安縣	6.65	0.39	1.71	0.28	25.71
羅定市	23.86	1.39	7.94	1.32	33.28

3.4.12 1997年廣西區城鄉居民家庭户資源及其地區分布

地 區 Region	居民總户數(萬户) Total Households	占全區比重(%) Proportion	平均家庭户規模(人/户) Average Persons Per Household	其中非農業居民户數(萬户) Non-Agricultural Households	占全區比重(%) Proportion	非農業居民户數占總户數比重(%) Non-Agricultural Households Proportion
全 區	**1 068.6**	**100.00**	**4.29**	**246.88**	**100.00**	**23.10**
南寧市	71.9	6.73	3.91	36.70	14.87	51.04
柳州市	45.4	4.25	3.86	29.80	12.07	65.64
桂林市	33.5	3.13	4.01	17.37	7.04	51.87
梧州市	66.9	6.26	4.12	17.04	6.90	25.47
北海市	34.1	3.19	4.00	11.47	4.65	33.65
防城港市	19.8	1.85	3.81	5.83	2.36	29.47
欽州市	69.6	6.51	4.43	9.24	3.74	13.28
貴港市	93.3	8.73	4.69	14.85	6.02	15.92
玉林市	123.2	11.53	4.44	18.47	7.48	14.99
南寧地區	124.5	11.65	4.41	19.74	8.00	15.86
柳州地區	88.2	8.25	4.48	16.19	6.56	18.36
桂林地區	88.6	8.29	3.86	14.54	5.89	16.41
賀州地區	44.0	4.12	4.54	7.36	2.98	16.72
百色地區	79.3	7.42	4.53	12.22	4.95	15.40
河池地區	86.1	8.06	4.33	16.06	6.51	18.66

說明:全部城市的統計口徑含下轄縣級市和縣。

3.4.13　1997年貴州省城鄉居民家庭户資源及其地區分布

地　區 Region	居民總户數（萬户） Total Households	占全省比重（%） Proportion	平均家庭户規模（人/户） Average Persons Per Household	其中非農業居民户數（萬户） Non-Agricultural Households	占全省比重（%） Proportion	非農業居民户數占總户數比重（%） Non-Agricultural Households Proportion
全　省	**851.29**	**100.00**	**4.11**	**160.90**	**100.00**	**18.90**
貴陽市	**44.78**	**5.26**	**3.86**	**41.24**	**25.63**	**92.09**
清鎮市	11.40	1.34	4.15	3.33	2.07	29.20
開陽縣	9.61	1.13	4.17	1.37	0.85	14.30
息烽縣	5.98	0.70	3.94	0.86	0.54	14.42
修文縣	6.57	0.77	4.24	1.06	0.66	16.20
六盤水市	**48.58**	**5.71**	**4.10**	**15.66**	**9.73**	**32.23**
水城縣	16.37	1.92	4.08	0.36	0.23	2.22
遵義地區						
遵義市	12.54	1.47	3.68	12.13	7.54	96.72
赤水市	8.41	0.99	3.42	2.43	1.51	28.84
仁懷市	12.89	1.51	4.27	1.56	0.97	12.13
遵義縣	33.96	3.99	4.05	4.46	2.77	13.13
桐梓縣	15.01	1.76	4.03	4.10	2.55	27.29
綏陽縣	11.30	1.33	4.13	1.02	0.64	9.06
正安縣	12.84	1.51	4.31	0.92	0.57	7.14
道真縣	7.65	0.90	3.92	0.73	0.45	9.51
務川縣	9.58	1.13	3.97	0.80	0.49	8.30
鳳岡縣	9.78	1.15	3.81	0.77	0.48	7.85
湄潭縣	11.82	1.39	3.65	1.36	0.85	11.51
余慶縣	7.82	0.92	3.44	0.96	0.59	12.23
習水縣	14.94	1.75	4.23	1.46	0.90	9.74
銅仁地區						
銅仁市	8.38	0.98	3.67	2.95	1.83	35.22
江口縣	5.02	0.59	4.08	0.54	0.34	10.74
玉屏縣	3.67	0.43	3.50	0.85	0.53	23.13
石阡縣	8.87	1.04	3.90	0.69	0.43	7.75
思南縣	14.88	1.75	3.85	1.17	0.73	7.88
印江縣	9.53	1.12	3.95	0.75	0.47	7.92
德江縣	10.06	1.18	4.04	0.90	0.56	8.97
沿河縣	12.82	1.51	3.93	0.98	0.61	7.67
松桃縣	13.30	1.56	4.36	0.86	0.54	6.48
黔西南自治州						
興義市	16.79	1.97	3.94	3.23	2.01	19.26
興仁縣	10.22	1.20	4.05	0.93	0.58	9.10

3.4.13 1997年貴州省城鄉居民家庭户資源及其地區分布(續)

地 區 Region	居民總户數(萬户) Total Households	占全省比重(%) Proportion	平均家庭户規模(人/户) Average Persons Per Household	其中非農業居民户數(萬户) Non-Agricultural Households	占全省比重(%) Proportion	非農業居民户數占總户數比重(%) Non-Agricultural Households Proportion
普安縣	6.02	0.71	4.30	0.50	0.31	8.28
晴隆縣	6.13	0.72	4.26	0.71	0.44	11.65
貞豐縣	7.26	0.85	4.27	0.61	0.38	8.35
望謨縣	5.20	0.61	4.89	0.32	0.20	6.22
册亨縣	4.21	0.49	4.74	0.36	0.23	8.64
安龍縣	9.68	1.14	4.05	1.04	0.64	10.72
畢節地區						
畢節市	27.69	3.25	4.08	3.29	2.04	11.87
大方縣	22.14	2.60	4.02	1.35	0.84	6.09
黔西縣	17.50	2.06	4.30	2.26	1.41	12.94
金沙縣	13.17	1.55	4.15	1.40	0.87	10.64
織金縣	19.75	2.32	4.24	1.23	0.76	6.21
納雍縣	17.01	2.00	4.05	1.00	0.62	5.86
威寧縣	23.45	2.75	4.21	1.27	0.79	5.40
赫章縣	13.97	1.64	4.04	1.00	0.62	7.14
安順地區						
安順市	17.57	2.06	4.26	6.90	4.29	39.27
平壩縣	8.26	0.97	3.94	2.17	1.35	26.27
普定縣	8.90	1.05	4.32	0.69	0.43	7.72
關嶺縣	6.80	0.80	4.43	0.65	0.40	9.51
鎮寧縣	6.98	0.82	4.70	0.74	0.46	10.62
紫雲縣	6.61	0.78	4.82	0.43	0.27	6.52
黔東南自治州						
凱里市	9.95	1.17	4.14	4.74	2.95	47.67
黄平縣	7.93	0.93	4.02	0.69	0.43	8.67
施秉縣	3.25	0.38	4.30	0.35	0.22	10.78
三穗縣	4.71	0.55	3.99	0.44	0.28	9.44
鎮遠縣	5.56	0.65	4.18	0.84	0.52	15.03
岑鞏縣	4.88	0.57	4.07	0.43	0.27	8.84
天柱縣	8.79	1.03	4.26	0.77	0.48	8.74
錦屏縣	4.67	0.55	4.34	0.53	0.33	11.25
劍河縣	4.38	0.51	4.48	0.40	0.25	9.23
臺江縣	3.28	0.39	4.66	0.40	0.25	12.33
黎平縣	9.77	1.15	4.67	0.75	0.47	7.72

3.4.13　1997年貴州省城鄉居民家庭户資源及其地區分布(續)

地　區 Region	居民總户數 (萬户) Total Households	占全省比重 (%) Proportion	平均家庭户 規模(人/户) Average Persons Per Household	其中非農業居 民户數(萬户) Non-Agricultural Households	占全省比重 (%) Proportion	非農業居民户數 占總户數比重 (%) Non-Agricultural Households Proportion
榕江縣	6.34	0.74	4.65	0.62	0.39	9.78
從江縣	6.30	0.74	4.56	0.44	0.28	7.06
雷山縣	3.19	0.37	4.24	0.30	0.18	9.29
麻江縣	4.77	0.56	4.18	0.39	0.24	8.19
丹寨縣	3.50	0.41	4.27	0.35	0.22	10.01
黔南自治州						
都勻市	11.78	1.38	3.77	5.34	3.32	45.30
福泉市	7.34	0.86	3.84	1.32	0.82	17.99
荔波縣	3.67	0.43	4.14	0.39	0.24	10.65
貴定縣	6.29	0.74	4.14	1.29	0.80	20.57
瓮安縣	10.38	1.22	4.02	1.32	0.82	12.72
獨山縣	7.65	0.90	4.15	1.17	0.73	15.33
平塘縣	6.51	0.76	4.20	0.35	0.22	5.38
羅甸縣	6.40	0.75	4.60	0.44	0.28	6.95
長順縣	4.95	0.58	4.50	0.47	0.29	9.53
龍里縣	4.65	0.55	4.00	0.54	0.34	11.59
惠水縣	8.43	0.99	4.58	0.98	0.61	11.67
三都縣	6.56	0.77	4.44	0.44	0.28	6.78

3.4.14 1997年海南省城鄉居民家庭户資源及其地區分布

地 區 Region	居民總户數（萬户） Total Households	占全省比重（%） Proportion	平均家庭户規模（人/户） Average Persons Per Household	其中非農業居民户數（萬户） Non-Agricultural Households	占全省比重（%） Proportion	非農業居民户數占總户數比重（%） Non-Agricultural Households Proportion
全 省	**174.84**	**100.00**	**4.14**	**45.82**	**100.00**	**26.21**
海口市	**13.36**	**7.64**	**3.85**	**11.37**	**24.82**	**85.10**
三亞市	**10.29**	**5.89**	**4.28**	**3.76**	**8.20**	**36.50**
通什市	2.65	1.52	3.94	1.23	2.69	46.47
瓊山市	16.51	9.45	3.89	3.68	8.02	22.26
文昌市	13.44	7.69	3.90	2.25	4.90	16.71
瓊海市	11.47	6.56	3.82	2.25	4.91	19.60
萬寧市	14.22	8.13	3.78	2.20	4.81	15.49
定安縣	8.08	4.62	3.73	1.39	3.04	17.26
屯昌縣	6.25	3.58	3.96	1.13	2.46	18.02
澄邁縣	11.06	6.33	4.07	2.15	4.70	19.45
臨高縣	8.78	5.02	4.42	1.49	3.26	17.00
儋州市	17.73	10.14	4.49	4.73	10.31	26.66
東方縣	6.91	3.95	5.00	1.61	3.50	23.24
樂東縣	9.58	5.48	4.80	1.43	3.12	14.93
瓊中縣	4.88	2.79	4.00	0.98	2.14	20.05
保亭縣	3.81	2.18	4.04	0.69	1.50	18.07
陵水縣	6.80	3.89	4.53	1.24	2.70	18.18
白沙縣	3.88	2.22	4.41	0.65	1.41	16.67
昌江縣	5.13	2.93	4.32	1.61	3.50	31.31
西南中沙群島	0.00	0.00	5.40	0.00	0.01	100.00

説明：全部城市的統計口徑為市區（包括城區和郊區），不含下轄縣級市和縣，下同。

3.4.15 1997年河北省城鄉居民家庭户資源及其地區分布

地 區 Region	居民總户數 (萬户) Total Households	占全省比重 (%) Proportion	平均家庭户 規模(人/户) Average Persons Per Household	其中非農業居 民户數(萬户) Non-Agricultural Households	占全省比重 (%) Proportion	非農業居民户數 占總户數比重 (%) Non-Agricultural Households Proportion
全 省	**1 780.13**	**100.00**	**3.66**	**381.28**	**100.00**	**21.42**
石家莊市	**45.52**	**2.56**	**3.51**	**46.35**	**12.16**	**101.83**
辛集市	18.16	1.02	3.49	2.52	0.66	13.89
藁城市	19.98	1.12	3.80	1.88	0.49	9.42
晉州市	14.11	0.79	3.69	1.15	0.30	8.19
新樂市	11.62	0.65	3.85	1.53	0.40	13.18
鹿泉市	10.73	0.60	3.38	1.52	0.40	14.15
井陘縣	10.34	0.58	3.24	1.32	0.35	12.75
正定縣	15.59	0.88	3.75	1.91	0.50	12.23
欒城縣	9.48	0.53	3.88	0.84	0.22	8.87
行唐縣	11.44	0.64	3.60	1.12	0.29	9.76
靈壽縣	9.27	0.52	3.47	1.34	0.35	14.49
高邑縣	4.38	0.25	4.10	0.49	0.13	11.19
深澤縣	7.16	0.40	3.54	1.13	0.30	15.77
贊皇縣	6.01	0.34	3.78	0.50	0.13	8.36
無極縣	13.95	0.78	3.50	1.18	0.31	8.46
平山縣	12.52	0.70	3.67	1.09	0.29	8.72
元氏縣	8.92	0.50	4.32	0.73	0.19	8.16
趙 縣	13.94	0.78	3.92	0.99	0.26	7.11
唐山市	**53.29**	**2.99**	**3.15**	**47.43**	**12.44**	**89.00**
遵化市	17.86	1.00	3.94	2.13	0.56	11.94
豐南市	12.40	0.70	4.34	3.33	0.87	26.81
遷安市	16.73	0.94	3.98	2.62	0.69	15.68
豐潤縣	22.32	1.25	3.21	3.01	0.79	13.50
灤 縣	16.90	0.95	3.22	2.22	0.58	13.14
灤南縣	17.50	0.98	3.31	1.67	0.44	9.54
樂亭縣	15.47	0.87	3.31	2.12	0.56	13.71
遷西縣	10.59	0.59	3.44	1.38	0.36	13.04
玉田縣	18.67	1.05	3.52	2.17	0.57	11.63
唐海縣	4.47	0.25	3.16	0.68	0.18	15.17
秦皇島市	**23.81**	**1.34**	**2.88**	**20.52**	**5.38**	**86.20**
青龍滿族縣	13.87	0.78	3.71	1.02	0.27	7.33
昌黎縣	18.22	1.02	3.06	2.46	0.65	13.50
撫寧縣	15.67	0.88	3.36	1.46	0.38	9.29
盧龍縣	12.75	0.72	3.36	1.27	0.33	9.94
邯鄲市	**34.57**	**1.94**	**3.79**	**32.56**	**8.54**	**94.18**
武安市	18.90	1.06	3.70	1.87	0.49	9.89

3.4.15 1997年河北省城鄉居民家庭户資源及其地區分布(續)

地 區 Region	居民總户數 (萬户) Total Households	占全省比重 (%) Proportion	平均家庭户 規模(人/户) Average Persons Per Household	其中非農業居 民户數(萬户) Non-Agricultural Households	占全省比重 (%) Proportion	非農業居民户數 占總户數比重 (%) Non-Agricultural Households Proportion
邯鄲縣	9.02	0.51	4.15	0.43	0.11	4.73
臨漳縣	13.49	0.76	4.22	0.80	0.21	5.96
成安縣	9.05	0.51	3.99	0.63	0.16	6.93
大名縣	15.47	0.87	4.74	0.98	0.26	6.33
涉 縣	12.09	0.68	3.22	1.28	0.34	10.59
磁 縣	14.97	0.84	4.17	1.42	0.37	9.47
肥鄉縣	7.03	0.39	4.38	0.51	0.13	7.32
永年縣	19.80	1.11	4.10	1.47	0.39	7.42
丘 縣	4.94	0.28	4.09	0.36	0.10	7.36
鷄澤縣	5.68	0.32	4.36	0.29	0.08	5.09
廣平縣	5.85	0.33	4.27	0.41	0.11	7.08
館陶縣	6.43	0.36	4.37	0.51	0.13	8.00
魏 縣	18.08	1.02	4.36	1.07	0.28	5.90
曲周縣	8.99	0.50	4.33	0.58	0.15	6.42
邢臺市	**14.96**	**0.84**	**3.31**	**14.16**	**3.71**	**94.62**
沙河市	12.96	0.73	3.58	3.54	0.93	27.31
南宫市	11.00	0.62	4.32	1.19	0.31	10.84
邢臺縣	12.66	0.71	3.68	0.68	0.18	5.35
臨城縣	5.05	0.28	3.80	0.56	0.15	11.19
内丘縣	6.57	0.37	3.94	0.58	0.15	8.78
柏鄉縣	4.58	0.26	3.87	0.49	0.13	10.68
隆堯縣	11.59	0.65	4.08	0.87	0.23	7.47
任 縣	6.59	0.37	4.60	0.41	0.11	6.28
南河縣	7.50	0.42	4.11	0.40	0.11	5.35
寧晉縣	18.67	1.05	3.87	1.91	0.50	10.22
巨鹿縣	8.66	0.49	4.09	0.64	0.17	7.39
新河縣	4.35	0.24	3.70	0.44	0.12	10.09
廣宗縣	6.27	0.35	4.29	0.38	0.10	6.00
平鄉縣	6.25	0.35	4.39	0.45	0.12	7.23
威 縣	12.87	0.72	4.17	0.84	0.22	6.53
清河縣	8.98	0.50	3.99	0.94	0.25	10.48
臨西縣	8.19	0.46	3.84	0.69	0.18	8.42
保定市	**21.53**	**1.21**	**3.32**	**21.27**	**5.58**	**98.83**
涿州市	15.91	0.89	3.64	4.42	1.16	27.76
定州市	29.10	1.63	3.88	3.49	0.92	11.99
安國市	10.86	0.61	3.63	1.76	0.46	16.19
高碑店	14.33	0.81	3.82	2.50	0.66	17.42

3.4.15 1997年河北省城鄉居民家庭户資源及其地區分布(續)

地 區 Region	居民總户數(萬户) Total Households	占全省比重(%) Proportion	平均家庭户規模(人/户) Average Persons Per Household	其中非農業居民户數(萬户) Non-Agricultural Households	占全省比重(%) Proportion	非農業居民户數占總户數比重(%) Non-Agricultural Households Proportion
滿城縣	12.07	0.68	3.62	0.97	0.25	8.00
清苑縣	18.48	1.04	3.76	1.37	0.36	7.40
淶水縣	9.32	0.52	3.77	1.07	0.28	11.45
阜平縣	6.16	0.35	3.42	0.84	0.22	13.65
徐水縣	14.83	0.83	3.91	1.67	0.44	11.26
定興縣	13.67	0.77	4.08	1.14	0.30	
唐 縣	14.37	0.81	3.65	1.17	0.31	8.12
高陽縣	7.77	0.44	4.02	0.90	0.24	11.63
容城縣	6.21	0.35	3.95	0.64	0.17	10.30
淶源縣	8.94	0.50	3.00	1.63	0.43	18.26
望都縣	7.11	0.40	3.76	0.83	0.22	11.65
安新縣	10.79	0.61	3.77	0.63	0.16	5.81
易 縣	16.11	0.90	3.45	1.82	0.48	11.30
曲陽縣	14.69	0.83	3.60	1.15	0.30	7.86
蠡 縣	11.99	0.67	4.04	0.87	0.23	7.22
順平縣	7.55	0.42	4.00	0.75	0.20	9.97
博野縣	6.51	0.37	3.90	0.51	0.13	7.90
雄 縣	8.56	0.48	3.93	0.70	0.18	8.21
張家口市	**29.02**	**1.63**	**2.94**	**27.86**	**7.31**	**96.02**
宣化縣	10.36	0.58	2.89	0.87	0.23	8.36
張北縣	12.92	0.73	3.00	1.54	0.40	11.95
康保縣	9.14	0.51	3.16	0.83	0.22	9.06
沽源縣	6.97	0.39	3.32	0.83	0.22	11.89
尚義縣	6.44	0.36	3.04	0.83	0.22	12.86
蔚 縣	14.52	0.82	3.16	1.71	0.45	11.76
陽原縣	9.32	0.52	2.92	1.03	0.27	11.04
懷安縣	8.23	0.46	3.05	1.07	0.28	12.95
萬全縣	7.44	0.42	2.94	0.89	0.23	11.98
懷來縣	10.88	0.61	3.07	2.25	0.59	20.66
涿鹿縣	10.78	0.61	3.12	1.57	0.41	14.55
赤城縣	8.59	0.48	3.32	0.75	0.20	8.77
崇禮縣	4.00	0.22	3.22	0.50	0.13	12.54
承德市	**17.62**	**0.99**	**2.41**	**15.22**	**3.99**	**86.38**
承德縣	14.11	0.79	3.45	1.46	0.38	10.32
興隆縣	10.01	0.56	3.24	1.36	0.36	13.54
平泉縣	13.36	0.75	3.50	2.01	0.53	15.03
灤平縣	8.78	0.49	3.89	1.00	0.26	11.43

3.4.15 1997年河北省城鄉居民家庭户資源及其地區分布(續)

地 區 Region	居民總户數 (萬户) Total Households	占全省比重 (%) Proportion	平均家庭户 規模(人/户) Average Persons Per Household	其中非農業居 民户數(萬户) Non-Agricultural Households	占全省比重 (%) Proportion	非農業居民户數 占總户數比重 (%) Non-Agricultural Households Proportion
隆化縣	11.74	0.66	3.56	4.02	1.05	34.20
豐寧滿族縣	11.47	0.64	3.33	1.47	0.39	12.80
寬城滿族縣	7.02	0.39	3.44	1.17	0.31	16.63
圍場滿蒙縣	14.37	0.81	3.61	1.95	0.51	13.53
滄州市	**12.25**	**0.69**	**3.55**	**10.86**	**2.85**	**88.63**
任丘市	15.39	0.86	3.99	1.48	0.39	9.63
泊頭市	14.83	0.83	3.77	0.43	0.11	2.88
黄驊市	11.63	0.65	3.42	1.91	0.50	16.40
河間市	18.39	1.03	4.16	1.51	0.39	8.19
滄 縣	16.59	0.93	4.00	0.63	0.16	3.78
青 縣	10.51	0.59	3.63	1.52	0.40	14.44
東光縣	9.61	0.54	3.61	1.04	0.27	10.84
海興縣	5.38	0.30	3.90	0.68	0.18	12.61
鹽山縣	10.23	0.57	3.95	0.79	0.21	7.73
肅寧縣	8.82	0.50	3.80	0.89	0.23	10.10
南皮縣	9.51	0.53	3.70	0.88	0.23	9.23
吴橋縣	7.76	0.44	3.62	1.04	0.27	13.40
獻 縣	13.28	0.75	4.13	0.92	0.24	6.90
孟村回族縣	4.36	0.25	4.07	0.46	0.12	10.64
衡水市	**12.17**	**0.68**	**3.30**	**8.04**	**2.11**	**66.12**
冀州市	10.89	0.61	3.55	1.38	0.36	12.68
深州市	14.36	0.81	4.11	1.64	0.43	11.45
棗强縣	10.23	0.57	3.77	3.53	0.92	34.49
武邑縣	8.30	0.47	3.98	0.75	0.20	9.08
武强縣	5.53	0.31	3.90	0.61	0.16	11.12
饒陽縣	7.68	0.43	3.84	0.72	0.19	9.32
安平縣	8.73	0.49	3.74	2.72	0.71	31.20
故城縣	11.42	0.64	4.04	1.31	0.34	11.43
景 縣	12.01	0.67	4.16	1.12	0.29	9.30
阜城縣	9.07	0.51	3.71	0.98	0.26	10.79
廊坊市	**18.86**	**1.06**	**3.69**	**7.64**	**2.00**	**40.52**
霸州市	14.15	0.79	3.81	1.64	0.43	11.62
三河市	11.67	0.66	3.83	3.34	0.88	28.60
固安縣	9.89	0.56	4.10	1.07	0.28	10.79
永清縣	8.80	0.49	4.30	0.75	0.20	8.56
香河縣	8.37	0.47	3.82	1.02	0.27	12.15
大城縣	10.60	0.60	4.24	1.00	0.26	9.47
文安縣	11.38	0.64	3.93	1.02	0.27	8.93
大廠回族縣	3.27	0.18	3.44	0.65	0.17	19.95

3.4.16 1997年黑龍江省城鄉居民家庭户資源及其地區分布

地 區 Region	居民總户數 (萬户) Total Households	占全省比重 (%) Proportion	平均家庭户 規模(人/户) Average Persons Per Household	其中非農業居 民户數(萬户) Non-Agricultural Households	占全省比重 (%) Proportion	非農業居民户數 占總户數比重 (%) Non-Agricultural Households Proportion
全 省	**1 006.50**	**100.00**	**3.61**	**518.54**	**100.00**	**52.35**
哈爾濱市	**91.06**	**9.05**	**3.21**	**88.24**	**16.61**	**96.90**
阿城市	15.77	1.57	3.55	6.67	1.14	42.32
雙城市	18.34	1.82	3.72	5.03	0.82	27.45
尚志市	13.90	1.38	3.72	6.90	1.12	49.60
五常市	21.76	2.16	3.72	6.76	1.10	31.08
呼蘭縣	16.11	1.60	3.56	4.28	0.62	26.55
賓 縣	14.41	1.43	3.47	3.40	0.52	23.59
依蘭縣	9.39	0.93	3.43	3.91		41.65
方正縣	5.65	0.56	3.45	3.07	0.51	54.33
巴彦縣	15.71	1.56	3.70	3.93	0.57	24.99
木蘭縣	5.89	0.58	3.71	1.91	0.29	32.43
通河縣	5.60	0.56	3.66	3.36	0.54	60.02
延壽縣	5.99	0.60	3.71	2.14	0.32	35.74
齊齊哈爾市	**39.66**	**3.94**	**3.14**	**36.09**	**6.94**	**90.98**
訥河市	15.09	1.50	4.10	4.12	0.61	27.28
龍江縣	12.00	1.19	4.29	3.31	0.47	27.55
泰來縣	7.36	0.73	3.76	2.46	0.40	33.48
富裕縣	6.61	0.66	3.93	2.85	0.44	43.08
克東縣	5.77	0.57	4.20	2.15	0.31	37.26
拜泉縣	11.23	1.12	4.30	2.86	0.40	25.49
克山縣	10.96	1.09	3.86	3.40	0.53	31.04
甘南縣	8.33	0.83	3.85	2.49	0.39	29.89
依安縣	10.21	1.01	4.12	2.96	0.43	28.98
牡丹江市	**67.43**	**6.70**	**3.42**	**45.23**	**7.99**	**67.07**
綏芬河市	1.22	0.12	3.02	1.05	0.21	85.85
海林市	11.34	1.13	3.37	7.77	1.39	68.56
寧安市	11.08	1.10	3.40	4.58	0.81	41.35
穆棱市	7.76	0.77	3.49	4.29	0.74	55.26
林口縣	10.38	1.03	3.61	4.16	0.70	40.09
東寧縣	5.41	0.54	3.31	2.94	0.54	54.28
鷄西市	**25.12**	**2.50**	**3.16**	**24.06**	**4.60**	**95.79**
密山市	10.38	1.03	3.66	4.94	0.81	47.55
虎林市	8.11	0.81	3.17	4.87	0.93	60.04
鷄東縣	7.15	0.71	3.46	2.77	0.48	38.78
七臺河市	**12.74**	**1.27**	**3.23**	**9.13**	**1.71**	**71.68**
勃利縣	8.37	0.83	3.77	3.29	0.53	39.29

3.4.16 1997年黑龍江省城鄉居民家庭户資源及其地區分布(續)

地 區 Region	居民總户數(萬户) Total Households	占全省比重(%) Proportion	平均家庭户規模(人/户) Average Persons Per Household	其中非農業居民户數(萬户) Non-Agricultural Households	占全省比重(%) Proportion	非農業居民户數占總户數比重(%) Non-Agricultural Households Proportion
佳木斯市	**58.01**	**5.76**	**3.53**	**32.97**	**5.64**	**56.83**
富錦市	9.86	0.98	3.73	4.00	0.65	40.58
同江市	4.27	0.42	3.29	1.48	0.27	34.72
樺南縣	9.33	0.93	3.96	3.71	0.57	39.75
撫遠縣	1.66	0.16	3.53	0.84	0.14	50.61
樺川縣	4.88	0.49	3.57	1.58	0.27	32.36
湯原縣	6.37	0.63	3.63	2.94	0.49	46.10
雙鴨山市	**13.87**	**1.38**	**3.19**	**11.77**	**2.63**	**84.85**
饒河縣	7.07	0.70	3.84	2.94	0.46	41.55
集賢縣	9.86	0.98	3.63	4.26	0.71	43.20
友誼縣	3.49	0.35	3.13	2.29	0.44	65.64
寶清縣	3.66	0.36	3.21	1.19	0.22	32.58
鶴崗市	**20.47**	**2.03**	**2.96**	**18.93**	**3.86**	**92.44**
蘿北縣	6.32	0.63	3.21	3.89	0.73	61.60
綏濱縣	4.68	0.46	3.41	1.92	0.34	40.98
綏化地區						
綏化市	19.89	1.98	3.61	8.45	1.41	42.50
安達市	12.65	1.26	3.47	5.84	1.02	46.16
海倫市	16.14	1.60	4.29	4.90	0.69	30.38
綏棱縣	7.41	0.74	3.62	3.94	0.66	53.08
望奎縣	8.90	0.88	4.46	2.71	0.37	30.45
蘭西縣	8.46	0.84	4.78	2.77	0.35	32.79
青岡縣	8.81	0.88	4.25	3.10	0.44	35.15
明水縣	6.98	0.69	4.24	2.19	0.31	31.43
慶安縣	8.03	0.80	3.96	2.58	0.39	32.16
黑河市	**4.80**	**0.48**	**3.09**	**3.58**	**0.70**	**74.63**
北安市	11.25	1.12	3.57	6.90	1.17	61.35
五大連池市	8.98	0.89	3.40	3.74	0.66	41.65
嫩江縣	12.47	1.24	3.43	5.68	1.19	45.51
遜克縣	2.44	0.24	3.57	0.84	0.14	34.34
孫吳縣	2.36	0.23	3.33	0.87	0.16	36.98
大興安嶺地區						
塔河縣	2.79	0.28	3.41	3.00	0.53	85.32
呼瑪縣	1.31	0.13	3.40	0.69	0.15	52.73
漠河縣	2.27	0.23	3.31	2.09	0.47	91.86
伊春市	**24.13**	**2.40**	**3.09**	**22.72**	**5.06**	**94.15**
鐵力市	9.60	0.95	3.54	9.04	1.50	70.18
嘉蔭縣	2.01	0.20	3.40	0.90	0.11	45.02
大慶市	**58.36**	**5.80**	**3.64**	**35.13**	**5.83**	**60.20**
杜爾伯特縣	5.67	0.56	3.78	2.06	0.33	36.41
林甸縣	6.19	0.62	3.59	1.94	0.33	31.25
肇源縣	9.42	0.94	4.16	2.94	0.43	31.16
肇州縣	9.16	0.91	4.04	2.42	0.36	26.41

3.4.17 1997年河南省城鄉居民家庭户資源及其地區分布

地 區 Region	居民總户數(萬户) Total Households	占全省比重(%) Proportion	平均家庭户規模(人/户) Average Persons Per Household	其中非農業居民户數(萬户) Non-Agricultural Households	占全省比重(%) Proportion	非農業居民户數占總户數比重(%) Non-Agricultural Households Proportion
全 省	**2 341.56**	**100.00**	**3.97**	**485.93**	**100.00**	**20.75**
鄭州市	**53.52**	**2.29**	**3.74**	**38.28**	**7.88**	**71.52**
鞏義市	19.04	0.81	4.05	2.84	0.58	14.92
滎陽市	16.57	0.71	3.86	2.42	0.50	14.60
新鄭市	15.50	0.66	3.25	4.04	0.83	26.06
登封市	14.37	0.61	4.18	1.45	0.30	10.09
新密市	17.23	0.74	4.14	2.02	0.42	11.72
中牟縣	15.36	0.66	4.25	1.49	0.31	9.70
開封市	**22.64**	**0.97**	**3.32**	**16.89**	**3.48**	**74.60**
杞 縣	23.43	1.00	4.33	1.41	0.29	6.02
通許縣	12.97	0.55	4.35	0.95	0.20	7.32
尉氏縣	19.38	0.83	4.35	1.41	0.29	7.28
開封縣	16.60	0.71	4.18	1.11	0.23	6.69
蘭考縣	15.79	0.67	4.47	1.61	0.33	10.20
洛陽市	**41.44**	**1.77**	**3.34**	**29.29**	**6.03**	**70.68**
偃師市	20.42	0.87	3.87	1.88	0.39	9.21
孟津縣	10.82	0.46	3.94	1.11	0.23	10.26
新安縣	12.62	0.54	3.94	1.46	0.30	11.57
欒川縣	8.27	0.35	3.65	0.94	0.19	11.37
嵩 縣	13.14	0.56	3.82	0.95	0.20	7.23
汝陽縣	10.17	0.43	4.01	1.04	0.21	10.23
宜陽縣	15.24	0.65	4.14	1.77	0.36	11.61
洛寧縣	10.33	0.44	4.12	0.94	0.19	9.10
伊川縣	16.05	0.69	4.38	1.25	0.26	7.79
平頂山市	**21.16**	**0.90**	**3.91**	**15.23**	**3.13**	**71.98**
汝州市	20.83	0.89	4.37	2.28	0.47	10.95
舞鋼市	9.31	0.40	3.43	2.69	0.55	28.89
寶豐縣	13.18	0.56	3.57	3.07	0.63	23.29
葉 縣	20.45	0.87	4.08	1.47	0.30	7.19
魯山縣	20.59	0.88	3.94	1.71	0.35	8.31
郟 縣	13.25	0.57	4.12	0.90	0.19	6.79
安陽市	**21.72**	**0.93**	**3.27**	**15.81**	**3.25**	**72.79**
林州市	26.47	1.13	3.71	2.92	0.60	11.03
安陽縣	28.92	1.24	3.84			
湯陰縣	10.85	0.46	4.01	1.27	0.26	11.71
滑 縣	27.50	1.17	4.24	1.81	0.37	6.58
内黄縣	16.13	0.69	4.18	0.99	0.20	6.14

3.4.17 1997年河南省城鄉居民家庭户資源及其地區分布(續)

地 區 Region	居民總户數 (萬户) Total Households	占全省比重 (%) Proportion	平均家庭户規模(人/户) Average Persons Per Household	其中非農業居民户數(萬户) Non-Agricultural Households	占全省比重 (%) Proportion	非農業居民户數占總户數比重 (%) Non-Agricultural Households Proportion
鶴壁市	**11.61**	**0.50**	**3.58**	**7.33**	**1.51**	**63.14**
浚 縣	16.61	0.71	4.00	1.58	0.33	9.51
淇 縣	7.35	0.31	3.32	1.49	0.31	20.27
新鄉市	**20.45**	**0.87**	**3.49**	**16.52**	**3.40**	**80.78**
衛輝市	12.30	0.53	3.84	2.51	0.52	20.41
輝縣市	22.88	0.98	3.33	2.79	0.57	12.19
新鄉縣	11.23	0.48	3.69	1.04	0.21	9.26
獲嘉縣	9.06	0.39	4.16	1.12	0.23	12.36
原陽縣	13.97	0.60	4.41	1.06	0.22	7.59
延津縣	10.34	0.44	4.28	1.00	0.21	9.67
封丘縣	18.66	0.80	3.46	1.19	0.24	6.38
長垣縣	16.33	0.70	4.57	1.19	0.24	7.29
焦作市	**18.12**	**0.77**	**3.88**	**13.54**	**2.79**	**74.72**
沁陽市	10.19	0.44	4.28	1.85	0.38	18.16
孟州市	9.42	0.40	3.50	2.69	0.55	28.56
修武縣	6.90	0.29	4.08	1.16	0.24	16.81
博愛縣	10.01	0.43	4.11	1.51	0.31	15.08
武陟縣	13.98	0.60	4.39	2.41	0.50	17.24
温 縣	9.61	0.41	4.06	1.41	0.29	14.67
濮陽市	**14.10**	**0.60**	**3.20**	**8.66**	**1.78**	**61.42**
清豐縣	14.58	0.62	4.53	1.41	0.29	9.67
南樂縣	10.29	0.44	4.65	0.72	0.15	7.00
範 縣	10.58	0.45	4.40	1.09	0.22	10.30
臺前縣	7.67	0.33	4.34	0.72	0.15	9.39
濮陽縣	24.22	1.03	4.32	2.38	0.49	9.83
許昌市	**10.12**	**0.43**	**3.38**	**7.79**	**1.60**	**76.98**
禹州市	29.01	1.24	3.94	3.25	0.67	11.20
長葛市	17.27	0.74	3.82	3.01	0.62	17.43
許昌縣	19.15	0.82	4.07	0.98	0.20	5.12
鄢陵縣	14.76	0.63	4.07	1.14	0.23	7.72
襄城縣	19.75	0.84	3.94	1.27	0.26	6.43
漯河市	**12.52**	**0.53**	**2.60**	**11.69**	**2.41**	**93.37**
舞陽縣	14.58	0.62	4.07	1.35	0.28	9.26
臨穎縣	16.87	0.72	4.00	2.03	0.42	12.03
郾城縣	21.32	0.91	4.15	1.86	0.38	8.72
三門峡市	**6.99**	**0.30**	**3.55**	**5.14**	**1.06**	**73.53**
義馬市	4.64	0.20	3.16	3.47	0.71	74.78

3.4.17　1997年河南省城鄉居民家庭户資源及其地區分布(續)

地　區 Region	居民總户數 (萬户) Total Households	占全省比重 (%) Proportion	平均家庭户 規模(人/户) Average Persons Per Household	其中非農業居 民户數(萬户) Non-Agricultural Households	占全省比重 (%) Proportion	非農業居民户數 占總户數比重 (%) Non-Agricultural Households Proportion
靈寶市	20.07	0.86	3.52	3.04	0.63	15.15
澠　池	8.72	0.37	3.69	1.62	0.33	18.58
陝　縣	9.78	0.42	3.46	1.62	0.33	16.56
盧氏縣	10.15	0.43	3.60	0.99	0.20	9.75
南陽市	**44.22**	**1.89**	**3.61**	**12.72**	**2.62**	**28.77**
鄧州市	36.01	1.54	4.19	2.79	0.57	7.75
南召縣	16.18	0.69	3.69	2.46	0.51	15.20
方城縣	25.37	1.08	3.80	2.07	0.43	8.16
西峽縣	11.40	0.49	3.61	1.21	0.25	10.61
鎮平縣	24.83	1.06	3.72	3.04	0.63	12.24
内鄉縣	17.10	0.73	3.64	1.77	0.36	10.35
淅川縣	17.90	0.76	3.99	1.67	0.34	9.33
社旗縣	15.55	0.66	3.98	1.46	0.30	9.39
唐河縣	30.20	1.29	4.18	2.50	0.51	8.28
新野縣	18.25	0.78	4.01	1.85	0.38	10.14
桐柏縣	10.66	0.46	3.97	1.99	0.41	18.67
濟源市	**16.20**	**0.69**	**3.95**	**6.08**	**1.25**	**37.53**
商丘市	**34.27**	**1.46**	**2.69**	**11.59**	**2.39**	**33.82**
永城縣	30.16	1.29	4.26	2.67	0.55	8.85
虞城縣	24.86	1.06	4.20	1.39	0.29	5.59
民權縣	19.08	0.81	4.40	1.84	0.38	9.64
寧陵縣	13.47	0.58	4.30	1.01	0.21	7.50
睢　縣	17.75	0.76	4.25	1.19	0.24	6.70
夏邑縣	27.16	1.16	3.87	1.53	0.31	5.63
柘城縣	21.11	0.90	4.28	1.21	0.25	5.73

3.4.17 1997年河南省城鄉居民家庭户資源及其地區分布(續)

地 區 Region	居民總户數 (萬户) Total Households	占全省比重 (%) Proportion	平均家庭户 規模(人/户) Average Persons Per Household	其中非農業居 民户數(萬户) Non-Agricultural Households	占全省比重 (%) Proportion	非農業居民户數 占總户數比重 (%) Non-Agricultural Households Proportion
周口地區						
周口市	**9.74**	**0.42**	**3.25**	**5.78**	**1.19**	**59.34**
項城市	24.96	1.07	4.36	2.26	0.47	9.05
扶溝縣	15.77	0.67	4.37	1.39	0.29	8.81
西華縣	19.92	0.85	4.15	1.73	0.36	8.68
商水縣	26.01	1.11	4.22	1.42	0.29	5.46
太康縣	29.93	1.28	4.28	2.13	0.44	7.12
鹿邑縣	24.78	1.06	4.42	1.99	0.41	8.03
鄲城縣	28.91	1.23	4.25	1.75	0.36	6.05
淮陽縣	29.09	1.24	4.38	2.18	0.45	7.49
沈丘縣	26.65	1.14	4.34	2.49	0.51	9.34
駐馬店地區						
駐馬店市	9.50	0.41	3.23	6.17	1.27	64.95
確山縣	16.28	0.70	3.55	1.38	0.28	8.48
泌陽縣	21.56	0.92	4.21	1.43	0.29	6.63
遂平縣	14.43	0.62	4.12	1.27	0.26	8.80
西平縣	19.17	0.82	4.23	3.26	0.67	17.01
上蔡縣	29.63	1.27	4.35	1.69	0.35	5.70
汝南縣	20.52	0.88	3.94	2.56	0.53	12.48
平輿縣	22.64	0.97	3.96	1.23	0.25	5.43
新蔡縣	22.90	0.98	4.28	1.58	0.33	6.90
正陽縣	19.32	0.83	3.73	1.70	0.35	8.80
信陽地區						
信陽市	9.83	0.42	3.12	7.74	1.59	78.74
息　縣	22.00	0.94	4.04	1.74	0.36	7.91
淮濱縣	16.23	0.69	3.82	1.56	0.32	9.61
信陽縣	29.77	1.27	3.46	3.31	0.68	11.12
潢川縣	19.82	0.85	3.83	2.64	0.54	13.32
光山縣	19.65	0.84	3.91	2.27	0.47	11.55
固始縣	39.26	1.68	3.82	3.86	0.79	9.83
商城縣	17.38	0.74	3.94	1.54	0.32	8.86
羅山縣	18.81	0.80	3.81	1.90	0.39	10.10
新　縣	8.39	0.36	3.87	1.19	0.24	14.18

說明:全部城市的統計口徑為市區(包括城區和郊區),不含下轄縣級市和縣,下同。

3.4.18 1997 年湖北省城鄉居民家庭户資源及其地區分布

地 區 Region	居民總户數 (萬户) Total Households	占全省比重 (%) Proportion	平均家庭户 規模(人/户) Average Persons Per Household	其中非農業居 民户數(萬户) Non-Agricultural Households	占全省比重 (%) Proportion	非農業居民户數 占總户數比重 (%) Non-Agricultural Households Proportion
全 省	**1 529.28**	**100.00**	**3.82**	**492.96**	**100.00**	**32.23**
武漢市	**152.54**	**9.97**	**3.44**	**128.50**	**26.07**	**84.24**
黄陂縣	26.89	1.76	4.01	4.63	0.94	17.21
新洲縣	21.55	1.41	4.27	4.97	1.01	23.07
黃石市	**18.09**	**1.18**	**3.53**	**18.29**	**3.71**	**101.09**
大冶市	22.12	1.45	3.84	3.67	0.74	16.60
陽新縣	18.30	1.20	5.14	3.53	0.72	19.31
十堰市	**15.37**	**1.01**	**2.99**	**14.11**	**2.86**	**91.83**
丹江口市	14.78	0.97	3.28	6.35	1.29	42.97
鄖 縣	15.47	1.01	4.16	2.39	0.49	15.48
竹山縣	12.07	0.79	3.77	1.55	0.31	12.85
房 縣	12.77	0.84	3.95	1.92	0.39	15.00
鄖西縣	12.84	0.84	3.96	1.50	0.31	11.72
竹溪縣	9.23	0.60	3.92	1.33	0.27	14.45
荆州市	**39.48**	**2.58**	**3.62**	**20.77**	**4.21**	**52.62**
洪湖市	21.69	1.42	4.09	5.62	1.14	25.91
石首市	13.77	0.90	4.63	3.44	0.70	25.00
松滋市	22.70	1.48	3.92	4.16	0.84	18.33
監利縣	33.32	2.18	4.22	6.11	1.24	18.34
公安縣	26.64	1.74	3.96	5.48	1.11	20.59
宜昌市	**17.43**	**1.14**	**3.41**	**15.70**	**3.18**	**90.07**
當陽市	14.68	0.96	3.34	3.84	0.78	26.17
枝城市	12.49	0.82	3.09	3.31	0.67	26.47
枝江市	16.74	1.09	3.06	4.62	0.94	27.58
秭歸縣	12.23	0.80	3.32	1.86	0.38	15.20
五峰縣	6.06	0.40	3.43	0.83	0.17	13.73
興山縣	5.42	0.35	3.49	1.27	0.26	23.35
長陽縣	11.72	0.77	3.60	1.73	0.35	14.79
遠安縣	5.64	0.37	3.82	1.62	0.33	28.71
宜昌縣	17.33	1.13	3.30	3.45	0.70	19.93
襄樊市	**19.45**	**1.27**	**3.53**	**18.72**	**3.80**	**96.25**
老河口市	15.90	1.04	3.19	5.71	1.16	35.92
棗陽市	28.93	1.89	3.71	6.27	1.27	21.68
宜城市	14.06	0.92	3.92	3.34	0.68	23.76
襄陽縣	35.07	2.29	3.92	5.27	1.07	15.02
南漳縣	14.99	0.98	4.05	2.95	0.60	19.70
保康縣	7.58	0.50	3.93	1.20	0.24	15.79
谷城縣	12.78	0.84	4.30	2.93	0.59	22.93

3.4.18 1997年湖北省城鄉居民家庭户資源及其地區分布(續)

地 區 Region	居民總户數 (萬户) Total Households	占全省比重 (%) Proportion	平均家庭户 規模(人/户) Average Persons Per Household	其中非農業居 民户數(萬户) Non-Agricultural Households	占全省比重 (%) Proportion	非農業居民户數 占總户數比重 (%) Non-Agricultural Households Proportion
鄂州市	**30.84**	**2.02**	**3.29**	**10.09**	**2.05**	**32.72**
荆門市	**31.77**	**2.08**	**3.76**	**11.42**	**2.32**	**35.96**
鐘祥市	27.45	1.79	3.80	6.58	1.33	23.97
京山縣	17.86	1.17	3.47	5.67	1.15	31.73
孝感市	**24.42**	**1.60**	**3.96**	**6.03**	**1.22**	**24.70**
廣水市	22.86	1.49	3.96	3.84	0.78	16.81
應城市	15.84	1.04	4.11	3.27	0.66	20.66
安陸市	15.43	1.01	3.94	3.16	0.64	20.47
漢川縣	27.46	1.80	3.88	5.05	1.02	18.39
雲夢縣	13.17	0.86	4.30	2.05	0.42	15.58
大悟縣	14.59	0.95	4.19	2.12	0.43	14.53
孝昌縣	15.28	1.00	4.04	1.12	0.23	7.31
黄岡市	**10.99**	**0.72**	**3.20**	**8.62**	**1.75**	**78.43**
麻城市	29.11	1.90	3.96	4.71	0.96	16.18
武穴市	18.95	1.24	3.79	4.10	0.83	21.66
紅安縣	15.37	1.01	4.25	3.25	0.66	21.14
羅田縣	15.94	1.04	3.66	2.17	0.44	13.59
浠水縣	23.88	1.56	4.26	3.42	0.69	14.32
蘄春縣	22.47	1.47	4.16	3.76	0.76	16.74
黄梅縣	20.88	1.37	4.59	3.43	0.70	16.44
英山縣	9.68	0.63	4.13	1.44	0.29	14.84
團風縣	10.22	0.67	3.61	1.47	0.30	14.39
隨州市	**41.35**	**2.70**	**3.91**	**9.54**	**1.94**	**23.08**
潜江市	25.80	1.69	3.79	9.37	1.90	36.32
仙桃市	36.24	2.37	4.26	10.83	2.20	29.89
天門市	37.80	2.47	4.47	7.95	1.61	21.02
神農架林區	**2.38**	**0.16**	**3.34**	**0.84**	**0.17**	**35.45**
咸寧地區						
咸寧市	15.41	1.01	3.46	8.13	1.65	52.75
蒲圻市	12.40	0.81	4.08	4.32	0.88	34.85
嘉魚縣	9.44	0.62	3.82	3.10	0.63	32.85
通山縣	9.39	0.61	4.40	1.95	0.40	20.76
崇陽縣	9.48	0.62	4.84	1.98	0.40	20.93
通城縣	9.40	0.61	4.80	1.76	0.36	18.68
恩施自治州						
恩施市	21.52	1.41	3.55	3.94	0.80	18.33
利川市	22.91	1.50	3.56	2.29	0.46	10.00
建始縣	13.64	0.89	3.73	1.43	0.29	10.45
來鳳縣	12.94	0.85	3.46	1.70	0.34	13.13
巴東縣	14.01	0.92	3.46	1.53	0.31	10.90
鶴峰縣	6.50	0.43	3.35	0.84	0.17	12.98
宜恩縣	5.19	0.34	3.54	0.70	0.14	13.40
咸豐縣	10.59	0.69	3.31	1.00	0.20	9.47

説明:全部城市的統計口徑為市區(包括城區和郊區),不含下轄縣級市和縣,下同。

3.4.19 1997年湖南省城鄉居民家庭户資源及其地區分布

地 區 Region	居民總户數 (萬户) Total Households	占全省比重 (%) Proportion	平均家庭户 規模(人/户) Average Persons Per Household	其中非農業居 民户數(萬户) Non-Agricultural Households	占全省比重 (%) Proportion	非農業居民户數 占總户數比重 (%) Non-Agricultural Households Proportion
全 省	**1 789.16**	**100.00**	**3.53**	**385.84**	**100.00**	**21.57**
長沙市	**49.71**	**2.78**	**3.29**	**44.34**	**11.49**	**89.20**
瀏陽市	35.22	1.97	3.78	3.62	0.94	10.29
長沙縣	21.69	1.21	3.42	1.75	0.45	8.08
望城縣	19.76	1.10	3.61	2.53	0.66	12.82
寧鄉縣	38.40	2.15	3.38	4.03	1.05	10.50
株州市	**20.99**	**1.17**	**3.39**	**16.79**	**4.35**	**79.99**
醴陵市	25.98	1.45	3.86	3.81	0.99	14.67
株州縣	11.87	0.66	3.75	1.36	0.35	11.42
茶陵縣	19.94	1.11	3.70	2.69	0.70	13.48
炎陵縣	14.20	0.79	4.09	1.70	0.44	11.95
攸縣	4.85	0.27	3.63	0.80	0.21	16.58
湘潭市	**19.60**	**1.10**	**3.30**	**16.89**	**4.38**	**86.17**
湘鄉市	26.78	1.50	3.30	3.43	0.89	12.79
韶山市	3.07	0.17	3.55	0.48	0.13	15.79
湘潭縣	31.70	1.77	3.55	2.46	0.64	7.75
衡陽市	**23.34**	**1.30**	**3.32**	**19.11**	**4.95**	**81.89**
耒陽市	29.87	1.67	4.03	4.34	1.12	14.53
衡陽縣	27.51	1.54	4.15	3.38	0.88	12.29
衡南縣	25.75	1.44	3.94	3.17	0.82	12.32
衡山縣	10.40	0.58	3.82	1.37	0.35	13.14
衡東縣	18.36	1.03	3.55	2.21	0.57	12.06
常寧市	20.64	1.15	4.03	3.49	0.91	16.92
祁東縣	26.12	1.46	3.47	3.02	0.78	11.56
邵陽市	**17.51**	**0.98**	**3.32**	**10.01**	**2.60**	**57.19**
武岡市	20.28	1.13	3.51	2.41	0.63	11.90
邵東縣	31.26	1.75	3.71	3.11	0.81	9.94
新邵縣	20.01	1.12	3.61	2.02	0.52	10.08
邵陽縣	24.10	1.35	3.83	1.95	0.51	8.09
隆回縣	30.10	1.68	3.56	2.17	0.56	7.21
洞口縣	22.24	1.24	3.46	2.57	0.67	11.54
綏寧縣	9.34	0.52	3.68	1.22	0.32	13.09

3.4.19 1997年湖南省城鄉居民家庭户資源及其地區分布(續)

地區 Region	居民總户數(萬户) Total Households	占全省比重(%) Proportion	平均家庭户規模(人/户) Average Persons Per Household	其中非農業居民户數(萬户) Non-Agricultural Households	占全省比重(%) Proportion	非農業居民户數占總户數比重(%) Non-Agricultural Households Proportion
新寧縣	16.09	0.90	3.60	1.88	0.49	11.71
城步縣	6.46	0.36	3.85	1.12	0.29	17.40
岳陽市	**30.16**	**1.69**	**2.75**	**17.42**	**4.51**	**57.75**
汨羅市	20.89	1.17	3.35	2.92	0.76	13.98
臨湘市	13.26	0.74	3.54	2.84	0.74	21.44
岳陽縣	20.69	1.16	3.60	2.37	0.61	11.45
華容縣	19.21	1.07	3.69	2.51	0.65	13.08
湘陰縣	20.85	1.17	3.26	3.05	0.79	14.64
平江縣	26.82	1.50	3.62	2.45	0.63	9.12
常德市	**40.29**	**2.25**	**3.26**	**12.66**	**3.28**	**31.42**
津市市	8.30	0.46	3.05	3.55	0.92	42.74
安鄉縣	14.41	0.81	3.99	3.25	0.84	22.55
漢壽縣	21.21	1.19	3.78	3.23	0.84	15.22
澧 縣	25.59	1.43	3.43	4.13	1.07	16.14
臨澧縣	13.24	0.74	3.28	2.07	0.54	15.64
桃源縣	28.92	1.62	3.37	3.73	0.97	12.91
石門縣	21.61	1.21	3.25	3.56	0.92	16.47
張家界市	**14.12**	**0.79**	**3.16**	**3.92**	**1.02**	**27.78**
慈利縣	20.42	1.14	3.28	2.34	0.61	11.44
桑植縣	12.24	0.68	3.44	1.51	0.39	12.33
益陽市	**35.01**	**1.96**	**3.55**	**9.07**	**2.35**	**25.90**
沅江市	21.35	1.19	3.47	4.41	1.14	20.64
南 縣	20.88	1.17	3.48	3.84	1.00	18.41
桃江縣	22.04	1.23	3.70	2.66	0.69	12.05
安化縣	26.15	1.46	3.61	3.56	0.92	13.61
郴州市	17.83	1.00	3.43	8.64	2.24	48.44
資興市	10.74	0.60	3.34	4.01	1.04	37.34
桂陽縣	20.34	1.14	3.74	2.52	0.65	12.40
永興縣	15.90	0.89	3.90	2.51	0.65	15.80
宜章縣	13.22	0.74	4.09	1.86	0.48	14.08
嘉禾縣	9.77	0.55	3.38	1.18	0.31	12.07
臨武縣	8.89	0.50	3.45	1.26	0.33	14.13
汝城縣	9.82	0.55	3.67	1.02	0.27	10.43
桂東縣	4.61	0.26	3.66	0.56	0.15	12.19
安仁縣	10.87	0.61	3.59	1.28	0.33	11.76
永州市	**28.15**	**1.57**	**3.67**	**8.09**	**2.10**	**28.73**
東安縣	14.84	0.83	3.86	1.62	0.42	10.91

3.4.19　1997年湖南省城鄉居民家庭户資源及其地區分布(續)

地　區 Region	居民總户數 (萬户) Total Households	占全省比重 (%) Proportion	平均家庭户 規模(人/户) Average Persons Per Household	其中非農業居 民户數(萬户) Non-Agricultural Households	占全省比重 (%) Proportion	非農業居民户數 占總户數比重 (%) Non-Agricultural Households Proportion
道　縣	16.21	0.91	3.95	2.51	0.65	15.50
寧遠縣	18.86	1.05	3.99	1.51	0.39	8.00
江永縣	6.33	0.35	3.84	0.86	0.22	13.58
江華縣	11.35	0.63	3.87	1.20	0.31	10.58
藍山縣	9.05	0.51	3.78	0.83	0.21	9.13
新田縣	10.44	0.58	3.53	0.96	0.25	9.18
雙牌縣	4.90	0.27	3.40	0.91	0.24	18.66
祁陽縣	24.35	1.36	3.87	3.43	0.89	14.07
婁底地區						
婁底市	12.91	0.72	2.93	8.11	2.10	62.81
冷水江市	11.19	0.63	3.07	6.20	1.61	55.43
漣源市	30.21	1.69	3.47	4.13	1.07	13.68
雙峰縣	24.75	1.38	3.59	2.73	0.71	11.04
新化縣	31.39	1.75	4.02	3.34	0.87	10.63
懷化地區						
懷化市	16.53	0.92	3.32	7.59	1.97	45.92
洪江市	3.31	0.19	2.87	2.35	0.61	70.89
黔陽縣	11.78	0.66	3.44	2.17	0.56	18.42
沅陵縣	16.89	0.94	3.74	3.33	0.86	19.70
辰溪縣	12.89	0.72	3.90	2.56	0.66	19.83
溆浦縣	21.55	1.20	3.87	2.31	0.60	10.74
麻陽縣	8.64	0.48	4.07	0.99	0.26	11.48
新晃縣	6.60	0.37	3.79	0.86	0.22	13.02
芷江縣	9.93	0.56	3.47	1.27	0.33	12.76
會同縣	9.36	0.52	3.61	1.02	0.27	10.95
靖州縣	6.32	0.35	3.95	2.12	0.55	33.47
通道縣	5.18	0.29	4.12	0.55	0.14	10.63
湘西自治州						
吉首市	8.02	0.45	3.25	3.77	0.98	46.98
瀘溪縣	6.68	0.37	4.01	1.09	0.28	16.33
鳳凰縣	7.95	0.44	4.50	0.88	0.23	11.09
花垣縣	6.35	0.35	4.11	0.90	0.23	14.23
保靖縣	6.83	0.38	4.02	0.91	0.24	13.39
古丈縣	4.23	0.24	3.16	0.78	0.20	18.49
永順縣	11.53	0.64	4.11	1.37	0.35	11.85
龍山縣	13.30	0.74	3.82	1.47	0.38	11.02

説明:全部城市的統計口徑為市區(包括城區和郊區),不含下轄縣級市和縣,下同。

3.4.20 1997年遼寧省城鄉居民家庭户資源及其地區分布

地區 Region	居民總户數（萬户） Total Households	占全省比重（%） Proportion	平均家庭户規模（人/户） Average Persons Per Household	其中非農業居民户數（萬户） Non-Agricultural Households	占全省比重（%） Proportion	非農業居民户數占總户數比重（%） Non-Agricultural Households Proportion
全省	**1 255.84**	**100.00**	**3.25**	**585.51**	**100.00**	**46.62**
沈陽市	**149.20**	**11.88**	**3.21**	**120.34**	**20.55**	**80.66**
新民市	19.49	1.55	3.44	3.49	0.60	17.91
遼中縣	15.51	1.24	3.25	3.12	0.53	20.12
康平縣	10.14	0.81	3.25	2.24	0.38	22.09
法庫縣	13.60	1.08	3.25	2.03	0.35	14.93
大連市	**88.81**	**7.07**	**2.92**	**66.85**	**11.42**	**75.27**
瓦房店市	31.88	2.54	3.20	9.44	1.61	29.61
普蘭店市	25.67	2.04	3.19	5.14	0.88	20.02
莊河市	25.86	2.06	3.40	4.71	0.80	18.21
長海縣	2.74	0.22	3.25	0.68	0.12	24.82
鞍山市	**44.50**	**3.54**	**3.27**	**39.24**	**6.70**	**88.18**
海城市	33.03	2.63	3.27	7.83	1.34	23.71
臺安縣	11.16	0.89	3.27	1.93	0.33	17.29
岫岩縣	15.08	1.20	3.27	3.06	0.52	20.29
撫順市	**44.45**	**3.54**	**3.17**	**40.03**	**6.84**	**90.06**
撫順縣	5.96	0.47	3.17	0.69	0.12	11.58
新賓縣	9.91	0.79	3.17	2.56	0.44	25.83
清原縣	10.98	0.87	3.17	3.50	0.60	31.88
本溪市	**29.78**	**2.37**	**3.22**	**25.53**	**4.36**	**85.73**
本溪縣	9.29	0.74	3.22	3.29	0.56	35.41
桓仁縣	9.47	0.75	3.22	2.48	0.42	26.19
丹東市	**22.96**	**1.83**	**3.04**	**18.91**	**3.23**	**82.36**
東港市	19.07	1.52	3.41	2.93	0.50	15.36
鳳城市	17.73	1.41	3.38	4.73	0.81	26.68
寬甸縣	13.75	1.09	3.25	3.60	0.61	26.18
錦州市	**27.75**	**2.21**	**2.92**	**22.36**	**3.82**	**80.58**
凌海市	19.08	1.52	3.25	2.77	0.47	14.52

3.4.20 1997年遼寧省城鄉居民家庭户資源及其地區分布(續)

地 區 Region	居民總户數 (萬户) Total Households	占全省比重 (%) Proportion	平均家庭户 規模(人/户) Average Persons Per Household	其中非農業居 民户數(萬户) Non-Agricultural Households	占全省比重 (%) Proportion	非農業居民户數 占總户數比重 (%) Non-Agricultural Households Proportion
北寧市	16.00	1.27	3.31	3.02	0.52	18.88
義 縣	13.54	1.08	3.25	2.06	0.35	15.21
黑山縣	19.48	1.55	3.25	4.22	0.72	21.66
營口市	**22.65**	**1.80**	**2.83**	**17.38**	**2.97**	**76.73**
大石橋市	21.38	1.70	3.27	4.89	0.84	22.87
蓋州市	25.86	2.06	3.36	4.46	0.76	17.25
阜新市	24.53	1.95	3.16	21.55	3.68	87.85
阜新縣	22.40	1.78	3.25	2.06	0.35	9.20
彰武縣	12.46	0.99	3.25	2.34	0.40	18.78
遼陽市	**23.22**	**1.85**	**2.99**	**18.96**	**3.24**	**81.65**
燈塔市	12.83	1.02	4.59	1.94	0.33	15.12
遼陽縣	15.08	1.20	3.25	2.46	0.42	16.31
盤錦市	**17.72**	**1.41**	**2.98**	**15.40**	**2.63**	**86.91**
盤山縣	8.00	0.64	3.45	1.19	0.20	14.88
大窪縣	11.50	0.92	3.18	2.64	0.45	22.96
鐵嶺市	**12.67**	**1.01**	**2.96**	**10.41**	**1.78**	**82.16**
鐵法市	7.28	0.58	3.16	5.16	0.88	70.88
開原市	18.54	1.48	3.24	4.10	0.70	22.11
鐵嶺縣	11.10	0.88	3.43	0.85	0.15	7.66
西豐縣	10.10	0.80	3.39	1.92	0.33	19.01
昌圖縣	28.70	2.29	3.51	4.76	0.81	16.59
朝陽市	**14.66**	**1.17**	**3.03**	**9.54**	**1.63**	**65.08**
北票市	19.19	1.53	3.28	6.19	1.06	32.26
凌源市	17.36	1.38	3.63	3.83	0.65	22.06
朝陽縣	16.70	1.33	3.69	0.84	0.14	5.03
建平縣	17.00	1.35	3.35	3.01	0.51	17.71
喀左縣	12.10	0.96	3.45	1.83	0.31	15.12
葫蘆島市	**29.49**	**2.35**	**3.02**	**14.57**	**2.49**	**49.41**
興城市	16.92	1.35	3.25	3.69	0.63	21.81
綏中縣	17.80	1.42	3.42	2.43	0.42	13.65
建昌縣	15.80	1.26	3.80	1.84	0.31	11.65

說明:全部城市的統計口徑為市區(包括城區和郊區),不含下轄縣級市和縣,下同。

3.4.21 1997年吉林省城鄉居民家庭户資源及其地區分布

地 區 Region	居民總户數（萬户）Total Households	占全省比重（%）Proportion	平均家庭户規模（人/户）Average Persons Per Household	其中非農業居民户數（萬户）Non-Agricultural Households	占全省比重（%）Proportion	非農業居民户數占總户數比重（%）Non-Agricultural Households Proportion
全 省	**723.02**	**100.00**	**3.60**	**357.67**	**100.00**	**49.47**
長春市	**77.85**	**10.77**	**3.58**	**63.19**	**17.67**	**81.17**
九臺市	21.81	3.02	3.84	5.75	1.61	26.34
榆樹市	33.56	4.64	3.64	5.20	1.45	15.49
德惠市	21.47	2.97	4.18	3.93	1.10	18.31
農安縣	25.05	3.46	4.38	4.44	1.24	17.74
吉林市	**40.63**	**5.62**	**3.47**	**37.26**	**10.42**	**91.70**
蛟河市	13.26	1.83	3.51	5.43	1.52	40.98
樺甸市	13.00	1.80	3.38	6.49	1.82	49.94
舒蘭市	18.54	2.56	3.62	6.37	1.78	34.35
磐石市	13.70	1.89	3.85	4.77	1.33	34.79
永吉縣	19.98	2.76	3.83	4.03	1.13	20.17
四平市	**15.62**	**2.16**	**2.94**	**14.35**	**4.01**	**91.89**
公主嶺市	27.63	3.82	3.69	10.52	2.94	38.08
雙遼市	11.84	1.64	3.31	4.61	1.29	38.94
梨樹縣	24.80	3.43	3.43	6.42	1.80	25.91
伊通縣	12.76	1.76	3.63	2.71	0.76	21.21
遼源市	**13.57**	**1.88**	**3.34**	**13.11**	**3.66**	**96.58**
東豐縣	11.11	1.54	3.59	3.24	0.91	29.17
東遼縣	11.39	1.58	3.47	2.41	0.67	21.12
通化市	**12.59**	**1.74**	**3.45**	**11.71**	**3.28**	**93.04**
梅河口市	17.83	2.47	3.53	8.69	2.43	48.71
集安市	6.74	0.93	3.48	2.53	0.71	37.50
通化縣	7.27	1.01	3.55	2.45	0.68	33.70
輝南縣	10.70	1.48	3.45	4.78	1.34	44.64
柳河縣	9.81	1.36	3.81	2.92	0.82	29.74
白山市	**10.47**	**1.45**	**3.12**	**8.97**	**2.51**	**85.72**
臨江市	6.00	0.83	3.14	4.03	1.13	67.18
撫松縣	9.20	1.27	3.30	6.32	1.77	68.75

3.4.21　1997年吉林省城鄉居民家庭户資源及其地區分布(續)

地　區 Region	居民總户數 (萬户) Total Households	占全省比重 (%) Proportion	平均家庭户 規模(人/户) Average Persons Per Household	其中非農業居 民户數(萬户) Non-Agricultural Households	占全省比重 (%) Proportion	非農業居民户數 占總户數比重 (%) Non-Agricultural Households Proportion
靖宇縣	4.36	0.60	3.28	2.12	0.59	48.52
江源縣	8.82	1.22	3.04	7.33	2.05	83.07
長白縣	2.62	0.36	3.33	1.29	0.36	49.30
松原市	**12.67**	**1.75**	**3.92**	**8.53**	**2.38**	**67.32**
長嶺縣	15.04	2.08	4.12	2.78	0.78	18.51
乾安縣	7.14	0.99	3.99	2.19	0.61	30.72
扶余縣	17.96	2.48	4.03	1.89	0.53	10.54
前郭爾羅斯縣	13.36	1.85	4.01	2.85	0.80	21.34
白城市	**17.81**	**2.46**	**2.64**	**11.35**	**3.17**	**63.71**
洮南市	12.71	1.76	3.41	5.11	1.43	40.21
大安市	12.31	1.70	3.45	4.93	1.38	40.07
鎮賚縣	7.78	1.08	4.14	2.84	0.79	36.50
通榆縣	9.25	1.28	3.68	3.03	0.85	32.74
延邊自治州						
延吉市	10.50	1.45	3.58	10.08	2.82	95.97
圖們市	4.04	0.56	3.43	3.32	0.93	82.14
敦化市	14.46	2.00	3.30	8.60	2.40	59.45
龍井市	8.80	1.22	3.07	5.29	1.48	60.10
琿春市	6.24	0.86	3.34	4.41	1.23	70.66
和龍市	7.36	1.02	3.11	4.87	1.36	66.11
汪清縣	8.14	1.13	3.26	4.68	1.31	57.45
安圖縣	6.49	0.90	3.37	3.56	1.00	54.90

説明:全部城市的統計口徑為市區(包括城區和郊區),不含下轄縣級市和縣,下同。

3.4.22 1997年江蘇省城鄉居民家庭户資源及其地區分布

地 區 Region	居民總户數（萬户） Total Households	占全省比重（%） Proportion	平均家庭户規模（人/户） Average Persons Per Household	其中非農業居民户數（萬户） Non-Agricultural Households	占全省比重（%） Proportion	非農業居民户數占總户數比重（%） Non-Agricultural Households Proportion
全 省	**2 146.87**	**100.00**	**3.24**	**585.34**	**100.00**	**27.26**
南京市	**90.81**	**4.23**	**3.01**	**76.58**	**13.08**	**84.33**
江寧縣	23.75	1.11	3.14	3.38	0.58	14.22
江浦縣	9.63	0.45	3.12	1.71	0.29	17.74
六合縣	19.35	0.90	3.53	2.55	0.44	13.20
溧水縣	12.91	0.60	3.15	1.56	0.27	12.09
高淳縣	14.12	0.66	3.05	1.58	0.27	11.20
無錫市	**40.04**	**1.87**	**2.74**	**33.23**	**5.68**	**83.00**
江陰市	35.79	1.67	3.19	10.10	1.72	28.21
宜興市	38.48	1.79	2.84	11.14	1.90	28.94
錫山市	33.39	1.56	2.97	5.26	0.90	15.76
徐州市	**45.72**	**2.13**	**3.27**	**30.70**	**5.24**	**67.14**
新沂市	27.74	1.29	3.43	3.39	0.58	12.21
邳州市	38.98	1.82	3.86	3.90	0.67	10.00
銅山縣	38.96	1.81	3.36	4.50	0.77	11.54
豐 縣	28.28	1.32	3.69	2.51	0.43	8.89
沛 縣	29.55	1.38	3.85	4.61	0.79	15.59
常州市	**27.97**	**1.30**	**3.03**	**24.68**	**4.22**	**88.23**
溧陽市	25.66	1.20	3.01	9.29	1.59	36.20
金壇市	21.12	0.98	2.56	3.59	0.61	17.02
武進市	40.94	1.91	3.01	4.50	0.77	10.99
蘇州市	**37.18**	**1.73**	**2.88**	**28.23**	**4.82**	**75.94**
常熟市	34.52	1.61	3.02	8.34	1.42	24.15
張家港市	31.53	1.47	2.71	5.66	0.97	17.94
昆山市	20.54	0.96	3.78	4.27	0.73	20.80
吴江市	24.24	1.13	3.20	5.28	0.90	21.80
太倉市	14.06	0.65	3.20	3.48	0.59	24.73
吴縣市	31.97	1.49	3.04	5.54	0.95	17.32
南通市	**20.52**	**0.96**	**3.08**	**14.61**	**2.50**	**71.21**
啟東市	45.20	2.11	2.58	8.72	1.49	19.29
如皋市	42.75	1.99	3.40	7.89	1.35	18.45
通州市	50.50	2.35	2.88	12.43	2.12	24.62
海門市	35.85	1.67	2.88	11.90	2.03	33.20
海安縣	32.20	1.50	3.08	10.39	1.78	32.27
如東縣	37.51	1.75	3.01	14.48	2.47	38.59
連雲港市	**18.28**	**0.85**	**3.25**	**13.27**	**2.27**	**72.58**
贛榆縣	27.61	1.29	3.68	2.27	0.39	8.22
東海縣	28.58	1.33	3.77	2.48	0.42	8.69
灌雲縣	25.68	1.20	3.86	3.50	0.60	13.61
灌南縣	18.23	0.85	3.81	1.85	0.32	10.13

3.4.22　1997年江蘇省城鄉居民家庭户資源及其地區分布(續)

地　區 Region	居民總户數(萬户) Total Households	占全省比重(%) Proportion	平均家庭户規模(人/户) Average Persons Per Household	其中非農業居民户數(萬户) Non-Agricultural Households	占全省比重(%) Proportion	非農業居民户數占總户數比重(%) Non-Agricultural Households Proportion
淮陰市	**16.58**	**0.77**	**3.05**	**9.96**	**1.70**	**60.06**
淮安市	33.85	1.58	3.57	4.24	0.72	12.53
漣水縣	23.72	1.10	4.21	2.02	0.35	8.53
洪澤縣	11.30	0.53	3.26	2.27	0.39	20.08
盱眙縣	18.73	0.87	3.80	2.20	0.38	11.74
金湖縣	11.34	0.53	3.07	2.30	0.39	20.26
淮陰縣	21.15	0.99	3.84	2.04	0.35	9.66
鹽城市	**19.92**	**0.93**	**2.93**	**10.41**	**1.78**	**52.26**
東臺市	39.91	1.86	2.94	7.62	1.30	19.09
大豐市	27.89	1.30	2.66	5.47	0.93	19.61
阜寧縣	26.99	1.26	3.99	3.52	0.60	13.03
射陽縣	31.75	1.48	3.25	4.78	0.82	15.06
鹽都縣	29.80	1.39	2.92	5.37	0.92	18.03
建湖縣	25.92	1.21	3.07	4.79	0.82	18.49
響水縣	14.28	0.67	3.85	2.18	0.37	15.27
濱海縣	28.64	1.33	3.74	3.42	0.58	11.93
揚州市	**19.29**	**0.90**	**2.63**	**14.52**	**2.48**	**75.29**
高郵市	24.02	1.12	3.47	3.82	0.65	15.90
江都市	35.04	1.63	3.05	5.74	0.98	16.40
儀征市	19.60	0.91	3.02	5.11	0.87	26.05
寶應縣	28.75	1.34	3.16	4.10	0.70	14.28
邗江縣	17.86	0.83	3.09	2.06	0.35	11.55
鎮江市	**20.58**	**0.96**	**2.83**	**16.12**	**2.75**	**78.35**
丹陽市	27.97	1.30	2.89	7.31	1.25	26.12
揚中市	10.25	0.48	2.70	2.87	0.49	27.98
句容市	20.18	0.94	2.99	3.48	0.59	17.23
丹徒縣	12.94	0.60	2.97	1.58	0.27	12.22
泰州市	**21.08**	**0.98**	**2.75**	**7.53**	**1.29**	**35.73**
興化市	49.49	2.31	3.10	6.26	1.07	12.64
靖江市	21.31	0.99	3.11	4.16	0.71	19.54
泰興市	39.86	1.86	3.18	5.53	0.94	13.87
姜堰市	29.57	1.38	3.11	4.73	0.81	16.01
宿遷市	**5.98**	**0.28**	**3.90**	**2.80**	**0.48**	**46.80**
宿豫縣	21.97	1.02	4.22	0.88	0.15	4.02
沭陽縣	38.57	1.80	4.22	2.98	0.51	7.71
泗陽縣	26.51	1.23	4.22	2.26	0.39	8.52
泗洪縣	24.56	1.14	4.00	3.18	0.54	12.96

說明:全部城市的統計口徑為市區(包括城區和郊區),不含下轄縣級市和縣,下同。

3.4.23 1997年江西省城鄉居民家庭户資源及其地區分布

地 區 Region	居民總户數 (萬户) Total Households	占全省比重 (%) Proportion	平均家庭户 規模(人/户) Average Persons Per Household	其中非農業居 民户數(萬户) Non-Agricultural Households	占全省比重 (%) Proportion	非農業居民户數 占總户數比重 (%) Non-Agricultural Households Proportion
全 省	**978.49**	**100.00**	**4.11**	**276.65**	**100.00**	**28.27**
南昌市	**42.16**	**4.31**	**3.72**	**41.03**	**14.83**	**97.32**
南昌縣	23.28	2.38	4.12	3.99	1.44	17.14
新建縣	14.01	1.43	4.48	2.92	1.06	20.86
安義縣	5.61	0.57	4.09	0.99	0.36	17.73
進賢縣	15.65	1.60	4.42	2.75	0.99	17.57
景德鎮市	**12.64**	**1.29**	**3.13**	**12.08**	**4.37**	**95.57**
樂平市	17.41	1.78	4.26	3.67	1.33	21.08
浮梁縣	7.52	0.77	3.56	1.87	0.67	24.82
萍鄉市	**35.84**	**3.66**	**4.10**	**14.47**	**5.23**	**40.39**
蓮花縣	5.36	0.55	4.50	0.85	0.31	15.80
蘆溪縣	6.76	0.69	4.04	—	—	—
九江市	**15.39**	**1.57**	**3.18**	**13.70**	**4.95**	**89.03**
瑞昌市	9.77	1.00	4.12	2.43	0.88	24.88
九江縣	8.62	0.88	5.67	7.69	2.78	89.16
武寧縣	8.33	0.85	4.42	1.10	0.40	13.26
修水縣	17.02	1.74	4.41	1.80	0.65	10.60
永修縣	8.61	0.88	4.00	2.36	0.85	27.38
德安縣	5.59	0.57	3.77	1.69	0.61	30.31
星子縣	5.12	0.52	4.33	0.80	0.29	15.59
都昌縣	16.04	1.64	4.12	1.76	0.63	10.95
湖口縣	6.72	0.69	3.90	1.17	0.42	17.36
彭澤縣	8.36	0.85	4.02	1.24	0.45	14.83
新余市	21.33	2.18	3.45	8.77	3.17	41.10
分宜縣	8.47	0.87	3.50	2.32	0.84	27.39
鷹潭市	4.45	0.45	3.67	3.62	1.31	81.39
貴溪市	11.76	1.20	4.54	3.16	1.14	26.83
余江縣	8.24	0.84	3.99	1.55	0.56	18.77
贛州地區						
贛州市	10.93	1.12	3.97	8.15	2.95	74.58
贛 縣	11.95	1.22	4.30	1.55	0.56	12.94
南康市	17.48	1.79	4.22	2.80	1.01	16.01
信豐縣	15.22	1.56	4.07	2.00	0.72	13.15
大余縣	6.51	0.67	4.17	2.21	0.80	33.95
上猶縣	6.34	0.65	4.33	0.95	0.34	14.91
崇義縣	4.39	0.45	4.48	0.97	0.35	22.09
安遠縣	6.70	0.68	4.75	0.96	0.35	14.29
龍南縣	6.30	0.64	4.55	1.15	0.42	18.32
定南縣	4.36	0.45	4.40	0.86	0.31	19.71
全南縣	4.37	0.45	4.08	1.36	0.49	31.18
于都縣	16.64	1.70	4.06	2.52	0.91	15.12
寧都縣	15.48	1.58	5.14	3.02	1.09	19.51
興國縣	14.59	1.49	4.38	1.77	0.64	12.12
瑞金市	11.64	1.19	4.88	1.68	0.61	14.45
會昌縣	8.18	0.84	4.86	1.06	0.38	12.91
尋烏縣	6.22	0.64	4.43	0.91	0.33	14.61
石城縣	5.99	0.61	4.62	0.90	0.32	14.96

3.4.23 1997年江西省城鄉居民家庭户資源及其地區分布(續)

地 區 Region	居民總户數 (萬户) Total Households	占全省比重 (%) Proportion	平均家庭户規模(人/户) Average Persons Per Household	其中非農業居民户數(萬户) Non-Agricultural Households	占全省比重 (%) Proportion	非農業居民户數占總户數比重 (%) Non-Agricultural Households Proportion
宜春地區						
宜春市	22.15	2.26	4.10	5.84	2.11	26.38
豐城市	28.32	2.89	4.12	6.41	2.32	22.63
高安市	18.39	1.88	4.17	3.72	1.34	20.23
樟樹市	12.91	1.32	4.08	3.33	1.20	25.77
奉新縣	7.83	0.80	3.60	1.98	0.71	25.24
萬載縣	11.68	1.19	3.89	2.01	0.73	17.24
上高縣	9.35	0.96	3.48	2.68	0.97	28.62
宜豐縣	7.48	0.76	3.44	2.36	0.85	31.51
靖安縣	3.63	0.37	3.70	1.14	0.41	31.45
銅鼓縣	3.50	0.36	3.79	0.98	0.36	28.06
上饒地區						
上饒市	8.18	0.84	4.00	5.09	1.84	62.29
上饒縣	14.14	1.45	4.63	1.19	0.43	8.42
廣豐縣	15.45	1.58	4.67	1.89	0.68	12.24
玉山縣	13.54	1.38	3.86	2.03	0.73	14.96
鉛山縣	9.83	1.00	4.02	2.05	0.74	20.86
横峰縣	4.68	0.48	4.00	0.88	0.32	18.89
弋陽縣	8.93	0.91	3.95	1.89	0.68	21.17
余干縣	17.84	1.82	4.60	1.93	0.70	10.80
波陽縣	24.28	2.48	4.95	3.90	1.41	16.08
萬年縣	8.44	0.86	4.00	1.57	0.57	18.62
德興市	8.39	0.86	3.56	3.55	1.28	42.29
婺源縣	8.62	0.88	3.76	1.36	0.49	15.81
吉安地區						
吉安市	8.69	0.89	3.66	5.79	2.09	66.68
吉安縣	12.66	1.29	4.27	2.11	0.76	16.68
吉水縣	11.44	1.17	4.12	1.79	0.65	15.67
峽江縣	3.83	0.39	3.99	0.87	0.32	22.76
新干縣	7.78	0.80	3.87	1.41	0.51	18.15
永豐縣	8.72	0.89	4.42	1.40	0.51	16.05
泰和縣	12.16	1.24	4.10	2.14	0.77	17.60
遂川縣	11.71	1.20	4.30	1.31	0.47	11.22
萬安縣	7.13	0.73	3.85	1.20	0.43	16.87
安福縣	9.03	0.92	4.12	2.15	0.78	23.79
永新縣	9.59	0.98	4.69	1.39	0.50	14.47
寧岡縣	1.91	0.20	4.47	0.37	0.13	19.28
井崗山市	1.63	0.17	3.56	0.65	0.24	39.92
撫州地區						
临川市	24.85	2.54	3.72	7.56	2.73	30.43
南城縣	6.54	0.67	4.28	1.66	0.60	25.34
黎川縣	5.56	0.57	4.03	1.52	0.55	27.38
南豐縣	5.93	0.61	4.35	1.24	0.45	20.91
崇仁縣	7.13	0.73	4.16	1.55	0.56	21.70
樂安縣	7.95	0.81	4.12	1.69	0.61	21.31
宜黄縣	4.83	0.49	4.11	0.93	0.34	19.32
金溪縣	6.35	0.65	4.04	1.29	0.47	20.30
資溪縣	2.86	0.29	3.58	0.83	0.30	29.19
東鄉縣	10.51	1.07	3.79	2.26	0.82	21.49
廣昌縣	5.58	0.57	3.70	1.15	0.42	20.68

説明:全部城市的統計口徑為市區(包括城區和郊區),不含下轄縣級市和縣,下同。

3.4.24 1997年内蒙古自治區城鄉居民家庭户資源及其地區分布

地區 Region	居民總户數（萬户）Total Households	占全區比重（%）Proportion	平均家庭户規模（人/户）Average Persons Per Household	其中非農業居民户數（萬户）Non-Agricultural Households	占全區比重（%）Proportion	非農業居民户數占總户數比重（%）Non-Agricultural Households Proportion
全　區	**618.89**	**100.00**	**3.70**	**236.44**	**100.00**	**38.20**
呼和浩特市	**28.84**	**4.66**	**3.35**	**15.21**	**6.43**	**52.74**
土默特左旗	8.67	1.40	3.92	2.33	0.99	26.90
托克托縣	5.02	0.81	3.73	1.52	0.64	30.33
和林格爾縣	4.71	0.76	3.96	0.60	0.25	12.77
清水河縣	3.43	0.55	3.85	0.47	0.20	13.84
武川縣	4.81	0.78	3.56	0.74	0.31	15.48
包頭市	**36.33**	**5.87**	**3.60**	**26.59**	**11.24**	**73.18**
土默特右旗	9.17	1.48	3.76	1.45	0.61	15.78
固陽縣	6.11	0.99	3.64	1.00	0.42	16.29
達爾罕茂明安旗	3.01	0.49	3.75	0.76	0.32	25.09
烏海市	**11.00**	**1.78**	**3.48**	**9.07**	**3.83**	**82.42**
赤峰市	**31.78**	**5.13**	**3.40**	**12.91**	**5.46**	**40.61**
阿魯科爾沁旗	7.99	1.29	3.65	0.84	0.35	10.50
巴林左旗	9.46	1.53	3.69	1.03	0.44	10.91
巴林右旗	4.97	0.80	3.50	0.99	0.42	19.97
林西縣	6.68	1.08	3.56	1.40	0.59	21.01
克什克騰旗	6.67	1.08	3.78	1.53	0.65	22.91
翁牛特旗	11.71	1.89	3.97	1.30	0.55	11.09
喀喇沁旗	9.31	1.50	3.92	1.03	0.44	11.11
寧城縣	15.46	2.50	3.78	1.63	0.69	10.57
敖漢旗	15.12	2.44	3.78	1.51	0.64	9.97
烏蘭察盟						
集寧市	6.99	1.13	3.25	6.22	2.63	88.99
豐鎮市	8.80	1.42	3.52	2.07	0.88	23.55
卓資縣	6.87	1.11	3.49	1.15	0.48	16.67
化德縣	4.36	0.70	3.69	0.81	0.34	18.63
商都縣	9.68	1.56	3.48	1.84	0.78	18.99
興和縣	7.35	1.19	4.04	0.92	0.39	12.46
凉城縣	6.68	1.08	3.59	1.28	0.54	19.17

3.4.24 1997 年内蒙古自治區城鄉居民家庭户資源及其地區分布(續)

地 區 Region	居民總户數 (萬户) Total Households	占全區比重 (%) Proportion	平均家庭户 規模(人/户) Average Persons Per Household	其中非農業居 民户數(萬户) Non-Agricultural Households	占全區比重 (%) Proportion	非農業居民户數 占總户數比重 (%) Non-Agricultural Households Proportion
察哈爾右翼前旗	7.17	1.16	3.88	1.39	0.59	19.42
察哈爾右翼中旗	5.97	0.96	3.74	0.72	0.31	12.11
察哈爾右翼后旗	5.89	0.95	3.65	1.51	0.64	25.58
四子王旗	5.74	0.93	3.66	1.01	0.43	17.62
錫林郭勒盟						
二連浩特市	0.49	0.08	2.90	0.49	0.21	100.00
錫林浩特市	4.13	0.67	3.31	3.38	1.43	81.92
阿巴嘎旗	1.19	0.19	3.43	0.45	0.19	37.99
蘇尼特左旗	2.01	0.32	3.37	0.91	0.39	45.35
蘇尼特右旗	0.81	0.13	3.86	0.31	0.13	38.02
東烏珠穆沁旗	1.62	0.26	3.79	0.61	0.26	37.95
西烏珠穆沁旗	1.63	0.26	4.47	0.52	0.22	32.01
太僕寺旗	5.92	0.96	3.55	0.88	0.37	14.78
鑲黄旗	0.84	0.14	3.43	0.32	0.13	37.85
正鑲白旗	1.99	0.32	3.68	0.33	0.14	16.39
正蘭旗	2.00	0.32	3.96	0.36	0.15	18.06
多倫縣	2.76	0.45	3.75	0.58	0.25	21.18
哲里木盟						
通遼市	21.68	3.50	3.48	8.39	3.55	38.68
霍林河市	1.62	0.26	3.74	1.28	0.54	79.04
科爾沁左翼中旗	13.02	2.10	4.14	3.51	1.49	27.00
科爾沁左翼后旗	9.67	1.56	4.00	2.69	1.14	27.77
開魯縣	10.33	1.67	3.64	1.02	0.43	9.88
庫倫旗	4.18	0.68	4.11	0.96	0.41	22.95
奈曼旗	10.66	1.72	3.90	1.33	0.56	12.50
扎魯特旗	7.15	1.16	4.07	1.19	0.50	16.68
呼倫貝爾盟						
海拉爾市	6.80	1.10	3.42	6.17	2.61	90.81
滿洲里市	5.51	0.89	2.90	5.51	2.33	99.94
扎蘭屯市	10.62	1.72	3.95	4.00	1.69	37.66
牙克石市	12.51	2.02	3.38	10.52	4.45	84.11
額爾古納市	2.31	0.37	3.52	2.25	0.95	97.54
根河市	5.42	0.88	3.28	5.41	2.29	99.83
阿榮旗	7.56	1.22	4.47	2.31	0.98	30.56
莫力達瓦達斡爾旗	6.74	1.09	4.27	1.76	0.74	26.12
鄂倫春旗	8.40	1.36	3.82	6.93	2.93	82.50

3.4.24 1997年内蒙古自治區城鄉居民家庭户資源及其地區分布(續)

地 區 Region	居民總户數(萬户) Total Households	占全省比重(%) Proportion	平均家庭户規模(人/户) Average Persons Per Household	其中非農業居民户數(萬户) Non-Agricultural Households	占全省比重(%) Proportion	非農業居民户數占總户數比重(%) Non-Agricultural Households Proportion
鄂温克旗	4.10	0.66	3.67	3.61	1.53	88.09
陳巴爾虎旗	1.49	0.24	3.69	1.20	0.51	80.73
新巴爾虎左旗	1.11	0.18	3.63	0.61	0.26	55.33
新巴爾虎右旗	0.85	0.14	3.81	0.45	0.19	52.78
興安盟						
烏蘭浩特市	**7.47**	**1.21**	**3.36**	**5.65**	**2.39**	**75.60**
阿爾山市	1.46	0.24	3.35	1.44	0.61	98.36
科爾沁右翼前旗	8.01	1.29	4.60	1.23	0.52	15.33
科爾沁右翼中旗	5.22	0.84	4.56	1.66	0.70	31.85
扎賚特旗	9.06	1.46	4.28	1.64	0.69	18.08
突泉縣	7.63	1.23	4.02	1.69	0.71	22.11
伊克昭盟						
東勝市	4.90	0.79	3.47	3.11	1.31	63.41
達拉特旗	8.85	1.43	3.57	1.24	0.52	14.01
準格爾旗	7.70	1.24	3.36	1.69	0.72	22.00
鄂托克前旗	2.05	0.33	3.27	0.52	0.22	25.52
鄂托克旗	2.82	0.46	3.06	0.87	0.37	30.86
杭錦旗	3.75	0.61	3.53	0.70	0.30	18.66
烏審旗	2.59	0.42	3.54	0.43	0.18	16.56
伊金霍洛旗	4.18	0.68	3.42	0.75	0.32	17.83
巴彦淖爾盟						
臨河市	11.54	1.86	4.07	5.01	2.12	43.40
五原縣	7.40	1.20	3.93	2.02	0.85	27.25
磴口縣	3.09	0.50	3.60	1.12	0.47	36.12
烏拉特前旗	9.28	1.50	3.82	1.45	0.61	15.58
烏拉特中旗	3.82	0.62	3.70	1.24	0.52	32.37
烏拉特后旗	1.56	0.25	3.40	0.89	0.37	56.79
杭錦后旗	7.53	1.22	4.06	1.65	0.70	21.92
阿拉善盟						
阿拉善左旗	4.50	0.73	2.90	3.02	1.28	67.10
阿拉善右旗	0.76	0.12	3.14	0.47	0.20	61.92
額濟納旗	0.56	0.09	2.84	0.44	0.19	79.25

説明:全部城市的統計口徑為市區(包括城區和郊區),不含下轄縣級市和縣,下同。

3.4.25 1997年寧夏回族自治區城鄉居民家庭户資源及其地區分布

地 區 Region	居民總户數（萬户） Total Households	占全區比重（%） Proportion	平均家庭户規模（人/户） Average Persons Per Household	其中非農業居民户數（萬户） Non-Agricultural Households	占全區比重（%） Proportion	非農業居民户數占總户數比重（%） Non-Agricultural Households Proportion
全 區	**127.11**	**100.00**	**4.16**	**45.84**	**100.00**	**36.06**
銀川市	**16.31**	**12.83**	**3.52**	**15.27**	**33.32**	**93.64**
永寧縣	4.65	3.66	3.88	0.80	1.75	17.30
賀蘭縣	4.42	3.48	3.95	0.79	1.73	17.93
石嘴山市	**9.19**	**7.23**	**3.50**	**8.92**	**19.46**	**97.06**
平羅縣	6.89	5.42	3.74	1.64	3.59	23.87
陶樂縣	0.72	0.57	3.36	0.20	0.44	27.93
惠農縣	2.05	1.61	3.48	0.40	0.88	19.62
銀南地區						
吴忠市	7.72	6.07	3.79	2.73	5.96	35.40
青銅峽市	5.94	4.67	3.99	2.02	4.41	34.06
中衛縣	6.42	5.05	5.00	1.53	3.33	23.77
中寧縣	8.18	6.44	2.75	1.95	4.26	23.86
靈武市	5.45	4.29	4.58	2.19	4.77	40.16
鹽池縣	3.72	2.93	4.07	0.75	1.63	20.03
同心縣	7.27	5.72	4.60	0.91	1.99	12.53
固原地區						
固原縣	11.27	8.87	4.54	2.05	4.46	18.16
海原縣	6.95	5.47	5.20	0.57	1.24	8.17
西吉縣	8.07	6.35	5.45	0.52	1.14	6.45
隆德縣	4.63	3.64	4.54	0.45	0.98	9.71
涇源縣	2.20	1.73	4.95	0.18	0.39	8.07
彭陽縣	5.05	3.97	4.83	0.38	0.83	7.50

説明：全部城市的統計口徑為市區（包括城區和郊區），不含下轄縣級市和縣，下同。

3.4.26 1997年青海省城鄉居民家庭户資源及其地區分布

地 區 Region	居民總户數 (萬户) Total Households	占全省比重 (%) Proportion	平均家庭户 規模(人/户) Average Persons Per Household	其中非農業居 民户數(萬户) Non-Agricultural Households	占全省比重 (%) Proportion	非農業居民户數 占總户數比重 (%) Non-Agricultural Households Proportion
全 省	**105.56**	**100.00**	**4.42**	**38.42**	**100.00**	**36.40**
西寧市	**18.98**	**17.98**	**3.70**	**17.35**	**45.16**	**91.41**
大通縣	9.23	8.74	4.45	2.48	6.45	26.87
海東地區						
平安縣	2.46	2.33	4.40	0.81	2.11	32.93
民和縣	7.17	6.79	5.04	0.85	2.21	11.86
樂都縣	6.67	6.32	4.35	1.13	2.94	16.94
湟中縣	10.06	9.53	4.45	0.78	2.03	7.75
湟源縣	3.20	3.03	4.11	0.74	1.93	23.14
互助縣	8.01	7.59	4.56	0.65	1.69	8.11
循化縣	1.99	1.89	5.32	0.26	0.68	13.07
化隆縣	4.60	4.36	4.81	0.49	1.28	10.65
海北州						
門源縣	3.09	2.93	4.60	0.77	2.00	24.92
祁連縣	0.99	0.94	4.38	0.31	0.81	31.31
海晏縣	0.79	0.75	3.68	0.30	0.78	37.97
剛察縣	0.93	0.88	4.23	0.37	0.96	39.78
黄南州						
同仁縣	1.35	1.28	5.29	0.55	1.43	40.74
尖扎縣	0.98	0.93	4.64	0.18	0.47	18.37
澤庫縣	0.86	0.81	5.36	0.10	0.26	11.63
河南縣	0.50	0.47	5.52	0.11	0.29	22.00
海南州						
共和縣	2.81	2.66	4.66	1.66	4.32	59.07
同德縣	0.78	0.74	5.88	0.16	0.42	20.51
貴德縣	2.13	2.02	4.34	0.29	0.75	13.62

3.4.26 1997年青海省城鄉居民家庭户資源及其地區分布(續)

地 區 Region	居民總户數 (萬户) Total Households	占全省比重 (%) Proportion	平均家庭户 規模(人/户) Average Persons Per Household	其中非農業居 民户數(萬户) Non-Agricultural Households	占全省比重 (%) Proportion	非農業居民户數 占總户數比重 (%) Non-Agricultural Households Proportion
興海縣	1.04	0.99	5.22	0.16	0.42	15.38
貴南縣	1.21	1.15	5.10	0.29	0.75	23.97
果洛州						
瑪沁縣	0.64	0.61	5.12	0.28	0.73	43.75
班瑪縣	0.40	0.38	4.97	0.08	0.21	20.10
甘德縣	0.45	0.43	5.13	0.04	0.10	8.89
達日縣	0.52	0.49	4.25	0.06	0.16	11.54
久治縣	0.38	0.36	4.66	0.05	0.13	13.16
瑪多縣	0.31	0.29	3.44	0.07	0.18	22.58
玉樹州						
玉樹縣	1.56	1.48	4.75	0.04	0.10	2.56
雜多縣	0.68	0.64	5.04	0.07	0.18	10.29
稱多縣	0.78	0.73	5.05	0.12	0.31	15.47
治多縣	0.49	0.46	4.51	0.07	0.18	14.29
囊謙縣	1.00	0.94	5.93	0.10	0.26	10.05
曲麻萊縣	0.43	0.41	4.77	0.10	0.26	23.26
海西自治州						
格爾木市	2.61	2.47	3.37	2.06	5.36	78.93
德令哈市	1.14	1.08	4.66	0.88	2.29	77.19
烏蘭縣	2.75	2.61	3.80	2.48	6.45	90.18
都蘭縣	1.24	1.17	4.31	0.36	0.94	29.03
天峻縣	0.37	0.35	4.58	0.12	0.31	32.43

說明:全部城市的統計口徑為市區(包括城區和郊區),不含下轄縣級市和縣,下同。

3.4.27 1997年山東省城鄉居民家庭户資源及其地區分布

地 區 Region	居民總户數（萬户） Total Households	占全省比重（%） Proportion	平均家庭户規模（人/户） Average Persons Per Household	其中非農業居民户數（萬户） Non-Agricultural Households	占全省比重（%） Proportion	非農業居民户數占總户數比重（%） Non-Agricultural Households Proportion
全 省	**2 527.44**	**100.00**	**3.49**	**728.64**	**100.00**	**28.83**
濟南市	**79.50**	**3.15**	**3.21**	**57.02**	**7.83**	**71.72**
章丘市	26.50	1.05	3.69	6.32	0.87	23.86
長清縣	14.40	0.57	3.62	3.28	0.45	22.78
平陰縣	10.30	0.41	3.43	3.65	0.50	35.48
商河縣	13.90	0.55	4.13	1.84	0.25	13.26
濟陽縣	13.10	0.52	3.94	1.93	0.26	14.73
青島市	**76.40**	**3.02**	**2.97**	**61.67**	**8.46**	**80.72**
膠州市	22.20	0.88	3.36	6.62	0.91	29.84
即墨市	31.10	1.23	3.40	5.52	0.76	17.75
平度市	39.10	1.55	3.38	6.63	0.91	16.97
膠南市	25.00	0.99	3.34	5.58	0.77	22.34
萊西市	21.20	0.84	3.41	3.74	0.51	17.64
淄博市	**83.10**	**3.29**	**3.16**	**49.44**	**6.79**	**59.50**
桓臺縣	14.30	0.57	3.34	3.70	0.51	25.86
高青縣	9.80	0.39	3.60	1.54	0.21	15.75
沂源縣	18.30	0.72	3.01	0.40	0.05	2.17
棗莊市	**55.00**	**2.18**	**3.59**	**21.59**	**2.96**	**39.25**
滕州市	41.40	1.64	3.71	13.02	1.79	31.46
東營市	**21.80**	**0.86**	**3.24**	**15.98**	**2.19**	**73.31**
墾利縣	6.20	0.25	3.36	1.73	0.24	27.83
利津縣	9.10	0.36	3.16	1.86	0.26	20.49
廣饒縣	13.20	0.52	3.54	2.69	0.37	20.38
烟臺市	**51.60**	**2.04**	**2.99**	**28.69**	**3.94**	**55.61**
蓬萊市	16.70	0.66	2.93	4.24	0.58	25.42
招遠市	18.40	0.73	3.14	5.67	0.78	30.81
栖霞市	21.70	0.86	3.10	3.63	0.50	16.74
海陽市	23.20	0.92	3.03	3.90	0.54	16.82
龍口市	19.50	0.77	3.15	7.68	1.05	39.41
萊陽市	25.70	1.02	3.48	4.74	0.65	18.43
萊州市	27.00	1.07	3.24	8.95	1.23	33.15
長島縣	1.60	0.06	2.81	0.76	0.10	47.56
濰坊市	**35.80**	**1.42**	**3.52**	**18.86**	**2.59**	**52.69**
安丘市	29.50	1.17	3.68	5.44	0.75	18.46
壽光市	28.60	1.13	3.63	6.21	0.85	21.70
昌邑市	20.20	0.80	3.36	4.28	0.59	21.17
高密市	24.30	0.96	3.46	5.98	0.82	24.61

3.4.27　1997年山東省城鄉居民家庭户資源及其地區分布(續)

地　區 Region	居民總户數(萬户) Total Households	占全省比重(%) Proportion	平均家庭户規模(人/户) Average Persons Per Household	其中非農業居民户數(萬户) Non-Agricultural Households	占全省比重(%) Proportion	非農業居民户數占總户數比重(%) Non-Agricultural Households Proportion
青州市	24.70	0.98	3.59	5.64	0.77	22.82
諸城市	29.20	1.16	3.56	4.33	0.59	14.83
臨朐縣	24.10	0.95	3.57	7.74	1.06	32.11
昌樂縣	16.60	0.66	3.63	3.04	0.42	18.34
濟寧市	**27.00**	**1.07**	**3.66**	**12.48**	**1.71**	**46.21**
兖州市	16.70	0.66	3.54	5.94	0.81	35.56
鄒城市	29.40	1.16	3.71	8.72	1.20	29.68
曲阜市	17.30	0.68	3.59	4.72	0.65	27.26
微山縣	16.10	0.64	4.14	3.29	0.45	20.44
魚臺縣	10.20	0.40	4.25	1.96	0.27	19.23
金鄉縣	15.80	0.63	3.79	2.57	0.35	16.28
嘉祥縣	19.40	0.77	3.87	2.58	0.35	13.31
汶上縣	17.20	0.68	4.17	2.57	0.35	14.96
泗水縣	17.60	0.70	3.33	2.60	0.36	14.80
梁山縣	17.90	0.71	3.89	2.86	0.39	15.99
泰安市	**44.50**	**1.76**	**3.35**	**16.70**	**2.29**	**37.53**
新泰市	39.00	1.54	3.39	11.67	1.60	29.93
肥城市	26.00	1.03	3.67	9.51	1.30	36.57
寧陽縣	20.90	0.83	3.82	4.60	0.63	22.00
東平縣	19.70	0.78	3.87	3.54	0.49	17.95
威海市	**15.70**	**0.62**	**3.09**	**9.47**	**1.30**	**60.35**
乳山市	21.50	0.85	2.87	4.19	0.58	19.49
文登市	24.20	0.96	2.76	7.74	1.06	31.98
榮成市	22.50	0.89	3.04	7.73	1.06	34.35
日照市	**35.40**	**1.40**	**3.17**	**10.61**	**1.46**	**29.97**
莒　縣	33.50	1.33	3.24	6.39	0.88	19.07
五蓮縣	16.80	0.66	3.02	3.79	0.52	22.58
萊蕪市	37.30	1.48	3.24	12.45	1.71	33.39
臨沂市	**50.10**	**1.98**	**3.52**	**17.22**	**2.36**	**34.38**
郯城縣	23.90	0.95	3.92	3.41	0.47	14.26
蒼山縣	30.00	1.19	3.74	2.84	0.39	9.47
莒南縣	30.00	1.19	3.25	5.38	0.74	17.94
沂水縣	33.80	1.34	3.29	5.35	0.73	15.82
蒙陰縣	16.30	0.64	3.18	3.74	0.51	22.95
平邑縣	27.60	1.09	3.49	5.43	0.75	19.69
費　縣	26.60	1.05	3.40	3.75	0.51	14.10
沂南縣	27.70	1.10	3.21	3.41	0.47	12.30

3.4.27 1997年山東省城鄉居民家庭户資源及其地區分布(續)

地 區 Region	居民總户數 (萬户) Total Households	占全省比重 (%) Proportion	平均家庭户 規模(人/户) Average Persons Per Household	其中非農業居 民户數(萬户) Non-Agricultural Households	占全省比重 (%) Proportion	非農業居民户數 占總户數比重 (%) Non-Agricultural Households Proportion
臨沭縣	17.70	0.70	3.40	3.47	0.48	19.62
德州市	**15.30**	**0.61**	**3.30**	**9.84**	**1.35**	**64.31**
樂陵市	15.90	0.63	3.98	1.75	0.24	10.99
禹城市	12.30	0.49	3.98	2.07	0.28	16.82
陵 縣	13.70	0.54	3.85	1.81	0.25	13.22
平原縣	12.00	0.47	3.58	1.89	0.26	15.72
夏津縣	13.50	0.53	3.51	2.02	0.28	14.93
武城縣	9.50	0.38	3.81	1.61	0.22	16.92
齊河縣	15.70	0.62	3.71	2.30	0.32	14.68
臨邑縣	11.90	0.47	4.20	1.76	0.24	14.77
寧津縣	11.80	0.47	3.76	2.17	0.30	18.35
慶雲縣	7.70	0.30	3.69	1.10	0.15	14.34
濱州地區						
濱州市	16.60	0.66	3.51	6.74	0.93	40.61
惠民縣	15.40	0.61	4.02	2.40	0.33	15.59
陽信縣	11.50	0.46	3.66	1.79	0.25	15.56
無棣縣	11.50	0.46	3.60	2.41	0.33	20.97
沾化縣	12.00	0.47	3.15	1.80	0.25	15.01
博興縣	13.30	0.53	3.43	4.09	0.56	30.78
鄒平縣	18.30	0.72	3.70	6.48	0.89	35.43
聊城市	**24.60**	**0.97**	**3.76**	**7.44**	**1.02**	**30.24**
臨清市	19.50	0.77	3.57	4.05	0.56	20.78
陽谷縣	19.00	0.75	3.91	3.34	0.46	17.60
莘 縣	23.80	0.94	3.97	2.63	0.36	11.03
茌平縣	14.00	0.55	4.03	1.25	0.17	8.96
東阿縣	10.30	0.41	4.10	1.25	0.17	12.17
冠 縣	19.60	0.78	3.71	1.88	0.26	9.57
高唐縣	12.80	0.51	3.59	1.25	0.17	9.80
荷澤地區						
荷澤市	33.40	1.32	3.70	8.67	1.19	25.96
曹 縣	35.00	1.38	3.92	5.17	0.71	14.76
定陶縣	15.00	0.59	3.80	2.80	0.38	18.65
成武縣	19.80	0.78	3.13	2.60	0.36	13.15
單 縣	29.40	1.16	3.83	3.61	0.50	12.29
巨野縣	23.30	0.92	3.76	2.68	0.37	11.50
鄆城縣	26.80	1.06	3.91	2.85	0.39	10.64
鄄城縣	18.70	0.74	3.96	2.55	0.35	13.64
東明縣	15.80	0.63	4.24	2.30	0.32	14.58

說明:全部城市的統計口徑為市區(包括城區和郊區),不含下轄縣級市和縣,下同。

3.4.28 1997年山西省城鄉居民家庭户資源及其地區分布

地 區 Region	居民總户數(萬户) Total Households	占全省比重(%) Proportion	平均家庭户規模(人/户) Average Persons Per Household	其中非農業居民户數(萬户) Non-Agricultural Households	占全省比重(%) Proportion	非農業居民户數占總户數比重(%) Non-Agricultural Households Proportion
全 省	**847.48**	**100.00**	**3.65**	**241.09**	**100.00**	**28.45**
太原市	**55.33**	**6.53**	**4.01**	**48.43**	**20.09**	**87.52**
古交市	5.68	0.67	3.22	3.31	1.37	58.27
清徐縣	8.06	0.95	3.54	0.95	0.39	11.77
陽曲縣	4.19	0.49	3.33	0.55	0.23	13.17
婁煩縣	2.63	0.31	4.09	0.42	0.17	15.94
大同市	**36.20**	**4.27**	**3.41**	**29.40**	**12.20**	**81.23**
陽高縣	9.15	1.08	2.99	1.32	0.55	14.47
天鎮縣	6.11	0.72	3.24	0.84	0.35	13.72
廣靈縣	5.10	0.60	3.18	0.60	0.25	11.68
靈丘縣	6.59	0.78	3.24	0.78	0.32	11.89
渾源縣	9.71	1.15	3.44	1.42	0.59	14.66
左雲縣	3.82	0.45	3.20	0.97	0.40	25.42
大同縣	5.27	0.62	3.02	0.88	0.37	16.75
陽泉市	**19.13**	**2.26**	**3.20**	**15.13**	**6.27**	**79.07**
平定縣	10.49	1.24	3.04	1.63	0.68	15.57
盂 縣	9.68	1.14	3.01	1.57	0.65	16.19
長治市	**16.00**	**1.89**	**3.65**	**11.40**	**4.73**	**71.23**
潞城市	5.46	0.64	3.66	1.05	0.43	19.20
長治縣	8.71	1.03	3.67	0.88	0.37	10.13
襄垣縣	5.95	0.70	4.04	1.22	0.51	20.58
屯留縣	5.99	0.71	4.01	0.52	0.22	8.66
平順縣	4.51	0.53	3.69	0.41	0.17	9.05
黎城縣	4.56	0.54	3.42	0.53	0.22	11.61
壺關縣	7.48	0.88	3.68	0.67	0.28	9.00
長子縣	8.20	0.97	4.17	0.68	0.28	8.34
武鄉縣	5.19	0.61	4.06	0.56	0.23	10.84
沁 縣	4.49	0.53	3.78	0.81	0.33	17.94
沁源縣	3.87	0.46	4.05	0.49	0.20	12.54
晋城市	**6.78**	**0.80**	**3.38**	**4.66**	**1.93**	**68.67**
高平市	12.23	1.44	3.87	1.53	0.64	12.54
澤州縣	13.73	1.62	3.73	1.43	0.59	10.45
沁水縣	6.23	0.74	3.37	0.90	0.38	14.52
陽城縣	11.24	1.33	3.53	1.59	0.66	14.14
陵川縣	6.43	0.76	3.87	0.62	0.26	9.61
朔州市	**16.39**	**1.93**	**3.19**	**4.51**	**1.87**	**27.53**
山陰縣	6.59	0.78	3.06	1.18	0.49	17.91

3.4.28 1997年山西省城鄉居民家庭户資源及其地區分布(續)

地 區 Region	居民總户數 (萬户) Total Households	占全省比重 (%) Proportion	平均家庭户 規模(人/户) Average Persons Per Household	其中非農業居 民户數(萬户) Non-Agricultural Households	占全省比重 (%) Proportion	非農業居民户數 占總户數比重 (%) Non-Agricultural Households Proportion
應 縣	7.53	0.89	3.53	0.77	0.32	10.26
右玉縣	2.73	0.32	3.55	0.41	0.17	14.95
懷仁縣	7.65	0.90	3.12	2.39	0.99	31.30
忻州行署						
忻州市	14.62	1.73	3.18	4.89	2.03	33.43
原平市	13.79	1.63	3.28	3.31	1.37	24.00
定襄縣	6.00	0.71	3.44	0.90	0.38	15.08
五臺縣	9.05	1.07	3.42	1.06	0.44	11.70
代 縣	6.71	0.79	3.99	1.40	0.58	20.88
繁峙縣	7.00	0.83	3.32	0.75	0.31	10.72
寧武縣	3.78	0.45	3.92	0.89	0.37	23.64
静樂縣	3.92	0.46	3.93	0.52	0.22	13.23
神池縣	2.88	0.34	3.42	0.42	0.17	14.56
五寨縣	2.68	0.32	3.78	0.42	0.17	15.64
岢嵐縣	2.00	0.24	3.80	0.28	0.11	13.79
河曲縣	3.79	0.45	3.44	0.72	0.30	18.92
保德縣	3.38	0.40	4.22	0.40	0.16	11.75
偏關縣	2.97	0.35	3.58	0.55	0.23	18.57
吕梁行署						
孝義市	10.96	1.29	3.65	3.41	1.41	31.11
汾陽市	10.11	1.19	3.71	1.83	0.76	18.12
離石市	6.15	0.73	3.38	2.31	0.96	37.50
文水縣	10.59	1.25	3.75	1.08	0.45	10.21
交城縣	5.44	0.64	3.78	0.81	0.33	14.81
興 縣	6.49	0.77	4.00	0.62	0.26	9.52
臨 縣	14.08	1.66	3.87	1.05	0.43	7.44
柳林縣	6.89	0.81	3.91	0.90	0.38	13.13
石樓縣	2.05	0.24	4.83	0.20	0.08	9.69
嵐 縣	4.10	0.48	3.93	0.39	0.16	9.42
方山縣	3.55	0.42	3.75	0.38	0.16	10.57
中陽縣	3.33	0.39	3.80	0.57	0.24	17.23
交口縣	2.60	0.31	3.90	0.38	0.16	14.43
晋中行署						
榆次市	14.66	1.73	3.39	7.77	3.22	52.98
介休市	10.90	1.29	3.34	2.92	1.21	26.82
榆社縣	3.70	0.44	3.66	0.52	0.22	14.02
左權縣	4.59	0.54	3.49	0.64	0.27	13.94
和順縣	3.77	0.44	3.59	0.60	0.25	15.80

3.4.28　1997年山西省城鄉居民家庭户資源及其地區分布(續)

地　區 Region	居民總户數 (萬户) Total Households	占全省比重 (%) Proportion	平均家庭户 規模(人/户) Average Persons Per Household	其中非農業居 民户數(萬户) Non-Agricultural Households	占全省比重 (%) Proportion	非農業居民户數 占總户數比重 (%) Non-Agricultural Households Proportion
昔陽縣	7.41	0.87	3.23	0.95	0.39	12.81
壽陽縣	6.73	0.79	3.16	1.08	0.45	16.07
太谷縣	7.91	0.93	3.40	1.90	0.79	23.99
祁　縣	7.40	0.87	3.34	1.32	0.55	17.89
平遥縣	13.48	1.59	3.52	1.89	0.78	14.00
靈石縣	6.87	0.81	3.37	2.21	0.92	32.12
臨汾行署						
臨汾市	19.36	2.28	3.46	7.88	3.27	40.69
侯馬市	6.24	0.74	3.33	3.39	1.40	54.28
霍州市	6.63	0.78	4.06	2.53	1.05	38.11
曲沃縣	5.52	0.65	3.88	0.81	0.33	14.59
翼城縣	8.02	0.95	3.63	1.38	0.57	17.20
襄汾縣	11.50	1.36	4.14	1.06	0.44	9.21
洪洞縣	16.25	1.92	4.13	1.97	0.82	12.15
古　縣	2.29	0.27	3.62	0.39	0.16	16.86
安澤縣	2.20	0.26	3.55	0.29	0.12	13.04
浮山縣	3.02	0.36	4.31	0.41	0.17	13.52
吉　縣	2.53	0.30	3.94	0.33	0.14	13.08
鄉寧縣	2 4.49	0.53	4.50	0.57	0.24	12.78
蒲　縣	2.09	0.25	4.60	0.35	0.15	16.89
大寧縣	1.47	0.17	4.29	0.26	0.11	18.01
永和縣	1.47	0.17	4.13	0.21	0.09	14.26
隰　縣	2.27	0.27	4.26	0.45	0.19	19.93
汾西縣	3.01	0.36	4.46	0.35	0.15	11.73
運城行署						
運城市	14.95	1.76	3.73	4.79	1.99	32.03
永濟市	12.08	1.43	3.45	2.37	0.98	19.64
河津市	8.08	0.95	4.36	1.82	0.76	22.53
芮城縣	10.04	1.18	3.62	0.86	0.36	8.57
臨猗縣	13.21	1.56	4.08	0.97	0.40	7.35
萬榮縣	9.76	1.15	4.23	0.63	0.26	6.44
新絳縣	7.31	0.86	4.10	0.92	0.38	12.53
稷山縣	7.39	0.87	4.29	0.66	0.27	8.96
聞喜縣	9.49	12.12	3.89	1.39	0.58	14.65
夏　縣	7.59	0.90	4..49	0.63	0.26	8.29
絳　縣	6.45	0.76	4.14	1.27	0.53	19.67
平陸縣	6.38	0.75	3.72	0.62	0.26	9.68
垣曲縣	5.95	0.70	3.65	1.90	0.79	31.89

説明:全部城市的統計口徑為市區(包括城區和郊區),不含下轄縣級市和縣,下同。

3.4.29 1997年陕西省城鄉居民家庭户資源及其地區分布

地 區 Region	居民總户數 (萬户) Total Households	占全省比重 (%) Proportion	平均家庭户 規模(人/户) Average Persons Per Household	其中非農業居 民户數(萬户) Non-Agricultural Households	占全省比重 (%) Proportion	非農業居民户數 占總户數比重 (%) Non-Agricultural Households Proportion
全 省	**906.08**	**100.00**	**3.84**	**235.13**	**100.00**	**25.95**
西安市	**88.18**	**9.73**	**3.50**	**75.02**	**31.90**	**85.07**
長安縣	22.75	2.51	3.85	3.08	1.31	13.55
藍田縣	15.55	1.72	3.94	1.73	0.74	11.15
臨潼縣	16.33	1.80	3.96	3.05	1.30	18.67
周至縣	14.39	1.59	4.25	1.19	0.50	8.25
户 縣	13.92	1.54	4.01	2.55	1.08	18.31
高陵縣	5.54	0.61	4.10	0.61	0.26	10.92
銅川市	**10.70**	**1.18**	**4.08**	**8.56**	**3.64**	**80.04**
耀 縣	7.32	0.81	3.94	1.73	0.74	23.69
宜君縣	2.18	0.24	4.22	0.28	0.12	12.81
寶鷄市	**16.67**	**1.84**	**3.23**	**15.58**	**6.63**	**93.47**
寶鷄縣	17.01	1.88	4.15	2.48	1.05	14.57
鳳翔縣	12.09	1.33	4.11	1.12	0.48	9.24
岐山縣	12.31	1.36	3.64	2.28	0.97	18.53
扶風縣	10.80	1.19	4.05	0.88	0.38	8.19
眉 縣	7.31	0.81	3.98	0.78	0.33	10.67
隴 縣	6.09	0.67	3.90	0.67	0.29	11.08
千陽縣	3.17	0.35	3.97	0.42	0.18	13.21
麟游縣	2.22	0.25	3.80	0.33	0.14	14.68
鳳 縣	2.75	0.30	3.57	0.70	0.30	25.39
太白縣	1.50	0.17	3.44	0.41	0.17	27.15
咸陽市	**22.26**	**2.46**	**3.86**	**13.50**	**5.74**	**60.64**
興平市	13.68	1.51	3.91	3.18	1.35	23.22
三原縣	10.42	1.15	3.70	2.02	0.86	19.43
涇陽縣	11.15	1.23	4.30	1.11	0.47	9.91
乾 縣	12.63	1.39	4.21	1.00	0.43	7.92
禮泉縣	12.21	1.35	3.67	1.50	0.64	12.29
永壽縣	4.36	0.48	4.10	0.43	0.18	9.87
彬 縣	7.43	0.82	4.18	0.71	0.30	9.55
長武縣	4.23	0.47	3.91	0.38	0.16	9.08
旬邑縣	6.25	0.69	4.11	0.49	0.21	7.82
淳化縣	4.66	0.51	3.89	0.50	0.21	10.74
武功縣	8.78	0.97	4.52	0.99	0.42	11.26
渭南市	**21.86**	**2.41**	**3.90**	**6.03**	**2.56**	**27.57**
韓城市	9.59	1.06	3.88	3.21	1.37	33.49
華陰市	6.02	0.66	4.00	2.08	0.89	34.60

3.4.29 1997年陝西省城鄉居民家庭户資源及其地區分布(續)

地 區 Region	居民總户數 (萬户) Total Households	占全省比重 (%) Proportion	平均家庭户 規模(人/户) Average Persons Per Household	其中非農業居 民户數(萬户) Non-Agricultural Households	占全省比重 (%) Proportion	非農業居民户數 占總户數比重 (%) Non-Agricultural Households Proportion
華 縣	8.90	0.98	3.85	2.05	0.87	23.01
潼關縣	3.44	0.38	4.05	0.72	0.31	20.97
大荔縣	16.39	1.81	4.16	1.63	0.69	9.94
合陽縣	11.03	1.22	3.89	1.09	0.47	9.92
澄城縣	9.70	1.07	3.85	2.02	0.86	20.87
蒲城縣	17.35	1.91	4.14	2.46	1.04	14.15
白水縣	6.74	0.74	4.00	1.21	0.51	17.95
富平縣	18.97	2.09	3.94	2.27	0.97	11.96
漢中市	**15.63**	**1.73**	**3.12**	**7.91**	**3.37**	**50.62**
南鄭縣	15.62	1.72	3.36	2.14	0.91	13.71
城固縣	14.33	1.58	3.46	2.27	0.97	15.83
洋 縣	12.60	1.39	3.46	2.07	0.88	16.44
西鄉縣	11.33	1.25	3.55	1.49	0.63	13.15
勉 縣	12.11	1.34	3.43	2.44	1.04	20.18
寧强縣	8.55	20.94	3.80	0.94	0.40	11.02
略陽縣	4.96	0.55	4.02	1.48	0.63	29.79
鎮巴縣	7.17	0.79	3.80	0.63	0.27	8.76
留壩縣	1.27	0.14	3.54	0.22	0.09	17.41
佛坪縣	1.00	0.11	3.42	0.22	0.09	22.11
安康地區						
安康市	23.53	2.60	3.90	5.07	2.16	21.56
漢陰縣	7.86	0.87	3.61	0.73	0.31	9.33
石泉縣	5.00	0.55	3.63	0.79	0.34	15.83
寧陝縣	2.09	0.23	3.51	0.41	0.17	19.49
紫陽縣	8.63	0.95	4.03	0.87	0.37	10.11
嵐皋縣	4.48	0.49	3.80	0.48	0.20	10.65
平利縣	6.07	0.67	3.75	0.57	0.24	9.39
鎮坪縣	1.58	0.17	3.60	0.20	0.08	12.52
旬陽縣	12.01	1.33	3.72	0.94	0.40	7.85
白河縣	5.23	0.58	3.95	0.49	0.21	9.34
商洛地區						
商州市	13.55	1.50	3.91	2.08	0.89	15.37
洛南縣	11.48	1.27	3.83	1.11	0.47	9.63
丹鳳縣	7.61	0.84	3.84	0.59	0.25	7.80
商南縣	5.87	0.65	3.97	0.52	0.22	8.92
山陽縣	10.67	1.18	3.96	0.84	0.36	7.85
鎮安縣	7.22	0.80	4.02	0.57	0.24	7.90
水縣	4.11	0.45	3.75	0.47	0.20	11.32

3.4.29 1997年陕西省城鄉居民家庭户資源及其地區分布(續)

地 區 Region	居民總户數(萬户) Total Households	占全省比重(%) Proportion	平均家庭户規模(人/户) Average Persons Per Household	其中非農業居民户數(萬户) Non-Agricultural Households	占全省比重(%) Proportion	非農業居民户數占總户數比重(%) Non-Agricultural Households Proportion
延安市	**8.25**	**0.91**	**3.99**	**3.82**	**1.62**	**46.26**
延長縣	3.52	0.39	3.95	0.59	0.25	16.86
延川縣	4.35	0.48	3.87	0.73	0.31	16.85
子長縣	5.31	0.59	4.16	0.87	0.37	16.44
安塞縣	3.58	0.40	4.20	0.36	0.15	10.08
志丹縣	2.59	0.29	4.48	0.34	0.14	13.03
吴旗縣	2.73	0.30	4.34	0.34	0.14	12.36
甘泉縣	1.88	0.21	3.88	0.51	0.22	27.23
富 縣	3.84	0.42	3.63	0.78	0.33	20.30
洛川縣	4.31	0.48	4.36	0.69	0.29	15.93
宜川縣	2.91	0.32	3.95	0.38	0.16	13.20
黄龍縣	1.28	0.14	3.52	0.38	0.16	30.00
黄陵縣	2.77	0.31	4.12	1.02	0.44	36.97
榆林地區						
榆林市	10.99	1.21	3.62	3.34	1.42	30.39
神木縣	9.45	1.04	3.66	1.73	0.74	18.35
府谷縣	5.22	0.58	3.91	0.83	0.35	15.83
横山縣	7.25	0.80	4.22	0.58	0.25	8.02
靖邊縣	5.81	0.64	4.46	0.64	0.27	11.02
定邊縣	6.28	0.69	4.51	0.77	0.33	12.23
綏德縣	8.92	0.98	3.76	1.20	0.51	13.44
米脂縣	5.09	0.56	4.07	0.63	0.27	12.34
佳 縣	6.45	0.71	3.66	0.54	0.23	8.30
吴堡縣	2.17	0.24	3.52	0.34	0.14	15.55
清澗縣	5.71	0.63	3.64	0.55	0.23	9.58
子洲縣	7.09	0.78	4.07	0.59	0.25	8.37

説明:全部城市的統計口徑為市區(包括城區和郊區),不含下轄縣級市和縣,下同。

3.4.30 1997年上海市城鄉居民家庭户資源及其地區分布

地 區 Region	居民總户數 (萬户) Total Households	占全市比重 (%) Proportion	平均家庭户 規模(人/户) Average Persons Per Household	其中非農業居 民户數(萬户) Non-Agricultural Households	占全市比重 (%) Proportion	非農業居民户數 占總户數比重 (%) Non-Agricultural Households Proportion
全 市	**461.40**	**100.00**	**2.83**	**308.18**	**100.00**	**66.79**
市 區						
黄浦區	8.66	1.88	2.97	7.99	2.59	92.30
南市區	16.78	3.64	2.73	15.47	5.02	92.19
浦東新區	54.52	11.82	2.81	39.11	12.69	71.73
盧灣區	13.82	3.00	2.72	12.74	4.13	92.19
徐匯區	29.94	6.49	2.80	27.32	8.87	91.27
閔行區	19.84	4.30	2.89	11.08	3.60	55.85
静安區	13.51	2.93	2.82	12.45	4.04	92.12
普陀區	29.17	6.32	2.86	26.12	8.47	89.53
長寧區	22.06	4.78	2.77	19.97	6.48	90.52
嘉定區	14.88	3.22	3.20	4.96	1.61	33.33
虹口區	29.44	6.38	2.74	27.19	8.82	92.35
楊浦區	36.97	8.01	2.91	34.04	11.04	92.06
閘北區	24.49	5.31	2.75	22.26	7.22	90.91
寶山區	26.22	5.68	2.83	17.42	5.65	66.45
金山區	17.37	3.76	3.14	5.37	1.74	30.89
市轄縣						
松江縣	16.22	3.52	3.03	4.77	1.55	29.38
青浦縣	14.54	3.15	3.14	3.21	1.04	22.06
南匯縣	25.92	5.62	2.69	5.61	1.82	21.66
奉賢縣	20.24	4.39	2.55	5.02	1.63	24.82
崇明縣	26.81	5.81	2.63	6.08	1.97	22.69

3.4.31 1997年四川省城鄉居民家庭户資源及其地區分布

地　區 Region	居民總户數（萬户） Total Households	占全省比重（%） Proportion	平均家庭户規模（人/户） Average Persons Per Household	其中非農業居民户數（萬户） Non-Agricultural Households	占全省比重（%） Proportion	非農業居民户數占總户數比重（%） Non-Agricultural Households Proportion
全　省	**2 367.45**	**100.00**	**3.49**	**459.58**	**100.00**	**19.41**
成都市	300.10	12.68	3.30	108.12	23.53	36.03
自貢市	90.30	3.81	3.47	22.07	4.80	24.44
攀枝花市	26.90	1.14	3.68	15.91	3.46	59.14
瀘州市	130.30	5.50	3.51	20.95	4.56	16.08
德陽市	119.40	5.04	3.12	23.98	5.22	20.08
綿陽市	154.80	6.54	3.31	31.93	6.95	20.63
廣元市	83.40	3.52	3.57	15.57	3.39	18.67
遂寧市	106.40	4.49	3.46	15.80	3.44	14.85
内江市	280.40	11.84	3.22	40.89	8.90	14.58
樂山市	100.90	4.26	3.40	25.43	5.53	25.21
南充市	200.40	8.46	3.54	26.67	5.80	13.31
宜賓市	136.10	5.75	3.66	23.75	5.17	17.45
眉山地區	95.70	4.04	3.47	11.99	2.61	12.53
廣安地區	116.70	4.93	3.63	13.22	2.88	11.33
達川地區	163.60	6.91	3.73	24.76	5.39	15.13
巴中地區	87.50	3.70	3.83	10.98	2.39	12.55
雅安地區	42.70	1.80	3.48	8.40	1.83	19.68
阿壩州	18.50	0.78	4.35	3.81	0.83	20.59
甘孜州	18.50	0.78	4.68	3.14	0.68	16.96
凉山州	94.90	4.01	4.07	12.21	2.66	12.87

説明：全部城市的統計口徑含下轄縣級市和縣。

3.4.32　1997年天津市城鄉居民家庭户資源及其地區分布

地　區 Region	居民總户數（萬户）Total Households	占全市比重（%）Proportion	平均家庭户規模（人/户）Average Persons Per Household	其中非農業居民户數（萬户）Non-Agricultural Households	占全市比重（%）Proportion	非農業居民户數占總户數比重（%）Non-Agricultural Households Proportion
全　市	**284.15**	**100.00**	**3.19**	**167.07**	**100.00**	**58.80**
市内區						
和平區	14.57	5.13	3.12	14.08	8.43	96.61
河東區	21.58	7.59	2.91	20.81	12.46	96.43
河西區	23.59	8.30	2.93	22.62	13.54	95.87
南開區	24.92	8.77	2.94	23.73	14.20	95.22
河北區	20.96	7.38	2.93	20.22	12.10	96.47
紅橋區	19.90	7.00	2.88	19.11	11.44	96.03
濱海區						
塘沽區	14.94	5.26	3.02	12.20	7.30	81.67
漢沽區	5.82	2.05	2.88	4.23	2.53	72.71
大港區	10.44	3.67	3.04	6.70	4.01	64.22
其他區						
東麗區	9.89	3.48	3.02	3.14	1.88	31.75
西青區	9.56	3.36	3.21	2.37	1.42	24.76
津南區	11.41	4.02	3.18	2.64	1.58	23.12
北辰區	10.03	3.53	3.18	3.19	1.91	31.79
天津鐵廠	0.76	0.27	2.90	0.73	0.44	96.61
市轄縣						
寧河縣	9.98	3.51	3.51	2.42	1.45	24.30
武清縣	22.22	7.82	3.58	2.57	1.54	11.57
静海縣	14.84	5.22	3.32	2.14	1.28	14.45
寶坻縣	17.56	6.18	3.65	2.17	1.30	12.38
薊　縣	21.09	7.42	3.70	1.99	1.19	9.44

3.4.33 1997年新疆維吾爾自治區城鄉居民家庭户資源及其地區分布

地 區 Region	居民總户數（萬户） Total Households	占全區比重（%） Proportion	平均家庭户規模（人/户） Average Persons Per Household	其中非農業居民户數（萬户） Non-Agricultural Households	占全區比重（%） Proportion	非農業居民户數占總户數比重（%） Non-Agricultural Households Proportion
全 區	**436.79**	**100.00**	**3.91**	**154.85**	**100.00**	**35.45**
烏魯木齊市	**38.36**	**8.78**	**3.55**	**34.36**	**22.19**	**89.56**
烏魯木齊縣	4.45	1.02	3.56	0.62	0.40	13.97
克拉瑪依市	7.79	1.78	3.26	6.83	4.41	87.62
石河子市	18.09	4.14	3.14	10.29	6.65	56.90
吐魯番地區						
吐魯番市	5.73	1.31	4.27	1.66	1.07	29.00
鄯善縣	4.58	1.05	4.40	0.87	0.56	18.97
托克遜縣	2.52	0.58	4.06	0.53	0.34	21.11
哈密地區						
哈密市	10.40	2.38	3.34	6.03	3.89	57.95
巴里坤縣	2.52	0.58	3.98	0.55	0.35	21.71
伊吾縣	0.53	0.12	3.51	0.15	0.10	28.49
昌吉自治州						
昌吉市	10.20	2.34	3.23	5.71	3.69	55.97
阜康市	4.78	1.09	3.04	2.38	1.54	49.76
米泉縣	5.08	1.16	3.31	1.84	1.19	36.27
呼圖壁縣	5.97	1.37	3.26	2.31	1.49	38.64
瑪納斯縣	4.46	1.02	3.51	1.38	0.89	31.01
奇臺縣	6.15	1.41	3.68	1.55	1.00	25.15
吉木薩爾縣	3.42	0.78	3.73	0.74	0.48	21.77
木壘縣	2.29	0.52	3.84	0.53	0.34	23.21
奎屯市	**8.19**	**1.88**	**3.17**	**4.53**	**2.92**	**55.28**
伊犁地區						
伊寧市	9.38	2.15	3.47	6.23	4.02	66.41
伊寧縣	7.55	1.73	4.91	1.03	0.66	13.61
察布查爾縣	4.15	0.95	3.92	1.03	0.66	24.80
霍城縣	7.81	1.79	4.25	1.74	1.12	22.29
鞏留縣	3.08	0.71	4.79	0.69	0.45	22.49
新源縣	6.49	1.49	4.20	2.32	1.50	35.74
昭蘇縣	3.37	0.77	4.33	0.84	0.55	25.07

3.4.33 1997年新疆維吾爾自治區城鄉居民家庭户資源及其地區分布(續)

地 區 Region	居民總户數(萬户) Total Households	占全區比重(%) Proportion	平均家庭户規模(人/户) Average Persons Per Household	其中非農業居民户數(萬户) Non-Agricultural Households	占全區比重(%) Proportion	非農業居民户數占總户數比重(%) Non-Agricultural Households Proportion
特克斯縣	3.11	0.71	4.68	0.74	0.48	23.68
尼勒克縣	2.91	0.67	4.85	0.68	0.44	23.40
塔城地區						
塔城市	4.15	0.95	3.52	1.76	1.14	42.41
烏蘇市	5.10	1.17	3.88	1.69	1.09	33.20
額敏縣	4.95	1.13	3.69	1.94	1.25	39.18
沙灣縣	5.10	1.17	3.73	3.19	2.06	62.53
托里縣	1.84	0.42	4.33	0.58	0.37	31.53
裕民縣	1.25	0.29	4.06	0.40	0.26	31.69
和布克賽爾縣	1.34	0.31	3.65	0.59	0.38	44.38
阿勒泰地區						
阿勒泰市	5.32	1.22	3.87	2.67	1.72	50.15
布爾津縣	1.36	0.31	4.84	0.42	0.27	30.70
富蘊縣	1.81	0.41	4.54	0.71	0.46	39.34
福海縣	1.56	0.36	3.94	0.61	0.39	39.19
哈巴河縣	1.64	0.38	4.41	0.45	0.29	27.39
清河縣	1.10	0.25	4.74	0.32	0.20	28.79
吉木乃縣	0.91	0.21	3.82	0.38	0.24	41.38
博爾塔拉州						
博樂市	5.84	1.34	3.37	2.27	1.46	38.83
精河縣	3.43	0.79	3.41	0.83	0.54	24.23
温泉縣	1.74	0.40	4.14	0.45	0.29	26.11
巴音郭楞自治州						
庫爾勒市	10.05	2.30	3.21	6.05	3.91	60.19
輪臺縣	2.14	0.49	3.94	0.45	0.29	21.00
尉犁縣	3.04	0.70	3.03	0.69	0.44	22.56
若羌縣	0.86	0.20	3.34	0.22	0.14	25.09
且末縣	1.32	0.30	3.79	0.36	0.23	27.40
焉耆縣	3.16	0.72	3.68	1.12	0.72	35.31
和静縣	4.62	1.06	3.68	1.60	1.03	34.61
和碩縣	1.96	0.45	3.15	0.63	0.41	32.25
博湖縣	1.62	0.37	3.37	0.35	0.22	21.43
阿克蘇地區						
阿克蘇市	14.30	3.27	3.37	6.33	4.09	44.29
温宿縣	4.87	1.11	4.09	1.06	0.69	21.84
庫車縣	8.31	1.90	4.39	1.95	1.26	23.42

3.4.33 1997年新疆維吾爾自治區城鄉居民家庭户資源及其地區分布(續)

地 區 Region	居民總户數(萬户) Total Households	占全區比重(%) Proportion	平均家庭户規模(人/户) Average Persons Per Household	其中非農業居民户數(萬户) Non-Agricultural Households	占全區比重(%) Proportion	非農業居民户數占總户數比重(%) Non-Agricultural Households Proportion
沙雅縣	4.12	0.94	4.38	0.70	0.45	16.92
新和縣	3.20	0.73	4.08	0.52	0.34	16.33
拜城縣	4.27	0.98	4.40	0.76	0.49	17.79
烏什縣	4.00	0.92	4.28	0.58	0.38	14.55
阿瓦提縣	4.15	0.95	4.46	0.71	0.46	17.01
柯坪縣	0.91	0.21	4.43	0.20	0.13	21.84
克孜勒蘇柯爾克孜自治州						
阿圖什市	3.96	0.91	4.70	0.97	0.63	24.54
阿克陶縣	3.29	0.75	4.78	0.37	0.24	11.14
阿合奇縣	0.81	0.19	4.19	0.24	0.15	29.20
烏恰縣	1.04	0.24	4.08	0.41	0.27	39.62
喀什地區						
喀什市	6.95	1.59	3.73	5.25	3.39	75.60
疏附縣	7.74	1.77	4.97	0.59	0.38	7.67
疏勒縣	6.09	1.39	4.39	0.74	0.48	12.09
英吉沙縣	4.29	0.98	4.86	0.49	0.31	11.37
澤普縣	3.26	0.75	4.95	0.90	0.58	27.70
莎車縣	12.63	2.89	4.67	1.89	1.22	14.96
葉城縣	7.58	1.74	4.80	1.49	0.96	19.60
麥蓋提縣	4.77	1.09	3.97	1.08	0.70	22.60
岳普湖縣	2.88	0.66	4.32	0.38	0.25	13.25
伽師縣	6.10	1.40	4.76	0.50	0.33	8.26
巴楚縣	7.63	1.75	4.45	1.38	0.89	18.09
塔什庫爾干縣	0.48	0.11	6.13	0.13	0.08	26.87
和田地區						
和田市	4.30	0.98	3.55	2.42	1.56	56.19
和田縣	5.95	1.36	4.06	0.24	0.15	4.01
墨玉縣	9.32	2.13	4.04	0.58	0.37	6.22
皮山縣	4.81	1.10	4.30	0.61	0.39	12.68
洛浦縣	5.43	1.24	4.01	0.51	0.33	9.37
策勒縣	3.29	0.75	3.90	0.37	0.24	11.38
于田縣	4.62	1.06	4.29	0.44	0.29	9.60
民豐縣	0.83	0.19	3.86	0.22	0.14	26.56

説明:全部城市的統計口徑為市區(包括城區和郊區),不含下轄縣級市和縣,下同。

3.4.34 1997年雲南省城鄉居民家庭户資源及其地區分布

地 區 Region	居民總户數 (萬户) Total Households	占全區比重 (%) Proportion	平均家庭户規模(人/户) Average Persons Per Household	其中非農業居民户數(萬户) Non-Agricultural Households	占全區比重 (%) Proportion	非農業居民户數占總户數比重 (%) Non-Agricultural Households Proportion
全 省	**965.49**	**100.00**	**4.09**	**181.51**	**100.00**	**18.80**
昆明市	**109.93**	**11.39**	**3.49**	**54.82**	**30.20**	**49.87**
呈貢縣	4.61	0.48	3.20	1.06	0.58	23.00
晉寧縣	8.01	0.83	3.18	1.73	0.95	21.55
安寧市	7.52	0.78	3.21	4.55	2.51	60.46
富民縣	3.87	0.40	3.44	0.51	0.28	13.24
宜良縣	10.64	1.10	3.59	1.25	0.69	11.73
路南縣	5.79	0.60	3.73	0.58	0.32	10.07
嵩明縣	8.40	0.87	3.84	0.97	0.53	11.51
禄勸縣	10.20	1.06	0.10	0.48	0.26	4.68
東川市	**7.80**	**0.81**	**3.75**	**2.11**	**1.16**	**27.04**
昭通地區						
昭通市	17.50	1.81	3.92	3.05	1.68	17.46
魯甸縣	8.29	0.86	4.13	0.38	0.21	4.64
巧家縣	11.51	1.19	4.21	0.57	0.31	4.96
鹽津縣	7.88	0.82	4.29	0.59	0.33	7.54
大關縣	5.73	0.59	4.21	0.38	0.21	6.71
永善縣	9.70	1.00	3.95	0.56	0.31	5.77
綏江縣	3.86	0.40	3.81	0.56	0.31	14.48
鎮雄縣	27.42	2.84	4.20	1.43	0.79	5.23
彝良縣	11.31	1.17	4.18	0.65	0.36	5.77
威信縣	7.95	0.82	4.22	0.54	0.30	6.75
水富縣	2.47	0.26	3.56	0.56	0.31	22.64
曲靖地區						
曲靖市	24.29	2.52	3.90	7.36	4.05	30.29
宣威市	32.36	3.35	3.90	3.45	1.90	10.67
馬龍縣	4.40	0.46	4.03	0.55	0.30	12.45
富源縣	14.24	1.48	4.29	1.19	0.66	8.35
羅平縣	10.88	1.13	4.55	0.83	0.46	7.61
師宗縣	7.89	0.82	4.13	0.77	0.42	9.75
陸良縣	14.00	1.45	3.94	1.56	0.86	11.16

3.4.34 1997年雲南省城鄉居民家庭户資源及其地區分布(續)

地 區 Region	居民總户數(萬户) Total Households	占全區比重(%) Proportion	平均家庭户規模(人/户) Average Persons Per Household	其中非農業居民户數(萬户) Non-Agricultural Households	占全區比重(%) Proportion	非農業居民户數占總户數比重(%) Non-Agricultural Households Proportion
尋甸縣	11.77	1.22	4.04	0.78	0.43	6.64
會澤縣	22.68	2.35	3.75	1.90	1.05	8.38
楚雄地區						
楚雄市	10.96	1.13	4.11	3.10	1.71	28.31
雙柏縣	3.60	0.37	4.21	0.35	0.19	9.72
牟定縣	4.61	0.48	4.27	0.44	0.24	9.60
南華縣	5.50	0.57	4.08	0.50	0.28	9.11
姚安縣	4.96	0.51	3.99	0.42	0.23	8.46
大姚縣	6.88	0.71	4.07	0.68	0.37	9.83
永仁縣	2.68	0.28	3.80	0.33	0.18	12.20
元謀縣	4.81	0.50	4.09	0.51	0.28	10.66
武定縣	6.13	0.64	4.16	0.44	0.24	7.22
禄豐縣	10.10	1.05	3.97	2.02	1.11	19.98
玉溪地區						
玉溪市	9.98	1.03	3.58	3.37	1.86	33.75
江川縣	7.02	0.73	3.50	0.68	0.37	9.63
澄江縣	3.98	0.41	3.57	0.51	0.28	12.88
通海縣	7.26	0.75	3.52	0.97	0.53	13.32
華寧縣	4.97	0.51	3.85	0.52	0.29	10.56
易門縣	4.47	0.46	3.76	1.14	0.63	25.56
峨山縣	3.75	0.39	3.81	0.78	0.43	20.81
新平縣	6.01	0.62	4.26	0.79	0.44	13.18
元江縣	4.54	0.47	4.12	0.58	0.32	12.85
紅河州						
個舊市	11.26	1.17	3.41	7.50	4.13	66.59
開遠市	7.08	0.73	3.63	3.36	1.85	47.43
蒙自縣	7.44	0.77	4.05	1.62	0.89	21.79
屏邊縣	3.04	0.32	4.69	0.36	0.20	11.88
建水縣	12.48	1.29	3.85	1.92	1.06	15.42
石屏縣	7.06	0.73	3.95	0.92	0.51	13.04
彌勒縣	11.66	1.21	4.03	1.28	0.71	11.00
瀘西縣	8.85	0.92	4.03	0.89	0.49	10.01
元陽縣	7.28	0.75	4.80	0.41	0.22	5.61
紅河縣	5.58	0.58	4.64	0.37	0.21	6.68
金平縣	6.32	0.65	4.87	0.38	0.21	6.09
緑春縣	3.87	0.40	5.07	0.31	0.17	8.14
河口縣	2.21	0.23	3.46	0.45	0.25	20.56

3.4.34　1997年雲南省城鄉居民家庭户資源及其地區分布(續)

地　區 Region	居民總户數(萬户) Total Households	占全區比重(%) Proportion	平均家庭户規模(人/户) Average Persons Per Household	其中非農業居民户數(萬户) Non-Agricultural Households	占全區比重(%) Proportion	非農業居民户數占總户數比重(%) Non-Agricultural Households Proportion
文山州						
文山縣	8.65	0.90	4.55	1.85	1.02	21.42
硯山縣	8.57	0.89	4.78	0.63	0.35	7.34
西疇縣	5.29	0.55	4.50	0.45	0.25	8.60
麻栗坡縣	5.90	0.61	4.44	0.45	0.25	7.70
馬關縣	7.62	0.79	4.48	0.70	0.39	9.18
丘北縣	8.65	0.90	4.78	0.64	0.35	7.41
廣南縣	14.32	1.48	4.89	0.61	0.33	4.23
富寧縣	7.32	0.76	5.06	0.49	0.27	6.69
思茅地區						
思茅市	4.57	0.47	3.57	2.25	1.24	49.29
普洱縣	4.49	0.47	4.12	0.92	0.51	20.51
墨江縣	7.21	0.75	4.90	0.56	0.31	7.76
景東縣	8.17	0.85	4.23	0.62	0.34	7.57
景谷縣	6.42	0.67	4.44	0.71	0.39	11.07
鎮源縣	4.63	0.48	4.34	0.48	0.26	10.32
江城縣	2.09	0.22	4.41	0.40	0.22	18.96
孟連縣	2.70	0.28	3.95	0.33	0.18	12.09
瀾滄縣	10.34	1.07	4.42	0.85	0.47	8.23
西盟縣	1.92	0.20	4.21	0.24	0.13	12.77
西雙版納州						
景洪市	9.79	1.01	3.66	2.90	1.60	29.66
勐海縣	6.46	0.67	4.46	0.78	0.43	12.10
勐臘縣	4.97	0.52	3.85	1.06	0.58	21.33
大理州						
大理市	12.98	1.34	3.70	5.40	2.97	41.58
漾濞縣	2.22	0.23	4.37	0.26	0.14	11.54
祥雲縣	11.20	1.16	3.77	0.26	0.14	2.29
賓川縣	7.42	0.77	4.25	0.52	0.29	7.07
彌渡縣	7.52	0.78	3.95	0.58	0.32	7.75
南澗縣	5.15	0.53	4.04	0.34	0.19	6.56
巍山縣	6.79	0.70	4.28	0.51	0.28	7.56
永平縣	3.90	0.40	4.17	0.37	0.21	9.57
雲龍縣	5.52	0.57	3.54	0.54	0.30	9.72
洱源縣	7.34	0.76	4.30	0.51	0.28	6.99
劍川縣	3.76	0.39	4.35	0.43	0.24	11.46
鶴慶縣	6.00	0.62	4.26	0.56	0.31	9.33

3.4.34 1997年雲南省城鄉居民家庭户資源及其地區分布(續)

地 區 Region	居民總户數 (萬户) Total Households	占全區比重 (%) Proportion	平均家庭户 規模(人/户) Average Persons Per Household	其中非農業居 民户數(萬户) Non-Agricultural Households	占全區比重 (%) Proportion	非農業居民户數 占總户數比重 (%) Non-Agricultural Households Proportion
保山地區						
保山市	20.29	2.10	3.96	2.88	1.59	14.19
施甸縣	7.15	0.74	4.43	0.56	0.31	7.83
騰冲縣	13.01	1.35	4.41	1.21	0.67	9.32
龍陵縣	5.87	0.61	4.45	0.54	0.30	9.14
昌寧縣	7.76	0.80	4.20	0.54	0.30	6.91
德宏地區						
畹町市	0.37	0.04	3.30	0.19	0.10	50.62
瑞麗市	2.61	0.27	3.54	0.72	0.40	27.72
潞西市	6.62	0.69	4.84	0.72	0.40	10.93
梁河縣	3.36	0.35	4.56	0.40	0.22	11.79
盈江縣	5.28	0.55	4.76	0.63	0.35	11.93
隴川縣	3.71	0.38	4.28	0.63	0.35	16.99
麗江地區						
麗江縣	8.13	0.84	4.16	1.73	0.95	21.22
永勝縣	9.01	0.93	4.13	0.68	0.37	7.50
華坪縣	3.85	0.40	3.82	0.54	0.30	13.93
寧蒗縣	4.93	0.51	4.48	0.47	0.26	9.47
怒江州						
瀘水縣	3.52	0.36	4.30	0.79	0.44	22.53
福貢縣	1.98	0.20	4.47	0.22	0.12	11.19
貢山縣	0.77	0.08	4.38	0.13	0.07	16.75
蘭坪縣	4.32	0.45	4.28	0.55	0.30	12.69
迪慶州						
中甸縣	2.91	0.30	4.43	0.61	0.33	20.83
德欽縣	1.16	0.12	5.02	0.14	0.08	12.11
維西縣	3.13	0.32	4.57	0.28	0.15	8.95
臨滄地區						
臨滄縣	6.63	0.69	4.03	1.29	0.71	19.53
鳳慶縣	9.34	0.97	4.47	0.65	0.36	6.99
雲 縣	8.77	0.91	4.50	0.63	0.35	7.18
永德縣	6.72	0.70	4.70	0.43	0.24	6.42
鎮康縣	3.12	0.32	4.87	0.24	0.13	7.85
雙江縣	3.42	0.35	4.64	0.30	0.17	8.86
耿馬縣	5.33	0.55	4.50	0.57	0.31	10.72
滄源縣	3.53	0.37	4.43	0.37	0.21	10.58

說明:全部城市的統計口徑為市區(包括城區和郊區),不含下轄縣級市和縣,下同。

3.4.35　1997年浙江省城鄉居民家庭户資源及其地區分布

地　區 Region	居民總户數 (萬户) Total Households	占全區比重 (%) Proportion	平均家庭户 規模(人/户) Average Persons Per Household	其中非農業居 民户數(萬户) Non-Agricultural Households	占全區比重 (%) Proportion	非農業居民户數 占總户數比重 (%) Non-Agricultural Households Proportion
全　省	**1 369.79**	**100.00**	**3.23**	**287.41**	**100.00**	**20.98**
杭州市	**53.14**	**3.88**	**3.19**	**43.86**	**15.26**	**82.54**
蕭山市	35.20	2.57	3.21	6.86	2.39	19.49
建德市	15.69	1.15	3.22	3.23	1.13	20.61
富陽市	19.47	1.42	3.16	3.20	1.11	16.45
余杭市	21.53	1.57	3.65	4.33	1.51	20.10
臨安市	15.49	1.13	3.29	2.05	0.71	13.21
桐廬縣	12.54	0.92	3.15	2.17	0.76	17.34
淳安縣	13.21	0.96	3.40	1.53	0.53	11.56
寧波市	**44.85**	**3.27**	**2.63**	**27.25**	**9.48**	**60.77**
余姚市	27.93	2.04	2.98	4.81	1.68	17.24
慈溪市	35.73	2.61	2.80	4.53	1.58	12.67
奉化市	16.89	1.23	2.89	2.73	0.95	16.14
象山縣	17.81	1.30	2.99	3.02	1.05	16.97
寧海縣	18.36	1.34	3.14	1.90	0.66	10.34
鄞　縣	27.25	1.99	2.67	3.57	1.24	13.11
温州市	**32.36**	**2.36**	**3.56**	**14.80**	**5.15**	**45.75**
瑞安市	29.90	2.18	3.90	4.38	1.52	14.65
樂清市	30.91	2.26	3.60	2.90	1.01	9.37
洞頭縣	3.44	0.25	3.63	0.37	0.13	10.79
永嘉縣	22.17	1.62	3.86	1.70	0.59	7.65
平陽縣	20.56	1.50	3.84	3.33	1.16	16.20
蒼南縣	29.53	2.16	3.98	5.34	1.86	18.10
文成縣	10.53	0.77	3.53	0.71	0.25	6.75
泰順縣	9.12	0.67	3.69	0.64	0.22	6.98
嘉興市	**24.05**	**1.76**	**3.23**	**8.29**	**2.89**	**34.48**
海寧市	17.27	1.26	3.70	3.44	1.20	19.89
平湖市	13.74	1.00	3.50	2.58	0.90	18.75
桐鄉市	17.31	1.26	3.77	2.99	1.04	17.28
海鹽縣	11.25	0.82	3.23	2.12	0.74	18.85
嘉善縣	11.53	0.84	3.29	2.41	0.84	20.88
湖州市	**30.89**	**2.26**	**3.44**	**8.27**	**2.88**	**26.78**
德清縣	12.65	0.92	3.32	3.02	1.05	23.89
長興縣	19.40	1.42	3.17	3.90	1.36	20.12
安吉縣	14.38	1.05	3.12	2.12	0.74	14.75
紹興市	**10.24**	**0.75**	**3.12**	**7.77**	**2.70**	**75.91**
諸暨市	35.31	2.58	2.98	3.94	1.37	11.17
上虞市	25.95	1.89	2.98	2.74	0.95	10.54
嵊州市	25.22	1.84	2.93	2.82	0.98	11.18

3.4.35 1997年浙江省城鄉居民家庭户資源及其地區分布(續)

地 區 Region	居民總户數(萬户) Total Households	占全省比重(%) Proportion	平均家庭户規模(人/户) Average Persons Per Household	其中非農業居民户數(萬户) Non-Agricultural Households	占全省比重(%) Proportion	非農業居民户數占總户數比重(%) Non-Agricultural Households Proportion
紹興縣	30.55	2.23	3.18	4.07	1.42	13.33
新昌縣	14.89	1.09	2.91	2.01	0.70	13.53
金華市	**10.91**	**0.80**	**3.04**	**6.67**	**2.32**	**61.14**
蘭溪市	21.15	1.54	3.11	3.43	1.19	16.19
東陽市	25.86	1.89	3.02	2.69	0.94	10.42
義烏市	22.07	1.61	2.95	3.23	1.13	14.65
永康市	16.81	1.23	3.11	2.09	0.73	12.43
金華縣	19.22	1.40	2.87	1.10	0.38	5.74
武義縣	11.23	0.82	2.92	1.56	0.54	13.88
浦江縣	12.04	0.88	3.12	1.39	0.48	11.54
磐安縣	6.92	0.51	2.95	0.58	0.20	8.43
衢州市	**8.56**	**0.62**	**3.00**	**5.08**	**1.77**	**59.34**
江山市	17.12	1.25	3.27	2.07	0.72	12.08
衢　縣	16.38	1.20	3.18	0.71	0.25	4.34
常山縣	9.13	0.67	3.45	1.09	0.38	11.96
開化縣	10.21	0.75	3.30	1.13	0.39	11.11
龍游縣	12.74	0.93	3.13	2.06	0.72	16.15
舟山市	**22.82**	**1.67**	**2.99**	**6.59**	**2.29**	**28.86**
岱山縣	8.31	0.61	2.62	1.48	0.52	17.87
嵊泗縣	2.89	0.21	2.98	0.78	0.27	27.15
臺州市	**44.16**	**3.22**	**3.16**	**7.33**	**2.55**	**16.59**
臨海市	32.70	2.39	3.30	3.84	1.34	11.74
温嶺市	35.64	2.60	3.15	3.71	1.29	10.41
仙居縣	12.88	0.94	3.44	1.16	0.40	8.97
天臺縣	16.56	1.21	3.25	2.24	0.78	13.51
三門縣	11.18	0.82	3.54	0.98	0.34	8.73
玉環縣	11.49	0.84	3.34	2.78	0.97	24.18
麗水地區						
麗水市	11.31	0.83	3.00	3.20	1.11	28.32
龍泉市	7.45	0.54	3.61	1.08	0.38	14.52
青田縣	13.49	0.98	3.64	1.28	0.45	9.51
慶元縣	5.01	0.37	3.80	0.46	0.16	9.10
縉雲縣	13.94	1.02	3.10	1.16	0.40	8.29
遂昌縣	6.57	0.48	3.43	0.98	0.34	14.85
松陽縣	7.11	0.52	3.22	0.84	0.29	11.78
景寧自治縣	4.60	0.34	3.80	0.45	0.15	9.68
雲和縣	3.09	0.23	3.53	0.49	0.17	15.79

説明:全部城市的統計口徑為市區(包括城區和郊區),不含下轄縣級市和縣。

第五章　婚姻狀況

3.5.1 1997年全國15歲及15歲以上人口婚姻狀況

單位:%

年齡段 Age (歲)	婚姻狀況 Marital Status				
	未婚 Never Married	初婚有配偶 First Married	再婚有配偶 Re-Married	離婚 Divorced	喪偶 Widowed
合 計	**19.53**	**71.81**	**1.82**	**0.82**	**6.02**
15—19	98.68	1.26	0.02	0.02	0.01
20—24	61.48	37.94	0.20	0.30	0.08
25—29	14.14	84.08	0.79	0.74	0.24
30—34	3.76	92.95	1.62	1.21	0.46
35—39	2.35	93.09	2.34	1.37	0.85
40—44	2.30	92.43	2.58	1.17	1.52
45—49	2.15	91.02	2.91	1.03	2.89
50—54	2.20	88.31	2.93	0.91	5.66
55—59	1.86	84.52	2.99	0.82	9.81
60—65	1.53	78.28	2.97	0.75	16.48
65+	1.00	54.95	3.05	0.66	40.34

3.5.2 1997年全國各地區15歲及15歲以上人口婚姻狀況

單位:%

地區 Region	婚姻狀況 Marital Status				
	未婚 Never Married	初婚有配偶 First Married	再婚有配偶 Re-Married	離婚 Divorced	喪偶 Widowed
全 國	**19.53**	**71.81**	**1.82**	**0.82**	**6.02**
安 徽	20.54	71.64	1.33	0.61	5.87
北 京	19.12	72.39	2.11	1.28	5.11
重 慶	15.42	74.20	2.50	1.09	6.79
福 建	22.30	68.75	1.53	0.60	6.82
甘 肅	19.37	73.18	1.12	0.78	5.55
廣 東	24.85	67.48	1.04	0.50	6.13
廣 西	25.60	64.95	1.50	0.79	7.15
貴 州	22.77	68.64	2.02	0.83	5.74
海 南	28.03	64.35	1.25	0.63	5.73
河 北	17.89	75.16	1.29	0.59	5.07
黑龍江	19.30	72.65	2.51	1.08	4.46
河 南	20.93	71.50	1.14	0.58	5.85
湖 北	17.87	73.92	1.65	0.71	5.86
湖 南	19.64	71.11	1.79	0.80	6.66
遼 寧	17.07	74.67	1.94	1.29	5.03
吉 林	17.97	73.82	1.95	1.29	4.98
江 蘇	14.63	76.20	1.48	0.79	6.91
江 西	21.55	69.85	1.74	0.71	6.15
内蒙古	20.81	72.07	1.54	0.74	4.84
寧 夏	22.77	70.85	1.45	0.79	4.14
青 海	24.09	64.60	3.40	2.09	5.82
山 東	18.47	72.72	1.92	0.51	6.38
山 西	18.56	73.54	2.03	0.78	5.08
陝 西	18.87	73.17	1.45	0.70	5.80
上 海	15.92	74.51	1.99	1.35	6.23
四 川	16.79	73.37	2.08	0.93	6.83
天 津	15.61	76.28	1.51	0.87	5.73
西 藏	28.30	61.79	0.85	1.51	7.56
新 疆	25.54	57.33	10.06	2.73	4.35
雲 南	20.80	68.77	3.05	1.02	6.36
浙 江	18.82	71.95	1.74	0.86	6.64

數據來源:1997年全國人口變動抽樣調查。

3.5.3 1985－1997年全國婚姻登記和離婚情況

年 份 年 Year	準予登記結婚 Registered Marriages （對） （couples）	初婚 First Marriages （人） （persons）	再婚 Remarriages （人） （persons）	離婚 Divorces （對） （couples）
1985	8 312 837	16 118 979	506 695	457 938
1986	8 839 786	17 106 622	572 950	505 675
1987	9 267 456	17 918 352	616 560	581 484
1988	8 991 771	17 321 736	661 806	658 551
1989	9 372 304	17 928 312	816 296	752 914
1990	9 510 632	18 233 452	787 812	800 037
1991	9 509 849	18 203 226	816 472	829 449
1992	9 545 047	18 320 957	769 137	849 611
1993	9 121 622	17 470 092	773 152	909 195
1994	9 290 027	17 793 306	786 748	980 980
1995	9 297 061	17 760 657	833 456	1 055 196
1996	9 339 615	17 817 240	861 990	1 132 215
1997	9 090 571	17 259 504	921 638	1 197 759

3.5.4　1997年各地區婚姻登記和離婚情況

地　區 Region	準予登記結婚 Registered Marriages (對) (couples)	初婚 First Marriages (人) (persons)	再婚 Remarriages (人) (persons)	離婚 Divorces (對) (couples)
全　國	**9 090 571**	**17 259 504**	**921 638**	**1 197 759**
安　徽	580 610	1 140 051	21 151	35 395
北　京	83 425	144 040	22 810	22 257
重　慶	253 008	469 769	36 247	18 991
福　建	250 075	486 700	13 450	21 508
甘　肅	154 302	298 654	9 950	18 486
廣　東	596 627	1 158 622	34 632	39 441
廣　西	313 580	608 380	18 780	27 015
貴　州	285 183	555 788	14 578	25 058
海　南	47 583	94 079	1 087	2 970
河　北	442 515	824 323	60 707	53 835
黑龍江	270 653	198 139	43 167	82 592
河　南	717 072	1 385 007	49 137	70 642
湖　北	426 460	820 615	32 305	49 477
湖　南	414 799	788 828	40 770	58 920
遼　寧	275 310	496 601	54 019	88 313
吉　林	192 392	349 476	35 308	55 836
江　蘇	527 042	1 018 493	35 591	52 140
江　西	271 560	523 901	19 219	21 069
内蒙古	170 804	328 033	13 575	30 292
寧　夏	35 099	67 389	2 809	5 962
青　海	41 699	78 967	4 431	7 235
山　東	736 199	1 401 011	71 387	57 285
山　西	177 270	337 870	16 670	24 495
陜　西	217 697	414 906	20 488	33 648
上　海	85 601	147 314	23 888	27 203
四　川	593 968	1 122 993	64 943	121 346
天　津	65 289	118 392	12 186	12 496
西　藏	4 456	8 458	454	451
新　疆	190 826	291 701	89 951	61 312
雲　南	335 674	643 822	27 526	34 174
浙　江	333 802	637 182	30 422	37 915

3.5.5 1991－1997年全國及各省市新婚數

單位:對(Couples)

地區 Region	1991年	1992年	1993年	1994年	1995年	1996年	1997年
全 國	**9 508 849**	**9 545 047**	**9 121 622**	**9 290 027**	**9 297 061**	**9 339 615**	**9 090 571**
安 徽	505 636	559 811	583 239	607 576	609 626	596 809	580 601
北 京	90 970	88 322	89 128	89 636	84 669	85 942	83 425
重 慶	—	—	—	—	—	—	253 008
福 建	396 681	281 795	234 996	261 599	274 417	275 664	250 075
甘 肅	164 313	188 227	197 855	150 549	155 553	170 379	154 302
廣 東	510 098	510 127	578 562	543 914	583 852	588 436	596 627
廣 西	288 100	311 960	281 053	343 953	327 416	314 856	313 580
貴 州	214 882	294 445	265 206	256 422	265 054	270 731	285 183
海 南	30 829	48 702	34 606	28 634	30 840	62 294	47 583
河 北	446 801	439 976	430 337	471 782	434 310	430 602	442 515
黑龍江	279 308	281 035	290 833	275 490	262 988	256 227	270 653
河 南	727 315	747 759	748 966	731 505	720 282	742 735	717 072
湖 北	424 708	463 279	424 713	456 745	482 063	442 532	426 460
湖 南	568 288	505 878	443 400	417 135	437 696	429 238	414 799
遼 寧	340 245	411 425	330 506	294 877	304 103	308 500	275 310
吉 林	234 696	220 209	221 238	215 103	208 119	199 478	192 392
江 蘇	546 794	579 037	548 295	572 275	574 133	546 062	527 042
江 西	260 930	255 460	236 384	248 602	259 998	270 368	271 560
內蒙古	155 499	169 733	168 363	158 651	173 392	183 913	170 804
寧 夏	37 073	36 680	35 430	35 290	36 327	35 630	35 099
青 海	29 776	32 746	33 565	40 127	40 046	43 509	41 699
山 東	737 301	612 284	548 328	623 986	673 609	721 129	736 199
山 西	211 166	212 050	201 161	188 111	179 300	175 607	177 270
陝 西	266 361	262 949	254 113	244 159	241 605	240 208	217 697
上 海	96 870	95 120	87 281	84 580	80 944	86 460	85 601
四 川	1 046 121	1 033 466	956 834	972 569	939 047	911 039	593 968
天 津	79 110	74 364	66 191	64 800	63 341	64 735	65 289
西 藏	4 753	7 898	5 733	5 888	7 376	5 486	4 456
新 疆	170 999	165 123	163 382	166 643	166 363	160 872	190 826
雲 南	300 247	300 660	315 784	353 685	323 374	349 705	335 674
浙 江	342 979	354 527	346 140	385 741	357 218	370 469	333 802

第六章　就業狀況

3.6.1 1997年各地區不同經濟單位職工人數

(年底)單位:萬人(10 000 persons)

地區 Region	年末總人數 Total	國有經濟單位 State Owned Units	集體經濟單位 Collective Owned Units	聯營經濟單位 Joint Owned Economic Units	股份制經濟單位 Share Holding Economic Units	外商投資經濟單位 Foreign Funded Economic Units	港澳臺投資經濟單位 Overseas Chinese From H.K. ,Macao & Taiwan Funded Economic Units	其他經濟單位 Units of Other Types of Ownership
全 國	**14 668.40**	**10 765.90**	**2 817.00**	**42.60**	**460.10**	**290.40**	**274.80**	**17.50**
安 徽	502.60	353.10	119.70	0.80	21.40	3.90	2.30	1.50
北 京	465.30	348.70	65.00	3.00	18.42	9.60	0.50	—
重 慶	289.30	211.10	61.60	0.40	11.60	2.70	1.80	0.10
福 建	357.70	215.60	54.80	2.70	8.80	31.80	43.70	0.30
甘 肅	246.70	208.10	35.20	0.10	1.50	1.10	0.30	0.30
廣 東	897.30	544.50	179.60	5.80	28.40	42.40	95.60	1.10
廣 西	340.00	280.70	42.60	0.40	7.30	6.40	2.00	0.50
貴 州	232.80	196.10	31.30	0.50	2.70	1.40	0.60	0.30
海 南	102.60	86.50	8.30	0.80	3.00	2.20	1.80	0.10
河 北	676.70	531.50	112.10	0.80	16.60	7.90	7.50	0.30
黑龍江	797.00	608.20	157.90	0.50	20.40	4.60	4.60	0.70
河 南	841.30	602.80	176.90	0.90	44.20	7.10	8.60	0.90
湖 北	735.40	560.10	126.50	1.80	36.20	4.60	5.40	0.80
湖 南	597.50	471.50	110.50	0.40	8.50	3.50	2.90	0.20
遼 寧	969.40	651.30	257.00	4.60	29.40	18.60	8.50	0.10
吉 林	500.90	375.90	100.20	0.40	15.10	7.30	1.80	0.20
江 蘇	893.70	577.50	239.60	8.60	21.40	23.20	20.20	3.30
江 西	409.40	334.00	67.70	0.10	2.50	2.40	2.40	0.30
内 蒙	363.90	291.90	59.40	0.20	7.10	2.80	2.10	0.30
寧 夏	73.90	61.70	8.60	0.10	2.00	1.10	0.30	—
青 海	63.70	55.50	7.50	0.30	0.20	0.10	0.20	—
山 東	937.60	665.60	190.90	1.40	38.50	28.50	12.80	—
山 西	455.90	364.30	82.30	0.20	5.80	1.80	1.40	0.10
陝 西	396.20	335.10	52.40	0.30	6.00	1.30	0.80	0.50
上 海	435.30	292.80	71.20	2.00	30.30	25.80	11.90	1.30
四 川	681.60	506.20	131.00	0.60	35.80	3.60	1.80	2.50
天 津	281.30	191.60	55.30	1.90	6.00	17.50	8.20	0.90
西 藏	16.70	15.40	1.10	—	—	0.10	—	—
新 疆	310.70	278.50	27.20	0.40	2.60	0.60	1.30	—
雲 南	313.70	265.10	39.10	0.40	5.70	1.40	1.90	0.10
浙 江	482.30	285.00	144.50	2.20	23.00	14.40	12.70	0.40

3.6.2 1997年各地區不同經濟單位職工人數構成

單位：%

地區 Region	年末總人數 Total	國有經濟單位 State Owned Units	集體經濟單位 Collective Owned Units	聯營經濟單位 Joint Owned Economic Units	股份制經濟單位 Share Holding Economic Units	外商投資經濟單位 Foreign Funded Economic Units	港澳臺投資經濟單位 Overseas Chinese From H.K.，Macao & Taiwan Funded Economic Units	其他經濟單位 Units of Other Types of Ownership
全 國	**100.00**	**73.40**	**19.20**	**0.29**	**3.14**	**1.98**	**1.87**	**0.12**
安 徽	100.00	70.25	23.82	0.16	4.26	0.78	0.46	0.30
北 京	100.00	74.94	13.97	0.64	3.96	2.06	0.11	—
重 慶	100.00	72.97	21.29	0.14	4.01	0.93	0.62	0.03
福 建	100.00	60.27	15.32	0.75	2.46	8.89	12.22	0.08
甘 肅	100.00	84.35	14.27	0.04	0.61	0.45	0.12	0.12
廣 東	100.00	60.68	20.02	0.65	3.17	4.73	10.65	0.12
廣 西	100.00	82.56	12.53	0.12	2.15	1.88	0.59	0.15
貴 州	100.00	84.24	13.45	0.21	1.16	0.60	0.26	0.13
海 南	100.00	84.31	8.09	0.78	2.92	2.14	1.75	0.10
河 北	100.00	78.54	16.57	0.12	2.45	1.17	1.11	0.04
黑龍江	100.00	76.31	19.81	0.06	2.56	0.58	0.58	0.09
河 南	100.00	71.65	21.03	0.11	5.25	0.84	1.02	0.11
湖 北	100.00	76.16	17.20	0.24	4.92	0.63	0.73	0.11
湖 南	100.00	78.91	18.49	0.07	1.42	0.59	0.49	0.03
遼 寧	100.00	67.19	26.51	0.47	3.03	1.92	0.88	0.01
吉 林	100.00	75.04	20.00	0.08	3.01	1.46	0.36	0.04
江 蘇	100.00	64.62	26.81	0.96	2.39	2.60	2.26	0.37
江 西	100.00	81.58	16.54	0.02	0.61	0.59	0.59	0.07
內蒙古	100.00	80.21	16.32	0.05	1.95	0.77	0.58	0.08
寧 夏	100.00	83.49	11.64	0.14	2.71	1.49	0.41	—
青 海	100.00	87.13	11.77	0.47	0.31	0.16	0.31	—
山 東	100.00	70.99	20.36	0.15	4.11	3.04	1.37	—
山 西	100.00	79.91	18.05	0.04	1.27	0.39	0.31	0.02
陝 西	100.00	84.58	13.23	0.08	1.51	0.33	0.20	0.13
上 海	100.00	67.26	16.36	0.46	6.96	5.93	2.73	0.30
四 川	100.00	74.27	19.22	0.09	5.25	0.53	0.26	0.37
天 津	100.00	68.11	19.66	0.68	2.13	6.22	2.92	0.32
西 藏	100.00	92.22	6.59	—	—	0.60	—	—
新 疆	100.00	89.64	8.75	0.13	0.84	0.19	0.42	—
雲 南	100.00	84.51	12.46	0.13	1.82	0.45	0.61	0.03
浙 江	100.00	59.09	29.96	0.46	4.77	2.99	2.63	0.08

3.6.3 1997年各地區職工平均工資

單位:元(RMB Yuan)

地 區 Region	全部單位平均工資(元) Average Wage (Yuan)	國有經濟單位 State Owned Units	集體經濟單位 Collective Owned Units	聯營經濟單位 Joint Owned Economic Units	股份制經濟單位 Share Holding Economic Units	外商投資經濟單位 Foreign Funded Economic Units	港澳臺投資經濟單位 Overseas Chinese From H.K. ,Macao & Taiwan Funded Economic Units	其他經濟單位 Units of Other Types of Ownership
全 國	**6 470**	**6 747**	**4 512**	**7 310**	**7 693**	**10 361**	**9 329**	**7 063**
安 徽	5 492	6 039	3 692	4 830	6 306	6 042	5 511	5 605
北 京	11 019	10 907	8 259	9 917	12 864	18 058	14 945	37 096
重 慶	5 502	5 828	4 016	3 852	6 166	9 114	8 361	7 025
福 建	7 559	7 621	5 582	11 124	8 556	8 336	8 732	7 507
甘 肅	6 182	6 445	4 598	4 356	5 146	10 043	6 272	3 296
廣 東	9 698	10 032	6 814	11 036	12 475	12 410	11 140	7 713
廣 西	5 542	5 654	4 437	5 296	6 536	6 765	5 577	6 189
貴 州	5 206	5 434	3 556	3 778	6 686	7 313	7 048	3 661
海 南	5 664	5 468	4 208	7 010	11 062	9 077	8 373	8 462
河 北	5 692	6 066	3 843	5 073	6 029	6 323	6 186	7 125
黑龍江	4 889	5 323	2 747	4 472	8 066	5 513	5 933	3 266
河 南	5 225	5 643	3 797	5 912	4 989	6 409	5 307	4 995
湖 北	5 401	5 741	3 731	5 193	5 319	8 237	6 769	4 963
湖 南	5 326	5 683	3 736	6 218	5 027	7 929	5 224	3 713
遼 寧	5 591	6 226	3 583	3 789	6 618	9 158	7 417	4 899
吉 林	5 664	6 017	3 813	7 403	7 471	7 402	6 659	6 811
江 蘇	7 108	7 745	5 183	7 390	9 144	9 153	7 352	6 864
江 西	5 089	5 303	3 636	6 056	7 987	8 545	7 535	4 465
內蒙古	5 124	5 462	3 551	5 290	4 407	5 512	4 599	3 581
寧 夏	6 073	6 206	4 831	4 144	6 446	9 512	4 716	1 042
青 海	7 091	7 623	3 419	2 248	5 701	5 391	4 979	
山 東	6 241	6 817	4 186	6 420	6 257	6 782	5 826	2 351
山 西	5 320	5 791	3 177	3 349	5 267	6 367	6 290	5 044
陝 西	5 184	5 452	3 177	4 482	7 067	6 613	5 621	7 030
上 海	11 425	11 733	7 329	8 746	12 698	16 857	14 175	12 720
四 川	5 626	5 996	3 982	4 642	6 333	6 707	5 568	4 509
天 津	8 238	8 689	5 083	5 667	11 829	11 797	8 950	5 109
西 藏	10 098	10 524	4 588	5 918	9 558	7 114	—	6 292
新 疆	6 644	6 709	5 849	5 258	7 460	6 754	8 324	4 351
雲 南	7 037	7 237	5 473	5 065	7 710	8 388	8 109	11 793
浙 江	8 386	8 847	7 026	7 346	9 356	10 417	9 500	8 178

3.6.4 1997年各地區不同經濟單位職工工資比較

(以全部平均工資為100)

地 區 Region	全部單位平均工資(元) Average Wage (Yuan)	國有經濟單位 State Owned Units	集體經濟單位 Collective Owned Units	聯營經濟單位 Joint Owned Economic Units	股份制經濟單位 Share Holding Economic Units	外商投資經濟單位 Foreign Funded Economic Units	港澳臺投資經濟單位 Overseas Chinese From H.K. ,Macao & Taiwan Funded Economic Units	其他經濟單位 Units of Other Types of Ownership
全 國	**6 470**	**104.28**	**69.74**	**112.98**	**118.90**	**160.14**	**144.19**	**109.17**
安 徽	5 492	109.96	67.23	87.95	114.82	110.01	100.35	102.06
北 京	11 019	98.98	74.95	90.00	116.74	163.88	135.63	336.65
重 慶	5 502	105.93	72.99	70.01	112.07	165.65	151.96	127.68
福 建	7 559	100.82	73.85	147.16	113.19	110.28	115.52	99.31
甘 肅	6 182	104.25	74.38	70.46	83.24	162.46	101.46	53.32
廣 東	9 698	103.44	70.26	113.80	128.63	127.96	114.87	79.53
廣 西	5 542	102.02	80.06	95.56	117.94	122.07	100.63	111.67
貴 州	5 206	104.38	68.31	72.57	128.43	140.47	135.38	70.32
海 南	5 664	96.54	74.29	123.76	195.30	160.26	147.83	149.40
河 北	5 692	106.57	67.52	89.13	105.92	111.09	108.68	125.18
黑龍江	4 889	108.88	56.19	91.47	164.98	112.76	121.35	66.80
河 南	5 225	108.00	72.67	113.15	95.48	122.66	101.57	95.60
湖 北	5 401	106.30	69.08	96.15	98.48	152.51	125.33	91.89
湖 南	5 326	106.70	70.15	116.75	94.39	148.87	98.08	69.71
遼 寧	5 591	111.36	64.09	67.77	118.37	163.80	132.66	87.62
吉 林	5 664	106.23	67.32	130.70	131.90	130.69	117.57	120.25
江 蘇	7 108	108.96	72.92	103.97	128.64	128.77	103.43	96.57
江 西	5 089	104.21	71.45	119.00	156.95	167.91	148.06	87.74
內蒙古	5 124	106.60	69.30	103.24	86.01	107.57	89.75	69.89
寧 夏	6 073	102.19	79.55	68.24	106.14	156.63	77.66	17.16
青 海	7 091	107.50	48.22	31.70	80.40	76.03	70.22	—
山 東	6 241	109.23	67.07	102.87	100.26	108.67	93.35	37.67
山 西	5 320	108.85	59.72	62.95	99.00	119.68	118.23	94.81
陝 西	5 184	105.17	61.28	86.46	136.32	127.57	108.43	135.61
上 海	11 425	102.70	64.15	76.55	111.14	147.54	124.07	111.33
四 川	5 626	106.58	70.78	82.51	112.57	119.21	98.97	80.15
天 津	8 238	105.47	61.70	68.79	143.59	143.20	108.64	62.02
西 藏	10 098	104.22	45.43	58.61	94.65	70.45	—	62.31
新 疆	6 644	100.98	88.03	79.14	112.28	101.66	125.29	65.49
雲 南	7 037	102.84	77.77	71.98	109.56	119.20	115.23	167.59
浙 江	8 386	105.50	83.78	87.60	111.57	124.22	113.28	97.52

3.6.5 1991—1997年全國及分省市職工平均工資

單位:元(RMB Yuan)

地 區 Region	1991年	1992年	1993年	1994年	1995年	1996年	1997年	1997年為1991年的%
全 國	**2 340**	**2 711**	**3 371**	**4 538**	**5 500**	**6 210**	**6 470**	**276.50**
安 徽	1 959	2 264	2 770	3 793	4 609	5 175	5 492	280.35
北 京	2 877	3 402	4 510	6 523	8 144	9 579	11 019	383.00
重 慶	—	—	—	—	—	—	5 502	—
福 建	2 420	2 777	3 477	4 889	5 857	6 684	7 559	312.36
甘 肅	2 566	2 902	3 418	4 796	5 493	5 882	6 182	240.92
廣 東	3 358	4 027	5 322	7 117	8 250	9 127	9 698	288.80
廣 西	2 262	2 634	3 366	4 468	5 105	5 397	5 542	245.00
貴 州	2 090	2 406	2 840	3 870	4 475	4 917	5 206	249.09
海 南	2 194	2 720	4 067	4 488	5 340	5 476	5 664	258.16
河 北	2 156	2 485	3 034	4 185	4 839	5 286	5 692	264.01
黑龍江	2 070	2 295	2 661	3 375	4 145	4 564	4 889	236.18
河 南	1 964	2 269	2 646	3 546	4 344	4 924	5 225	266.04
湖 北	2 081	2 370	2 934	4 051	4 685	5 099	5 401	259.54
湖 南	2 177	2 526	3 142	4 104	4 794	5 100	5 326	244.65
遼 寧	2 371	2 715	3 248	4 269	4 911	5 269	5 591	235.81
吉 林	2 045	2 308	2 700	3 666	4 430	5 370	5 664	276.97
江 蘇	2 302	2 800	3 613	4 974	5 943	6 603	7 108	308.77
江 西	1 842	2 154	2 497	3 450	4 211	4 852	5 089	276.28
内蒙古	2 012	2 339	2 796	3 675	4 134	4 716	5 124	254.67
寧 夏	2 408	2 722	3 128	4 270	5 079	5 635	6 073	252.20
青 海	2 752	3 098	3 800	4 976	5 753	6 513	7 091	257.67
山 東	2 292	2 601	3 149	4 338	5 145	5 809	6 241	272.29
山 西	2 267	2 530	3 025	3 675	4 721	5 183	5 320	234.67
陝 西	2 198	2 434	2 890	3 803	4 396	4 882	5 184	235.85
上 海	3 376	4 273	5 646	7 405	9 279	10 6263	11 425	338.42
四 川	2 194	2 458	2 960	4 028	4 645	5 156	5 626	256.43
天 津	2 724	3 118	4 003	5 364	6 501	7 643	8 238	302.42
西 藏	3 355	3 448	4 067	7 115	7 382	11 087	10 098	300.98
新 疆	2 455	2 742	3 238	4 253	5 348	5 987	6 644	270.63
雲 南	2 328	2 686	3 751	4 514	5 149	6 231	7 037	302.28
浙 江	2 422	2 884	4 201	5 597	6 619	7 413	8 386	346.24

3.6.6 1991－1997年全國不同行業勞動力價格變化狀況

單位:元(RMB Yuan)

行業 Sector	1991年	1992年	1993年	1994年
農、林、牧、漁業	1 652	1 828	2 042	2 819
采掘業	2 942	3 209	3 711	4 679
制造業	2 289	2 635	3 348	4 283
電力、煤氣及水的生產及供應業	2 922	3 392	4 319	6 155
建築業	2 649	3 066	3 779	4 894
地質勘察業、水利管理業	2 707	3 222	3 717	5 450
交通運輸、倉儲及郵電通訊業	2 686	3 114	4 273	5 690
批發和零售貿易、餐飲業	1 981	2 204	2 679	3 527
金融、保險業	2 255	2 829	3 740	6 712
房地產業	2 507	3 106	4 320	6 288
社會服務業	2 431	2 844	3 588	5 026
衛生、體育和社會福利業	2 370	2 812	3 413	5 126
教育、文化藝術和廣播電影電視業	2 243	2 715	3 278	4 923
科學研究和綜合技術服務業	2 573	3 115	3 904	6 162
國家機關、政黨機關和社會團體	2 275	2 768	3 505	4 962
其他行業	—	—	3 371	5 213

3.6.6　1991－1997 年全國不同行業勞動力價格變化狀況(續)

單位:元(RMB Yuan)

行　業 Sector	1995 年	1996 年	1997 年	1997 年為 1991 年的%
農、林、牧、漁業	3 522	4 050	4 311	260.96
采掘業	5 757	6 482	6 833	232.26
制造業	5 169	5 642	5 933	259.20
電力、煤氣及水的生產及供應業	2 922	7 843	8 816	9 649
建築業	5 785	6 249	6 655	251.23
地質勘察業、水利管理業	5 962	6 581	7 160	264.50
交通運輸、倉儲及郵電通訊業	6 948	7 870	8 600	320.18
批發和零售貿易、餐飲業	4 248	4 661	4 845	244.57
金融、保險業	7 376	8 406	9 734	431.66
房地產業	7 330	8 337	9 190	366.57
社會服務業	5 982	6 778	7 553	310.70
衛生、體育和社會福利業	5 860	6 790	7 599	320.63
教育、文化藝術和廣播電影電視業	5 435	6 144	6 759	301.34
科學研究和綜合技術服務業	6 846	8 048	9 049	351.69
國家機關、政黨機關和社會團體	5 526	6 340	6 981	306.86
其他行業	6 295	7 184	6 838	—

第四篇
城鎮居民生活質量

導　讀

◆1997 年全國城鄉居民媒體接觸情況

△ 每萬人擁有公共圖書館和人均公共圖書館藏書
△ 每百人每天有報紙量
△ 每人每年有圖書雜志量
△ 廣播電臺數量
△ 廣播人口覆蓋率
△ 電視臺數量
△ 電視人口覆蓋率

◆ 1997 年全國及分省市城鎮居民家庭基本情況和家庭居住環境

基本情況

△ 人均居住面積
△ 自來水普及率
△ 氣化率
△ 污水日處理能力

◆ 1996－1997 年居民生活環境

△ 人均公共綠地面積
△ 城市人均日生活用水量
△ 城市人均生活用電量
△ 城市每萬人擁有公共汽/電車
△ 城市人均鋪裝道路面積

◆全國及各省市城鎮居民家庭收入、消費水平及消費結構

◆ 歷年全國及各省市城鎮居民家庭人均可支配收入

◆ 各省典型城市城鎮居民分類商品、服務消費水平及人均消費構成

△ 各省市城鎮居民分類商品及服務消費水平
△ 各省市城鎮居民分類商品及服務人均消費構成

主要統計指標解釋

城鎮居民家庭每户就業人口 指從事社會勞動并取得勞動報酬或經營收入的人口。

就業人口 包括通過國家統籌規劃和指導由勞動部門介紹就業,自願組織起來就業和自謀職業等方式,在國有制集體所有制,中外合資、合作,外資在華獨資的企、事業單位工作或從事個體勞動的有固定性職業或臨時性職業的人口。被聘用和留用的離退休人員也計入就業人口。本指標可以反映城鎮居民的就業情況,是計算就業面、負擔系數的重要資料。

城鎮居民家庭平均每人全年可支配收入 指被調查城鎮居民家庭平均每人在支付個人所得税之后,所余下的實際收入。即:可支配收入=實際收入-個人所得税-家庭副業生產支出-記帳補貼

城鎮居民家庭平均每人消費性支出 指被調查城鎮居民家庭平均每人用于家庭日常生活的全部支出,包括購買商品支出和文化生活服務等非商品支出。不包括罰没丢失款和交納的各種税款(如個人所得税、牌照税、房產税等),也不包括個體勞動者生產經營過程中發生的各項費用。

氣化率(城市用氣普及率) 指使用煤氣(包括人工煤氣、液化石油氣、天然氣)的城市非農業人口數(不包括臨時人口和流動人口)與城市非農業人口總數之比。

$$計算公式:城市煤氣普及率=\frac{城市用氣的非農業人口數}{城市非農業人口總數}\times 100\%$$

自來水普及率(城市人口用水普及率) 指城市用水的非農業人口數(不包括臨時人口和流動人口)與城市非農業人口總數之比。計算公式:用水普及率=(城市用水的非農業人口數÷城市非農業人口數)×100%

人均生活用水量 指居民日常生活與公共福利設施的用水量。包括居民、飲食店、旅館、醫院、理發店、浴池、洗衣店、游泳池、商店、學校、機關、部隊等單位的用水量。

污水日處理能力 指城市污水處理廠每晝夜處理污水量的設計能力。

人均公共绿地面積 指供游覽休息的各種公園、動物園、植物園、陵園以及花園、游園和供游覽休息用的林蔭道绿地、廣場绿地。不包括一般栽植的行道樹及林蔭道的面積。

城市每萬人擁有公共汽/電車 指年底可參加營運的全部車輛數每萬人擁有量,如架綫車、油罐車、工程車、華及其他專用車輛和借人的客運車輛。包括年底營運車輛數和庫存查封未參加營運的車輛,不包括非營運車輛。

城鎮居民家庭人均居住面積 指調查户家庭成員在調查時點實際居住的住房面積不包括厨房厠所走廊面積和臨時搭建房屋的面積。

城市人均鋪裝道路面積 指除土路外,路面經過鋪裝寬度在3.5米以上的道路,包括高級、次高級道路和普通道路。

居民消費支出 指調查户購買商品和用于服務的全部支出,按用途分為食品、衣着、家庭設備用品及服務、醫療保健、交通和通訊、娱樂教育文化服務、居住、雜項商品和服務等八打類支出。購買商品支出是指從商店、集市、飲食業、工作單位食堂以及從工廠和農村購買的各種商品支出,包括自用的和贈送親友的;服務支出是指調查户用于社會提供的各種文化和生活服務方面的支出,包擴各種修理費、加工費、洗理美容費、保姆費、勞務費等。

第一章　家庭基本情況居住環境

4.1.1　1997 年全國及各省市城鎮居民家庭基本情況

城市 City	家庭户規模 (人/户) Family Size	平均每户 就業人口 (人) Labors Per Family	平均每人全年 可支配收入 (元) Per Capita Annual Disposable Expense	平均每人全年 消費性支出 (元) Per Capita Consumption Expenditure
全　國	**3.19**	**1.83**	**5 160.32**	**4 185.64**
安　徽	3.15	1.91	4 599.27	4 935.95
北　京	3.06	1.77	7 813.16	6 531.81
重　慶	3.06	1.92	5 322.66	4 937.75
福　建	3.28	1.96	6 143.64	4 935.95
甘　肅	3.12	1.65	3 592.43	2 946.27
廣　東	3.60	2.08	8 561.71	6 853.48
廣　西	3.22	1.88	5 110.29	4 452.70
貴　州	3.05	1.77	4 441.91	3 555.69
海　南	3.96	2.00	4 849.93	3 908.57
河　北	3.12	2.17	4 958.67	4 003.71
黑龍江	3.15	1.65	4 090.72	3 213.42
河　南	3.29	1.93	4 093.62	3 378.02
湖　北	3.23	1.89	4 673.15	3 855.59
湖　南	3.14	1.92	5 209.74	4 317.16
遼　寧	3.15	1.87	4 518.10	3 719.91
吉　林	3.12	1.77	4 190.58	3 408.03
江　蘇	3.14	1.80	5 765.20	4 533.57
江　西	3.13	1.90	4 071.32	3 199.61
内蒙古	3.23	1.72	3 944.67	3 032.30
寧　夏	3.20	1.59	3 836.54	3 271.32
青　海	3.43	1.68	3 999.36	3 300.49
山　東	3.17	2.01	5 190.79	4 040.63
山　西	3.27	1.81	3 989.67	3 228.30
陜　西	3.18	1.71	4 001.30	3 462.33
上　海	3.08	1.59	8 438.89	6 819.94
四　川	3.09	1.85	4 763.26	4 092.59
天　津	3.10	1.70	6 608.39	5 204.15
西　藏	—	—	—	—
新　疆	3.23	1.75	4 844.72	3 887.06
雲　南	3.12	1.88	5 558.29	4 537.08
浙　江	3.01	1.88	7 358.72	6 170.14

注:此表為城鎮居民家庭收支抽樣調查資料。

4.1.2 1997年安徽省及典型城市城鎮居民家庭基本情况

城市 City	家庭户規模 (人/户) Family Size	平均每户就業人口 (人) Labors Per Family	平均每人全年可支配收入 (元) Per Capita Annual Disposable Expense	平均每人全年消費性支出 (元) Per Capita Consumption Expenditure
全 省	**3.15**	**1.91**	**4 599.27**	**3 693.55**
合肥市	3.16	1.87	5 069.39	4 096.13
蕪湖市	2.95	1.92	5 117.98	3 965.32
蚌埠市	3.24	1.77	4 384.88	3 080.43
淮南市	3.20	1.78	3 814.29	3 225.40
馬鞍山市	3.07	2.04	6 107.97	4 504.41
淮北市	3.32	2.00	4 986.93	3 687.85
銅陵市	3.16	1.84	4 936.33	3 687.19
安慶市	3.23	2.10	5 078.17	4 282.49
滁州市	3.24	1.83	5 021.54	3 515.32
阜陽市	3.16	2.03	4 997.07	4 141.89
宣州市	3.39	2.09	4 731.31	3 744.41

4.1.3 1997年重慶市各地區城鎮居民家庭基本情况

城市 City	家庭户規模 (人/户) Family Size	平均每户就業人口 (人) Labors Per Family	平均每人全年可支配收入 (元) Per Capita Annual Disposable Expense	平均每人全年消費性支出 (元) Per Capita Consumption Expenditure
全 市	**3.06**	**1.92**	**5 323.00**	**4 844.98**
萬縣市	3.05	1.96	4 161.00	3 406.00
墊 江	3.14	1.70	4 329.00	3 278.00

注:本表采用原重慶市數據

4.1.4 1997年福建省及典型城市城鎮居民家庭基本情况

城市 City	家庭户規模 (人/户) Family Size	平均每户就業人口 (人) Labors Per Family	平均每人全年可支配收入 (元) Per Capita Annual Disposable Expense	平均每人全年消費性支出 (元) Per Capita Consumption Expenditure
全 省	**3.28**	**1.96**	**6 143.64**	**4 935.95**
福州市	3.01	1.75	7 082.63	5 893.42
厦門市	3.14	2.01	8 980.06	7 387.29
三明市	3.08	1.95	6 313.03	5 070.49
泉州市	3.63	2.17	7 502.57	5 657.95
漳州市	3.36	1.94	5 524.01	4 351.91
建 甌	2.99	1.89	5 079.34	4 003.16
仙 游	3.35	1.55	4 371.40	3 429.75
永 定	3.29	1.95	5 391.37	4 162.94

4.1.5 1997年甘肅省及典型城市城鎮居民家庭基本情况

城市 City	家庭户規模 (人/户) Family Size	平均每户就業人口 (人) Labors Per Family	平均每人全年可支配收入 (元) Per Capita Annual Disposable Expense	平均每人全年消費性支出 (元) Per Capita Consumption Expenditure
全　省	**3.12**	**1.65**	**3 592.43**	**2 946.27**
蘭州市	3.20	1.51	3 906.00	3 196.00
天水市	3.34	1.85	2 881.00	2 493.00
平　凉	3.31	1.77	2 678.04	2 485.83
酒　泉	2.80	1.40	3 811.10	3 374.10
武　威	3.17	1.84	3 306.37	2 883.97

注:本省采用"全省平均"的,而非"城市平均"的數據。

4.1.6 1997年貴州省及典型城市城鎮居民家庭基本情况

城市 City	家庭户規模 (人/户) Family Size	平均每户就業人口 (人) Labors Per Family	平均每人全年可支配收入 (元) Per Capita Annual Disposable Expense	平均每人全年消費性支出 (元) Per Capita Consumption Expenditure
全　省	**3.05**	**1.77**	**4 441.90**	**3 555.69**
貴陽市	3.98	1.57	5 342.63	4 808.03
遵義市	3.97	1.50	4 529.93	3 574.85
安順市	4.36	1.65	3 763.01	2 929.44
凱　星	4.41	2.02	4 064.49	3 318.43
都　匀	3.77	1.71	4 607.07	3 858.31
銅　仁	3.95	1.79	4 364.24	3 205.50
畢　節	4.12	1.84	3 919.09	2 973.00
興　義	3.94	1.94	4 599.94	3 700.97

注:本表采用貴州省統計局提供的常住人口資料。

4.1.7 1997年海南省及典型城市城鎮居民家庭基本情况

城市 City	家庭户規模 (人/户) Family Size	平均每户就業人口 (人) Labors Per Family	平均每人全年可支配收入 (元) Per Capita Annual Disposable Expense	平均每人全年消費性支出 (元) Per Capita Consumption Expenditure
全　省	**3.96**	**2.00**	**4 849.93**	**3 908.57**
海口市	3.77	1.96	6 589.26	5 171.13
文　昌	3.94	2.00	4 382.61	3 615.17
瓊　中	4.15	2.06	3 938.63	3 203.63

4.1.8 1997年河北省及典型城市城鎮居民家庭基本情況

城市 City	家庭户規模 (人/户) Family Size	平均每户就業人口 (人) Labors Per Family	平均每人全年可支配收入 (元) Per Capita Annual Disposable Expense	平均每人全年消費性支出 (元) Per Capita Consumption Expenditure
全 省	**3.12**	**1.78**	**4 958.67**	**4 003.71**
石家莊市	3.51	2.39	5 796.68	4 541.83
唐山市	3.15	1.94	5 376.43	4 224.65
秦皇島市	2.88	1.80	6 015.48	4 831.15
邯鄲市	3.79	2.35	4 773.63	4 185.72
保定市	3.32	1.97	5 821.89	4 490.82
張家口市	2.94	2.42	3 987.91	3 422.07
辛集市	3.26	2.12	5 355.89	3 364.89
遵 化	3.06	1.67	4 981.47	4 203.03
張 北	2.71	1.54	3 924.05	3 045.24
武 安	3.42	1.99	4 983.42	4 305.66

4.1.9 1997年黑龍江省及典型城市城鎮居民家庭基本情況

城市 City	家庭户規模 (人/户) Family Size	平均每户就業人口 (人) Labors Per Family	平均每人全年可支配收入 (元) Per Capita Annual Disposable Expense	平均每人全年消費性支出 (元) Per Capita Consumption Expenditure
全 省	**3.10**	**1.70**	**4 090.70**	**3 213.40**
哈爾濱市	3.10	1.60	4 233.38	3 438.24
齊齊哈爾	3.77	1.75	4 001.80	3 052.20
鶴崗市	3.00	1.04	3 120.00	2 775.00
大慶市	3.30	1.90	7 943.00	5 091.00
伊春市	3.10	1.70	3 600.60	2 899.70
佳木斯市	3.20	1.44	3 632.00	3 056.00
牡丹江市	3.26	1.21	4 082.00	3 325.00
訥 河	3.10	1.60	3 438.80	2 560.00
富 錦	3.68	1.52	3 436.00	2 916.00
尚 志	3.10	1.64	3 990.13	3 200.38
寧 安	3.11	1.65	3 535.00	2 931.00

4.1.10 1997年河南省及典型城市城鎮居民家庭基本情况

城市 City	家庭户規模（人/户） Family Size	平均每户就業人口（人） Labors Per Family	平均每人全年可支配收入（元） Per Capita Annual Disposable Expense	平均每人全年消費性支出（元） Per Capita Consumption Expenditure
全 省	**3.29**	**1.92**	**4 093.62**	**3 378.02**
鄭州市	3.18	1.94	5 595.15	4 734.61
開封市	3.21	1.26	3 497.88	2 922.51
洛陽市	2.98	1.66	5 310.76	4 248.75
平頂山市	3.24	1.98	5 092.99	4 286.70
安陽市	3.46	1.89	3 480.38	2 847.69
新鄉市	2.87	1.57	4 720.81	3 559.44
滑 縣	3.58	1.98	3 678.78	3 205.61
輝 縣	3.84	1.95	2 775.67	2 553.30
固 始	3.26	1.84	3 333.69	3 013.49
襄 城	3.36	1.97	3 316.21	2 921.34

4.1.11 1997年湖北省及典型城市城鎮居民家庭基本情况

城市 City	家庭户規模（人/户） Family Size	平均每户就業人口（人） Labors Per Family	平均每人全年可支配收入（元） Per Capita Annual Disposable Expense	平均每人全年消費性支出（元） Per Capita Consumption Expenditure
全 省	**3.23**	**1.89**	**4 673.15**	**3 855.60**
武漢市	3.17	1.60	5 573.07	4 719.14
黄石市	3.28	2.05	4 983.35	4 250.33
荆州市	3.13	1.94	4 475.46	3 992.32
宜昌市	3.25	1.99	5 437.11	4 759.03
襄樊市	3.09	1.95	4 797.12	3 569.83
天門市	3.30	2.12	4 975.73	3 540.33
麻 城	3.64	1.99	3 480.58	2 886.34
洪 湖	3.02	2.23	4 856.14	3 844.62
浠 水	3.06	1.70	4 069.54	3 312.70
咸 寧	3.28	1.85	3 783.89	3 469.51

4.1.12 1997年湖南省及典型城市城鎮居民家庭基本情况

城市 City	家庭户規模 (人/户) Family Size	平均每户 就業人口 (人) Labors Per Family	平均每人全年 可支配收入 (元) Per Capita Annual Disposable Expense	平均每人全年 消費性支出 (元) Per Capita Consumption Expenditure
全 省	**3.14**	**1.92**	**5 209.74**	**4 317.16**
長沙市	3.13	1.93	6 232.10	5 528.48
株洲市	3.05	1.90	5 799.59	4 719.23
邵陽市	3.16	2.01	4 317.24	3 607.88
岳陽市	3.17	2.06	6 317.07	4 837.36
常德市	3.02	1.97	5 175.50	4 067.85
郴州市	3.14	1.93	5 239.25	4 930.75
懷化市	3.21	1.90	4 538.06	3 767.64
道 縣	3.04	1.76	3 763.66	2 927.34
耒 陽	3.04	1.50	4 819.36	3 422.40
新 化	3.44	1.94	4 122.18	3 453.40
慈 利	3.28	1.96	4 872.67	3 271.17

4.1.13 1997年遼寧省及典型城市城鎮居民家庭基本情况

城市 City	家庭户規模 (人/户) Family Size	平均每户 就業人口 (人) Labors Per Family	平均每人全年 可支配收入 (元) Per Capita Annual Disposable Expense	平均每人全年 消費性支出 (元) Per Capita Consumption Expenditure
全 省	**3.15**	**1.87**	**4 518.10**	**3 719.90**
沈陽市	3.16	1.98	4 714.00	4 218.00
大連市	3.19	1.77	6 070.00	5 550.00
鞍山市	3.38	2.20	5 060.00	4 280.00
撫順市	3.15	1.85	4 799.00	3 618.00
丹東市	3.09	1.87	3 847.00	3 116.00
錦州市	3.02	1.77	4 367.00	3 414.00
綏 中	3.12	1.72	3 263.00	2 500.00
昌 圖	3.04	1.82	2 767.00	2 223.00
瓦房店	3.17	1.79	4 251.00	1 662.00

4.1.14 1997年吉林省及典型城市城鎮居民家庭基本情況

城市 City	家庭户規模 (人/户) Family Size	平均每户就業人口 (人) Labors Per Family	平均每人全年可支配收入 (元) Per Capita Annual Disposable Expense	平均每人全年消費性支出 (元) Per Capita Consumption Expenditure
全 省	**3.12**	**1.77**	**4 190.64**	**3 408.00**
長春市	3.21	1.84	4 701.84	350.01
吉林市	3.19	1.84	4 678.32	309.29
四平市	2.88	1.49	3 827.40	248.39
通化市	3.10	1.81	3 777.48	245.19
白山市	3.15	1.78	4 140.72	259.28
松原市	3.34	1.57	3 625.08	222.18
延吉市	2.99	1.66	5 664.48	361.95
德惠市	3.18	1.71	3 588.84	239.34
蛟 河	2.88	1.64	3 722.88	220.56
雙 遼	3.00	1.80	3 027.12	207.52

4.1.15 1997年江蘇省及典型城市城鎮居民家庭基本情況

城市 City	家庭户規模 (人/户) Family Size	平均每户就業人口 (人) Labors Per Family	平均每人全年可支配收入 (元) Per Capita Annual Disposable Expense	平均每人全年消費性支出 (元) Per Capita Consumption Expenditure
全 省	**3.14**	**1.80**	**5 765.20**	**4 533.57**
南京市	3.19	1.90	6 497.00	5 451.00
徐州市	3.03	1.75	5 687.00	4 561.00
常州市	3.01	1.46	6 853.00	5 442.00
南通市	2.99	1.55	6 506.00	4 910.00
揚州市	3.07	1.84	5 892.00	4 686.00
宿遷市	4.05	2.19	3 508.00	2 743.00
宜興市	2.98	1.71	7 805.00	5 905.00

4.1.16 1997年江西省及典型城市城鎮居民家庭基本情況

城市 City	家庭户規模 (人/户) Family Size	平均每户就業人口 (人) Labors Per Family	平均每人全年可支配收入 (元) Per Capita Annual Disposable Expense	平均每人全年消費性支出 (元) Per Capita Consumption Expenditure
全 省	**3.13**	**1.89**	**4 071.36**	**3 199.56**
南昌市	3.00	1.67	4 501.32	3 742.80
景德鎮市	3.20	2.10	4 045.68	3 046.32
九江市	3.10	1.81	4 308.48	3 486.84
贛州市	3.30	2.06	3 729.00	2 964.00
信豐縣	3.60	2.11	3 679.08	2 664.84
瑞昌市	3.30	2.18	3 942.96	2 618.52
泰和縣	3.20	1.83	3 706.32	3 093.24
上 高	3.00	1.88	4 161.45	3 539.14
鉛山縣	3.00	1.75	3 635.27	2 694.89

注:收支情况只計市區,未含下屬縣。

4.1.17 1997年内蒙古自治區及典型城市城鎮居民家庭基本情况

城市 City	家庭户規模 (人/户) Family Size	平均每户就業人口 (人) Labors Per Family	平均每人全年可支配收入 (元) Per Capita Annual Disposable Expense	平均每人全年消費性支出 (元) Per Capita Consumption Expenditure
全區	**3.23**	**1.71**	**3 944.67**	**3 023.30**
呼和浩特	3.08	1.65	4 434.66	3 398.23
包頭市	3.18	1.66	4 425.50	3 164.58
赤峰市	3.16	1.90	4 350.28	3 336.17
海拉爾市	3.21	1.93	4 226.73	3 389.62
臨河市	3.28	1.74	4 110.67	3 530.84
正鑲白旗	3.21	1.52	4 683.81	2 475.30
豐 鎮	3.02	1.49	3 106.60	2 546.54
額爾古納左旗	3.38	1.44	3 360.55	2 279.51

4.1.18 1997年寧夏回族自治區及典型城市城鎮居民家庭基本情況

城市 City	家庭户規模 (人/户) Family Size	平均每户就業人口 (人) Labors Per Family	平均每人全年可支配收入 (元) Per Capita Annual Disposable Expense	平均每人全年消費性支出 (元) Per Capita Consumption Expenditure
全區	**3.20**	**1.59**	**3 836.56**	**3 271.34**
銀川市	3.03	1.55	4 470.71	4 016.29
石嘴山石	3.41	1.42	3 598.29	3 013.95
吴忠市	3.26	1.72	3 375.59	2 834.64
中衛縣	3.23	1.64	3 788.27	3 161.10
固原縣	3.39	1.54	2 908.21	2 414.32

4.1.19 1997年青海省及典型城市城鎮居民家庭基本情况

城市 City	家庭户規模 (人/户) Family Size	平均每户就業人口 (人) Labors Per Family	平均每人全年可支配收入 (元) Per Capita Annual Disposable Expense	平均每人全年消費性支出 (元) Per Capita Consumption Expenditure
全 省	**3.43**	**1.68**	**3 999.36**	**3 300.49**
西寧市	3.30	1.62	4011.00	3 374.40
樂 都	3.46	0.50	3 868.60	3 143.50
共 和	3.71	0.52	3 585.97	3 090.35
大 通	3.70	0.49	3 908.26	3 105.63
格爾木	3.59	1.71	4 040.90	3 457.90

4.1.20 1997年陝西省及典型城市城鎮居民家庭基本情况

城市 City	家庭户規模 (人/户) Family Size	平均每户就業人口 (人) Labors Per Family	平均每人全年可支配收入 (元) Per Capita Annual Disposable Expense	平均每人全年消費性支出 (元) Per Capita Consumption Expenditure
全　省	**3.18**	**1.71**	**4 001.30**	**3 462.36**
西安市	3.12	1.65	5 344.14	4 752.61
寶鷄市	3.15	1.72	4 142.17	3 439.55
咸陽市	3.42	1.81	—	2 927.15
漢中市	3.21	1.72	—	2 636.06
榆　林	3.29	1.71	—	2 524.87
安　康	3.15	1.66	—	3 267.18
三　原	3.18	1.88	—	2 695.53
商　州	3.24	1.98	—	2 401.82

4.1.21 1997年山東省及典型城市城鎮居民家庭基本情况

城市 City	家庭户規模 (人/户) Family Size	平均每户就業人口 (人) Labors Per Family	平均每人全年可支配收入 (元) Per Capita Annual Disposable Expense	平均每人全年消費性支出 (元) Per Capita Consumption Expenditure
全　省	**3.17**	**2.01**	**5 190.84**	**4 040.84**
濟南市	3.11	1.92	6 261.24	5 210.40
青島市	3.14	1.95	6 221.26	5 525.28
棗莊市	3.14	2.02	4 625.28	3 366.36
烟臺市	3.05	2.05	5 915.16	4 845.36
濟寧市	3.29	2.00	5 048.88	3 697.56
青州市	3.22	1.96	5 248.56	3 989.28
德州市	3.22	2.04	4 132.80	3 480.84
文登市	3.06	2.02	4 421.28	3 500.16
諸城市	3.10	2.08	5 005.68	3 480.60
徽山市	3.34	1.98	3 864.48	2 905.08

4.1.22 1997年山西省及典型城市城鎮居民家庭基本情况

城市 City	家庭户規模 (人/户) Family Size	平均每户就業人口 (人) Labors Per Family	平均每人全年可支配收入 (元) Per Capita Annual Disposable Expense	平均每人全年消費性支出 (元) Per Capita Consumption Expenditure
全　省	**3.27**	**1.81**	**3 989.92**	**3 228.71**
太原市	3.01	1.70	5 085.67	4 256.70
大同市	3.24	1.71	4 437.72	3 526.67
陽泉市	3.28	1.88	3 954.49	3 170.97
長治市	3.33	1.85	4 192.11	3 570.09
晉城市	3.49	2.11	4 149.59	2 852.55
朔州市	3.46	2.06	4 411.94	3 507.00
臨汾市	3.32	1.88	3 277.20	2 527.38
運城市	3.43	1.91	3 055.32	2 456.42

4.1.23 1997年四川省及典型城市城鎮居民家庭基本情況

城市 City	家庭户規模 (人/户) Family Size	平均每户 就業人口 (人) Labors Per Family	平均每人全年 可支配收入 (元) Per Capita Annual Disposable Expense	平均每人全年 消費性支出 (元) Per Capita Consumption Expenditure
全 省	**3.09**	**1.85**	**4 723.26**	**4 092.59**
成都市	2.99	1.77	6 018.40	4 859.50
自貢市	3.11	1.88	4 672.10	4 144.60
瀘州市	2.99	1.80	5 745.40	4 353.80
廣元市	3.08	2.12	4 096.80	3 557.00
樂山市	2.94	1.87	4 256.90	3 759.80
南充市	2.89	1.80	4 477.10	3 942.30
温江市	2.91	1.76	5 396.70	5 750.20
平昌市	3.38	1.78	3 256.10	2 742.90
峨眉市	3.12	1.95	5 094.50	4 215.80
漢 源	3.18	1.77	4 311.10	3 757.90
叙 永	3.05	1.75	4 113.40	3 392.70

4.1.24 1997年新疆維吾爾自治區及典型城市城鎮居民家庭基本情況

城市 City	家庭户規模 (人/户) Family Size	平均每户 就業人口 (人) Labors Per Family	平均每人全年 可支配收入 (元) Per Capita Annual Disposable Expense	平均每人全年 消費性支出 (元) Per Capita Consumption Expenditure
全區	**3.32**	**1.77**	**4 859.23**	**3 855.85**
烏魯木齊市	3.00	1.61	6 096.00	4 660.00
喀 什	3.57	1.96	3 501.00	3 134.00
伊 寧	3.60	1.84	3 426.00	2 763.00
和 田	3.56	1.88	3 705.00	3 063.00
塔 城	3.44	1.90	4 608.00	3 550.00
焉 耆	2.92	1.69	4 791.81	4 003.00

4.1.25 1997年雲南省及典型城市城鎮居民家庭基本情况

城市 City	家庭户規模 (人/户) Family Size	平均每户 就業人口 (人) Labors Per Family	平均每人全年 可支配收入 (元) Per Capita Annual Disposable Expense	平均每人全年 消費性支出 (元) Per Capita Consumption Expenditure
全 省	**3.12**	**1.88**	**5 558.29**	**4 537.08**
昆明市	3.07	2.02	6 244.22	5 454.64
個舊市	3.02	1.87	4 428.91	3 885.55
大理市	3.33	1.94	5 711.00	4 156.91

4.1.26 1997年浙江省及典型城市城鎮居民家庭基本情况

城市 City	家庭户規模 (人/户) Family Size	平均每户 就業人口 (人) Labors Per Family	平均每人全年 可支配收入 (元) Per Capita Annual Disposable Expense	平均每人全年 消費性支出 (元) Per Capita Consumption Expenditure
全 省	**3.01**	**1.87**	**7 359.00**	**6 170.00**
杭州市	3.14	1.99	7 896.00	6 766.00
寧波市	3.15	2.14	9 069.00	7 189.00
温州市	3.18	1.95	9 034.00	6 524.00
金華市	2.82	1.68	7 652.00	6 719.00
舟山市	2.99	1.91	7 907.00	6 388.00
新 昌	3.00	1.82	7 237.00	6 013.00
安 吉	2.96	1.82	7 445.00	5 456.00

4.1.27 1997年全國及分省市城鎮居民家庭居住環境

地區 Region	人均居住面積(平方米) Per Capita Living Space	自來水普及率(%) Percentage of Population with Access to Tap water	氣化率(%) Percentage of Population with Access to Gas	污水日處理能力(萬噸) Daily Disposal Capacity of Sewage
全 國	**8.83**	**95.16**	**75.71**	**1 292.10**
安 徽	7.56	92.58	65.06	15.75
北 京	9.49	100.00	94.02	66.60
重 慶	8.32	96.27	71.16	8.70
福 建	10.31	96.19	78.54	37.51
甘 肅	7.83	93.07	39.84	28.97
廣 東	9.50	96.00	92.05	121.94
廣 西	8.45	97.29	83.20	17.85
貴 州	8.18	93.67	43.29	4.30
海 南	10.42	94.53	88.53	2.40
河 北	8.75	99.23	85.93	67.90
黑龍江	7.65	85.46	66.32	32.00
河 南	7.98	93.83	52.06	20.73
湖 北	9.18	95.78	73.39	48.03
湖 南	8.66	97.79	65.70	58.15
遼 寧	7.68	97.40	86.63	26.90
吉 林	7.70	82.95	61.84	22.08
江 蘇	9.29	99.27	87.79	129.89
江 西	8.48	91.64	57.30	2.30
内蒙古	8.01	86.58	51.68	18.70
寧 夏	8.41	96.29	71.84	—
青 海	5.94	96.66	47.98	—
山 東	9.55	95.00	80.29	92.40
山 西	8.92	96.64	66.57	49.10
陝 西	7.71	94.79	54.75	27.00
上 海	9.67	100.00	94.80	188.70
四 川	8.97	94.82	68.95	13.26
天 津	7.94	100.00	93.10	66.80
西 藏	12.82	64.81	56.27	—
新 疆	8.43	97.93	88.44	19.28
雲 南	9.02	97.89	68.42	48.90
浙 江	13.14	98.28	94.90	55.96

第二章　城鎮居民家庭生活環境

4.2.1 1996—1997 年全國及分省市城鎮居民生活環境

地區 Region	人均公共綠地面積(平方米) Per Capita Pubic Green Areas (sq. m)	城市人均日生活用水量(升) Per Capita Daily Consumption of Top Water for Residential Use(liter)	城市人均生活用電量 Per Capita Electricity Consumption (千瓦小時)	城市每萬人擁有公共汽/電車(標臺) Number of Public Buses/Trolley Buses Per 10 000 Person (輛)	城市人均鋪裝道路面積 Per Capita Area of Paved Roads (平方米)
全　國	**5.54**	**213.49**	**152.90**	**8.57**	**7.84**
安　徽	6.54	221.27	97.00	6.17	8.45
北　京	6.97	277.94	—	19.23	5.84
重　庆	2.08	170.50	192.50	7.23	4.43
福　建	6.05	238.22	200.60	6.86	7.98
甘　肃	3.35	150.81	141.30	5.57	7.80
广　东	8.30	339.44	259.60	6.76	10.01
广　西	6.68	300.02	141.50	5.09	9.37
贵　州	5.41	150.69	129.10	11.20	4.78
海　南	9.49	260.22	77.70	14.63	15.21
河　北	5.11	174.42	136.40	5.14	8.61
黑龙江	5.97	142.29	191.80	5.95	6.43
河　南	3.88	179.99	112.80	5.47	5.97
湖　北	7.11	255.50	98.90	8.08	8.97
湖　南	4.71	320.46	132.20	9.13	6.32
辽　宁	5.62	177.19	182.50	7.64	6.13
吉　林	4.17	151.41	158.20	6.11	4.86
江　苏	7.25	267.94	152.50	7.02	9.25
江　西	5.45	217.51	86.40	4.99	5.66
内蒙古	5.33	143.80	113.50	4.05	5.83
宁　夏	2.90	204.13	199.90	6.11	7.38
青　海	2.94	230.55	186.70	6.72	6.13
山　东	5.91	148.46	147.60	6.51	13.87
山　西	3.59	137.93	109.20	4.91	8.62
陕　西	3.38	190.07	120.20	6.07	5.53
上　海	2.35	289.45	365.00	35.20	4.91
四　川	3.80	193.18	102.10	6.88	6.27
天　津	3.65	135.62	287.60	6.42	7.72
西　藏	29.60	250.86	—	26.26	14.99
新　疆	5.71	149.73	186.20	11.05	8.76
云　南	7.56	146.32	152.80	9.84	7.03
浙　江	6.45	195.05	174.80	10.90	12.17

注：* 城市人均生活用電量為 1996 年數據；其余為 1997 年數據，統計口徑不包括市轄縣。

4.2.2 1996年安徽省及典型城市城鎮居民生活環境

地區 Region	建成區綠化覆蓋面積（平方米） Coverage of Green Areas	人均生活用水量（噸/年） Per Capita Water Consumption	人均生活用電量（千瓦時/年） Per Capita Electricity Consumption	每萬人擁有公共汽車（輛） Vehicles Per 10 000 Population	人均鋪裝道路面積（平方米） Area of Paved Road Per Capita	每萬人擁有公共圖書館（個） Public Liberies Per 10 000 Population	人均公共圖書館藏書（册，件） Per Capita Collection Books
全　省	**30.30**	**79.40**	**97.00**	**2.30**	**2.70**	**0.01**	**0.20**
合肥市	31.00	102.80	276.20	10.10	7.60	0.03	1.31
蕪湖市	32.60	85.20	191.60	6.70	4.80	0.02	0.44
蚌埠市	29.10	66.10	127.10	4.20	4.70	0.01	0.18
淮南市	22.80	78.40	163.10	3.90	3.10	0.02	0.14
馬鞍山市	40.10	102.30	171.20	6.50	5.30	0.02	0.30
淮北市	29.70	46.90	43.60	5.40	3.40	0.01	0.17
銅陵市	31.50	111.40	136.40	8.00	6.30	0.03	0.62
安慶市	31.40	86.40	166.90	3.20	4.50	0.02	0.15
黄山市	42.40	89.50	131.10	0.50	3.80	0.08	0.28
滁州市	45.70	42.50	166.90	1.10	3.50	0.02	0.13
阜陽市	47.10	91.20	36.30	1.10	1.70	0.01	0.04
宿州市	20.20	144.10	70.20	0.50	1.70	0.01	0.05
六安市	10.70	73.00	40.30	0.30	1.40	0.01	0.03
宣州市	28.20	35.00	68.90	0.50	0.90	0.01	0.07
巢湖市	33.30	63.00	134.60	0.60	2.70	0.01	0.16
貴池市	30.50	71.60	40.90	0.20	1.20	0.02	0.14

4.2.3 1996年重慶市及典型城鎮居民生活環境

地區 Region	建成區綠化覆蓋面積（平方米） Coverage of Green Areas	人均生活用水量（噸/年） Per Capita Water Consumption	人均生活用電量（千瓦時/年） Per Capita Electricity Consumption	每萬人擁有公共汽車（輛） Vehicles Per 10 000 Population	人均鋪裝道路面積（平方米） Area of Paved Road Per Capita	每萬人擁有公共圖書館（個） Public Liberies Per 10 000 Population	人均公共圖書館藏書（册，件） Per Capita Collection Books
重慶市	**23.40**	**64.20**	**192.50**	**4.10**	**2.20**	**0.02**	**0.79**
江津市	18.00	46.50	31.30	4.20	0.10	0.01	0.16
合川市	8.40	29.50	51.50	0.50	0.30	0.01	0.16
永川市	2.70	39.80	64.50	0.50	0.70	0.01	0.05
萬縣市	8.20	28.90	51.50	1.60	0.90	0.01	0.11
涪陵市	25.00	51.50	180.70	4.10	1.00	0.11	0.50

4.2.4 1996年甘肅省典型城市城鎮居民生活環境

地區 Region	建成區綠化覆蓋面積（平方米） Coverage of Green Areas	人均生活用水量（噸/年） Per Capita Water Consumption	人均生活用電量（千瓦時/年） Per Capita Electricity Consumption	每萬人擁有公共汽車（輛） Vehicles Per 10 000 Population	人均鋪裝道路面積（平方米） Area of Paved Road Per Capita	每萬人擁有公共圖書館（個） Public Liberies Per 10 000 Population	人均公共圖書館藏書（册,件） Per Capita Collection Books
全　省	**11.00**	**54.20**	**120.20**	**2.10**	**3.20**	**0.04**	**0.49**
蘭州市	10.90	60.90	302.30	5.60	5.20	0.04	1.24
金昌市	14.10	84.00	352.70	3.10	5.60	0.16	0.10
天水市	3.90	29.90	63.00	0.70	1.00	0.02	0.19
白銀市	12.10	82.80	177.70	1.30	5.10	0.07	0.32

4.2.5 1996年貴州省典型城市城鎮居民生活環境

地區 Region	建成區綠化覆蓋面積（平方米） Coverage of Green Areas	人均生活用水量（噸/年） Per Capita Water Consumption	人均生活用電量（千瓦時/年） Per Capita Electricity Consumption	每萬人擁有公共汽車（輛） Vehicles Per 10 000 Population	人均鋪裝道路面積（平方米） Area of Paved Road Per Capita	每萬人擁有公共圖書館（個） Public Liberies Per 10 000 Population	人均公共圖書館藏書（册,件） Per Capita Collection Books
全　省	**31.50**	**49.40**	**129.10**	**5.10**	**1.50**	**0.02**	**0.50**
貴陽市	25.40	69.70	316.50	13.20	3.20	0.03	1.25
六盤水市	5.90	19.10	37.90	1.10	0.70	0.02	0.09
遵義市	44.60	50.80	203.20	28.40	5.40	0.02	0.66
安順市	6.60	32.70	64.30	2.80	0.80	0.01	0.12

4.2.6 1996年福建省及典型城市城鎮居民生活環境

地區 Region	建成區綠化覆蓋面積(平方米) Coverage of Green Areas	人均生活用水量(噸/年) Per Capita Water Consumption	人均生活用電量(千瓦時/年) Per Capita Electricity Consumption	每萬人擁有公共汽車(輛) Vehicles Per 10 000 Population	人均鋪裝道路面積(平方米) Area of Paved Road Per Capita	每萬人擁有公共圖書館(個) Public Liberies Per 10 000 Population	人均公共圖書館藏書(册,件) Per Capita Collection Books
全 省	**27.10**	**84.00**	**200.60**	**2.70**	**2.70**	**0.03**	**0.40**
福州市	23.20	122.20	638.40	3.80	4.80	0.06	1.55
厦門市	39.50	103.10	294.90	6.10	10.50	0.04	1.18
莆田市	30.00	52.60	334.90	3.90	3.20	0.06	0.41
三明市	34.20	105.10	389.10	6.80	4.60	0.08	1.48
泉州市	30.50	72.20	205.40	2.10	3.30	0.02	0.37
漳州市	36.40	64.20	216.40	1.70	4.20	0.03	0.49
南平市	22.30	53.10	235.80	1.70	1.70	0.02	0.21
龍岩市	31.10	78.00	156.10	7.50	3.40	0.02	0.41
晉江市	13.40	43.20	144.70	7.50	0.70	0.01	0.16
福清市	21.60	95.20	128.90	0.80	1.00	0.01	0.06
南安市	27.20	73.70	66.20	0.80	0.80	0.01	0.08
長樂市	16.50	80.80	114.40	1.70	0.50	0.01	0.06

4.2.7 1996年廣東省及典型城市城鎮居民生活環境

地區 Region	建成區綠化覆蓋面積(平方米) Coverage of Green Areas	人均生活用水量(噸/年) Per Capita Water Consumption	人均生活用電量(千瓦時/年) Per Capita Electricity Consumption	每萬人擁有公共汽車(輛) Vehicles Per 10 000 Population	人均鋪裝道路面積(平方米) Area of Paved Road Per Capita	每萬人擁有公共圖書館(個) Public Liberies Per 10 000 Population	人均公共圖書館藏書(册,件) Per Capita Collection Books
全 省	**20.60**	**110.40**	**259.60**	**2.10**	**4.00**	**0.02**	**0.27**
廣州市	25.50	223.30	545.10	9.60	5.20	0.03	1.21
深圳市	72.20	89.00	1 498.10	9.40	10.90	0.04	1.04
珠海市	77.20	133.70	463.70	10.60	9.40	0.03	0.52
汕頭市	30.90	102.20	472.30	1.80	5.60	0.05	0.37
韶關市	46.00	95.00	355.10	1.20	7.30	0.02	0.30
河源市	7.40	49.70	177.60	2.90	4.70	0.05	0.02
梅州市	15.20	90.40	313.60	1.20	43.40	0.03	0.10
惠州市	34.80	70.20	305.60	3.30	7.80	0.03	0.63
汕尾市	20.60	77.30	—	0.60	0.90	—	—
東莞市	21.90	43.80	798.40	2.80	13.30	0.11	0.50
中山市	34.90	97.80	450.80	2.00	2.20	0.02	0.20
江門市	33.80	62.30	389.10	2.00	11.60	0.02	0.51
陽江市	34.90	43.80	145.80	—	1.20	0.02	0.07
湛江市	35.90	97.80	111.60	4.10	3.50	0.02	0.33
茂名市	30.50	106.00	345.80	0.80	1.70	0.02	—
肇慶市	32.90	106.00	122.80	5.00	7.80	0.02	0.24
清遠市	10.70	35.40	203.90	1.00	2.10	0.02	0.11
潮州市	29.80	54.60	172.60	2.10	6.00	0.03	0.55
揭陽市	22.00	50.60	243.30	0.70	3.10	0.02	0.21
雲浮市	30.10	56.90	225.80	0.60	5.70	0.04	0.20

4.2.8　1996年廣西壯族自治區及典型城市城鎮居民生活環境

地區 Region	建成區綠化覆蓋面積（平方米） Coverage of Green Areas	人均生活用水量（噸/年） Per Capita Water Consumption	人均生活用電量（千瓦時/年） Per Capita Electricity Consumption	每萬人擁有公共汽車（輛） Vehicles Per 10 000 Population	人均鋪裝道路面積（平方米） Area of Paved Road Per Capita	每萬人擁有公共圖書館（個） Public Liberies Per 10 000 Population	人均公共圖書館藏書（册，件） Per Capita Collection Books
全　區	**27.90**	**111.50**	**141.50**	**1.30**	**2.60**	**0.02**	**1.14**
南寧市	39.10	159.90	257.10	4.90	4.40	0.03	1.43
柳州市	33.40	137.10	551.00	4.20	4.90	0.02	0.68
桂林市	33.50	130.70	516.00	3.90	5.70	0.02	2.21
梧州市	41.00	117.80	192.60	3.10	3.90	0.03	0.90
北海市	47.00	58.50	197.60	2.50	8.50	0.04	0.25
防城港市	6.50	59.00	107.20	0.40	3.20	0.04	21.05
欽州市	10.90	58.90	53.70	0.20	2.60	0.02	0.02
貴港市	21.40	67.00	30.90	0.10	1.60	0.01	0.05

4.2.9　1996年河北省及典型城市城鎮居民生活環境

地區 Region	建成區綠化覆蓋面積（平方米） Coverage of Green Areas	人均生活用水量（噸/年） Per Capita Water Consumption	人均生活用電量（千瓦時/年） Per Capita Electricity Consumption	每萬人擁有公共汽車（輛） Vehicles Per 10 000 Population	人均鋪裝道路面積（平方米） Area of Paved Road Per Capita	每萬人擁有公共圖書館（個） Public Liberies Per 10 000 Population	人均公共圖書館藏書（册，件） Per Capita Collection Books
全　省	**23.00**	**59.50**	**136.40**	**1.80**	**2.80**	**0.03**	**0.54**
石家莊市	31.30	106.70	192.70	6.70	5.10	0.04	5.34
唐山市	28.20	38.70	150.10	4.20	4.50	0.02	0.37
秦皇島市	38.20	36.60	333.20	3.70	7.80	0.03	0.36
邯鄲市	27.60	72.50	249.20	5.00	4.60	0.01	0.20
邢臺市	28.20	82.30	271.30	2.70	5.40	0.02	0.28
保定市	20.90	67.00	378.10	2.80	4.70	0.01	0.61
張家口市	16.30	48.50	85.50	4.60	3.10	0.02	0.52
承德市	28.00	80.20	182.60	2.10	5.10	0.05	0.65
廊坊市	25.20	62.10	82.60	0.90	4.50	0.03	0.08
滄州市	14.30	45.10	156.10	1.80	3.80	0.02	0.32
衡水市	19.80	64.60	93.40	0.20	6.10	0.03	
辛集市	27.30	35.50	144.50	0.10	1.30	0.02	0.09
遵　化	19.10	44.10	83.00	0.10	0.80	0.01	0.08
武　安	13.20	37.60	88.50	0.60	0.90	0.01	0.13

4.2.10 1996年黑龍江省及典型城市城鎮居民生活環境

地區 Region	建成區綠化覆蓋面積（平方米） Coverage of Green Areas	人均生活用水量（噸/年） Per Capita Water Consumption	人均生活用電量（千瓦時/年） Per Capita Electricity Consumption	每萬人擁有公共汽車（輛） Vehicles Per 10 000 Population	人均鋪裝道路面積（平方米） Area of Paved Road Per Capita	每萬人擁有公共圖書館（個） Public Liberies Per 10 000 Population	人均公共圖書館藏書（册，件） Per Capita Collection Books
全　省	**20.10**	**54.90**	**113.50**	**3.20**	**3.30**	**0.02**	**0.33**
哈爾濱市	19.70	62.90	359.80	10.70	3.10	0.03	1.01
齊齊哈爾	22.00	62.70	300.70	2.90	2.90	0.01	0.66
鷄西市	25.70	43.90	101.50	6.20	2.90	0.01	0.18
鶴崗市	8.20	26.80	260.10	5.30	3.00	0.01	0.14
雙鴨山市	28.30	29.80	282.90	2.30	3.90	0.02	0.27
大慶市	27.20	76.80	263.70	7.30	15.20	0.01	0.44
伊春市	17.60	35.00	121.10	0.70	4.10	0.05	0.27
佳木斯市	36.00	26.80	334.70	4.80	3.00	0.01	0.35
七臺河市	9.20	47.80	51.80	2.80	6.10	0.02	0.11
牡丹江市	42.70	70.30	397.30	3.60	6.50	0.03	0.40
黑河市	8.50	15.20	205.40	2.70	3.80	0.06	0.41
綏化市	16.60	31.20	79.80	0.30	1.70	0.02	0.11
阿城市	11.90	65.60	131.30	1.40	1.30	0.02	0.11
雙城市	24.00	17.80	88.20	1.00	1.00	0.01	0.09

4.2.11 1996年河南省及典型城市城鎮居民生活環境

地區 Region	建成區綠化覆蓋面積（平方米） Coverage of Green Areas	人均生活用水量（噸/年） Per Capita Water Consumption	人均生活用電量（千瓦時/年） Per Capita Electricity Consumption	每萬人擁有公共汽車（輛） Vehicles Per 10 000 Population	人均鋪裝道路面積（平方米） Area of Paved Road Per Capita	每萬人擁有公共圖書館（個） Public Liberies Per 10 000 Population	人均公共圖書館藏書（册，件） Per Capita Collection Books
全　省	**20.70**	**68.60**	**112.80**	**1.90**	**2.00**	**0.02**	**0.21**
鄭州市	28.70	80.10	443.00	3.80	3.60	0.01	0.94
開封市	17.20	76.20	110.20	1.90	3.50	0.01	0.54
洛陽市	28.90	88.10	141.30	3.50	2.10	0.01	0.26
平頂山市	27.50	77.50	153.90	3.90	1.50	0.01	0.23
安陽市	34.80	69.90	339.90	2.10	4.10	0.03	0.37
鶴壁市	29.90	51.60	120.70	5.30	3.70	0.02	0.48
新鄉市	22.00	53.60	284.10	2.10	3.20	0.04	0.48
焦作市	32.10	64.10	69.90	4.50	2.40	0.01	0.26
濮陽市	37.80	100.20	83.00	5.10	4.10	0.05	0.38
許昌市	34.30	47.10	243.30	3.00	4.10	0.03	0.36
漯河市	8.80	73.70	85.80	12.70	5.70	0.03	0.23
三門峽市	20.70	64.20	135.20	4.00	3.30	0.04	0.56

4.2.12　1996年湖北省及典型城市城鎮居民生活環境

地區 Region	建成區綠化覆蓋面積（平方米）Coverage of Green Areas	人均生活用水量（噸/年）Per Capita Water Consumption	人均生活用電量（千瓦時/年）Per Capita Electricity Consumption	每萬人擁有公共汽車（輛）Vehicles Per 10 000 Population	人均鋪裝道路面積（平方米）Area of Paved Road Per Capita	每萬人擁有公共圖書館（個）Public Liberies Per 10 000 Population	人均公共圖書館藏書（册，件）Per Capita Collection Books
全　省	**31.20**	**95.10**	**98.90**	**3.00**	**3.20**	**0.02**	**0.32**
武漢市	31.60	122.30	204.70	6.80	2.80	0.03	0.97
黄石市	28.60	137.30	238.20	8.30	4.90	0.02	0.97
十堰市	17.00	133.10	154.50	18.10	11.40	0.03	0.38
宜昌市	17.40	138.60	262.00	6.20	8.20	0.02	0.85
襄樊市	37.00	137.80	200.70	5.40	5.80	0.03	0.61
鄂州市	32.00	111.30	95.70	3.80	3.70	0.01	0.24
荆門市	42.20	100.60	69.70	2.50	3.00	0.01	0.07
孝感市	45.20	57.70	123.50	1.00	3.90	0.02	0.16
隨州市	13.30	85.60	33.70	2.00	4.10	0.01	0.04
仙桃市	60.70	62.20	49.80	1.90	4.40	0.01	0.04
天門市	58.80	54.40	63.40	1.50	1.90	0.01	0.03
潜江市	57.40	103.40	86.30	1.50	3.70	0.04	0.38
麻　城	54.60	20.20	45.20	0.10	3.50	0.01	0.03
洪　湖	0.90	59.40	68.10	1.30	3.10	0.01	0.04
咸　寧	78.90	86.70	65.70	3.60	4.90	0.04	0.11

4.2.13　1997年湖南省及典型城市城鎮居民生活環境

地區 Region	建成區綠化覆蓋面積（平方米）Coverage of Green Areas	人均生活用水量（噸/年）Per Capita Water Consumption	人均生活用電量（千瓦時/年）Per Capita Electricity Consumption	每萬人擁有公共汽車（輛）Vehicles Per 10 000 Population	人均鋪裝道路面積（平方米）Area of Paved Road Per Capita	每萬人擁有公共圖書館（個）Public Liberies Per 10 000 Population	人均公共圖書館藏書（册，件）Per Capita Collection Books
全　省	**25.50**	**110.40**	**132.20**	**3.40**	**1.80**	**0.02**	**0.36**
長沙市	28.00	133.20	500.60	9.90	4.80	0.02	2.07
株洲市	36.80	126.90	173.10	6.60	4.30	0.02	0.48
湘潭市	43.00	145.90	233.10	5.30	3.40	0.03	0.55
衡陽市	24.30	102.40	215.30	5.20	3.50	0.03	0.68
邵陽市	22.50	97.70	168.30	8.20	2.10	0.04	0.54
岳陽市	30.70	85.40	249.80	8.60	4.00	0.02	0.21
益陽市	32.70	68.90	60.80	2.20	1.10	0.02	0.17
常德市	35.40	107.70	98.60	2.00	1.80	0.02	0.23
郴州市	38.50	181.10	265.70	5.80	2.20	0.05	0.17
永州市	17.70	94.20	73.10	4.70	1.50	0.02	0.11
懷化市	21.40	136.30	136.60	5.70	2.90	0.04	0.16
張家界市	4.40	72.10	97.60	2.40	2.30	0.02	0.09
耒　陽	10.60	51.20	70.30	1.20	0.70	0.01	0.06

4.2.14 1996年遼寧省及典型城市城鎮居民生活環境

地區 Region	建成區綠化覆蓋面積(平方米) Coverage of Green Areas	人均生活用水量(噸/年) Per Capita Water Consumption	人均生活用電量(千瓦時/年) Per Capita Electricity Consumption	每萬人擁有公共汽車(輛) Vehicles Per 10 000 Population	人均鋪裝道路面積(平方米) Area of Paved Road Per Capita	每萬人擁有公共圖書館(個) Public Liberies Per 10 000 Population	人均公共圖書館藏書(册,件) Per Capita Collection Books
全 省	**30.60**	**64.60**	**182.50**	**3.40**	**3.10**	**0.03**	**0.48**
沈陽市	29.10	97.90	176.60	4.70	5.70	0.03	0.99
大連市	38.80	50.70	243.30	7.90	4.40	0.03	0.84
鞍山市	32.20	60.20	207.70	6.50	4.50	0.04	0.83
撫順市	29.30	46.40	200.50	10.30	3.90	0.05	0.54
本溪市	60.00	57.70	163.50	5.20	2.50	0.06	0.61
丹東市	37.80	64.90	169.50	3.90	4.10	0.07	0.98
錦州市	38.90	84.20	229.00	2.40	5.50	0.05	0.71
營口市	20.90	52.00	212.70	5.40	4.20	0.09	0.80
阜新市	30.20	43.50	352.20	3.30	3.10	0.08	0.24
遼陽市	30.10	79.90	202.90	2.10	5.10	0.09	0.79
盤錦市	23.50	74.10	214.30	4.00	5.20	0.04	0.15
鐵嶺市	32.60	77.00	327.30	1.40	3.10	0.08	0.59
朝陽市	27.20	59.70	107.10	1.20	4.30	0.02	0.45
葫蘆島市	32.20	75.90	148.70	1.40	3.10	0.05	0.15
瓦房店	39.00	23.50	176.60	1.00	1.00	0.01	0.11

4.2.15 1996年吉林省及典型城市城鎮居民生活環境

地區 Region	建成區綠化覆蓋面積(平方米) Coverage of Green Areas	人均生活用水量(噸/年) Per Capita Water Consumption	人均生活用電量(千瓦時/年) Per Capita Electricity Consumption	每萬人擁有公共汽車(輛) Vehicles Per 10 000 Population	人均鋪裝道路面積(平方米) Area of Paved Road Per Capita	每萬人擁有公共圖書館(個) Public Liberies Per 10 000 Population	人均公共圖書館藏書(册,件) Per Capita Collection Books
全 省	**21.80**	**52.10**	**158.20**	**2.70**	**2.10**	**0.02**	**0.44**
長春市	40.80	85.10	259.20	7.00	3.40	0.02	1.24
吉林市	31.80	44.80	154.40	5.10	4.10	0.02	0.90
四平市	20.40	23.60	318.00	4.90	4.50	0.02	0.66
遼源市	23.90	27.90	151.60	4.30	3.40	0.02	0.45
通化市	27.00	19.10	148.20	8.50	2.80	0.03	0.58
白山市	23.30	47.40	156.00	4.00	2.20	0.03	0.34
松原市	18.30	34.80	215.50	1.60	2.50	0.02	0.16
白城市	19.80	60.70	92.90	1.10	1.90	0.04	0.24
延吉市	13.80	64.20	218.10	11.10	2.90	0.05	1.03
榆樹市	10.40	36.00	145.90	0.10	0.60	0.01	0.05
公主嶺市	18.40	41.70	145.80	1.00	1.30	0.01	0.08
德惠市	10.90	22.90	145.80	—	0.90	0.01	0.12
九臺市	10.90	17.50	114.30	0.20	0.60	0.01	0.07
磐石市	6.10	33.20	108.20	—	0.60	0.02	0.21
雙 遼	4.80	30.80	89.20	—	1.00	0.03	0.06
蛟 河	11.10	24.60	121.60	0.40	1.10	0.02	0.14

4.2.16 1996年江蘇省及典型城市城鎮居民生活環境

地區 Region	建成區緑化覆蓋面積(平方米) Coverage of Green Areas	人均生活用水量(噸/年) Per Capita Water Consumption	人均生活用電量(千瓦時/年) Per Capita Electricity Consumption	每萬人擁有公共汽車(輛) Vehicles Per 10 000 Population	人均鋪裝道路面積(平方米) Area of Paved Road Per Capita	每萬人擁有公共圖書館(個) Public Liberies Per 10 000 Population	人均公共圖書館藏書(册,件) Per Capita Collection Books
全 省	**31.60**	**104.70**	**152.50**	**2.20**	**2.30**	**0.02**	**0.43**
南京市	41.40	203.70	245.10	8.80	5.40	0.05	2.44
無錫市	32.90	95.60	330.30	7.40	6.60	0.04	0.61
徐州市	33.40	77.20	133.70	5.80	5.60	0.01	0.54
常州市	29.40	85.80	324.90	4.20	7.30	0.01	1.05
蘇州市	25.50	110.00	265.10	6.70	6.20	0.03	1.10
南通市	26.30	56.90	236.70	2.40	5.70	0.03	1.22
連雲港市	29.30	80.10	166.10	1.30	7.30	0.03	0.60
淮陰市	30.80	71.20	120.30	17.70	3.80	0.02	0.40
鹽城市	20.60	75.20	172.20	3.60	3.10	0.02	0.72
揚州市	33.50	63.00	371.60	9.80	4.90	0.02	1.55
鎮江市	31.80	102.90	205.00	4.60	7.40	0.02	0.85
泰州市	26.70	76.80	419.00	2.40	4.30	0.04	1.11
宿遷市	35.40	29.80	—	3.30	4.40	0.04	0.39
江陰市	41.40	106.30	180.30	1.00	1.50	0.01	0.16
宜興市	24.60	118.00	139.90	1.30	1.90	0.01	0.18
錫山市	9.20	42.40	92.50	—	2.80	0.01	0.14
張家港市	31.70	77.20	178.60	1.00	1.40	0.01	0.15

4.2.17 1996年江西省及典型城市城鎮居民生活環境

地區 Region	建成區緑化覆蓋面積(平方米) Coverage of Green Areas	人均生活用水量(噸/年) Per Capita Water Consumption	人均生活用電量(千瓦時/年) Per Capita Electricity Consumption	每萬人擁有公共汽車(輛) Vehicles Per 10 000 Population	人均鋪裝道路面積(平方米) Area of Paved Road Per Capita	每萬人擁有公共圖書館(個) Public Liberies Per 10 000 Population	人均公共圖書館藏書(册,件) Per Capita Collection Books
全 省	**24.50**	**80.80**	**86.40**	**2.20**	**1.80**	**0.03**	**0.35**
南昌市	25.80	95.40	265.80	6.20	3.60	0.05	1.30
景德鎮市	60.80	65.30	146.80	2.00	3.20	0.03	0.72
萍鄉市	23.40	65.20	19.70	1.40	1.20	0.03	0.19
九江市	18.20	93.10	199.90	8.40	4.30	0.04	1.22
新余市	30.80	96.10	32.10	1.70	2.30	0.03	0.17
鷹潭市	4.50	47.80	179.30	8.30	4.10	0.13	0.31
贛州市	30.50	91.90	246.00	2.80	3.70	0.02	0.37
宜春市	92.00	83.30	68.10	0.60	1.30	0.01	0.17
豐城市	25.50	78.40	14.80	—	0.60	0.01	0.09
臨川市	18.90	55.30	43.80	0.50	1.40	0.02	0.24
上饒市	0.90	99.80	93.60	11.40	3.90	0.03	0.37
吉安市	29.50	105.00	58.00	12.80	2.90	0.03	0.48

4.2.18 1996年内蒙古自治區及典型城市城鎮居民生活環境

地區 Region	建成區綠化覆蓋面積(平方米) Coverage of Green Areas	人均生活用水量(噸/年) Per Capita Water Consumption	人均生活用電量(千瓦時/年) Per Capita Electricity Consumption	每萬人擁有公共汽車(輛) Vehicles Per 10 000 Population	人均鋪裝道路面積(平方米) Area of Paved Road Per Capita	每萬人擁有公共圖書館(個) Public Liberies Per 10 000 Population	人均公共圖書館藏書(册,件) Per Capita Collection Books
全 區	**17.30**	**54.90**	**113.50**	**3.40**	**2.40**	**0.05**	**0.49**
呼和浩特市	28.50	103.50	94.50	3.30	2.70	0.06	1.56
包頭市	28.80	36.90	121.90	3.40	4.20	0.05	0.30
烏海市	12.40	88.60	137.00	6.50	9.80	0.03	0.27
赤峰市	29.20	73.00	129.10	2.20	1.30	0.05	0.23
集寧市	8.80	36.80	282.50	2.90	2.20	0.05	0.61
通遼市	29.60	48.40	73.50	1.40	0.60	0.03	0.33
海拉爾市	15.20	34.80	88.60	7.90	4.20	0.09	0.82
烏蘭浩特市	19.80	23.40	189.30	3.40	2.20	0.08	0.18
根河市	4.20	17.70	71.20	0.80	1.00	0.06	0.38
臨河市	4.70	16.30	82.80	3.20	0.40	0.04	0.57
牙克石市	1.60	29.10	66.00	6.00	0.40	0.02	0.15

4.2.19 1996年海南省及典型城市城鎮居民生活環境

地區 Region	建成區綠化覆蓋面積(平方米) Coverage of Green Areas	人均生活用水量(噸/年) Per Capita Water Consumption	人均生活用電量(千瓦時/年) Per Capita Electricity Consumption	每萬人擁有公共汽車(輛) Vehicles Per 10 000 Population	人均鋪裝道路面積(平方米) Area of Paved Road Per Capita	每萬人擁有公共圖書館(個) Public Liberies Per 10 000 Population	人均公共圖書館藏書(册,件) Per Capita Collection Books
全 省	**21.80**	**95.10**	**77.70**	**5.00**	**3.10**	**0.02**	**0.17**
海口市	38.60	125.10	139.90	24.10	10.10	0.02	0.50
三亞市	34.00	140.10	169.50	5.00	3.70	0.02	0.14

4.2.20 1996年寧夏回族自治區及典型城市城鎮居民生活環境

地區 Region	建成區綠化覆蓋面積(平方米) Coverage of Green Areas	人均生活用水量(噸/年) Per Capita Water Consumption	人均生活用電量(千瓦時/年) Per Capita Electricity Consumption	每萬人擁有公共汽車(輛) Vehicles Per 10 000 Population	人均鋪裝道路面積(平方米) Area of Paved Road Per Capita	每萬人擁有公共圖書館(個) Public Liberies Per 10 000 Population	人均公共圖書館藏書(册,件) Per Capita Collection Books
全 區	**23.50**	**73.80**	**199.90**	**1.70**	**4.30**	**0.03**	**1.17**
銀川市	20.20	66.10	320.70	3.40	5.00	0.04	2.42
石嘴山市	33.30	77.30	170.40	1.80	6.50	0.03	0.59
吴忠市	6.70	125.40	90.10	0.40	1.80	0.03	0.95
青銅峡市	14.00	48.50	89.80	1.10	7.50	0.04	0.47

4.2.21　1996年青海省及典型城市城鎮居民生活環境

地區 Region	建成區綠化覆蓋面積（平方米） Coverage of Green Areas	人均生活用水量（噸/年） Per Capita Water Consumption	人均生活用電量（千瓦時/年） Per Capita Electricity Consumption	每萬人擁有公共汽車（輛） Vehicles Per 10 000 Population	人均鋪裝道路面積（平方米） Area of Paved Road Per Capita	每萬人擁有公共圖書館（個） Public Liberies Per 10 000 Population	人均公共圖書館藏書（册，件） Per Capita Collection Books
全　省	**14.60**	**70.30**	**186.70**	**4.70**	**5.00**	**0.05**	**1.43**
西寧市	14.00	72.10	168.20	5.40	3.50	0.03	1.67
格爾木	14.20	59.70	304.10	1.50	12.60	0.12	0.29

4.2.22　1996年山東省及典型城市城鎮居民生活環境

地區 Region	建成區綠化覆蓋面積（平方米） Coverage of Green Areas	人均生活用水量（噸/年） Per Capita Water Consumption	人均生活用電量（千瓦時/年） Per Capita Electricity Consumption	每萬人擁有公共汽車（輛） Vehicles Per 10 000 Population	人均鋪裝道路面積（平方米） Area of Paved Road Per Capita	每萬人擁有公共圖書館（個） Public Liberies Per 10 000 Population	人均公共圖書館藏書（册，件） Per Capita Collection Books
全　省	**30.40**	**50.80**	**147.60**	**1.70**	**3.40**	**0.02**	**0.24**
濟南市	30.60	57.70	344.20	4.00	7.00	0.03	1.78
青島市	30.30	52.30	331.70	9.00	6.00	0.03	0.45
淄博市	32.50	41.80	206.20	2.30	4.90	0.02	0.29
棗莊市	28.50	43.10	99.80	2.60	7.00	0.03	0.14
東營市	15.10	64.40	245.00	3.20	14.80		
烟臺市	32.90	48.50	186.20	6.70	6.10	0.02	0.31
威海市	36.70	61.80	220.10	4.00	13.00	0.02	0.18
濰坊市	30.30	50.10	283.30	1.30	6.80	0.02	0.28
濟寧市	35.20	81.50	506.50	0.80	4.10	0.02	0.28
泰安市	42.20	46.70	130.10	1.20	3.10	0.02	0.17
日照市	31.50	51.80	87.10	0.60	4.40	0.02	0.07
萊蕪市	32.60	66.30	98.90	1.40	2.00	0.01	0.09
濱州市	31.20	57.40	101.20	0.40	1.80	0.03	0.40
德州市	29.70	60.30	106.50	1.10	4.00	0.04	0.29
聊城市	31.10	36.30	42.00	0.50	3.40	0.02	0.05
臨沂市	13.60	54.70	135.30	0.70	2.20	0.01	0.06
荷澤市	34.70	57.40	62.40	0.50	1.80	0.01	0.10

4.2.23 1996年山西省及典型城市城鎮居民生活環境

地區 Region	建成區綠化覆蓋面積（平方米） Coverage of Green Areas	人均生活用水量（噸/年） Per Capita Water Consumption	人均生活用電量（千瓦時/年） Per Capita Electricity Consumption	每萬人擁有公共汽車（輛） Vehicles Per 10 000 Population	人均鋪裝道路面積（平方米） Area of Paved Road Per Capita	每萬人擁有公共圖書館（個） Public Liberies Per 10 000 Population	人均公共圖書館藏書（册，件） Per Capita Collection Books
全 省	**19.20**	**49.60**	**109.20**	**2.20**	**3.80**	**0.03**	**0.25**
太原市	23.70	57.70	163.50	5.50	5.00	0.03	0.66
大同市	25.00	41.30	84.90	2.00	6.20	0.02	0.14
陽泉市	18.00	30.90	111.20	4.90	3.50	0.05	0.27
長治市	13.20	79.40	93.80	3.20	4.10	0.03	0.43
晉城市	25.10	115.50	251.40	3.80	12.70	0.09	0.18
朔州市	11.80	53.90	112.30	1.50	3.60	0.04	0.13
榆次市	24.30	43.70	88.10	1.40	4.40	0.02	0.10
臨汾市	25.40	63.00	141.90	1.40	3.10	0.02	0.17
運城市	20.30	52.00	70.10	2.20	2.80	0.02	0.22

4.2.24 1996年陝西省及典型城市城鎮居民生活環境

地區 Region	建成區綠化覆蓋面積（平方米） Coverage of Green Areas	人均生活用水量（噸/年） Per Capita Water Consumption	人均生活用電量（千瓦時/年） Per Capita Electricity Consumption	每萬人擁有公共汽車（輛） Vehicles Per 10 000 Population	人均鋪裝道路面積（平方米） Area of Paved Road Per Capita	每萬人擁有公共圖書館（個） Public Liberies Per 10 000 Population	人均公共圖書館藏書（册，件） Per Capita Collection Books
全 省	**22.80**	**74.40**	**120.20**	**2.60**	**2.20**	**0.03**	**0.38**
西安市	36.10	87.40	179.20	3.80	3.50	0.03	0.56
銅川市	19.40	26.30	119.60	6.40	1.60	0.07	0.44
寶鷄市	22.50	55.10	153.90	3.30	3.60	0.06	1.06
咸陽市	12.50	110.80	173.10	1.70	2.30	0.04	0.35
渭南市	5.20	49.60	57.40	0.70	0.70	0.01	0.20
延安市	10.90	47.20	164.50	1.40	2.80	0.03	0.50
漢中市	16.40	69.40	92.10	0.90	1.70	0.02	0.30

4.2.25 1996年四川省及典型城市城鎮居民生活環境

地區 Region	建成區綠化覆蓋面積（平方米） Coverage of Green Areas	人均生活用水量（噸/年） Per Capita Water Consumption	人均生活用電量（千瓦時/年） Per Capita Electricity Consumption	每萬人擁有公共汽車（輛） Vehicles Per 10 000 Population	人均鋪裝道路面積（平方米） Area of Paved Road Per Capita	每萬人擁有公共圖書館（個） Public Liberies Per 10 000 Population	人均公共圖書館藏書（册，件） Per Capita Collection Books
全　省	**18.70**	**65.60**	**102.10**	**2.30**	**1.70**	**0.02**	**0.35**
成都市	19.30	98.60	80.50	4.80	3.20	0.02	1.44
自貢市	23.20	40.40	170.30	4.90	2.10	0.01	0.16
攀枝花市	38.40	112.30	230.50	13.30	4.50	0.02	0.36
瀘州市	26.20	74.80	129.40	4.10	1.00	0.02	0.47
德陽市	16.30	46.40	111.10	0.60	2.90	0.01	0.05
綿陽市	27.90	63.10	310.30	3.20	2.70	0.01	0.20
廣元市	17.30	80.50	31.60	0.90	2.10	0.01	0.23
遂寧市	20.80	59.40	55.30	0.60	0.50	0.01	0.11
内江市	18.90	60.30	73.20	2.30	1.00	0.01	0.13
樂山市	14.00	65.60	37.90	3.40	2.00	0.02	0.08
南充市	18.10	88.60	56.30	0.60	1.30	0.01	0.18
宜賓市	27.20	69.00	171.60	1.70	1.50	0.01	0.51

4.2.26 1996年新疆維吾爾自治區及典型城市城鎮居民生活環境

地區 Region	建成區綠化覆蓋面積（平方米） Coverage of Green Areas	人均生活用水量（噸/年） Per Capita Water Consumption	人均生活用電量（千瓦時/年） Per Capita Electricity Consumption	每萬人擁有公共汽車（輛） Vehicles Per 10 000 Population	人均鋪裝道路面積（平方米） Area of Paved Road Per Capita	每萬人擁有公共圖書館（個） Public Liberies Per 10 000 Population	人均公共圖書館藏書（册，件） Per Capita Collection Books
全　區	**22.80**	**58.20**	**186.20**	**7.10**	**5.20**	**0.05**	**0.52**
烏魯木齊市	21.90	57.60	348.40	16.90	7.30	0.02	0.51
克拉瑪依市	10.80	68.40	256.50	10.20	13.70	0.04	0.60
石河子市	39.90	53.10	157.50	6.80	5.20	0.04	0.39
喀　什	32.40	54.80	47.10	5.00	3.70	0.08	0.65
伊　寧	45.70	22.90	101.90	4.10	4.80	0.10	1.36
和　田	26.10	70.20	33.20	3.00	3.90	0.07	0.41
塔　城	32.10	50.70	85.50	1.30	4.70	0.14	1.02

4.2.27 1996年雲南省及典型城市城鎮居民生活環境

地區 Region	建成區綠化覆蓋面積(平方米) Coverage of Green Areas	人均生活用水量(噸/年) Per Capita Water Consumption	人均生活用電量(千瓦時/年) Per Capita Electricity Consumption	每萬人擁有公共汽車(輛) Vehicles Per 10 000 Population	人均鋪裝道路面積(平方米) Area of Paved Road Per Capita	每萬人擁有公共圖書館(個) Public Liberies Per 10 000 Population	人均公共圖書館藏書(册,件) Per Capita Collection Books
全 省	**20.50**	**52.10**	**152.80**	**4.20**	**2.30**	**0.04**	**0.47**
昆明市	20.70	46.60	374.60	8.70	5.00	0.04	1.03
個舊市	31.40	86.80	204.70	1.30	1.20	0.08	0.79
曲靖市	14.10	53.50	32.60	2.80	1.90	0.04	0.49
大理市	25.10	63.20	106.50	6.00	2.50	0.04	0.08

4.2.28 1996年浙江省及典型城市城鎮居民生活環境

地區 Region	建成區綠化覆蓋面積(平方米) Coverage of Green Areas	人均生活用水量(噸/年) Per Capita Water Consumption	人均生活用電量(千瓦時/年) Per Capita Electricity Consumption	每萬人擁有公共汽車(輛) Vehicles Per 10 000 Population	人均鋪裝道路面積(平方米) Area of Paved Road Per Capita	每萬人擁有公共圖書館(個) Public Liberies Per 10 000 Population	人均公共圖書館藏書(册,件) Per Capita Collection Books
全 省	**18.40**	**67.90**	**174.80**	**2.50**	**2.70**	**0.02**	**0.30**
杭州市	19.90	133.20	318.00	6.50	4.40	0.02	1.92
寧波市	23.80	88.90	298.60	10.00	4.70	0.03	0.54
温州市	2.80	112.60	310.00	5.10	7.90	0.03	0.29
嘉興市	16.00	72.20	167.80	2.80	2.50	0.01	0.38
湖州市	19.90	79.40	163.00	1.90	2.80	0.01	0.25
紹興市	41.80	102.70	199.50	6.00	5.30	0.03	0.54
金華市	21.40	108.60	297.80	4.20	5.50	0.03	0.61
衢州市	29.10	113.60	121.20	8.10	5.00	0.04	0.44
舟山市	38.90	26.70	161.20	4.40	3.50	0.03	0.26
臺州市	13.70	25.20	181.60	1.80	5.50	0.01	0.10
余姚市	15.90	52.20	180.20	2.10	1.00	0.01	0.16
慈溪市	18.40	16.60	219.10	0.40	1.40	0.01	0.14
諸暨市	35.50	69.30	139.40	5.70	1.10	0.01	0.12
上虞市	28.60	55.70	108.50	1.00	0.70	0.01	0.17
瑞安市	5.50	34.00	89.00	0.40	5.00	0.01	0.01
温嶺市	6.20	31.20	161.20	0.40	2.30	0.01	0.13

第三章　全國及各省市城鎮居民收入水平和消費結構

4.3.1 全國及各省市城鎮居民家庭人均可支配收入

單位:元/人.年

地區 Region	城鎮居民家庭人均可支配收入 Per Capital Annual Disposable Income of Urban Households						
	1991 年	1992 年	1993 年	1994 年	1995 年	1996 年	1997 年
全 國	**1 700.60**	**2 026.60**	**2 577.40**	**3 496.24**	**4 282.95**	**4 838.90**	**5 160.32**
安 徽	1 341.00	1 808.00	2 248.00	3 048.00	3 795.00	4 513.00	4 599.27
北 京	2 040.00	2 556.00	3 547.00	5 085.00	6 235.00	7 332.00	7 813.16
重 慶	—	—	—	—	4 413.00	5 055.00	5 322.66
福 建	1 669.00	2 283.00	2 839.00	3 673.00	4 506.99	5 173.00	6 143.64
甘 肅	1 368.80	1 707.78	2 002.56	2 658.13	3 152.52	3 353.94	3 592.43
廣 東	2 536.00	3 477.00	4 632.00	6 367.00	7 439.00	8 157.81	8 561.71
廣 西	1 614.00	2 104.00	2 895.00	3 981.00	4 791.87	5 033.00	5 110.29
貴 州	1 302.00	1 899.63	2 313.00	3 220.00	3 931.46	4 221.24	4 441.91
海 南	1 726.00	2 318.00	3 072.00	3 920.00	4 770.00	4 926.00	4 849.93
河 北	1 433.00	1 872.00	2 334.00	3 177.00	3 921.35	4 442.81	4 958.67
黑龍江	1 240.00	1 630.00	1 960.00	2 597.00	3 375.20	3 768.30	4 090.70
河 南	1 250.00	1 608.03	1 962.75	2 618.55	3 299.46	3 755.44	4 093.62
湖 北	1 432.00	1 883.00	2 450.00	3 356.00	4 029.00	4 364.00	4 673.15
湖 南	1 783.24	2 094.41	2 816.50	3 887.60	4 699.23	5 052.10	5 209.74
遼 寧	1 705.60	1 948.94	2 299.50	3 062.89	3 706.51	4 207.23	4 518.10
吉 林	1 259.00	1 637.00	1 953.00	2 561.00	3 175.00	3 805.56	4 190.58
江 蘇	1 623.00	2 138.00	2 774.00	3 779.00	4 634.42	5 185.79	5 765.20
江 西	1 177.00	1 528.00	1 919.00	2 773.00	3 377.00	3 780.00	4 071.32
内蒙古	1 177.00	1 495.00	1 893.00	2 498.00	2 863.00	3 432.00	3 944.67
寧 夏	1 240.00	1 820.70	1 960.00	2 985.86	3 382.81	3 612.12	3 836.54
青 海	1 306.00	1 806.00	2 127.00	2 813.00	3 320.00	3 834.00	3 999.36
山 東	1 566.00	1 974.48	2 515.00	3 444.36	4 264.08	4 890.24	5 190.79
山 西	1 230.00	1 622.80	1 957.50	2 565.70	3 306.00	3 702.70	3 989.92
陝 西	1 368.00	1 718.00	2 102.00	2 684.00	3 310.00	3 810.00	4 001.00
上 海	2 334.00	3 027.00	4 297.00	5 889.00	7 192.00	8 178.48	8 438.89
四 川	1 537.00	2 001.00	2 421.00	3 311.00	4 003.00	4 483.00	4 763.26
天 津	1 699.00	2 238.38	2 769.26	3 982.13	4 929.53	5 967.71	6 608.39
西 藏	—	2 561.22	—	—	—	6 556.28	—
新 疆	1 476.00	1 951.90	2 423.00	3 170.00	4 163.00	4 650.00	4 845.00
雲 南	1 529.00	2 076.00	2 653.00	3 452.00	4 085.00	4 477.95	5 558.00
浙 江	1 950.00	2 619.00	3 626.00	5 066.00	6 221.00	6 956.00	7 359.00

4.3.2 1997年全國及各省市城鎮居民分類商品及服務人均消費水平

單位:元/人.年

地區 Region	人均全年消費性支出 Total Expenditure for Consumption	食品 Food	衣着 Clothing Headgear and Footwear	家庭設備、用品及服務 Household Facilities Articles and Services	其中耐用消費品 Durable Consumer Goods	醫療保健 Medical and Services
全 國	**4 185.64**	**1 942.59**	**520.91**	**316.89**	**173.35**	**179.68**
安 徽	3 693.55	1 934.03	441.03	209.11	103.35	92.99
北 京	6 531.81	2 854.35	760.72	652.35	413.97	297.68
重 慶	4 937.75	2 297.86	589.62	475.00	286.00	164.19
福 建	4 935.95	2 606.53	525.81	317.89	154.49	119.37
甘 肅	2 946.27	1 439.30	404.23	194.02	79.46	155.79
廣 東	6 853.48	3 151.63	427.73	507.82	273.19	320.13
廣 西	4 452.70	2 112.76	347.53	322.52	166.24	135.24
貴 州	3 555.69	1 815.74	433.80	272.52	122.47	125.43
海 南	3 908.57	2 229.08	214.94	227.27	90.82	140.16
河 北	4 003.71	1 679.58	567.90	379.93	261.94	212.35
黑龍江	3 213.42	1 474.20	519.76	185.90	94.00	207.30
河 南	3 378.02	1 506.25	491.33	256.77	134.89	159.64
湖 北	3 855.59	1 773.60	564.38	250.55	119.21	148.57
湖 南	4 317.16	1 972.80	497.63	327.77	149.64	161.20
遼 寧	3 719.91	1 787.90	597.08	200.20	103.20	179.90
吉 林	3 408.03	1 600.72	572.92	177.96	79.73	160.49
江 蘇	4 533.57	2 161.18	517.49	401.57	234.60	141.67
江 西	3 199.61	1 618.08	317.16	169.94	66.44	100.68
内蒙古	3 032.30	1 318.38	481.99	196.01	90.46	173.09
寧 夏	3 271.32	1 419.61	542.01	247.92	131.26	232.69
青 海	3 300.49	1 593.43	437.29	188.23	91.12	211.90
山 東	4 040.63	1 654.94	674.40	383.20	236.30	179.90
山 西	3 228.71	1 397.69	573.45	237.72	124.89	167.40
陜 西	3 462.33	1 488.00	413.16	317.33	180.00	179.00
上 海	6 819.94	3 510.04	551.58	590.15	359.49	197.09
四 川	4 092.59	2 009.29	502.27	310.18	153.55	141.86
天 津	5 204.15	2 428.40	536.91	555.49	402.80	193.10
西 藏	—	—	—	—	—	—
新 疆	3 887.06	1 681.77	599.42	288.59	140.35	188.80
雲 南	4 537.08	2 109.53	567.07	312.46	161.62	209.63
浙 江	6 170.14	2 709.07	638.44	649.00	376.00	311.36

4.3.2 1997年全國及各省市城鎮居民分類商品及服務消費水平(續)

單位:元/人.年

地區 Region	交通通訊 Transportation and Communication	娛樂教育文化服務 Recreation Education and Cultural Services	其中文化用耐用消費品 Durable Consumer Goods for Receational Use	居住 Residence	其中住房 Housing	雜項商品 Miscellaneous Commodities
全 國	**232.90**	**448.38**	**112.50**	**358.64**	**148.66**	**185.65**
安 徽	225.30	358.83	55.35	291.93	82.36	140.33
北 京	348.94	890.30	301.83	355.65	164.79	371.81
重 慶	291.00	626.00	153.00	295.20	86.11	199.03
福 建	297.99	465.03	123.84	388.39	130.17	214.92
甘 肅	131.28	303.84	54.23	166.83	39.43	150.98
廣 東	484.26	758.64	196.00	827.65	399.81	375.62
廣 西	265.03	548.34	141.68	530.53	280.31	190.76
貴 州	176.84	337.46	106.56	246.67	85.16	147.24
海 南	226.29	381.56	42.67	300.92	107.78	188.35
河 北	259.73	403.66	115.49	343.29	131.03	157.27
黑龍江	165.25	275.00	59.10	266.80	65.40	119.30
河 南	171.60	299.00	65.46	352.46	192.11	140.97
湖 北	186.25	449.62	88.80	329.78	129.80	152.89
湖 南	276.70	576.40	130.28	316.70	140.92	188.06
遼 寧	162.30	363.20	76.58	289.54	100.73	139.88
吉 林	158.85	308.83	59.20	301.20	95.49	127.04
江 蘇	265.23	448.85	102.00	385.75	155.47	211.84
江 西	161.02	353.08	72.60	342.81	189.06	136.80
内蒙古	179.02	290.33	41.45	249.39	107.91	144.07
寧 夏	183.96	312.22	99.64	179.00	45.98	153.92
青 海	180.72	330.20	83.24	214.15	93.37	144.57
山 東	221.90	453.10	106.20	286.20	124.00	187.10
山 西	166.02	322.08	72.98	201.23	70.16	163.12
陜 西	195.00	384.00	103.00	329.00	183.02	158.00
上 海	379.19	784.04	301.11	539.79	177.33	268.06
四 川	180.54	460.13	120.31	335.55	144.79	152.76
天 津	267.04	553.98	144.57	445.97	194.86	223.34
西 藏	—	—	—	—	—	—
新 疆	207.52	461.23	129.98	214.15	97.85	234.75
雲 南	237.68	502.63	165.59	394.34	245.80	203.72
浙 江	384.30	670.24	201.97	523.53	249.00	286.00

4.3.3 1997年全國及各省市城鎮居民分類商品及服務人均消費構成

單位:%

地區 Region	人均全年消費性支出 Total Expenditure for Consumption	食品 Food	衣着 Clothing Headgear and Footwear	家庭設備、用品及服務 Household Facilities Articles and Services	其中耐用消費品 Durable Consumer Goods	醫療保健 Medical and Services
全 國	**100.00**	**46.41**	**12.45**	**7.57**	**4.14**	**4.29**
安 徽	100.00	52.36	11.94	5.66	2.80	2.52
北 京	100.00	43.70	11.65	9.99	6.34	4.56
重 慶	100.00	46.54	11.94	9.62	5.79	3.32
福 建	100.00	52.81	10.65	6.44	3.13	2.42
甘 肅	100.00	48.85	13.72	6.59	2.70	5.29
廣 東	100.00	45.99	6.24	7.41	3.99	5.29
廣 西	100.00	47.45	7.80	7.24	3.73	3.04
貴 州	100.00	51.07	12.20	7.66	3.44	3.53
海 南	100.00	57.03	5.50	5.81	2.32	3.59
河 北	100.00	41.95	14.18	9.49	6.54	5.30
黑龍江	100.00	45.88	16.17	5.79	2.93	6.45
河 南	100.00	44.59	14.54	7.60	3.99	4.73
湖 北	100.00	46.00	14.64	6.50	3.09	3.85
湖 南	100.00	45.70	11.53	7.59	3.47	3.73
遼 寧	100.00	48.06	16.05	5.38	2.77	4.84
吉 林	100.00	46.97	16.81	5.22	2.34	4.71
江 蘇	100.00	47.67	11.41	8.86	5.17	3.12
江 西	100.00	50.57	9.91	5.31	2.08	3.15
内蒙古	100.00	43.48	15.90	6.46	2.98	5.71
寧 夏	100.00	43.40	16.57	7.58	4.01	7.11
青 海	100.00	48.28	13.25	5.70	2.76	6.42
山 東	100.00	40.96	16.69	9.48	5.85	4.45
山 西	100.00	43.29	17.76	7.36	3.87	5.18
陜 西	100.00	42.98	11.93	9.17	5.20	5.17
上 海	100.00	51.47	8.09	8.65	5.27	2.89
四 川	100.00	49.10	12.27	7.58	3.75	3.47
天 津	100.00	46.66	10.32	10.67	7.74	3.71
西 藏	100.00	—	—	—	—	—
新 疆	100.00	43.27	15.42	7.42	3.61	4.86
雲 南	100.00	46.50	12.50	6.89	3.56	4.62
浙 江	100.00	43.91	10.35	10.52	6.09	5.05

4.3.3 1997年全國及各省市城鎮居民分類商品及服務人均消費構成(續)

單位:%

地區 Region	交通通訊 Transportation and Communication	娛樂教育文化服務 Recreation Education and Cultural Services	其中文化用耐用消費品 Durable Consumer Goods for Receational Use	居住 Residence	其中住房 Housing	雜項商品 Miscellaneous Commodities
全 國	**5.56**	**10.71**	**2.69**	**8.57**	**3.55**	**4.44**
安 徽	6.10	9.72	1.50	7.90	2.23	3.80
北 京	5.34	13.63	4.62	5.44	2.52	5.69
重 慶	5.89	12.68	3.10	5.98	1.74	4.03
福 建	6.04	9.42	2.51	7.87	2.64	4.35
甘 肅	4.46	10.31	1.84	5.66	1.34	5.12
廣 東	7.07	11.07	2.86	12.08	5.83	5.48
廣 西	5.95	12.31	3.18	11.91	6.30	4.28
貴 州	4.97	9.49	3.00	6.94	2.40	4.14
海 南	5.79	9.76	1.09	7.70	2.76	4.82
河 北	6.49	10.08	2.88	8.57	3.27	3.93
黑龍江	5.14	8.56	1.84	8.30	2.04	3.71
河 南	5.08	8.85	1.94	10.43	5.69	4.17
湖 北	4.83	11.66	2.30	8.55	3.37	3.97
湖 南	6.41	13.35	3.02	7.34	3.26	4.36
遼 寧	4.36	9.76	2.06	7.78	2.71	3.76
吉 林	4.66	9.06	1.74	8.84	2.80	3.73
江 蘇	5.85	9.90	2.25	8.51	3.43	4.67
江 西	5.03	11.04	2.27	10.71	5.91	4.28
內蒙古	5.90	9.57	1.37	8.22	3.56	4.75
寧 夏	5.62	9.54	3.05	5.47	1.41	4.71
青 海	5.48	10.00	2.52	6.49	2.83	4.38
山 東	5.49	11.21	2.63	7.08	3.07	4.63
山 西	5.14	9.98	2.26	6.23	2.17	5.05
陝 西	5.63	11.09	2.97	9.50	5.29	4.56
上 海	5.56	11.50	4.42	7.91	2.60	3.93
四 川	4.41	11.24	2.94	8.20	3.54	3.73
天 津	5.13	10.64	2.78	8.57	3.74	4.29
西 藏	—	—	—	—	—	—
新 疆	5.34	11.87	3.34	5.51	2.52	6.04
雲 南	5.24	11.08	3.65	8.69	5.42	4.49
浙 江	6.23	10.86	3.27	8.48	4.04	4.64

4.3.4 1997年安徽省及典型城市城鎮居民分類商品及服務消費水平

單位:元/人.年

城市 Region	平均每人全年消費性支出 Total Expenditure for Consumption	食品 Food	衣着 Clothing Headgear and Footwear	家庭設備用品及服務 Household Facilities Articles and Services	其中耐用消費品 Durable Consumer Goods	醫療保健 Medical and Services
全　省	**3 693.55**	**1 934.03**	**441.03**	**209.11**	**103.35**	**92.99**
合肥市	4 096.13	2 257.97	442.18	253.08	106.68	102.99
蕪湖市	3 965.32	2 032.86	442.24	169.94	74.87	62.95
蚌埠市	3 080.43	1 750.26	369.64	153.47	30.36	72.65
淮南市	3 225.40	1 844.04	387.62	132.66	65.31	87.76
馬鞍山市	4 504.41	2 198.00	519.90	259.22	139.27	138.89
淮北市	3 687.85	1 820.84	549.32	203.46	120.60	69.23
銅陵市	3 687.19	1 939.46	440.20	179.77	103.95	71.92
安慶市	4 282.49	2 093.52	374.77	432.98	328.77	87.88
滁州市	3 515.32	1 958.81	385.76	150.23	64.30	96.69
阜陽市	4 141.89	1 795.06	790.36	234.64	154.77	83.92
宣州市	3 744.41	1 991.98	483.71	274.47	186.20	42.50

4.3.4 1997年安徽省及典型城市城鎮居民分類商品及服務消費水平(續)

單位:元/人.年

城市 Region	交通通訊 Transportation and Communication	娛樂教育文化服務 Recreation Education and Cultural Services	其中文化用耐用消費品 Durable Consumer Goods for Receational Use	居住 Residence	其中住房 Housing	雜項商品 Miscellaneous Commodities
全　省	**225.30**	**358.83**	**55.35**	**291.93**	**82.36**	**140.33**
合肥市	240.53	365.60	65.95	274.97	45.37	158.81
蕪湖市	256.51	499.48	90.40	353.96	117.99	147.38
蚌埠市	154.79	226.90	16.62	248.38	61.74	104.34
淮南市	192.09	265.34	25.02	190.11	42.14	125.79
馬鞍山市	318.05	484.99	84.05	343.42	141.99	241.94
淮北市	195.27	452.34	47.11	215.43	38.38	181.97
銅陵市	176.87	342.67	61.12	421.55	207.20	114.76
安慶市	254.92	467.87	117.85	423.40	185.72	147.15
滁州市	210.71	251.06	43.22	307.42	62.63	154.63
阜陽市	279.29	460.64	50.98	276.14	51.81	221.86
宣州市	201.36	290.40	58.39	326.85	102.95	133.13

4.3.5 1997年安徽省及典型城市城鎮居民分類商品及服務消費結構

單位:%

城市 Region	平均每人全年消費性支出 Total Expenditure for Consumption	食品 Food	衣着 Clothing Headgear and Footwear	家庭設備用品及服務 Household Facilities Articles and Services	其中耐用消費品 Durable Consumer Goods	醫療保健 Medical and Services
全 省	**100.00**	**52.36**	**11.94**	**5.66**	**2.80**	**2.52**
合肥市	100.00	55.12	10.80	6.18	2.60	2.51
蕪湖市	100.00	51.27	11.15	4.29	1.89	1.59
蚌埠市	100.00	56.82	12.00	4.98	0.99	2.36
淮南市	100.00	57.17	12.02	4.11	2.02	2.72
馬鞍山市	100.00	48.80	11.54	5.75	3.09	3.08
淮北市	100.00	49.37	14.90	5.52	3.27	1.88
銅陵市	100.00	52.60	11.94	4.88	2.82	1.95
安慶市	100.00	48.89	8.75	10.11	7.68	2.05
滁州市	100.00	55.72	10.97	4.27	1.83	2.75
阜陽市	100.00	43.34	19.08	5.67	3.74	2.03
宣州市	100.00	53.20	12.92	7.33	4.97	1.14

4.3.5 1997年安徽省及典型城市城鎮居民分類商品及服務消費結構(續)

單位:%

城市 Region	交通通訊 Transportation and Communication	娛樂教育文化服務 Recreation Education and Cultural Services	其中文化用耐用消費品 Durable Consumer Goods for Receational Use	居住 Residence	其中住房 Housing	雜項商品 Miscellaneous Commodities
全 省	**6.10**	**9.72**	**1.50**	**7.90**	**2.23**	**3.80**
合肥市	5.87	8.93	1.71	6.71	1.11	3.88
蕪湖市	6.47	12.60	2.28	8.93	2.98	3.72
蚌埠市	5.02	7.37	0.54	8.06	2.00	3.39
淮南市	5.96	8.23	0.78	5.89	1.31	3.90
馬鞍山市	7.06	10.77	1.87	7.62	3.15	5.37
淮北市	5.29	12.27	1.28	5.84	1.04	4.93
銅陵市	4.80	9.29	1.66	11.43	5.62	3.11
安慶市	5.95	10.93	2.75	10.10	4.34	3.44
滁州市	5.99	7.14	1.23	8.75	1.78	4.40
阜陽市	6.74	11.12	1.23	6.67	1.25	5.36
宣州市	5.38	7.76	1.56	8.73	2.75	3.56

4.3.6 1997年重慶市各地區城鎮居民分類商品及服務消費水平

單位:元/人.年

城市 Region	平均每人全年消費性支出 Total Expenditure for Consumption	食品 Food	衣着 Clothing Headgear and Footwear	家庭設備用品及服務 Household Facilities Articles and Services	其中耐用消費品 Durable Consumer Goods	醫療保健 Medical and Services
全 市	**4 937.75**	**2 297.86**	**589.62**	**475.00**	**286.00**	**164.00**
萬縣市	3 406.00	1 715.00	417.00	188.00	78.00	122.00
墊 江	3 278.00	1 598.00	333.00	227.00	87.00	209.00

4.3.6 1997年重慶市各地區城鎮居民分類商品及服務消費水平(續)

單位:元/人.年

城市 Region	交通通訊 Transportation and Communication	娛樂教育文化服務 Recreation Education and Cultural Services	其中文化用耐用消費品 Durable Consumer Goods for Receational Use	居住 Residence	其中住房 Housing	雜項商品 Miscellaneous Commodities
全 市	**291.00**	**626.00**	**153.00**	**295.00**	**86.00**	**199.00**
萬縣市	158.00	387.00	119.00	316.00	122.00	103.00
墊 江	141.00	409.00	121.00	280.00	93.00	81.00

4.3.7 1997年重慶市各地區城鎮居民分類商品及服務消費結構

單位:%

城市 Region	平均每人全年消費性支出 Total Expenditure for Consumption	食品 Food	衣着 Clothing Headgear and Footwear	家庭設備用品及服務 Household Facilities Articles and Services	其中耐用消費品 Durable Consumer Goods	醫療保健 Medical and Services
全 市	**100.00**	**46.54**	**11.94**	**9.62**	**5.79**	**3.32**
萬縣市	100.00	50.35	12.24	5.52	2.29	3.58
墊 江	100.00	48.75	10.16	6.92	2.65	6.38

4.3.7 1997年重慶市各地區城鎮居民分類商品及服務消費結構(續)

單位:%

城市 Region	交通通訊 Transportation and Communication	娛樂教育文化服務 Recreation Education and Cultural Services	其中文化用耐用消費品 Durable Consumer Goods for Receational Use	居住 Residence	其中住房 Housing	雜項商品 Miscellaneous Commodities
全 市	**5.89**	**12.68**	**3.10**	**5.97**	**1.74**	**4.03**
萬縣市	4.64	11.36	3.49	9.28	3.58	3.02
墊 江	4.30	12.48	3.69	8.54	2.84	2.47

4.3.8　1997年福建省及典型城市城鎮居民分類商品及服務消費水平

單位:元/人.年

城市 Region	平均每人全年消費性支出 Total Expenditure for Consumption	食品 Food	衣着 Clothing Headgear and Footwear	家庭設備用品及服務 Household Facilities Articles and Services	其中耐用消費品 Durable Consumer Goods	醫療保健 Medical and Services
全　省	**4 935.95**	**2 606.54**	**525.81**	**317.89**	**154.49**	**119.37**
福州市	5 893.42	3 142.24	553.88	421.38	176.28	158.69
厦門市	7 387.29	3 677.76	853.57	501.43	216.05	180.71
泉州市	5 657.95	2 631.35	623.82	474.18	284.09	153.92
漳州市	4 351.91	2 491.07	486.08	177.97	69.82	87.93
三明市	5 070.49	2 511.08	582.99	452.99	240.63	137.41
建甌市	4 003.16	1 823.18	565.33	268.20	65.70	141.09
仙　游	3 429.75	1 774.15	342.80	250.93	153.54	111.24
永　定	4 162.94	1 992.59	430.90	321.10	160.19	152.52

4.3.8　1997年福建省及典型城市城鎮居民分類商品及服務消費水平(續)

單位:元/人.年

城市 Region	交通通訊 Transportation and Communication	娛樂教育文化服務 Recreation Education and Cultural Services	其中文化用耐用消費品 Durable Consumer Goods for Receational Use	居住 Residence	其中住房 Housing	雜項商品 Miscellaneous Commodities
全　省	**297.99**	**465.03**	**123.84**	**388.39**	**130.17**	**214.92**
福州市	269.14	660.35	219.20	473.09	145.68	214.65
厦門市	478.69	658.68	163.42	616.01	260.21	420.44
泉州市	484.26	411.22	119.06	554.92	216.43	324.28
漳州市	351.15	296.47	46.43	284.10	29.06	177.14
三明市	294.25	518.28	123.23	304.25	50.52	269.25
建甌市	226.84	494.73	163.15	351.68	100.28	132.12
仙　游	248.38	250.43	37.16	338.91	171.49	112.92
永　定	317.56	469.80	135.85	329.28	172.25	149.19

4.3.9 1997年福建省及典型城市城鎮居民分類商品及服務消費結構

單位:%

城市 Region	平均每人全年消費性支出 Total Expenditure for Consumption	食品 Food	衣着 Clothing Headgear and Footwear	家庭設備用品及服務 Household Facilities Articles and Services	其中耐用消費品 Durable Consumer Goods	醫療保健 Medical and Services
全 省	**100.00**	**52.81**	**10.65**	**6.44**	**3.13**	**2.42**
福州市	100.00	53.32	9.40	7.15	2.99	2.69
厦門市	100.00	49.78	11.55	6.79	2.92	2.45
泉州市	100.00	46.51	11.03	8.38	5.02	2.72
漳州市	100.00	57.24	11.17	4.09	1.60	2.02
三明市	100.00	49.52	11.50	8.93	4.75	2.71
建甌市	100.00	45.54	14.12	6.70	1.64	3.52
仙 游	100.00	51.73	9.99	7.32	4.48	3.24
永 定	100.00	47.86	10.35	7.71	3.85	3.66

4.3.9 1997年福建省及典型城市城鎮居民分類商品及服務消費結構(續)

單位:%

城市 Region	交通通訊 Transportation and Communication	娛樂教育文化服務 Recreation Education and Cultural Services	其中文化用耐用消費品 Durable Consumer Goods for Receational Use	居住 Residence	其中住房 Housing	雜項商品 Miscellaneous Commodities
全 省	**6.04**	**9.42**	**2.51**	**7.87**	**2.64**	**4.35**
福州市	4.57	11.20	3.72	8.03	2.47	3.64
厦門市	6.48	8.92	2.21	8.34	3.52	5.69
泉州市	8.56	7.27	2.10	9.81	3.83	5.73
漳州市	8.07	6.81	1.07	6.53	0.67	4.07
三明市	5.80	10.22	2.43	6.00	1.00	5.31
建甌市	5.67	12.36	4.08	8.79	2.51	3.30
仙 游	7.24	7.30	1.08	9.88	5.00	3.29
永 定	7.63	11.29	3.26	7.91	4.14	3.58

4.3.10 1997年甘肅省及典型城市城鎮居民分類商品及服務消費水平

單位:元/人.年

城市 Region	平均每人全年消費性支出 Total Expenditure for Consumption	食品 Food	衣着 Clothing Headgear and Footwear	家庭設備用品及服務 Household Facilities Articles and Services	其中耐用消費品 Durable Consumer Goods	醫療保健 Medical and Services
全 省	**2 946.27**	**1 439.30**	**404.23**	**194.02**	**79.46**	**155.79**
蘭州市	3 196.00	1 694.00	384.00	179.00	65.00	165.00
平 凉	2 485.83	1 204.12	50.50	199.93	108.36	162.14
酒 泉	3 374.10	1 542.80	464.10	213.00	104.70	166.50
武 威	2 883.97	1 384.64	180.21	219.62	85.97	121.49
天水市	2 493.00	1 220.00	381.00	163.00	83.29	103.00

4.3.10 1997年甘肅省及典型城市城鎮居民分類商品及服務消費水平(續)

單位:元/人.年

城市 Region	交通通訊 Transportation and Communication	娛樂教育文化服務 Recreation Education and Cultural Services	其中文化用耐用消費品 Durable Consumer Goods for Receational Use	居住 Residence	其中住房 Housing	雜項商品 Miscellaneous Commodities
全 省	**131.28**	**303.84**	**54.23**	**166.83**	**39.43**	**150.98**
蘭州市	147.00	271.00	54.00	196.00	56.00	160.00
平 凉	109.11	278.06	16.61	111.74	34.57	72.69
酒 泉	149.60	377.80	92.60	247.30	51.70	213.00
武 威	119.79	275.95	25.25	228.16	47.22	167.24
天水市	112.00	292.00	22.22	114.00	27.00	108.00

4.3.11 1997年甘肅省及典型城市城鎮居民分類商品及服務消費結構

單位:%

城市 Region	平均每人全年消費性支出 Total Expenditure for Consumption	食品 Food	衣着 Clothing Headgear and Footwear	家庭設備用品及服務 Household Facilities Articles and Services	其中耐用消費品 Durable Consumer Goods	醫療保健 Medical and Services
全 省	**100.00**	**48.85**	**13.72**	**6.59**	**2.70**	**5.29**
蘭州市	100.00	53.00	12.02	5.60	2.03	5.16
平 凉	100.00	48.44	2.03	8.04	4.36	6.52
酒 泉	100.00	45.72	13.75	6.31	3.10	4.93
武 威	100.00	48.01	6.25	7.62	2.98	4.21
天水市	100.00	48.94	15.28	6.54	3.34	4.13

4.3.11 1997年甘肅省及典型城市城鎮居民分類商品及服務消費結構

單位:%

城市 Region	交通通訊 Transportation and Communication	娛樂教育文化服務 Recreation Education and Cultural Services	其中文化用耐用消費品 Durable Consumer Goods for Receational Use	居住 Residence	其中住房 Housing	雜項商品 Miscellaneous Commodities
全 省	**4.46**	**10.31**	**1.84**	**5.66**	**1.34**	**5.12**
蘭州市	4.60	8.48	1.69	6.13	1.75	5.01
平 凉	4.39	11.19	0.67	4.50	1.39	2.92
酒 泉	4.43	11.20	2.74	7.33	1.53	6.31
武 威	4.15	9.57	0.88	7.91	1.64	5.80
天水市	4.49	11.71	0.89	4.57	1.08	4.33

4.3.12　1997 年貴州省及典型城市城鎮居民分類商品及服務消費水平

單位:元/人.年

城市 Region	平均每人全年消費性支出 Total Expend-iture for Consumption	食品 Food	衣着 Clothing Headgear and Footwear	家庭設備用品及服務 Household Facilities Articles and Services	其中耐用消費品 Durable Consumer Goods	醫療保健 Medical and Services
全　省	**3 555.69**	**1 815.74**	**433.80**	**272.52**	**122.47**	**125.43**
貴陽市	4 808.03	2 273.98	496.92	420.22	224.17	178.92
遵義市	3 574.85	1 897.38	386.36	235.41	71.91	180.80
安順市	2 929.44	1 799.83	342.96	118.98	48.71	69.65
凱　星	3 318.43	1 662.14	420.85	263.39	138.34	99.35
都　匀	3 858.31	1 900.62	475.06	307.98	106.17	138.84
銅　仁	3 205.50	1 628.87	417.60	290.69	122.95	94.02
畢　節	2 973.67	1 554.86	468.02	219.90	71.61	91.51
興　義	3 700.97	1 858.15	422.34	280.60	167.75	140.39

4.3.12　1997 年貴州省及典型城市城鎮居民分類商品及服務消費水平(續)

單位:元/人.年

城市 Region	交通通訊 Transportation and Communication	娛樂教育文化服務 Recreation Education and Cultural Services	其中文化用耐用消費品 Durable Consumer Goods for Receational Use	居住 Residence	其中住房 Housing	雜項商品 Miscellaneous Commodities
全　省	**176.84**	**337.46**	**106.56**	**246.67**	**85.16**	**147.24**
貴陽市	219.45	569.15	225.92	443.75	238.29	205.65
遵義市	151.89	297.98	128.70	267.19	83.81	157.85
安順市	106.81	210.69	21.50	174.98	32.44	105.53
凱　星	135.56	410.08	141.88	187.61	47.37	139.44
都　匀	177.16	434.61	165.32	263.71	55.64	160.33
銅　仁	158.56	294.25	89.95	209.49	38.13	112.01
畢　節	121.00	143.36	9.14	218.22	112.04	156.81
興　義	302.79	395.63	107.82	197.63	30.80	103.44

4.3.13 1997年貴州省及典型城市城鎮居民消費結構

單位:%

城市 Region	平均每人全年消費性支出 Total Expenditure for Consumption	食品 Food	衣着 Clothing Headgear and Footwear	家庭設備用品及服務 Household Facilities Articles and Services	其中耐用消費品 Durable Consumer Goods	醫療保健 Medical and Services
全 省	**100.00**	**51.07**	**12.20**	**7.66**	**3.44**	**3.53**
貴陽市	100.00	47.30	10.34	8.74	4.66	3.72
遵義市	100.00	53.08	10.81	6.59	2.01	5.06
安順市	100.00	61.44	11.71	4.06	1.66	2.38
凱 星	100.00	50.09	12.68	7.94	4.17	2.99
都 勻	100.00	49.26	12.31	7.98	2.75	3.60
銅 仁	100.00	50.81	13.03	9.07	3.84	2.93
畢 節	100.00	52.29	15.74	7.39	2.41	3.08
興 義	100.00	50.21	11.41	7.58	4.53	3.79

4.3.13 1997年貴州省及典型城市城鎮居民消費結構(續)

單位:%

城市 Region	交通通訊 Transportation and Communication	娛樂教育文化服務 Recreation Education and Cultural Services	其中文化用耐用消費品 Durable Consumer Goods for Receational Use	居住 Residence	其中住房 Housing	雜項商品 Miscellaneous Commodities
全 省	**4.97**	**9.49**	**3.00**	**6.94**	**2.40**	**4.14**
貴陽市	4.56	11.84	4.70	9.23	4.96	4.28
遵義市	4.25	8.34	3.60	7.47	2.34	4.42
安順市	3.65	7.19	0.73	5.97	1.11	3.60
凱 星	4.09	12.36	4.28	5.65	1.43	4.20
都 勻	4.59	11.26	4.28	6.83	1.44	4.16
銅 仁	4.95	9.18	2.81	6.54	1.19	3.49
畢 節	4.07	4.82	0.31	7.34	3.77	5.27
興 義	8.18	10.69	2.91	5.34	0.83	2.79

4.3.14　1997年海南省及典型城市城鎮居民分類商品及服務消費水平

單位:元/人.年

城市 Region	平均每人全年消費性支出 Total Expenditure for Consumption	食品 Food	衣着 Clothing Headgear and Footwear	家庭設備用品及服務 Household Facilities Articles and Services	其中耐用消費品 Durable Consumer Goods	醫療保健 Medical and Services
全　省	**3 908.57**	**2 229.08**	**214.94**	**227.27**	**90.82**	**140.16**
海口市	5 171.13	2 877.42	280.21	390.39	161.85	181.09
文　昌	3 615.17	2 019.28	209.80	150.64	51.96	115.45
瓊　中	3 203.63	1 923.16	168.99	172.90	72.38	131.73

4.3.14　1997年海南省及典型城市城鎮居民分類商品及服務消費水平(續)

單位:元/人.年

城市 Region	交通通訊 Transportation and Communication	娛樂教育文化服務 Recreation Education and Cultural Services	其中文化用耐用消費品 Durable Consumer Goods for Receational Use	居住 Residence	其中住房 Housing	雜項商品 Miscellaneous Commodities
全　省	**226.29**	**381.56**	**42.67**	**300.92**	**107.78**	**188.35**
海口市	388.23	481.19	78.75	393.80	62.33	178.80
文　昌	144.87	383.48	13.88	361.61	215.09	230.04
瓊　中	171.41	302.14	41.89	171.05	41.41	156.25

4.3.15 1997年海南省及典型城市城鎮居民分類商品及服務消費結構

單位:%

城市 Region	平均每人全年消費性支出 Total Expend-iture for Consumption	食品 Food	衣着 Clothing Headgear and Footwear	家庭設備用品及服務 Household Facilities Articles and Services	其中耐用消費品 Durable Consumer Goods	醫療保健 Medical and Medical and Services
全 省	**100.00**	**57.03**	**5.50**	**5.81**	**2.32**	**3.59**
海口市	100.00	55.64	5.42	7.55	3.13	3.50
文 昌	100.00	55.86	5.80	4.17	1.44	3.19
瓊 中	100.00	60.03	5.27	5.40	2.26	4.11

4.3.15 1997年海南省及典型城市城鎮居民分類商品及服務消費結構(續)

單位:%

城市 Region	交通通訊 Transportation and Communication	娛樂教育文化服務 Recreation Education and Cultural Services	其中文化用耐用消費品 Durable Consumer Goods for Receational Use	居住 Residence	其中住房 Housing	雜項商品 Miscellaneous Commodities
全 省	**5.79**	**9.76**	**1.09**	**7.70**	**2.76**	**4.82**
海口市	7.51	9.31	1.52	7.62	1.21	3.46
文 昌	4.01	10.61	0.38	10.00	5.95	6.36
瓊 中	5.35	9.43	1.31	5.34	1.29	4.88

4.3.16　1997年河北省及典型城市城鎮居民分類商品及服務消費水平

單位:元/人.年

城市 Region	平均每人全年消費性支出 Total Expenditure for Consumption	食品 Food	衣着 Clothing Headgear and Footwear	家庭設備用品及服務 Household Facilities Articles and Services	其中耐用消費品 Durable Consumer Goods	醫療保健 Medical and Services
全　省	**4 003.71**	**1 679.58**	**567.90**	**379.93**	**261.94**	**212.35**
石家莊市	4 541.83	1 975.67	619.41	459.58	330.34	195.21
邯鄲市	4 185.72	1 601.35	627.96	529.04	372.79	258.33
唐山市	4 224.65	2 132.80	517.08	294.46	195.66	199.48
張家口市	3 422.07	1 672.15	425.81	212.33	98.61	165.69
秦皇島市	4 831.15	2 055.09	694.36	496.18	324.17	179.28
保定市	4 490.82	1 950.21	619.60	328.16	203.98	336.46
辛集市	3 364.89	1 183.48	537.32	313.38	229.52	206.27
遵化市	4 203.03	1 513.68	581.92	566.06	399.13	210.40
張北市	3 045.24	1 397.85	476.55	270.92	141.95	134.22
武安市	4 305.66	1 429.40	750.29	475.56	401.89	272.00

4.3.16　1997年河北省及典型城市城鎮居民分類商品及服務消費水平(續)

單位:元/人.年

城市 Region	交通通訊 Transportation and Communication	娛樂教育文化服務 Recreation Education and Cultural Services	其中文化用耐用消費品 Durable Consumer Goods for Receational Use	居住 Residence	其中住房 Housing	雜項商品 Miscellaneous Commodities
全　省	**259.73**	**403.66**	**115.49**	**343.29**	**131.03**	**157.27**
石家莊市	286.21	471.69	92.84	357.09	169.11	176.96
邯鄲市	219.44	487.08	147.88	263.78	98.57	198.73
唐山市	234.18	303.59	79.94	409.84	202.33	133.22
張家口市	176.86	264.21	33.37	372.83	209.14	133.22
秦皇島市	296.65	679.63	203.76	365.24	116.74	164.71
保定市	322.24	455.08	136.01	299.57	92.45	179.5
辛集市	307.39	404.2	80.26	268.63	85.97	144.22
遵化市	284.38	462.31	178.18	442.04	62.04	142.22
張北市	144.69	294.38	47.48	210.68	127.17	115.96
武安市	343.36	376.87	155.68	417.96	203.03	218.21

4.3.17 1997年河北省及典型城市城鎮居民消費結構

單位:%

城市 Region	平均每人全年消費性支出 Total Expenditure for Consumption	食品 Food	衣着 Clothing Headgear and Footwear	家庭設備用品及服務 Household Facilities Articles and Services	其中耐用消費品 Durable Consumer Goods	醫療保健 Medical and Services
全 省	**100.00**	**41.95**	**14.18**	**9.49**	**6.54**	**5.30**
石家莊市	100.00	43.50	13.64	10.12	7.27	4.30
邯鄲市	100.00	38.26	15.00	12.64	8.91	6.17
唐山市	100.00	50.48	12.24	6.97	4.63	4.72
張家口市	100.00	48.86	12.44	6.20	2.88	4.84
秦皇島市	100.00	42.54	14.37	10.27	6.71	3.71
保定市	100.00	43.43	13.80	7.31	4.54	7.49
辛集市	100.00	35.17	15.97	9.31	6.82	6.13
遵化市	100.00	36.01	13.85	13.47	9.50	5.01
張北市	100.00	45.90	15.65	8.90	4.66	4.41
武安市	100.00	33.20	17.43	11.04	9.33	6.32

4.3.17 1997年河北省及典型城市城鎮居民消費結構(續)

單位:%

城市 Region	交通通訊 Transportation and Communication	娛樂教育文化服務 Recreation Education and Cultural Services	其中文化用耐用消費品 Durable Consumer Goods for Receational Use	居住 Residence	其中住房 Housing	雜項商品 Miscellaneous Commodities
全 省	**6.49**	**10.08**	**2.88**	**8.57**	**3.27**	**3.93**
石家莊市	6.30	10.39	2.04	7.86	3.72	3.90
邯鄲市	5.24	11.64	3.53	6.30	2.35	4.75
唐山市	5.54	7.19	1.89	9.70	4.79	3.15
張家口市	5.17	7.72	0.98	10.89	6.11	3.89
秦皇島市	6.14	14.07	4.22	7.56	2.42	3.41
保定市	7.18	10.13	3.03	6.67	2.06	4.00
辛集市	9.14	12.01	2.39	7.98	2.55	4.29
遵化市	6.77	11.00	4.24	10.52	1.48	3.38
張北市	4.75	9.67	1.56	6.92	4.18	3.81
武安市	7.97	8.75	3.62	9.71	4.72	5.07

4.3.18　1997年黑龍江省及典型城市城鎮居民消費水平

單位:元/人.年

城市 Region	平均每人全年消費性支出 Total Expenditure for Consumption	食品 Food	衣着 Clothing Headgear and Footwear	家庭設備用品及服務 Household Facilities Articles and Services	其中耐用消費品 Durable Consumer Goods	醫療保健 Medical and Services
全　省	**3 213.42**	**1 474.20**	**519.76**	**185.90**	**94.00**	**207.30**
哈爾濱市	3 438.24	1 870.26	361.14	98.16	33.32	272.86
齊齊哈爾市	3 052.20	1 078.80	417.84	119.04	100.08	123.36
伊春市	2 899.70	1 284.00	—	111.40	35.10	150.80
大慶市	5 091.00	1 814.00	1 223.00	470.00	307.00	319.00
鶴崗市	2 715.24	1 425.00	401.00	170.00	44.14	193.00
佳木斯市	3 056.00	1 470.00	422.00	151.00	110.00	218.00
牡丹江	3 325.00	1 571.00	440.00	258.00	142.20	185.00
訥　河	2 560.00	1 155.00	485.00	84.00	22.00	125.00
富　錦	2 916.00	1 223.00	614.00	127.00	35.00	193.00
尚　志	3 200.38	1 255.67	641.68	239.93	78.08	226.63
寧　安	2 931.00	1 113.00	524.00	195.00	102.00	177.00

4.3.18　1997年黑龍江省及典型城市城鎮居民消費水平(續)

單位:元/人.年

城市 Region	交通通訊 Transportation and Communication	娛樂教育文化服務 Recreation Education and Cultural Services	其中文化用耐用消費品 Durable Consumer Goods for Receational Use	居住 Residence	其中住房 Housing	雜項商品 Miscellaneous Commodities
全　省	**165.25**	**275.00**	**59.10**	**266.80**	**65.40**	**119.30**
哈爾濱市	155.63	275.33	40.62	310.19		94.69
齊齊哈爾市	113.04	361.39	54.31	241.81	86.17	113.89
伊春市	158.50	193.00	18.20	233.60	92.20	109.30
大慶市	239.00	554.00	167.00	155.00	73.00	317.00
鶴崗市	98.00	19.50	36.80	224.00	34.80	69.00
佳木斯市	158.00	337.25	110.00	182.52	182.52	118.25
牡丹江	193.00	293.00	96.80	266.00	69.60	119.00
訥　河	103.00	175.00	82.10	314.00	314.00	117.00
富　錦	143.00	166.00	166.00	346.00	344.00	102.00
尚　志	224.87	213.00	45.79	298.21	41.50	100.40
寧　安	176.00	317.00	47.00	319.00	24.00	110.00

4.3.19 1997年黑龍江省及典型城市城鎮居民消費結構

單位：%

城市 Region	平均每人全年消費性支出 Total Expenditure for Consumption	食品 Food	衣着 Clothing Headgear and Footwear	家庭設備用品及服務 Household Facilities Articles and Services	其中耐用消費品 Durable Consumer Goods	醫療保健 Medical and Services
全 省	**100.00**	**45.88**	**16.17**	**5.79**	**2.93**	**6.45**
哈爾濱市	100.00	54.40	10.50	2.85	0.97	7.94
齊齊哈爾市	100.00	35.34	13.69	3.90	3.28	4.04
伊春市	100.00	44.28	0.00	3.84	1.21	5.20
大慶市	100.00	35.63	24.02	9.23	6.03	6.27
鶴崗市	100.00	52.48	14.77	6.26	1.63	7.11
佳木斯市	100.00	48.10	13.81	4.94	3.60	7.13
牡丹江	100.00	47.25	13.23	7.76	4.28	5.56
訥 河	100.00	45.12	18.95	3.28	0.86	4.88
富 錦	100.00	41.94	21.06	4.36	1.20	6.62
尚 志	100.00	39.24	20.05	7.50	2.44	7.08
寧 安	100.00	37.97	17.88	6.65	3.48	6.04

4.3.19 1997年黑龍江省及典型城市城鎮居民消費結構(續)

單位：%

城市 Region	交通通訊 Transportation and Communication	娛樂教育文化服務 Recreation Education and Cultural Services	其中文化用耐用消費品 Durable Consumer Goods for Receational Use	居住 Residence	其中住房 Housing	雜項商品 Miscellaneous Commodities
全 省	**5.14**	**8.56**	**1.84**	**8.30**	**2.04**	**3.71**
哈爾濱市	4.53	8.01	1.18	9.02	0.00	2.75
齊齊哈爾市	3.70	11.84	1.78	7.92	2.82	3.73
伊春市	5.47	6.66	0.63	8.06	3.18	3.77
大慶市	4.69	10.88	3.28	3.04	1.43	6.23
鶴崗市	3.61	0.72	1.36	8.25	1.28	2.54
佳木斯市	5.17	11.04	3.60	5.97	5.97	3.87
牡丹江	5.80	8.81	2.91	8.00	2.09	3.58
訥 河	4.02	6.84	3.21	12.27	12.27	4.57
富 錦	4.90	5.69	5.69	11.87	11.80	3.50
尚 志	7.03	6.66	1.43	9.32	1.30	3.14
寧 安	6.00	10.82	1.60	10.88	0.82	3.75

4.3.20　1997年河南省及典型城市城鎮居民分類商品及服務消費水平

單位:元/人.年

城市 Region	平均每人全年消費性支出 Total Expenditure for Consumption	食品 Food	衣着 Clothing Headgear and Footwear	家庭設備用品及服務 Household Facilities Articles and Services	其中耐用消費品 Durable Consumer Goods	醫療保健 Medical and Services
全　省	**3 378.02**	**1 506.25**	**491.33**	**256.77**	**134.89**	**159.64**
鄭州市	4 734.61	2 012.64	721.40	495.21	294.25	187.41
洛陽市	4 248.75	1 841.46	551.03	376.46	237.93	191.34
開封市	2 922.51	1 495.62	320.98	144.03	63.18	154.60
平頂山市	4 286.70	1 752.77	651.08	551.00	318.68	199.39
新鄉市	3 559.44	1 816.05	434.22	217.96	112.16	195.30
安陽市	2 847.69	1 413.90	290.02	223.79	109.97	185.30
滑　縣	2 922.53	1 255.07	396.71	232.57	99.48	184.35
輝　縣	2 105.65	1 008.81	336.04	93.57	23.58	110.08
固　始	2 713.67	1 527.26	323.26	96.99	43.31	81.39
襄　城	2 661.74	1 249.77	412.25	105.62	16.03	94.18

4.3.20　1997年河南省及典型城市城鎮居民分類商品及服務消費水平(續)

單位:元/人.年

城市 Region	交通通訊 Transportation and Communication	娛樂教育文化服務 Recreation Education and Cultural Services	其中文化用耐用消費品 Durable Consumer Goods for Receational Use	居住 Residence	其中住房 Housing	雜項商品 Miscellaneous Commodities
全　省	**171.60**	**299.00**	**65.46**	**352.46**	**192.11**	**140.97**
鄭州市	270.89	440.48	84.07	319.65	173.25	226.93
洛陽市	187.68	490.20	138.33	422.30	246.84	188.28
開封市	159.70	244.05	40.68	310.92	137.27	92.40
平頂山市	201.55	313.04	47.48	359.23	236.20	258.82
新鄉市	166.30	315.23	50.18	284.78	107.65	129.62
安陽市	103.75	172.61	30.84	368.42	208.13	89.90
滑　縣	192.61	268.79	99.00	249.87	116.67	142.56
輝　縣	56.47	192.31	75.87	223.24	83.81	85.13
固　始	81.46	127.24	39.79	398.01	216.48	78.06
襄　城	113.70	140.28	39.59	463.03	338.38	82.88

4.3.21 1997年河南省及典型城市城鎮居民消費結構

單位：%

城市 Region	平均每人全年消費性支出 Total Expenditure for Consumption	食品 Food	衣着 Clothing Headgear and Footwear	家庭設備用品及服務 Household Facilities Articles and Services	其中耐用消費品 Durable Consumer Goods	醫療保健 Medical and Services
全省	**100.00**	**44.59**	**14.54**	**7.60**	**3.99**	**4.73**
鄭州市	100.00	42.51	15.24	10.46	6.21	3.96
洛陽市	100.00	43.34	12.97	8.86	5.60	4.50
開封市	100.00	51.18	10.98	4.93	2.16	5.29
平頂山市	100.00	40.89	15.19	12.85	7.43	4.65
新鄉市	100.00	51.02	12.20	6.12	3.15	5.49
安陽市	100.00	49.65	10.18	7.86	3.86	6.51
滑縣	100.00	42.94	13.57	7.96	3.40	6.31
輝縣	100.00	47.91	15.96	4.44	1.12	5.23
固始	100.00	56.28	11.91	3.57	1.60	3.00
襄城	100.00	46.95	15.49	3.97	0.60	3.54

4.3.21 1997年河南省及典型城市城鎮居民消費結構(續)

單位：%

城市 Region	交通通訊 Transportation and Communication	娛樂教育文化服務 Recreation Education and Cultural Services	其中文化用耐用消費品 Durable Consumer Goods for Receational Use	居住 Residence	其中住房 Housing	雜項商品 Miscellaneous Commodities
全省	**5.08**	**8.85**	**1.94**	**10.43**	**5.69**	**4.17**
鄭州市	8.02	13.04	2.49	9.46	5.13	6.72
洛陽市	5.56	14.51	4.10	12.50	7.31	5.57
開封市	4.73	7.22	1.20	9.20	4.06	2.74
平頂山市	5.97	9.27	1.41	10.63	6.99	7.66
新鄉市	4.92	9.33	1.49	8.43	3.19	3.84
安陽市	3.07	5.11	0.91	10.91	6.16	2.66
滑縣	5.70	7.96	2.93	7.40	3.45	4.22
輝縣	1.67	5.69	2.25	6.61	2.48	2.52
固始	2.41	3.77	1.18	11.78	6.41	2.31
襄城	3.37	4.15	1.17	13.71	10.02	2.45

4.3.22　1997年湖北省及典型城市城鎮居民分類商品及服務消費水平

單位:元/人.年

城市 Region	平均每人全年消費性支出 Total Expenditure for Consumption	食品 Food	衣着 Clothing Headgear and Footwear	家庭設備用品及服務 Household Facilities Articles and Services	其中耐用消費品 Durable Consumer Goods	醫療保健 Medical and Services
全　省	**3 855.59**	**1 773.60**	**564.38**	**250.55**	**119.21**	**148.57**
武漢市	4 719.14	2 347.50	631.19	257.25	119.71	184.40
黄石市	4 250.33	1 832.93	535.57	267.17	137.07	75.44
襄樊市	3 569.83	1 540.51	684.48	287.86	110.97	114.66
荆州市	3 992.32	2 077.39	556.22	192.97	79.73	131.53
宜昌市	4 759.03	1 998.58	693.22	342.19	156.53	212.11
麻　城	2 886.34	1 346.46	421.36	266.84	142.59	106.56
天門市	3 540.33	1 580.97	591.97	235.93	116.28	157.07
洪　湖	3 844.62	2 011.61	440.31	253.52	151.09	139.38
浠　水	3 312.70	1 493.54	411.39	247.94	63.08	199.00
咸　寧	3 469.51	1 501.94	444.94	244.16	149.06	131.97

4.3.22　1997年湖北省及典型城市城鎮居民分類商品及服務消費水平(續)

單位:元/人.年

城市 Region	交通通訊 Transportation and Communication	娛樂教育文化服務 Recreation Education and Cultural Services	其中文化用耐用消費品 Durable Consumer Goods for Receational Use	居住 Residence	其中住房 Housing	雜項商品 Miscellaneous Commodities
全　省	**186.25**	**449.62**	**88.80**	**329.78**	**129.80**	**152.89**
武漢市	198.45	402.76	53.44	429.00	120.20	168.59
黄石市	272.32	526.10	101.02	570.27	380.41	170.53
襄樊市	129.41	369.05	94.69	317.09	165.36	126.76
荆州市	172.74	486.45	67.62	284.78	70.63	90.75
宜昌市	236.94	671.95	150.47	441.94	227.69	162.10
麻　城	117.02	307.29	43.77	246.57	77.56	72.25
天門市	179.21	398.79	49.65	304.32	146.18	92.05
洪　湖	135.59	395.13	23.44	374.90	207.44	94.17
浠　水	215.50	359.02	78.89	283.07	125.35	103.24
咸　寧	189.11	419.74	39.62	411.53	221.72	126.11

4.3.23 1997年湖北省及典型城市城鎮居民消費結構

單位:%

城市 Region	平均每人全年消費性支出 Total Expenditure for Consumption	食品 Food	衣着 Clothing Headgear and Footwear	家庭設備用品及服務 Household Facilities Articles and Services	其中耐用消費品 Durable Consumer Goods	醫療保健 Medical and Services
全 省	**100.00**	**46.00**	**14.64**	**6.50**	**3.09**	**3.85**
武漢市	100.00	49.74	13.38	5.45	2.54	3.91
黄石市	100.00	43.12	12.60	6.29	3.22	1.77
襄樊市	100.00	43.15	19.17	8.06	3.11	3.21
荆州市	100.00	52.03	13.93	4.83	2.00	3.29
宜昌市	100.00	42.00	14.57	7.19	3.29	4.46
麻 城	100.00	46.65	14.60	9.24	4.94	3.69
天門市	100.00	44.66	16.72	6.66	3.28	4.44
洪 湖	100.00	52.32	11.45	6.59	3.93	3.63
浠 水	100.00	45.09	12.42	7.48	1.90	6.01
咸 寧	100.00	43.29	12.82	7.04	4.30	3.80

4.3.23 1997年湖北省及典型城市城鎮居民消費結構(續)

單位:%

城市 Region	交通通訊 Transportation and Communication	娱樂教育文化服務 Recreation Education and Cultural Services	其中文化用耐用消費品 Durable Consumer Goods for Receational Use	居住 Residence	其中住房 Housing	雜項商品 Miscellaneous Commodities
全 省	**4.83**	**11.66**	**2.30**	**8.55**	**3.37**	**3.97**
武漢市	4.21	8.53	1.13	9.09	2.55	3.57
黄石市	6.41	12.38	2.38	13.42	8.95	4.01
襄樊市	3.63	10.34	2.65	8.88	4.63	3.55
荆州市	4.33	12.18	1.69	7.13	1.77	2.27
宜昌市	4.98	14.12	3.16	9.29	4.78	3.41
麻 城	4.05	10.65	1.52	8.54	2.69	2.50
天門市	5.06	11.26	1.40	8.60	4.13	2.60
洪 湖	3.53	10.28	0.61	9.75	5.40	2.45
浠 水	6.51	10.84	2.38	8.54	3.78	3.12
咸 寧	5.45	12.10	1.14	11.86	6.39	3.63

4.3.24　1997年湖南省及典型城市城鎮居民分類商品及服務消費水平

單位:元/人.年

城市 Region	平均每人全年消費性支出 Total Expenditure for Consumption	食品 Food	衣着 Clothing Headgear and Footwear	家庭設備用品及服務 Household Facilities Articles and Services	其中耐用消費品 Durable Consumer Goods	醫療保健 Medical and Services
全　省	**4 317.16**	**1 972.80**	**497.63**	**327.77**	**149.64**	**161.20**
長沙市	5 528.18	2 403.91	645.88	394.89	171.74	186.45
株洲市	4 719.23	2 102.61	510.44	244.64	71.05	178.99
邵陽市	3 607.99	1 887.62	421.43	320.98	169.31	120.93
岳陽市	4 837.36	2 217.10	556.15	492.46	313.81	217.97
常德市	4 067.85	1 948.05	543.86	225.35	96.55	148.50
郴州市	4 930.75	2 128.65	548.75	588.56	312.30	223.70
懷化市	3 767.64	1 705.50	426.38	219.90	89.37	145.08
道　縣	2 927.34	1 546.25	240.24	103.65	31.20	93.52
來　陽	3 422.40	1 453.90	441.03	267.12	109.40	206.24
新　化	3 453.40	1 638.89	318.13	418.87	191.13	156.25
慈　利	3 271.17	1 239.29	381.86	308.75	91.54	103.19

4.3.24　1997年湖南省及典型城市城鎮居民分類商品及服務消費水平(續)

單位:元/人.年

城市 Region	交通通訊 Transportation and Communication	娛樂教育文化服務 Recreation Education and Cultural Services	其中文化用耐用消費品 Durable Consumer Goods for Receational Use	居住 Residence	其中住房 Housing	雜項商品 Miscellaneous Commodities
全　省	**276.70**	**576.40**	**130.28**	**316.70**	**140.92**	**188.06**
長沙市	412.95	845.46	223.83	378.66	170.49	240.17
株洲市	300.66	739.67	165.58	461.34	262.02	180.88
邵陽市	206.69	333.06	38.73	136.41	33.61	180.87
岳陽市	260.92	667.94	220.26	193.47	25.46	231.35
常德市	205.56	380.19	65.47	437.53	247.34	178.82
郴州市	233.71	819.71	220.82	167.39	19.30	222.27
懷化市	176.59	523.56	73.58	414.68	247.88	156.05
道　縣	166.96	383.94	81.07	226.99	34.42	165.80
來　陽	208.43	437.36	168.05	260.04	121.10	146.29
新　化	182.17	459.60	100.51	177.97	57.23	101.55
慈　利	417.01	411.81	18.51	399.32	193.96	109.93

4.3.25 1997年湖南省及典型城市城鎮居民分類商品及服務消費結構

單位:%

城市 Region	平均每人全年消費性支出 Total Expend-iture for Consumption	食品 Food	衣着 Clothing Headgear and Footwear	家庭設備用品及服務 Household Facilities Articles and Services	其中耐用消費品 Durable Consumer Goods	醫療保健 Medical and Services
全 省	**100.00**	**45.70**	**11.53**	**7.59**	**3.47**	**3.73**
長沙市	100.00	43.48	11.68	7.14	3.11	3.37
株洲市	100.00	44.55	10.82	5.18	1.51	3.79
邵陽市	100.00	52.32	11.68	8.90	4.69	3.35
岳陽市	100.00	45.83	11.50	10.18	6.49	4.51
常德市	100.00	47.89	13.37	5.54	2.37	3.65
郴州市	100.00	43.17	11.13	11.94	6.33	4.54
懷化市	100.00	45.27	11.32	5.84	2.37	3.85
道 縣	100.00	52.82	8.21	3.54	1.07	3.19
來 陽	100.00	42.48	12.89	7.81	3.20	6.03
新 化	100.00	47.46	9.21	12.13	5.53	4.52
慈 利	100.00	37.89	11.67	9.44	2.80	3.15

4.3.25 1997年湖南省及典型城市城鎮居民分類商品及服務消費結構(續)

單位:%

城市 Region	交通通訊 Transportation and Communication	娛樂教育文化服務 Recreation Education and Cultural Services	其中文化用耐用消費品 Durable Consumer Goods for Receational Use	居住 Residence	其中住房 Housing	雜項商品 Miscellaneous Commodities
全 省	**6.41**	**13.35**	**3.02**	**7.34**	**3.26**	**4.36**
長沙市	7.47	15.29	4.05	6.85	3.08	4.34
株洲市	6.37	15.67	3.51	9.78	5.55	3.83
邵陽市	5.73	9.23	1.07	3.78	0.93	5.01
岳陽市	5.39	13.81	4.55	4.00	0.53	4.78
常德市	5.05	9.35	1.61	10.76	6.08	4.40
郴州市	4.74	16.62	4.48	3.39	0.39	4.51
懷化市	4.69	13.90	1.95	11.01	6.58	4.14
道 縣	5.70	13.12	2.77	7.75	1.18	5.66
來 陽	6.09	12.78	4.91	7.60	3.54	4.27
新 化	5.28	13.31	2.91	5.15	1.66	2.94
慈 利	12.75	12.59	0.57	12.21	5.93	3.36

4.3.26　1997年遼寧省及典型城市城鎮居民分類商品及服務消費水平

單位:元/人.年

城市 Region	平均每人全年消費性支出 Total Expenditure for Consumption	食品 Food	衣着 Clothing Headgear and Footwear	家庭設備用品及服務 Household Facilities Articles and Services	其中耐用消費品 Durable Consumer Goods	醫療保健 Medical and Services
全　省	**3 719.91**	**1 787.90**	**597.08**	**200.20**	**103.20**	**179.90**
沈陽市	4 218.00	1 955.00	614.00	208.00	124.00	180.00
大連市	5 550.00	2 763.00	730.00	402.00	216.00	285.00
鞍山市	4 280.00	1 932.00	754.00	187.00	87.00	165.00
撫順市	3 618.00	1 812.00	545.00	216.00	116.00	198.00
錦州市	3 414.00	1 676.00	530.00	201.00	118.00	184.00
丹東市	3 116.00	1 747.00	396.00	96.00	38.00	98.00
瓦房店	1 662.00	1 051.00	117.00	130.00	48.00	158.00
綏　中	2 500.00	1 260.00	373.00	65.00	21.00	261.00
昌　圖	2 223.00	1 196.00	323.00	47.00	8.00	140.00

4.3.26　1997年遼寧省及典型城市城鎮居民分類商品及服務消費水平(續)

單位:元/人.年

城市 Region	交通通訊 Transportation and Communication	娛樂教育文化服務 Recreation Education and Cultural Services	其中文化用耐用消費品 Durable Consumer Goods for Receational Use	居住 Residence	其中住房 Housing	雜項商品 Miscellaneous Commodities
全　省	**162.30**	**363.20**	**76.58**	**289.54**	**100.73**	**139.88**
沈陽市	202.00	579.00	102.00	307.00	108.00	173.00
大連市	233.00	508.00	172.00	359.00	135.00	270.00
鞍山市	170.00	410.00	106.00	541.00	317.00	121.00
撫順市	202.00	261.00	36.00	251.00	82.00	133.00
錦州市	165.00	335.00	66.00	214.00	55.00	109.00
丹東市	93.00	247.00	18.00	348.00	125.00	91.00
瓦房店	120.00	302.00	39.00	274.00	110.00	94.00
綏　中	97.00	148.00	7.00	227.00	38.00	68.00
昌　圖	125.00	142.00	2.00	213.00	20.00	36.00

4.3.27 1997年遼寧省及典型城市城鎮居民消費結構

單位:%

城市 Region	平均每人全年消費性支出 Total Expenditure for Consumption	食品 Food	衣着 Clothing Headgear and Footwear	家庭設備用品及服務 Household Facilities Articles and Services	其中耐用消費品 Durable Consumer Goods	醫療保健 Medical and Services
全 省	**100.00**	**48.06**	**16.05**	**5.38**	**2.77**	**4.84**
沈陽市	100.00	46.35	14.56	4.93	2.94	4.27
大連市	100.00	49.78	13.15	7.24	3.89	5.14
鞍山市	100.00	45.14	17.62	4.37	2.03	3.86
撫順市	100.00	50.08	15.06	5.97	3.21	5.47
錦州市	100.00	49.09	15.52	5.89	3.46	5.39
丹東市	100.00	56.07	12.71	3.08	1.22	3.15
瓦房店	100.00	63.24	7.04	7.82	2.89	9.51
綏 中	100.00	50.40	14.92	2.60	0.84	10.44
昌 圖	100.00	53.80	14.53	2.11	0.36	6.30

4.3.27 1997年遼寧省及典型城市城鎮居民消費結構(續)

單位:%

城市 Region	交通通訊 Transportation and Communication	娛樂教育文化服務 Recreation Education and Cultural Services	其中文化用耐用消費品 Durable Consumer Goods for Receational Use	居住 Residence	其中住房 Housing	雜項商品 Miscellaneous Commodities
全 省	**4.36**	**9.76**	**2.06**	**7.78**	**2.71**	**3.76**
沈陽市	4.79	13.73	2.42	7.28	2.56	4.10
大連市	4.20	9.15	3.10	6.47	2.43	4.86
鞍山市	3.97	9.58	2.48	12.64	7.41	2.83
撫順市	5.58	7.21	1.00	6.94	2.27	3.68
錦州市	4.83	9.81	1.93	6.27	1.61	3.19
丹東市	2.98	7.93	0.58	11.17	4.01	2.92
瓦房店	7.22	18.17	2.35	16.49	6.62	5.66
綏 中	3.88	5.92	0.28	9.08	1.52	2.72
昌 圖	5.62	6.39	0.09	9.58	0.90	1.62

4.3.28 1997年吉林省及典型城市城鎮居民分類商品及服務消費水平

單位:元/人.年

城市 Region	平均每人全年消費性支出 Total Expenditure for Consumption	食品 Food	衣着 Clothing Headgear and Footwear	家庭設備用品及服務 Household Facilities Articles and Services	其中耐用消費品 Durable Consumer Goods	醫療保健 Medical and Services
全　省	**3 408.03**	**1 600.72**	**572.92**	**177.96**	**79.73**	**160.49**
長春市	4 200.12	2 151.96	652.20	155.76	63.72	181.56
吉林市	3 711.48	1 688.40	504.48	235.44	133.08	233.52
通化市	2 942.28	1 371.00	382.32	234.24	129.12	185.28
四平市	2 980.68	1 512.00	449.76	148.56	47.64	110.28
白山市	3 111.36	1 470.72	562.20	121.92	47.64	167.88
延吉市	4 343.40	1 704.84	795.12	236.16	117.24	325.20
松原市	2 666.16	1 329.96	505.56	131.40	39.84	94.08
蛟河市	2 646.72	1 349.04	387.72	125.04	31.44	127.08
雙　遼	2 490.24	1 175.76	441.72	98.28	26.88	76.80
德惠市	2 872.08	1 225.08	563.28	113.88	38.64	107.76

4.3.28 1997年吉林省及典型城市城鎮居民分類商品及服務消費水平(續)

單位:元/人.年

城市 Region	交通通訊 Transportation and Communication	娛樂教育文化服務 Recreation Education and Cultural Services	其中文化用耐用消費品 Durable Consumer Goods for Receational Use	居住 Residence	其中住房 Housing	雜項商品 Miscellaneous Commodities
全　省	**158.85**	**308.83**	**59.20**	**301.20**	**95.49**	**127.04**
長春市	169.32	397.32	94.80	30.35	146.40	127.80
吉林市	259.68	360.36	117.24	26.70	163.56	132.84
通化市	130.08	325.92	86.76	16.66	39.12	113.88
四平市	119.04	261.48	30.72	27.12	150.72	52.20
白山市	146.52	235.20	10.80	23.26	104.88	127.92
延吉市	328.80	473.88	54.60	19.34	64.80	247.44
松原市	79.20	194.64	49.20	22.19	30.00	65.04
蛟河市	49.08	220.68	46.32	18.52	91.56	156.24
雙　遼	78.60	159.84	18.24	26.05	38.40	146.76
德惠市	88.80	269.04	47.28	35.25	41.76	81.24

4.3.29 1997年吉林省及典型城市城鎮居民分類商品及服務消費結構

單位:%

城市 Region	平均每人全年消費性支出 Total Expenditure for Consumption	食品 Food	衣着 Clothing Headgear and Footwear	家庭設備用品及服務 Household Facilities Articles and Services	其中耐用消費品 Durable Consumer Goods	醫療保健 Medical and Services
全　省	**100.00**	**46.97**	**16.81**	**5.22**	**2.34**	**4.71**
長春市	100.00	51.24	15.53	3.71	1.52	4.32
吉林市	100.00	45.49	13.59	6.34	3.59	6.29
通化市	100.00	46.60	12.99	7.96	4.39	6.30
四平市	100.00	50.73	15.09	4.98	1.60	3.70
白山市	100.00	47.27	18.07	3.92	1.53	5.40
延吉市	100.00	39.25	18.31	5.44	2.70	7.49
松原市	100.00	49.88	18.96	4.93	1.49	3.53
蛟河市	100.00	50.97	14.65	4.72	1.19	4.80
雙　遼	100.00	47.21	17.74	3.95	1.08	3.08
德惠市	100.00	42.65	19.61	3.97	1.35	3.75

4.3.29 1997年吉林省及典型城市城鎮居民分類商品及服務消費結構(續)

單位:%

城市 Region	交通通訊 Transportation and Communication	娛樂教育文化服務 Recreation Education and Cultural Services	其中文化用耐用消費品 Durable Consumer Goods for Receational Use	居住 Residence	其中住房 Housing	雜項商品 Miscellaneous Commodities
全　省	**4.66**	**9.06**	**1.74**	**8.84**	**2.80**	**3.73**
長春市	4.03	9.46	2.26	0.72	3.49	3.04
吉林市	7.00	9.71	3.16	0.72	4.41	3.58
通化市	4.42	11.08	2.95	0.57	1.33	3.87
四平市	3.99	8.77	1.03	0.91	5.06	1.75
白山市	4.71	7.56	0.35	0.75	3.37	4.11
延吉市	7.57	10.91	1.26	0.45	1.49	5.70
松原市	2.97	7.30	1.85	0.83	1.13	2.44
蛟河市	1.85	8.34	1.75	0.70	3.46	5.90
雙　遼	3.16	6.42	0.73	1.05	1.54	5.89
德惠市	3.09	9.37	1.65	1.23	1.45	2.83

4.3.30 1997年江蘇省及典型城市城鎮居民分類商品及服務消費水平

單位:元/人.年

城市 Region	平均每人全年消費性支出 Total Expenditure for Consumption	食品 Food	衣着 Clothing Headgear and Footwear	家庭設備用品及服務 Household Facilities Articles and Services	其中耐用消費品 Durable Consumer Goods	醫療保健 Medical and Services
全 省	**4 533.57**	**2 161.18**	**517.49**	**401.57**	**234.60**	**141.67**
南京市	5 451.00	2 554.00	618.00	493.00	323.00	149.00
無錫市	5 773.00	2 663.00	512.00	769.00	513.00	214.00
徐州市	4 561.00	2 063.00	546.00	466.00	311.00	150.00
南通市	4 910.00	2 508.00	472.00	276.00	129.00	136.00
揚州市	4 686.00	2 439.00	406.00	379.00	139.00	71.00
常州市	5 442.00	2 506.00	620.00	379.00	176.00	146.00
宜興市	5 905.00	2 539.00	778.00	405.00	139.00	314.00
宿遷市	2 743.00	1 384.00	412.00	147.00	53.00	86.00
泰 興	3 945.00	2 003.00	406.00	607.00	451.00	61.00
大 豐	4 287.00	1 857.00	648.00	398.00	231.00	91.00

4.3.30 1997年江蘇省及典型城市城鎮居民分類商品及服務消費水平(續)

單位:元/人.年

城市 Region	交通通訊 Transportation and Communication	娛樂教育文化服務 Recreation Education and Cultural Services	其中文化用耐用消費品 Durable Consumer Goods for Receational Use	居住 Residence	其中住房 Housing	雜項商品 Miscellaneous Commodities
全 省	**265.23**	**448.85**	**102.00**	**385.75**	**155.47**	**211.84**
南京市	280.00	605.00	146.00	464.00	165.00	464.00
無錫市	303.00	575.00	151.00	486.00	230.00	251.00
徐州市	304.00	549.00	113.00	311.00	86.00	172.00
南通市	300.00	495.00	123.00	401.00	140.00	322.00
揚州市	309.00	446.00	40.00	400.00	156.00	236.00
常州市	265.00	510.00	83.00	764.00	517.00	253.00
宜興市	425.00	442.00	137.00	590.00	102.00	412.00
宿遷市	107.00	209.00	34.00	255.00	86.00	143.00
泰 興	129.00	285.00	44.00	344.00	146.00	108.00
大 豐	384.00	469.00	139.00	237.00	40.00	203.00

4.3.31 1997年江蘇省及典型城市城鎮居民分類商品及服務消費結構

單位:%

城市 Region	平均每人全年消費性支出 Total Expenditure for Consumption	食品 Food	衣着 Clothing Headgear and Footwear	家庭設備用品及服務 Household Facilities Articles and Services	其中耐用消費品 Durable Consumer Goods	醫療保健 Medical and Services
全 省	**100.00**	**47.67**	**11.41**	**8.86**	**5.17**	**3.12**
南京市	100.00	46.85	11.34	9.04	5.93	2.73
無錫市	100.00	46.13	8.87	13.32	8.89	3.71
徐州市	100.00	45.23	11.97	10.22	6.82	3.29
南通市	100.00	51.08	9.61	5.62	2.63	2.77
揚州市	100.00	52.05	8.66	8.09	2.97	1.52
常州市	100.00	46.05	11.39	6.96	3.23	2.68
宜興市	100.00	43.00	13.18	6.86	2.35	5.32
宿遷市	100.00	50.46	15.02	5.36	1.93	3.14
泰 興	100.00	50.77	10.29	15.39	11.43	1.55
大 豐	100.00	43.32	15.12	9.28	5.39	2.12

4.3.31 1997年江蘇省及典型城市城鎮居民分類商品及服務消費結構(續)

單位:%

城市 Region	交通通訊 Transportation and Communication	娛樂教育文化服務 Recreation Education and Cultural Services	其中文化用耐用消費品 Durable Consumer Goods for Receational Use	居住 Residence	其中住房 Housing	雜項商品 Miscellaneous Commodities
全 省	**5.85**	**9.90**	**2.25**	**8.51**	**3.43**	**4.6**
南京市	5.14	11.10	2.68	8.51	3.03	8.5
無錫市	5.25	9.96	2.62	8.42	3.98	4.3
徐州市	6.67	12.04	2.48	6.82	1.89	3.7
南通市	6.11	10.08	2.51	8.17	2.85	6.5
揚州市	6.59	9.52	0.85	8.54	3.33	5.0
常州市	4.87	9.37	1.53	14.04	9.50	4.6
宜興市	7.20	7.49	2.32	9.99	1.73	6.9
宿遷市	3.90	7.62	1.24	9.30	3.14	5.2
泰 興	3.27	7.22	1.12	8.72	3.70	2.7
大 豐	8.96	10.94	3.24	5.53	0.93	4.7

4.3.32　1997 年江西省及典型城市城鎮居民分類商品及服務消費水平

單位:元/人.年

城市 Region	平均每人全年消費性支出 Total Expenditure for Consumption	食品 Food	衣着 Clothing Headgear and Footwear	家庭設備用品及服務 Household Facilities Articles and Services	其中耐用消費品 Durable Consumer Goods	醫療保健 Medical and Services
全　省	**3 199.61**	**1 618.08**	**317.16**	**169.94**	**66.44**	**100.68**
南昌市	3 742.80	1 987.68	379.32	183.72	60.60	143.16
景德鎮市	3 046.32	1 563.24	360.84	142.68	37.68	63.12
萍鄉市	3 289.00	1 741.00	322.00	167.00		124.00
九江市	3 486.84	1 855.68	336.24	190.92	80.28	72.12
新余市	3 087.00	1 532.00	332.00	247.00		58.00
鷹潭市	3 553.00	1 807.00	317.00	136.00		235.00
贛州市	2 964.00	1 593.96	269.76	109.44	43.20	126.00
信豐縣	2 664.84	1 454.28	155.52	104.04	19.68	65.52
瑞昌市	2 618.52	1 235.16	228.24	135.36	58.08	27.60
泰和縣	3 093.24	1 381.32	263.40	287.40	193.80	80.04
上高縣	3 539.14	1 423.32	256.37	210.23	107.33	84.86
鉛山縣	2 694.89	1 341.92	257.65	127.52	41.03	114.03

4.3.32　1997 年江西省及典型城市城鎮居民分類商品及服務消費水平(續)

單位:元/人.年

城市 Region	交通通訊 Transportation and Communication	娛樂教育文化服務 Recreation Education and Cultural Services	其中文化用耐用消費品 Durable Consumer Goods for Receational Use	居住 Residence	其中住房 Housing	雜項商品 Miscellaneous Commodities
全　省	**161.02**	**353.08**	**72.60**	**342.81**	**189.06**	**136.80**
南昌市	195.00	405.48	62.52	315.96	112.92	132.72
景德鎮市	222.84	245.52	45.72	264.36	133.32	183.60
萍鄉市	99.00	372.00		293.00		171.00
九江市	160.30	351.36	81.96	388.80	216.48	131.40
新余市	134.00	296.00		278.00		210.00
鷹潭市	141.00	392.00		398.00		127.00
贛州市	122.40	306.12	72.24	330.60	129.96	105.72
信豐縣	127.44	177.36	44.52	498.60	342.36	82.08
瑞昌市	149.40	353.40	56.04	282.12	127.56	207.36
泰和縣	138.24	466.56	102.60	327.60	217.68	148.80
上高縣	275.70	415.84	94.16	510.83	359.53	160.67
鉛山縣	122.14	305.76	13.84	327.49	182.80	98.37

4.3.33 1997年江西省及典型城市城鎮居民消費結構

單位:%

城市 Region	平均每人全年消費性支出 Total Expenditure for Consumption	食品 Food	衣着 Clothing Headgear and Footwear	家庭設備用品及服務 Household Facilities Articles and Services	其中耐用消費品 Durable Consumer Goods	醫療保健 Medical and Services
全 省	**100.00**	**50.57**	**9.91**	**5.31**	**2.08**	**3.15**
南昌市	100.00	53.11	10.13	4.91	1.62	3.82
景德鎮市	100.00	51.32	11.85	4.68	1.24	2.07
萍鄉市	100.00	52.93	9.79	5.08	0.00	3.77
九江市	100.00	53.22	9.64	5.48	2.30	2.07
新余市	100.00	49.63	10.75	8.00	0.00	1.88
鷹潭市	100.00	50.86	8.92	3.83	0.00	6.61
贛州市	100.00	53.78	9.10	3.69	1.46	4.25
信豐縣	100.00	54.57	5.84	3.90	0.74	2.46
瑞昌市	100.00	47.17	8.72	5.17	2.22	1.05
泰和縣	100.00	44.66	8.52	9.29	6.27	2.59
上高縣	100.00	40.22	7.24	5.94	3.03	2.40
鉛山縣	100.00	49.79	9.56	4.73	1.52	4.23

4.3.33 1997年江西省及典型城市城鎮居民消費結構(續)

單位:%

城市 Region	交通通訊 Transportation and Communication	娛樂教育文化服務 Recreation Education and Cultural Services	其中文化用耐用消費品 Durable Consumer Goods for Receational Use	居住 Residence	其中住房 Housing	雜項商品 Miscellaneous Commodities
全 省	**5.03**	**11.04**	**2.27**	**10.71**	**5.91**	**4.28**
南昌市	5.21	10.83	1.67	8.44	3.02	3.55
景德鎮市	7.32	8.06	1.50	8.68	4.38	6.03
萍鄉市	3.01	11.31	0.00	8.91	0.00	5.20
九江市	4.60	10.08	2.35	11.15	6.21	3.77
新余市	4.34	9.59	0.00	9.01	0.00	6.80
鷹潭市	3.97	11.03	0.00	11.20	0.00	3.57
贛州市	4.13	10.33	2.44	11.15	4.38	3.57
信豐縣	4.78	6.66	1.67	18.71	12.85	3.08
瑞昌市	5.71	13.50	2.14	10.77	4.87	7.92
泰和縣	4.47	15.08	3.32	10.59	7.04	4.81
上高縣	7.79	11.75	2.66	14.43	10.16	4.54
鉛山縣	4.53	11.35	0.51	12.15	6.78	3.65

4.3.34 1997年内蒙古自治區及典型城市城鎮居民分類商品及服務消費水平

單位:元/人.年

城市 Region	平均每人全年消費性支出 Total Expend-iture for Consumption	食品 Food	衣着 Clothing Headgear and Footwear	家庭設備用品及服務 Household Facilities Articles and Services	其中耐用消費品 Durable Consumer Goods	醫療保健 Medical and Services
全　區	**3 032.30**	**1 318.38**	**481.99**	**196.01**	**90.46**	**173.09**
呼和浩特市	3 398.23	1 452.19	513.70	258.74	100.00	183.01
包頭市	3 164.58	1 542.33	430.70	196.43	104.35	226.16
赤峰市	3 336.17	1 379.62	634.62	155.28	60.54	193.53
海拉爾市	3 389.62	1 355.66	690.29	228.67	106.67	121.28
臨河市	3 530.84	1 325.67	582.43	276.90	131.77	218.07
正鑲白旗	2 475.30	1 128.53	298.63	227.68	148.15	158.99
豐　鎮	2 546.54	1 200.21	412.33	142.68	57.91	69.98
額爾古納左旗	2 279.51	1 206.10	359.33	97.78	46.07	100.70

4.3.34 1997年内蒙古自治區及典型城市城鎮居民分類商品及服務消費水平(續)

單位:元/人.年

城市 Region	交通通訊 Transportation and Communication	娛樂教育文化服務 Recreation Education and Cultural Services	其中文化用耐用消費品 Durable Consumer Goods for Receational Use	居住 Residence	其中住房 Housing	雜項商品 Miscellaneous Commodities
全　區	**179.02**	**290.33**	**41.45**	**249.39**	**107.91**	**144.07**
呼和浩特市	177.30	311.11	55.89	358.87	225.72	143.29
包頭市	107.39	221.83	37.08	269.09	134.79	170.66
赤峰市	185.13	403.22	68.12	222.53	69.21	162.18
海拉爾市	227.62	403.12	45.32	188.27	62.00	174.71
臨河市	236.57	428.35	86.29	290.89	103.36	171.96
正鑲白旗	162.42	242.64	16.12	172.55	74.38	83.87
豐　鎮	136.35	238.95	56.52	240.12	111.14	105.93
額爾古納左旗	71.71	180.96	29.67	160.28	64.64	102.65

4.3.35 1997年内蒙古自治區及典型城市城鎮居民消費結構

單位:%

城市 Region	平均每人全年消費性支出 Total Expenditure for Consumption	食品 Food	衣着 Clothing Headgear and Footwear	家庭設備用品及服務 Household Facilities Articles and Services	其中耐用消費品 Durable Consumer Goods	醫療保健 Medical and Services
全 區	**100.00**	**43.48**	**15.90**	**6.46**	**2.98**	**5.71**
呼和浩特市	100.00	42.73	15.12	7.61	2.94	5.39
包頭市	100.00	48.74	13.61	6.21	3.30	7.15
赤峰市	100.00	41.35	19.02	4.65	1.81	5.80
海拉爾市	100.00	39.99	20.36	6.75	3.15	3.58
臨河市	100.00	37.55	16.50	7.84	3.73	6.18
正鑲白旗	100.00	45.59	12.06	9.20	5.99	6.42
豐 鎮	100.00	47.13	16.19	5.60	2.27	2.75
額爾古納左旗	100.00	52.91	15.76	4.29	2.02	4.42

4.3.35 1997年内蒙古自治區及典型城市城鎮居民消費結構(續)

單位:%

城市 Region	交通通訊 Transportation and Communication	娛樂教育文化服務 Recreation Education and Cultural Services	其中文化用耐用消費品 Durable Consumer Goods for Receational Use	居住 Residence	其中住房 Housing	雜項商品 Miscellaneous Commodities
全 區	**5.90**	**9.57**	**1.37**	**8.22**	**3.56**	**4.75**
呼和浩特市	5.39	5.22	9.16	1.64	10.56	6.64
包頭市	7.15	3.39	7.01	1.17	8.50	4.26
赤峰市	5.55	12.09	2.04	6.67	2.07	4.86
海拉爾市	6.72	11.89	1.34	5.55	1.83	5.15
臨河市	6.70	12.13	2.44	8.24	2.93	4.87
正鑲白旗	6.56	9.80	0.65	6.97	3.00	3.39
豐 鎮	5.35	9.38	2.22	9.43	4.36	4.16
額爾古納左旗	3.15	7.94	1.30	7.03	2.84	4.50

4.3.36 1997年寧夏回族自治區及典型城市城鎮居民分類商品及服務消費水平

單位:元/人.年

城市 Region	平均每人全年消費性支出 Total Expenditure for Consumption	食品 Food	衣着 Clothing Headgear and Footwear	家庭設備用品及服務 Household Facilities Articles and Services	其中耐用消費品 Durable Consumer Goods	醫療保健 Medical and Services
全 區	**3 271.32**	**1 419.61**	**542.01**	**247.92**	**131.26**	**232.69**
銀川市	4 016.29	1 713.56	645.60	296.44	153.68	299.29
石嘴山市	3 013.95	1 377.42	469.73	209.65	93.72	199.68
吴忠市	2 834.64	1 303.58	523.21	182.15	90.24	242.01
固原縣	2 414.32	1 115.78	390.28	195.72	128.20	123.51
中衛縣	3 161.10	1 323.28	498.03	252.00	134.04	208.60

4.3.36 1997年寧夏回族自治區及典型城市城鎮居民消費水平(續)

單位:元/人.年

城市 Region	交通通訊 Transportation and Communication	娛樂教育文化服務 Recreation Education and Cultural Services	其中文化用耐用消費品 Durable Consumer Goods for Receational Use	居住 Residence	其中住房 Housing	雜項商品 Miscellaneous Commodities
全 區	**183.96**	**312.22**	**99.64**	**179.00**	**45.98**	**153.92**
銀川市	234.08	420.29	143.45	212.30	54.12	194.74
石嘴山市	140.72	287.26	90.04	183.92	70.06	145.57
吴忠市	162.71	165.72	18.24	158.29	24.39	96.97
固原縣	102.28	224.71	23.13	167.38	71.64	94.68
中衛縣	221.92	371.48	201.10	123.79	19.09	161.99

4.3.37 1997年寧夏回族自治區及典型城市城鎮居民消費結構

單位：%

城市 Region	平均每人全年消費性支出 Total Expenditure for Consumption	食品 Food	衣着 Clothing Headgear and Footwear	家庭設備用品及服務 Household Facilities Articles and Services	其中耐用消費品 Durable Consumer Goods	醫療保健 Medical and Services
全 區	**100.00**	**43.40**	**16.57**	**7.58**	**4.01**	**7.11**
銀川市	100.00	42.67	16.07	7.38	3.83	7.45
石嘴山市	100.00	45.70	15.59	6.96	3.11	6.63
吴忠市	100.00	45.99	18.46	6.43	3.18	8.54
固原縣	100.00	46.22	16.17	8.11	5.31	5.12
中衛縣	100.00	41.86	15.75	7.97	4.24	6.60

4.3.37 1997年寧夏回族自治區及典型城市城鎮居民消費結構(續)

單位：%

城市 Region	交通通訊 Transportation and Communication	娛樂教育文化服務 Recreation Education and Cultural Services	其中文化用耐用消費品 Durable Consumer Goods for Receational Use	居住 Residence	其中住房 Housing	雜項商品 Miscellaneous Commodities
全 區	**5.62**	**9.54**	**3.05**	**5.47**	**1.41**	**4.71**
銀川市	5.83	10.46	3.57	5.29	1.35	4.85
石嘴山市	4.67	9.53	2.99	6.10	2.32	4.83
吴忠市	5.74	5.85	0.64	5.58	0.86	3.42
固原縣	4.24	9.31	0.96	6.93	2.97	3.92
中衛縣	7.02	11.75	6.36	3.92	0.60	5.12

4.3.38　1997 年青海省及典型城市城鎮居民分類商品及服務消費水平

單位:元/人.年

城市 Region	平均每人全年消費性支出 Total Expenditure for Consumption	食品 Food	衣着 Clothing Headgear and Footwear	家庭設備用品及服務 Household Facilities Articles and Services	其中耐用消費品 Durable Consumer Goods	醫療保健 Medical and Services
全　省	**3 300.49**	**1 593.43**	**437.29**	**188.23**	**91.12**	**211.90**
西寧市	3 374.40	1 582.46	407.14	208.06	105.70	238.57
格爾木市	3 457.90	1 779.73	501.63	123.66	58.42	175.93
樂　都	3 143.50	1 460.39	396.98	168.56	71.79	180.52
共　和	3 090.35	1 509.63	432.93	155.33	82.44	210.26
大　通	3 105.63	1 441.14	447.07	185.78	66.03	161.79

4.3.38　1997 年青海省及典型城市城鎮居民分類商品及服務消費水平(續)

單位:元/人.年

城市 Region	交通通訊 Transportation and Communication	娛樂教育文化服務 Recreation Education and Cultural Services	其中文化用耐用消費品 Durable Consumer Goods for Receational Use	居住 Residence	其中住房 Housing	雜項商品 Miscellaneous Commodities
全　省	**180.72**	**330.20**	**83.24**	**214.15**	**93.37**	**144.57**
西寧市	209.40	316.67	105.70	244.99	105.57	167.12
格爾木市	189.80	258.07	14.70	69.78	10.55	123.42
樂　都	210.58	402.96	36.13	220.79	80.62	102.79
共　和	112.02	198.04	40.41	283.81	181.99	188.33
大　通	185.79	343.19	22.08	219.44	82.94	121.41

4.3.39 1997年青海省及典型城市城鎮居民消費結構

單位：%

城市 Region	平均每人全年消費性支出 Total Expenditure for Consumption	食品 Food	衣着 Clothing Headgear and Footwear	家庭設備用品及服務 Household Facilities Articles and Services	其中耐用消費品 Durable Consumer Goods	醫療保健 Medical and Services
全 省	**100.00**	**48.28**	**13.25**	**5.70**	**2.76**	**6.42**
西寧市	100.00	46.90	12.07	6.17	3.13	7.07
格爾木市	100.00	51.47	14.51	3.58	1.69	5.09
樂 都	100.00	46.46	12.63	5.36	2.28	5.74
共 和	100.00	48.85	14.01	5.03	2.67	6.80
大 通	100.00	46.40	14.40	5.98	2.13	5.21

4.3.39 1997年青海省及典型城市城鎮居民消費結構(續)

單位：%

城市 Region	交通通訊 Transportation and Communication	娛樂教育文化服務 Recreation Education and Cultural Services	其中文化用耐用消費品 Durable Consumer Goods for Receational Use	居住 Residence	其中住房 Housing	雜項商品 Miscellaneous Commodities
全 省	**5.48**	**10.00**	**2.52**	**6.49**	**2.83**	**4.38**
西寧市	6.21	9.38	3.13	7.26	3.13	4.95
格爾木市	5.49	7.46	0.43	2.02	0.31	3.57
樂 都	6.70	12.82	1.15	7.02	2.56	3.27
共 和	3.62	6.41	1.31	9.18	5.89	6.09
大 通	5.98	11.05	0.71	7.07	2.67	3.91

4.3.40 1997年山東省及典型城市城鎮居民分類商品及服務消費水平

單位:元/人.年

城市 Region	平均每人全年消費性支出 Total Expenditure for Consumption	食品 Food	衣着 Clothing Headgear and Footwear	家庭設備用品及服務 Household Facilities Articles and Services	其中耐用消費品 Durable Consumer Goods	醫療保健 Medical and Services
全　省	**4 040.60**	**1 654.94**	**674.40**	**383.20**	**236.30**	**179.90**
濟南市	5 210.40	2 185.08	806.16	532.08	341.40	215.64
青島市	5 525.28	2 665.08	691.56	555.96	338.16	207.60
棗莊市	3 366.36	1 382.28	516.12	152.40	79.20	409.20
烟臺市	4 845.36	2 145.84	823.56	434.28	270.84	155.28
濟寧市	3 697.56	1 560.24	552.00	456.12	280.32	128.16
德州市	3 480.84	1 462.32	580.80	299.04	177.48	157.56
青州市	3 989.28	1 411.68	678.84	332.88	173.28	156.60
文登市	3 500.16	1 118.64	855.48	354.24	172.56	159.96
諸城市	3 480.60	1 468.56	574.08	283.20	185.76	197.64
徽山市	2 905.08	1 334.16	512.16	265.32	171.72	146.88

4.3.40 1997年山東省及典型城市城鎮居民分類商品及服務消費水平(續)

單位:元/人.年

城市 Region	交通通訊 Transportation and Communication	娛樂教育文化服務 Recreation Education and Cultural Services	其中文化用耐用消費品 Durable Consumer Goods for Receational Use	居住 Residence	其中住房 Housing	雜項商品 Miscellaneous Commodities
全　省	**221.90**	**453.10**	**106.20**	**286.20**	**124.00**	**187.10**
濟南市	280.56	566.52	114.64	298.40	85.04	75.84
青島市	274.44	555.96	140.64	403.68	171.96	171.00
棗莊市	100.68	440.52	75.24	132.24	51.24	232.92
烟臺市	228.12	510.36	98.16	372.24	110.40	175.80
濟寧市	173.64	471.12	91.80	193.20	43.56	163.08
德州市	162.96	391.32	46.68	301.18	97.80	124.92
青州市	414.36	385.68	77.16	481.44	286.80	127.80
文登市	225.84	445.92	129.36	184.80	101.28	155.28
諸城市	170.52	357.00	139.92	206.88	42.96	222.84
徽山市	125.76	242.40	8.28	160.08	57.46	118.32

4.3.41 1997年山東省及典型城市城鎮居民消費結構

單位:%

城市 Region	平均每人全年消費性支出 Total Expenditure for Consumption	食品 Food	衣着 Clothing Headgear and Footwear	家庭設備用品及服務 Household Facilities Articles and Services	其中耐用消費品 Durable Consumer Goods	醫療保健 Medical and Services
全 省	**100.00**	**40.96**	**16.69**	**9.48**	**5.85**	**4.45**
濟南市	100.00	41.94	15.47	10.21	6.55	4.14
青島市	100.00	48.23	12.52	10.06	6.12	3.76
棗莊市	100.00	41.06	15.33	4.53	2.35	12.16
烟臺市	100.00	44.29	17.00	8.96	5.59	3.20
濟寧市	100.00	42.20	14.93	12.34	7.58	3.47
德州市	100.00	42.01	16.69	8.59	5.10	4.53
青州市	100.00	35.39	17.02	8.34	4.34	3.93
文登市	100.00	31.96	24.44	10.12	4.93	4.57
諸城市	100.00	42.19	16.49	8.14	5.34	5.68
徽山市	100.00	45.93	17.63	9.13	5.91	5.06

4.3.41 1997年山東省及典型城市城鎮居民消費結構(續)

單位:%

城市 Region	交通通訊 Transportation and Communication	娛樂教育文化服務 Recreation Education and Cultural Services	其中文化用耐用消費品 Durable Consumer Goods for Receational Use	居住 Residence	其中住房 Housing	雜項商品 Miscellaneous Commodities
全 省	**5.49**	**11.21**	**2.63**	**7.08**	**3.07**	**4.63**
濟南市	5.38	10.87	2.20	5.73	1.63	1.46
青島市	4.97	10.06	2.55	7.31	3.11	3.09
棗莊市	2.99	13.09	2.24	0.04	1.52	6.92
烟臺市	4.71	10.53	2.03	7.68	2.28	3.63
濟寧市	4.70	12.74	2.48	5.23	1.18	4.41
德州市	4.68	11.24	1.34	8.65	2.81	3.59
青州市	10.39	9.67	1.93	12.07	7.19	3.20
文登市	6.45	12.74	3.70	5.28	2.89	4.44
諸城市	4.90	10.26	4.02	5.94	1.23	6.40
徽山市	4.33	8.34	0.29	5.51	1.98	4.07

4.3.42 1997年山西省及典型城市城鎮居民分類商品及服務消費水平

單位:元/人.年

城市 Region	平均每人全年消費性支出 Total Expenditure for Consumption	食品 Food	衣着 Clothing Headgear and Footwear	家庭設備用品及服務 Household Facilities Articles and Services	其中耐用消費品 Durable Consumer Goods	醫療保健 Medical and Services
全 省	**3 228.71**	**1 397.69**	**573.45**	**237.72**	**124.89**	**167.40**
太原市	4 256.70	1 715.77	658.98	438.70	275.37	269.03
大同市	3 526.54	1 754.58	484.49	206.17	106.40	119.99
長治市	3 570.09	1 336.33	547.21	226.63	84.64	154.44
陽泉市	3 170.97	1 397.77	571.86	268.95	141.56	92.30
運城市	2 456.42	1 297.03	503.22	196.54	125.04	192.13
晉城市	2 852.55	1 138.05	633.93	205.56	98.42	133.61
渾源市	2 056.72	1 122.10	284.11	117.28	62.67	79.20
汾陽市	2 605.09	1 285.13	438.77	106.87	27.66	166.03
興 縣	1 714.50	909.99	265.41	32.02	11.60	109.32

4.3.42 1997年山西省及典型城市城鎮居民分類商品及服務消費水平(續)

單位:元/人.年

城市 Region	交通通訊 Transportation and Communication	娛樂教育文化服務 Recreation Education and Cultural Services	其中文化用耐用消費品 Durable Consumer Goods for Receational Use	居住 Residence	其中住房 Housing	雜項商品 Miscellaneous Commodities
全 省	**166.02**	**322.08**	**72.98**	**201.23**	**70.16**	**163.12**
太原市	243.26	431.68	94.19	253.00	54.85	249.07
大同市	71.04	313.57	92.28	126.72	35.33	223.48
長治市	366.31	299.37	113.45	272.85	152.38	166.96
陽泉市	172.66	307.91	80.59	227.34	74.68	132.17
運城市	218.34	349.48	58.93	240.52	117.07	214.57
晉城市	176.13	283.67	56.46	159.43	76.77	122.17
渾源市	88.84	159.88	38.06	132.74	31.13	80.41
汾陽市	71.46	265.17	77.29	170.74	61.50	100.89
興 縣	46.84	201.26	13.64	129.32	53.26	39.38

4.3.43 1997年山西省及典型城市城鎮居民消費結構

單位:%

城市 Region	平均每人全年消費性支出 Total Expenditure for Consumption	食品 Food	衣着 Clothing Headgear and Footwear	家庭設備用品及服務 Household Facilities Articles and Services	其中耐用消費品 Durable Consumer Goods	醫療保健 Medical and Services
全 省	**100.00**	**43.29**	**17.76**	**7.36**	**3.87**	**5.18**
太原市	100.00	40.31	15.48	10.31	6.47	6.32
大同市	100.00	49.75	13.74	5.85	3.02	3.40
長治市	100.00	37.43	15.33	6.35	2.37	4.33
陽泉市	100.00	44.08	18.03	8.48	4.46	2.91
運城市	100.00	52.80	20.49	8.00	5.09	7.82
晉城市	100.00	39.90	22.22	7.21	3.45	4.68
渾源市	100.00	54.56	13.81	5.70	3.05	3.85
汾陽市	100.00	49.33	16.84	4.10	1.06	6.37
興 縣	100.00	53.08	15.48	1.87	0.68	6.38

4.3.43 1997年山西省及典型城市城鎮居民消費結構(續)

單位:%

城市 Region	交通通訊 Transportation and Communication	娛樂教育文化服務 Recreation Education and Cultural Services	其中文化用耐用消費品 Durable Consumer Goods for Receational Use	居住 Residence	其中住房 Housing	雜項商品 Miscellaneous Commodities
全 省	**5.14**	**9.98**	**2.26**	**6.23**	**2.17**	**5.05**
太原市	5.71	10.14	2.21	5.94	1.29	5.85
大同市	2.01	8.89	2.62	3.59	1.00	6.34
長治市	10.26	8.39	3.18	7.64	4.27	4.68
陽泉市	5.45	9.71	2.54	7.17	2.36	4.17
運城市	8.89	14.23	2.40	9.79	4.77	8.74
晉城市	6.17	9.94	1.98	5.59	2.69	4.28
渾源市	4.32	7.77	1.85	6.45	1.51	3.91
汾陽市	2.74	10.18	2.97	6.55	2.36	3.87
興 縣	2.73	11.74	0.80	7.54	3.11	2.30

4.3.44　1997 年陝西省及典型城市城鎮居民分類商品及服務消費水平

單位:元/人.年

城市 Region	平均每人全年消費性支出 Total Expenditure for Consumption	食品 Food	衣着 Clothing Headgear and Footwear	家庭設備用品及服務 Household Facilities Articles and Services	其中耐用消費品 Durable Consumer Goods	醫療保健 Medical and Services
全　省	**3 462.33**	**1 488.00**	**413.16**	**317.33**	**180.00**	**179.00**
西安市	4 752.61	1 932.91	526.00	518.00	318.05	217.28
寶鷄市	3 439.55	1 538.28	484.00	327.00	170.97	191.06
咸陽市	2 927.15	1 346.16	348.00	204.00	89.10	236.81
漢中市	2 636.06	1 338.36	158.00	143.00	50.77	144.89
榆　林	2 524.87	1 071.20	259.00	232.00	125.14	140.70
安　康	3 267.18	1 486.20	409.00	225.00	90.68	202.60
三　原	2 695.53	1 090.80	291.93	200.51	126.34	126.75
商　州	2 401.82	1 047.48	362.00	178.00	121.50	107.44

4.3.44　1997 年陝西省及典型城市城鎮居民分類商品及服務消費水平(續)

單位:元/人.年

城市 Region	交通通訊 Transportation and Communication	娱樂教育文化服務 Recreation Education and Cultural Services	其中文化用耐用消費品 Durable Consumer Goods for Receational Use	居住 Residence	其中住房 Housing	雜項商品 Miscellaneous Commodities
全　省	**195.00**	**384.00**	**103.00**	**329.00**	**183.02**	**158.00**
西安市	304.05	594.73	177.25	449.88	235.71	208.90
寶鷄市	178.96	276.14	26.40	301.23	171.00	143.02
咸陽市	117.76	230.75	25.85	300.01	177.44	143.91
漢中市	112.10	278.28	104.43	257.59	143.13	83.18
榆　林	175.47	277.22	60.31	156.91	79.32	159.64
安　康	139.05	302.20	93.25	339.18	181.80	163.37
三　原	127.46	394.09	118.61	331.60	232.72	132.37
商　州	113.11	270.42	63.82	229.46	130.96	93.50

4.3.45 1997 年陝西省及典型城市城鎮居民分類商品及服務消費結構

單位：%

城市 Region	平均每人全年消費性支出 Total Expend-iture for Consumption	食品 Food	衣着 Clothing Headgear and Footwear	家庭設備用品及服務 Household Facilities Articles and Services	其中耐用消費品 Durable Consumer Goods	醫療保健 Medical and Services
全 省	**100.00**	**42.98**	**11.93**	**9.17**	**5.20**	**5.17**
西安市	100.00	40.67	11.07	10.90	6.69	4.57
寶鷄市	100.00	44.72	14.07	9.51	4.97	5.55
咸陽市	100.00	45.99	11.89	6.97	3.04	8.09
漢中市	100.00	50.77	5.99	5.42	1.93	5.50
榆 林	100.00	42.43	10.26	9.19	4.96	5.57
安 康	100.00	45.49	12.52	6.89	2.78	6.20
三 原	100.00	40.47	10.83	7.44	4.69	4.70
商 州	100.00	43.61	15.07	7.41	5.06	4.47

4.3.45 1997 年陝西省及典型城市城鎮居民分類商品及服務消費結構(續)

單位：%

城市 Region	交通通訊 Transportation and Communication	娛樂教育文化服務 Recreation Education and Cultural Services	其中文化用耐用消費品 Durable Consumer Goods for Receational Use	居住 Residence	其中住房 Housing	雜項商品 Miscellaneous Commodities
全 省	**5.63**	**11.09**	**2.97**	**9.50**	**5.29**	**4.56**
西安市	6.40	12.51	3.73	9.47	4.96	4.40
寶鷄市	5.20	8.03	0.77	8.76	4.97	4.16
咸陽市	4.02	7.88	0.88	10.25	6.06	4.92
漢中市	4.25	10.56	3.96	9.77	5.43	3.16
榆 林	6.95	10.98	2.39	6.21	3.14	6.32
安 康	4.26	9.25	2.85	10.38	5.56	5.00
三 原	4.73	14.62	4.40	12.30	8.63	4.91
商 州	4.71	11.26	2.66	9.55	5.45	3.89

4.3.46 1997年四川省及典型城市城镇居民分类商品及服务消费水平

單位:元/人.年(Yuan)

城市 Region	平均每人全年消費性支出 Total Expenditure for Consumption	食品 Food	衣着 Clothing Headgear and Footwear	家庭設備用品及服務 Household Facilities Articles and Services	其中耐用消費品 Durable Consumer Goods	醫療保健 Medical and Services
全 省	**4 092.59**	**2 009.29**	**502.27**	**310.18**	**153.55**	**141.86**
成都市	4 959.50	2 499.50	601.40	369.60	172.60	156.10
瀘州市	4 353.80	2 141.10	477.60	366.30	201.70	151.50
自貢市	4 144.60	1 895.90	366.90	506.10	361.90	178.20
樂山市	3 759.80	1 986.10	470.60	210.30	99.70	200.60
南充市	3 942.30	2 087.20	452.90	221.80	114.60	130.70
廣元市	3 557.00	1 714.50	464.10	223.50	81.10	126.10
温江市	5 750.20	2 238.70	754.30	667.50	438.60	176.60
平昌市	2 742.90	1 403.10	390.60	116.70	7.80	122.10
峨眉市	4 215.80	2 178.50	524.20	251.30	91.00	139.40
漢 源	3 757.90	1 720.50	499.90	296.20	115.80	113.30
叙 永	3 392.70	1 774.00	347.20	185.10	59.90	98.50

4.3.46 1997年四川省及典型城市城鎮居民分類商品及服務消費水平(續)

單位:元/人.年(Yuan)

城市 Region	交通通訊 Transportation and Communication	娛樂教育文化服務 Recreation Education and Cultural Services	其中文化用耐用消費品 Durable Consumer Goods for Receational Use	居住 Residence	其中住房 Housing	雜項商品 Miscellaneous Commodities
全 省	**180.54**	**460.13**	**120.31**	**335.55**	**144.79**	**152.76**
成都市	254.50	543.90	125.40	337.40	102.00	197.00
瀘州市	151.90	528.90	143.10	328.30	157.60	208.20
自貢市	192.70	512.50	181.50	370.90	152.50	121.20
樂山市	145.20	402.70	90.90	256.30	53.40	88.00
南充市	148.50	421.60	78.70	353.50	102.70	126.20
廣元市	168.90	397.70	65.10	310.70	97.80	151.50
温江市	253.60	714.30	229.90	638.90	463.10	306.40
平昌市	135.10	166.20	49.40	310.90	86.50	98.20
峨眉市	160.00	424.20	96.80	396.50	181.20	141.60
漢 源	181.30	512.10	184.30	300.20	161.80	134.60
叙 永	171.00	452.80	90.00	264.90	104.90	99.20

4.3.47 1997年四川省及典型城市城鎮居民分類商品及服務消費結構

單位:%(Percent)

城市 Region	平均每人全年消費性支出 Total Expenditure for Consumption	食品 Food	衣着 Clothing Headgear and Footwear	家庭設備用品及服務 Household Facilities Articles and Services	其中耐用消費品 Durable Consumer Goods	醫療保健 Medical and Services
全 省	**100.00**	**49.10**	**12.27**	**7.58**	**3.75**	**3.47**
成都市	100.00	50.40	12.13	7.45	3.48	3.15
瀘州市	100.00	49.18	10.97	8.41	4.63	3.48
自貢市	100.00	45.74	8.85	12.21	8.73	4.30
樂山市	100.00	52.82	12.52	5.59	2.65	5.34
南充市	100.00	52.94	11.49	5.63	2.91	3.32
廣元市	100.00	48.20	13.05	6.28	2.28	3.55
温江市	100.00	38.93	13.12	11.61	7.63	3.07
平昌市	100.00	51.15	14.24	4.25	0.28	4.45
峨眉市	100.00	51.67	12.43	5.96	2.16	3.31
漢 源	100.00	45.78	13.30	7.88	3.08	3.01
叙 永	100.00	52.29	10.23	5.46	1.77	2.90

4.3.47 1997年四川省及典型城市城鎮居民分類商品及服務消費結構(續)

單位:%(Percent)

城市 Region	交通通訊 Transportation and Communication	娛樂教育文化服務 Recreation Education and Cultural Services	其中文化用耐用消費品 Durable Consumer Goods for Receational Use	居住 Residence	其中住房 Housing	雜項商品 Miscellaneous Commodities
全 省	**4.41**	**11.24**	**2.94**	**8.20**	**3.54**	**3.73**
成都市	5.13	10.97	2.53	6.80	2.06	3.97
瀘州市	3.49	12.15	3.29	7.54	3.62	4.78
自貢市	4.65	12.37	4.38	8.95	3.68	2.92
樂山市	3.86	10.71	2.42	6.82	1.42	2.34
南充市	3.77	10.69	2.00	8.97	2.61	3.20
廣元市	4.75	11.18	1.83	8.73	2.75	4.26
温江市	4.41	12.42	4.00	11.11	8.05	5.33
平昌市	4.93	6.06	1.80	11.33	3.15	3.58
峨眉市	3.80	10.06	2.30	9.41	4.30	3.36
漢 源	4.82	13.63	4.90	7.99	4.31	3.58
叙 永	5.04	13.35	2.65	7.81	3.09	2.92

4.3.48　1997年新疆維吾爾自治區及典型城市城鎮居民分類商品及服務消費水平

單位:元/人.年

城市 Region	平均每人全年消費性支出 Total Expenditure for Consumption	食品 Food	衣着 Clothing Headgear and Footwear	家庭設備用品及服務 Household Facilities Articles and Services	其中耐用消費品 Durable Consumer Goods	醫療保健 Medical and Services
全　區	**3 887.06**	**1 681.77**	**599.42**	**288.59**	**140.35**	**188.80**
烏魯木齊市	4 659.93	2 038.72	561.99	454.75	234.84	191.54
喀什市	3 134.00	1 472.00	541.00	224.00	104.00	178.00
伊寧市	2 763.00	1 245.00	463.00	181.00	71.00	120.00
和田市	3 063.00	1 475.00	569.00	223.00	132.00	141.00
塔城市	3 550.00	1 488.00	515.00	189.00	67.00	218.00
焉耆縣	4 003.00	1 638.00	585.00	214.00	82.00	155.00

4.3.48　1997年新疆維吾爾自治區及典型城市城鎮居民分類商品及服務消費水平(續)

單位:元/人.年

城市 Region	交通通訊 Transportation and Communication	娛樂教育文化服務 Recreation Education and Cultural Services	其中文化用耐用消費品 Durable Consumer Goods for Receational Use	居住 Residence	其中住房 Housing	雜項商品 Miscellaneous Commodities
全　區	**207.52**	**461.23**	**129.98**	**214.15**	**97.85**	**234.75**
烏魯木齊市	309.38	528.82	149.60	247.87	140.43	236.88
喀什市	140.00	271.00	76.00	173.00	41.00	135.00
伊寧市	108.00	274.00	36.00	159.00	35.00	214.00
和田市	98.00	242.00	17.00	158.00	40.00	156.00
塔城市	176.00	380.00	9.00	375.00	193.00	209.00
焉耆縣	218.00	684.00	292.00	267.00	132.00	242.00

4.3.49 1997年新疆維吾爾自治區及典型城市城鎮居民分類商品及服務消費結構

單位:%

城市 Region	平均每人全年消費性支出 Total Expenditure for Consumption	食品 Food	衣着 Clothing Headgear and Footwear	家庭設備用品及服務 Household Facilities Articles and Services	其中耐用消費品 Durable Consumer Goods	醫療保健 Medical and Services
全 區	**100.00**	**43.27**	**15.42**	**7.42**	**3.61**	**4.86**
烏魯木齊市	100.00	43.75	12.06	9.76	5.04	4.11
喀什市	100.00	46.97	17.26	7.15	3.32	5.68
伊寧市	100.00	45.06	16.76	6.55	2.57	4.34
和田市	100.00	48.16	18.58	7.28	4.31	4.60
塔城市	100.00	41.92	14.51	5.32	1.89	6.14
焉耆縣	100.00	40.92	14.61	5.35	2.05	3.87

4.3.49 1997年新疆維吾爾自治區及典型城市城鎮居民分類商品及服務消費結構(續)

單位:%

城市 Region	交通通訊 Transportation and Communication	娛樂教育文化服務 Recreation Education and Cultural Services	其中文化用耐用消費品 Durable Consumer Goods for Receational Use	居住 Residence	其中住房 Housing	雜項商品 Miscellaneous Commodities
全 區	**5.34**	**11.87**	**3.34**	**5.51**	**2.52**	**6.04**
烏魯木齊市	6.64	11.35	3.21	5.32	3.01	5.08
喀什市	4.47	8.65	2.43	5.52	1.31	4.31
伊寧市	3.91	9.92	1.30	5.75	1.27	7.75
和田市	3.20	7.90	0.56	5.16	1.31	5.09
塔城市	4.96	10.70	0.25	10.56	5.44	5.89
焉耆縣	5.45	17.09	7.29	6.67	3.30	6.05

4.3.50　1997年雲南省及典型城市城鎮居民分類商品及服務消費水平

單位:元/人.年

城市 Region	平均每人全年消費性支出 Total Expenditure for Consumption	食品 Food	衣着 Clothing Headgear and Footwear	家庭設備用品及服務 Household Facilities Articles and Services	其中耐用消費品 Durable Consumer Goods	醫療保健 Medical and Services
全　省	**4 537.08**	**2 109.53**	**567.07**	**312.46**	**161.62**	**209.63**
昆明市	5 454.64	2 524.99	756.04	299.53	—	310.17
個舊市	3 885.55	1 850.02	418.67	262.86	—	127.24
大理市	4 156.91	1 865.91	577.35	224.21	—	192.06
東　川	4 248.17	1 997.33	397.79	473.77	—	179.43
保　山	4 437.69	2 103.44	624.00	211.86	—	228.48
玉　溪	5 662.85	2 334.01	858.92	449.65	—	369.31
宣　威	4 562.89	2 065.57	728.13	375.28	—	226.68
普　洱	4 311.86	2 270.21	411.58	241.17	—	158.02
麗　江	3 824.37	1 723.81	336.60	314.34	—	111.46

4.3.50　1997年雲南省及典型城市城鎮居民分類商品及服務消費水平(續)

單位:元/人.年

城市 Region	交通通訊 Transportation and Communication	娛樂教育文化服務 Recreation Education and Cultural Services	其中文化用耐用消費品 Durable Consumer Goods for Receational Use	居住 Residence	其中住房 Housing	雜項商品 Miscellaneous Commodities
全　省	**237.68**	**502.63**	**165.59**	**394.34**	**245.80**	**203.74**
昆明市	264.16	687.11	—	330.16	102.72	282.48
個舊市	180.11	598.28	—	255.96	112.94	192.42
大理市	216.06	541.41	—	271.72	107.15	268.19
東　川	292.55	404.74	—	327.31	203.88	175.25
保　山	414.03	367.74	—	229.97	98.38	248.18
玉　溪	414.98	639.06	—	378.18	233.12	218.74
宣　威	265.09	410.60	—	311.14	204.85	180.40
普　洱	196.12	386.85	—	422.00	303.10	225.90
麗　江	103.92	454.78	—	690.77	557.89	88.69

4.3.51 1997年雲南省及典型城市城鎮居民分類商品及服務消費結構

單位：%(Percent)

城市 Region	平均每人全年消費性支出 Total Expenditure for Consumption	食品 Food	衣着 Clothing Headgear and Footwear	家庭設備用品及服務 Household Facilities Articles and Services	其中耐用消費品 Durable Consumer Goods	醫療保健 Medical and Services
全 省	**100.00**	**46.50**	**12.50**	**6.89**	**3.56**	**4.62**
昆明市	100.00	46.29	13.86	5.49	—	5.69
個舊市	100.00	47.61	10.78	6.77	—	3.27
大理市	100.00	44.89	13.89	5.39	—	4.62
東 川	100.00	47.02	9.36	11.15	—	4.22
保 山	100.00	47.40	14.06	4.77	—	5.15
玉 溪	100.00	41.22	15.17	7.94	—	6.52
宣 威	100.00	45.27	15.96	8.22	—	4.97
普 洱	100.00	52.65	9.55	5.59	—	3.66
麗 江	100.00	45.07	8.80	8.22	—	2.91

4.3.51 1997年雲南省及典型城市城鎮居民分類商品及服務消費結構(續)

單位：%

城市 Region	交通通訊 Transportation and Communication	娛樂教育文化服務 Recreation Education and Cultural Services	其中文化用耐用消費品 Durable Consumer Goods for Receational Use	居住 Residence	其中住房 Housing	雜項商品 Miscellaneous Commodities
全 省	**5.24**	**11.08**	**3.65**	**8.69**	**5.42**	**4.49**
昆明市	4.84	12.60	—	6.05	1.88	5.18
個舊市	4.64	15.40	—	6.59	2.91	4.95
大理市	5.20	13.02	—	6.54	2.58	6.45
東 川	6.89	9.53	—	7.70	4.80	4.13
保 山	9.33	8.29	—	5.18	2.22	5.59
玉 溪	7.33	11.29	—	6.68	4.12	3.86
宣 威	5.81	9.00	—	6.82	4.49	3.95
普 洱	4.55	8.97	—	9.79	7.03	5.24
麗 江	2.72	11.89	—	18.06	14.59	2.32

4.3.52　1997年浙江省及典型城市城鎮居民分類商品及服務消費水平

單位：元/人.年(Yuan)

城市 Region	平均每人全年消費性支出 Total Expenditure for Consumption	食品 Food	衣着 Clothing Headgear and Footwear	家庭設備用品及服務 Household Facilities Articles and Services	其中耐用消費品 Durable Consumer Goods	醫療保健 Medical and Services
全　省	**6 170.14**	**2 709.07**	**638.44**	**649.00**	**376.00**	**311.36**
杭州市	6 766.00	3 148.00	699.00	809.00	—	261.00
寧波市	7 189.00	3 134.00	745.00	864.00	—	312.00
温州市	6 524.00	3 192.00	658.00	347.00	—	365.00
金華市	6 719.00	2 691.00	643.00	747.00	—	386.00
舟山市	6 388.00	2 788.00	727.00	615.00	—	374.00
安　吉	5 456.00	2 469.00	778.00	280.00	—	267.00
新　昌	6 013.00	2 336.00	555.00	412.00	—	371.00

4.3.52　1997年浙江省及典型城市城鎮居民分類商品及服務消費水平(續)

單位：元/人.年(Yuan)

城市 Region	交通通訊 Transportation and Communication	娛樂教育文化服務 Recreation Education and Cultural Services	其中文化用耐用消費品 Durable Consumer Goods for Receational Use	居住 Residence	其中住房 Housing	雜項商品 Miscellaneous Commodities
全　省	**384.30**	**670.24**	**201.97**	**523.53**	**249.00**	**286.00**
杭州市	366.00	698.00	—	447.00	—	338.00
寧波市	463.00	863.00	—	477.00	—	331.00
温州市	380.00	604.00	—	691.00	—	287.00
金華市	520.00	263.00	—	656.00	—	313.00
舟山市	356.00	552.00	—	711.00	—	265.00
安　吉	361.00	532.00	—	490.00	—	279.00
新　昌	592.00	775.00	—	601.00	—	371.00

4.3.53 1997年浙江省及典型城市城鎮居民消費結構

單位:%(Percent)

城市 Region	平均每人全年消費性支出 Total Expenditure for Consumption	食品 Food	衣着 Clothing Headgear and Footwear	家庭設備用品及服務 Household Facilities Articles and Services	其中耐用消費品 Durable Consumer Goods	醫療保健 Medical and Services
全　省	**100.00**	**43.91**	**10.35**	**10.52**	**6.09**	**5.05**
杭州市	100.00	46.53	10.33	11.96	—	3.86
寧波市	100.00	43.59	10.36	12.02	—	4.34
温州市	100.00	48.93	10.09	5.32	—	5.59
金華市	100.00	40.05	9.57	11.12	—	5.74
舟山市	100.00	43.64	11.38	9.63	—	5.85
安　吉	100.00	45.25	14.26	5.13	—	4.89
新　昌	100.00	38.85	9.23	6.85	—	6.17

4.3.53 1997年浙江省及典型城市城鎮居民消費結構(續)

單位:%(Percent)

城市 Region	交通通訊 Transportation and Communication	娛樂教育文化服務 Recreation Education and Cultural Services	其中文化用耐用消費品 Durable Consnmer Goods for Receational Use	居住 Residence	其中住房 Housing	雜項商品 Miscellaneous Commodities
全　省	**6.23**	**10.86**	**3.27**	**8.48**	**4.04**	**4.64**
杭州市	5.41	10.32	—	6.61	—	5.00
寧波市	6.44	12.00	—	6.64	—	4.60
温州市	5.82	9.26	—	10.59	—	4.40
金華市	7.74	3.91	—	9.76	—	4.66
舟山市	5.57	8.64	—	11.13	—	4.15
安　吉	6.62	9.75	—	8.98	—	5.11
新　昌	9.85	12.89	—	10.00	—	6.17

第四章　生活質量指標

4.4.1　1997年城鎮居民家庭平均每百户年底耐用消費品擁有量

地區	彩色電視機 Color TV Set (臺)	洗衣機 Washing Machine (臺)	家用電冰箱 Refrigerator (臺)	冰櫃 Freezer (臺)	空調器 Air Conditioner (臺)	電風扇 Electric Fan (臺)	電炊具 Electric Cooking Appliances (臺)	照相機 Camera (架)
全　國	**100.48**	**89.12**	**72.98**	**4.46**	**16.29**	**165.74**	**92.35**	**33.64**
安　徽	90.92	86.25	75.38	1.54	14.95	232.27	74.89	21.48
北　京	123.80	100.60	104.20	16.60	27.20	137.60	54.00	88.20
重　慶	107.00	89.67	98.67	1.30	59.33	205.67	79.00	53.33
福　建	109.44	93.00	84.00	1.80	20.24	227.00	104.00	31.00
甘　肅	99.52	85.38	58.26	1.91	—	32.68	25.01	23.01
廣　東	119.13	99.16	78.16	2.65	63.68	330.11	103.55	43.41
廣　西	98.63	87.56	73.96	1.87	10.21	303.03	129.02	30.29
貴　州	100.90	92.74	71.29	2.26	0.87	101.18	93.47	27.36
海　南	101.40	75.50	48.60	0.30	6.60	179.20	129.60	14.40
河　北	100.11	91.71	81.45	11.48	13.66	153.41	42.98	36.57
黑龍江	91.23	82.00	0.53	5.85	0.13	37.00	143.00	23.34
河　南	95.84	87.31	67.08	4.24	18.86	217.58	38.23	23.37
湖　北	93.96	90.27	81.70	3.82	20.68	229.18	78.69	32.01
湖　南	95.10	94.00	81.40	2.63	18.10	253.00	48.17	31.50
遼　寧	98.21	86.77	72.66	5.55	0.57	62.26	72.96	35.72
吉　林	92.46	88.87	54.87	3.77	—	52.06	127.81	26.10
江　蘇	101.11	94.98	77.68	2.05	22.89	254.62	129.20	32.83
江　西	91.53	81.69	73.22	2.88	12.37	241.27	69.49	24.92
内蒙古	93.34	83.02	53.86	5.85	0.30	37.51	112.15	17.98
寧　夏	101.83	88.28	64.54	2.12	0.17	61.30	119.55	28.34
青　海	100.89	99.56	59.33	2.00	0.22	1.11	10.67	34.44
山　東	100.67	86.51	82.24	14.01	11.35	196.26	64.74	42.43
山　西	99.58	93.07	66.46	5.29	2.35	71.74	28.14	29.15
陜　西	102.02	92.23	67.51	1.79	14.81	144.61	58.79	29.82
上　海	119.00	87.00	102.00	1.80	62.00	228.00	147.00	54.00
四　川	104.87	92.68	78.38	0.78	5.12	184.27	122.37	36.48
天　津	110.60	94.40	97.20	17.00	25.20	127.60	41.60	54.40
西　藏	—	—	—	—	—	—	—	—
新　疆	98.89	88.15	75.37	2.22	2.41	40.38	83.77	38.70
雲　南	101.00	92.00	61.00	1.85	0.07	36.00	172.30	40.00
浙　江	111.00	87.00	97.00	1.82	35.00	275.00	98.00	45.00

4.4.1 1997年城鎮居民家庭平均每百户年底耐用消費品擁有量(續)

地區	淋浴熱水器 Shower (臺)	排油烟機 Range Hood (臺)	吸塵器 Dust Catcher (臺)	摩托車 Motorcycle (輛)	録放相機 Video Recorder (部)	組合音響(臺) Hi-Fi Stereo Component System	收録機 Radio Tape Recorder(臺)
全 國	**38.94**	**42.60**	**10.66**	**11.60**	**21.32**	**15.32**	**57.20**
安 徽	31.98	34.99	4.89	8.44	15.32	8.51	51.45
北 京	58.40	56.40	24.00	4.20	56.00	19.40	65.00
重 慶	76.30	33.30	7.30	0.70	26.00	15.33	43.67
福 建	69.12	37.68	2.40	23.00	20.08	19.44	54.88
甘 肅	16.80	30.73	4.06	5.06	8.25	25.33	52.24
廣 東	88.84	66.59	4.52	37.23	37.82	39.67	69.23
廣 西	67.95	45.91	2.93	24.27	20.75	18.33	55.47
貴 州	25.15	36.84	5.57	7.04	18.46	14.84	34.59
海 南	43.70	23.10	—	25.50	18.90	11.30	58.30
河 北	36.38	45.48	10.71	21.21	19.32	11.93	58.08
黑龍江	15.40	47.68	18.06	5.01	16.35	16.20	52.00
河 南	18.40	26.90	3.59	12.06	10.84	10.66	54.67
湖 北	35.99	36.89	4.05	4.43	13.83	12.85	52.99
湖 南	42.47	36.29	3.60	7.90	19.60	13.00	49.14
遼 寧	38.95	54.09	22.77	4.54	21.44	12.77	64.12
吉 林	27.55	50.23	16.27	2.88	18.24	13.79	54.74
江 蘇	43.79	48.73	12.82	15.57	24.84	13.11	55.54
江 西	43.64	36.19	4.15	7.88	12.20	12.80	47.12
内蒙古	12.29	24.38	7.79	14.26	7.16	13.42	50.74
寧 夏	28.79	35.31	8.01	8.82	15.25	13.09	48.89
青 海	9.56	36.67	6.22	8.44	12.44	9.56	68.89
山 東	35.78	56.36	12.79	20.61	24.52	13.80	68.03
山 西	15.81	37.60	5.78	13.54	12.56	11.96	52.24
陝 西	28.86	37.94	3.96	4.79	13.36	7.32	56.08
上 海	51.00	47.80	41.80	1.20	52.00	18.20	82.44
四 川	57.84	35.01	5.12	6.20	21.56	17.07	48.53
天 津	43.00	47.60	15.20	10.60	33.00	12.40	73.80
西 藏	—	—	—	—	—	—	—
新 疆	39.64	50.32	16.53	8.54	20.33	15.71	69.83
雲 南	40.30	51.39	5.80	9.71	26.35	15.46	63.33
浙 江	60.00	60.00	18.00	8.70	32.45	14.21	69.62

4.4.2　1997年安徽省城鎮居民家庭平均每百户年底耐用消費品擁有量

城市 City	彩色電視機 Color TV Set (臺)	洗衣機 Washing Machine (臺)	家用電冰箱 Refrigerator (臺)	冰櫃 Freezer (臺)	空調器 Air Conditioner (臺)	電風扇 Electric Fan (臺)	電炊具 Electric Cooking Appliances(臺)
全　省	**90.94**	**86.25**	**75.38**	**1.54**	**14.95**	**232.31**	**74.89**
合肥市	99.67	89.33	93.00	1.67	29.67	234.33	91.33
蕪湖市	90.00	87.00	76.00	2.00	12.00	234.00	69.00
蚌埠市	99.00	87.00	77.00	3.00	8.00	218.00	82.00
淮南市	91.00	93.00	89.30	1.50	16.00	250.00	89.50
馬鞍山市	99.00	98.00	92.00	2.00	29.00	242.00	71.00
淮北市	97.00	97.00	83.00	1.00	16.00	253.00	47.00
銅陵市	99.00	95.00	98.00	3.00	25.00	268.00	70.00
安慶市	98.00	80.00	80.00	2.00	27.00	278.00	60.00
滁州市	95.00	96.25	80.00	—	12.50	228.75	63.75
阜陽市	101.43	94.29	81.43	4.29	24.29	231.43	288.57
宣州市	88.00	84.00	76.00	—	12.00	236.00	70.00

4.3.2　1997年安徽省城鎮居民家庭平均每百户年底耐用消費品擁有量(續)

城市 City	淋浴熱水器 Shower (臺)	排油烟機 Range Hood (臺)	吸塵器 Dust Catcher (臺)	摩托車 Motorcycle (輛)	録放相機 Video Recorder (部)	組合音響(臺) Hi-Fi Stereo Component System	照相機 Camera (架)
全　省	**31.98**	**34.99**	**4.89**	**8.44**	**15.32**	**8.51**	**21.48**
合肥市	47.33	42.33	7.67	5.00	33.33	9.33	32.00
蕪湖市	38.00	35.00	7.00	10.00	17.00	20.00	17.00
蚌埠市	21.00	41.00	3.00	2.00	25.00	10.00	25.00
淮南市	21.50	32.00	5.50	8.00	11.50	6.50	18.00
馬鞍山市	61.00	52.00	16.00	11.00	26.00	18.00	38.00
淮北市	74.00	50.00	5.00	3.00	8.00	10.00	18.00
銅陵市	51.00	62.00	9.00	8.00	27.00	15.00	30.00
安慶市	64.00	65.00	5.00	14.00	14.00	7.00	31.00
滁州市	35.00	43.75	12.50	26.25	16.25	18.75	35.00
阜陽市	24.29	34.29	8.57	25.71	15.71	20.00	27.14
宣州市	26.00	40.00	4.00	6.00	12.00	2.00	14.00

4.4.3 1997 年重慶市城鎮居民家庭平均每百户年底耐用消費品擁有量

城市 City	彩色電視機 Color TV Set (臺)	洗衣機 Washing Machine (臺)	家用電冰箱 Refrigerator (臺)	冰櫃 Freezer (臺)	空調器 Air Conditioner (臺)
重慶市	**107.00**	**89.70**	**98.70**	**1.30**	**59.30**
萬縣市	96.00	80.00	90.00	—	26.00
墊 江	104.00	88.00	56.00	2.00	6.00

4.4.3 1997 年重慶市城鎮居民家庭平均每百户年底耐用消費品擁有量(續)

城市 City	電風扇 Electric Fan (臺)	電炊具 Electric Cooking Appliances(臺)	淋浴熱水器 Shower (臺)	排油烟機 Range Hood (臺)	吸塵器 Dust Catcher (臺)
重慶市	**205.70**	**79.00**	**76.30**	**33.30**	**7.30**
萬縣市	186.70	71.00	55.00	29.00	—
墊 江	226.00	72.00	70.00	44.00	—

4.4.3 1997 年重慶市城鎮居民家庭平均每百户年底耐用消費品擁有量(續)

城市 City	摩托車 Motorcycle (輛)	録放相機 Video Recorder (部)	組合音響 Hi-Fi Stereo Component System(臺)	照相機 Camera (架)	收録機 Radio Tape Recorder (臺)
重慶市	**0.70**	**26.00**	**15.30**	**53.30**	**43.70**
萬縣市	—	20.00	13.00	46.00	65.00
墊 江	2.00	16.00	8.00	10.00	20.00

4.4.4　1997 年福建省城鎮居民家庭平均每百户年底耐用消費品擁有量

城市 City	彩色電視機 Color TV Set (臺)	洗衣機 Washing Machine (臺)	家用電冰箱 Refrigerator (臺)	冰櫃 Freezer (臺)	空調器 Air Conditioner (臺)
全　省	**109.00**	**93.00**	**84.00**	**1.80**	**20.24**
福州市	116.00	97.50	98.50	0.50	45.00
厦門市	120.00	91.00	99.00	2.00	42.00
三明市	106.00	94.00	98.00	—	19.00
泉州市	128.00	91.00	99.00	5.00	40.00
漳州市	96.00	79.00	82.00	2.00	8.00
建　甌	102.00	98.00	66.00	—	6.00
仙　游	80.00	94.00	28.00	2.00	4.00
永　定	106.00	82.00	56.00	—	4.00

4.4.4　1997 年福建省城鎮居民家庭平均每百户年底耐用消費品擁有量(續)

城市 City	電風扇 Electric Fan (臺)	電炊具 Electric Cooking Appliances(臺)	淋浴熱水器 Shower (臺)	排油烟機 Range Hood (臺)	吸塵器 Dust Catcher (臺)
全　省	**227.00**	**104.00**	**69.12**	**37.68**	**2.40**
福州市	320.00	133.50	74.00	30.50	2.50
厦門市	178.00	182.00	89.00	64.00	—
三明市	233.00	94.00	83.00	35.00	4.00
泉州市	234.00	129.00	72.00	68.00	5.00
漳州市	230.00	75.00	60.00	42.00	—
建　甌	202.00	120.00	64.00	20.00	4.00
仙　游	176.00	66.00	28.00	16.00	2.00
永　定	192.00	150.00	52.00	20.00	—

4.4.4　1997 年福建省城鎮居民家庭平均每百户年底耐用消費品擁有量(續)

城市 City	摩托車 Motorcycle (輛)	録放相機 Video Recorder (部)	組合音響 Hi-Fi Stereo Component System(臺)	照相機 Camera (架)	收録機 Radio Tape Recorder (臺)
全　省	**23.00**	**20.00**	**19.00**	**31.00**	**54.88**
福州市	12.00	32.50	18.50	38.50	77.50
厦門市	16.00	46.00	25.00	47.00	57.00
三明市	9.00	18.00	20.00	39.00	67.00
泉州市	61.00	27.00	26.00	39.00	49.00
漳州市	25.00	16.00	21.00	12.00	28.00
建　甌	4.00	4.00	22.00	20.00	46.00
仙　游	4.00	6.00	12.00	14.00	34.00
永　定	56.00	10.00	24.00	26.00	54.00

4.4.5 1997 年甘肅省城鎮居民家庭平均每百户年底耐用消費品擁有量

城市 City	彩色電視機 Color TV Set (臺)	洗衣機 Washing Machine (臺)	家用電冰箱 Refrigerator (臺)	冰櫃 Freezer (臺)	空調器 Air Conditioner (臺)
全 省	**99.52**	**85.38**	**58.26**	**1.91**	**—**
蘭州市	100.60	90.67	76.67	3.67	—
平 凉	95.00	88.00	33.00	1.00	—
酒 泉	96.00	78.00	51.00	4.00	—
武 威	98.00	99.00	64.00	1.00	—
天水市	86.00	85.00	61.00	—	—

4.4.5 1997 年甘肅省城鎮居民家庭平均每百户年底耐用消費品擁有量(續)

城市 City	電風扇 Electric Fan (臺)	電炊具 Electric Cooking Appliances(臺)	淋浴熱水器 Shower (臺)	排油烟機 Range Hood (臺)	吸塵器 Dust Catcher /(臺)
全 省	**32.68**	**25.01**	**16.80**	**30.73**	**4.06**
蘭州市	50.33	25.67	24.67	37.33	8.00
平 凉	20.00	23.00	14.00	23.00	2.00
酒 泉	35.00	74.00	20.00	39.00	7.00
武 威	68.00	8.00	12.00	26.00	4.00
天水市	61.00	42.00	27.00	26.00	2.00

4.4.5 1997 年甘肅省城鎮居民家庭平均每百户年底耐用消費品擁有量(續)

城市 City	摩托車 Motorcycle (輛)	録放相機 Video Recorder (部)	組合音響 Hi-Fi Stereo Component System(臺)	照相機 Camera (架)	收録機 Radio Tape Recorder (臺)
全 省	**5.06**	**8.25**	**25.33**	**23.01**	**52.24**
蘭州市	2.00	12.33	13.33	32.00	50.67
平 凉	3.00	4.00	5.00	22.00	59.00
酒 泉	2.00	7.00	7.00	17.00	38.00
武 威	7.00	3.00	31.00	16.00	28.00
天水市	5.00	8.00	12.00	26.00	36.00

4.4.6 1997 年貴州省城鎮居民家庭平均每百户年底耐用消費品擁有量

城市 City	彩色電視機 Color TV Set (臺)	洗衣機 Washing Machine (臺)	家用電冰箱 Refrigerator (臺)	冰櫃 Freezer (臺)	空調器 Air Conditioner (臺)
全　省	**100.90**	**92.74**	**71.92**	**2.26**	**0.87**
貴陽市	116.00	100.00	86.00	3.00	0.50
遵義市	105.33	94.67	87.33	2.00	—
安順市	98.00	92.00	57.00	5.00	1.00
凱　里	101.00	94.00	79.00	5.00	—
都　勻	109.00	98.00	72.00	—	—
銅　仁	90.00	76.00	78.00	—	4.00
畢　節	90.00	96.00	54.00	2.00	—
興　義	104.00	96.00	62.00	2.00	—

4.4.6 1997 年貴州省城鎮居民家庭平均每百户年底耐用消費品擁有量(續)

城市 City	電風扇 Electric Fan (臺)	電炊具 Electric Cooking Appliances(臺)	淋浴熱水器 Shower (臺)	排油烟機 Range Hood (臺)	吸塵器 Dust Catcher (臺)
全　省	**101.18**	**93.47**	**25.15**	**36.84**	**5.57**
貴陽市	82.50	135.50	20.00	43.50	3.50
遵義市	118.00	87.33	28.67	37.33	11.33
安順市	54.00	47.00	13.00	21.00	11.50
凱　里	114.00	66.00	15.00	28.00	4.00
都　勻	98.00	90.00	27.00	43.00	11.00
銅　仁	226.00	110.00	54.00	44.00	4.00
畢　節	44.00	70.00	4.00	8.00	6.00
興　義	74.00	118.00	30.00	58.00	4.00

4.4.6 1997 年貴州省城鎮居民家庭平均每百户年底耐用消費品擁有量(續)

城市 City	摩托車 Motorcycle (輛)	録放相機 Video Recorder (部)	組合音響 Hi-Fi Stereo Component System(臺)	照相機 Camera (架)	收録機 Radio Tape Recorder (臺)
全　省	**7.04**	**18.46**	**14.84**	**27.36**	**34.59**
貴陽市	0.50	38.00	20.50	42.50	42.50
遵義市	1.33	14.67	12.00	23.33	36.67
安順市	4.00	24.00	12.00	22.00	22.00
凱　里	7.00	11.00	12.00	42.00	42.00
都　勻	1.00	25.00	14.00	37.00	43.00
銅　仁	4.00	8.00	14.00	22.00	36.00
畢　節	2.00	10.00	12.00	22.00	34.00
興　義	30.00	20.00	18.00	24.00	24.00

4.4.7 1997年海南省城鎮居民家庭平均每百户年底耐用消費品擁有量

城市 City	彩色電視機 Color TV Set (臺)	洗衣機 Washing Machine (臺)	家用電冰箱 Refrigerator (臺)	冰櫃 Freezer (臺)	空調器 Air Conditioner (臺)
全 省	**101.40**	**75.50**	**45.60**	**0.30**	**6.60**
海口市	114.00	79.00	85.00	1.00	22.00
文 昌	94.00	68.00	46.00	—	—
瓊 中	98.00	80.00	20.00	—	—

4.4.7 1997年海南省城鎮居民家庭平均每百户年底耐用消費品擁有量(續)

城市 City	電風扇 Electric Fan (臺)	電炊具 Electric Cooking Appliances(臺)	淋浴熱水器 Shower (臺)	排油烟機 Range Hood (臺)	吸塵器 Dust Catcher (臺)
全 省	**174.20**	**129.60**	**43.70**	**23.10**	—
海口市	224.00	96.00	57.00	49.00	—
文 昌	182.00	134.00	36.00	14.00	—
瓊 中	138.00	154.00	40.00	10.00	—

4.4.7 1997年海南省城鎮居民家庭平均每百户年底耐用消費品擁有量(續)

城市 City	摩托車 Motorcycle (輛)	録放相機 Video Recorder (部)	組合音響 Hi-Fi Stereo Component System(臺)	照相機 Camera (架)	收録機 Radio Tape Recorder (臺)
全 省	**25.50**	**18.90**	**11.30**	**14.40**	**58.30**
海口市	36.00	42.00	19.00	34.00	52.00
文 昌	32.00	10.00	2.00	2.00	68.00
瓊 中	10.00	8.00	14.00	10.00	54.00

4.4.8 1997年河北省城鎮居民家庭平均每百户年底耐用消費品擁有量

城市 City	彩色電視機 Color TV Set (臺)	洗衣機 Washing Machine (臺)	家用電冰箱 Refrigerator (臺)	冰櫃 Freezer (臺)	空調器 Air Conditioner (臺)
全 省	**100.00**	**91.71**	**81.45**	**11.48**	**13.66**
石家莊市	109.00	96.00	98.00	13.00	28.00
唐山市	101.00	92.00	90.00	29.00	7.00
秦皇島市	104.00	93.00	90.00	15.00	2.00
邯鄲市	102.00	93.00	93.00	7.00	19.00
保定市	97.00	94.00	93.00	13.00	22.00
張家口市	93.00	81.00	68.00	3.00	—
辛集市	98.00	102.00	90.00	4.00	12.00
遵 化	100.00	98.00	88.00	18.00	4.00
張 北	84.00	66.00	32.00	—	—
武 安	118.00	108.00	78.00	2.00	28.00

4.4.8 1997年河北省城鎮居民家庭平均每百户年底耐用消費品擁有量(續)

城市 City	電風扇 Electric Fan (臺)	電炊具 Electric Cooking Appliances(臺)	淋浴熱水器 Shower (臺)	排油烟機 Range Hood (臺)	吸塵器 Dust Catcher (臺)
全 省	**153.41**	**42.98**	**36.38**	**45.48**	**10.71**
石家莊市	177.00	23.50	50.00	60.00	17.00
唐山市	119.00	20.00	60.50	39.00	13.00
秦皇島市	91.00	95.00	45.00	63.00	63.00
邯鄲市	161.00	24.00	49.50	58.50	11.00
保定市	181.00	49.00	48.00	60.00	60.00
張家口市	49.00	47.00	14.00	30.00	6.00
辛集市	246.00	50.00	46.00	44.00	44.00
遵 化	160.00	104.00	4.00	44.00	4.00
張 北	—	50.00	2.00	16.00	
武 安	180.00	48.00	12.00	14.00	12.00

4.4.8 1997年河北省城鎮居民家庭平均每百户年底耐用消費品擁有量(續)

城市 City	摩托車 Motorcycle (輛)	録放相機 Video Recorder (部)	組合音響 Hi-Fi Stereo Component System(臺)	照相機 Camera (架)	收録機 Radio Tape Recorder (臺)
全 省	**21.21**	**19.32**	**11.93**	**36.57**	**59.00**
石家莊市	8.50	30.50	13.50	53.50	70.50
唐山市	11.00	25.50	11.50	41.00	54.00
秦皇島市	15.00	24.00	11.00	38.00	56.00
邯鄲市	12.50	16.50	14.50	45.50	64.00
保定市	16.00	28.00	10.00	37.00	73.00
張家口市	8.00	13.00	14.00	24.00	63.00
辛集市	44.00	10.00	12.00	22.00	76.00
遵 化	32.00	4.00	16.00	48.00	48.00
張 北	16.00	12.00	4.00	14.00	58.00
武 安	68.00	4.00	20.00	40.00	46.00

4.4.9 1997年黑龍江省城鎮居民家庭平均每百户年底耐用消費品擁有量

城市 City	彩色電視機 Color TV Set (臺)	洗衣機 Washing Machine (臺)	家用電冰箱 Refrigerator (臺)	冰櫃 Freezer (臺)	空調器 Air Conditioner (臺)
全　省	**91.00**	**82.00**	**53.00**	**5.85**	**0.13**
哈爾濱市	97.00	82.00	74.00	5.70	—
齊齊哈爾	91.70	81.30	51.00	3.70	—
鶴崗市	65.00	73.00	36.00	6.00	—
大慶市	108.00	89.00	89.00	31.00	1.00
伊春市	93.00	81.00	42.00	—	—
佳木斯市	97.00	82.00	60.00	6.00	1.00
牡丹江市	102.00	91.00	68.00	6.00	—
訥　河	92.00	88.00	20.00	4.00	—
富　錦	80.00	78.00	26.00	—	—
尚　志	80.00	82.00	30.00	2.00	—
寧　安	85.00	80.00	39.00	4.00	—

4.4.9 1997年黑龍江省城鎮居民家庭平均每百户年底耐用消費品擁有量(續)

城市 City	電風扇 Electric Fan (臺)	電炊具 Electric Cooking Appliances(臺)	淋浴熱水器 Shower (臺)	排油烟機 Range Hood (臺)	吸塵器 Dust Catcher (臺)
全　省	**37.00**	**143.00**	**15.40**	**47.68**	**18.06**
哈爾濱市	44.00	67.00	31.00	—	24.00
齊齊哈爾	32.70	132.70	20.70	65.30	27.00
鶴崗市	26.00	112.00	5.00	28.00	9.00
大慶市	83.00	66.00	25.00	68.00	40.00
伊春市	21.00	142.00	8.00	55.00	10.00
佳木斯市	33.00	203.00	—	—	—
牡丹江市	40.00	213.00	16.00	45.00	27.00
訥　河	18.00	230.00	6.00	36.00	4.00
富　錦	44.00	162.00	2.00	12.00	2.00
尚　志	60.00	168.00	4.00	18.00	—
寧　安	15.00	219.00	2.00	20.00	9.00

4.4.9 1997年黑龍江省城鎮居民家庭平均每百户年底耐用消費品擁有量(續)

城市 City	摩托車 Motorcycle (輛)	録放相機 Video Recorder (部)	組合音響 Hi-Fi Stereo Component System(臺)	照相機 Camera (架)	收録機 Radio Tape Recorder (臺)
全　省	**5.01**	**16.35**	**16.20**	**23.00**	**52.00**
哈爾濱市	5.70	22.00	12.00	37.00	49.00
齊齊哈爾市	6.30	15.30	16.00	21.70	56.33
鶴崗市	5.00	9.00	15.00	13.00	—
大慶市	9.00	41.00	23.00	49.00	60.00
伊春市	2.00	10.00	9.00	21.00	—
佳木斯市	1.00	—	—	—	—
牡丹江市	3.00	23.00	17.00	26.00	56.00
訥　河	—	2.00	14.00	10.00	46.00
富　錦	—	6.00	16.00	4.00	27.00
尚　志	6.00	22.00	30.00	16.00	32.00
寧　安	8.00	9.00	16.00	18.00	62.00

4.4.10 1997年河南省城鎮居民家庭平均每百户年底耐用消費品擁有量

城市 City	彩色電視機 Color TV Set (臺)	洗衣機 Washing Machine (臺)	家用電冰箱 Refrigerator (臺)	冰櫃 Freezer (臺)	空調器 Air Conditioner (臺)
全 省	**95.84**	**87.31**	**67.08**	**4.24**	**18.86**
鄭州市	107.75	95.75	92.50	7.00	38.75
開封市	103.10	92.00	64.00	3.00	12.00
洛陽市	106.00	96.00	92.50	4.00	22.00
平頂山市	94.00	98.00	83.00	6.00	37.00
安陽市	89.00	93.00	60.00	2.00	8.00
新鄉市	98.00	75.00	78.00	4.00	21.00
滑 縣	108.00	88.00	70.00	2.00	8.00
輝 縣	100.00	96.00	62.00	—	22.00
固 始	84.00	48.00	48.00	4.00	10.00
襄 城	92.00	90.00	58.00	—	12.00

4.4.10 1997年河南省城鎮居民家庭平均每百户年底耐用消費品擁有量(續)

城市 City	電風扇 Electric Fan (臺)	電炊具 Electric Cooking Appliances(臺)	淋浴熱水器 Shower (臺)	排油烟機 Range Hood (臺)	吸塵器 Dust Catcher (臺)
全 省	**217.58**	**38.23**	**18.40**	**26.90**	**3.59**
鄭州市	216.75	49.00	49.25	57.25	10.50
開封市	226.00	31.00	16.00	15.00	3.00
洛陽市	221.00	57.00	34.50	50.50	6.50
平頂山市	214.00	28.00	40.00	52.00	2.00
安陽市	194.00	26.00	17.00	25.00	—
新鄉市	220.00	48.00	16.00	27.00	7.00
滑 縣	300.00	14.00	10.00	6.00	2.00
輝 縣	232.00	32.00	2.00	10.00	2.00
固 始	224.00	—	—	—	4.00
襄 城	242.00	34.00	4.00	12.00	2.00

4.4.10 1997年河南省城鎮居民家庭平均每百户年底耐用消費品擁有量(續)

城市 City	摩托車 Motorcycle (輛)	録放相機 Video Recorder (部)	組合音響 Hi-Fi Stereo Component System(臺)	照相機 Camera (架)	收録機 Radio Tape Recorder (臺)
全 省	**12.06**	**10.84**	**10.66**	**23.37**	**54.67**
鄭州市	12.25	3.00	16.50	44.00	71.50
開封市	12.00	2.00	9.00	28.00	61.00
洛陽市	8.00	6.50	17.50	39.50	53.00
平頂山市	15.00	12.00	15.00	28.00	59.00
安陽市	18.00	7.00	10.00	21.00	52.00
新鄉市	6.00	9.00	5.00	32.00	71.00
滑 縣	10.00	2.00	4.00	16.00	58.00
輝 縣	16.00	4.00	4.00	16.00	48.00
固 始	4.00	4.00	4.00	14.00	50.00
襄 城	8.00	4.00	10.00	16.00	44.00

4.4.11 1997 年湖北省城鎮居民家庭平均每百户年底耐用消費品擁有量

城市 City	彩色電視機 Color TV Set (臺)	洗衣機 Washing Machine (臺)	家用電冰箱 Refrigerator (臺)	冰櫃 Freezer (臺)	空調器 Air Conditioner (臺)
全 省	**93.96**	**90.27**	**81.70**	**3.82**	**20.68**
武漢市	100.80	96.00	95.83	3.67	51.50
黄石市	94.00	95.00	96.00	5.00	50.00
宜昌市	98.00	99.00	94.00	2.00	18.00
襄樊市	102.00	100.00	93.00	—	9.00
天門市	74.00	84.00	68.00	2.00	4.00
沙 市	87.00	99.00	85.00	3.00	10.00
麻 城	90.00	62.00	44.00	—	8.00
洪 湖	84.00	102.00	86.00	2.00	8.00
浠 水	84.00	64.00	46.00	2.00	—
咸 寧	82.00	94.00	76.00	4.00	12.00

4.4.11 1997 年湖北省城鎮居民家庭平均每百户年底耐用消費品擁有量(續)

城市 City	電風扇 Electric Fan (臺)	電炊具 Electric Cooking Appliances(臺)	淋浴熱水器 Shower (臺)	排油烟機 Range Hood (臺)	吸塵器 Dust Catcher (臺)
全 省	**229.18**	**78.69**	**35.99**	**36.89**	**4.05**
武漢市	230.30	53.17	48.83	40.17	5.67
黄石市	218.00	81.00	55.00	39.00	10.00
宜昌市	214.00	111.00	53.00	39.00	3.00
襄樊市	199.00	95.00	43.00	66.00	3.00
天門市	264.00	60.00	12.00	18.00	—
沙 市	211.00	48.00	37.00	40.00	10.00
麻 城	246.00	42.00	26.00	10.00	2.00
洪 湖	284.00	132.00	26.00	48.00	4.00
浠 水	103.00	108.00	32.00	24.00	—
咸 寧	258.00	108.00	26.00	28.00	2.00

4.4.11 1997 年湖北省城鎮居民家庭平均每百户年底耐用消費品擁有量(續)

城市 City	摩托車 Motorcycle (輛)	録放相機 Video Recorder (部)	組合音響 Hi-Fi Stereo Component System(臺)	照相機 Camera (架)	收録機 Radio Tape Recorder (臺)
全 省	**4.43**	**13.83**	**12.85**	**32.01**	**52.99**
武漢市	1.67	29.00	17.00	42.67	53.00
黄石市	—	9.00	15.00	59.00	59.00
宜昌市	2.00	21.00	14.00	38.00	60.00
襄樊市	3.00	18.00	12.00	41.00	80.00
天門市	—	6.00	14.00	18.00	62.00
沙 市	5.00	9.00	3.00	25.00	61.00
麻 城	4.00	10.00	20.00	14.00	28.00
洪 湖	2.00	8.00	14.00	24.00	44.00
浠 水	6.00	4.00	8.00	12.00	56.00
咸 寧	6.00	—	18.00	28.00	60.00

4.4.12　1997 年湖南省城鎮居民家庭平均每百户年底耐用消費品擁有量

城市 City	彩色電視機 Color TV Set (臺)	洗衣機 Washing Machine (臺)	家用電冰箱 Refrigerator (臺)	冰櫃 Freezer (臺)	空調器 Air Conditioner (臺)
全　省	**95.10**	**94.00**	**81.40**	**2.63**	**18.10**
長沙市	102.50	97.50	91.00	2.00	38.00
株洲市	102.00	95.00	93.00	3.00	14.00
邵陽市	82.00	96.00	71.00	2.00	1.00
岳陽市	105.00	94.00	92.00	5.00	50.00
常德市	104.00	94.00	84.00	6.00	27.00
郴州市	101.00	101.00	96.00	2.00	7.00
懷化市	97.00	92.00	86.00	—	5.00
道　縣	80.00	88.00	70.00	8.00	—
來　陽	92.00	88.00	74.00	—	2.00
沂　化	74.00	100.00	46.00	—	—
慈　利	90.00	72.00	64.00	2.00	4.00

4.4.12　1997 年湖南省城鎮居民家庭平均每百户年底耐用消費品擁有量(續)

城市 City	電風扇 Electric Fan (臺)	電炊具 Electric Cooking Appliances(臺)	淋浴熱水器 Shower (臺)	排油烟機 Range Hood (臺)	吸塵器 Dust Catcher (臺)
全　省	**253.00**	**48.17**	**42.47**	**36.29**	**3.60**
長沙市	269.00	54.50	51.50	22.50	3.50
株洲市	282.00	24.00	55.00	28.00	9.00
邵陽市	245.00	38.00	20.00	36.00	2.00
岳陽市	281.00	61.00	86.00	72.00	9.00
常德市	221.00	48.00	45.00	57.00	4.00
郴州市	238.00	52.00	52.00	51.00	1.00
懷化市	226.00	45.00	48.00	53.00	4.00
道　縣	204.00	40.00	24.00	36.00	4.00
來　陽	290.00	60.00	32.00	32.00	—
沂　化	248.00	30.00	22.00	10.00	2.00
慈　利	266.00	88.00	26.00	24.00	—

4.4.12　1997 年湖南省城鎮居民家庭平均每百户年底耐用消費品擁有量(續)

城市 City	摩托車 Motorcycle (輛)	録放相機 Video Recorder (部)	組合音響 Hi-Fi Stereo Component System(臺)	照相機 Camera (架)	收録機 Radio Tape Recorder (臺)
全　省	**7.90**	**19.60**	**13.00**	**31.50**	**49.14**
長沙市	10.00	39.00	16.50	38.00	50.00
株洲市	4.00	28.00	11.00	45.00	67.00
邵陽市	8.00	13.00	6.00	22.00	46.00
岳陽市	5.00	25.00	16.00	40.00	62.00
常德市	3.00	28.00	20.00	37.00	56.00
郴州市	13.00	14.00	20.00	37.00	54.00
懷化市	4.00	9.00	11.00	25.00	45.00
道　縣	16.00	12.00	14.00	20.00	42.00
來　陽	10.00	16.00	14.00	14.00	26.00
沂　化	4.00	6.00	6.00	22.00	24.00
慈　利	14.00	2.00	4.00	32.00	56.00

4.4.13 1997年遼寧省城鎮居民家庭平均每百户年底耐用消費品擁有量

城市 City	彩色電視機 Color TV Set (臺)	洗衣機 Washing Machine (臺)	家用電冰箱 Refrigerator (臺)	冰櫃 Freezer (臺)	空調器 Air Conditioner (臺)
全　省	**98.21**	**86.77**	**72.66**	**5.55**	**0.57**
沈陽市	100.60	92.00	82.20	3.60	0.20
大連市	113.40	86.20	93.00	10.40	2.00
鞍山市	107.00	94.00	92.00	9.00	1.50
撫順市	97.00	87.50	76.50	5.50	—
丹東市	97.00	84.50	66.50	4.00	—
錦州市	97.50	86.00	70.50	4.00	—
瓦房店	96.00	86.00	64.00	6.00	1.00
綏　中	88.00	92.00	54.00	4.00	—
昌　圖	82.00	88.00	30.00	—	—

4.4.13 1997年遼寧省城鎮居民家庭平均每百户年底耐用消費品擁有量(續)

城市 City	電風扇 Electric Fan (臺)	電炊具 Electric Cooking Appliances(臺)	淋浴熱水器 Shower (臺)	排油烟機 Range Hood (臺)	吸塵器 Dust Catcher (臺)
全　省	**62.26**	**72.96**	**38.95**	**54.09**	**22.77**
沈陽市	63.10	68.60	55.40	73.40	36.40
大連市	76.40	56.80	64.60	69.80	25.00
鞍山市	67.00	33.00	45.50	46.50	39.00
撫順市	56.50	45.50	43.00	74.50	23.00
丹東市	63.00	32.50	59.50	21.00	7.00
錦州市	57.50	46.50	43.00	62.00	7.00
瓦房店	73.00	58.00	33.00	61.00	17.00
綏　中	82.00	108.00	14.00	32.00	14.00
昌　圖	48.00	206.00	4.00	20.00	2.00

4.4.13 1997年遼寧省城鎮居民家庭平均每百户年底耐用消費品擁有量(續)

城市 City	摩托車 Motorcycle (輛)	録放相機 Video Recorder (部)	組合音響 Hi-Fi Stereo Component System(臺)	照相機 Camera (架)	收録機 Radio Tape Recorder (臺)
全　省	**4.54**	**21.44**	**12.77**	**35.72**	**64.12**
沈陽市	4.20	32.20	13.00	57.40	73.80
大連市	3.00	46.40	21.20	56.00	60.80
鞍山市	4.50	25.50	22.50	38.50	71.00
撫順市	4.50	17.00	13.00	43.00	67.00
丹東市	2.50	17.50	8.00	19.00	61.00
錦州市	4.00	11.50	6.50	28.00	59.00
瓦房店	5.00	18.00	15.00	21.00	53.00
綏　中	6.00	16.00	12.00	16.00	58.00
昌　圖	6.00	8.00	10.00	10.00	66.00

4.4.14　1997年吉林省城鎮居民家庭平均每百户年底耐用消費品擁有量

城市 City	彩色電視機 Color TV Set (臺)	洗衣機 Washing Machine (臺)	家用電冰箱 Refrigerator (臺)	冰櫃 Freezer (臺)	空調器 Air Conditioner (臺)
全　省	**92.46**	**88.87**	**54.87**	**3.77**	—
長春市	99.67	89.00	74.00	5.00	—
吉林市	102.00	91.00	68.50	5.50	—
四平市	90.00	92.00	46.00	1.00	—
通化市	92.00	88.00	42.00	2.00	—
白山市	92.00	89.00	46.00	4.00	—
松原市	96.00	102.00	48.00	12.00	—
延吉市	95.00	88.00	70.00	1.00	—
德惠市	66.00	88.00	44.00	4.00	—
蛟　河	94.00	90.00	44.00	—	—
雙　遼	56.00	72.00	14.00	2.00	—

4.4.14　1997年吉林省城鎮居民家庭平均每百户年底耐用消費品擁有量(續)

城市 City	電風扇 Electric Fan (臺)	電炊具 Electric Cooking Appliances(臺)	淋浴熱水器 Shower (臺)	排油烟機 Range Hood (臺)	吸塵器 Dust Catcher (臺)
全　省	**52.06**	**127.81**	**27.55**	**50.23**	**16.27**
長春市	60.67	62.67	38.67	66.00	23.69
吉林市	47.50	124.50	44.00	71.50	24.30
四平市	49.00	153.00	6.00	26.00	8.00
通化市	21.00	132.00	34.00	0.90	14.00
白山市	36.00	138.00	22.00	44.00	21.00
松原市	58.00	80.00	66.00	54.00	4.00
延吉市	62.00	155.00	25.00	59.00	15.00
德惠市	66.00	156.00	18.00	30.00	14.00
蛟　河	38.00	154.00	14.00	28.00	4.00
雙　遼	46.00	110.00	—	—	—

4.4.14　1997年吉林省城鎮居民家庭平均每百户年底耐用消費品擁有量(續)

城市 City	摩托車 Motorcycle (輛)	録放相機 Video Recorder (部)	組合音響 Hi-Fi Stereo Component System(臺)	照相機 Camera (架)	收録機 Radio Tape Recorder (臺)
全　省	**2.88**	**18.24**	**13.79**	**26.10**	**54.74**
長春市	2.33	28.33	13.33	36.67	46.33
吉林市	2.50	27.50	12.00	41.50	73.50
四平市	1.00	10.00	15.00	10.00	26.00
通化市	—	13.00	11.00	13.00	40.00
白山市	3.00	17.00	12.00	20.00	44.00
松原市	2.00	12.00	14.00	24.00	54.00
延吉市	7.00	29.00	14.00	47.00	77.00
德惠市	6.00	8.00	14.00	14.00	64.00
蛟　河	—	14.00	8.00	22.00	62.00
雙　遼	4.00	4.00	2.00	6.00	62.00

4.4.15 1997年江蘇省城鎮居民家庭平均每百户年底耐用消費品擁有量

城市 City	彩色電視機 Color TV Set (臺)	洗衣機 Washing Machine (臺)	家用電冰箱 Refrigerator (臺)	冰櫃 Freezer (臺)	空調器 Air Conditioner (臺)
全 省	**101.11**	**94.98**	**77.68**	**2.05**	**22.89**
南京市	113.40	99.70	98.00	1.00	53.00
無錫市	116.00	94.00	93.00	1.50	47.00
徐州市	100.00	84.50	78.00	2.00	28.00
常州市	100.00	95.00	87.00	2.00	17.00
南通市	105.00	98.00	84.00	4.00	22.00
揚州市	105.00	99.00	84.00	1.00	22.00
宿遷市	91.00	96.00	52.00	4.00	1.00
宜興市	116.00	102.00	88.00	0.00	40.00
泰 興	106.00	102.00	28.00	4.00	12.00
大 豐	104.00	100.00	80.00	2.00	8.00

4.4.15 1997年江蘇省城鎮居民家庭平均每百户年底耐用消費品擁有量(續)

城市 City	電風扇 Electric Fan (臺)	電炊具 Electric Cooking Appliances(臺)	淋浴熱水器 Shower (臺)	排油烟機 Range Hood (臺)	吸塵器 Dust Catcher (臺)
全 省	**254.62**	**129.20**	**43.79**	**48.73**	**12.82**
南京市	208.30	136.70	75.70	60.70	16.30
無錫市	273.50	137.50	38.00	58.50	22.50
徐州市	220.50	84.50	45.50	55.50	7.50
常州市	205.00	106.00	46.00	52.00	13.00
南通市	262.00	128.00	60.00	54.00	17.00
揚州市	370.00	134.00	49.00	57.00	21.00
宿遷市	235.00	68.00	10.00	16.00	7.00
宜興市	266.00	118.00	72.00	80.00	28.00
泰 興	278.00	126.00	32.00	32.00	2.00
大 豐	184.00	210.00	32.00	54.00	8.00

4.4.15 1997年江蘇省城鎮居民家庭平均每百户年底耐用消費品擁有量(續)

城市 City	摩托車 Motorcycle (輛)	録放相機 Video Recorder (部)	組合音響 Hi-Fi Stereo Component System(臺)	照相機 Camera (架)	收録機 Radio Tape Recorder (臺)
全 省	**15.57**	**24.84**	**13.11**	**32.83**	**55.54**
南京市	3.70	46.00	23.00	54.70	63.00
無錫市	14.00	36.00	11.50	35.00	58.00
徐州市	5.50	19.00	10.50	28.50	55.00
常州市	8.00	19.00	16.00	31.00	57.00
南通市	20.00	23.00	18.00	30.00	53.00
揚州市	25.00	29.00	18.00	41.00	41.00
宿遷市	27.00	19.00	19.00	16.00	45.00
宜興市	20.00	28.00	6.00	44.00	74.00
泰 興	22.00	32.00	12.00	14.00	58.00
大 豐	40.00	16.00	14.00	24.00	50.00

4.4.16　1997年江西省城鎮居民家庭平均每百户年底耐用消費品擁有量

城市 City	彩色電視機 Color TV Set (臺)	洗衣機 Washing Machine (臺)	家用電冰箱 Refrigerator (臺)	冰櫃 Freezer (臺)	空調器 Air Conditioner (臺)
全　省	**91.53**	**81.69**	**73.22**	**2.88**	**12.37**
南昌市	97.50	90.50	89.50	1.50	42.50
景德鎮市	93.00	90.00	89.00	5.00	3.00
九江市	97.00	87.00	89.00	7.00	21.00
贛州市	88.00	78.00	61.00	—	2.00
信　豐	88.00	76.00	44.00	6.00	—
瑞　昌	94.00	30.00	64.00	2.00	—
泰　和	70.00	52.00	32.00	2.00	4.00
上　高	98.00	84.00	84.00	2.00	4.00
鉛　山	62.00	62.00	40.00	2.00	—

4.4.16　1997年江西省城鎮居民家庭平均每百户年底耐用消費品擁有量(續)

城市 City	電風扇 Electric Fan (臺)	電炊具 Electric Cooking Appliances(臺)	淋浴熱水器 Shower (臺)	排油烟機 Range Hood (臺)	吸塵器 Dust Catcher (臺)
全　省	**241.27**	**69.49**	**43.64**	**36.19**	**4.15**
南昌市	202.00	44.00	17.00	33.50	7.00
景德鎮市	204.00	34.00	25.00	22.00	1.00
九江市	269.00	95.00	60.00	36.00	3.00
贛州市	237.00	75.00	36.00	50.00	5.00
信　豐	290.00	70.00	18.00	14.00	—
瑞　昌	188.00	48.00	14.00	10.00	—
泰　和	240.00	90.00	44.00	40.00	2.00
上　高	326.00	102.00	68.00	30.00	8.00
鉛　山	268.00	76.00	38.00	18.00	—

4.4.16　1997年江西省城鎮居民家庭平均每百户年底耐用消費品擁有量(續)

城市 City	摩托車 Motorcycle (輛)	録放相機 Video Recorder (部)	組合音響 Hi-Fi Stereo Component System(臺)	照相機 Camera (架)	收録機 Radio Tape Recorder (臺)
全　省	**7.88**	**12.20**	**12.80**	**24.92**	**47.12**
南昌市	4.00	18.50	14.00	36.50	33.50
景德鎮市	13.00	13.00	10.00	20.00	69.00
九江市	10.00	7.00	9.00	21.00	44.00
贛州市	5.00	9.00	11.00	31.00	61.00
信　豐	24.00	6.00	8.00	24.00	40.00
瑞　昌	12.00	—	14.00	4.00	14.00
泰　和	6.00	2.00	10.00	18.00	70.00
上　高	12.00	14.00	6.00	22.00	72.00
鉛　山	6.00	6.00	2.00	6.00	42.00

4.4.17 内蒙古自治區城鎮居民家庭平均每百户年底耐用消費品擁有量

城市 City	彩色電視機 Color TV Set (臺)	洗衣機 Washing Machine (臺)	家用電冰箱 Refrigerator (臺)	冰櫃 Freezer (臺)	空調器 Air Conditioner (臺)
全 區	**93.34**	**83.02**	**53.86**	**5.85**	**0.30**
呼和浩特市	98.00	89.00	67.00	6.00	—
包頭市	92.00	81.00	56.00	5.00	—
赤峰市	101.00	88.00	78.00	14.00	—
海拉爾市	91.00	89.00	65.00	3.00	—
臨河市	101.00	90.00	66.00	2.00	—
正鑲白旗	82.00	56.00	32.00	16.00	—
豐 鎮	84.00	60.00	42.00	6.00	—
額爾古納左旗	88.00	76.00	10.00	—	—

4.4.17 内蒙古自治區城鎮居民家庭平均每百户年底耐用消費品擁有量(續)

城市 City	電風扇 Electric Fan (臺)	電炊具 Electric Cooking Appliances(臺)	淋浴熱水器 Shower (臺)	排油烟機 Range Hood (臺)	吸塵器 Dust Catcher (臺)
全 區	**37.50**	**121.15**	**12.29**	**24.38**	**7.79**
呼和浩特市	35.00	49.00	12.00	31.00	9.00
包頭市	33.00	37.00	19.00	23.00	3.00
赤峰市	78.00	206.00	33.00	54.00	22.00
海拉爾市	7.00	199.00	7.00	64.00	22.00
臨河市	74.00	191.00	4.00	6.00	13.00
正鑲白旗	2.00	34.00	—	—	—
豐 鎮	38.00	112.00	—	10.00	2.00
額爾古納左旗	2.00	86.00	—	6.00	2.00

4.4.17 内蒙古自治區城鎮居民家庭平均每百户年底耐用消費品擁有量(續)

城市 City	摩托車 Motorcycle (輛)	録放相機 Video Recorder (部)	組合音響 Hi-Fi Stereo Component System(臺)	照相機 Camera (架)	收録機 Radio Tape Recorder (臺)
全 區	**14.26**	**7.16**	**13.42**	**17.98**	**50.74**
呼和浩特市	4.00	12.00	11.00	22.00	66.00
包頭市	8.00	10.00	15.00	16.00	37.00
赤峰市	4.00	13.00	16.00	32.00	55.00
海拉爾市	10.00	5.00	9.00	24.00	60.00
臨河市	29.00	4.00	11.00	36.00	57.00
正鑲白旗	20.00	2.00	12.00	6.00	50.00
豐 鎮	24.00	8.00	6.00	10.00	28.00
額爾古納左旗	2.00	2.00	18.00	4.00	38.00

4.4.18　1997年寧夏回族自治區城鎮居民家庭平均每百户年底耐用消費品擁有量

城市 City	彩色電視機 Color TV Set (臺)	洗衣機 Washing Machine (臺)	家用電冰箱 Refrigerator (臺)	冰櫃 Freezer (臺)	空調器 Air Conditioner (臺)
全　區	**101.83**	**88.28**	**64.54**	**2.12**	**0.17**
銀川市	105.00	88.00	78.00	4.00	0.01
石嘴山石	97.00	81.00	55.00	2.00	—
吴忠市	101.00	90.00	61.00	—	—
中衛縣	102.00	96.00	60.00	4.00	—
固原縣	98.00	86.00	48.00	—	—

4.4.18　1997年寧夏回族自治區城鎮居民家庭平均每百户年底耐用消費品擁有量(續)

城市 City	電風扇 Electric Fan (臺)	電炊具 Electric Cooking Appliances(臺)	淋浴熱水器 Shower (臺)	排油烟機 Range Hood (臺)	吸塵器 Dust Catcher (臺)
全　區	**61.30**	**119.55**	**28.79**	**35.31**	**8.01**
銀川市	64.00	162.00	44.00	43.00	14.00
石嘴山石	65.00	74.00	11.00	24.00	1.00
吴忠市	79.00	87.00	43.00	44.00	13.00
中衛縣	74.00	138.00	16.00	20.00	6.00
固原縣	—	94.00	8.00	36.00	—

4.4.18　1997年寧夏回族自治區城鎮居民家庭平均每百户年底耐用消費品擁有量(續)

城市 City	摩托車 Motorcycle (輛)	録放相機 Video Recorder (部)	組合音響 Hi-Fi Stereo Component System(臺)	照相機 Camera (架)	收録機 Radio Tape Recorder (臺)
全　區	**8.82**	**15.25**	**13.09**	**28.34**	**48.89**
銀川市	4.00	25.00	15.00	35.00	52.00
石嘴山石	16.00	10.00	6.00	13.00	51.00
吴忠市	10.00	21.00	22.00	32.00	41.00
中衛縣	10.00	2.00	10.00	30.00	48.00
固原縣	10.00	4.00	12.00	22.00	52.00

4.4.19 1997年青海省城鎮居民家庭平均每百户年底耐用消費品擁有量

城市 City	彩色電視機 Color TV Set (臺)	洗衣機 Washing Machine (臺)	家用電冰箱 Refrigerator (臺)	冰櫃 Freezer (臺)	空調器 Air Conditioner (臺)
全 省	**100.89**	**99.56**	**59.33**	**2.00**	**0.22**
西寧市	96.00	96.50	65.00	3.00	—
格爾木	99.00	92.00	35.00	1.00	—
樂 都	104.00	104.00	64.00	—	—
共 和	104.00	98.00	36.00	4.00	—
大 通	104.00	100.00	56.00	—	—

4.4.19 1997年青海省城鎮居民家庭平均每百户年底耐用消費品擁有量(續)

城市 City	電風扇 Electric Fan (臺)	電炊具 Electric Cooking Appliances(臺)	淋浴熱水器 Shower (臺)	排油烟機 Range Hood (臺)	吸塵器 Dust Catcher (臺)
全 省	**1.11**	**10.67**	**9.56**	**36.67**	**6.22**
西寧市	0.50	0.50	9.00	41.00	9.00
格爾木	4.00	2.00	2.00	11.00	3.00
樂 都	4.00	12.00	16.00	70.00	4.00
共 和	—	22.00	14.00	14.00	6.00
大 通	—	30.00	10.00	38.00	—

4.4.19 1997年青海省城鎮居民家庭平均每百户年底耐用消費品擁有量(續)

城市 City	摩托車 Motorcycle (輛)	録放相機 Video Recorder (部)	組合音響 Hi-Fi Stereo Component System(臺)	照相機 Camera (架)	收録機 Radio Tape Recorder (臺)
全 省	**8.44**	**12.44**	**9.56**	**34.44**	**68.89**
西寧市	3.50	16.00	10.00	33.00	77.00
格爾木	8.00	17.00	5.00	34.00	22.00
樂 都	8.00	2.00	2.00	30.00	74.00
共 和	26.00	6.00	20.00	42.00	50.00
大 通	10.00	2.00	10.00	32.00	68.00

4.4.20 1997 年山東省城鎮居民家庭平均每百户年底耐用消費品擁有量

城市 City	彩色電視機 Color TV Set (臺)	洗衣機 Washing Machine (臺)	家用電冰箱 Refrigerator (臺)	冰櫃 Freezer (臺)	空調器 Air Conditioner (臺)
全　省	**103.67**	**86.51**	**82.24**	**14.01**	**11.35**
濟南市	111.00	101.00	96.50	16.50	33.00
青島市	110.50	83.00	93.00	16.50	9.00
棗莊市	100.00	95.00	79.00	9.00	17.00
烟臺市	109.00	80.00	98.00	28.00	6.00
濟寧市	98.00	86.00	77.00	4.00	3.00
德州市	99.00	92.00	73.00	12.00	11.00
青州市	101.00	91.00	87.00	5.00	12.00
文登市	106.00	66.00	90.00	10.00	6.00
諸城市	96.00	88.00	94.00	2.00	2.00
徽山市	98.00	92.00	50.00	2.00	6.00

4.4.20 1997 年山東省城鎮居民家庭平均每百户年底耐用消費品擁有量(續)

城市 City	電風扇 Electric Fan (臺)	電炊具 Electric Cooking Appliances(臺)	淋浴熱水器 Shower (臺)	排油烟機 Range Hood (臺)	吸塵器 Dust Catcher (臺)
全　省	**196.26**	**64.74**	**35.78**	**56.36**	**12.79**
濟南市	209.00	81.00	58.50	67.50	13.00
青島市	115.50	48.00	46.50	26.00	27.00
棗莊市	195.00	54.00	29.00	39.00	16.00
烟臺市	115.00	63.00	62.00	27.00	26.00
濟寧市	193.00	31.00	22.00	68.00	10.00
德州市	222.00	71.00	25.00	47.00	6.00
青州市	259.00	79.00	37.00	53.00	14.00
文登市	98.00	64.00	32.00	64.00	22.00
諸城市	164.00	54.00	36.00	80.00	8.00
徽山市	244.00	94.00	8.00	40.00	10.00

4.4.20 1997 年山東省城鎮居民家庭平均每百户年底耐用消費品擁有量(續)

城市 City	摩托車 Motorcycle (輛)	録放相機 Video Recorder (部)	組合音響 Hi-Fi Stereo Component System(臺)	照相機 Camera (架)	收録機 Radio Tape Recorder (臺)
全　省	**20.61**	**24.52**	**13.80**	**42.43**	**68.03**
濟南市	29.50	37.50	20.50	62.00	74.00
青島市	3.00	46.50	17.00	63.00	77.00
棗莊市	21.00	16.00	20.00	32.00	47.00
烟臺市	17.00	33.00	17.00	54.00	71.00
濟寧市	10.00	17.00	18.00	33.00	70.00
德州市	14.00	19.00	12.00	34.00	60.00
青州市	55.00	24.00	12.00	55.00	74.00
文登市	40.00	26.00	10.00	42.00	38.00
諸城市	28.00	14.00	12.00	32.00	12.00
徽山市	20.00	8.00	14.00	12.00	66.00

4.4.21 1997年山西省城鎮居民家庭平均每百户年底耐用消費品擁有量

城市 City	彩色電視機 Color TV Set (臺)	洗衣機 Washing Machine (臺)	家用電冰箱 Refrigerator (臺)	冰櫃 Freezer (臺)	空調器 Air Conditioner (臺)
全 省	**99.58**	**93.07**	**66.46**	**5.29**	**2.35**
太原市	102.50	94.50	81.00	8.50	1.00
大同市	99.00	95.00	79.50	11.50	0.00
陽泉市	103.00	87.00	75.00	1.00	1.00
長治市	115.00	103.00	62.00	3.00	0.00
晉城市	101.00	97.00	89.00	4.00	1.00
運城市	105.00	90.00	69.00	3.00	23.00
潭源市	80.00	70.00	22.00	6.00	0.00
汾陽市	90.00	90.00	38.00	2.00	2.00
興 縣	74.00	90.00	26.00	0.00	0.00

4.4.21 1997年山西省城鎮居民家庭平均每百户年底耐用消費品擁有量(續)

城市 City	電風扇 Electric Fan (臺)	電炊具 Electric Cooking Appliances(臺)	淋浴熱水器 Shower (臺)	排油烟機 Range Hood (臺)	吸塵器 Dust Catcher (臺)
全 省	**71.74**	**28.14**	**15.81**	**37.60**	**5.78**
太原市	70.00	29.00	30.50	61.50	6.50
大同市	64.50	10.00	14.50	36.00	7.00
陽泉市	64.00	9.00	3.00	27.00	5.00
長治市	54.00	32.00	26.00	60.00	6.00
晉城市	102.00	16.00	26.00	49.00	11.00
運城市	100.00	23.00	8.00	9.00	3.00
潭源市	46.00	16.00	4.00	22.00	2.00
汾陽市	92.00	16.00	4.00	20.00	—
興 縣	40.00	94.00	2.00	2.00	—

4.4.21 1997年山西省城鎮居民家庭平均每百户年底耐用消費品擁有量(續)

城市 City	摩托車 Motorcycle (輛)	録放相機 Video Recorder (部)	組合音響 Hi-Fi Stereo Component System(臺)	照相機 Camera (架)	收録機 Radio Tape Recorder (臺)
全 省	**13.54**	**12.56**	**11.96**	**29.15**	**52.24**
太原市	2.50	20.50	14.00	43.00	51.50
大同市	7.50	15.00	12.50	23.50	48.00
陽泉市	15.00	15.00	13.00	32.00	53.00
長治市	13.00	10.00	7.00	43.00	66.00
晉城市	27.00	12.00	11.00	24.00	51.00
運城市	27.00	9.00	16.00	15.00	28.00
潭源市	22.00	4.00	18.00	6.00	32.00
汾陽市	40.00	2.00	8.00	24.00	56.00
興 縣	2.00	2.00	4.00	16.00	42.00

4.4.22　1997 年陝西省城鎮居民家庭平均每百户年底耐用消費品擁有量

城市 City	彩色電視機 Color TV Set (臺)	洗衣機 Washing Machine (臺)	家用電冰箱 Refrigerator (臺)	冰櫃 Freezer (臺)	空調器 Air Conditioner (臺)
全　省	**102.02**	**92.23**	**67.51**	**1.79**	**14.81**
西安市	110.00	97.70	88.70	1.70	31.00
寶鷄市	100.00	103.00	81.00	4.00	10.00
咸陽市	100.00	92.00	75.00	3.00	21.00
漢中市	94.00	92.00	58.00	5.00	2.00
榆　林	100.00	82.00	48.00	2.00	—
安　康	86.00	90.00	76.00	2.00	10.00
三　原	100.00	94.00	52.00	—	4.00
商　州	102.00	88.00	68.00	—	2.00

4.4.22　1997 年陝西省城鎮居民家庭平均每百户年底耐用消費品擁有量(續)

城市 City	電風扇 Electric Fan (臺)	電炊具 Electric Cooking Appliances(臺)	淋浴熱水器 Shower (臺)	排油烟機 Range Hood (臺)	吸塵器 Dust Catcher (臺)
全　省	**144.61**	**58.79**	**28.86**	**37.94**	**3.96**
西安市	186.70	90.30	43.70	53.30	8.30
寶鷄市	108.00	45.00	46.00	62.00	7.00
咸陽市	145.00	48.00	29.00	45.00	4.00
漢中市	142.00	75.00	18.00	29.00	2.00
榆　林	42.00	2.00	8.00	8.00	2.00
安　康	198.00	92.00	42.00	26.00	—
三　原	184.00	22.00	4.00	30.00	—
商　州	112.00	30.00	18.00	40.00	—

4.4.22　1997 年陝西省城鎮居民家庭平均每百户年底耐用消費品擁有量(續)

城市 City	摩托車 Motorcycle (輛)	録放相機 Video Recorder (部)	組合音響 Hi-Fi Stereo Component System(臺)	照相機 Camera (架)	收録機 Radio Tape Recorder (臺)
全　省	**4.79**	**13.36**	**7.32**	**29.82**	**56.08**
西安市	2.00	22.30	8.00	44.00	67.00
寶鷄市	4.00	16.00	8.00	42.00	49.00
咸陽市	5.00	14.00	12.00	27.00	54.00
漢中市	6.00	11.00	6.00	16.00	35.00
榆　林	16.00	2.00	6.00	22.00	72.00
安　康	2.00	2.00	10.00	30.00	56.00
三　原	2.00	4.00	4.00	22.00	72.00
商　州	10.00	8.00	12.00	24.00	56.00

4.4.23 1997年四川省城鎮居民家庭平均每百户年底耐用消費品擁有量

城市 City	彩色電視機 Color TV Set (臺)	洗衣機 Washing Machine (臺)	家用電冰箱 Refrigerator (臺)	冰櫃 Freezer (臺)	空調器 Air Conditioner (臺)
全 省	**104.87**	**92.68**	**78.38**	**0.78**	**5.12**
成都市	117.70	99.00	91.30	0.30	8.70
自貢市	106.00	97.00	93.00	1.00	13.00
瀘州市	102.00	97.00	84.00	1.00	13.00
廣元市	109.00	90.00	87.00	—	1.00
樂山市	109.00	97.00	71.00	—	1.00
南充市	94.00	89.00	82.00	1.00	16.00
温江市	118.00	96.00	94.00	—	4.00
平昌市	96.00	68.00	62.00	2.00	2.00
峨眉市	110.00	96.00	68.00	—	4.00
漢 源	96.00	98.00	74.00	—	2.00
叙 永	76.00	88.00	40.00	2.00	6.00

4.4.23 1997年四川省城鎮居民家庭平均每百户年底耐用消費品擁有量(續)

城市 City	電風扇 Electric Fan (臺)	電炊具 Electric Cooking Appliances(臺)	淋浴熱水器 Shower (臺)	排油烟機 Range Hood (臺)	吸塵器 Dust Catcher (臺)
全 省	**184.27**	**122.37**	**57.84**	**35.01**	**5.12**
成都市	216.30	51.30	83.00	47.70	12.70
自貢市	223.00	69.00	60.00	29.00	2.00
瀘州市	251.00	82.00	73.00	32.00	2.00
廣元市	164.00	76.00	41.00	46.00	5.00
樂山市	201.00	114.00	69.00	30.00	8.00
南充市	270.00	59.00	82.00	37.00	—
温江市	144.00	176.00	78.00	42.00	12.00
平昌市	164.00	194.00	54.00	2.00	—
峨眉市	198.00	276.00	86.00	54.00	2.00
漢 源	244.00	90.00	6.00	28.00	24.00
叙 永	234.00	88.00	4.00	2.00	—

4.4.23 1997年四川省城鎮居民家庭平均每百户年底耐用消費品擁有量(續)

城市 City	摩托車 Motorcycle (輛)	録放相機 Video Recorder (部)	組合音響 Hi-Fi Stereo Component System(臺)	照相機 Camera (架)	收録機 Radio Tape Recorder (臺)
全 省	**6.20**	**21.56**	**17.07**	**36.48**	**48.53**
成都市	—	41.00	25.70	50.00	46.00
自貢市	—	18.00	24.00	38.00	56.00
瀘州市	—	15.00	17.00	32.00	50.00
廣元市	—	14.00	10.00	40.00	60.00
樂山市	—	16.00	18.00	35.00	70.00
南充市	—	11.00	8.00	34.00	44.00
温江市	14.00	32.00	38.00	38.00	46.00
平昌市	2.00	6.00	4.00	24.00	18.00
峨眉市	2.00	30.00	14.00	34.00	56.00
漢 源	2.00	16.00	14.00	26.00	52.00
叙 永	4.00	8.00	8.00	18.00	22.00

4.4.24 1997年新疆維吾爾自治區城鎮居民家庭平均每百户年底耐用消費品擁有量

城市 City	彩色電視機 Color TV Set (臺)	洗衣機 Washing Machine (臺)	家用電冰箱 Refrigerator (臺)	冰櫃 Freezer (臺)	空調器 Air Conditioner (臺)
全 區	**98.89**	**88.15**	**75.37**	**2.22**	**3.20**
烏魯木齊市	107.50	97.00	95.00	0.50	0.50
喀 什	92.00	77.00	59.00	1.00	—
伊 寧	95.00	83.00	58.00	2.00	1.00
和 田	86.00	84.00	54.00	2.00	—
塔 城	94.00	80.00	70.00	6.00	—
焉 耆	94.00	88.00	70.00	2.00	—

4.4.24 1997年新疆維吾爾自治區城鎮居民家庭平均每百户年底耐用消費品擁有量(續)

城市 City	電風扇 Electric Fan (臺)	電炊具 Electric Cooking Appliances(臺)	淋浴熱水器 Shower (臺)	排油烟機 Range Hood (臺)	吸塵器 Dust Catcher (臺)
全 區	**41.10**	**81.90**	**42.59**	**57.80**	**20.40**
烏魯木齊市	27.00	84.00	58.00	86.50	21.00
喀 什	62.00	67.00	20.00	38.00	17.00
伊 寧	38.00	102.00	29.00	36.00	23.00
和 田	60.00	40.00	30.00	32.00	8.00
塔 城	30.00	106.00	30.00	26.00	12.00
焉 耆	38.00	90.00	30.00	26.00	4.00

4.4.24 1997年新疆維吾爾自治區城鎮居民家庭平均每百户年底耐用消費品擁有量(續)

城市 City	摩托車 Motorcycle (輛)	録放相機 Video Recorder (部)	組合音響 Hi-Fi Stereo Compo- nent System(臺)	照相機 Camera (架)	收録機 Radio Tape Recorder (臺)
全 區	**8.70**	**19.81**	**16.85**	**38.70**	**69.83**
烏魯木齊市	1.50	25.00	21.50	54.50	68.50
喀 什	15.00	16.00	8.00	32.00	74.50
伊 寧	1.00	17.00	22.00	19.00	50.00
和 田	32.00	6.00	8.00	26.00	84.00
塔 城	16.00	14.00	4.00	30.00	106.00
焉 耆	8.00	22.00	12.00	30.00	62.00

4.4.25 1997 年浙江省城鎮居民家庭平均每百户年底耐用消費品擁有量

城市 City	彩色電視機 Color TV Set (臺)	洗衣機 Washing Machine (臺)	家用電冰箱 Refrigerator (臺)	冰櫃 Freezer (臺)	空調器 Air Conditioner (臺)
全 省	**111.00**	**87.00**	**97.00**	**1.82**	**35.00**
杭州市	118.00	93.50	107.00	0.50	71.50
寧波市	112.50	91.50	100.00	1.50	38.00
温州市	116.00	83.00	92.00	1.00	29.00
金華市	108.00	87.00	96.00	—	32.00
舟山市	117.00	77.00	99.00	5.00	11.00
新 昌	126.00	90.00	96.00	—	28.00
安 吉	124.00	98.00	70.00	—	30.00

4.4.25 1997 年浙江省城鎮居民家庭平均每百户年底耐用消費品擁有量(續)

城市 City	電風扇 Electric Fan (臺)	電炊具 Electric Cooking Appliances(臺)	淋浴熱水器 Shower (臺)	排油烟機 Range Hood (臺)	吸塵器 Dust Catcher (臺)
全 省	**275.00**	**98.00**	**60.00**	**18.00**	**8.70**
杭州市	276.50	79.00	59.00	22.00	3.00
寧波市	300.50	170.00	67.00	21.50	11.50
温州市	248.00	82.00	76.00	20.00	16.00
金華市	266.00	92.00	59.00	5.00	12.00
舟山市	282.00	114.00	57.00	18.00	4.00
新 昌	340.00	178.00	58.00	14.00	28.00
安 吉	266.00	132.00	66.00	16.00	6.00

4.4.25 1997 年浙江省城鎮居民家庭平均每百户年底耐用消費品擁有量(續)

城市 City	摩托車 Motorcycle (輛)	録放相機 Video Recorder (部)	組合音響 Hi-Fi Stereo Component System(臺)	照相機 Camera (架)	收録機 Radio Tape Recorder (臺)
全 省	**32.00**	**14.00**	**45.00**	**70.00**	**69.62**
杭州市	37.50	21.00	64.00	79.50	—
寧波市	38.50	16.00	46.00	88.00	—
温州市	37.00	23.00	40.00	54.00	—
金華市	35.00	11.00	55.00	68.00	—
舟山市	38.00	18.00	35.00	80.00	—
新 昌	26.00	12.00	30.00	66.00	—
安 吉	24.00	8.00	52.00	50.00	—

第五章　1997年全國及分省市城鄉居民文化生活媒體接觸情況

4.5.1　1996—1997年全國及分省市城鄉居民文化生活媒體接觸情況

地區 Region	每萬人擁有公共圖書館 Public Liberies Per 10 000 Population （個）	人均公共圖書館藏書 Per Capita Collection Books （册，件）	每百人每天有報紙量 Each Day Per Capita Possession of Newspaper （份）	每人每年有圖書雜志量 Each Day Per Capita Possession of Magazines （册）
全　國	**0.02**	**0.43**	**4.15**	**7.92**
安　徽	0.01	0.01	2.33	5.85
北　京	0.02	2.71	—	—
重　慶	0.02	0.79	3.70	4.40
福　建	0.03	0.40	4.68	2.32
甘　肅	0.04	0.49	2.32	5.76
廣　東	0.02	0.27	—	—
廣　西	0.02	1.14	—	—
貴　州	0.02	0.50	2.40	3.09
海　南	0.02	0.17	—	—
河　北	0.03	0.54	—	0.25
黑龍江	0.02	0.33	5.30	1.90
河　南	0.02	0.21	3.14	0.23
湖　北	0.02	0.32	3.94	9.03
湖　南	0.02	0.36	2.91	6.99
遼　寧	0.03	0.48	6.70	8.90
吉　林	0.02	0.44	3.79	1.92
江　蘇	0.02	0.43	7.20	—
江　西	0.03	0.35	2.31	1.65
内蒙古	0.05	0.49	—	—
寧　夏	0.03	0.92	3.50	7.50
青　海	0.05	1.43	2.26	2.36
山　東	0.02	0.24	—	—
山　西	0.03	0.25	0.06	5.90
陝　西	0.03	0.38	4.23	4.16
上　海	0.03	0.98	—	—
四　川	0.02	0.35	15.39	4.55
天　津	0.04	0.89	17.60	9.10
西　藏	—	—	—	—
新　疆	0.05	0.52	3.20	1.99
雲　南	0.04	0.47	8.39	4.15
浙　江	0.02	0.30	9.00	9.00

注：每萬人擁有公共圖書館、人均公共圖書館藏書采用1996年數據，其余為1997年數據。

4.5.1 1996—1997年全國及分省市城鄉居民文化生活媒體接觸情況(續)

地區 Region	廣播電臺數量 Number of Broadcasting Station (座)	廣播人口覆蓋率 Listener Rating %	電視臺數量 Number of Television Station (座)	電視人口覆蓋率 Viewer Rating %
全 國	**1 363**	**86.00**	**923**	**87.60**
安 徽	72	86.43	48	84.87
北 京	11	—	11	—
重 慶	12	85.02	6	84.52
福 建	48	91.00	14	94.00
甘 肅	32	73.03	14	73.44
廣 東	97	—	48	—
廣 西	26	75.99	21	80.62
貴 州	9	66.10	9	76.20
海 南	21	—	6	87.00
河 北	120	94.30	53	90.90
黑龍江	74	83.20	35	88.90
河 南	77	93.20	73	87.50
湖 北	70	87.00	56	87.40
湖 南	12	100.00	28	100.00
遼 寧	76	90.10	41	90.70
吉 林	43	91.61	43	92.90
江 蘇	80	88.00	57	95.00
江 西	11	79.80	31	87.90
内蒙古	48	78.00	32	78.00
寧 夏	13	79.50	7	81.60
青 海	4	58.50	5	78.40
山 東	83	92.92	57	88.70
山 西	123	83.03	36	85.84
陝 西	68	82.98	11	83.63
上 海	11	100.00	10	100.00
四 川	67	85.83	34	86.85
天 津	1	100.00	9	95.00
西 藏	—	—	—	—
新 疆	33	79.17	27	82.48
雲 南	13	79.54	44	83.68
浙 江	46	75.00	68	90.00

(京)新登字 041 號

版權所有。未經許可,本書的任何部分不準以任何方式在世界任何地區以任何文字翻印、拷貝、仿制或轉載本書任何一部分或全部。

Copyright All rights reserved. No part of the publication may be reproduced or transmitted in any form or by any means, electronic or mechanical, including photocopying, recording or any information storage and retrieval system, without written permission from the publisher

圖書在版編目(CIP)數據

CEC 中國市場營銷環境年鑒:1998 版
—北京:中國統計出版社,1999.5
ISBN 7-5037-2887-6
I. C...
II. 國...
III. 市場-中國-年鑒-1998
IV. F723-54

中國版本圖書館 CIP 數據核字(98)第 33986 號

臨時性廣告經營許可證:京工商廣臨字 99009 號

責任編輯/李基祥　張國華　連四清
封面設計/尹震
出版發行/中國統計出版社
通信地址/北京市三里河月壇南街 75 號　郵政編碼/100826
辦公地址/北京市豐臺區西三環南路甲 6 號
電　話/(010)63459084、63266600—22500(發行部)
印　刷/北京順義振華印刷廠
經　銷/新華書店
開　本/889×1194mm　1/16
字　數/600 千字
印　張/53.625　12 頁彩圖
版　別/1999 年 5 月第 1 版
版　次/1999 年 5 月第 1 次印刷
書　號/ISBN 7-5037-2887-6/F.1145
定　價/(上、下册)980.00 元

中國統計版圖書,版權所有,侵權必究。

中國統計版圖書,如有印裝錯誤,本社發行部負責調換。